王建升　编纂

崂山方言

中国夏衍电影学会方言电影专委会支持项目

中国海洋大学出版社·青岛

图书在版编目（CIP）数据

崂山方言 / 王建升编纂 . -- 青岛：中国海洋大学
出版社，2024. 12
ISBN 978-7-5670-3753-3

Ⅰ. ①崂… Ⅱ. ①王… Ⅲ. ①北方方言－方言研究－
崂山区 Ⅳ. ① H172.1

中国国家版本馆 CIP 数据核字（2024）第 006340 号

书　　名	崂山方言 LAOSHAN　FANGYAN		
出版发行	中国海洋大学出版社		
社　　址	青岛市香港东路 23 号	邮政编码	266071
出 版 人	刘文菁		
网　　址	http://pub.ouc.edu.cn		
电子邮箱	2586345806@qq.com		
订购电话	0532－82032573（传真）		
书名题字	莫　言		
责任编辑	矫恒鹏	电　话	0532－85902349
印　　制	青岛国彩印刷股份有限公司		
版　　次	2024 年 12 月第 1 版		
印　　次	2024 年 12 月第 1 次印刷		
成品尺寸	185 mm × 260 mm		
印　　张	37.5		
字　　数	698 千		
定　　价	298.00 元		

序

　　方言词典可以承载方言里最基本、最重要的语言和文化信息,是记录和展示方言及相关地域文化的知识典藏。保护濒危方言、传承方言文化最好的方式之一就是编写方言词典。

　　王建升先生编写的《崂山方言》收录了崂山方言中的 8 000 多条词语,内容丰富,语料翔实,富有鲜明的胶东地方特色。这些方言词语涉及天文地理、农工百艺、生老病死、风俗习惯等人们生活、生产、文化的各个方面,其中有的可能已经很少有人会说,或者很快就要消失了。王建升先生出于对家乡文化的热爱,二十年来一直不懈地努力搜集、记录崂山方言的一字一词,日积月累,精雕细琢,终于成就这部厚实之作。能够赶在崂山方言消失之前,为其留下一部全面、翔实的词典,实可谓功莫大焉,善莫大焉!

　　作为一名业余研究者,王建升先生在方言编纂方面体现出了很高的专业水平。词典看似简单,编写起来却极为困难。方言词语的调查收集,不消说要花费大量的时间精力,词条的取舍、释义的编写、例子的选择等都是需要再三思考、字斟句酌、反复打磨的。古人云:"吟安一个字,捻断数茎须。"这是编词典工作的最好写照。我看《崂山方言》收词规范、有特色,释义简明准确,没有废话,用例地道、口语化。因为我自己也编过方言词典,深知要做到这几点是很不容易的,我可以想见王建升先生为编写这部词典投入了巨大的热情和精力,耗费了大量的时间和心血。

　　编词典难,编方言词典更难,编普及性的方言词典难上加难。《崂山方言》作为一部普及性的方言词典,王建升先生想了很多办法,例如采用汉语拼音字母为方言注音,同时在特殊读音上加注符号,以避免国际音标给人造成的隔阂;又如尽量搜集一些俗语谚语,用作词语例句,以增加注释部分的生动性;又如经常引用一些古典文学作品里的用例,既为词源、释义提供了文献证据,也增强了词典的可读性,等等。当然,像方言词注音问题,如何做到既保持科学性又具有通俗性,这在方言学界也没有得到很好的解决,本词典的做法也只是权宜之计。与之相类似的,方言词典中词条的排列到底是按音序还是按义类,按音序时是按方言音序还是按普通话音序,这也是令人困扰的问题。本书是按方言读音的汉语拼音字母顺序排列,也不失为一种方法,不过若要了解某类词语的方言说法就不太方便了,这时最好有一个义类索引。

　　我对崂山方言了解甚少,不过我在山东生活了近二十年,也在山东各地做过一些方言调查,因此在翻阅本书的过程中常常有一种亲切的感觉。同时,我更为王建升先生的精神所感动,所以写了以上这些话,权为序言。

曹志耘

2021 年 11 月 25 日

于浙江师范大学

目录

引　论

　　青岛市崂山区位于山东半岛南部,青岛市东南隅。东、南濒黄海,西邻青岛市市南区、市北区,西北邻李沧区,北与青岛市城阳区、即墨区交界。地理坐标为北纬 36°03′10″～36°20′30″,东经 120°24′33″～120°43′。东北西南斜长 36.6 公里,东西宽 27.7 公里,全区总面积 395.79 平方公里,海岸线全长 103.7 公里,海域面积 3 700 平方公里。截至 2022 年底,常住人口 51.72 万人。崂山的最高峰名为巨峰,又称崂顶,海拔 1 132.7 米,是中国大陆海岸线第一高峰,被誉为"海上名山第一",有"泰山虽云高,不如东海崂"之说。

　　崂山历史悠久,据考证,五六千年前就有不族、其族在崂山聚居生息。相传轩辕黄帝曾东巡登劳盛山,秦始皇派徐福从此东渡求仙;汉武帝曾驾临崂山建明堂,唐玄宗曾改崂山为辅唐山,宋太祖敕建太清宫;东汉高士逄萌、经学大师郑玄曾先后在崂山著书讲学,李白、丘处机、蒲松龄等名人均曾登临崂山并留下遗迹或诗篇。

　　崂山地区夏、商、西周为莱夷地;春秋时属东莱,战国时期属齐国。对于战国时期齐地的语言,《孟子·万章上》中记载:"此非君子之言,齐东野人之语也。"书中说的"齐东"就是当今山东半岛东部,即"莱夷地"。可见当时莱夷地区的人民是被"诗、书、执礼,皆雅言"的儒士所鄙视的,视其为"野人"。在掌控着文化话语权的上层士大夫们看来,这些"野人之语"登不得大雅之堂,没有多大的记录价值。没有文字记载传世,我们现在也就无从知晓当时的语言特点了。西汉时期的扬雄在收集前代的方言资料和实际调查的基础上整理编著了中国第一部记录方言的著作——《輶轩使者绝代语释别国方言》,其中提到"东齐"

或"齐东之间"的约有 30 处。可见，到了汉代，"齐东"地区的方言有了相对固定的地域特征。但由于记录的数量十分有限，我们不能系统地描绘当时"齐东"方言的特点。从崂山区村落的相关记载来看，大部分居民是明代大规模移民的后裔，现在崂山方言的基本形态应该是从那时开始形成。

秦始皇帝二十六年（公元前 221 年），置天下三十六郡，崂山地区隶于琅琊郡。西汉时设不其县，崂山境为琅琊郡不其县所辖。东汉光和年间至三国时期，不其县属东莱郡，崂山亦属之。晋咸宁三年（277 年），置长广郡，郡治不其，崂山隶属长广郡不其县。至北齐天宝七年（556 年），不其县废置，其地并入长广县。隋开皇十六年（596 年），即墨城迁至今址并建立县制，不其县故址并入即墨县，崂山属即墨县。元世祖至元二年（1265 年）废即墨县，其属地析入胶水、掖县。约元至正九年（1349 年）前恢复即墨县建制，崂山复属之，直至 1898 年《胶澳租借条约》签订，其隶属未变。

清光绪二十四年（1898 年）3 月，德国强迫清政府签订《胶澳租界条约》，其中，现崂山区的金家岭、中韩、沙子口、北宅 4 个街道的部分区域划入租借地。1914 年，日德青岛之战爆发，德军战败，崂山地区被日军侵占。1922 年 12 月，中国收回青岛主权，胶澳租借地归还中国，开放为胶澳商埠。胶澳商埠督办公署设立李村区，崂山地区属之。1929 年，南京国民政府接收青岛，确定青岛为特别市，直辖于南京国民政府行政院，其市域仍以胶澳商埠地界为其辖区，崂山归属之。1935 年，经南京国民政府行政院核准，原属即墨县管辖的崂山东部主要山脉划归青岛市辖。1938 年 1 月崂山地区再次被日军侵占。1945 年 8 月，日本投降，南京国民政府接收青岛，崂山地区属青岛市辖。

1949 年 6 月，崂山地区解放，设崂山行政办事处，属南海专署。1951 年 4 月，划归青岛市。1953 年，改为青岛市崂山郊区。1961 年 10 月，设立崂山县。1988 年 11 月，撤县设立青岛市崂山区。1994 年 4 月，青岛市市区行政区划作出调整，崂山区辖中韩、沙子口、北宅、王哥庄 4 个镇，区人民政府驻地由李村镇迁至中韩镇。1998 年 5 月，所属 4 个镇撤镇设立街道。2017 年 4 月，原中韩街道行政区划调整，分设为金家岭和中韩街道，崂山区遂辖金家岭、中韩、沙子口、王哥庄、北宅 5 个街道，共有 139 个农村社区和 28 个城市社区，区政府所在地为金家岭街道办事处。

崂山方言的特点 |

崂山方言属于北方方言中的胶辽官话,在语音、词汇、语法方面,保留了许多古音、古词和古语法,具有鲜明的特点。

一、语音方面的特点体现在声母细化,韵母简化,古音丰富

(一)声母细化指的是普通话的同一组声母,在崂山方言中细分为两类。第一种情况是普通话的声母 j、q、x(相应的国际音标为:[tɕ] [tɕʻ] [ɕ]),在崂山方言里细分为团音、尖音:一类仍然读 j(即 [tɕ],如:技、建、讲)、q(即 [tɕʻ],如:起、欠、强)、x(即 [ɕ],如:戏、险、向),即团音;另一类读尖音,相应的国际音标分别读为 [ts] [tsʻ] [s]。其中 [ts] 声母如:集、挤、净、静、尖、箭等,[tsʻ] 声母如:齐、七、前、千、墙、枪等,[s] 声母如:西、细、先、鲜、想、镶等。所以,普通话的同音字在崂山方言中却不同音,如:激≠积、计≠剂、肩≠尖、建≠箭、交≠浇、降≠酱,期≠七、旗≠齐、牵≠千、腔≠枪、强≠墙,稀≠西、戏≠细、掀≠鲜、香≠箱、歇≠些、校≠笑。其实,读音分尖团音一直被认为是汉语的一大特点,是汉语高度精密的表现。1932 年中华民国教育部颁行《国音常用字汇》,是历史上第一次在官方字典中取消尖音,从而出现了尖音、团音合并。第二种情况是普通话的 zh、ch、sh(相应的国际音标为 [tʂ] [tʂʻ] [ʂ])声母,在崂山方言中分为两类,一类仍然读舌尖后音 zh、ch、sh,另一类是舌叶音,相应的国际音标分别为 [ʧ] [ʧʻ] [ʃ],因此,一部分同音字在崂山方言中并不同音,如:争≠蒸、支≠只、抄≠超、齿≠尺、时≠食、生≠升、梳≠书。其实,普通话的声母 zh、ch、sh 来自于中古音的知、庄、章三系,元明时期由三类合为两类,明清之后合为一类,因此崂山方言仍然保留了元明时期的发音特点。

（二）韵母简化则体现了音节结构单纯化的汉语发展总趋势。如普通话中韵母 eng、ong 合并为 eng，而 ing、iong 合并为 ing，所以在普通话中不同音的字在崂山方言中却同音，如：东＝灯、宗＝增、公＝更、空＝坑、红＝横、中＝争、熊＝行、永＝影。

（三）崂山方言中保留古音的例子很多。如"枕头"被称为"豆枕"，因为"头"的繁体是"頭"，属形声字，"豆"为声，"頁"是形，《说文解字》对"頭"的解释是："首也，从頁豆声，度侯切。"即"頭"的古音同"豆"，崂山方言中的"豆枕"实为"頭枕"，是保留了古音的结果。再如白居易的诗《晨兴》："宿鸟动前林，晨光上东屋。铜炉添早香，纱笼灭残烛。头醒风稍愈，眼饱睡初足。起坐兀无思，叩齿三十六。何以解宿斋，一杯云母粥。"如果按照现代读音，"粥"与前面就不押韵了。若用崂山方言的发音读"粥"就十分顺畅，因为崂山方言的"粥"就读如"zhu"。很多普通话读音为"zhou"的字，如"（车）轴、（拐）肘、（笤）帚、妯（娌）"，在崂山方言里都读"zhu"，其实这些发音特点都是古音的遗留。

（四）用音变区别词义。如"光棍"一词，在读音儿化时，指年龄大的单身男子，如俗语"瓜鹰一拎，光棍儿一根""光棍儿汉子出家——无牵无挂"。如果读音不儿化，则有两个意思：一是名词，指为人明智、行事得体的人，如俗语"宁接光棍一句言，不接彪子二百钱"。《增广贤文·补遗》中就有"村夫硬如铁，光棍软如棉"。清代王浚卿小说《冷眼观》第二十四回："要想同他反对几句，又因为他手下人太多，俗语叫光棍不吃眼前亏，我就悄悄的走来了。"二是形容词，指为人行事公道得体，让人钦佩，如：人家说的那话办的那事，真是光棍。再如"恰伙儿"一词，读音为 gǎ huōr 时，指结伴、合伙之意；读音为 gā huor 时，则指姘头。

（五）其他方面的特点。

1. 声调减少。崂山方言只有三个声调，普通话读去声的字，除了少数读阴平，其余大部分读阳平，读为阴平或阳平没有规律，部分字还存在两读现象。

2. 部分字的介音 u 被省略，有一部分则被增加。崂山区在历史上曾归即墨管辖，语音受即墨地区影响最明显的方面之一就是省略介音 u。在即墨方言中，韵母中的介音 u 大部分被省略，如"嘴、最、罪、醉、崔、催、脆、随、岁、碎、段、锻、短、乱、钻、团、酸、算、蒜、尊、遵、村、存、寸、孙"等。崂山方言老派发音中，一部分字如"对、推、腿、退、断、瞳、蹲、墩、炖、顿、盹、囤、吞、囵"等与即墨方言发音相同，省略了 u 介音。一部分字的 u 介音在一般情况下不省略，在特定的词汇中则被省略，如"团"一般情况下读 tuàn，而在"蒲团"这一词汇里就读 tàn；"端"在一般情况下读 duǎn，而在"端详"这一词汇中就读 dǎn，这类的例子还有“断、甩、疮、搋”等。同时，也有一部分在普通话中没有介音 u 的字在崂山方言中却被附加上了介音 u，如“散”“伞”在老派发音中一般读为 suan；“哥、歌、个、搁、河、和、合、何、荷、贺、鹤、科、颗、我、饿、俄、蛾、鹅、恶”等古合口字，在老派发音中仍保留 u 介音。

3. 崂山方言中韵母 ei 在普通话中分别读为 o、ai、e。崂山老派发音中的 ei 韵母字，有一部分是从古代入声字变来的，这些字在普通话中分别读 o、ai、e 韵母。o 韵母如“伯、默、墨”等；ai 韵母如“百、白、拍、麦、脉、摘、宅、窄、拆、柏、迈”等；e 韵母如“德、得、测、策、册、责、隔、克、客、刻”等。

二、词汇方面的特点体现为词汇生动，词义细腻，古语词丰富

（一）词汇生动。在崂山方言中，往往把动植物最显著的特征或特点作为其名称，例如，由于牛筋草的根系极发达，秆叶强韧，不易拔起，故名“蹲倒驴”；当地一种极为耐干旱的草本植物，名“气死日头儿”；鬼针草，因其结的长针状籽端有双倒钩刺，很容易附着在人的衣服上，遂称“后老婆针”。其他一些植物名称如开不够儿、望镰倒、驴饽饽、大车轱轮儿、老雕翅子、老婆指甲、獾耳朵、犸虎铃铛、掐不齐；动物名称如海腚根、担杖钩儿、老鼠尾巴、草鞋底、蹬打山等，均是以其特征进行命名，非常生动。

（二）词义细腻。崂山地区的动词非常有特色，而且对动作分得很细腻。如普通话里的“击、打”，在崂山方言中分别就有捴(hǔ)、攧(diǎn)、搧(shǎn)、㧛(māo)、㪨(zhū)、㪤(shù)、㪗(hǎi)、㪉(xiē)、㪍(lū)等很多含义不同的动词；其他如踷(zhǎ)、蹃(juān)、蹺(pāng)、蹀(chāi)、跐(cī)等，都是在普通话中不常用的动词。其中有的是一些古语词，比如，《辅轩使者绝代语释别国方言》第十卷中说：“南楚凡相推搏曰拡，或曰捴。”“捴”（亦作“呼”）是击打的意思，在崂山特指用手掌、板状物击打，如《醒世姻缘传》第十一回：“那日审官司的时节，不是俺爷爷计会元央了直日功曹救护着，岂不被赃官一顿板子呼杀了。”《醒世姻缘传》第八十八回：“他要可恶不老实，呼顿板子，给他剥了衣裳，还叫他去做那徒夫。”“撴”（亦作“敦”“墩”）是指用拳头击打，如元杂剧《哭存孝》第二折：“词未尽将他来骂，口未落便拳敦。”“抈”义为“折断”，常用词有：“抈断、抈弯弯”等。《说文解字》中说：“抈，折也。从手，月声。”扬雄《太玄·羡》：“车轴折，其衡抈。”“擷”义为“撕裂”，《集韵》的解释是：“擷，毁裂也。”蒲松龄《日用俗字》中写到：“裤子擷开大事毕，不用裁缝动剪刀”，崂山人经常说“擷开、擷破”等词语。“揖”（亦作“拥”）义为“推”，《说文解字》的解释是：“揖，推捣也。”在宋元时期的文学作品中例子很多,如《梦溪笔谈》第九卷:"(柳开)……载以独轮车,引试日,衣襕,自拥车以入,欲以此骇众取名。"《窦娥冤》第三折:"则被这枷扭的我左侧右偏,人拥的我前合后偃。"

再如,"害"在表达"发生不安的内心情绪"意义时,普通话中只有"害羞、害怕"等极少的词汇。崂山方言在表达这一意义时还有进一步的拓展,如害急(着急)、害淡(害羞)、害躁(烦躁)、害气(生气)、害愁(犯愁)、害吓、害臊、害惊等词汇。同时,"害"除了可表达"发生不安的内心情绪"(心理方面),又能表达"引起人某一方面的不适"(生理方面)这一意义,如害饿、害干、害疼、害使、害痒、害冷、害热、害硌、害烫、害使、害颠、害憋、害挤、害撑、害攘、害馋、害困、害盹、害辣、害咸等,几乎大部分引起人不适的感觉都可用"害"来表达。这种用法至少在元代就已广泛使用了,只是到了近现代才在通行语中逐渐萎缩。元杂剧中此类例子很多,如:《合汗衫》第二折:"我咬你这一口儿,你害疼呵。"《汉宫秋》第二折:"怕娘娘觉饥时吃一块淡淡盐烧肉,害渴时喝一杓儿酪和粥。"《生金阁》第三折:"我害饥也,买个蒸饼吃哩。"《陈抟高卧》第四折:"干把那蝶梦惊回,多管葫芦提害痒。"《神奴儿》第二折:"怕你害渴时有柿子和梨儿,害饥时有软肉也那薄饼。"

(三)古语词丰富。"夜来"一词早在唐代就已被普遍使用了,最为大家耳熟能详的应推唐诗《春晓》:"春眠不觉晓,处处闻啼鸟。夜来风雨声,花落知多少。"还有《卖炭翁》:"夜来城外一尺雪,晓驾炭车辗冰辙。"但在这两首诗中"夜来"的意思是"昨夜",而崂山方言中的意思是"昨天"。崂山地区在表达"昨夜"时,一般用"夜来晚上"或者是"夜来下晚儿"。在唐代,"夜来"主要指"昨夜";从宋代开始,"夜来"一词兼有"昨夜"和"昨天"两个意思,如杨万里的《明发石山》:"明发愁仍集,寒云又作屯。悬知今定雨,正坐夜来暄。"下面是元杂剧中几个表示"昨天"的例子:《秋胡戏妻》第一折:"我想夜来过门,今日当军去。"《后庭花》第二折:"老婆子夜来晚间在狮子店里安下,只听的这秀才和我翠鸾孩儿说话。"《西厢记》一本第二折:"(洁云)夜来老僧赴斋,不知曾有人来望老僧否?(聪云)夜来有一秀才自西洛而来,特谒我师,不遇而返。"又:"夜来老僧不在,有失迎迓,望先生恕罪。"还如"菢",是动物孵卵、繁殖的意思,《唐韵》:菢,薄报切,音暴。"《广韵》:"菢,鸟孵卵。"《集韵》:"菢,鸟伏卵也。"韩愈《荐士》诗:"鹤翎不天生,变化在啄菢。"《农政全书·牧养·鸡》:"养鸡不菢法:母鸡下卵时,日逐食内夹以麻子喂之,则常生卵不菢。""菢"的本字为"抱",见《𬨎轩使者绝代语释别国方言》第八卷:"北燕、朝鲜、洌水之间谓伏鸡曰抱。"

崂山地区的老年人在表达"给"这一意义时,更习惯用的是"乞"。在现代汉语中"乞"是求讨、请求的意思,而崂山人却用于表达"给",正好意思相反。其实,"乞"的本义为"给","求讨、请求"是后来的引申义。宋代史学家郑樵在其名著《通志》中说:"气,氣也。因声借为与人之乞,音氣。因与人之义,借为求人之乞,此因借而借也。"清嘉庆年间戈载所撰的《词林正韵》中记载:"(乞)去冀切,音器。凡与人物,亦曰乞。"

三、语法方面的特点主要表现在重叠词丰富,"子"尾发达,词缀独特等方面

(一)AA 式构形重叠词丰富。许多词重叠之后并没有产生新词,只是产生了该词的变体,这些重叠结构的意义与重叠前相比基本不变,只是增加了某些语法意义或是色彩意义。

1. AA 式名词重叠。通常情况下,名词 AA 式构形一般都儿化。例如:

窝窝儿	眼眼儿	孔孔儿	洞洞儿	面面儿	渣渣儿
茬茬儿	沫沫儿	末末儿	点点儿	星星儿	杠杠儿
沟沟儿	边边儿	褶褶儿	道道儿	片片儿	毛毛儿
绒绒儿	格格儿	口口儿	事事儿	条条儿	棱棱儿
角角儿	刺刺儿	尖尖儿	叉叉儿	块块儿	粗粗儿

2. AA 式动词重叠。单音节动词重叠后形成的 AA 式结构,多数增加了一种状态强化的意味,词的基本意义不变。例如:

蜷蜷 卷卷 勾勾 鼓鼓 掇掇 撅撅 鼓鼓 翘翘
撅撅 想想 洼洼 贴贴 吊吊 歪歪 扭扭 挂挂

某些动词的 AA 式变成名词,以突出名词的某一特性,有时儿化,有时不儿化,如:咬咬(特指咬人的小虫子),跑跑儿(特指爬行的小虫子),鼓鼓儿(凸起的东西),搐搐儿(褶皱)。

3. AA 式形容词重叠。分为两种情况。

(1)一类是用来突出事物的性状,一般不儿化,用作定语。例如:

长长:～脸;～棍子

短短:～腿;那么个～衣裳

方方:～木头;～口

圆圆:～桶;～窟窿

团团:～脸;～身子

扁扁:～嘴;～饺子

勾勾:～鼻子;～爪子

横横:～杠儿;～梁

歪歪:～头;～脾气

斜斜:～眼;～线

尖尖:～头儿;～下巴

干干:～鳌;～碗儿

矮矮:那么～的个子

瘦瘦:～身子;小～腿

弯弯:没有那个～肚子别吃那个～镰

（2）第二类一般情况下儿化,且后面加"的",用作状语或补语,表示程度的加深,相当于"非常A""很A"。例如:

远远儿的:跑得～

高高儿的:称得～

早早儿的:上班～

溜溜儿的:开车～

崩崩儿的:干得～

硬硬儿的:想得～

死死儿的:管得～;忘得～

4. AA式象声词或动词重叠。象声词及某些动词通过"一AA的（地）"形式,表示某种声音连续不断出现或持续保持某种状态的样子。不管原来A读什么音,第一个变为重读的四声,第二个读轻声。例如:

一汪汪的（地）:那个小狗一听见动静就一汪汪地叫。

一哗哗的（地）:水龙头的水淌得一哗哗的也没人管。

一哇哇的（地）:把个孩子打得一哇哇地哭。

一喳喳的（地）:学生们待教室来一喳喳的。

一嗷嗷的（地）:没等说孩子几句,孩子就一嗷嗷的。

一轰轰的（地）:推土机一轰轰的,说什么话也听不见。

一溜溜的（地）:他家孩子真听话,安排什么事都一溜溜地干完了。

一驰驰的（地）:听说你待来找他,他一驰弛地跑了。

一突突的（地）:惊得他那个心一突突的。

（二）"子"尾相对发达。这是崂山方言在语法上的一个显著特点,例如:澡堂子（浴池）、一点子（很少或很小）、尘古钉子（吝啬）、心眼子（心眼）、嘴巴子（口才)、赌气子(赌气)、茶几子(茶几)、木鸡子(发呆的样子)、牙花子(牙龈)、鸡皮子(鸡皮疙瘩)、腚巴子(臀部)、腿骭子(胫骨)、左巴来子(左撇子)、金嘎子(金戒指)、彪子(精神不正常的人)、溜沟子(奉迎拍马)、生杂子(极其吝啬)、马蛇子(蜥蜴)、枸奶子(枸杞子)、马扎子(马扎)、手背子(手背)、房门子(房门)、苦菜子(苦菜)、树墩子(树桩)等,这里包括名词、形容词、量词、动词等,都附带着"子"字尾。

(三)具有一些独特的词缀。

1. 前缀"溜、老、精、怪"等,附在动词或形容词前面表示程度的加深,其意义相当于"非常""很""特别"。例如:

溜:溜清　溜软　溜轻　溜熟　溜尖　溜圆　溜滑

老:老厚　老高　老远　老长　老大　老深　老粗

精:精矮　精湿　精生　精秕　精轻

2. "打"附在单音节动词后其本身的意义虚化,"A打"的形式含有动作随意或反复连续的意味。例如:

拎打　呲打　噘打　磕打　蹍打　跐打

戳打　吹打　说打　呼打　掇打　吐打

3. "巴"既可以作为名词的后缀,如潮巴、哑巴、响巴、俊巴、瘦巴、野巴等,又可以作为动词、形容词的后缀。崂山方言中,单音节动词都可以带上"巴",构成"A巴"的格式,具有和谐音节和舒缓语气的作用,例如:捏巴、拥巴、砸巴、洗巴、搓巴、擦巴、糊巴、塞巴、弹巴、揉巴、挤巴、扬巴、摊巴、剁巴、劈巴、分巴、打巴、抻巴、眨巴等。当用于非疑问句时,动词"A巴"多以其重叠形式"A巴A巴"的形式出现,表示动作具有短暂和连续的意义,例如:揉巴揉巴、择巴择巴、撕巴撕巴、捏巴捏巴、平巴平巴、压巴压巴、摊巴摊巴。

4. 还有一种动词词缀"得上",表示程度的加深,相当于普通话的"得慌"。例如:

憋得上　闷得上　气得上　使得上　累得上

饿得上　干得上　硌得上　盹得上　疼得上

(四)形容词生动形式。崂山方言的形容词生动形式比较丰富,主要有以下类型。

1. 在单音节形容词前粘附一个单音节语素,以示程度的加深。崂山方言中大多不使用"很""非常"等词,而以其他单音节语素代替,起到加深程度的作用。例如:

酸—焦酸　　甜—细甜　　苦—悲苦　　咸—齁咸　　热—滚热

快—风快　　干—响干　　脆—崩脆　　焦—响焦　　硬—钢硬

白—挑白　　紫—殷紫　　黄—显黄　　平—肆平　　滑—溜滑

2. 在表示消极意义的形容词重叠形式"AA"前加"嘛",强调其消极意义的程度进一步加深,有的儿化,有的不儿化。例如：

嘛细细儿　　嘛薄薄儿　　嘛窄窄儿　　嘛点点儿

嘛矮矮　　　嘛短短　　　嘛浅浅

3. 在正反义对立的形容词"AB"形式前,可以加"嘛",其词义就着重强调表示消极意义的"B",程度进一步加深。例如：

嘛高下＝很矮　　嘛深浅＝很浅　　嘛长短＝很短　　嘛厚薄＝很薄

嘛宽窄＝很窄　　嘛粗细儿＝很细　　嘛大点儿＝很小(少)

4. 在形容词前加"嘛",无论该形容词本义是积极意义还是消极意义,均改为消极意义,但数量很少。例如：

嘛高儿＝很矮　　嘛点儿＝很小(少)

5. 崂山方言形容词还可以构成"ABB 的"格式,意为"稍 A、微 A"。例如：

甜甘甘的　　酸溜溜的　　苦森森的　　辣嗖嗖的　　辣浩浩的　　咸滋滋的

厚敦敦的　　薄溜溜的　　长干干的　　高墚墚的　　矮扑扑的　　宽透透的

蓝生生的　　白矂矂的　　紫莹莹的　　绿筝筝的　　红松松的　　黄干干的

(五)一些介词、助词、副词经常被省略。

1. 助词"了"的用法与普通话基本相同,但句中时态助词"了"常可通过重读并延长前面动词的读音而加以省略。例如：

看(了)电影就回去。

把花生炒(了)吃了。

倒(了)油瓶不扶。

2. 否定副词"不"经常省略,意思不发生变化。例如：

管谁——不管谁;人人

管哪儿——不管哪里;到处

管几时——不管什么时候;总是

管什么——不管什么;所有的东西

(六)量词"块""些"。崂山方言中的量词"块""些"与普通话相比,词义更丰富、使用范围更广。

1. 量词"块"在普通话中表示块状、团状或某些片状的东西,如一块儿糖、一块儿石头、一块儿纸、一块儿地等,在崂山方言中,其使用范围更宽泛。

(1)表示文艺作品的首、曲、场、部等。例如:

唱块儿歌儿。

看块儿电影。

看块儿戏。

演块儿剧。

看块儿电视。

(2)表示个、段等(用于人时含贬义)。例如:

那块场儿让人家早就占下了。

给他块事干干。

这块儿路挺远的。

你去剪几块儿铁丝,割两块儿绳子。

那块儿人能办出什么好事来?

2. 量词"些"。

(1)"些"+名词。这里的"些"是"某些""那些""这些""有些"等的概称。例如:

些人背后里乱传话。

些家长一听都着急了。

些出大力的哪有那些弯弯心眼儿。

(2)量词"些"前可加"一"之外的数词,其词义相当于"份"或"倍"。例如:

把货分成两些,一个人一半。

他装的那一车东西能顶你的三些。

(七)同素异序现象。同素异序词有时在意义上有区别,但多数并无不同,在崂山话中两种说法都对。例如(前为普通话,后为崂山话):

颠倒—倒颠	诚实—实诚	总共—共总	气味—味气
摆布—布摆	捣鼓—鼓捣	洗刷—刷洗	揉搓—搓揉
傧相—相傧	刚劲—劲刚	当郎—郎当	耷拉—拉耷
奉承—承奉	金贵—贵金	承认—认承	健康—康健

(八)比较句式与古汉语的比较句式完全相同。其比较句式是在比较词后面加"起"字,从而构成"甲+比较词+起+乙"的句式,这与"蜀道之难,难于上青天""霜叶红于二月花"等古汉语比较句式完全一致。例如:

他不矮起他哥哥。

六月韭,臭起狗。

洗脸不洗脖子,丑起骡子。

逢着是个官儿,就强起卖水烟儿。

什么高起天?什么矮起地?什么甜如蜜?什么蜜水甜?父母高起天,子女矮起地,娘想孩子甜如蜜,孩子想娘蜜水甜。

埋怨老天不凑趣,一日长起十来日,捱过今朝又明朝,怎么教人不生气。(《聊斋俚曲集•琴瑟乐》)

古人造字远取诸物,近取诸身,字字包含着自然的启示,闪耀着人性的光辉,彰显着先人独特的民族感知。在漫长的历史长河中,许多词语和语言现象逐渐消亡,不再出现在现代通行语,却保留在崂山的方言土语之中。仅从目前搜集到的资料中,古代文字及音韵学典籍如《说文解字》《唐韵》《集韵》《广韵》中涉及崂山方言的词语80余处,在古典名著、唐诗宋词、元曲杂剧、历史笔记中搜集的例句3 000余条次,大量体现地域智慧的独特方言词,存留在崂山俗语、谚语、歇后语、歌谣等中的有900余条。正如一位方言学家所说:"语言的宝藏在广大农村,在社会的末梢地带。"

凡　例|

1. 因国际音标专业性强，非专业人士难以识读，故本书所收条目采用汉语拼音注音，一些方言词汇仅能标注出与实际发音近似的音。

2. 崂山方言与普通话的声韵调系统存在较大差异，其中最明显的是崂山方言的声母细化，保留了一些古音。第一种情况是普通话的声母 j、q、x，在崂山方言里细分为团音、尖音：一类仍然读 j、q、x，即团音；另一类如"集、七、西"的声母发音，为尖音。第二种情况是普通话的声母 zh、ch、sh，在崂山方言中细分为两类：一类仍然读 zh、ch、sh，即舌尖后音；另一类如"蒸、成、升"的声母发音，为舌叶音。为了避免与普通话发音产生混淆，本书将所收录词汇中发音为尖音的 j、q、x，在其下方标注△；发音为舌叶音的 zh、ch、sh，在其下方标注＿，以方便在阅读时区分辨别，如下表所示。

崂山方言声母细化表

普通话声母	细化为团音、尖音	例字
j	j　团音	机　建　具
	j△　尖音	集　箭　聚
q	q　团音	旗　签　曲
	q△　尖音	齐　前　娶
x	x　团音	戏　先　许
	x△　尖音	细　鲜　须

普通话声母	细化为舌尖后音、舌叶音	例字
zh	zh 舌尖后音	支 争 竹
	<u>zh</u> 舌叶音	知 蒸 煮
ch	ch 舌尖后音	齿 抄 初
	<u>ch</u> 舌叶音	尺 超 出
sh	sh 舌尖后音	时 生 梳
	<u>sh</u> 舌叶音	食 升 书

3．本书原则上按照汉语拼音字母顺序排列，兼顾词汇的日常使用度，因此某些词汇并非完全按照字母顺序排列。

4．多义项词条用 ❶❷❸ 等表示义项顺序。

5．词汇释义力求考释方言本字及词义源流，汇集古典文学作品和崂山地区俗语、谚语、歇后语、歌谣中的方言词汇作为例句，以丰富方言语境。

6．一般情况下儿化的词，在词条后加（～儿），并根据实际发音标注。

7．崂山方言中轻音较多，轻音不标注音调。

8．各种符号：

△　拼音 j、q、x 的下方加小三角形，代表发音为尖音。

__　拼音 zh、ch、sh 的下方加下画线，代表发音为舌叶音。

。　字下加小圆圈，表示此字是用同音字代替。

＝　同义条目之间用等号连接。

～　注文与例子中用"～"代替本条目，无论本条目有几个字，都用一个替代号。

（）　圆括号除平常用法外，在注音里表示另外的读音。

：　注文与例子之间用冒号。

｜　例子之间用单竖线隔开。

‖　关于本条目音义方面的有关说明，放在双竖线之后。

△　用熟语为例，前面加三角形。

音序索引 |

崂山方言词汇 |

a

【啊啊】ǎ a〈贬〉说；含糊不清地说：他半天也没～出个子曰来。

【啊嘁】ǎ qi =〖啊吃〗ǎ chi 喷嚏：打～的时候要紧捂着嘴，不能管哪喷。‖参"阿嚏"：《俚语证古》第三卷："喷鼻谓之打阿嚏。"

【腌臜】ā za 原意为肮脏、杂乱，一般用来表示天气闷热潮湿，让人不舒服：△春冷雨，秋热雨，五黄六月～雨。

【盦】ā ❶ 苫盖；覆盖：割回来的几车子草，都～待那个草垛上。❷（因建筑物倒塌或山体滑坡等）掩埋：他们挖土挖塌了，连车子搅筐都叫土～待里边儿。❸ 大量地投入：两口子做的那个买卖，把家里的钱都～上了。

ai

【艾蒿】ǎi hao 艾草。

【艾腰树】āi yao shù 桤树，赤杨树。

【爱】ǎi〈贬〉表示一点也不委屈，应该如此，相当于"自找的""活该"：你～，你要是不去的话，还用挨这下磕？

【爱谁谁】ǎi shuì shui 不管是谁（都影响不了既有的态度或状态）：他就这么个性儿，凡是想干的事儿～。

【爱物】(～儿)ǎi wur 心爱的东西:这是他的～儿,哪能割舍给你|张祜《将至衡阳道中作》:"万里南方去,扁舟泛自身。长年无～,深话少情人。"|《红楼梦》第六回:"忽见堂屋中柱子上挂着一个匣子,底下又坠着一个秤砣般一物,却不住的乱幌。刘姥姥心中想着:'这是什么～儿?有甚用呢?'"

an

【安安乐乐】ǎn an luǒ luò 平安健康的样子:大人孩子～的比什么都强。

【安安生生】ǎn an shěng sheng 安宁平静的样子:他们两口子待家里～过日子多好,非待出来遭这个罪。

【安插】ǎn cha ❶ 放置;安放:把个小房子～得就要乱死了。❷ 安排;安置(人):把他自己的人都～进好单位了。❸ 组装:光能拆,拆了就～不起来了。

【安顿】ǎn den ❶ 安排:来的客都～好了没有? ❷ 安心;安生:这些事不先弄好了,我上哪儿了心都不～|《红楼梦》第一百零二回:"只是一件,我见那孩子眉眼儿上头也不是个很～的。起先为宝玉房里的丫头狐狸似的,我撵了几个,那时候你也知道,不然你怎么搬回家去了呢。"

【安奠】ǎn dian 安置稳妥:去了～下就把恁接过来。‖"奠"为"安放、放置"之意:《礼记》内则:"奠之,而后取之。"

【安乐】ǎn luo ❶ 平安喜乐:你凭着～日子不过,去拾那些闲心事。❷ 身体健康(一般用来慰问老人、产妇等):听说恁姐姐生了,大人孩子都～? ‖老派的说法,现在很少使用。

【安乐窝】ǎn luo wě 安逸舒适的住处:他真找了个～,哪儿也不想去了|《宋史》第四百二十七卷:"宋邵雍自号安乐先生,隐居苏门山,名其居为～。"|元杂剧《鲁斋郎》第四折:"鲁斋郎哥哥,自惹下亡身祸;我舍了个娇娥,早先寻～。"|辛弃疾《题鹤鸣亭》:"疏帘竹簟山茶碗,此是幽人～。"|《聊斋志异·锦瑟》:"吾家娘子悯君厄穷,使妾送君入～,从此无灾矣。"

【安生】ǎn sheng 安定;安宁:她嫁到这个门儿上,也没过几天～日子|《红楼梦》第六十九回:"你虽悔过自新,然已将人父子兄弟致于麀聚之乱,天怎容你～。"|《西游记》第三十三回:"我们若吃了他师父,他肯甘心?来那门前吵闹,莫想能得～。"

【安席】ǎn xì 安排酒筵:△～容易请客难。

【安然】ǎn yan 安静本份的样子:恁这个孩子～的,真叫人亲。

【咹】ǎn 语气词。❶ 用于句首或句末,表惊讶、感叹或责问:～,怎么下这么大的雨!|这么些巧事都叫他碰上了,～。❷ 用于句首,表疑问:～,你才说什么?|～,他不是说好了要来? ❸ 用于句首,表应答:～! 我待这里,叫我干什么? ❹ 用于句末,表嘱托或建议:这遭去跟着师傅好好地学～,别偷懒。

【咹阳】ǎn yang =〖嗯阳〗ěn yang 语气词,表惋惜、惊讶、赞叹、埋怨等:～,你这一说我觉着他真可怜|～来,俺一共拿来这么点儿东西你也不留,你这是嫌后?|～,他还真长本事了来!

【按天】ǎn tiǎn 每天或整天:都这么个年纪了,叫谁～靠上哄孩子也受不了。

【鞍子瓦】àn zi wā 屋脊上用的马鞍状瓦。

【暗亏】ǎn kui 背地里遭受的伤害和损失:背后了给你个～吃,你上哪知道?

【揞】ān 用手将粉状或细软的东西往伤口上敷:伤得挺厉害的,多～上点药。

【俺】ān ❶ 代词,我:～也来报上个名。❷ 我的:这是～爸爸买的车。❸ 我们(不包括听话者):听你这里做得好,～都来学学。

【埯】ān 挖小坑播种瓜、豆等:把地阡子～上点豆角儿。

【俺】ān 把手里的细碎东西往口里塞:孩子几口就把爆米花～上了|蒲松龄《日用俗字·庄农章》:"儿童大把～青麦,麦芒蓟着叫谨谨。"

ang

【昂】àng ❶ 语气词,表应答:～! 我听见了。❷ 用于句末,表提醒或建议:明日晚上别忘了一块儿哈酒～!

【昂唧】ǎng ji(狗)叫:人一从那走,那个狗就～。

【煋】āng ❶ 燃烧;烘烤:烧把儿火～～炕。❷ 火化:他家老人是过了三日才去～了。

【煋骨楼】ǎng gū lòu 火葬场。

【肮脏】ǎng zang =〖昂脏〗ǎng zang ❶ 不高兴:走的时候我看他有点～。❷ 使不高兴;使恶心:他上人家眼前一顿胡说八道,就是单为～人家|《聊斋俚曲集·姑妇曲》第一段:"这一回出来,安心把人找,～气儿吃了一个饱,连骂又带消,数瓜又数枣,扎的那横亏,一霎说不了。"|《聊斋俚曲集·磨难曲》第十七回:"戴纱帽穿朝衣,都是些贪东西,认上头便受他昂脏气。" ❸ 不洁净:他家

里～得都站不下个人｜《聊斋俚曲集·襄妒咒》第一回:"天地之间,蚕们可以老了,揸树可以倒了,饥困可以饱了,昂脏可以扫了,惟独这着骨的疔疮,几时是个了手呢?"

ao

【嗷嗷儿】ǎor aor ❶ 大声说话或喊叫:打得那个狗～叫｜他说句话就～,不能慢慢说! ❷ 大声地哭:进门儿看见孩子哭得一～的。 ❸ 乱说;胡说:别听他们瞎～。

【熬炼】ǎo lian ❶ 熬夜:这两天把他～得都瘦了。 ❷ 煎熬;遭罪:他那个活儿太～人了,一般个人真受不了｜《醒世姻缘传》第三十三回:"要打选一派市井的言谈,～一副涎皮顽钝的嘴脸;苗实处,还要拿出钱把钞来时常的请他吃酒吃面。"

【熬死灯儿】ǎo shi děngr 形容过度熬夜:他那个小孩成宿不困觉,简直是个～。

【熬头】ǎo tou 坚持或等待的价值或目标:这个年纪待单位里也没有什么～了。

【熬眼】(～儿)ǎo yānr 熬夜:为了攥出活儿来,他没少～儿。

【熬鹰】ào yǐng 通过让鹰隼彻夜不眠使其听从指令:把那个人和～样的,谁也草鸡了。

【噢吆】ǎo yao =〖哦吆〗ě yao 表惊讶,一般用于句首:～,没果眵他跑起来这么快! ｜～来,你看窗外大雪下得这个厚!

【懊恨】āo hen 后悔:过后儿他自己也～了。

【懊头】ǎo tòu 情绪低落;萎靡不振:看他那个～的样儿,真也不忍心再说他了。

ba

【八成儿】bā chengr 基本上;有可能:这时候不来～是不能来了。

【八带蛸】bā dài shǎo =〖八带鱼〗bà dǎi yù 章鱼的统称,日常一般简称

"八带"：葱拌～。

【八竿子打不着】bā gǎn zi dǎ bu zhuò =〖八杆子拎不着〗bā gǎn zi lǐn bu zhuò 形容关系很远或几乎没有关系：你说的和我问的～｜不知道他这又从哪抬出个～的亲戚来吓唬人。

【八九儿】bǎ jiūr ❶ 基本情况；大体情况：你不说咱也能猜出个～来。❷ 差不多；基本上：这个事儿～就是他干的。

【八九不离十】bā jiū bù lǐ shì 差不多；接近实际情况：你快放心吧，这个事儿都～了。

【八月十五】bā yuè shǐ wu 中秋节：～吃月饼｜△～云遮月，正月十五雪打灯。

【扒】❶ bā 剥；脱掉：～皮｜～裤子｜～花生｜～树皮。❷ bǎ 用筷子把饭菜向嘴里拨；快速地吃（这种说法现在已经很少用）：嘎急吃饭吧，掇着碗使劲儿～。

【扒查】❶ bā cha 剥；脱掉：他们几个人待炕上～花生吃。❷ bǎ cha 快速地扒；随便地扒：他～了没几口儿饭就急着撵车去了。

【扒皮】bà pì 剥皮，形容遭受极大痛苦：养一个儿，扒一层皮。

【扒皮瞪眼】bā pì děng yān =〖瞪眼扒皮〗dèng yan bà pì 争吵或发怒时瞪大眼睛的样子：就为这么点事，还至于～的？

【扒皮鸡】bā pi jǐ =〖面包鱼〗miàn bǎo yù 马面鲀鱼，一般将鱼皮剥除后烹调食用，故名。

【扒拉】bǎ la ❶ 用手指或器物使移动：～算盘子｜你上那儿～找找，我记着就稳待那里。❷ 寻找；选择：他单位那么多小嫚儿，就～不着个合适的对象？❸ 快速翻看；粗略计算：他～了～头年的账目｜你再～～，看我算的对不对。❹ 迅速拨进：他～了几口饭就忙着走了。

【巴】bǎ（bā）❶ 希望；谋求：他待这里眼～眼望地等了一过晌儿｜元杂剧《合汗衫》第二折："家私家私且莫夸，算来算来都是假，难镇难压，空急空～。" ❷ 挨着；连接：这月儿不～那月儿｜元杂剧《桃花女》楔子："前不～村，后不着店。" ❸ 蛰住：他叫巴蛰子毛儿～了一下。❹ 黏住；吸住：玻璃叫吸盘～住了。❺ 张开；裂开：衣裳～开缝了｜地下都～开了。❻（ba）词缀，用在单音节动词后面，有舒缓音节和舒缓语气的作用，有的表示随便或轻松地做某事：打～｜踩～｜锄～｜挤～｜捏～｜弹～｜扬～｜摊～｜剁～｜垛～｜砸～｜劈～｜剔～｜分～｜抻～｜洗～｜搓～｜眨～。

【巴巴儿的】bǎr bǎr di ❶ 结实或牢靠的样子：这个胶粘东西～。❷ 出色的样子：这个小狗看门～。

【巴不准】bǎ bu zhūn 说不准；有可能：孩子～是跑出去耍去了。

【巴缝儿】bǎ fengr 开裂；裂开缝隙：裤子～了｜地里冻得都～了。

【巴狗儿】bà gour =〖巴狗子〗bà gou zi 哈巴狗。

【巴架】bǎ jià 巴结：他从小就会～有钱人。

【巴毛不醒】bǎ mào bǔ xīng 没有睡醒或倦怠恍惚的样子：他困得～的，别叫他。

【巴涩】bǎ shēi 舌头感到不润滑或麻木难受的滋味：这些苹果吃起来～～的。

【巴数】bǎ shu 数落；指责；责备：孩子也这么大了，不能守着外人～｜《聊斋俚曲集·姑妇曲》第一段："大成～了一阵，墙上挂着一支鞭子，拿下来把珊瑚打了几下子，于氏那气才略消了。"｜《聊斋俚曲集·翻魇殃》第四回："他每日～我还要落泪，何况是到如今水净鹅飞，我不知到后日怎么受罪。"

【巴望】bǎ wàng 盼望；希望；指望：当老儿的没有不～儿女好的。

【巴望头】bǎ wàng tou 盼头；可以盼望的目标：孩子们都出国了，逢年过节也没有个～。

【巴蜇子】bā zhè zi =〖巴蜇子毛儿〗bā zhè zi màor 一种蜇人的毛虫，学名刺蛾：△一个人一个命，一个～一个瓮。

【巴蜇罐儿】bā zhè guànr =〖巴蜇子罐儿〗bā zhè zi guànr 刺蛾的幼虫，因外包硬壳形如小罐，故称。

【巴挣】bǎ zheng 为了生计辛苦劳作：他不割舍吃不割舍喝～了半辈子，就是为了孩子。

【吧吧】(～儿) bǎ bar 〈贬〉说：你说的话，他都上外边儿给人家～儿｜别听他跟你瞎～儿。亦作"巴巴"：《聊斋俚曲集·禳妒咒》第二十四回："适才胡挠胡抓的做了两碗菜，已是完了一天的大事，且找个人去巴巴瞎话。"

【吧嗒】bà dǎ 象声词：我听见盒子～一声掉地上了。

【吧嗒车】bǎ da chē =〖吧嗒吧儿〗bǎ da bǎr 泛指摩托车及机动三轮车：他骑着个～上货去了。

【吧嗒人儿】bǎ da rènr 一种泥制的儿童玩具，一根竹棍上有人的造型，旋转时发出"吧嗒吧嗒"的声响，故名。

【吧拉】bǎ la 〈贬〉说：少和那些闲老婆去～闲话。

【把】bā ❶ 手柄;物体上便于手拿的部分:刀～儿│车～。❷（～儿)多余的部分;剩余的部分:他干活儿剩下些～儿,叫人家给他打扫脚后跟│他说话老是愿意说上个～儿。❸ 控制;掌握;看守:～门儿│他们厂里所有的事都他一个人～着。❹ 拿;处置:谁也不能～他怎么样。❺ 从后面托起小孩两腿使之大小便的动作:～尿。❻ 靠近;位于:～东头儿│～边儿。❼ 结拜:～兄弟儿。❽ 量词,可以用手一把拿起拿的量:一～泥│两～花生。❾ 量词,把散的东西用线绳等扎起来的一小捆:△三～韭菜两～葱。❿ 量词,用于有把手的器具:一～刀│两～蒲扇│一～椅子。⓫ 量词,用于手的动作:拥了她一～│拉他一～。⓬（～儿)轮;遍;次:坐下打两～儿扑克再走│下～儿来的时候,别忘了捎着钥匙│要紧长记性,这样的事儿可没有第二～儿。

【把把儿】❶ bār bar 用一只手能攥起来的数量,指很小或很少一点:你看他现在瘦得那一～。❷ bà bār 每一次:～见了人家,～叫错名儿。

【把把戏儿】bà ba xìr ❶〈贬〉能力;本事:没有那个～就别去瞎戳弄。❷ 花招;伎俩:咱也不知道他背后耍了些什么～。

【把头儿】bā tour 指船老大或工坊里监工的人。

【把风望门】bā fěng wǎng mèn 在外围留心观察动向:叫老刘待外边～。

【把尿】bà niào 从后面用手托起小孩儿的两腿,让其小便。

【把屎】bǎ shī 从后面用手托起小孩儿的两腿,让其大便。

【把心放肚子里】bà xǐn fàng dǔ zi le 完全放心的样子:你快～,别心事了。

【把兄弟儿】bà xǐng dìr 拜把子的兄弟:那几个～们都跑来帮忙。

【把眼哭成个铃铛】bā yān kū chèng ge lǐng dang 哭泣后眼睑肿胀的样子:快去劝劝她,你看他都把～了。

【把攥】bā zuàn 非常有把握:手掐～│他处理这么点儿事儿是～的│△瞎汉擤鼻清——～着。

【疤眼儿】bǎ yànr ❶ 眼部的疤痕:他那个～是小时候长珠眼儿留下的伤。❷ 眼皮上有疤痕的人。

【疤渣】bǎ zha 树枝被砍掉后在树干上留下的疤痕或树茬:这根木头不好,～太多了。

【疤疤渣渣】bǎ ba zhǎ zha 木头表面凹凸不平的样子:桌面没推平,摸起来有点～的。

【笆】bǎ 用高粱秆等捆扎编成的长束或箔席,用做屋顶的底材:屋～│～泥。

【笆板】bǎ bān 斜坡屋顶的面板:那棵树都叫他界巴界巴当～使了。

【笆泥】bǎ mì 斜坡屋面上用来密封和固定瓦片（或麦秸草、海草等）的泥。

【笆篓】bà lou ＝〖笆篓子〗bà lou zi 用棉槐等有韧性的植物的枝条编制的篓子。

【屄屄】bǎ ba 幼儿用语，屎；粪便：△天不怕地不怕，就怕飞机拉～。亦作"巴巴"：元杂剧《存孝打虎》第二折："我若杀的过，则管杀；我若杀不过，我便走了，看你怎生刺巴巴。"

【畋家】bà jiǎ 顾家；为家庭劳碌：这个闺女真～，儿都不换。‖《集韵》："畋，敛也。"

【畋家虎儿】bà jia hūr 勤劳顾家的人；善于为家庭谋利益的人：他那个媳妇真是个～。

【雹子】bǎ zi 冰雹：夜来下的大～和鸡蛋样的｜△云彩黑，带红边，下雨定带～块。

【湃】bà 用冰或凉水使冷：把西瓜放水里～～再吃｜《红楼梦》第三十一回："才鸳鸯送了好些果子来，都～在那水晶缸里呢。"｜《红楼梦》第六十四回："宝玉笑道：'这真难为你想的到。只是也不可过于赶，热着了倒是大事。'说着，芳官早托了一杯凉水内新～的茶来。"｜《金瓶梅词话》第二十九回："春梅说：'嗔道不进房里来。说你要梅汤吃，等我放在冰里～一～你吃。'西门庆点头儿。春梅～上梅汤，走来扶着椅儿，取过西门庆手中芭蕉扇儿替他打扇。"又："于是春梅向冰盆内倒了一瓯儿梅汤，与西门庆呷了一口，～骨之凉，透心沁齿，如甘露洒心一般。"｜《金瓶梅词话》第五十二回："只见黄四家送了四盒子礼来，平安儿掇进了，与西门庆瞧，一盒鲜乌菱，一盒鲜荸荠，四尾冰～的大鲥鱼，一盒枇杷果。"亦作"拔"：《醒世姻缘传》第八十二回："相主事即时差了相旺前去，正见狄希陈递了诉状，正从南城来家，走的通身是汗，坐着吃冰拔的窝儿白酒。"又："这天热，旺官儿，你也到前头厅上脱了衣裳，吃碗冰拔白酒，凉快会子。"

【湃凉】bǎ liang 如同凉水或冰水一般凉：缸里的水～～的，他就这么舀着喝。

【罢了】bǎ ler ❶ 语气词，用在陈述句的末尾，对句子的意思起冲淡的作用，前面常跟"不过"等词呼应，相当于"而已"：这不过人家不去过多追究～。❷ 用在陈述句末尾，相当于"另当别论"：人家说不要就～，也不应该直接给人家分了。

【罢什的】bǎ shi di 作罢；不再计较：你再去找他也没有用了，快～吧。

【鲅鱼食】bà yu shì 鳀鱼。

【拔概】(～儿) bǎ juèr 指一种竞技游戏,两人互相抱住对方的腰,将对方拔离地面者取胜:范摅《云溪友议》第一卷:"闻镇海军进健卒四人……悉能～角抵之戏。"

【拔脓】bǎ nèng ❶ 将拔毒膏药贴敷在尚未破溃的脓包上,以祛除脓液。❷〈贬〉使经受痛苦:就他儿真能给他拔拔脓。

【拔气】bǎ qì 嗳气,胃里有气体向上走:她一生气的话,就～拔不迭了。

【拔腿】bà tēi ❶ 抬起脚(跑):听见有人来了,他～就跑。❷(从沙土、泥浆等物中)将腿提起:他脚铲待滓泥里,怎么～就拔不出来。❸ 从纠纷、麻烦中脱身,一般用于反问或否定句式中:现在撤身还能行,到时候恐怕都拔不出腿来了。

【茇瘩】bā da =〚卜瘩〛bū da ❶ 玉米、小麦等农作物收割后剩下的根部与其所连接的残茎:苞米～。‖《说文解字》:"茇,艸根也。从艸发声。春艸根枯,引之而发土为拔,故谓之茇。一曰艸之白华为茇。北末切。"|《輶轩使者绝代语释别国方言》第三卷:"茇,根也,东齐或曰茇。"|《梦溪笔谈·杂志二》:"余使虏,至古契丹界,大蓟茇如车盖。|"陆龟蒙《奉酬袭美先辈吴中苦雨一百韵》:"首到春鸿蒙,犹残病根茇。看花虽眼晕,见酒忘肺渴。"❷ 疙瘩状物:绳子上有个～挡住了|桃树根上长了些～。

【枑棍】(～儿) bǎ gùnr 木棍:△一等人使眼教,二等人使嘴教,三等人使～溜秋教。亦作"巴棍":黄六鸿《福惠全书》:"执所携巴棍而毒殴之,名曰下马威。"|《聊斋俚曲集·翻魇殃》第四回:"我就狠一狠,交个那杀人贼,也省的我路上着他抓住,使那巴棍打我这腿。"|《聊斋俚曲集·翻魇殃》第九回:"大姐说:'必然打你一百巴棍。若不得捱打,就请走。'"|《聊斋俚曲集·禳妒咒》第十六回:"或者是脸上抓,身上掐,腿上扭,腔上砸,棒槌槌,巴棍打。"|《聊斋俚曲集·禳妒咒》第二十四回:"一年八石粮,上了工细端相,主人家试试怎么样?一碗不香使巴棍就降,打的裤儿提不上。"|《聊斋俚曲集·富贵神仙》第六回:"差人见他不能走,后头路待使巴棍揎。"‖《说文解字》:"枑,桴也。""桴"古通"棒"。

bai

【摆】bāi ❶ 用清水简单地漂洗:这里水现成,一阵儿就把衣裳～～了。❷ 理睬:他自觉不臭去找人家,人家根本就不～他。

【摆弄】bāi leng ❶ 捣鼓:他买的那些石头,一间屋都～满了。❷ 支配;摆布:他根本就不听人家～。❸ 照顾:她按天～那两个孩子就要使死了。❹ 打理;料理:有空他就～那几棵花儿。

【摆筛】bāi shai ❶ 摆动;摇动:小狗儿一见他回来那个尾巴就～不迭了|他待那儿直～头,你也没看见|△狗尾巴上的露水——经不起～。❷ 爱出风头;骄傲自大:他哥哥那块东西真能～|你看他就学了这么点手艺就～起来了。

【摆理】bǎi lī 讲理;摆出道理或理由:你待和他们～,吆喝没有用。

【摆谱儿】bǎi pūr 摆场面;摆架子:回来的人说,他摆的那个谱儿不小。

【摆手】bǎi shōu 摇手,表示否定或阻止:药王爷～——没治了。

【摆台】bài tài 伺候:他做点儿什么老是待跟着二十四个～的。

【别】bài 不要,表示禁止或劝阻,发音同"败":你快～说他了|咱要紧～去想那样的好事儿|△嫚儿嫚儿你～馋,过了腊八就过年。

【别以】bài yi 别;不要,一般单用:看你老是给孩子花些钱,再～。亦作"败以":1928年《胶澳志》:"败以,禁止人且勿如此,又不要如此即曰败以。"

【摆供儿】bài gèngr ❶ 摆放祭品。❷ 喻指成为摆设:那么多东西成天就放那里～。

【刮划】bāi huai 炫耀;显摆:别听他待那～,净吹出来的。

ban

【半饱儿】bàn baor 吃了饭量的一半:晚上饭就吃个～就行。

【半彪子】bàn biao zi 智商不足之人:他是个～,他的话你也听?

【半痴大嘟】bǎn chǐ dà yè 有点痴傻的样子:他～的还能指着他做点什么?

【半大】bàn da 介于大和小之间的:～孩子|～衣裳|《醒世姻缘传》第九回:"这一匹水红绢,叫裁缝替我裁个～袄,剩下的,叫俺嫂子替我做件绵小衣裳,把这二斤丝绵絮上。"

【半大孩子】bàn da hǎi zi 幼儿或少年:这些～是最不好管的时候|△～壳罗猪(形容能吃)。

【半道】(～儿)bǎn dàor 道路的一半;半路:他走到～儿才想起来没拿钥匙|李白《流夜郎半道承恩放还兼欣克复之美书怀示息秀才》:"去国愁夜郎,投身窜荒谷。～雪屯蒙,旷如鸟出笼。"|贺铸《弄珠英》:"应占镜边春,想晨妆、膏

浓压翠。此时乘兴，～忍回桡，五云溪，门深闭。"|《昭明文选》第二十卷："六国时，张敏与高惠二人为友。每相思不能得见，敏便於梦中往寻，但行至～，即迷不知路，遂回，如此者三。"

【半导体】bàn dǎo tī 本指半导体收音机，泛指各类收音机，属于老派的说法，现在已很少使用：家里老人不大爱看电视，倒是愿意听～。

【半吊子】bǎn diào zi =〖二半吊子〗lèr bǎn diào zi 愚笨痴傻的人：二百五～|听说话就知道他是个～|《风月梦》第二十三回："我却把他做个朋友，哪晓得是个～。"

【半干不湿】bǎn gǎn bu shī 没完全干透，仍然有些湿的样子：衣裳～的就收起来了，快再拿出去晒晒。

【半过晌儿】bàn guo shāngr 半个下午；下午一半的时间：不知道他又跑哪个场去了，～没有个影儿。

【半截半块】bǎn jiè bǎn kuài =〖半截子半块〗bǎn jiě zi bǎn kuài 破损或零碎的样子：桶里掏的馒头～的，真疼人。

【半截子话儿】bǎn jiě zi huàr 没说完整或表义含混的话：他撂下这么句～就走了。

【半截子气】bàn jie zi qì 形容说话时气息微弱：他年纪轻轻儿的，说话怎么老是～？

【半坎子】bàn kǎn zi 进行到大约一半：他把房子装修了个～又撂那儿不管了。

【半裤儿】bàn kur 裤脚在膝关节上下的裤子。

【半拉】bàn la =〖半拉子〗bàn la zi ❶ 大约一半：他家的新屋盖到～架了|他跟着人家去挖蛤蜊，一直到～宿才回来。❷ 接近勉强算作：恁儿十来岁就长这个大个子，都成了个～劳力了|他成天跟着几个医生一堆耍，也快成了～大夫了。

【半拉宿】bàn la xū 半夜：这一个月他都加班到～才回来。

【半利不落】bǎn li bù luò =〖半零不落〗bǎn ling bù luò 拖泥带水、丢三落四的样子：他干剩的活都～，没有人愿意接。

【半轮儿】bàn ruir 特指一种车型较小、车链装有链子盒的自行车：当时他攒了半年的钱买了个～。

【半门子】bàn men zi =〖半门〗bàn men ❶ 大约有门洞高度一半的门。❷ 暗娼。

【半年】bǎn niàn 农历节日,每年的农历六月初一为半年日。

【半晌不夜】bǎn shāng bù yè 不是中午也不是夜间,意为时间不合适,不是时候:他～地上人家去,净去添难为。

【半身儿】bàn shēnr 比普通衣服长,比大衣短的一种衣服式样。

【半死不拉活儿】bǎn sī bǔ la huòr 有气无力、奄奄一息的样子:天旱得那几棵树都～的。

【半头儿】bàn tour ❶ 半截的:～砖。❷ 半截的东西:拿几个～就够了。

【半头晌儿】bàn tou shāngr 半上午;上午一半的时间:△腿痛腰酸疮疤痒,雨来不用～。

【半头砖】bàn tou zhuǎn ❶ 半截的砖:老三去拉了一车～回来,才进门|《聊斋俚曲集·增补幸云曲》第五回:"乍离龙床鸳鸯枕,土炕上无席铺杆草,～只垫上檐毡帽。"|《聊斋俚曲集·墙头记》第一回:"炕上铺着席头子,头枕着块～,就死了可有何人见?"|《聊斋俚曲集·翻魇殃》第十一回:"加镢尽力只一拗,塞上一块～,大冒一阵气才散。"|《聊斋俚曲集·富贵神仙》第三回:"自己铺下草,找了一块～,嫌硌头又使衣服垫,依壁坐来把腿盘。" ❷ 对人的贬称:他和个～似的还想逞能|《金瓶梅词话》第七十八回:"我见那水眼淫妇矮着个靶子,象个～儿也是的!把那水济济眼挤着,七八拿枸儿舀!"

【半下空】bǎn xià kěng ＝〖半悬空〗bǎn xuàn kěng 半空中;空中:袋子都飘～去了,谁也够不着|他叫人家吊待～里好一个打|《聊斋俚曲集·磨难曲》第二十回:"才秀才三两日,那里想到半悬空?我就知道不中用。"

【半下老婆子】bàn xia lào pě zi 接近老年的妇女:她也是～了,不是当年的小媳妇了。

【半下老头儿】bàn xia lào tòur 接近老年的男子:都是～了,不中用了。

【半宿】bǎn xū 半夜:他老是到了～才回来,孩子们都困了|《聊斋俚曲集·快曲》第四联:"等了～没有信儿,听得城头四更鼓敲。"|《聊斋俚曲集·磨难曲》第二十五回:"父子两个说了～。太公说:'我儿,已交四鼓了,你去闭闭眼,明日好做文章。'"

【半宿大夜】bǎn xū dà yè 半夜:这么个小嫚嫚儿～地出去谁能放心?|他一出去喝酒,就～才回来。

【半夜五更】bàn ye wū jing 半夜;深夜:～起来欻拉,弄得人家也困不着觉。

【半渣狗厉】bàn zha gòu lì 狠毒、苛刻的样子:他望着自己的孩子都～的,真不是个人种。

【半中腰】bǎn zhèng yǎo ❶ 长度在中间的位置:萝贝头辣腌臜,最好吃的就是～。❷ 中途;事物发展过程当中:～蹦出这么个事儿来,谁也不敢应承|《金瓶梅词话》第六十八回:"过了同仁桥牌坊往东,打王家巷进去,～里有个发放巡捕的厅儿。"

【拌调】bǎn tiao 搅拌;胡乱地搅拌:他～得桌子上乱糟糟的。

【拌嘴】bǎn zuī 强嘴;争吵:他们又为些鸡毛蒜皮的事待那儿～|《金瓶梅词话》第二十四回:"两个正～,被小玉请的月娘来,把两个都喝开。"|《红楼梦》第十七回:"才他老子拘了他这半天,让他松泛一会子罢。只别叫他们～。"|《红楼梦》第二十回:"宝玉会意,忽'嗳'一声帘子响,晴雯又跑进来问道:'我怎么磨牙了?咱们倒得说说!'麝月笑道:'你去你的罢,又来～儿了。'"|《红楼梦》第六十四回:"老太太、太太不在家,这些大娘们,嗳,那一个是安分的,每日不是打架,就～,连赌博偷盗的事情,都闹出来了两三件了。"|《聊斋俚曲集·磨难曲》第五回:"一个说:'不必～。相公们,俺只当央及您,这不是好去处,咱走动些。'"|《醒世姻缘传》第七十九回:"童奶奶吆喝道:'别这样没要紧的～拌舌,夫妻们伤了和气!'"

【绊绊磕磕】bàn ban kǎ ka ❶ 行走受碍或费力的样子:他～地跑海边儿去了。❷ 说话停顿并费力的样子:他说句话都～的不利索。

【绊绊拉拉】bàn ban lǎ la ❶ 妨碍行走的样子:他屋里的东西摊得到处是,～的也不知道收拾收拾。❷ 说话停顿并费力的样子:看样儿他没提前看稿子,念起来都～的。

【绊磕】bàn ka 障碍;阻碍:谁办事能不经着点儿～,这都不算什么。

【绊拉】bàn la ❶ 绊脚;妨碍行走:地下的绳子～人。❷ 妨碍;干扰:调动的事就叫他一直～着。

【办弄】bǎn leng ❶ 置办;购买:你说你～这么多东西谁能吃了?❷ 折腾;糟踏:两个孩子～得家里都没有下脚的场儿。

【板】bān ❶ 较硬的片状物体:木～|铁～|门～|铺～|预制～|纤维～|楼～|案～。❷ 不灵活;死板:自然点儿,笑起来别那么～。❸ 板结:这块儿地施化肥施得都～了。❹ 表情严肃或不悦:他整天～着个脸给谁看。

【板板】❶(～儿)bānr banr 平而薄的样子:他是个～身子。❷ bān ban 表情严肃或不悦的样子:到家也没有个好模样,老是～着个脸。

【板筋】bān jin ❶ 猪牛羊等的筋腱:烤～。❷ 脖子两侧肩上部的筋腱:给我拿拿～这里。❸ 性格古板;行动迟缓的人:你看你慢得就赶个老～。

【板脚】bǎn juē 鞋子太硬穿着不舒服：才买的这双鞋管那好，就是穿着～。

【板牙】bān ya 门牙：他那个大～演戏倒是好。

【板铮儿】bān zhengr 整齐；端正：他干的活儿都那么～。

【般般样样儿】bǎn ban rǎngr rangr 各种各样；品类齐全：你～买这么多东西，太给恁添麻烦了。

【般打般儿】bǎn dà bǎnr ❶ 年龄相仿：他们那几个是一个村儿的，也都～。❷ 大小相近：他选的那些都～，匀溜个儿。‖ 1928 年《胶澳志》："～，言一般相等也。"

【般配】bǎn pèi 彼此条件相当；配得上：他们两个挺～的。

【般上般下】bǎn shàng bǎn xià 年龄相仿：他们几个～，真能耍到一块儿去。

【般样】(～儿) bǎn yàngr 种类；类型：都是自己家人吃个便饭，怎么还做上这么多～儿的菜｜《朱子语类》第四卷："此只当以人品贤愚清浊论。有合下发得善底，也有合下发得不善底，也有发得善而为物欲所夺，流入于不善底。极多～。"｜《朱子语类》第二十卷："天下道理千枝万叶，千条万绪，都是这四者做出来。四者之用，便自各有许多～。"

【搬】bǎn ❶ 移动物体的位置：～砖｜～石头。❷ 迁移：△屎气蛝～家——滚蛋。❸ 在非正餐时间吃东西：他进门就～了个馒头。❹ 旧时指正式地邀请：△割大锯，拉大板，将媳妇，望好天。～他姑，～他姨，～他红眼二舅母｜《醒世姻缘传》第四回："你放着南关里萧北川专门妇女科不去请他，以致误事。你如今即刻备马，着人～他去！"｜《聊斋俚曲集·姑妇曲》第二段："到了九日上，他哥哥自家来～他。"又："我今夜寻思了一个法儿，你在家守着咱娘，我往沈家庄～咱姨来看看。"｜《聊斋俚曲集·翻魇殃》第一回："每遭来家，一点合不着他的意思，就使出来，因此整年的没人～他，倒是他后娘过意不去，着人～了他来，待了半年，又不好了。"

【搬挑】bǎn tiao 折腾；搬弄：才收拾出来的仓库，叫他～得门里大外的。

【瓣】bàn 量词，(未脱粒前的玉米棒)个：苞米儿五块钱三～。

bang

【帮】bǎng ❶ 帮助：△打墙盖屋，邻～相助｜△人靠人～，花靠叶扶｜△土～土成墙，穷～穷成王｜△饥时～一口，强起饱了～一斗。❷ 物体两旁或周围的部分：鞋～儿｜菜～儿｜△狗叼白菜～儿——和块肉似的。❸ (～儿)

由同伴组成的集体；团伙：他们是一～儿的｜千万不能叫孩子入了坏人～儿。
❹（～儿）量词，群（用于人）：来了一大～人。

【帮子】bǎng zi ❶ 蔬菜叶子的较厚部分：白菜～｜大头菜～。❷ 量词，群；伙：这～人干活我看还像那么回事儿。

【绑筋】bāng jin 用于固定混凝土内的钢筋结构的细铁丝：这个钩子是专门绑～的。

【绑腿】bāng tei 把小腿部捆绑起来的宽布条，利于长途行走：以前当兵的都打着～。

【棒】bàng ❶ 棍子；棍状物：～槌｜苞米～子。❷ 壮实；体力强：这么～的汉们头儿。

【棒实】bǎng shi 壮实；结实（形容人）：恁兄弟长得真～。

【傍】bǎng（bàng）❶（方位）靠近：我种的那块地就～着他家的。❷ 从边缘处接合：这块布不够长儿，从边下乞（给）它～上块儿。❸（时间）临近：～明天儿｜～晌儿｜～黑儿｜～年根儿。

【傍附】bǎng fu（时间）接近；靠近：你等～明天儿的时候再走。

【傍黑儿】bǎng hēir ＝〖傍黑天儿〗bǎng hei tiǎnr 傍晚；临近天黑的时候：俺几更回村儿都～了｜△早上倒照不出门，～倒照晒死人。

【傍明儿】bǎng mìngr ＝〖傍明天儿〗bǎng mìng tiǎnr 黎明；临近天亮的时候：～他就起来上山了。

【傍年根儿】bǎng niàn gěnr ＝〖傍年〗bǎng niàn 临近年底或春节的时候：眼看都～了，外边儿的账都还没收上来。

【傍七傍八儿】bǎng qī bǎng bār 时间上比较接近或程度上差不多的时候：你等到～的时候再去问问也不晚。

【傍晌儿】bǎng shāngr ＝〖傍晌天儿〗bǎng shàng tiǎnr 将近正午的时候：你走的时候正是个～，一路上太晒了｜《聊斋俚曲集·寒森曲》第八回："一日，歪子小～还没吃早饭，出来又没捞着什么。"

【膀】bàng 哺乳期妇女乳房积存乳汁过多而鼓涨：她的奶儿真多，孩子一不吃就～得痛。

【膀身】bāng shen 肩部：你看他～那个宽。

【膀窝儿】bāng wer 腋窝处：穿上衣裳看着～这儿有点瘦。

【膀子】bāng zi ❶ 肩膀。❷ 可以帮助和依靠的人：多个兄弟多个～。

bao

【包袱花儿】bǎo fu huǎr 植物名,桔梗。

【包管】bǎo guān 保证;一定:从这条路走,～一刻钟到家|《红楼梦》第二十八回:"太太给我三百六十两银子,我替妹妹配一料丸药,～一料不完就好了。"

【包脚】bǎo juē 裹脚。旧时把女孩子的脚用长布条紧紧地缠住,使脚骨变形前头尖小的陋习:△临渴掘井,上轿～。

【苞根儿】bào genr 植物名,中华结缕草。

【苞米儿】bǎo mīr 玉米:春～|秋～|～骨头。

【苞米碴子】bǎo mī chǎ zi 研磨后细碎的玉米颗粒:～饭。

【苞米骨头】bǎo mī gū tou =〖苞米芯子〗bǎo mīr xǐn zi 玉米芯,玉米脱去籽粒后的穗轴。

【苞米秸子】bǎo mī jiǎi zi 玉米植株的杆茎,以前常用来烧火做饭或作为骡子、马等牲畜的饲料:快去拿两捆～来家烧。

【苞米儿皮】bǎo mīr pì 包裹玉米穗的片状外皮。

【苞米儿缨儿】bǎo mīr yǐngr 包裹在玉米穗上的玉米须。

【苞米面】bǎo mī miàn 玉米面:～饼子|△～的哥哥——那是碴子。

【饱耐】bào nai 衣着厚实暖和:这趟出去这么远的路,穿得～点儿。

【饱饱耐耐】bào bao nǎi nài 衣服穿得厚实的样子:这么冷的天儿,要紧穿得～的。

【饱咕咕】bāo gù gù 吃饱的样子:不用喂他了,他才吃得～的。

【菢】bào ❶孵卵:～窝|别吓着那个老母鸡,它待那～小鸡|《农政全书·牧养·鸡》:"养鸡不～法:母鸡下卵时,日逐食内夹以麻子喂之,则常生卵不～。"|韩愈《荐士》诗:"鹤翎不天生,变化在啄～。"❷繁殖;生:他养的羊～小羊了|家里的猫这一窝～了五个小猫儿。‖《唐韵》:"～,薄报切,音暴。"《广韵》:"～,鸟孵卵。"《集韵》:"～,鸟伏卵也。"其本字为"抱",见《輶轩使者绝代语释别国方言》第八卷:"北燕、朝鲜、洌水之间谓伏鸡曰抱。"|《格物粗谈·禽类》:"母鸡生子,与青麻子吃,则长生不抱。"|冯贽《云仙杂记》第四卷:"封少卿问禅于龙华厚参师,曰:'金鸡抱卵时如何?'"|张鷟《朝野佥载》第四卷:"王幸在家穷,无物设馔,有一鸡见抱,已得十余日,将欲杀之。"|元杂剧《五侯宴》第四折:"王员外将鸭蛋拿到家中,不期有一雌鸡正在暖蛋之时,王员外将此

鸭蛋与雌鸡伏抱,数日个个抱成鸭子。"|《醒世姻缘传》第五十二回:"每年园里也养三四个猪,冬里做了腌腊;自己腌的鸭蛋,抱的鸡雏。"|《聊斋俚曲集·慈悲曲》第一段:"古时有一家人家,屋里有一窝燕子。那小燕子方才抱出,那母燕子被猫咬去。"

【菢生】bào sheng ❶ 动物繁殖:兔子一年也不能～出来多少。❷ 植物萌芽生长:把豆子泡泡先～着芽儿。

【菢窝】bào wě 孵卵,有时用来调侃妇女坐月子:母鸡正待那～。亦作"抱窝":《金瓶梅词话》第三十三回:"你没的说,倒没的倡扬的一地里知道,平白噪刺刺的抱什么空窝,惹的人动的唇齿。"

【菢窝鸡】bǎo wè jǐ ❶ 孵蛋的母鸡。❷ 形容头发凌乱邋遢的人:他那个头和个～样的,就这么出来了。❸＝〖菢窝儿〗bǎo wer 豆象,豆类在存储过程中容易吸引一种飞虫,幼虫生活于干豆上,并以其为食。

【报庙儿】bǎo miàor 旧时在人去世后,逝者家属到土地庙报告死亡消息:营饿那几年～的都排队。

【保险】bǎo xiān ❶ 保证;一定:她～能给惩闺女说个好女婿。❷ 确保安全;确保没有问题:放家里是最～的。❸ 商业保险:村里给社员都投了～。

【保准】bǎo zhūn 一定;保证:这时候还没回来,那他～出去耍去了。

【煲】bào 特指将凉了的开水再加热烧开:暖壶里的水都凉了,倒燎壶里～～吧。

【暴】bào 尘土飞扬;尘土落在东西上:快关上窗,外边太～了|《聊斋俚曲集·增补幸云曲》第十五回:"佛动心你好邋遢,茶壶放在床底下。没有盖子闭着口,～上灰尘怎么顿茶?"|《醒世姻缘传》第五回:"拿罩儿罩住,休要～上土。不久就是万岁爷的圣诞,进了万岁爷罢。"亦作"报":《聊斋俚曲集·蓬莱宴》第三回:"把火吹,把火吹,一霎报了一头灰;软窈窕的玉人儿,怎么能受这样罪?"

【暴皮】bào pì 因暴晒造成表皮受伤起皮:大毒日头把人都晒～了。

【爆仗】爆竹:孩子们都待天井里放～|《聊斋俚曲集·禳妒咒》第一回:"我就从来～性,受不的气儿顾不的命。"|《聊斋俚曲集·禳妒咒》第十五回:"可是羃着耳朵放～,使了钱卖了些出作。"亦作"爆张""爆樟":《庄农日用杂字》:"蜡烛称几斤,爆张买两盘。"|《聊斋俚曲集·俊夜叉》:"我一时爆樟性,你也骂的尽够了,从今受了娘子教。"

be

【波罗儿】bě ruòr 水泡；气泡：你看这些鱼待水里吹～。

【波罗盖】(～儿) bě luo gàir 膝盖：他伤着腿了，一阴天～儿就痛|《海浮山堂词稿·南吕一枝花·月食救护》："黑呼通阴霾半夜天，硬哥邦石砌当阶地，软乌刺腿丁骨存了血，碜柯查～去了皮，隔重云日月交食，打不破昏思迷。"|《聊斋俚曲集·磨难曲》第二十八回："里苦哀哉，疼又麻难顾追，十万蛆蜇这～。"|《醒世姻缘传》第十回："这话长着哩！隔着层夏布裤子，垫的～子慌！我起来说罢？"|《二十年目睹之怪现状》第一百零三回："这老妈子把自己的～儿堵住了二奶奶的谷道。"亦作"波落盖"：《聊斋俚曲集·禳妒咒》第一回："戚老爷丢了刀，一波落盖跪下，捏起那嗓根头子来，哏哏了一声说：'我杀乜鸡你吃。'"

【波螺儿】bě ruòr 泛指小海螺：俺上海沿捡了不少～。

【啵】bē (bě) 语气助词，相当于"吧"，亦作"波"：❶ 表示请求、催促、建议：都来叫了好几遍了，咱快去～|元杂剧《拜月亭》第二折："父亲息怒，宽容瑞兰一步，分付他本人三两句言语呵，咱便行波。" ❷ 表示疑问：恁是夜来家去的～？ | 元杂剧《合汗衫》第三折："长街市上，有那等舍贫的财主波？救济俺老两口儿！"|元杂剧《窦娥冤》第一折："孩儿也，你教我怎生说波？"

【啵啵儿】běr ber 胡说；背后议论：还不知道他都在人家眼前～了些什么。

【啵啵儿嘴】běr bèr zuī 守不住口的人；爱打听和传播别人隐私的人：她顶着个～不敢跟她说个事。

【啵啜】bě chuo 胡编乱造地说；背后挑弄是非：他回去添盐拨酱地瞎～。

【啵曰】bě yue〈贬〉说：叫他这一顿～，改成的事也不成了。

【菠萝眼】bě luò yān ❶ 眼部疾病，医学名称为角膜葡萄肿。 ❷ 形容身体有缺陷的人或有不良嗜好的人：她挑来挑去挑了个～。

【簸箕嘴】bè qi zuī 爱传播是非、口无遮拦的人：他顶着个～，走到哪里都瞎噗噗儿。

【脖梗儿】bě gēngr =〖脖子梗〗bě zi gēng 人或动物的脖子与后背相接的一侧：快去把～洗洗，看看脏的|△骑驴骑～——要的这个摩登景儿。

【馍花儿】bē huar 烙制的带有吉祥图案的面食：七月七，焖～。

【馍花儿榼子】bē huar kā zi 刻有鱼、桃、元宝、莲蓬等吉祥图案的木制模子，用来制作面食。

【馍馍】bě be 指圆形的馒头。是老派的说法，现在已经很少使用：枣儿～│香～│他那日子真是～往油里滚│△小大嫚,好大脚,扑丫扑丫上了坡。
拾麦子,蒸～,看看大嫚吃多少│△老雕老雕你打场,挣个～乞恁娘,老娘不吃给
老黑,老黑吃了好打滚儿。亦作"饆饆""波波":元杂剧《黄粱梦》第四折:"他
怀里又没点点,与孩儿每讨饆饆。"│元杂剧《冯玉兰》第一折:"奶奶敢肚饥了。
且住一住儿,等我买几个波波来吃咱。"│明杂剧《雌木兰替父从军》第一出:"偌
咱要递你一杯酒儿,又忙劫劫的。才叫小鬟买得几个热波波,你拿着,路上也好
嚼一嚼。"

【饆饆蒿儿】bě be hǎor 莨陈,一种菊科植物。

【饆饆往肉里滚】bě bè wāng yòu le gūn 好事连着好事;好事加上好事:人
家小嫚说了这么个好茬儿,这不是～?!

【煿】bē ❶ 将食品放在锅上烘烤或放到少量油中煎:～鱼│～饼子│～饆
花儿│～茄子饴│～黄花鱼。❷ 烘烤;烘干:炕都～人了,别添火了│△蹦蹦蹦,
上南岭;开白花,结黑种;推白面,～黑饼(谜语:荞麦)。‖《集韵》:"～,伯各切,
火干也。"

【煿饼】bě bīng 烙制面饼:她～真好吃│△船上～——调过来(因渔民忌说
"翻")。

【煿炕儿】bè kàngr 在热炕上坐或卧:俺就愿意上恁家去～喝茶水。

【蜅浆】bě jiang 螳螂的卵块,中药名为团螵蛸。‖ 应为"蜅蟭"的变音:《广
韵》:"蜅蟭,螳蜋卵。"

【薄】bè ❶ 厚度小:～皮儿│柊～│～板。❷ 稀;浓度小(与"稠"相对):
做的稀饭太～了│《聊斋俚曲集·墙头记》第一回:"热了烫人嘴巴子,～了照出
行乐图,老来相处你这椿物。"│《聊斋俚曲集·磨难曲》第七回:"店主说:'病后
只宜吃～粥,快做快做。'"❸ 贫瘠:山礓～地。❹ 少:这个买卖利钱很～。

【薄薄儿】běr ber 很薄的样子:这么条～裤子穿着冻腿。

【薄溜儿】bě rour ❶ 单薄:这块儿布儿太～了。❷ 稀薄:今日晚上做的稀
饭挺～的。

【薄溜溜儿】bě ròur rour ❶ 单薄的样子:肉待～地切着。❷ 稀薄的样子:
黏粥就～的好喝,厚了就难喝了。

【薄生生】bě shèng shèng (令人满意的)薄的样子:他切得那个肉片儿～,
吃起来真顺口。

【薄屎】bě shi 溏便,指较稀的大便:拉～│《醒世姻缘传》第三十二回:"你
两个吃的也够了,也该略退一步儿,让别人也呵点汤,看撑出～潲来,没人替您

浆裤子！"

【薄枵】bě xiao =〖单枵〗dǎn xiao 单薄的样子：你穿那件子衣裳太～了，哪能不冷？

bei

【白】bèi ❶ 像霜或雪的颜色（与"黑"相对）：～萝贝｜△吃红肉拉～屎｜△～酒红人面，黄金黑世心。❷ 没添加其他东西的：～开水。❸ 没有效果；徒然：△瞎汉点灯——～费蜡｜△嘴上抹石灰——～说。

【白菜】běi cai 大白菜：立冬收萝贝，小雪除～｜△鱼生火，肉生痰，～萝贝保平安｜△狗叼～帮儿——和块肉似的。

【白菜疙瘩】běi cai gā da 白菜的根部；白菜心的底部与根部：他就愿意吃～｜△～随他妈妈。

【白吃白挨】bèi chī běi yài 吃了亏只能自认倒霉：要是人家不管的话，你也～。

【白得】bèi dēi 没有付出而得到：～的财帛还有不要的？

【白瞪】běi deng 翻白眼，表示生气、轻蔑或厌恶：她～了一眼，扭头就走了｜《官场现形记》第五回："三荷包越说越得意，把个藩台～着眼，只是吹胡子，在那里气得索索的抖。"｜《儿女英雄传》第二十五回："我要不起根发脚把你我从能仁寺见面起的情由，都给你当着人抖搂出来，问你个～～的，我就白闯出个十三妹来了！"｜《梼杌闲评》第十四回："侯二官那里懂他说的甚么，只是～着双眼乱望。"｜《老残游记二编》第三回："我同三爷两个人脸对脸，～了有半个时辰，一句话也没有说。"

【白瞪瞪】běi dèng deng 形容眼睛瞪大而发呆，没有办法、无可奈何或无动于衷：一大堆东西都叫他们～地拿走了。亦作"白邓邓"：元杂剧《灰阑记》第一折："为甚的黄甘甘改了面上，白邓邓丢了眼光？"

【白瞪眼】bèi děng yān ❶ 眼睛呆滞无神地看：△吃饭摸大碗，干活～。❷ 比喻无计可施的样子：人家到时候不管，他也～｜△老鼠掉面缸——～。

【白嘎拉眼】běi gàr la yan 厌恶或生气时眼睛翻白眼：你愿意去你自己去，咱不去看她那个～。

【白嘎嘎儿】běi gàr gar ❶ 眼睁睁；眼看着却没有办法：当时不弄明白了，过后～吃这么个亏。❷ 平白无故地；白白地：点了一大桌子菜，就这么～踢蹬了。

【白公子】běi geng zi 得白化病的人。

【白姑子】běi gu zi 白姑鱼。

【白果】❶ běi guō 银杏树：△桃三杏四梨五年,憨汉子栽下～园。❷（～儿）běi guōr 银杏的果实：烤～儿吃。

【白果树】běi guō shù 银杏树：～底下好风水。

【白果眼】běi guō yān 对眼白过多的人的戏称：冯梦龙《挂枝儿·卷六·怨部·假相思》：“秃鬎病,梳了个光光的油鬓;缺嘴儿,点了个重重的朱唇;齇鼻头,吹了个清清的箫韵;～儿把秋波来卖俏,哑子说话教聋子去听。”

【白黑拉夜】bèi hēi là yè ＝〖白黑搭夜〗bèi hēi dà yè ＝〖白黑日〗bèi hēi yi ＝〖白黑〗bèi hēi 夜以继日;不分昼夜：他整年～地干,也挣不了几个钱儿|《聊斋俚曲集·慈悲曲》第二段：“对着人也是难学,也是难学。哎,白黑的,使碎了心肠谁知道?”|《聊斋俚曲集·慈悲曲》第四段：“忽然他姑得了病,他就合他姑舅哥们,白黑的守着。”

【白酒】bèi jiū 烧酒：栈桥儿～|△～红人面,黄金黑世心。

【白礝草】běi liào cǎo 不好看的白色：刷上这么个～的颜色不大好看。

【白礝礝】běi liào liao 苍白的样子：他看样儿是不大舒梭,那个脸色～的。‖《玉篇》：“礝,力小切,面白礝礝也。”《集韵》：“礝,礝礝,面白也。”

【白咧扯】běi liè che 让人不舒服的白色：就那个～的个颜色,上哪儿好看?

【白毛子汗】běi mao zi hàn 淋漓大汗：干了这么点儿活儿就使得他浑身那个～。‖ 参“白汗”：《王梵志诗》一百四十九首：“出门拗头戾跨,自道行步趋跑。伺鬼把棒忽至,遍体白汗如浆。”|岑参《卫节度赤骠马歌》诗：“扬鞭骤急白汗流,弄影行骄碧蹄碎。”|《敦煌变文集·卷六·大目乾连冥间救母变文》：“白汗交流如雨湿,昏迷不觉自嘘嗟。”

【白木柴】běi mu chai 植物名,山合欢。

【白皮儿鸡蛋】běi pir jǐ dàn 蛋皮颜色偏浅的鸡蛋。

【白生儿】běi shengr 白皙：看人家长得～的。

【白生生】běi shèng sheng ❶ 白得可爱的样子：元无名氏《朝天子·嘲妓家匾食》：“～面皮,软溶溶肚皮,抄手儿得人意。”❷ 平白无故且无可奈何地：他们这一帮子人就这样～叫人家骗了。

【白水】běi shuī 白开水：喝那些乱七八糟的,不如喝口儿～。

【白头】bèi tòu ❶ 白头发：少～|～老妈妈。❷ 发变白：不到三十岁就～了。❸（～儿）bèi tòur 白色的顶部：粉刺鼓出～儿来就痛得轻了。

❹（～儿）bèi tòur 偏白的颜色或（暗含有）白色：那块儿布洗了几水就变成个～儿的了。

【白文儿】běi wènr 辩白；辩解：恁爹说你就听着，别～惹他生气。

【白蛆】běi zha 苍蝇卵：那些肉都招～了｜蒲松龄《日用俗字·昆虫章》："肉臭～常泛泛。"

【白证】běi zheng 辩白；辩解：都这么清楚了，他还非～不该他的事。

【白缀上】bèi zhuì shang ❶ 耗费而没有效果；徒然：咸鱼～，还多吃干粮。❷ 比喻白白拿出财物而没有效果或回报：你再帮他个万八千的也是～。

【白瞎】bèi xiā ❶ 不中用；没出息：他出去上了这几年学，回来还是～。❷ 浪费：买的那些什么锤什么钻的也都～了。

【白瞎拉倒】bèi xiā lǎ dāo 没用；没出息：几年没看见他，谁知道如今变得～。

【白夜】běi ye 白天：大天～有什么害怕的。

【百】bēi ❶ 数，十个十：△宁接光棍一句言，不接彪子二～钱。❷ 比喻很多：△一日夫妻～日恩｜△一正压～邪｜△一人看一步，十人看～里｜△一鸟进林压着～鸟不语。

【百八儿】bēi bār ＝〖百八儿十〗bēi bar shì 一百或接近一百：要是一天能卖个～的也很好。

【百拉儿百拉儿】bēi lar bēi lar 一百个左右；接近一百个：去的那些人～的。

【百十】bēi shi 大约一百左右：他老家里有～亩地。

【百样】（～儿）bēi yàngr 各种各样的：吃个人参果，扎固～病｜《醒世姻缘传》第八十一回："丫头病着，请医买药，不知费了多少钱，～治不好，死了，又没处寻他娘老子，只得埋了。"

【百日】bēi yi 人死后的第一百天，在这一天举行祭奠活动：住几天他爷爷好过～了｜《金瓶梅词话》第八回："当日西门庆和妇人用毕早饭，约定八月初六日，是武大～，请僧烧灵，初八日晚，娶妇人家去。"｜《金瓶梅词话》第七十八回："前日娘的～，请姥姥怎的不来？"｜《聊斋俚曲集·寒森曲》第三回："一日正月十五，给员外做～，忙了一日。到了夜间，不见了三官。"

【北屋家】bēi wu jiǎ 以自己居住的房子为中心，称自家位于北边的另外一处房屋。

【北乡】bēi xiǎng 泛指北方一些贫困落后的地区：他家里穷得就能上～去说个媳妇回来。

【背搭着手儿】bèi da zhi shōur 把双手放在身后交叉或攥紧:他成天～走来走去的,和个当官的样的。

【背后荫儿】bèi hòu yǐnr 背光或有荫凉的地方:这些花儿喜阳光,放～里不能长。

【背回】bèi hui 把别人说的话反复念叨:人家说的话不能～,一～就变味了。

【背脚】bèi juē 地方偏远,走起来不适应:那个场儿走趟太～了。

【背阴】bèi yǐn 背光;背着太阳:这种花就喜～的地方儿。

【背饥荒】bèi jǐ huang 负债:钱没看着挣回来,倒～来家了。

【背山阴后】bèi shǎn yǐn hòu 泛指背阴的地方:树栽待这么个～的场儿它能长?

【背父生】bèi fù shěng =〖背生子〗bèi shěng zi 遗腹子,父亲死后才出生的子女。

【背死狗】bèi sǐ gōu 为别人闯的祸承担责任,相当于"别人偷驴他拔橛":他光弄些～的事儿叫家人跟着生气。

【背褡】(～儿)bèi dar 背心、坎肩等无袖的短衣:外边儿太热了,光穿个～儿就行了|元杂剧《赵礼让肥》第一折:"我则见他番穿着绵纳甲,斜披着一片破～。"

【背灯】bèi děng 所处的位置灯光照不到:那面儿～看不清。

【背地后】bèi di hòu 背后;暗地里:他就会～说人的闲话|谁都也恨这些～给人亏吃的人|《醒世姻缘传》第七十四回:"一个姐姐叫人采打得这们等的,回到家来,两个兄弟没出来探探头儿,问声是怎么,～里已是恨说辱没了他,这不合死了的一般?"

【悲苦】bēi kū 非常苦:这服中药～,太难吃了。

【悲苦焦酸】bēi ku jiào suǎn 悲伤凄楚;五味杂陈:她找了个男人也不中用,这几年过得也是～。

【备不住】bèi bu zhù 说不定:～人家早就回来了。

【被表儿】bèi biāor 被子朝外不贴身的那一面。

【被里】bèi lī 被子贴身的那一面。

【被面儿】bèi miànr 被子朝外的一面的面料:外甥结婚的时候,送了两床～给他。

【被头】bèi tou 缝在被子上靠近人的头部的一端,可以拆洗的布。

【被窝】bèi we ❶ 棉被覆在人体上形成的筒状空间:谁不稀罕困个热～。

❷ 泛指被褥、铺盖:他那个～脏得也不知道洗洗。

【掰】bēi ❶ 用手把东西分开或折断:他一下儿就把棍子～成两半儿了。

❷ 把东西分开:他把那一大碗饭～成了三小碗儿。

【掰巴】bēi ba 用手连续地把东西掰开:那些芸豆一阵儿就～～了。

ben

【本事】bēn shì ❶ 手艺;能力:手里头学点～,到哪儿也不愁挣碗饭吃。

❷ 地位;权势:看人家下台没～了,他也不和人家来往了。

【本事人儿】bēn shi rènr 有能力、有本事的人:他爹待村里也算个～。

【本乡本土】bēn xiǎng běn tū 家乡;当地:这个对象是～的,风俗习惯都一样|《醒世姻缘传》第十八回:"回想再得一二十日程途,就回到～去了,好生快活!"

【笨】bèn ❶ 愚拙:～口拙舌。 ❷ (家禽畜、作物等)本地品种的;当地出产的:～鸡|～猪|～豆角。

【笨豆角儿】běn dou juer 当地老品种的豆角:还是试着～好吃。

【笨鸡】běn ji 本地品种的土鸡,与进口品种的鸡相对而言:咱上集抓几个小～儿回来养着啵。

【笨猪】běn zhu 本地品种的猪,与进口品种的猪相对而言:～长得个儿小。

【奔颅儿】bèn ròur 突出的前额:他长这么个大～。

【奔头儿】bèn tour 努力的目标或动力:人活着待有个～。

【锛】běn 木工用的一种工具,用于初步整平木头表面:△木匠挝～——有尺寸。

【扳】běn ❶ 抓住:他这是～着猪圈门子亲嘴,不知香臭! ❷ 旋转:把钮儿往这～就关上火了。 ❸ 攀附:咱不知道人家是～上什么门子了。

【扳骨碌】bèn gǔ lu 摔跤;扭在一起在地上翻滚:他们俩争竞了没几句,就～打起来了。

beng

【崩崩的】běng běng di 膨胀、鼓胀的样子:地里的大头菜卷得～。

【崩崩皮儿】bēng beng pìr 液体或潮湿的物体表面形成一层干的表皮:那些猪肉都～了,踢蹬不了。

【崩对】běng dèi 十分正确：你说得是～。

【崩拉星儿】běng la xǐngr 零零星星的样子：这块儿地里～的能有几棵荠菜｜这片山上全是松树，～有几棵楸树。

【崩硬】běng yìng 很硬：天太干了，馒头拿出来一天就～了。

【绷绷着脸】běng beng zhi liān 板起面孔，表示不高兴：一进门看着他～，也不说话。

【绷嘴】běng zuī 紧闭着嘴：他绷着个嘴也不做声。

【蹦蹦儿】bèng bèngr ❶ 十分着急的样子：他待这急得都～了。❷ 发脾气：他要是知道的话，非～不治的。❸ 极度生气地；极度不服气地：他们两口子待门外了～嗯｜证据都摆在这儿了，他还～犟。

【蹦跶】bèng da ❶ 蹦跳：沙发叫孩子待上边都～踢蹬了。❷ 对抗；挣扎：其余的几个都老实了，就剩他还待那～。

【蹦跶猴儿】bèng da hòur 言行不庄重的人：当官儿的还没发话，他就待那上蹿下跳的，糙起个～。

【蹦豆子】běng dǒu zi 干的豆粒，比喻身材矮小的人：你看他和个～似的，待那里上蹿下跳。

【蹦精】bèng jing 形容人矮小灵活或敏捷精明的样子：才来的这个小伙计儿真～。

【蹦摩高儿】běng mè gǎor ❶ 跳高；跃起：孩子们待那儿～耍。❷ 因极度兴奋或生气而跳起：他听说这个好事儿保证～｜找不着他，他爹待家里急得～。

bi

【比】bī ❶ 比较；较量：～赛。❷ 比照：你就～着这个样子去裁。❸ 譬喻；摹拟：～象｜～方。

【比故儿】bì gur 做的比喻；打的比方：才说的就是个～，不是说你。

【比量】bī liang ❶ 比照：你就～着他的身高买衣裳｜《西游记》第十四回："行者遂脱下旧日直裰，将绵布直裰穿上，也就是～身体裁的一般。" ❷ 用手大致地比划：按你～的来说，那个大箱子也待有两米来高｜《聊斋俚曲集·磨难曲》第十四回："（哑巴）点点头，哇哇了两三声，把手～着，舒了八个指头。问：'是做甚么？'把一只手拉着自己胳膊。问：'是拉你老婆么？'又～有三尺高，作一个望上掀的形状。"

【比像】bī xiang =〖像比〗xiǎng bī 比如;比方:～他来找你说这个事,你能怎么说? ‖《俚语证古》第八卷:"譬况谓之比仿。比仿为比象之叠韵音转。《左传·桓公二年》:'五色比象,昭其物也。'杜云,车服器械,所以比象四方。"

【比像说话儿】bī xiang shuò huar 好比说;比如说:～你碰着这样的事儿,也不至于办成这么个样儿。

【秕】bī 植物的果实或籽粒不饱满:△要知麦子成和～,单看正月二十一|△～芝麻挤不出油来。

【秕哈那】bī ha nǎ 干瘪、不饱满的样子:小狗那个肚子～的,一看就没吃食儿。

【秕虱子】bǐ shī zi 喻指过于软弱的人:待家门口还挺有本事,出了家门口他就成了个～。

【秕贴子】bī tiè zi 指内容物缺失或不饱满的东西:那两个～饺子叫我吃了。

【秕眼儿】bī yanr 不饱满的果实:听说多吃点～花生养胃。

【秕噪儿】bī zàor ❶ 无力反驳或反抗的样子:这么个厉害人就叫她婆婆治～了。❷ 困乏无力的样子:跟他爬了一天的山,回来真使～了。

【必把儿】bì bār 一定;必然:照他说的干,～能赢|只要你去,我～去。

【必待】bì dai 何必,一般用于反问句:天都下雨了,～今日去? |你说你也真是,～从这走?

【笔管儿鱼】bī guanr yù =〖笔管儿〗bī guanr 指枪乌贼。

【笔头子】bì tǒu zi 写文章的能力:听说他的～很厉害。

【滗】bī 挡住泡在液体中的东西或渣滓,把液体倒出去:你去把水盆浮上漂着的那些渣渣儿都～干净了。亦作"逼":《醒世姻缘传》第二十六回:"水饭要吃那精硬的生米,两个碗扣住,逼得一点汤也没有才吃。"‖《广韵·质韵》:"～,去滓。"

【屄】bǐ ❶ 女阴;雌性动物的生殖器:△驴～贴对子——你说是个门就是个门。❷ 骂人话:～养的|这个小～养的叫我抓着饶不了你|△十三四养孩子——没有个～数儿。

【屄养的】bǐ yǎng di ❶ 骂人的话:这个～不是个人玩意儿。❷ 某些人说话的口头禅,是对事物性状程度的一种极端表达,并非是真骂人:那个～的天儿,热死了|那个菜做的,～真好吃。❸ 代词,相当于"东西""家伙"等开玩笑的词语:叫这个～都吃了,也没给咱留块儿。

【逼】❶ bī 躲藏或隐藏在物体后边:孩子见了外人就～他爹娘的身后不肯

露面儿|《醒世姻缘传》第三十六回:"小和尚拿着鞋,把手～在脊梁后头,扑在晁夫人怀里,把那鞋照着他奶子一撩,说:'娘,你看俺妈妈的运粮船呃!'"|《醒世姻缘传》第五十六回:"龙氏喜得那心里不由的抓抓耳朵,挠挠腮的。素姐在后门外～着听,也甚是喜欢。"|《醒世姻缘传》第五十六回:"狄希陈忍着疼,擦着眼,～在那门后头墙上,听着素姐骂,一声也不敢言语。"|《醒世姻缘传》第五十九回:"素姐抖搜着尿裹脚发恨。狄希陈唬的个脸蜡渣黄,～在墙上。"|《醒世姻缘传》第七十二回:"倒是程思仁～在门里,口里气也不出,身子也没敢探探,见众人要走了开去,只得出来。"|《醒世姻缘传》第七十六回:"谁知相大舅屋里说话,素姐～在窗外句句听得甚真。"亦作"偪":《醒世姻缘传》第六十八回:"不料素姐偪在门外头听,猛虎般跑进门来。" ❷ bǐ 逼迫;威胁:他如今是秕芝麻挤不出油来,再～他也没有用。

【逼摆】bì bai 逼迫:这个孩子纯是待这里～他爹娘。

【逼息】bī xi 躲藏:吓得他～待门后里,谁也没果睬。

【鼻孔眼儿】bì keng yānr 鼻孔:他们都是一个～出气儿。

【鼻清】bǐ qing ❶ 鼻涕:△武大郎贩～——人又软弱货又熊。 ❷ 软弱无能的人:他就是块儿～,看着来了人就麻爪了。 ❸ 新鲜葱叶内的粘液。

【鼻清嘎渣】bǐ qing gǎ zha 鼻垢:人家的～都比你强!

【鼻清客】bǐ qing kēi ❶ 鼻子总是流鼻涕的人。 ❷ 懦弱怕事的人:来个人就吓成这么个样儿,真是个～。

【鼻子不是鼻子脸不是脸】bǐ zi bù shǐ bǐ zi liān bù shǐ liān 因生气脸色极其难看的样子:恁姨见着他就～的。

【鼻子尖】❶ bǐ zi jiǎn 嗅觉敏锐:馋猫～。❷(～儿)bǐ zi jiǎnr(zǎir)鼻尖;鼻子末端最突出的部分:～上长了个风刺|△～上摆摊儿——光看自己一小块场儿。

【鼻子眼儿】bǐ zi yānr 泛指人的五官:他那个～长得就不如他爸爸。

【箅子】bì zi =〖箅卡碴〗bì ka cha 饭箅,蒸食物时用来托住食物的圆形器具,上面多孔以透蒸汽:△大年五更借～——你使俺不使?

【篦】bì 用篦子(一种细齿的梳头用具)梳:把头发～几下儿。

【篦子】bì zi 一种细齿梳头用具,中间有梁,两侧有密齿:梳头～|宋赵潜《养疴漫笔》:"诸孙中有一无赖者,一日醉酒而归,祖母不在,径诣床头,取封锁柳箱开之,其中止有一小铁～,余无他物,自此祖母竟不回矣。"|《镜花缘》第九十三回:"褚月芳道:'我说"非"字,好像～。'"

【腹脐眼儿】bǐ qi yānr 肚脐眼：别抠～，光肚子痛。‖"腹"古音读如"必"：《韵补》："腹,叶音必。"

【壁子】bī zi 用于间隔房间的薄墙,一般用单砖或单墼砌成：从这儿使砖间上一道～|《金瓶梅词话》第一回："（武松）自把雪来拂了,挂在～上。"|《金瓶梅词话》第五回："只一头撞将去,险些儿不跌倒,却得～碍住不倒。"

【避避夹夹】bǐ bi jiā jia 过于吝啬的样子：他办事老是这么～的,真烦人。

【赒】bī 以一定的价格转让：我把这个小店儿～给俺个亲戚了。‖ 章炳麟《新方言·释词》："～,词之予也。《说文》：'～,逯予也。彼义切。'今凡以物予人者,通语曰给。淮西、淮南,吴、越皆言～,音转如把,或转如伯。广州乃正作彼义切。"

bian

【边边儿】biǎnr bianr 边缘：越是～越要仔细打扫干净了。

【边边角角】biǎn bian jiā jia 边缘和角落处：那帮人进了屋,把～都仔细找遍了。

【边儿下】biǎnr xì ＝〖边边儿下〗biǎnr bianr xi ＝〖边边儿上〗biǎnr bianr shang ❶ 边缘处;角落处;远处：把这些怕砸怕碰的东西都放～|屋里面的人满满的,好歹待～找了个场儿。❷ 旁边：老婆们都待～坐着。

【变脸火什】biàn liǎn huō shi 十分生气、毫不客气的样子：为了那个事儿,夜来他～地朝着我好一顿发火儿。

【扁扁】biān bian ❶ 扁形的：他是个～身子,你是个箍轮身子|还是那个～头儿的螺丝刀使起来得劲儿。❷ 服输;让步：这么揍他还是一点儿不～。

【扁扁身子】biān bian shěn zi 胸部和背部扁平状的身子。

【扁担纹】biān dan wèn 手掌中横贯左右侧的掌纹。

【扁设】biān she 侧着：你～着困觉打鼾睡轻。

【揙】biān 打：把他好一顿～。《集韵》："～,击也。"

【编筐编篓】（～儿）biǎn kuǎng biǎn rōur ＝〖编筐打篓〗（～儿）biǎn kuǎng dā rōur 捏造有情节的假话：谁知道他能待人家眼前～地说了那一大些。

【编排】biǎn pai 编造;夸大其词：这些都是他自己～的些话,别当真。

【遍找无精】biǎn zhāo wù jǐng 到处找不到：不知道他把包放哪去了,俺两个是～。

【蔔诸芽】biān zhù yà =〖蔔诸子芽〗biān zhù zi yà 蔔蓄，又名竹片菜：
△～，红根根儿，姥娘教俺引针针儿。引不上，姥娘打俺两拄棒，上南园，哭一场，
回来还是俺亲姥娘。‖《俚语证古》第九卷："蔔诸，蔔莁也，蔔蓄也。小藜之赤
茎谓之蔔诸芽。"

【便罢】biǎn bà 则已：他不来～，来了没有她好受的。

【便饭儿】biǎn fànr 日常吃的饭食：一块儿吃个～再走。

【便门儿】biǎn menr 正门之外的小门。

【鞭】biǎn ❶ 成串的爆竹，放起来响声连续不断：放～。❷ 鞭子，驱赶牲畜
或打人的用具。

【辩白】biǎn bei 申辩：说明白就行了，别再一个劲儿地～了｜周辉《清波别
志》："蔡于五诗中～，引证甑山公事尤苦，卒不能免。"

biao

【表蒙子】biào měng zi 装在手表、水表等仪表盘上的透明薄片。

【标靶儿】biǎo bar 标准；目标；规范；分寸：他说着说着嘴就没有～了｜这
个事儿还没有个～来，先别出去说。

【膘子】biǎo zi 肥肉：割这块儿瘦点的肉，不要～。‖1928 年《胶澳志》："肥
肉曰膘，音镳。"

【摽】biào 纠缠使不脱离：这几天他把厂长算是～上了｜《金瓶梅词话》第
十三回："你安下人～住他汉子在院里过夜，这里要他老婆。"｜《金瓶梅词话》
第五十二回："你家汉子成日～着人在院里顽，酒快肉吃，大把家挢了银子钱
家去。"

【彪】biǎo 傻；缺心眼：他不痴不～的，这样的事还能看不明白？

【彪乎乎】biǎo hù hu =〖彪彪乎乎〗biǎo biao hǔ hu 愚笨痴傻的样子：看
他长得挺精神的，怎么办起事来～的？

【彪话】biǎo huà 傻话；不明智的话：他去了净说了些～，还以为自己很厉
害。

【彪事】biǎo shì 傻事；不明智的事：他那么个明白人竟然办出这么个～来。

【彪子】biǎo zi 愚笨痴傻的人：你看他那个熊样儿糙起个～？｜△宁听君子
一句言，不借～一吊钱。

【彪子啷唧】biǎo zi lǎng ji =〖彪不愣登〗biǎo bu leng dèng 有点儿愚笨、

有点傻的样子:不说话觉不出来,听他说话怎么～的?

【彪子言彪子语】biǎo zi yàn biǎo zi yū 话语不合时宜或不明智的样子:他～的,打发他去净坏事儿。

bie

【别】biè(biě)❶用针等把东西附着或固定:～针│困觉的时候要紧把门～上。❷扭;转过去:大爷把头～过去,不愿看他│《醒世姻缘传》第九十一回:"大奶奶将头一～,也不做声。"❸拗:慢点儿使劲,要不棍子就～断了│《醒世姻缘传》第六十七回:"将一个药箱,拿起那压药鐝的石狮子来一顿砸的稀烂,将一把药鐝在门槛底下～成两截。"

【别概的】biě gai di 别的;不重要的,一般用于反问或否定句式:牙痛不是个～,要紧早去扎固。

【别脚】biě juē 路途偏远或对路途感觉不习惯:往他那儿走老是试着～样的。

【别拉】biě la ❶有阻挡;歪扭:一路上这条腿～着都麻了。❷阻拦;妨碍:有他待这里～着,真不好弄。

【憋】biē ❶抑制或堵住不让出来:～尿│～着口气│～一肚子话│△活人不能叫尿～死。❷特指要大小便:到前边停停,我害～了。❸闷;不透气:这间小屋进去都～人。

【憋蹙】biē cu 因空气不流通或空间狭小造成呼吸不适:上了他的那间小屋里边都～人。

【憋肚子气】biē dù zi qì 未得发泄或无法排解的怨愤:跟他净生些～。

【憋气】biē qì ❶屏住呼吸:老牛大～。❷生闷气;生气而不得发泄:什么事都瞒着他,等他知道了还能不～?

【憋屈】biē qu ❶空间狭小、憋闷难受的感觉:两个老人成天～待那么个小屋里。❷心中委屈无法诉说:也没个人和他拉呱拉呱,他自己不待～出毛病来?

【鳖蛋】biè dàn =〖鳖羔子〗biè gǎo zi 骂人的话,小鳖。参"鳖羔儿""王八羔子":《醒世姻缘传》第三十二回:"你要今日不打杀我的,就是那指甲盖大的鳖羔儿!赩邦邦是好汉,你就打杀我!"│《老残游记》第十九回:"吴二浪子那个王八羔子,我们在牢里的时候,他同贾大妮子天天在一块儿。"

【鳖蝠儿】biē fur 蝙蝠。

【瘪肚】biē du 因劳累、惊吓等原因身心难以承受或畏惧胆怯的样子：吓～了｜冻～了｜使～了｜累～了｜饿～了。

【瘪头大挂】biē tou dà guà 物体的形状或人的相貌不周正的样子：他长得～的那个样儿，真领不出门去。

【瘪头约肚】biē tou yuě dū 不周正的样子：剩下的那几根黄瓜都～的。

【瘪约】biě yue ❶ 变形：他那个脚踏车叫汽车都压～了｜△葫芦头养鳖——越养越～。❷ 疲惫不堪的样子：他从来没干这么出力的活，真把他使～了。❸ 衣冠不整或萎靡不振的样子：就他那个～样儿也想着管事？

bin

【宾服】bǐn fu 尊敬；佩服：人家虽然没上几天学，那手好字儿倒是真叫人～｜元杂剧《猿听经》第三折："岂不闻为官者，打一轮皂盖，列两行朱衣，亲戚称羡，乡党～。"｜《红楼梦》第八十四回："不是我说句冒失话，那给人家做了媳妇儿，怎么叫公婆不疼，家里上上下下的不～呢。"‖"宾服"的本义为归顺、臣服：《史记·秦始皇本纪》："二十有六年，初并天下，罔不～。"又："皇帝哀众，遂发讨师，奋扬武德。义诛信行，威燀旁达，莫不～。"又："他时秦地不过千里，赖陛下神灵明圣，平定海内，放逐蛮夷，日月所照，莫不～。"｜《汉书·蒯伍江息夫传》："南越～，羌僰贡献，东瓯入朝，广长榆，开朔方，匈奴折伤。"｜《汉书·东方朔传》："天下震慑，诸侯～。"｜《清史稿·本纪二》："今朝鲜～，察哈尔举国来附，苟不能抚辑其众，后虽拓地，何以处之？"｜《东周列国志》第十八回："当今天子在上，寡人率诸侯～于下，百姓乐业，草木沾春，舜日尧天，不过如此。"

bing

【并并】bìng bing 向内侧夹挤的样子：老是这么～着胳膊太难受了。

【冰】bǐng ❶ 水在零度以下结成的固体：～块儿｜～溜。❷ 因接触雨、凉水、冰雪等受冻或着凉：夜来晚上他待路上叫雨～着了｜《金瓶梅词话》第二十六回："好禶孩子，冷地下～着你，你有话对我说，如何这等拙智？" ❸ 经冷冻加工的东西：～鲅鱼｜～刀鱼｜～货。

【冰货】bǐng huo 冷冻食品：那些是～，不如新鲜的好吃。

【冰凉】bǐng liàng 如同冰一般凉，形容非常凉：手脚～。

【冰溜】bǐng liu ＝〖冻溜〗dèng liu 水在零度以下结成的固体：夜来晚上冷

得窗上都结～了。

【冰溜碴子】bǐng liu chǎ zi 细碎的冰：叫～割破手了。

【病病恙恙】bǐng bing yǎng yàng 身体欠佳,如同病了一般的样子:他家里的那个孩子也是～的,干不了什么活儿。

【病瘤儿】bǐng gur =〖病瘤子〗bǐng gu zi 体弱易生病的人；长年生病的人:他多少好嫚儿不找,找这么个～回来当媳妇。

【病拉恙儿】bìng la yǎngr 精神状态不好,看似生病的样子:他俩着个老婆成天～的,什么也不能干。

【病秧子】bìng yǎng zi 体弱多病的人:他成天抬不起个头来,就个～。

bu

【卜嗒】bǔ da 轻轻地哑(嘴):他～着嘴儿,看样儿是没吃够。

【卜拉】bū la 拨动；用手指或器物使移动:我拿了根棍儿～了两下看看,下面也没有什么东西。亦作"不刺":元杂剧《刘弘嫁婢》:"掏火棒儿短,强似手不刺。"

【卜蝼】bǔ lou 泛指小海螺。

【卟卟噔儿】bù bu dēngr 一种用玻璃制作的儿童玩具,细口大腹,对着口吹,玩具底部的玻璃随之振动,发出卟卟噔噔的声音:△～,掉待水里没有影儿。

【不扁扁】bǔ biān bian 不服软；不认输:把他揍成那么个样儿,还是～。

【不糙儿】bù cǎor 不错；挺好:他的毛笔字儿写得真～。

【不糙起】bù cǎo qi ❶相比不差:你这个镯子～她那个。❷没有什么两样；完全一样；相当于:你拿这么两个钱儿给人家～待这嘛人。

【不吃哆儿】bǔ chi chǐr 一点亏也不想吃的样子:他才～来,不得便宜的事他不可能干。

【不出头】bǔ chu tòu 怕难为情；不善交际:那个男人～不出脑的,还赶不上个闺女。‖1928年《胶澳志》:"～,羞缩之谓。"

【不出相子】bǔ chū xiǎng zi 不爱抛头露面、胆怯的样子:他自己的事都不愿出头,真～。

【不凑手】bù cǒu shōu (钱款)不足:钱要是～的话,就等年底再给|元杂剧《金凤钗》第四折:"(银匠云)钞～。(邦云)也罢,住一住儿来取。"|《红楼梦》第一百一十回:"凤姐听了,呆了一会,要将银两～的话说出,但是银钱是外

头管的,王夫人说的是照应不到,凤姐也不敢辨,只好不言语。"|《官场现形记》第四十八回:"大人想要不还他,似乎对不住人家,而且声名也不好听,倘若是还他,一时又～,因此甚觉为难。"|《醒世姻缘传》第一回:"晁爷新选了官,只怕一时银～。"

【不大】bū dà ❶ 小:这件衣裳你穿着～。❷ 用在动词或形容词后,表示其程度或影响有限:看～出来｜洗～去｜地里的庄稼还干～着。❸ 次数不多:他这些日子～来了|《红楼梦》第四十四回:"袭人特特的开了箱子,拿出两件～穿的衣裳。"|《金瓶梅词话》第十五回:"不是这等说,我又～十分用酒,留下他姊妹两个就同我这里一般。"❹ 不怎么;程度不深:听说最近两个人弄得～强|《聊斋俚曲集•慈悲曲》第四段:"张诚说:'我今晌午～饥困,就添上俺哥哥也够了。'"|《聊斋俚曲集•磨难曲》第十八回:"张龙说:'～疼。'李虎说:'～疼,必定是梦。'"|《醒世姻缘传》第二十回:"再说晁家没有甚么近族,不多几个远房的人,因都平日上不得芦苇,所以～上门。"

【不大离】(～儿) bù da rìr ❶ 差不多:别干了,我看～儿就够了|《老残游记二编》第四回:"屋里的陈设,箱子里的衣服,也就～值两千银子。"❷ 反语,指要出问题或麻烦:他这么下去的话,也就～儿了。

【不大咋儿】bù da zār 不好;一般;不怎么样:看他人～,排谱倒是摆得不小。

【不带】bù dǎi 不会或没有出现某种状态、反应或结果;绝对不:这么大年纪了上五楼～喘的｜帮他多少忙～说个谢字儿的。

【不待】bū dai ❶ 用于疑问句,不是要;不是想:你～上单位加班?❷ 应该;理应:人家这么老远跑来趟,～伺候得好点儿。

【不当菜儿】bù dǎng càir 比喻不重视或不尊敬:他拿着自己的师傅根本就～。

【不当景儿】bù dǎng jīngr 不当回事;引不起足够重视:跟他说了好几遍了,他就～。

【不懂嘎】bǔ děng gà 不明白事理;不懂事:△孩子小,～。

【不懂四六儿】bǔ dēng sǐ liùr 不通人情事理:这家人一窝子～的东西。

【不对齿儿】bù děi chīr 拉链、齿轮等需要相互咬合的器物因错位无法咬合:衣裳上那根拉链子～,好换换了。

【不得地】bǔ dēi dì 不得志;不走运:时也命也运气也,他不～就推小车也|《聊斋俚曲集•姑妇曲》第二段:"见你寻常百事佳,心里想念口中夸。就是

外人～,也该把他拉到家;拉到家,用香茶,一日三时供养他。"|《金瓶梅词话》第十九回:"想着你当初～时串铃儿卖膏药,也亏了这位鲁大哥扶持你。"|《金瓶梅词话》第二十五回:"敢说你家娘当初在家～时,也亏你寻人情救了他性命?"

【不迭】bù diè ❶ 用在动词后,表示时间来不及、能力不够、数量不充分等:种的这些黄瓜等到大流儿,你都吃～|《金瓶梅词话》第五十三回:"李瓶儿急攘攘的梳了头,交迎春慌～的烧起茶来。"|《醒世恒言》第三卷:"美娘躲身～,被公子看见。" ❷ 用在动词后表示动作反复或持续进行:摘～|说～。

【不顶抹儿】bǔ dīng màr 不耐触碰:你绑的架子怎么一点儿也～,戳了几下就倒了。

【不范】bū fàn 用在动词后,表示承受不了:抗～|吃～|享～|弄～|舞扎～|孩子大了哄～了。

【不返乏儿】bǔ fàn fàr 难以承受;达到极限:使得～|撑得～|忙得～。

【不分倒巴正巴】bù fěn dào ba zhèng ba 不明事理:他爹娘～,还能指望孩子明白到哪里去?

【不分丫儿】bǔ fèn yǎr ❶ 手脚笨拙的样子:你看他的那个手都～,能干出什么好活来。 ❷ 懒惰:他成天懒地手脚～。

【不割舍】bǔ gǎ shi 舍不得;心疼:这幅画儿我还没稀罕够,真～送人。

【不跟趟儿】bù gěn tàngr ❶ 因速度慢、距离远跟不上:他个小孩子和恁一块儿走保证～。 ❷ 学习、技能、说话等跟不上进度或不及他人:他学习～就留了一年级。 ❸ 不及时:孩子贪长的时候营养～耽误长个儿。

【不够调】bù gǒu diào 缺心眼;傻:他那个老婆～,什么事也帮不上他。

【不过火】bù guǒ huō 制作的熟食火候不足:把它大炖炖,～吃了光拉肚子。

【不过意】bù guǒ yì 过意不去:叫你费了这么多事,俺心里真是～|《红楼梦》第一百一十三回:"紫鹃到了这里,我从没合他说句知心的话儿,冷冷清清撂着他,我心里甚～。"|《醒世恒言》第二十卷:"旁边有一人名唤种义,昔年因路见不平,打死人命,问绞在监,见他父子如此哭泣,心中甚～,便道:'你们父子且勿悲啼。'"

【不果睬】bǔ guǒ cai 出乎意料;没留神:他～叫一块儿石头绊了一下儿,摔了一跤。

【不害淡】bù hǎi dàn 不知羞耻:他真～的上,能做出那种事来。

【不好】bù hao 表询问或建议,好不好;如何:咱赶早不赶晚儿,～明日就走?|明日头晌没事咱～上趟李村?

【不好说】bù hǎo shuō ❶ 难以确定：到底是怎么回事儿，谁也～。❷ 无法实说；不便实说：咱～外面还有饥荒。❸ 不适合或不便于说：这个话儿换了谁也～了。

【不换】bù huàn ❶ 不交换：他自己的爱物，你拿什么他也～。❷ 不次于；不亚于；相比不差，一般置于名词后：他倘那个好儿媳妇，亲闺女～｜她十七八那会儿，长得天仙～｜那是买东西凭票儿的年代，他的那个差事县官儿～。

【不济】bù jì ❶ 差；不好：好的放这边儿，～的堆那边儿｜元杂剧《东堂老》第一折："（柳隆卿云）赵小哥，上紧着干，迟便～也。"｜《聊斋俚曲集·墙头记》第一回："三勋肉一只鸡，就是您家那好东西，好厨子做煞也～。"又："咱那东西虽～，他也知道咱家穷，全要你把心来用。"又："东西～，你好歹吃饱，休饿着。"｜《聊斋俚曲集·墙头记》第四回："爹这两日吃的饭～，病么了？"｜《聊斋俚曲集·增补幸云曲》第二十一回："今日运气～，把银子赢给了别人了。"｜《聊斋俚曲集·禳妒咒》第十六回："他二姨夫都这么作法，还是你那管法～。"｜《醒世姻缘传》第三十三回："狄希陈学问～，序齿他却是个学长；第二是相栋宇的儿子相于廷；第三是薛如卞；第四是薛如兼。"｜《醒世姻缘传》第五十五回："若只做出家常饭来，再人材～，十来两十二三两就买一个。"｜《醒世姻缘传》第八十七回："不说你货物儿～，揽不下主顾，只怨别人呢！"｜《红楼梦》第八十一回："你这话说的也是，这样事没有对证，也难作准。只是佛爷菩萨看的真，他们姐儿两个，如今又比谁～了呢。"｜《周书》第十一卷："太祖西巡至牵屯山，遇疾，驰驿召护。护至泾州见太祖，而太祖疾已绵笃。谓护曰：'吾形容若此，必是～。'"｜《醒世恒言》第九卷："王三老正在门首，同几个老人家闲坐白话，见陈青到，慌忙起身作揖，问道：'令郎两日尊恙好些么？' 陈青摇首道：'～。正有句话，要与三老讲，屈三老到寒舍一行。'"｜《金瓶梅词话》第三回："今年觉得好生～，不想又撞着闰月，趁着两日倒闲，要做，又被那裁缝勒掯。"｜《金瓶梅词话》第五十三回："在铺子里又吃了几杯，量原～，一霎地醉了，齁齁的睡着了。" ❷ 最小的限度；再差一些的情况：～也待买五箱回来才能够｜你还去找他帮帮忙看看，再～他也能帮你出个主意｜《醒世姻缘传》第二十三回："差不多的人家，三四个五六个合了伙，就便延一个师长；至～的，才送到乡学社里去读几年。"‖《俚语证古》第十四卷："不好谓之～。"

【不见其】bū jiǎn qi 不见得；不一定：我看凑起来也～能够使的。

【不匠】bù jiàng ❶ 不妙；不好：这个事我看要～，早想想别的办法吧。❷ 不合适：我觉得这个东西放这里～。❸（身体）不舒服：他试着这几天身上～，清早就上医院来看看。

【不接嘻言】bǔ jiē xì yan 互相不喜欢;没有共识和生活情趣:咱看他们两个挺合适的,但两个就是～。

【不就】bū jiu ❶ 要不;要不然:不愿出去的话,你～上俺家耍。❷ 要么:你～现在去,～等月底再去|他～上街上站站,～待坡上走走,也没个定规。

【不觉儿】bǔ juēr 没有察觉;意识不到;体会不到:你是过着好日子～,你没去看看山区的孩子有多苦!

【不觉景儿】bù juě jīngr 不当一回事;不重视:跟他说了好几遍他也～。

【不觉味儿】bǔ juě wèir 觉察不出别人的话中之意;不自觉:他不管人家都还没动筷子,一腚蹲那里把菜都吃出来了,一点儿也～。

【不卡边儿】bǔ kà biānr 挨不着边;相差很远:你说的和人家问的根本就～。

【不开面儿】bù kǎi miànr 不给面子:找人都去说来,就是不开这个面儿。

【不看】bù kǎn 看上去不像:你一点儿也～五十岁的人。

【不跨堆】(～儿)bǔ kuà zuǐr 不够;不足:缺得太多了,你再拉一车来也～。‖《俚语证古》第十四卷:"物无过度之满,谓之～。"

【不老点儿】bù lǎo diānr 很少一点儿:这个筐太小了,盛～。

【不老少】bù lǎo shāo 不少;很多:你钓的鱼还真～。

【不楞登的】bū lěng děng di 用在含贬义的形容词后,表示具有这种特点的:憨～|痴～|灰～|彪～。

【不利打索】bū li dā sù 不干净、不利落的样子:你干点活儿就～的,什么时候能改改?

【不论壶儿】bù lǔn hùr 不按规矩;不讲道理:他说起话来～。

【不论正经】bù lun zhèng jǐng 不按常规;不顾情理:他说起话来～,这样的场合不能让他去。

【不捋】bǔ lū 心情不舒畅:碰上这样的事儿他心里也～。

【不卯】bǔ mǎo 有矛盾;合不来:他们两个人～,凑不成一块儿|《红楼梦》第二十一回:"你两个～,又拿我来作人。我躲开你们。"

【不摸】bù mě 不了解;不清楚;不知道:他什么脾气咱都～。

【不摸潮水儿】bù mě chǎo shuir 不了解情况:这些事咱～,别莽撞。

【不能治】bù něng zhì ❶ 受不了;忍受不住:嘎急领着上医院去看看,孩子疼得～了。❷ 承担不了;不胜任:你打发他一个人去～,再加两个人差不多。

【不破米谷儿】bù pě mǐ gùr 食物没有得到充分的消化:这两天肚子不大好,

吃什么拉什么，都～。

【不强起】bù qiǎng qi ❶ 不好:我看这些酒也～。❷ 相比之下不优于:你选的这个瓜也～发先那一个。

【不清不浑】bù qǐng bù hùn 不清不白:要是他掺合进去弄得～的,想出来就晚了。

【不离儿】bù rìr ❶ 不错;好:这一正月他贩果木挣得～|他嫂子真～,来帮着干了这么多活儿。❷ 数量较大;程度较快:你发结婚胖得～。

【不善】bù shàn ❶ 不错;了不起;非同寻常:才毕业就能找着这么个工作,也就很～了|半年没看见孩子,个子长得真～。❷ 不弱;厉害:《金瓶梅词话》第十二回:"家中这几个老婆丫头,但打起来也～,着紧二三十马鞭子,还打不下来,好不好还把头发都剪了。"|《金瓶梅词话》第九十五回:"两个且是～,都要五两银子,娘老子就在外头等着要银子。"|孔尚任《桃花扇》第三十四出:"你看狼烟四起,势头～。"|《聊斋俚曲集·翻魇殃》第五回:"仇大姐为人却又～。"❸ 用在动词后,表示其程度深:这两天儿他又疯得～|把他累得～。

【不上数】(～儿) bù shǎng shūr 排不在前面;排不上号:他的学习成绩待班儿里都～|《金瓶梅词话》第六十七回:"金莲道:'李瓶儿是心上的,奶子是心下的,俺们是心外的人,～。'"

【不上人道】bū shàng yǐn dào =〖不在人类儿〗bū zài yǐn ruìr 骂人的话,不是人:那么对待自己的老娘,真是～的东西。

【不舍气】bǔ shè qì 不罢休;愤气难平:他打了人家好几锤还～。

【不使】bǔ shi 不用:△有权～,过期作废|《红楼梦》第六十四回:"你还当是先呢,有银子放着～。你无论那里借了给他罢。"

【不是】bù shì ❶ 非,表示否定:△过了十月节,～风就是雪|△会说～好人,痒痒～好疮|△烧火棍子当大梁——～那块料|△～一家人,不进一家门。❷ 错误;过失:不做～也不让人家说～|《醒世恒言》第十三卷:"我说不干神道之事,眼见得是孙神通做的～! 更不须疑!"❸ (bū shi)语气助词,表示疑问或反诘的语气:你待要去看看～? |他待来～? ❹ (bū shè)用在句末,表示对前面话语的强调:到了夏天～,河里的水哗哗的,清得能看见底儿。

【不是个好蘑菇】bù shì ge hào mě gu 不是好人:别提他,那也～。

【不是个儿】bù shi guòr 形容人在某一方面不具备相当的能力:和他掰手脖儿你～。

【不是玩意儿】bù shi wǎn yir 人品差;行径恶劣:那家人～,少和他们叨叨。

【不识拖拖具儿】bǔ shi tuō tuò jù 拖拖具指的是犁具,属于最普通的农耕工具,比喻不知道基本的常识或不了解情况和形势而鲁莽行动:人家没有去的,就他～自己去了。

【不识闲儿】bǔ shi xiànr 不愿闲着;总是闲不着:他那两口子成天忙得是两脚～。

【不舒梭】bù shǔ suo ❶ 不舒服:这两天低头干活使得我脖子～。❷ 对于生病的委婉说法:听说俺大爷这两天儿～?

【不说】bǔ shuō ❶ 不讲话;不开口:你～人家还能把你拵井里? ❷ 暂且不讲,以突出下面要讲的话:价钱贵贱～,人家做工那个细致。❸ 不但;除此之外,一般用在前半句的末尾:给他垫上的钱～,还出车出人忙了两天。

【不同】bù těng 有别于:上外边～待家门子上,事事待小心。

【不吐核儿】bǔ tū hùr 说话吞吞吐吐或说不到重点的样子:他待那里～,半天说不出个子曰来。

【不希】bū xì =〖不希得〗bū xì di 不屑于;不愿意:人家才～看他那个脸色来|△黑豆虫～鼓弄。

【不下】bù xià 不少于;不比某个数目少:这个事他来叨叨了～十遍。

【不像行事】bù xiǎng xǐng shi 没有教养;不讲道理;品行不端:那家子人一点儿也～。

【不消说】bù xiǎo shuō 不必说;不用提:～帮工出力,人家连钱也帮着拿上了|他去办这点儿小事儿,那就～了|元杂剧《望江亭》第二折:“我这夫人,十分美貌～了;更兼聪明智慧,事事精通,端的是佳人领袖,美女班头,世上无双,人间罕比。”|《聊斋俚曲集·磨难曲》第二十四回:“中伏酷热火炎炎,草叶焦枯未种田,老天呀!～是连年俭。”

【不歇歇】bù xiē xie ❶ 不休息:连着三个星期了,厂里也～。❷ 不停的样子:人家都听烦了,他还生说～。

【不寻思】bù xǐn si ❶ 不考虑:当时太着急了,他也～那么多。❷ 没想到:我就～你也是当地人|《琵琶记》第二十出:“婆婆,我当初～,教孩儿往皇都。把媳妇闪得苦又孤,把婆婆送入黄泉路,只怨是我相耽误。”

【不行】bù xìng ❶ 不可以:咱看好的营生,他非说～。❷ 表示退而求其次的方式或建议,相当于“要不然”:能把车修起来最好,～咱就走着去。

【不言定】bǔ yān dìng 不一定;说不定:咱先不用太急了,他还～能来。

【不让墙儿】bù yǎng càngr 不让步;不示弱:一大帮子人劝他,但他一点也～。

【不宜量】bǔ yī liang 不可;不适宜:人真是～惯,要不都就吃馋耍懒了|《聊斋俚曲集·姑妇曲》第一段:"看这一样揣东西,～好说只宜量捶。"|《聊斋俚曲集·墙头记》第一回:"他说我年太高,～把心操,八石粮不用开口要,又不封粮不纳草,吃穿使费都勾了。"

【不宜量惯】bǔ yī liang guàn 不可娇宠或纵容使其养成(某种不好的)习惯:孩子可～,惯上毛病就不好改了。

【不宜量好】(～儿) bū yī liang hāor 不知好歹:好话都说尽了,他这个人怎这么～儿?|《聊斋俚曲集·禳妒咒》第十六回:"好并一好,相处才到老;世间惟男儿,最～。"

【不认不识】bù yìn bù shì 不相识:和人家～的,哪能张开那个口?

【不认的】bù yǐn di 不认识:那里的人他都～,去了怕没有给说实话的|《醒世姻缘传》第八回:"既～他,你怎就知他是个姑子?"|元杂剧《陈州粜米》第一折:"(正末云)你这官人是甚么官人?(二斗子云)你～,那两个便是仓官。"

【不认那壶酒钱】bù yìn nè hǔ jiū qiàn 不买账;不领情:人家根本就～。

【不认人】(～儿) bù yǐn rèir ❶ 瞧不起人;对不如自己的人佯装不认识:如今官儿当大了都～了|他仗着有两个钱儿,都开始～了。❷ 指人因伤病失去识别人的能力:他都糊涂了,上来一阵儿都～儿了。

【不认亲疏】bù yìn qīn shu 对亲近的人没有亲切感或不提供必要的帮助:他都钻钱眼儿去了,根本就～|嘴上说的挺好,办起事来就～‖参"不识亲疏":元杂剧《墙头马上》第四折:"你道我不识亲疏,虽然是眼中没的珍珠处,也须知略辩个贤愚!"|元杂剧《后庭花》第二折:"这孩儿又不会人言语,他可又性痴愚,不识亲疏。"

【不用】bǔ ying 用于句首,表警告:～还待这蹦跶,有你的好果子吃。

【不用的吧】bǔ ying dì bu 指出现不好处理的麻烦:漏的场儿不嘎急扎固好了,等下雨了就～。

【不用心事】bǔ ying xǐn shi ❶ 不用担心:家里都挺好的,～。❷ 休想;不可能:想跟他借钱躲个膀儿,～。

【不中】bù zhěng 不行;不可以:把零头省去还～?|元杂剧《单刀会》第三折:"他那里定无好会,则怕～么?"|元杂剧《后庭花》第一折:"大嫂也,中也～,我则依着你。"

【不正经】bū zhèng jing ❶ 淫邪:那个人～,少靠着他。❷ 不用心:人家帮着找了个活儿他也～干。

【不值当】bù zhǐ dang 不值得；不合算：就为这么几个钱儿都～生气的。

【不治】bù zhì ❶ 不行；不可：他知道了非来找门子～的。❷ 不起作用；解决不了：这个活儿离了他～｜他这个情况，谁来也～。

【不知死的】bù zhǐ sī di 骂人的话：这是哪个～的又过来偷东西！

【不着调】bù zhuo diào 不干正事；不老实：他很聪明，就是～。

【不子】bǔ zī =〖不止〗bù zhī 表示超出某个数目或范围：这一大筐恐怕二百斤也～｜他出去～半个月了。

【不恣然】bù zì yan 不悦；不高兴：听你这么一说，他听了有点儿～。

【不走字儿】bǔ zōu zìr 运气不佳；倒霉：那几年他～，也真遭了些罪。

【布摆】bù bai ❶ 安排；布置：怎么还非要听他～？｜元杂剧《渔樵记》第二折："你可怎生着我挣闱，你怎生着我～！"｜元杂剧《琵琶记》第十九出："兀的是天灾，教他媳妇每难～。" ❷ 照顾；负责：她还待上闺女家帮着～两个小外甥吃饭。

【布布丁】bū bu dǐng 蒲公英。

【布肚儿】bǔ dur 戴在胸腹部防止弄脏衣服的衣片。

【㧅】bù ❶ 用手臂围住；抱：大清早上她就～着孩子回娘家了｜△～着元宝跳井——舍命不舍财｜△孩子哭，～给他娘｜△～着孩子进当铺——自己当人，人家不当人｜《聊斋俚曲集·姑妇曲》第二段："不脱衣服，不脱衣服，白黑一个替身无。就是待溺泡尿，也叫他儿来～。" ❷ 收养：两口子～了个孩子养。❸ 量词，表示两臂合围的量：这一大～草够烧的了｜《聊斋俚曲集·俊夜叉》："我仔说了够一把，你就抉了一大～。"

【步荡】bǔ dang 在有水的地方随意地踩；穿着沾了水的鞋子来回走动（而弄脏）：孩子就愿意走水湾儿～水耍｜才擦的地叫他们穿着水鞋一阵儿～脏了。

【步数儿】bù shur 事情发展的程度：事都到这个～了，头拱地也待干好。

【步行走】bù xing zōu 徒步：这块儿路～的话也就二十分钟。

【埗土】bǔ tu 飞尘；尘土：房子靠着马路近了，一开窗那个～。亦作"璞土""布土"：蒲松龄《日用俗字·僧道章》："璞土坺成十里雾，钹铙飞撒半天云。"｜《俚语证古》第二卷："细尘谓之布土。布字当作垩（古音读布）。《山海西经》：'大次之山。其阳多垩。'郭云，垩似土。按垩为细粉。细尘似之。故谓之垩土。"‖《广韵》："埗，尘起。"1928年《胶澳志》："尘细曰～。"

【鹁鸪】bǔ ga 鸽子：他家房顶上有个～窝｜李调元《南越笔记》第八卷："鸪

之大者曰地白,广州人称鸽皆曰白鸽,不曰～。"｜陶宗仪《南村辍耕录》:"尝卧病,其幼子偶弹得一～,归以供膳,于梢翎间得书一缄……"｜《都城纪胜·闲人》:"又有专为棚头,又谓之习闲,凡擎鹰、架鹞、调～、养鹌鹑、斗鸡、赌博、落生之类。"｜《四朝闻见录·丙集·～诗》:"铁勒金狻似锦铺,暮收朝放费工夫;争如养取南来雁,沙漠能传二帝书。"｜《儿女英雄传》第三十四回:"你进场这天,不必过于打扮的花～儿似的。"｜《聊斋俚曲集·俊夜叉·穷汉词》:"只有～屎呀似的一块银子,雀子屎呀似的一块金子,俺也算有了身分。"｜《聊斋俚曲集·禳妒咒》第二十四回:"给俺老婆做的通红的袄,娇绿的棉裤,扎挂的合那花～一样,人人看着齐整。"｜《聊斋俚曲集·增补幸云曲》第二十二回:"王龙道:'这是什么故事?'万岁道:'这是野～寻窝。'"｜《醒世姻缘传》第四回:"见了便就念骂,说道你如何炎凉,如何势利,'～拣着旺处飞',奚落个不了!"

【麸】bù ＝〖面麸〗miǎn bù 制作面食时,为防止面团粘到手或用具上而撒的干面粉:再撒上点儿～儿,有点沾手。亦作"桴""面布":蒲松龄《日用俗字·饮食章》:"不大不小攍成剂,丸拎加桴手不粘。"｜《俚语证古》第五卷:"涂面之粉,谓之面布。"‖《集韵》:"桴,屑麦也。"又:"桴,屑米也。"

【哺随】bù sui ❶（对小孩子）哺育照顾:光～这两个孩子就够他忙的。❷（对生活能力差的成人）生活上的照顾:媳妇把你～地多好,别不知足了。

【膔胵】bǔ chi 家禽及鸟类的胃:鸡～还挺好吃的。亦作"布蛆":《俚语证古》第五卷:"鸡胃谓之布蛆。"‖《古今韵会》:"～,鸟之肠胃也。"

【醭】(～儿) bùr ＝〖白醭〗(～儿) běi bùr ❶去皮的柿子、熟地瓜等含糖量高的食物在晾晒过程中表面析出的白色细末状物（主要为糖分）。❷酱油、醋等食物因受潮、发酵或腐败而表面出现的白色霉斑或霉块,也泛指一般物体所长的白色霉菌:那些忌讳（醋）放得都长～了｜白居易《卧疾来早晚》诗:"酒瓮全生～,歌筵半委尘。"｜杨万里《风雨》诗:"梅天笔墨都生～,秅几文书懒拂尘。"｜《醒世姻缘传》第二十回:"有的似东瓜白醭脸,有的似南枣紫绡唇。"｜《醒世姻缘传》第八十七回:"（郭总兵）叫小厮:'把我的铺盖,卷到桅舱里,合周相公同榻,再不与这个两个臭婆娘睡!闲出他白醭来!'"

ca

【擦】cā ❶ 摩擦：～了点儿油皮儿去。❷ 用手或布等物摩擦使干净：～地｜～玻璃｜△～腚的石头拉腚的砖｜△磨镰～锄不算功。❸ 涂抹：～油。❹ 贴近；挨着：天都～黑儿了｜～着他的身边就飞过去了。❺ 把瓜果或块茎类食物放到礤床上摩擦,使成为细丝或薄片：～地瓜丝儿。❻〈贬〉到；走：半年不～这个门儿来。❼ 滑：～倒｜～滑｜元杂剧《西厢记》二本第二折："下功夫将额颅十分挣,迟和疾～倒苍蝇。"｜元无名氏《水仙子过折桂令》："迷魂阵折了一阵,琉璃井～了几交,莺花寨串到有千遭。"｜元杂剧《度柳翠》第一折："清早晨间一个和尚在俺门前～倒,我着两句言语嘲拨他。"❽ 吃：樱桃都好下市了,老人还没～～牙。

【擦腚】cà dìng ❶ 擦屁股：～的石头拉腚的砖。❷ 比喻收拾烂摊子,处理善后的事：剩下那些乱七八糟的事儿,没有人愿意去～！

【擦腚的石头拉腚的砖】cā dǐng di shǐ tou là dǐng di zhuǎn 喻指当有需要的时候就被利用,不需要的时候就被疏远或遗弃的物或人。

【擦腚纸】cà ding zhī 手纸；卫生纸。

【擦黑儿】cǎ hēir 傍晚：天都～了,咱快家去吧。

【擦滑儿】cà huàr ❶（地面）湿滑；易滑倒：慢点,那个场儿～。❷ 滑行；滑落：他待冰溜上～。

【擦牙】cà yà 食物碰到牙齿,意为很少量地吃或品尝：老人还没～,都叫孩子们抢着吃了。

【礤撑】cā cheng 礤床,把瓜、萝卜等擦成丝的器具。亦作"擦床儿"：元杂剧《铁拐李》第一折："这老汉是村里人,进城来诸般不买,先买了个擦床儿。"

cai

【才】cài（cǎi）❶ 刚刚；不久之前：今日歇着,俺也都～起来｜这是我～上坡掰回来的苞米｜《红楼梦》第十七回："～他老子拘了他这半天,让他松泛一会子罢。只别叫他们拌嘴。"｜《红楼梦》第二十六回："宝玉见他星眼微饧,香腮带

赤,不觉神魂早荡,一歪身坐在椅了上,笑道:'你～说什么?'"|《醒世姻缘传》第四十回:"狄婆子问:'你～说他媳妇不大调贴,是怎么?'" ❷ 表示事情发生得晚或结束得晚:都要明天了～来电。❸ 表示只有在某种条件下才能怎样:△当家～知柴米贵,养儿方知父母恩。❹ 强调确定的语气:他～不能那么勤快来。❺ 天份;才能:他很有～,就是没撵上好时候。❻ 有天份;有才能:他画画那个好,真～。❼ 人才;具有某一方面才能的人:他那个孩子其实是块～。

【才待】cài dai 刚要;刚准备:他的日子～好点儿,家里又摊上这么一出事儿了|《金瓶梅词话》第十二回:"西门庆～用手去接,早被李桂姐看见。"|《金瓶梅词话》第五十八回:"他家鸨子说,收拾了～来,被王皇亲家拦的往宅里唱去了。"|《金瓶梅词话》第五十九回:"咱姐儿～收拾起身,只见王家人来,把姐儿的衣包拿的去。"|《金瓶梅词话》第七十六回:"那西门庆～往外走,被月娘又叫回来。"|《聊斋俚曲集·翻魇殃》第四回:"到了第二日,～打盹,支使的一个小厮来说:'差人来拿俺大叔来。'"|《聊斋俚曲集·寒森曲》第六回:"～上前问路,那些人见了,都起来说:'果不出爷爷所料。'" 又:"二相公～尝,看了看浑光浆,觉着不是个模样。"|《聊斋俚曲集·寒森曲》第八回:"这一日,大相公吃了些饭来,～伸手摸,只听的二相公长吁了一口气。"

【才分】cǎi fen 天分;才能:他那点儿～干不了这个差事。

【才麻麻儿】cài mǎr mar 刚过去不久的时间;刚才:～恁爹来找你来。

【才人】cài yìn 有才能的人:他爷爷是当地有名的～。

【财帛】cǎi bei 钱财;财富:△～动人心|△拿着～使脚踮|《史记·大宛列传》:"散～以赏赐。"|《东周列国志》第二回:"此计如果可行,何惜～,汝当速往。"|《聊斋俚曲集·墙头记》第二回:"兄弟们厚是极厚,～上也要分明。"|《聊斋俚曲集·磨难曲》第四回:"多亏了那元宝千个,～耀眼,买透阎罗。"|《聊斋俚曲集·增补幸云曲》第十八回:"他贵压当朝,～甚重,志大胸高,吃酒中间磕你顿拳头!"|《金瓶梅词话》第三十三回:"自从西门庆家做了买卖,手里～从容,新做了几件虼蜋皮,在街上撮着肩膊儿,就摇摆起来。人见了,不叫他个韩希尧,只叫他做韩一摇。"|《醒世姻缘传》第三十四回:"我是财神,掌管天下人的～;因失落了库上钥匙,烦你配就。" 又:"敬德得了这股～,才有力量辅佐唐太宗东荡西除,做了元勋世胄,封了鄂公,赐了先隋的一库铜钱。" 又:"看官听到此处,你说这～岂可强求?所以古来达人义士,看得那仁义就似泰山般重,看得财物就如粪土般轻;不肯蒙面丧心,寡廉鲜耻,害理伤天,苟求那不义的～。"|《醒世姻缘传》第五十三回:"最放不下的七爷,七八十了,待得几时老头子伸了腿,他

那家事,十停得的八停子给我,我要没了,这股～是瞎了的。"|《醒世姻缘传》第九十四回:"这是奇货可居,得他一股大大的～,胜是那零挪碎合的万倍。"又:"但是天下的～,也是不容易担架的东西,往往的人家没有他,倒也安稳;有了他,便要生出事来,叫你不大受用。"亦作"财贝":周颙《与何胤论止杀书》:"财贝之一经盗手,犹为廉士所弃。"

【睬】cāi 理会;搭理:△大辫子一甩,洋洋不～。

【菜蛋儿】cǎi dànr 把剁碎的菜与玉米面、地瓜面、面粉等搅拌蒸制的团状食物。

【菜园】cǎi yuàn 种蔬菜的土地:他家里还种着两亩～。

【裁坊】cǎi fang ❶裁缝铺:他和老婆两个开～。❷指裁缝这一职业:△～掉了剪子——光剩下尺(吃)了。

【猜摸】cǎi mè 猜测:我～着你能来。

【猜枚】(～儿)cǎi mèir ❶猜谜语,本指旧时的一种酒令游戏,游戏中将瓜子、棋子、铜钱等握于手心,让他人猜数目、正反等,不中罚酒:他～才厉害来|《二刻拍案惊奇》第三十四卷:"随命取酒共酌,～行令,极其欢洽。"|《聊斋俚曲集·磨难曲》第十八回:"两个(解子)说:'咱三人～。'鸿渐说:'我不入令。'李虎说:'相公不要怪俺,俺两个都是草包货。我给张相公斟一盅。'鸿渐说:'我自斟罢。'两个嗃嗃叫叫,～化拳,一霎大醉。"|《摘锦奇音》第二卷:"一口赏花还,饮酒行令把枚猜。除非他来时,除非他来时,乖,才把愁怀解。"|《醒世姻缘传》第十四回:"将日下山时候,典史接了漕院回来,只听得监中一片声唱曲～,嚷做一团,急急讨了钥匙,开门进去,只见禁子因犯大家吃得烂醉,连那典史进去,也都不大认得是四爷了。"|《醒世姻缘传》第六十六回:"我到了那里,亭子上摆着一桌酒,张大爷还合一个大高鼻梁的汉子——我不认的他,又有一个穿水红衫子老婆,合俺姑夫在上面一溜家坐着,合姑夫～。"❷胡乱揣测:好好想想,别老是瞎～。‖《俚语证古》第十四卷:"解谜谓之猜默。默字当作枚。《左传·昭公十二年传》,南蒯枚筮之,杜云,不指其事,汎卜吉凶。解谜犹汎卜,故谓之～。"

【猜思】cǎi si 思量:都这么跟他说了,他回去还能不～?亦作"裁思":元杂剧《谢天香》第一折:"你拿起笔作文词,衡才调无瑕玼。这一场无分晓不裁思。"

can

【孱头】càn tòu 软弱无能的人:还能指着他那个～去挡什么事!

【孱样儿】càn yàngr 软弱无能的样子:看看他那个～也可怜人。

cang

【苍声】càng shēng 男性青少年到了青春期长出喉结,嗓音变声:这一年孩子长得真快,都～了。

【苍蝇】cǎng yang 苍蝇:△张口飞进个～来——膈应人。‖《輶轩使者绝代语释别国方言》第十一卷:"蝇,东齐谓之羊。"

【苍子儿】cǎng zīr 苍耳。

【藏灰】càng huǐ 隐匿灰垢:这种地板一点儿不～,整天不闲着擦。

【藏猫儿】càng mǒur 捉迷藏:那几个孩子又一块儿～去了。

【藏眼儿】cǎng yānr 隐蔽;不容易找到:这些东西最好放个～的场儿,别叫孩子动着。

cao

【草鸡】cāo ji ❶ 本地品种的鸡。❷ 招架不住;难以承受:使～了│嘛～了│冻～了│他待那等了五六个钟头,什么人也～了。❸ 服软:他到最后也说～话了。

【草垛】cào duò 作物秸秆、杂草等堆成的堆。

【草驴】cāo lü 母驴。

【草屋子】cāo wù zi 野外或田地中的简易草房:他那几年就住待个～里。

【草鞋底】cào xiǎi dī 一种百足虫,形似蚰蜒。

【草葽】(～儿) cào yàor ＝〖草葽子〗cào yào zi 草绳;用麦秸、稻草等编成的绳状物:把麦秸儿使～捆起来了│李诫《营造法式·壕寨制度·城》:"每膊椽长三尺。用～一条,木橛子一根。"‖ 亦有"草裰""草裰子"的写法。

【草褥子】cào yù zi 用麦秸或其它较柔软的植物纤维或秸秆作为填充物的垫子,铺在褥子下,起保暖作用。

【操拨】cǎo be 挑拨:他～得人家两口子光打仗。

【操弄】cǎo leng 怂恿;唆使;挑唆:他净～人家花钱,自己一毛不拔。

【糙】cǎo 不好,一般用于反问或否定句式:你买的这些还～? △话～理不～。

【糙蛋】cǎo dàn ❶ 坏;不像话:如果他这么办就太～了。❷ 不中用;无能:

他这么点事都办不好,真～。

【糙好】cǎo hāo 不管怎样;不管好坏:你～买个鸟笼子回来,省着他再叨叨。

【糙起】cǎo qi ❶ 相比较差;相比较弱,一般用于否定或反问句式:别看这个机器使了这么多年了,现在也不～新买的。❷ 如同;好像(消极意义):他腆个脸那么长,～人家该他的钱。

【褯儿】càor 衣物接缝处内翻的部分:袖～|裤～|才买的那件衣裳有点瘦,你把～放放。

ceng

【葱白儿】cěng bèir 葱埋在地下的茎部因不见光照而呈白色,故称:△沙窝栽葱——白(辈)儿大。

【葱花】cèng huǎ ❶ 特指秋后晒过的大葱,叶子很少,主要为葱茎:《聊斋俚曲集·富贵神仙》第三回:"无处抓,供养只得用～,杀鸡又赶饼,烧水又烹茶。" ❷ 切碎的葱末:～大饼。

cha

【叉叉儿】chàr char 支叉:把那些～使劲儿剪剪。

【差】chǎ(chà) ❶ 差异;分别:～不多|～大了|别都弄成一样儿的,～～样儿还好看。❷ 差距:～不老些就够了。❸ 不好;不够标准:学习～。❹ 错;错误:想～了|走～了|看～了|说～了。

【差半子】chà ban zi 原本左右或前后成对的东西,只有两只左或右的、前或后的:他走得急了,穿着双～拖鞋就出来了。

【差不离儿】chǎ bu rìr(lìr)❶ 差不多:要得时候不短了,～好走了。❷ 有分寸;不离谱:干什么都待～,他们也不是些计较的人儿。

【差差儿】chàr chǎr =〖差一差儿〗chǎ yì chǎr 差一点;几乎:～上了他的当|不你扶着我,我～跌倒。

【差潮】chǎ chào 鱼变得不新鲜:鱼一～就不值钱了。

【差秤】chǎ chèngr 指卖的东西份量不足:买他好几回儿东西,都～了。

【差货了】chǎ huò le 在数量、质量等方面差别很大:这一反一正算出来就～。

【差劲】chǎ jìn ❶ (质量、品质等)不好;不像话:他这么办事真是挺～的|

他这么干也太~了。❷ 差别很大:别看就加了这么点儿铁皮,使起来可差老劲了。

【差没点儿】chà mǎ diānr 差一点:~没捞着出去｜~就考上了。

【差没门】chā mè men 差别或差距很大:你什么眼力,这两样儿东西~了。

【差起】chà qi 比……差:从这个店买的一点儿不~上一家儿的。

【差味儿】chǎ wèir 散发出腐烂变质的味道:鱼都~了,不能买｜这些咸菜有点~,别吃了。

【差样儿】chǎ ràngr (yàngr)变换品类或样子:他生了个男孩子了,再想要个闺女差差样儿。

【插巴】chā ba ❶ 耍弄;欺骗:叫人家~一把儿了,他这遭儿还能不长记性? ❷ 修理(披草屋顶的)房子:明日去把屋顶的草~~。

【插巴五扫帚】chā ba wù sào zhu 凌乱的样子:他家里弄得~的,真没有个家样儿。

【插把儿】chà bàr (电器)插头。

【插号儿】chà hàor 不守秩序,插入已经排好的队伍:前边儿那么多~的,也没有人出来管管。

【插货子】chā huò zi 相似但不匹配的物件组合成的东西:那些车子都是些~,咱不敢使。

【插空儿】chà kèngr ❶ 利用空闲时间:等你~去买回来。❷ 利用空余的缝隙或间距:树下边~栽上点儿冬青。❸ 小孩子骑自行车因够不着车座,将右腿从自行车三角梁架中间穿过去踩着踏板骑行:才学会骑车子的时候光会~,再大点儿就骑大梁。

【插言】chà yàn 指不合时宜地加入谈话:大人说话小孩儿少~。

【茶匙儿】chǎ chīr 汤匙。

【茶几子】chà jǐ zi 茶几,供喝茶用或摆放其它用品的小矮桌。

【茶盘子】chǎ pǎn zi 茶盘,一种可以放置茶杯、茶壶等器具的盘子:爷爷掇出一~花生来吃。

【茶炉儿】chǎ rùr 一种用于烧开水的大型火炉:他家是村里最早开~的。

【茶碗儿】chǎ wānr 小茶杯:他喝了两~水就急忙走了。

【酒要满茶要浅】jiū yǎo mān chà yǎo qiān 指给客人斟酒时要尽可能满一些,表示对客人的尊重;为客人斟茶时则不应太满,否则不便端饮。

【茶叶棍儿】chǎ ye gùnr 炒制的茶叶中夹杂的茶叶茎。民间认为泡茶时茶叶棍儿直立是要来客人的预兆。

【茶叶水】chǎ ye shuī 茶水：夜来晚上喝了两碗～就困不着觉了。

【搽】chā 涂抹：～粉儿。

【茬】(～儿) chàr ❶ 作物收割后余留的残株：麦～儿。❷ 指在同一块地上，农作物种植或收获次数：刨了地瓜蛋儿，还能种～儿苞米儿｜这些葡萄一季儿结好几～儿｜△拔了萝贝栽上葱——一～比一～辣。❸ 事情的次数：现在不嘎急弄利索了，过后少不了遭二～儿罪。❹ 代；辈：等这一～儿人长起来，社会那待发展成个什么样。❺ (chàr) 人；人家：善～儿｜硬～儿｜好～儿。

【茬茬儿】chàr chàr 没有剃剪干净、剃剪后复长或剃剪下的短而硬的毛发：你脖子上粘着些头发～。

【茬口儿】chǎ kour ❶ 时机；当口：他正延上个好～｜你这一阵儿去的话，这个～不大对。❷ 口径；说话的内容：他们两个说得都对不上～。

【茬子】chǎ zi 不好惹的人：那天他真算碰上～了。

【岔】chà ❶ 山脉、道路、河流分歧的地方：～道儿｜分～。❷ 转移话题：人家说话的时候别打～。❸ 未按原来的方向行进而偏到一边：恁两个走两～头去了。❹ 互相让开或调换：他们两个人去的时候正好～开了。❺ (嗓音)变得不正常：～音｜他都哭～声了。

【岔声】chà shěng 失声；因恐惧、哀伤、着急等出现语音异常：孩子都哭～了，他也不过去拵拵。

【喳喳】chǎ cha 偷偷地议论：他进去的时候，听见几个老婆们在那里～什么。亦作"插插"：《醒世姻缘传》第七回："谁肯对咱说？这是媳妇子们背地插插，我绰见点影儿。"

【喳咕】chā gu ❶ 小声地说话：也没听见他们待那～什么。❷ 背后议论：咱可不能～人儿。

【喳拉】chǎ la ＝〖喳呀〗chǎ ya 背地里或偷偷地议论：～老婆舌头｜～话儿。

【喳拉舌头】chā la shě tou ＝〖喳拉老婆舌头〗chā la lǎo pe shě tou 背后议论别人的隐私或是非：跟着那帮儿人学不着好，净学着～。

【喳喴】chā qi ＝〖喴喳〗qǐ cha 背后议论：我也不大清楚到底怎么回事，只是听街上有人～。

【碴齐】chǎ qi 消化不良；胃部不适：我今日这个胃～得不舒棱。

【馇】chā (chà) 煮；炖；熬；边煮边搅拌：～菜｜～饭｜～黏粥｜～豆腐｜～稀

饭｜～猪食。亦作"插"：《醒世姻缘传》第四十九回："老魏炕上坐着,他媳妇在灶火里插豆腐。"又："俺插着麦仁,你成三四碗家攘颗你,你送的是什么布和钱？"｜《醒世姻缘传》第五十四回："做水饭,插黏粥,烙火烧,都也通路。"｜《醒世姻缘传》第六十七回："（回回婆）走到后面,把一个做饭的小锅,一个插小豆腐的大锅,打的粉碎；又待打那盆罐碗盏缸瓮瓶坛,艾回子只得跪了拉他。"

【馇菜】chà cǎi 煮菜或炖菜,老派的说法,现在已很少使用：老人为了省那点火,都不割舍～。

【馇饭】chà fàn 煮含有米类的粥饭：老人不习惯使高压锅～。

【馇黏粥】chà niǎn zhu 熬粥：～的时候慢火熬,省着齃了锅。

【馇渣】chà zhǎ 用做豆腐剩下的豆腐渣炖制食物,亦称"馇小豆腐"。

【馇猪食】chà zhǔ shì 用大锅给猪熬猪食,常用来喻指做的饭菜质量差如猪食：那个食堂做的些饭和～样的,没法吃。

【扠】chǎ 狗吃食：△人不为财,狗不～屎｜△狗改不了～屎。亦作"嚓"：《聊斋俚曲集·俊夜叉》："若是狗改了嚓屎,你说话就是那公鸡拂群。"‖《广韵》："～,楚恰切,狗食。"《集韵》："～,测恰切,犬食也。"

chai

【柴】chài ❶（食物）干硬：煮得火候有点大,吃起来有点儿发～。❷对人冷漠、苛刻：这个小孩还挺～的。

【柴草嘎牙】chài cāo gà yà 食物因纤维过硬而难吃的样子：这些山菜～的不能吃。

【蹀】❶ chāi 踩；踏：～了一脚泥｜△瞎汉～屎——没果睬｜《聊斋俚曲集·快曲》第二联："今日真是活倒运,～着蝎子按着蜂！"｜《聊斋俚曲集·磨难曲》第五回："一马当先,营寨城池,～一个稀糊烂！"｜《聊斋俚曲集·磨难曲》第二十九回："俺领着雄兵马足足十万,安排着一行人平～三山！"｜《聊斋俚曲集·磨难曲》第三十一回："尚书部院,领兵十万,赵总兵足智多谋,刘副将骁勇敢战,平～三山,教张遶浑身是汗！"又："适才远远望见一个人,爬墙往方娘子家去了,想是他的个情人。俺也～个狗尾儿。"❷ chǎi 泥泞：外边才下的雨,～的没法走。

【蹀地气】chài dǐ qì 踏勘土地的风水：不少南方～的,把老人的骨灰埋待那个山上。

【踩践】chāi jian 欺负;排挤;刁难:她待婆婆手里,受老~了。

【踩脚后跟】chāi juè hǒu gen 使绊子;暗中阻挠或破坏:后边老是有个~的,什么事儿也没法儿干。

【踩路】chài lù 探路(多指行窃者提前熟悉路况):看来他们是早都~了。

【踩泥打洼】chǎi mi dǎ wā 泥泞不堪的样子:一下完雨那条路~的没法儿走。

【踩屎】chǎi shi ❶踩上粪便。❷交霉运;出丑:他今日真~了,趟上这么个事儿。

【踩水】chǎi shuī 一种游泳方法,人直立在水中,双腿交替蹬踩,保持身体不下沉:我也是才学会~。

【嘬】chài 吃饱了仍继续吃或喂:他们把个孩子~成个大胖子了。亦作"餕":《聊斋俚曲集·姑妇曲》第一段:"冬里餕猪五口,夏里养蚕十箔。"‖《广韵》:"~,一举尽脔。"《礼记·曲礼上》:"濡肉齿决,干肉不齿决,毋~炙。"郑玄注:"~,谓一举尽脔。"孔颖达疏:"併食之曰~。"

【嘬饭】❶ chǎi fàn 吃饱饭后再勉强继续吃:这么个小孩子,哪能嘬上这么些饭? ❷ chài fan 吃饱后再勉强继续吃下去的饭:人吃饱了不能再吃~。

【㨮】chǎi ❶用手掌压、揉,使揽入的东西和匀:~面。❷用力塞、压,使结实:把包儿~满了。❸ chài 硬塞;强迫人接受:两口子把孩子~老人这里就不管了。

chan（chan）

【铲】chān ❶铲子。❷脚陷入泥或水中:他也没果眯,一脚~待沟里。

【铲窝子】chān wè zi 挖的陷阱:他上山抓雀儿,没果眯掉进~了。

【馋虫】(~儿) chǎn chèngr 比喻强烈的吃东西的欲望:闻着那个好味儿,把~都勾起来|《聊斋俚曲集·增补幸云曲》第二十六回:"胡百万把酒尝,吃一口喷鼻香,引的喉咙里~上。"|《醒世姻缘传》第二十八回:"待了一年,一日,在朋友家赴席,席上炒得极好的田鸡,喷香的气味钻进他鼻孔内去,他的主意到也定了不肯吃,可恨他肚里~狠命劝他破了这戒。"

【馋犟】chàn jiàng 想吃而嘴上说不吃;想得到但是嘴上说不想要:给你就嘎急拿着,别弄这里~。

【馋壳罗】chān kuò luo =〖馋窝子〗chān wè zi =〖馋窝窝儿〗chān wè

wer 后脑勺下部与脖子交接处的窝。

【馋老婆】chǎn lao pe 嘴馋贪吃的女人。

【馋猫鼻子尖】chàn mào bǐ zi jiǎn 讽刺人嘴馋,对好吃的很敏感。

【馋人】chǎn yìn ❶ 让人产生想吃的欲望:看看人家做的那些好吃的真～。❷ 让人喜爱;让人羡慕:看人家教育的那孩子,说不～是假话。

【搀言】chǎn yàn ❶ 对别人的事情发表意见:～多了,还让人以为拿了什么好处。❷ 插嘴:大人说话孩子少～。

【划】chān ❶ 光;光着身(直接穿棉衣,里面不穿其它内衣):那时候日子穷,冬天都～穿棉袄。❷ 马、驴等没有配鞍子(而骑):元杂剧《三夺槊》第二折:"那将军～马骑单鞭搭,论英雄果勇跃。"亦作"产""劗":元杂剧《老生儿》第一折:"这人每待去借个产驴,交俺骑着,将草棍子打我哩。"|《俚语证古》第十二卷:"马不着鞍谓之劗马。"

【划空】chān keng 身上直接穿棉衣,里面不穿其他内衣:冬天孩子们就穿个～袄过冬。

【缠拉】chǎn la ❶ 缠绕;围绕:车轮子～上些草,都推不动了。❷ 搅扰;牵绊:她让家里两个孩子～得哪儿也去不了。

【缠磨】chǎn me ❶ 纠缠;搅扰:这个孩子太～人了|《聊斋俚曲集·翻魇殃》第七回:"范栖做不上来,不敢～他师傅,光来～二相公。"❷ 磨蹭:早晚都要干,别～了。❸ 软磨硬泡:他爷爷那几个钱儿都叫他～来了。

chang（chang）

【疮】chǎng 皮肤或黏膜发生溃烂的疾病:△会说不是好人,痒痒不是好～|△头顶上长～脚底下流脓——坏透了。

【疮疤】chàng bǎ 疮好了之后留下的疤痕:△好了～忘了疼|△腿痛腰酸～痒,雨来不用半头晌。

【疮疙渣儿】chǎng gà zhar 疮痂,疮口表面所结的痂。

【长长】chǎng chang ❶ 长形的;长度比较长:这些～把儿的樱桃是当地的|他是个～脸儿。❷ 变长:他当场那个脸就～起来了。

【长长短】chàng chang duān ❶ 长度:咱也忘了量量是多么～了?❷ 长度很长:把根绳子扯得没是～。

【长长远远】chàng chang yuǎn yuān 长久的样子:咱～的,怎么还待这么客气。

【长虫】<u>chǎng</u> cheng 蛇：△话经三张嘴，～也长腿。

【长短】<u>chǎng</u> duān 长度：木料的～看起来够长。

【长法】(～儿) chàng fār 长久之计：现当急儿这么做还行，但怎么说也不是个～｜《聊斋俚曲集·姑妇曲》第二段："只等了二三日，于氏看着不是～，便到他那屋里，臧姑坐着也没欠身。"

【长杆拉梢】<u>chàng</u> gǎn là shǎo＝〖长根拉梢〗<u>chàng</u> gěn là shǎo ❶〈贬〉物体长的样子：这些东西～的不大好拿。❷话中有话、冷嘲热讽的样子：你没听见他说话～那个样儿｜你不待眼前，她又～地说了不少。

【长果儿】<u>chǎng</u> guōr＝〖长生果〗<u>chàng</u> sheng guō 花生的老派说法：《聊斋俚曲集·禳妒咒》第十六回："他若牙缝儿崩不字，小孩子卖长生果，吃不了还叫他兜着走哩！"

【长话】<u>chǎng</u> hua〈贬〉指桑骂槐、话中带话式的语言：这伙计张开口就是一堆～，真不叫人喜｜他说的那些～，寻思人家都听不出来。

【长话拉呱】(～儿) <u>chǎng</u> hua lǎ guār〈贬〉指桑骂槐、话里有话的样子：他说起话来就～的，真膈应人｜有事就直说，老这么～的真叫人听了不顺耳。

【长流水儿】<u>chàng</u> liú shuīr 长年不断的流水：这是从那根泉子淌下来的～。

【长鸣长叫】<u>chàng</u> mìng <u>chǎng</u> jiào 因疼痛而哀嚎不止的样子：看他～的那个样儿，还不知道是遭了多大的罪来。

【长溜溜儿】<u>chǎng</u> ròur rour 长度较长的样子，含喜爱之意：你把肉～地切着。

【长珊】<u>chǎng</u> shan 物体的长度较长，含喜爱之意：他挑的那根竹竿真～。‖《俚语证古》第十四卷："长大谓之～。"

【长珊珊】<u>chǎng</u> shàn shan ❶物体的长度较长的样子，含喜爱之意：这个裙子～的｜明杂剧《僧尼共犯》第四折："一顶酱盖似大髭髯，戴着一绺黑鬓鬌～的头髪，挽着一方金花大手帕，连耳带腮，紧紧的勒着。"❷〈贬〉话中带话：他说话老是～的，真叫人不愿意。

【长竖】<u>chǎng</u> <u>shu</u> 竖向；纵向：你把它～着放就放开了。

【长远】<u>chàng</u> yuan 长久；持久：还是平平淡淡的才～。

【场】<u>chāng</u> ❶地方：你是哪个～儿的？｜拿这么多东西来都没～儿放了｜才搬去没几天，又吆喝着待换～儿｜△哪里生，哪里长，到老想着那个～儿｜△十个闺女十门亲，十个兄弟没～儿分｜《醒世恒言》第十卷："多则半月，少则五日，就要换～，免露行迹。"❷用于晒打粮食的平坦空地：～园｜《诗

经·豳风·七月》:"九月筑~圃,十月纳禾稼。"|△一亩地要个~,一百岁要个娘|△天上鲤鱼斑,晒~不用翻|△忙死忙,先打~|△石碾上放灯——照~(常)。❸ 量词,用于事情的经过:△正月三~雨,不愁没粮吃|△一人说一句,凑成一~戏。❹ 比赛地;舞台;考场:上~|捧~|△没有~外的举人。

【场面】chāng mian ❶ 情景;状况:他走南闯北什么~没见过。❷ 排场;体面:人家做什么都那么~,真有个老板样儿。

【场面人】chāng mian yìn 讲究体面、处事周到的人:他那个~不会叫你难堪的。

【场园】chǎng wan (chǎng wen)用于晒打粮食的平坦空地:晚上他们都跑~上风凉|《醒世姻缘传》第三十六回:"算计往那里下手,又寻下了刀疮药并扎缚的布绢,拿了一把风快的裁刀,要到那~里边一座土地庙内,那里僻静无人,可以动手。"|《聊斋俚曲集·磨难曲》第二十三回:"怕的是秋耕了的地土,合那当道的~。"|《庄农日用杂字》:"~结实压,苫子秆草编。"‖1928年《胶澳志》:"~曰场完。"

【常】chàng ❶ 一般;普通;平常:平~二日儿。❷ 时间久;次数多;经常。其位置可以位于动词之前也可位于动词之后(此种情况一般后面跟"了"),普通话中只能用于动词前:~来|~说|~去|吃~了|住~了|△家礼不可~述|△知足心~乐,能忍身自安|△眼经不如手经,手经不如~舞弄。❸ 熟悉;交往多了:你和他还不~,~了就知道他其实是很好的个人|和恁爹俺都~了,开个玩笑没什么。

【常不六九】(~儿)chàng bu liǔ jiūr 隔三差五;经常:他~过来找我要。

【敞大瓜】chāng dà guā 随和坦诚的人;城府不深的人:他那个人是个~。

【敞哈】chāng ha 没有闭合的样子:锅盖都~着口儿,这什么时候能蒸熟了饭?

【敞开】❶ chāng kai 打开(门、窗、锁等):到如今钥匙也找不着,敞不开门了。❷ chàng kǎir 放开;不加限制;随意:到了咱的山上,什么果木都~儿吃。

【敞口儿】chāng kōur 不加限制地:恁就这么~使水,没几天池子就见底了。

【敞披】chāng pei 披着衣服或衣服不系扣子:你~着衣裳看冻着,快扣上扣儿。

【敞披怀儿】chāng pei huàir 衣服前面敞开:待家里没外人,~没事儿。

chao（chao）

【抄】chǎo ❶ 誊写：把歌词～待本子上。❷ 抄袭：他发小就会～人家的作业。❸ 把手放到衣服口袋里或双手在胸前相互插在袖筒里：把手～裤子兜里。❹ 用分开的手指或叉、笊篱等由下而上地捞：你去拿笊篱把上边的～～。

【抄翻】chǎo fan ❶ 把过去不好的事情重新提起：他又～起当时分家的时候些事。❷（陈病）复发：他这一累着不要紧，把他头痛的毛病又～起来了。

【抄弄】chǎo leng ❶ 用分开的手指或叉、笊篱、铲子等器具由下而上地捞或翻搅：你把天井里晾的叶子～～。❷ 翻出以前的事情或触发旧有矛盾：什么事还待多往前看，老是～些旧账没什么意思。

【吵吵】chǎo chao 杂乱地说话或争吵：就这么点儿事还～什么。

【炒面】chāo miàn 将面粉加油、盐等炒制的食品，一般在食用时用热水冲开：△圈腮胡子吃～——里嘈外噱。

【朝大荒儿】chǎo dà huǎngr 大体上；粗略地：没有那么多空儿了，你～扫扫就行了。

【朝大模儿】chào dǎ mūr 大体上；模糊地：你待把事儿弄明白了，别自己～寻思着。

【朝大谱儿】chào dǎ pūr ❶ 大体上；粗略地：咱当时也没拿尺，只能～估计估计。❷ 不了解情况而自以为是地认为或估计：这样的事你待亲自去看，不能光待家里～。

【朝莫】chāo me 约莫；估计：饭不用买多了，～两个人吃的就行了。

【朝面儿】chǎo miànr 出现；露面：上他家去了三趟，他都不～｜这么些天，他老板都没～。

【朝阳】chǎo yàng 向阳：～这一面儿结的苹果特别甜。‖《俚语证古》第一卷："～，向阳也。"

【嘲】chǎo 骂：连嘛带～｜叫人家把他好一个～。

【嘲爹害娘】chào diě hài niàng 咒骂对方的父母亲人：她嘛起人来～的，就个疯老婆。

【嘲嚎】chào hǎo 驱赶动物语。

【潮】chào 傻：人家也不～也不彪，怎么就待听他的支使？｜《聊斋俚曲集·姑妇曲》第一段："又不傻，又不～，好媳妇你休去了，指出件不是还可笑。"｜《聊斋俚曲集·姑妇曲》第三段："好您～达，好您～达，一堆砖头

拿到家。"|《聊斋俚曲集·墙头记》第四回:"张大说:'俺也不～,这有个话说。'"|《聊斋俚曲集·翻魇殃》第三回:"说他～实是～,认定魏名实相交,时常跑去登门叫。"又:"哥哥还把兄弟教,娶媳妇合费钱合钞。不知你听谁调唆,极精细却是极～。"|《聊斋俚曲集·翻魇殃》第四回:"仇大郎实是～,赌的钱不大高,困里空可没嘎枭。"|《聊斋俚曲集·翻魇殃》第十一回:"慧娘说:'你这～孩子!看着人家知道,成了故事。'"|《聊斋俚曲集·寒森曲》第四回:"屡屡显圣还不信,那有这样～东西,还要把他尸灵治?"|《聊斋俚曲集·富贵神仙》第四回:"这翰林极是美官,人人求之不得的,难道说方二爷他～么?"亦作"嘲":《聊斋俚曲集·墙头记》第二回:"家里财神不供养,把他简慢又蹭开,这是嘲呀可是怪?"|《聊斋俚曲集·增补幸云曲》第十六回:"二姐自思道:'这长官嘲头嘲脑的听什么琵琶,我有王三姐夫送我一条汗巾,我拿出来谝谝,他贪看汗巾,就忘了弹琵琶了。'"

【潮巴】chǎo ba 傻子:这样的事儿都看不出来,是不是个～?亦作"嘲巴""伢巴":《聊斋俚曲集·快曲》第一联:"反知道兵马在,就是个嘲巴也不来;况那贼,奸又乖,必然远躲天涯外。"|《聊斋俚曲集·增补幸云曲》第二十二回:"佛动心笑颜开,我每日也疑猜,谁想你把俺当嘲巴待。"|《聊斋俚曲集·禳妒咒》第八回:"那高家公母,也不是伢巴,听说江城,一貌如花,雪白脸儿,昏黑头发,一点朱唇,一口银牙,腰儿一捏,脚儿半揸,穿上一件好衣服,真似一尊活菩萨。"

【潮流儿】chǎo rour 海洋的潮汐和水流变化:待看～出海。

【潮脑】chào nao 樟脑球,又称卫生球。

【潮水儿】chǎo shuir ❶海洋及沿海江河中受潮汐影响而定期涨落的水流:△顺着～打虾子——使它这个顺溜劲儿。❷情况变化:他不摸～就跟着人家瞎闹。

【潮盐大卤】chào yàn dǎ lū ❶身上出汗粘湿难受的样子:我身上出汗出得～的。❷空气湿度大,物体返潮的样子:连阴了好几天,厨房变得～的。

【超成】chǎo cheng 有余;充足:他弟弟比他的个子还～点儿。

【超嫩】chǎo lùn 非常嫩:快买点吧,这些茼蒿～。

【超盈】chǎo yìng ❶(时间、容量、性能等方面)有富余;轻松:剩的活儿不多了,今日干完它很～。❷(生活、经济)宽裕:这两年儿家里日子过得很～。‖《俚语证古》第十四卷:"超用,饫饶也。居家度日,资财充实,谓之超用。'超'字当作'饫'(古音读超)。'用'为'饶'之双声音转。文选王粲从军诗,军中多饫饶。刘良注,饫,厌。饶,余也。"

che

【车】chě ❶ 陆地上有轮子的运输工具：小推～｜△～到山前必有路｜△有～就有辙,有树就有影｜△上山砍柴先看树,拉马赶～先看路。❷ 利用轮轴旋转的工具：纺花～子。❸ 用车床加工东西：～两根桌子腿。

【车胎】chè dǎi 轮胎。

【车脚】chě juē ❶ 舟车或人力进行的运输：上那个场儿做买卖儿,就是～不好找。❷ 运费：他这个来回不算～就花了五千。

【车襻】chè pǎn 一种推车时用来辅助承力的长条形带子,其两头系在手推车的车把上,中间搭在推车者的肩膀上。

【车前船后】chě qiàn chuǎn hòu 指乘坐在车的前部或船的后部颠簸较轻,相对舒服。

【车圈】chè quǎn 车轮子的轮毂。

【车子】chě zi ❶ 人力小推车：他都能帮着他爹拉～了。❷ 自行车：我是骑着～来的。

【扯】chē ❶ 拉：～住｜牵～。❷ 不拘形式和内容地谈：拉～｜胡～｜～淡。❸ 纠缠；推诿：～皮。❹ 物体失去原来的弹性或发生延展性变形：这件毛衣领子～了,没法穿了。

【扯淡】chè dàn ＝〖扯闲淡〗chè xiǎn dàn 胡扯；瞎说；多管闲事：那根本就不是他管的事儿,真能去扯些闲淡。｜《聊斋俚曲集·墙头记》第二回："落了草叫讙讙,摸摸有峻甚喜欢,细想来也是精～。"

【扯东到西】chē děng dào xǐ 从东边到西边：～这一大溜房子都是他们家的。

【扯钩拉蔓】(～儿)chē gǒu là wànr 东拉西扯；说话漫无边际的样子：话讲到就行了,别～说些没用的。

【扯逛】chě guang 物件松垮变形：大棚架子都～了,不能使了｜你快回去换换这件衣裳,你看都～了。

【扯乱】chē luan 扰乱；牵扯精力：叫这几个孩子把他～得什么都干不了。

【扯南到北】chē nàn dǎo bēi 从南边到北边：那块儿地～一共才十四五米。

【扯身】chē shěn 转身(离开)：让他把人家气得～就走了。

【扯丝不断】chè sǐ bu dàn 藕断丝连的样子：散了就是散了,可别～的惹些乱子。

【撤】chè 利用水或其它液体将物体中的某些成份析出：那些咸鱼你先泡期儿，往外～～盐。

【撤身】chè shēn 脱身：早～早好，晚了就不好说了。

chen（chen）

【硶】chēn 食物中有细沙土，入口咀嚼不适：馒头里边儿搅进什么去了，吃起来发～怎么？‖《玉篇》："～，食有沙。"《集韵》："～，物杂砂也。"

【硶离离】chèn lǐ li ❶ 食物中杂有沙子，吃起来不舒服的样子：这些馒头怎么吃起来～的？❷ 形容一种锐痛：这个伤口痛起来～的。

【硶牙】chèn yà 食物中有沙子等硬物硌牙：这些饼暴进土去了，吃起来～。

【抻】chēn（chèn）❶ 拉长；伸展：～开｜～头｜～～筋。❷ 拉伤：～脖子了｜～腿了。

【抻巴】chēn ba 伸展身体四肢：你坐时间太长了，多站起来～～｜越是上了年纪越应该多～腿胳膊。

【抻够】chēn gou 伸长（四肢或头部）：那个人也待人堆里翘着脚，～着个头。

【抻了】chēn le 肌肉被拉伤或因用力过猛而受伤：他把手脖子～。

【抻量】chěn liàng （被某种伤痛）影响、牵扯：他叫这个伤口～得什么也干不了。

【抻头】chèn tòu ❶ 将头部伸出：开着车不能往外～，太危险了。❷ 带头；参与；出面：一听待拿钱，再就没有～的了。

【抻头呼脑】chēn tou hǔ nāo 探头探脑的样子：待进来就大大方方地进来，别待门后了～的和个小偷似的。

【沉】chèn ❶ 沉重；重量大：这个大包太～了｜△土地爷爷戴～——头～。❷ 份量；重量：你没称称现在多～了？｜《醒世姻缘传》第六回："你只强！休说别的，天下有这们大狮猫？这没有十五六斤～么？"❸（在水里）往下落：鱼到了这个时候都～底了。

【沉活儿】chèn huòr 重体力劳动：我一个人干就行，也不是点儿～。

【沉头】chèn tou 沉着应对的能力；对问题或矛盾的承受能力：他办事挺有～的。

【沉硬气】chěn yìng qì 沉住气：这个事上你待～，这不是光着急能行的事儿。

【沉重儿】chěn zhèngr ＝〖沉动儿〗chěn dèngr 份量:就这个～还行,我能抬动了。

【陈】chèn 旧的;搁置时间长的:～谷子烂芝麻｜把那些～馒头先熥熥吃了。

【陈谷子烂芝麻】chèn gū zi làn zhǐ ma 毫无意义的陈年琐事:去了又听他讲那些～的破事｜《红楼梦》第四十五回:"可是我糊涂了,正经说的话且不说,且说～的混捣熟。"

【陈滚乱乏】chèn gǔn lǎn fà 极度疲劳困乏的样子:干完这天活儿浑身～的,哪有精神和你打牌?

【趁钱】chěn qiàn 有钱:他这几年挣的可以,家里趁不少钱｜《水浒传》第三十一回:"为是他有一座酒肉店,在城东快活林内,甚是～。"｜《喻世明言》第二十六卷:"我今左右老了,又无用处,又不看见,又没～。"

【趁早儿】chěn zāor ❶ 抓紧时机或提前时间:办这样的事儿待～,越晚越不济｜《金瓶梅词话》第十九回:"你～与我搬出去罢,再迟些时,连我这两间房子尚且不勾你还人。"｜《醒世姻缘传》第五十五回:"老爷子,你要留下指使就留下,既不留下,就～儿给了人家,耽误了人家待怎么?" ❷ 表示劝阻,不要去做:买车的事儿我看你～。

cheng（cheng）

【冲】chèng ❶ 对;向:他没场儿撒气,～着孩子发起火儿来了。 ❷ 出于;因为:～你的面子才给办的。 ❸ 对着的方向:路～｜三～角儿。

【充谱儿】chèng pǔr 充门面:人家把东西都拉走了,你看他还拿什么～?

【重】chèng ❶ 再:～另｜～写｜～做。 ❷ 重复;雷同:他们两个人买东西都买～了。 ❸ 提及往人往事:他一～起这个事儿来还一肚子的气｜老妈妈儿一～早了那些事儿来就难受得掉泪。

【重茬】chèng chà 连续在同一块土地里种植同一种作物:他们说种西瓜不能～。

【重究】chěng jiu 提及往人往事:过去多少年了,他还直～这些事。

【重另】chèng lǐng 重新;再一次:那张写得不好,我又～抄了一遍。

【重念】chěng nian ❶ 回想并提起:他～起他姥娘来就泪汪汪的。 ❷ 背后念叨:今日不闲着打啊气,是谁这～我? ‖《俚语证古》第四卷:"道说不已,谓之～。"

【重样儿】chěng ràngr 同样的东西重复出现：她每天做饭不带～的。

【重影儿】chěng rēngr 视觉问题造成的图像重叠现象：就发这几年,他不带眼镜儿看东西老是～。

【重孙女儿】chěng sùn nur 曾孙女。

【重孙子】chěng sùn zi 曾孙。

【重外甥】chěng wai sheng 曾外孙或曾外孙女。

【重下颏儿】chěng xiǎ hair 因肥胖产生的双下巴：恁两个都有～了。

【撑死】chěng shi 比喻达到最高程度；顶多；至多,在句子中的位置较为灵活：那能有一百斤～｜这块儿路～能有六里地。

【撑子】chěng zi ❶ 刺绣用具,刺绣时用来将织品拉平的圆形或方形框体。❷ 渔业捕捞、张方网用的竹竿。

【樘儿】chèngr =〖樘子〗chèng zi 桌椅板凳等家具腿之间的横木。

【成】chèng ❶ 完成；成功：△事无三不～｜△～不～,三两瓶｜△买卖不～仁义在｜△功夫不到天不明,工夫到了自然～。❷ 成为；变为；事物发展到一定的形态或状况：△运去金～铁,时来铁是金｜△一人说一句,凑～一场戏｜△蒿子长大不～树,兔子长大不～驴。❸ 生物生长到成熟饱满的阶段：△要知麦子～和秕,单看正月二十一。❹ 十分之一：△多打几遍场,多收一～粮｜孩子八～儿是出去耍去了。❺ 整；按；表示达到一定单位,强调数量多或时间长：～头晌｜～下晚儿｜～天｜～月｜给老人～筐往家买水果｜～年也不回来趟儿。

【成大营生】chěng dà yǐng sheng =〖成大能生〗chěng dà něng sheng 不合时宜的言行给人添乱或让人反感：越是嘱咐他少说两句,他越～,说起来没头儿。

【成个儿】chěng guòr ❶ 原来分离的东西结成一起：那包红糖艮了,都～了。❷ 未破损：包子都跌得没有～的了。

【成块】(～儿) chěng kuair (在、到)一起：走～｜他和他爹娘待～｜《聊斋俚曲集·禳妒咒》第二十九回："一个丫头看着家,还有旧衣合破鞋,我去合他拾～。"

【成年】chěng niàn 整年；长年：恁～不来趟,来了就有事儿急着回去｜《金瓶梅词话》第七十二回："老娘～拿雁,教你弄鬼儿去了。"

【成年论辈子】chěng niàn lǔn bèi zi 形容非常长的时间：他那个过日子法儿,孩子～跟着吃不着点儿好东西。

【成群结帮】(~儿) chèng qùn jiè bàngr =〖成群结党〗(~儿) chèng qùn jiě dāngr 成群结队;一群群或一队队的样子:来爬山的人~的|村里的人~地都看演戏的去了。

【成色】chèng shei 程度;状况:他能把事儿办到这个~咱待知足。

【成天】chèng tiǎn ❶ 整天:谁也架不住他这么~往那跑。❷ 总是:他~就没句实话。

【成头晌儿】chèng tǒu shāngr 整个上午:他~待个楼上也不下来。

【成下晚儿】chèng xiǎ wānr =〖成黑夜〗chèng hēi ye 整个晚上:喝了点儿茶叶弄得他~没困觉。

【成心】chèng xǐn 故意:别往心里去,他也不是~的。

【成宿】chěng xū 整夜:急得他~没困觉。

【成月】chèng yuě 整月:如今忙起来~回不来一趟儿。

【成整儿】chěng zhēngr ❶ 未破损;未缺失:咱把这些~的砖挑出来。❷ 大面额:你这没有~的钱?

【成堆】chèng zuǐ ❶ 表示很多:家里那些书都~。❷ 堆积成一堆;按堆:大头菜叶~卖。❸ (~儿)在一起:他们碰~儿就爱开玩笑。

【成堆成岭】chèng zuǐ chěng līng 非常多的样子:家里她的衣裳~的,还说没什么穿。

【称】chěng 购买(称重计价的东西):你回来的时候直接~点儿鸡蛋|《醒世姻缘传》第二十五回:"次日,薛教授的夫人也叫人~了五斤猪肉、两只鸡、两尾大鲫鱼、二十只鲜蟹、两枝莲藕、六斤山药、两盘点心,过来回望。"|《聊斋俚曲集·寒森曲》第七回:"便叫王知县,就罚他上新泰县变猪,着那合县的人~他的肉吃。"|《聊斋俚曲集·墙头记》第一回:"今日可有个指望,听说他~肉杀鸡,等他丈人,就不教我陪客,或者还舍点腥水儿喝喝呀!"亦作"秤":《醒世姻缘传》第二十二回:"过了小和尚的满月,正月十九日,晁夫人分付叫人发面蒸馍馍,秤肉做下菜,要二十日用。"

【承奉】chěng feng 奉承:人家说的那都是~他的话儿,他还当真了|《金瓶梅词话》第八十回:"但凡世上帮闲子弟,极是势力小人,见他家豪富,希图衣食,便竭力~。"

【承敬】chěng jing 顺承尊敬:那帮人是~他的爹,不是他|《晋书》第五十七章:"僚佐邑宿,尽礼~,宴飨馈食,事事留怀。"亦作"诚敬":《醒世姻缘传》第一回:"若是那等目不识丁的人,村气射人的,就是王侯贵戚,他也只是外

面怕他,心内却没半分诚敬。"|《红楼梦》第三十五回:"其中原来有个原故:只因那宝玉闻得傅试有个妹子,名唤傅秋芳,也是个琼闺秀玉,常闻人传说才貌俱全,虽自未亲睹,然遐思遥爱之心十分诚敬,不命他们进来,恐薄了傅秋芳,因此连忙命让进来。"

【承揽】chěng lan 承认:他自己作的业还不敢~。

【盛】chèng ❶ 把东西放在器具里:~上半碗儿饭就够了。❷ 容纳;放置:△狗肚子~不了半碗渣|△八仙桌上摆尿壶——不是~酒的家什|△一个盒儿,里边~着一个拨拉蛾儿(谜语:舌头)。

【盛货儿】chěng huòr 容器的容量大:这样的箱子看起来不大儿,装东西才~来。

chi(chī)

【齿齿儿】chīr chir 齿状物:边下的些~是干什么的?

【翅翅儿】chìr chǐr 小心翼翼:孩子困了,你~地进去。

【翅儿】chìr =〖翅子〗chì zi ❶ 鸟类、昆虫的翅膀:小鸟~|老雕~|《醒世姻缘传》第六十三回:"俺姑才待进去,那鹞鹰照着俺姑的脸一翅子,飞出去了。" ❷ 类似翅膀的东西:飞机~|纱帽~。

【咮咮】chǐ chi ❶ 凌乱地伸展:他那个头发~着也不知道梳梳。 ❷(~儿)chǐr chir 凌乱伸展的小东西:衣裳上沾沾得净~。 ❸ 张狂;烧包:男的当上官儿了,看她跟着~的。

【咮咮丫丫】chǐ chi yǎ ya 中空、松散不紧密的样子:别光看那么多,其实~的。

【咮道儿】chǐ dàor =〖咮杆子〗chǐ gān zi 跑;溜走:好汉不吃眼前亏,你不快~还等什么。

【咮肚子】chǐ dǔ zi 拉肚子;腹泻。

【咮逛】chǐ guang 戏弄;愚弄(别人做某事):他把人家都~来了,自己就颠道儿了。

【咮花儿】❶ chì huǎr 烟花喷射:那边有~的,别过去。 ❷ chǐ huǎr 棉衣、棉被等破了漏出棉花。

【咮空】chǐ keng ❶ 中空;不严密:你盖的被都~着,怎么能不冷|孩子的衣裳~着,都往里灌风。 ❷ 使中空:你把盖上面的薄膜~~,要不下面的菜不

透气就烂了。

【呎棱】chǐ leng ❶ 瞪：斜楞鼻子～眼。❷ 张扬招摇；自命不凡：他有了钱就～得不知道姓什么了｜他从当上了这个老总，～得横横着走路。

【呎毛狗角】chǐ mào gǒu jiā 虚空不实、凌乱不整的样子：你把菜筐理刷理刷，这么～的装不了多少东西。

【呎挠】chǐ nao 蓬松而凌乱的样子：～着个头就赶个鸡窝｜他整天～着头，就不知道梳梳。

【呎皮子】chǐ pì zi 物体表面覆盖或翘起的小薄片；极薄的东西：你买的这件衣裳和～似的，穿着不能舒梭。

【呎葡脑儿】chǐ pù naor 未发育成熟的果实：这片苞米结得不好，净是～｜这批花生刨得早了，全是些～。

【呎屎】chǐ shī ❶ 腹泻。❷ 倒霉：他这趟买卖儿做得真～。

【呎屎拉沫】chǐ shī lǎ mè 形容很不中用的样子：他真是个～的，这件事都办不好。

【呎鲜】chǐ xuan ❶ 一种海产贝类，味道鲜美。❷ 言过其实、说话不靠谱的人：他是个～，少听他瞎咧咧。

【呎丫】chǐ ya ❶ 中空；松散不紧密：看起来这些油菜～着一筐，其实没什么份量。❷ 中空的；不结实的：～白菜。

【呎丫子】chǐ yà zi 卷叶不结实、球体松弛的白菜、大头菜等叶球作物：那些白菜粪力没跟上，净长了些～。

【炽】chǐ （用）强光照射：你拿个亮点的手灯～着，他好照着干活。

【眵】chǐ =〖眼眵〗yàn chǐ 眼睑分泌出来的粘稠状物：△穷汉儿多，瞎汉～多。

【眵眼儿】chǐ yànr 眼力不高的人；容易上当被骗的人：他真是个～，赶个集叫人家糊弄了好几百块钱去。

【嗤鼻子】chǐ bǐ zi 擤鼻涕：他嗤完鼻子到处抹，真不文明。

【嗤空儿鼻子】chǐ kengr bǐ zi ❶ 大鼻孔：就他顶着这个～能找上个媳妇？❷ 鼓起鼻孔；引申为趾高气昂的样子：他整天嗤空儿着鼻子没有看中的人儿。

【赤着袜子底儿】chī zhi wà zi dī 只穿着袜子不穿鞋(站着或走路)：他一着急～就下来了。

【吃饱蹾】chǐ bào děn 比喻只知道吃饭而不愿意干活的人：他就是个～，听见吃就瞪开眼了。

【吃百家饭】chī bēi jia fàn ❶经多见广:他出去闯荡这么多年,是～的,什么事没经过? ❷因家中贫穷经常接受亲邻接济或讨饭:姊妹两个从小没了爹娘,～长大的。

【吃不迭】chī bu diè ❶形容东西多的吃不完:到了夏天光这棵葡萄结的都～。❷来不及吃完:急得他～饭就走了。

【吃不上趟儿】chī bu shǎng tàngr 没等吃完;吃不完:茼蒿长起来～就老了。

【吃不住劲】chī bu zhǔ jìn =〖吃不硬劲〗chī bu yǐng jìn ❶承受不住(重量):这几根木头太细了～。❷(对事物)无力支撑;坚持不住:恁再这么逼他,再他的本事也～。

【吃不开儿】chī bu kǎir 不受欢迎:就他这么办事儿,上哪儿也～。

【吃垺土】chì bǔ tu 吸入(前面的人奔跑时扬起的)尘土,比喻落在别人后面:和他一块儿干活,你光～就行了。

【吃苍蝇】chì cǎng yang 喻指难堪或受到屈辱:咱可不跟他去吃那些苍蝇。

【吃茶】chì chà 指在一些重要宴席前吃一些点心等小食品。

【吃等食儿】chǐ dēng shir 坐享其成;只等着分享别人的劳动成果或施舍:那几个光在家里～,就累他一个人了。

【吃搊了】chì chǒu ler 吃空了:一下去了那么大些人,都把他家～。

【吃独食】chì dǔ shi 比喻独占利益:他自己不声不响地在这～,怕人看见|《醒世姻缘传》第四十九回:"俺婆婆那耷提下的亲,凡有下礼嫁娶的,他都背着俺婆婆～。"|《醒世姻缘传》第八十七回:"我从小儿不好～,买个钱的瓜子炒豆儿,我也高低都分过遍。"

【吃供儿】chì gèngr 指旧时农村家庙的供品在年节后由族人共享。

【吃贡儿】chì gèngr 打扑克牌时,赢家享受输家送的大牌。

【吃喝郎当玩儿】chī hā làng dang wànr 吃喝玩乐、游手好闲的样子:他成天就知道～,哪还想着家里。

【吃花生米儿】chī huà sheng mīr 喻指被枪毙:解放前他爷爷到最后是～死的。

【吃火】chǐ huō 某种食物需要大火候才能做熟:这些肉～,待锅里大炖炖。

【吃货】❶chī huo〈贬〉饭桶;特别爱吃但不能干的人:一听吃好饭就瞪开眼了,真是个～。❷(～儿)chī huor 食物:饭橱里一点儿～儿也没有了。

【吃和尚】chī huò chang 喻指贪吃而无能的人:他就是个～,听见吃就瞪开眼了。

【吃劲】chì jìnr 承受压力;支撑;发挥作用:光剩了一个轮子在下面儿～儿|上了年纪脚也不～了。

【吃老保】chì lǎo bāo 享受退休金或养老保险金。

【吃累】chì lèi 吃苦;受累:如今你日子也挺超盈的,快别撇家舍业地去～|冯梦龙《挂枝儿·卷五·隙部·负心(四)》:"耽惊受怕我吃你的累,近前来听我说向伊:来由你,去由你,怎么这等容易!"

【吃了没吃,拉了没拉】chī le mě chī là le mě là 对自己受过的益处或做过的事情不予承认:老是～的,和他讲不得理。

【吃气】chī qì 受气;受欺辱:她年轻的时候受婆婆的气,如今年纪大了还吃孩子们的气。

【吃巧儿】chǐ qiāor 吃比较少见的食物:庄户人是吃饱,有钱人是～。

【吃屈】chǐ qū ❶受委屈;遭磨难:待婆婆家她吃老屈了。❷超负荷;额外磨损:气打不足,车胎跟着～。

【吃伤】chì shǎng 对某种食物因吃得过多而感到厌腻、反胃:他小时候吃猪头肉～了,到如今不敢闻那个味儿|《金瓶梅词话》第八十六回:"我与你家做女婿,不道的酒肉～了。"又:"你这小孩儿家空口来说空话,倒还敢奚落老娘,老娘不道的～哩。"

【吃生米的】chì shěng mī di 指好斗狠毒之人:欺负老实人看他些本事,那是没碰着～的。

【吃食种】chì shi zhēng 骂人的话,指光吃饭不愿干活或不能干活的人:养了这么些～什么也不好做。

【吃师傅】chī shi fu =〖吃和尚〗chī huò chang 喻指贪吃而无能的人:他就是个～,干活儿白瞎。

【吃要烟儿】chǐ shuā yanr 只是偶尔地抽烟:他平时不吃烟,就有时候～。

【吃水】chǐ shuī ❶饮水:那个村～是个麻烦事。❷吸收水分:这种大米特别～。

【吃私】chì sǐ 贪污受贿:～贪污这样的事儿一点儿也不能沾。

【吃孙喝猴】(～儿)chī sǔn hà hòur 干吃白喝:还想上我这儿～,滚一边子去!

【吃头儿】chī tour 值得吃的价值:这些桃儿没大有～。

【吃剜选】chī wàn xuan 指特别馋且懒惰的人:干活见不着他,吃饭就出来了,真是个～。

【吃味儿】chī wèir 吃醋；产生嫉妒心：恁几个人老是弄成一块儿，他心里有点儿~|《官场现形记》第三回："他们做大员的，怎好厚一个，薄一个，叫别位同乡看着~。"

【吃香儿】chì xiǎngr 吃得开；受重视；受欢迎：这些设备待外地很~。

【吃腥嘴儿】chì xǐng zuīr =〖吃腥腥嘴儿〗chì xǐng xing zuīr 对不当得利上瘾成性；占人便宜后不知收敛，得寸进尺：他~了再就收不住了。

【吃刑罚】chì xìng fa 受刑；遭罪：他真能吃个刑罚，是个汉子。

【吃烟】chì yǎn 抽烟：这么小的孩子就学会~了|《官场现形记》第三回："胡理也不~，不吃茶，取了信一直去找钱典史。"

【吃硬劲】chī yìng jìn 承受住压力：这么沉的东西，他一个人上哪儿能~？

【池】chì ❶（多指人工挖砌的）水塘：水~子|虾~。❷ 将松散的土浇上大量的水，使土沉降变得结实：~泥|这块儿地太暄吞了，上遍水~~它。

【池泥】chǐ mì 在土堆的中间扒窝，浇上水泡起来。

【痴】chǐ ❶ 精神失常：就为人家小嫚儿不跟他，他就~了。❷ 傻；不精明：△~娘夸好女，~汉子夸好老婆|△~人看高秤。

【痴不楞登】chǐ bu lěng deng 傻笨的样子：他那天怎么能~的上了人家的当。

【痴勾勾】chǐ gòu gou 眼神因满含期望而呆滞的样子：她爹站在村儿前的湾子里，~地望着大海。

【痴厮】chǐ si 傻子：他老是觉着自己精神的，人家都是些~|△~等窝鹏儿|△~过年——好景。

【漦水】chǐ shuir 涎液；口水：馋得他都拉拉~。

【漦水窝子】chǐ shuì wě zi 婴幼儿的腮腺，民间传言碰了此处会造成孩子不住地流口水，故得名。

chou（chou）

【瞅睺】chōu hou 看；望：那个人怎么不住地~你？

【瞅空儿】chòu kèngr =〖初空儿〗chù kèngr 抽时间：这个事儿不急，你~再说|等你瞅个空儿去看看恁爷爷|《红楼梦》第九十六回："既这么着，你去干你的，这时候满屋子的人，暂且不用提起，等我~回明老太太，再作道理。"

【搊】chǒu ❶（用衣、被等物）包裹：使被从后边儿把孩子~起来。❷ 掖；

塞入：把铺衬～进去。❸ 穿在身上的衣物出现揪扯：裤子提得太高了，都～起裆来了。

【丑角子】chōu juè zi 长相或打扮丑陋的人：快把那个帽子摘下来，戴上就赶着个～。

【丑沥酸】chōu lì suan 形容丑到了极点：怎么买这么个颜色的裤子，穿上就待～了。

【丑魌】chòu qi 非常丑陋的人。‖"魌"指古代驱疫时扮神的人所蒙的面具，形状很丑恶。

【臭】chòu ❶ 不好闻的气味（与"香"相对）：～味儿｜狗～屁｜△好鞋不踏～屎。❷ 东西不好卖：前两天市场上的柿子～得要命｜△六月韭，～起狗。❸ 不受欢迎；惹人厌恶：～钱｜～美｜～架子｜他待老师手里就待～死。❹ 说话口无遮拦或好传是非：有句话儿千万不能叫他知道，他的嘴太～了。❺ 贬损；丑化：他背地后～人家没有什么好处。

【臭败】chòu bai ＝〖臭脏〗chòu zang 丑化；讥诮：这个事儿要是让他知道了，又好满村～人家了｜当婆婆的哪好这样到处～自己的媳妇？

【臭鼻子】chòu bi zi 嗅觉差或无嗅觉能力的人：他是个～，上哪儿能闻出什么味儿来？

【臭大姐】chòu da jiē ＝〖放屁虫〗fàng pi chèng 一种昆虫，学名椿象，触碰到它就会释放出难闻的气体：蒲松龄《日用俗字·昆虫章》："齐马婆如～，山水牛似寒先生。"

【臭果儿】chòu guor 花生、瓜子等带外壳的食物腐败变质：买的这些瓜子儿净～。

【臭化】chòu hua 贬损；奚落：那个看门的守着满屋的人把他好一个～。

【臭门户儿】chòu měn hur ＝〖臭门子〗chòu měn zi 丧失信誉；信誉扫地：那家子人家待村里都～了，没有和他们交往的｜他卖的东西老是不新鲜，一阵儿就～了。

【臭手】chòu shou 技能或手气太差的人：他那号儿～能干出什么好活儿来？

【臭油】chǒu yòu 沥青：那一段儿是～马路，不是水泥的。

【臭鱼烂虾】chǒu yù làn xiǎ 泛指不新鲜的鱼虾等水产品。

【臭嘴】chòu zui 乱说话的人；说话缺德的人：他那个～能说谁的个好儿？

【抽头】chǒu tou 抽屉。

chu（chu）

【憷】chù 畏惧；害怕：别看他长这么大的块儿，咱一点儿不～他。

【憷乎】chù hu 害怕：他真待较真儿，咱也不～他。

【憷筋】chù jǐn 对经历过的伤痛或教训不敢再触及：吃了上一把儿那个亏他真～，再怎么叫他也不去。

【杵】chū ❶ 呆愣地站立：他～那儿和个人似的，啥活不会干。❷ 欺负：～人家从农村来的，该干不该干的全拥给他了。

【锄钩】chǔ gou 连接锄刃和锄把的弯曲铁柄：《庄农日用杂字》："锄杠和锄刃，酌量～安。"

【锄镰锨镢】chù liàn juè zhǎng 泛指农具：有这么间小屋儿，～的都能放下。

【锄刃】chǔ yin 锄的刃面部分：《庄农日用杂字》："锄杠和～，酌量锄钩安。"

【雏儿】chùr 指年龄小、社会经验少的人：那人一上来，就看出是个～｜元杂剧《曲江池》第一折："妹子也，他还是个子弟，是个～？"

【畜力巴道】chù li bà dào〈贬〉不讲人性的样子：那家子人～的，没法儿伙伙。

【畜类】（～儿）chǔ reir ❶ 牲畜：～也知道个好歹。❷ =〖畜力〗chǔ li 骂人的话，畜生：就他那些行事，连个～赶不上｜他还敢嘁他爹，简直就是个～｜《聊斋俚曲集·翻魇殃》第九回："我那儿这样贤，你受罪我何安？今日难见我儿面！我生这样～货，听说你自己扎一簪，我那泪珠何曾断！"｜《聊斋俚曲集·禳妒咒》第十三回："打杀么么不说一句话，看来真～，知道那羞耻是什么。"

【出】chū ❶ 从里面到外面：～芽｜△不～脓不～血｜△～海不赶流，不如蹲炕头。❷ 付出；支付：△牌不离正～｜～力｜～工｜～钱。❸ 离开：～发｜～五服。❹ 产生；生长：～产｜～才人｜△羊毛～在羊身上。❺ 发生：～事。❻ 显露：～眼｜～名。❼ 超过：～色。❽ 来到：～面｜～勤。❾ 放在动词后，表示趋向或效果：说～实话｜拔～萝贝带～泥。❿ 显得量多：～饭｜～数儿｜～货儿。⓫ 戏曲的一个独立剧目：不知道他这是唱的哪一～。⓬ 比较起来最突出：全家～他能干。

【出大力的】chù dǎ lì di 从事繁重体力劳动的人：～挣的是血汗钱。

【出大着】chū da zhi 不良家教、家风对家庭成员造成的影响：他家的人都～，就愿意占小便宜。

【出地】chǔ di 极快地；忽地：看怎来了，他～跑出去了。亦作"出的"：元杂

剧《单鞭夺槊》第三折："我则见忽的战马交,出的枣槊起,飕的钢鞭重,把一个生硬汉打的来浑身尽肿。"|元杂剧《三战吕布》第三折："那吕布见刀来,出的躲过。"

【出伏】chù fù 过了伏天(夏天最热的一段时间)。

【出活儿】chù huòr 工作效率高:俺两个人一块儿干真是挺~的。

【出货儿】chù huòr 产生的东西多:这些虾个头看着大,上锅一点儿不~。

【出急】chǔ jī 救急;在困难时提供帮助:咱有什么事儿的时候,人家真~。

【出九】chǔ jiū 过了农历时令"九"(冬天最冷的一段时间)。

【出溜】❶ chù liǔ 拟声词,滑行或滑倒的声音:从路边儿~钻出一条长虫来|他走了几步,叫地上的冰~一下滑倒了。❷ chǔ liu 快速地走或跑;随意走动:他来回也不~几趟儿了,不知道忙些什么|他整天满街瞎~。

【出溜滑儿】chǔ liu huàr 很滑的样子:慢点儿,下雪下得地上~。

【出门子】chù měn zi 外出:~多带两个钱儿,不是说穷家富路|《红楼梦》第八十一回:"如今宝姐姐家去了,连香菱也不能过来,二姐姐又出了门子了。"

【出产】chù shan ❶ 农作物收获:光这片黄瓜一夏天就~了不少钱。❷ 出息;前途:明杂剧《僧尼共犯》第四折:"再过几年,不出寺门,俺做了老法师,你做了老姑子,再有什么~也。"|《金瓶梅词话》第八十七回:"孩儿,你爹已是死了,你只顾还在他家做什么,终是没~!"|《醒世姻缘传》第二十二回:"就是贡了,还只说咱选个老教官,没什么大~,也还不理!"|《醒世姻缘传》第二十五回:"薛教授道:'住在这里八年,一些也没有~,到不如丢吊了自在。'"|《喻世明言》第二十二卷:"维扬路远,又且石匠手艺没甚~。" ❸ 出落:几年没看见这孩子,~成大青年了|《聊斋俚曲集·禳妒咒》第七回:"夫人拉过江城的手来,撮了撮下颏,捏了捏耳环,便说:'你看看江城~的这样的风流,这样的标致!'"‖1928年《胶澳志》:"王筠《说文释例》载:产,《唐韵》所简切,段氏谓今南北语言皆作楚简切。余妻高,胶州人,其读书语言皆作所简切。王着《说文释例》所述如是。是知即墨人'产'读如'陕',乃《唐韵》之读法也。《胶志》所谓变音如'港'曰'蒋''日'曰'义'之类,亦古音耳。"

【出梢】chū shào 超出村庄、城市等聚居地的四周边缘:他家住的远,都快~了。

【出生不嫌地面苦】chù shěng bù xiàn dǐ mian kū 因从小长期生活已经适应和习惯,一般人不会认为他出生与成长的地方生活环境和条件多么差:去看看那些场真落后,但是~,那里的人也不觉着差到哪里去。

【出数儿】chù shùr 产生的数量多：这些大米做饭真～｜霜降后的地瓜淀粉少,做粉条不～。

【出摊儿】chù tǎnr 出来摆设摊位：下雨没大有～的。

【出挑】chū tiao ❶ 出落;青年人的体态容貌向美好的方面变化：几年没见着恁家孩子,～得真稀罕人｜《红楼梦》第十六回："正是呢,方才我见姨妈去,不防和一个年轻的小媳妇子撞了个对面……竟与薛大傻子作了房里人,开了脸,越发～的标致了。"亦作"出条""出跳"：《醒世姻缘传》第七十一回："虎哥已长成十五岁,出条了个好小厮。"｜《金瓶梅词话》第七十六回："贲四的那孩子长儿,今日与我磕头,好不出跳了好个身段儿。" ❷ 有出息：这么大的人了,一点儿也不～。

【出头】chù tòu ❶ 有能力;有担当：家里那几个弟兄,个个儿不～不出脑的。 ❷ 发迹;发达：等你～了别忘了这些弟兄们。 ❸ 出面效力或承担责任：遇上这样的事儿没有愿意替他去～的｜《文明小史》第三十三回："听说大老爷怕的是冯主事,不敢～。" ❹ (～儿) chù tòur 用于整数后,表示有零余：他看起来四十～儿的样儿。

【出头出脑】chū tòu chǔ nāo 积极上进;敢于承担责任：他那几个孩子都～的,父母少担不少心事。

【出徒】chù tù 从师学艺的人期满学成：这么个学法儿,不用一年就～了。

【出外】chù wài ❶ 离家远行;外出：她男的老是～,顾不上家里头｜《初刻拍案惊奇》第二卷："外靠男子～营生,内要女人亲操井臼。"｜明杂剧《中山狼》第一折："常言的～不如家,既没个侣伴们共温存,更少个僮仆儿相衬搭,俺不觉的颤钦钦心头怕!"｜《聊斋俚曲集·慈悲曲》第二段："龟头你比那囊包的还赛,自家乜小厮还叫不了来,每日家里装汉子,你还要～!" ❷ 超出某一数量;以外：那根墙待十米～。

【出心】chù xǐn ❶ 实心实意：这是人家～给你买的,别嫌后。 ❷ 根据心意：这是～的营生,没多没少。

【出血】chǔ xiē ❶ 血管破损;血液流出：才长的嘎渣别老是去搲,省着～。 ❷ 出钱;破费：他就要生古死了,也好叫他请客出出血了。 ❸ 〈贬〉说话,一般用于反问或否定句式：他成天就个闷嗤驴,攥三锥子不～｜叫这么个不出脓不～的人来好干什么!

【出息】chū xu ❶ 发展前途：干这一行以后很有～。 ❷ 长进;出落：如今那孩子真比他以前～多了。

【出眼】chǔ yān 显眼；扎眼：他穿着那身衣裳太~了，老远就认出他来了。

【出样儿】chù yàngr ❶ 出现不快的表情：没给他买那件衣裳，立马儿就~了。❷ 出现疲惫不堪的样子：干了一阵儿还不觉累，干上一天你就~了。❸ 在正式生产制作前，先做出样品：等~没问题了，再大批量做也赶趟儿。

【出人】chù yìn 产出人才：恁家那一片挺~的。

【处置】chū zhì 刁难；为难：什么这里不好那里不济的，他纯是待这里~人。

【除】chù ❶ 用锨等工具铲起：他~了几锨土把门口垫了垫|《聊斋俚曲集·慈悲曲》第四段："张诚说：'你看俺哥哥，你从多咱就起来了？'慌忙拿杴就~。"|《聊斋俚曲集·翻魇殃》第十一回："放了又~，~了一大堆。寻思着，田地都烧红了，我起出这一桁来上地也好。"|《醒世姻缘传》第二十八回："严列星使镢头掘，老婆使铁掀~。"|《醒世姻缘传》第二十九回："走到一家门首，一个妇人拿了一把铁掀，~了一泡孩子的屎，从门里撩将出来，不端不正，可可的撩在薛教授只鞋上。"|《醒世姻缘传》第八十五回："相大哥说：'为甚么搅下这堆臭屎！拿掀~的离门离户的好！'"|《醒世姻缘传》第九十二回："及至二人到家，进入陈师娘住房门内，地下的灰尘满寸，粪土不~，两人的白鞋即时染的扭黑。"❷ 特指批量收获白菜、萝卜等农作物：~萝卜|白菜还没~来家。❸（chū）副词，表示埋怨、责怪，相当于"不但"：他~不帮忙，还净说三道四。

【除过】chù guo 除非：要想成亲，~叫她回去看看她爹。

【嗅】chǔ ❶ 轻轻地吸取；聚缩嘴唇而吸取：~卜蝼|还没等着~几口儿就~没有了。‖1931年《增修胶志》："斞酒细饮曰~。"❷ 鼻子用力吸：~鼻子。

【嗅鼻子】chǔ bǐ zi 通过鼻腔用力吸气：他感冒没好，还一个劲儿地~。

【嗅鼻子吊泫】chǔ bǐ zi diào xuǎn 鼻涕流溢的样子；邋遢不洁的样子：他~的根本就拿不出门去。

【嗅卜蝼】chǔ bù lou 一种细长的小海螺。

【嗅打】chǔ da ❶ 吸鼻子：感冒了？怎么听你~~的。❷ 抽泣：别~了，自己的亲娘多说两句没什么。亦作"搐答"：《聊斋俚曲集·慈悲曲》第三段："拿着文书来到也么家，见了亲娘泪如麻，又搐答，说他方才是任华，怎么倒在地，怎么又爬查，从头细说他父亲的话。"

【搐搐儿】chū chùr ❶ 皱纹：这几年他老得满脸~。❷ 褶皱：裤子上的~太多了，熨熨吧。❸ 缩；收缩：△黄瓜老了尿骚气，茄子老了~皮|弄了块儿塑料布不到一个礼拜就~了。

【搐腰带】chù yǎo dài 旧时指腰带。

chua

【欻】chuà〈贬〉大口地吃：他自己～饱了，也不管人家吃没吃。

【欻欻】chuǎ chua ❶ 做动作时发出声音：他还不明天就起来～。❷ 低声说；小声议论：他们姊妹两个又待下边儿～什么。

【欻嘎】chuǎ ga ❶ 翻动；摆弄：我才收拾好，你别给我～乱了。❷ 做；尝试性地做：这么待家闲着也不是个事儿，还待～点儿营生干干。

【欻拉】chuǎ la ❶ 象声词，翻动东西的声音：我怎么听见外面有～～的动静？ ❷（声音较大地）翻动：你待地下～什么？

chuan

【传言】chuàn yàn 通过多人而了解到的不一定真实的消息或新闻：不能光听这些街上的～，还是你自己待有主心骨。

【串】chuàn ❶ 混乱；颠倒：那么多药名儿，老是光记～了。❷ 混合：冰箱里的东西都～味儿。❸ 将整的钱兑换成零的：～钱。

【串帮儿】chuàn bǎngr 漏出马脚；漏出破绽：本来还寻思能把他老婆糊弄过去，谁知道伙计们都～了。

【串地龙】chuàn di lèng 一种土豆品种，地下根茎长得较长。

【串钱】chuǎn qiàn＝〖破钱〗pě qiàn 把币值大的钱兑换成币值小的钱：他那儿也串不开钱｜老是上小铺儿那儿去～，回来好找零儿。

【串味儿】chuàn wèir 不同味道的东西放在一起，味道变得不纯正：冰箱里的东西时间长了都～了。

【串窝儿】chuàn wěr ＝〖串窝子〗chuàn wě zi 一家人或一个群体的人传染了同一种病：这把儿感冒全家都～了。

【串种儿】chuàn zhēngr 不同品种的动物或植物杂交：这些瓜～了。

【穿把】chuǎn ba 快速或随意地穿（衣服）：《聊斋俚曲集·慈悲曲》第一段："他娘只是打着他穿，打了几清晨，袄也找着袖了，裤也伸上腿了，指头似的个人，五更里起来，映嗤映嗤的～上。"

【穿绸挂缎】chuǎn chòu guǎ duàn 衣着华贵；生活奢侈：等你自己挣了钱～俺也不管。

【穿戴】chuǎn dài 穿的和戴的衣帽、首饰等：看人家那～就是富家儿出来的。

【穿堂风】chuǎn tàng fěng 穿过整个房间的风:这里有～真风凉。

【船不等客】chuàn bu děng kēi 航船不会因等待某位乘客而延时,比喻做事要抓准时机,不能错过:要紧想着～,你再寻思上半个月什么事都耽误了。

【喘差粗气】chuān chà cǔ qì 气喘吁吁的样子:你～的先别吃饭,歇过来再吃。

【剶】chuǎn 修剪或切断树木的枝条:后院的那棵梧桐树好～～枝子了。‖《字汇补》:"～,充眠切,音川。去木枝也。"

【籫】chuǎn 碾去或舂去谷物的外壳:～谷子。‖《说文解字》:"～,小舂也。从攴,算声。" 1928年《胶澳志》:"碾谷曰～。"

chuang

【床】chuàng ❶ 供人躺在上面睡觉的家具:木头～|双人～。❷ 量词,用于被褥等床上用品:一～被|两～褥子。

【床子】chuǎng zi 机床:又新上了几台～。

【窗帮儿】chuǎng bāngr 与窗户的左右边框相接的墙面。

【窗户棂儿】chuǎng hu rèngr =〖窗棂儿〗chuǎng rèngr 窗户上用木条制成的格子。

【窗户纸】chuàng hu zhī 贴在窗户棂上用来隔风透光的纸张。

【窗帘子】chuǎng liǎn zi 窗帘。

【窗门忽打儿】chuǎng mèn hǔ dar 泛指门窗等可以开启的设施或用来保护窗的窗板:房子就光盖起个屋框来,～都没按。

【窗扇儿】chuǎng shànr 窗的可自由开关、转动的部分:窗框都安上了,光剩安～了。

【闯】chuǎng (chuàng) ❶ 串(门):没有事他就～门子喝茶水。❷ 闯荡;历练:这几天他待外面～得挺好的。❸ 碰巧得到好处:今真叫你～着,干得了个大礼。

【闯胆】chuǎng dān 壮胆;使胆大:黑夜有这个狗做着伴儿挺～的。

【闯路识】chuàng lǔ shì 见世面:跟着他哥哥出去真闯了些路识。

【闯庄户地】chuàng zhuǎng hu dì 种田;做农活儿:看那个小身架儿,哪像个～的?

【创】chuāng ❶ 竖立;依靠在墙等支撑物上使稳当:把木板～待门后。

❷ 建起;建造:忙了半个月,房子就～起框来了｜《醒世姻缘传》第六十一回:
"恰好庄间狄员外大兴土木,～起两座三起高楼,狄希陈托了管理为名,陪伴父
亲在庄居住,依了邓蒲风的指教,七日一回看望。" ❸ 打开支撑装置使支起:你
把车子～里面还晒不着。❹ 用力向下掼:锤把儿松了,～几下就好了。❺ 因
突然陷落或从高处跳下造成脚部或腿部的挫伤或不适:往下跳的时候把腿～了
一下。

【创棍儿的场儿】chuāng gùnr di chāngr 原指讨饭的人或四处游荡的人临
时住处,比喻最起码的容身之地:就是要饭儿也还待有个～,没有房子就是不安
稳。

【创胡秸】chuàng hǔ jiai 像高粱植株一样兀然直立:来了的那几个人都待
边下～。

【创门子】chuǎng měn zi (一般特指妇女)串门:闲着没事少出去～嗒拉老
婆呱｜△狗～挨棒锤,人～招是非。‖《俚语证古》第三卷:"妇女荡游,出入邻
家,谓之～。"

【创腿】chuǎng tēi 腿关节受挫或挫伤:从那么高的场儿往下跳太～了。

【创人】chuǎng yìn 作人;为人:还得～,不能什么钱也想去挣。

【㻬】chuǎng 用含沙石等硬物的水激荡冲刷:水壶底下些水锈,放上点儿鸡
蛋皮～～还干净。‖《文选•木华〈海赋〉》:"飞潦相～,激势相沏。"｜曹寅《题
朱赤霞画〈对牛弹琴图〉》诗:"柳风飔飔白石～,玄晏先生聘玄赏。"

chui

【吹】chuǐ ❶ 合拢嘴唇用力出气:～口哨儿｜～胡子瞪眼｜△～灯念鼓
词——瞎叨叨｜△麦秸草～火——小气｜△豆腐掉了草灰里——～不得打不
得。❷ 吹气演奏:△歪嘴～笛子——一溜邪气。❸ (风气流等)吹动:△人嘴如
青草,风～两边倒。❹ 夸口;说大话:他那个嘴太能～了。❺ 迅速地肿胀:他那
个脸叫蜂子蜇了一下儿,眼看就～起来了。

【吹不得打不得】chuǐ bù di dā bù di 批评也不好,动手打也不好,比喻无可
奈何的样子:△豆腐掉了草灰里——～。

【吹吹哒哒】chuǐ chui dǎ da 吹嘘、言而无实的样子:他说话～的,别上他的
当。

【吹哒】chuǐ da 夸口;说大话:他守着这么多明白人,还敢～。

【吹胡子瞪眼】chuǐ hǔ zi děng yān 形容生气时怒目相向的样子：恁在这～的也不解决事儿。

【炊帚】chuǐ zhu 饭帚。出海的人忌讳"翻"字及近似音，故称：《聊斋俚曲集·禳妒咒》第一回："本等是真说不的假，南瓜皮子一大筐，～苕帚三五把。"

chun

【春景天儿】chǔn jing tiǎnr 春天。

【春秋裤】chǔn qiù kǔ 针织的衬裤。

【春秋衣】chǔn qiù yǐ 针织的带袖内衣。

【纯】chùn ❶ 纯正；不掺加别的成分：这些蜂蜜很～。❷ 纯粹地；完全地：这怨不了旁人，～该他不长脑子。

chuo（chuo）

【戳狗牙】chuǒ gòu yà〈贬〉做经纪；当中间人赚利：他爷爷当现待李村集～。

【戳弄】chuǒ leng =〖戳齐〗chuǒ qi ❶ 不断地触击：孩子正拿着竿子～小鸟｜他拿着木头待那～什么？ ❷ 招惹；（试探性地）引逗：你把他～火了，有你哭的时候。 ❸ （尝试性地）做：兄弟们都劝他不能老是这么闲着，待～点营生干干｜老人叫他待工厂老实上班，不让他出去瞎～。

【戳窝儿】chuò wěr ❶ 用棍子等硬物破坏鸟巢、鸟窝：几个孩子把树上的鸟窝给～了。 ❷ 捣毁坏人盘踞的地方：再不老实就给他戳了窝儿。 ❸ 用棍子等在土上捣出小坑：种豆子戳个窝儿就行了。

【戳儿】chuōr 图章；印章：光签个字就行了，不用盖～。

【绰】chuō ❶ 平着铲：快去把那些土～起来去。 ❷ 平直地取齐或取平：从这个场儿～平。 ❸ 在沸水中轻微烫煮后快速取出：《醒世姻缘传》第二十六回："做水饭分明是把米煮得略烂些儿好吃，又怕替主人省了，把那米刚在滚水里面～一～就撩将出来，口里嚼得那白水往两个口角里流。"

【绰子】chuō zi 撮垃圾用的簸箕：没有～不好打扫。

ci

【沘】cǐ ❶ 喷射：水龙头踢蹬了，把水～得管哪是。❷ 用开水冲：早上走得急的话，就～个鸡蛋喝还快当。

【沘屎】cǐ shī ❶ 腹泻。❷ 倒霉：他这几年是真～，好事都叫他碰上了。

【沘花儿】cì huǎr 烟花点燃后放射焰火：那几个孩子待那里～耍。

【呲打】cǐ da ＝〖呲拉〗cǐ la 斥责；嘲讽：他～起人来就赶～个孩子｜有事多给孩子讲讲道理，不能老是～他。亦作"沘""雌""雌答""雌搭"：《聊斋俚曲集·增补幸云曲》第十三回："二姐被万岁沘了几句，就羞的低了头说：'姐夫好乔性儿！每哩既犯相与，就不问问么？'"｜《金瓶梅词话》第七十二回："看你贼淫妇，吃了这二年饱饭，就生事儿雌起汉子来了，你如今不禁下他来，到明日又教他上头上脸的。"｜《醒世姻缘传》第四十四回："谁家一个没摺至的新媳妇就开口骂人，雌答女婿？这是你爹那半夜教道你的？"｜《醒世姻缘传》第四十八回："薛亲家闷闷渴渴的，是他闺女雌答的；咱怎么的来，他恼咱？"｜《醒世姻缘传》第七十四回："狄大爷说：'黑了，你家去罢。你当不的人呀！'雌搭了一顿，不俅不睬的来了。"

【呲牙咧嘴】cǐ yà liě zuī ❶ 长相丑陋、五官不周正的样子：你看那几个都～的，谁能看好了。❷ 因疼痛而面部扭曲的样子：他痛得～那个样儿。

【呲上眼去】cǐ shang yān qi ❶ 眼睛瞳孔放大，形容人即将死去或已死去：等着医生来的时候，那个人都～了。❷ 目瞪口呆、无能为力的样子：都这么个份数了，他一听不～了？

【疵毛】cǐ mào ❶ 质量差；低劣：才买的这个机器真是够～的。❷ 品行差劲：那个人很～，最好少打交道。

【跐】cī 踩；踏；蹬：墙皮都酥了，一点儿也～不住｜《聊斋俚曲集·墙头记》第二回："若是魔殃不大巧，这里～来那里蹬，裂璺里就误救残生命。"｜《聊斋俚曲集·寒森曲》第三回："看了看，吴孝那脖子上半截带子，梁上还有半截，才知道是～着椅子上吊，坠断带子吊下来，撞倒那椅子，那样响亮。"｜《聊斋俚曲集·禳妒咒》第二十一回："着人快去备马，着人快去备马，待我～着梯子爬过墙去，把门开了。"｜《聊斋俚曲集·富贵神仙》第六回："那娘子撩起裙子，翘起那小脚儿来～着镫儿，扳着鞍子先上去。"

【跐鼻子上脸】cī bǐ zi shǎng liān 得寸进尺；不知天高地厚：给他口好气他还～了。

【趾脚】cī jue ❶ 建筑施工时铺设的架子,以便人踩在上面在高处施工。❷ 坡道、峭壁上便于蹬踩的突起或窝洞。

【趾蹚】cī tang 踩踏;碾压:几个孩子待地里把麦子～得个不像样儿。

【瓷瓦儿】cǐ wār 瓷砖:贴～。

【刺刺儿】cìr cir 尖锐如针的东西:这根担杖不好使,净～。

【刺挠】cì nao ❶ 刺痒不舒服:这件毛衣把我脖子～的|浑身～不知道哪儿痒痒。❷ 讽刺;揶揄:他单为说话～～人家。❸ 感到难堪:《醒世姻缘传》第四十九回:"俺婆婆央他,教他续上我罢,他～的不知怎么样,什么是肯。"‖《俚语证古》第三卷:"皮肤作痒,谓之刺闹。"

【伺候】cì hou ❶ 接待:他把那条大鱼留着好～客。❷ 服侍;照料:她生了孩子都是婆婆来～的月子。❸ 供使唤;在身边服侍:《二刻拍案惊奇》第十五卷:"须臾便有礼部衙门人来～,伏侍去到鸿胪寺报了名。"

【伺候客】cì hou kēi 招待或宴请客人:他待家忙着～,没空儿过来耍。

【伺候月子】cì hou yuè zi 照顾产妇坐月子:他们老两口上闺女家～去了。

【辞灶】cǐ zào 旧俗于农历腊月二十三日送灶神上天,称为"辞灶"。

【蝤蛴】cǐ cao 蝤蛴,金龟子的幼虫,常吃作物的根部。

【蝤蛴眼】cǐ cao yān ❶ 蝤蛴在作物根部啃食留下的坑洞。❷ 质量不好的东西:△拣不拉残～。

【越道儿】cǐ dàor 跑路:还没等你来,他早～了。‖《说文解字》:"越,苍卒也。从走,弗声。读若资。"

cou

【凑板】còu bān 性格脾气怪异或行为习惯不良的人聚在一起:他们两个佮伙儿那真算是～了。

【凑成堆儿】còu cheng zuǐr 聚在一起;见面:现在忙得都轻易凑不成堆儿|他们～就光弄出些事事来。

【凑搭】còu da ❶ 靠近;接近:他说着说着就～过来了。❷ 聚合:钱不够的话咱一块儿～～就差不多了。

【凑付】còu fu 将就:咱先～一个月两个月的,过了年再讲。

【凑付事儿】còu fu shìr 勉强说得过去:他这么办的话,还～。

【凑候儿】còu hour〈贬〉往前;靠近:人家待那说事儿,他非要～过去听。

【凑露】cǒu lou（劲风）吹：叫风～得那个脸都开口子了。

cu

【粗拉】cǔ la ❶ 粗糙；不细致：这党子人干活太～了｜这都是些～活儿，差不多就行了｜恁哥哥干活快是快，就是太～了。❷ 粗犷；粗心：他是个～人儿，说话有个言差语错的别怪乎。

【粗拉活儿】cǔ la huòr 粗活：扎花（刺绣）可不是些～，急性儿的人干不了。

【粗皮赖嗤】cǔ pi lǎi chì 粗糙、难看的样子：那组沙发～的，有什么好看的。

【粗实】cǔ shi 粗壮；结实：他弟弟长得挺～的。

【促死】cǔ shi 立刻死去，常用以发誓或诅咒人：他说不是他拿的，要是他的话出门就～｜《金瓶梅词话》第七十四回："天么，天么，可冤杀人！爹何曾往我家里？若是到我家里，见爹一面，沾沾身子儿，就～了我！"｜《金瓶梅词话》第八十三回："本是我昨日在花园荼蘼架下拾得的，若哄你，便～促灭！"

【促寿】cù shòu 减少阳寿：他做这么伤天理的事儿也不怕～｜《聊斋俚曲集·姑妇曲》第三段："眼前虽着人难受，只怕折了你的儿孙，促了你的寿！"又："不说大成欢喜，且说二成夜间梦见他父亲说：'您两口子不孝不弟的，眼前就促您的寿哩！'"又："若是他终于不回头，着他公公说该～，该没儿，该早死了，还有甚么儿哩？"｜《醒世姻缘传》第九十四回："龙氏骂道：'贼砍头！强人割的！不是好死的！～！'"

【促眼】cǔ yān 当面做出比较过份或使人难堪的事：他这事办的，真是～加难看。

【促人】cù yìn 说话顶撞人：他说话怎么好这样～？

【踤】cū ❶ 挫伤；撞伤：他打篮球～着手了｜左思《吴都赋》："所以挂扷而为创痏，冲～而断筋骨。"❷ 说使人难堪、难以承受的话：把他好一个～。‖《集韵》："～，苍没切，与猝同。"

【踤磕】cū ka 苛刻；决绝：那两口子对老人真是太～了。

【蹙】cū 皱；皱缩：床单都～起来了，快整理整理。

【蹙蹙嘎牙】cū cu gà yà ❶ 褶皱多的样子：你把垫子怎么弄得～的？❷ 吝啬的样子：他办点事～的，真不大方。

【蹙蹙捏捏】cū cu niě nie 吝啬、不大方的样子：他那个人～的，光想沾人家的光。

cuan

【攥】cuàn（用拳）打：他一拳～待人家脸上。

【蹿】cuǎn ❶ 向上跳：上～下跳。❷ 液体骤涌：他把那人打得鼻子口～血｜水～起来了，快把水壶拿下来。❸ 用急火炖：今晚上～点骨头汤喝。

【蹿鞭杆】cuàn biǎn gan ＝〖泚鞭杆〗cì biǎn gan 拉肚子；腹泻：吃上那些不干净的东西，你就光等着～行了。

【蹿道儿】cuǎn dàor 快跑；溜掉：没等你来他早～了。

【蹿杆子】cuǎn gān zi〈贬〉快跑；溜之大吉：一听有人来了，他一溜烟儿就～了。

cui

【脆冲】cuì cheng ❶ 容易断的；容易碎的：这些黄瓜蔫蔫了，吃起来不大～。❷ 干脆；（声音）清脆：他说话真～，一看就是个痛快人。

【脆骨儿】cuì gur 软骨，人或脊椎动物体内的一种结缔组织。

【脆快】cuì kuai ❶ 利落；爽快：恁哥哥真是个～人｜你快定下来就行了，别这么不～。❷ 声音清脆：他说话～的。

【脆生】cuì sheng ❶ （声音）清脆：她说话～好听的。❷ （食物口感）脆爽：你种的萝贝吃起来真～。

cuo

【撮】cuō ❶ 用手或簸箕等器具把散碎的东西收集起来：～麦子。❷ 用手擎举上去：他们几个人把孩子～到房顶上了｜《聊斋俚曲集·墙头记》第二回："使力气～上墙，松了手往下张，真如死狗一般样。"又："张大说：'你过来，我把这墙上～过你去罢。'"｜《聊斋俚曲集·磨难曲》第十九回："众人又～上一个去。王五说：'又上来了一个贼。'"｜《聊斋俚曲集·富贵神仙》第六回："才叫了一声受罪的官人，没良心的官人，你也上来就在我这后头；又叫人～着官人，扶将上去。"｜《聊斋俚曲集·富贵神仙》第九回："赵鬼子说：'……待我跳进去，先捉住金三，开了门再讲。'真个两三个人，～上他去了。"又："墙外头听见赵鬼子一声儿嗨叫，就知道吃了亏了。又～了一个上去。"｜《醒世姻缘传》第七十七回："相主事娘子抱着往上～，相主事叫起爹娘并那上宿的家人媳妇。"又："两个家人娘子倒替着往上～,一个把绳剪。" ❸ 推举;赞誉:有用的时候他把人家～得那么高,用不着的时候就踏脚底下去。❹ 娇惯;纵容:他爹把几个孩子都惯得恨罢不能～天上去。

【撮弄】cuō leng 怂恿;鼓动:△～死猫上树|那都是些不靠谱的营生,少听他们瞎～|《红楼梦》第六十八回:"(凤姐道)我又是个心慈面软的人,凭人～我,我还是一片痴心。"|《金瓶梅词话》第二十一回:"我猜老虔婆和淫妇铺谋定计叫了去,不知怎的～陪着不是,还要回炉复帐。"

【撮上天】cuō shàng tiǎn 比喻把人捧得很高或娇惯得出格:惯得个孩子恨罢不能～去。

【错环儿】cuò huànr 关节错位:孩子要是闪腰岔气错了环儿,找他推拿准管用。

【错延】cuò yan ❶ 本应整齐或关紧、密闭的物件出现错位;位置交错:我把门～了一点儿缝儿好透透气。❷ (时间)交叉:恁几个要是歇班,把时间都～开。

【挫】cuō (用拳)击打:他一拳把人家的眼～青了。

【矬】cuò 矮小:△人～声高|△爹～～一个,娘～～一窝。

【矬子】cuǒ zi 身材矮小的人:△～里面拔将军。

【鲹鱼】cuò yu 泛指鲨鱼,有猪鲹、牛鲹、相公鲹等:～皮|～肉一般都晒干了吃。

【搓灰】cuò huǐ 洗澡时擦掉身上的污垢或搓洗织物上的污垢:这根毛巾～真干净。

【搓揉】cuǒ you 用手反复地揉弄压挤:不使上点儿胰子洗的话,光～洗不干净。

【搓约】cuǒ yue ❶ 反复地揉搓:你说得他都不好意思了,光～手里头那张纸。❷ 经受困苦或挫折:他待海上干这一季子活儿,～得认不出来了|她进了这个婆婆门儿真受了些～。

【皴皮】cuò pi ❶ 一种皮肤病,即鱼鳞症:他长了满身的～。❷ 得了鱼鳞症的人:他是个～。‖《集韵》平声戈韵才何切:"～,粟体。"

【雀儿】cuōr 泛指鸟类:△～拣着旺处飞|他家屋顶上好几窝～。

【雀儿蛋】cuōr dan 鸟卵:爬屋顶摸～。

D

da

【大】dǎ ❶ 在体积、面积、数量等方面超过一般或所比较的对象（与“小”相对）：△手～捂不过天来｜△水～漫不过鸭子｜△官～一级压死人。❷ 年龄大；岁数大：△～让小必定好｜△男～当婚，女～当嫁｜△儿～不由爷。❸ 指大小的对比：这间房有那间两个～。❹ 用在节令、重要日子前，表示强调：～年五更｜～新正月｜六十～寿。❺ 用在“不”后面，表示程度浅或次数少：不～爱说话｜不～下雨了｜不～像是个坏人｜不～来｜不～愿意。❻ 用在方位词前，表示最：～前面｜～北边｜～顶上｜～后面｜～里边｜～东头儿。❼ 用在动词或形容词前，表示程度更深、更充分或长时间地：～耍耍儿｜～歇歇｜～走走｜～想想｜～爬爬｜～跑跑｜～晒晒｜～炒炒｜孩子长得～矮了找个媳妇都不好找｜车开得～快了后面撵不上｜水泥干得～急了不结实｜《金瓶梅词话》第六十七回：“你昨日辛苦了一夜，天阴，～睡回儿也好，慌的老早爬起去做什么？就是今日不往衙门里去也罢了。”｜《金瓶梅词话》第六十四回：“我猜这奴才，有些跷蹊，不知弄下什么碴儿，拐了几两银子走了。你那书房里，还～瞧瞧，只怕还拿什么去了？”｜《醒世姻缘传》第十六回：“晁夫人去扯那床夹被，只见一半压在那个蓝包裹底下，～沉的那里拉得动。”｜《醒世姻缘传》第二十二回：“等到十六日天～明了，长老道：‘这已过了子时，料应没事了，进去看他一看。’”

【大爸爸】dǎ bà ba（新派的称呼）本族五服以内与父亲同辈并在家排行老大的男子（并非指大伯父，其也可能比父亲年龄小）。分别按其排行分别称大爸爸、二爸爸、三爸爸……依次排序。

【大半】dǎ ban 好像；大概；可能：他～上坡挽菜去了｜那个老橱～是他爷爷留给他的。

【大包大揽】dǎ bǎo dǎ lān 主动把事情兜揽过来：看你～的，逞什么能？

【大白】dǎ bèi ❶ 基本或大体上的白色：房子没怎么装修，墙就刷了个～。❷ 很白的颜色：那是个大黄色，这是个～色，差得太大了。❸ 颜色过于白：要奶白色儿的，～了不好看。

【大白脸】dà běi liān 奸诈之人：他是个～，防备着点好。

【大伯】dǎ bei =〖大伯哥〗dǎ bei gě 妻子对丈夫的哥哥的背称:那是他～家的孩子|《金瓶梅词话》第十六回:"只我先嫁蹸爹娘,后嫁蹸自己,常言嫂叔不通问,～管不的我暗地里事!"|《聊斋俚曲集·姑妇曲》第二段:"～拿着当奴才! 就是不曾拿绣鞋,就是不曾给他拴裤带。"|《聊斋俚曲集·姑妇曲》第二段:"臧姑听的跑了来,也不怕～,骂二成:'贼杀的! 你不来呀!'"|《醒世姻缘传》第三十六回:"或有～小叔的,就说那妯娌怎样难为,伯叔护了自己的妻妾,欺侮孤孀。"

【大步小量】dǎ bu xiǎo liàng 快速走路的样子:他的腿根本没有毛病,才还看见他～地走。

【大差不差】dǎ chǎ bù chǎ 相差不多:要是～的就别去计较了。

【大馋】dǎ chàn 对小儿语,指舌头。

【大场儿】dǎ chāngr 众人面前;正式场合或众人面前:他那个腼腆,一上了～就脸红。

【大氅】dǎ chāng 大衣;较长的西式外衣。

【大车】dà chě 用牲畜拉的运输车:△～拉煎饼——摊(贪)的多了。

【大车轱轮儿】dà che gū lunr ❶ 植物名,车前草。❷ 大车的轮子。

【大处】dà chu 出息;做大事的潜质与志向:让人的孩子有～|睐睐着眼想着占小便宜的人能有什么～?

【大大待待】dǎ da dǎi dài 东西富余的样子:来客了上饭待～的,别耍碟子耍碗儿。

【大大碟碟】dǎ da diě diè 饭菜大盘大碗的样子:今日来的人多,上菜待～的。

【大大法法】(～儿) dà da fàr fǎr =〖大法法〗(～儿) dǎ fàr far ❶ 宽大的样子:这条裤子一点儿不瘦,穿上还～的|《醒世姻缘传》第六十七回:"那赵杏川～的个身材,紫膛色,有几个麻子,三花黑须,方面皮,寡言和色,看那模样就是个忠厚人。" ❷ 不注意分寸、自以为是的样子:这是人家留着给老人的,他～地张口就要。

【大大小】dà da xiāo ❶ (年龄)大:你都多么～了,别和个孩子去争东西。❷ (面积、体积、体量的)大小;多少:树上结的果子也就赶个拳头这么～。

【大瞪白眼】dǎ deng běi yān 眼睁睁地:他们两个人就这么～叫人家骗了。

【大等等】dǎ dèng deng 多等一段时间:他们出来晚了,咱待这儿～。

【大瞪俩眼】dǎ dèng liǎng yān 眼睁睁地:这么多人那儿,～叫人把东西拿去了。

【大东头儿】dǎ děng tòur 最靠东边:他上班的场待～,得走上半个钟头。

【大底下】dǎ dī xi 最底部:东西掉在桶的～,够不上来。

【大地】dà dì ❶〈贬〉远的地方,一般用在骂人的话中:滚～去|上～去。❷ 不应该去的地方:叫你领着恁兄弟,谁知道叫你都领～去了。

【大爹】dà diě(老派的称呼)本族五服以内与父亲同辈并在家排行老大的男子(并非指大伯父,其也可能比父亲年龄小)。分别按其排行分别称大爹、二爹、三爹……依次排序。‖1928年《胶澳志》:"～,侄对伯父之称。"

【大毒日头】dà dǔ yì tou 阳光很晒的样子:顶着这么个～出去不是找罪遭?|《红楼梦》第三十六回:"龄官又叫站住,这会子～地下,你赌气子去请了来我也不瞧。"

【大队】dǎ duì 本指人民公社时期的村级行政机构生产大队,后成为对村委会的一种简称:他干了好几年的～会计。

【大法】dà fa 宽大;宽松:他穿这套衣裳挺～的。

【大分】dà fěn 分头;一种将头发分开梳向两边的发型:△剃～,不带帽儿。镶金牙,自来笑。穿皮鞋,走石条。带手表,挽两道儿。

【大粪】dǎ fen 人或牲畜的粪便:△人在运里,马在阵里,屎气蜋掉在～里。

【大概其】dà gǎi qī 大约、大概的情况:他只能说出个～来,详细的事还待亲自去看看。

【大工儿】dǎ gengr 瓦工、木工等工种中达到一定技术水平的工匠:如今～一天二百块的工钱都没有愿意干的。

【大共总】dà gěng zēng 总共:～才这么点儿,他张口儿就要去了一大半儿。

【大骨】dǎ gu 形容人骨架粗壮:他就长得～,其实身上没多少肉。

【大姑】dà gǔ 父亲的姐妹中年龄最长者。

【大姑子】dǎ gu zi =〖大姑儿〗dǎ gur =〖大姑姐〗dà gū jiē 女子对丈夫的姐姐的背称:那个瘦瘦的女的就是她的～|《醒世姻缘传》第六十八回:"你～往泰安州烧香,你妯娌们不该置桌酒与他馇馇顶么?"

【大馅咋】dǎ gu zha 包子的老派说法,现在已经很少用。

【大锅子】dǎ guo zi 全部;整个;都:叫他这么一搅合,这个事～踢蹬了。

【大憨蛋】dà hǎn dǎn 老实人:△老天不瞒～。

【大号儿】dǎ hàor =〖大名儿〗dǎ mingr 人的学名。

【大红】dǎ hèng 很红的颜色:她穿衣裳喜～色儿|《儿女英雄传》第六回:

"上身穿一件～绉绸箭袖小袄。"

【大后日】dǎ hǒu yi 从今天起后数的第三天:他后日不来,到了～才能来|《水浒传》第四十回:"明日是个国家忌日,后日又是七月十五日,中元之节,皆不可行刑。～亦是国家景命。直至五日后,方可施行。"|《醒世姻缘传》第八十一回:"明日递了诉状,后日准出来,～出了票,咱次日就合他见,早完下事来伶俐。"|《儿女英雄传》第十六回:"如今剩了明日后日两天,他～就要走了,这可怎么好?"

【大呼隆】dà hǔ leng =〖大哄隆〗dà hěng leng ❶ 说话声音大的人:他这个～到哪儿先听着他的动静儿。❷ 华而不实或虚张声势的人:他是个～,办不了什么实事儿。

【大荒儿】dà huǎngr 大略;大体;表面:这么几个人只能干个～。

【大架子】dǎ jià zi 摆谱;摆架子:他如今有两个钱儿了,成天～的,觉着没有能赶上他的。

【大襟儿】dà jǐnr 一种传统服饰的前面部分,纽扣在身体一侧。通常为左侧的衣襟较大,称大襟,其可盖住右侧的底襟,在右腋下处结扣。

【大尽】dǎ jin 指农历有三十天的月份:《水浒传》第六十九回:"原来那个三月,却是～。"|韩鄂《岁华纪丽·晦日》:"大酺小尽。"原注:"月有小尽、～。三十日为～,二十九日为小尽。"

【大劲儿】dà jìnr 过量;超过了规定或适宜的程度:酒喝～了|高兴～了|使～了。

【大舅子】dǎ jiǔ zi =〖大舅哥〗dǎ jiù gě 对妻子的兄长的背称。

【大哭小叫】dǎ kū xiào jiào 大声哭喊的样子:他一看那条大长虫,吓得～地往岸上跑。

【大块儿】dǎ kuāir 大块头;高大的身体:他那个～穿不上这么个小衣裳。

【大框儿】dǎ kuàngr 轮廓;大概:那天他光说了个～,没细讲。

【大剌】dǎ la 不拘小节;粗心:他太～了,领着孩子买东西差一点把孩子瞎了。

【大剌剌】dǎ là la =〖大咧咧〗dǎ liè liě ❶ 不拘小节、满不在乎的样子:他这个～也不是一日了|《水浒传》第二十三回:"正在这里埋伏,却见你～地从冈子上走将下来,我两个吃了一惊。"|《老残游记二编》第六回:"逸云此刻竟～的也不还礼,将他拉起说:'你果然一心学佛,也不难。'"|《金瓶梅词话》第一回:"正在这里埋伏,却见你～从岗子上走来,三拳两脚,和大虫敌斗,把大虫登时打

死了。"亦作"大辣辣":《聊斋俚曲集·增补幸云曲》第十八回:"万岁上的楼来,王龙大辣辣的说:'久仰大名,作揖了!'"❷不拘小节、粗心的人:他更是个～。

【大力】dà lǐ 繁重的劳动:要是不好好上学,只能回来出～。

【大离巴】dǎ lǐ ba 太过分;太离谱:你差不多就行了,别～了。

【大里面儿】dǎ lī miànr 最里边;最内侧:他家住待～,隔着这里老远。

【大梁】dǎ liàng ❶架在屋架或山墙上的一根较长的横梁:明日头晌上～。❷自行车主体结构中最高、最长的一根横向铁管,连接于车把下方与车座下方之间:把秤杆儿绑在车子～上|孩子这几天学会骑～了。

【大料】dà liǎo 大茴香,一种调味佐料,俗称八角。

【大料五香面儿】dà liǎo wǔ xiǎng miànr 泛指大料等传统调味品。

【大流】dǎ liu ❶大量出产:过几天柿子就来～了。❷大汛时的流水。❸海流流速最快的时候:开～了。❹主流;大部分人的意见或选择:△蟹子过河——随～。

【大妈】❶dà ma 对年长妇女的尊称,相当与大婶、大娘。❷dà mǎ(新派的称呼)大伯父的妻子。伯叔的妻子按丈夫排行分别称大妈、二妈、三妈等依次排序。

【大码指头】dà ma zhī tou 大拇指。

【大嫚儿】❶dà mǎnr 处女;姑娘;未婚嫁的年轻女人:人家儿子离婚又找了个～。❷dǎ mǎnr 排行最大的女儿:他家里的～上学了,二嫚儿才七岁。

【大嫚儿小媳妇儿】dà mǎnr xiǎo xī fur 泛指未婚女子和已婚的年轻女性:他成天待这些村出溜,～的都认识他。

【大冒小气】dǎ mao xiǎo qì 热气腾腾的样子:这是才蒸出来的馒头,没看还～的?

【大门】dǎ mèn 从外界进入整个建筑的最主要的一道门(区别于建筑物内各房各间的门):出去别忘了锁上～。

【大米干饭】dǎ mī gǎn fàn 大米做的干米饭(区别于小米干饭):△～养出贼来。

【大面儿】dǎ miànr 总体;表面:人手太少了只能干个～,干不细致。

【大面儿上】dǎ miànr shang ❶表面上:不用太仔细,～上过得去就行|他们俩～还看不出来有什么。❷公开场合;大庭广众的地方:《儿女英雄传》第四回:"即或在～,有那个撅老头子,这些闲杂人也到不了跟前。"

【大明】dǎ mìng 早晨天已完全亮了:天都～了他还没起来。

【大明当当】dǎ mìng dǎng dàng 天大亮的样子：外边儿的月明地儿照得～的,你自赌走行了。

【大拿】dǎ nà 掌权管事的人或本领过硬、有权威的人：熬了这几年他也成了单位的技术～了。

【大年】dǎ nian 丰收之年：碰上个～家里的粮食还勉强够。

【大年五更】dà niǎn wū jing 年除夕的晚上:△～吃饺子——没有外四家儿|△～啃鳖皮——是荤强起素。

【大娘】dǎ niàng ❶ 对年长妇女的尊称,相当与大婶。 ❷ (老派的称呼)本族五服以内与父亲同辈并在家排行老大的男子的妻子。妻子按其丈夫排行分别称大娘、二娘、三娘……依次排序。

【大跑跑】dǎ pào pao 多跑一些路或多跑一段时间:试着身上轻快了,就再～|往前～看看有没有饭店。

【大喷】dǎ pen ＝〖大喷子〗dǎ pen zi 大批地;大量地:等～下来就不值钱了|这些黄瓜还能～结。

【大平口儿】dà pǐng kōur 盖房时,垒砌到屋檐的位置:新屋都～了他也没过去望望。

【大期儿】dà qǐr 较长的时间:他们等了那么～才开门。

【大起】dà qi 大于;相比更大;相比更重要:怎么还有这号事,这不孩子～爹了?|《醒世姻缘传》第五十九回:"这是姐姐的喜事,还有什么～这个的哩?"|《聊斋俚曲集·寒森曲》第三回:"那官司～天,大爷到一霎完,这势力压倒了新泰县。"|《醒世姻缘传》第五十九回:"狄大娘,你还自家去走走。这是姐姐的喜事,还有甚么～这个的哩!"亦作"大其":《聊斋俚曲集·俊夜叉·穷汉词》:"只说窟窿天那大,还有大其天的大窟窿。"

【大气】dǎ qì 厉声;高声:他对那些干活儿的老是～呵着|《商调山坡羊·赠妓镜儿》:"我怎能把你～儿呵着,我怎能把你脑背后丢了。"

【大前边儿】dǎ qiàn bianr 最前面:他跑～去了。

【大钱头儿】dǎ qiàn tòur 数额大的钱款:孩子才结婚,现当紧儿～他也拿不出来。

【大前日】dǎ qiě ye 大前天,昨天的前两天:你说的是～的事儿了。

【大青年】dà qǐng niàn 小伙子:这孩子都快长成～了,还老是找他娘㧅㧅。

【大姓儿】dǎ sèngr 人多的姓:王、于两家是这个村里的～。

【大晒晒】dǎ shǎi shai 晒得时间更长一些:今日日色好,把被～。

【大声号气】dǎ shēng hào qì =〖大声小气〗dǎ shěng xiào qì〈贬〉说话声音很大的样子:他和老人说句话儿～的,一点礼貌没有。

【大师傅】dǎ shi fu 厨师:饭店那些～都戴着个大白帽子。

【大时候儿】dǎ shǐ hour 较长的时间:就去买斤桃儿,你怎么去了这么～?

【大手】dǎ shou 花钱大方;慷慨:人家真～,一下拿出这么多钱来。

【大耍耍儿】dǎ shuà shuar 玩得时间长:好不容易来趟儿,就～。

【大天白日】dà tiǎn běi ye 大白天;光天化日:他～就叫人把包儿抢去了。

【大田】dǎ tiàn ❶ 种植作物的田地。❷ 指自然种植生长的(区别于大棚种植的):～柿子|～黄瓜。

【大头】dǎ tòu ❶ 大的头部:没看他长那个～,保证聪明。❷ 被人愚弄或承受冤屈的对象:这么明摆着耍人家～|他拿着人家当冤～。❸(～儿)dǎ tour 大的那一部分;大的那一端:△老鼠抗木锨——～儿待后边。

【大头菜】dǎ tòu cǎi 结球甘蓝,又称卷心菜。

【大头钱】dà tou qiàn 民国时期发行的铸有袁世凯头像的银元:这是老辈留下来的几个～。

【大头娃娃】dà tǒu wǎ wa 一种印有小孩模样的套头面具,过传统节日时配以相应的道具服装用来游行娱乐:他小时候还跑～来。

【大头鱼】dà tǒu yù =〖大头腥〗dǎ tòu xǐng 太平洋鳕鱼。

【大外边儿】dǎ wài bianr ❶ 最外头:恁都进去了,他们还待～。❷ 很远的外地:他待～回不来。

【大外后日】dǎ wāi hòu yi 今日以后的第四日。

【大仙】dà xiān 比喻思想行为怪异的人:恁那个亲戚看起来也是～一个。

【大想想】dǎ xiàng xiang 好好回想或考虑一下:这事不急,你也～。

【大小】dǎ xiāo ❶ 在体积、面积、数量等方面大小的程度:你穿这个衣裳穿起来～正好。❷ 年龄:这么～的孩子正是皮的时候|《聊斋俚曲集·慈悲曲》第二段:"虽然也养活他那么～哩,还得察访他察访。"❸ 辈分的高低、长幼的区别:这是恁大爷,别成天说话没个～。❹ 或大或小;不管大小:你～是个官儿,人家还瞅着是个人儿。❺ 职务高的和低的;大的和小的:那些管事的～都去了。

【大些】dà xiě =〖一大些〗yǐ dà xiě 很多;许多:他姥娘来给了～苹果|《聊斋俚曲集·墙头记》第四回:"王银匠问我言,人家使着咱～钱,他说该弄个虚体面。"又:"两个就待动手,旁里一大些人拉着。"|《醒世姻缘传》第七十四回:"同去的人多多着哩:侯师傅,张师傅,周嫂子,秦嫂子,唐嫂子,一大些人哩。"

【大歇歇】dǎ xiè xie 多休息一段时间：△风凉了～，热了不干。

【大新正月】dà xǐn zhěng yue 农历一月：～都忙着走亲|《醒世姻缘传》第三回："却是为我一个，～里叫人恶口凉舌的咒你！"又："（晁大舍）又寻思道：'身上已复原了，若不出门，～里，岂不闷死人么？'"又："这～里，是谁这们哭！清门静户，也要个吉利，不省他娘那臭扶事！叫人替我查去！"

【大烟】dà yǎn 鸦片：△吃～拔豆棍——一码归一码。

【大眼看小眼】dǎ yān kǎn xiāo yān 面面相觑的样子：他们都是～，想不出个办法来|《醒世姻缘传》第三回："养娘婢女，拌唇撅嘴。～，说了几句淡话，空茶也拿不出一钟。"|《醒世姻缘传》第二十七回："跟的人回去学了那个光景，许多人～的不了。"

【大样】dǎ yang 慷慨；大方：人家很～，一点儿没艮次都给办了|那孩子从小就～。

【大姨子】dǎ yi zi 对妻子的姐姐的背称。

【大油】dǎ yòu 用猪肉熬制的猪油：做千层饼都得使～。

【大肉蛋】dà you dàn 刚孵出的雏鸟：待窝里抓了好几个～。

【大早了】dǎ zāo le=〖大早以前〗dǎ zāo yì qiàn 很久以前：很早以前：这个场儿～是烧窑的。

【大早早儿】dǎ zàor zàor 非常早的样子：不用着急，天还～的。

【大长长】dǎ zhàng zhang 多长大一些：等这些萝贝～再拔着吃。

【大针儿】dǎ zhēnr 钟表的分针（相对于"小针"而言）。

【大走走】dǎ zòu zou 多走一些路：咱往里边～。

【打】dǎ ❶用手或物击、敲、攻击；攻打：～铁|～仗|～人|△当官儿不～送礼的|△～断骨头连着筋|△光看见贼吃食，没看见贼挨～|△会～的～一顿，不会～的～一锤。❷（用工具）制作（器物、食品）：～戒指|张镰|～节烟筒|～家具|～炉包。❸发出；放出：～信|～电报|～忽雷|～口哨|～鸣儿。❹开启；运行：～灯|～着扇子。❺做；从事；与人发生交涉或交往：～零工|～杂儿|～官司|～交道|～麻烦。❻凿开；掘开：～井|～眼儿|△龙生龙，凤生凤，老鼠生来会～洞。❼去除作物的外皮收获粮食：～粮食|～麦子|△忙煞忙，先～场。❽打算；计划：～谱|～草稿|～失算|里～外开|△吃不穷，穿不穷，～算不到一世穷。❾列举：～比方|～比喻儿。❿器皿或有外壳的东西破碎：△筐也破了，鸡蛋也～了|△～了盆说盆，～了罐说罐。⓫捉取；猎获：～鸟|～雀儿|～猎|～蛎子|～食

儿｜△姜哥庄～虾子——越小的越精。⑫ 表示身体的某种动作：～哆嗦｜～啊气｜～盹｜～直势｜～转转儿。⑬（药物、茶等对身体）刺激：哈了点酽茶～得我浑身没劲儿。⑭ 征用；征购：～房子｜～地。⑮ 算作；按照某个数或数量计算：满～满算｜四块九就～五块钱一斤。⑯ 即便；如果：就～他们来了，那也管不了什么用。⑰ 眼睛受强光刺激而疼痛：叫电焊～着眼了。⑱ 垒建；建设：～地面｜～地基｜～平房｜～平口｜△～墙盖屋，邻帮相助。⑲ 用眼、手等感知：～上眼一看他就不一般｜～手一试衣裳料子就挺好的。⑳ 从：～头儿挨着搜｜我看他是～那面儿过来的｜《聊斋俚曲集·寒森曲》第八回："商二爷行取进京，～家里过来，连年积攒了二三百俸禄银子，就在那庄外修了一座二郎庙。"

【打啊气】dà ǎ qi =〖打啊吃〗dà ǎ chi 打喷嚏：再～使手捂着｜孩子是不是冻着了，一个劲儿地～。

【打把儿】dā bar 电器的开关，一般特指灯的开关：哪一个是开天井灯的～？

【打把式】dǎ bā shi 做翻跟头、车轮翻等武术项目。

【打帮儿】dà bǎngr 小狗开始学叫：小狗才几个月儿就学会～了。

【打帮子腔】dā bàng zi qiāng 原指戏剧中在后台的助唱，比喻在别人说话的时候随声附和其中一方的观点。

【打绑腿】dǎ bāng tei 用窄布条缠绕小腿部裤腿外边，由踝至膝，用以保护腿部。

【打宝】dǎ bāo 一种儿童游戏，用纸折叠的方形纸片在地上相互拍打，将对方翻过来为胜。

【打百岁】dǎ bēi sui 对小孩子打喷嚏的戏称：唉阳来，打了一个大百岁。

【打比喻儿】dǎ bī yùr 打比方；用具体或熟知的事物来说明或描写抽象的、生疏的事物：他也不是真要怎么样，就是打个比喻儿。

【打不迭】dā bu diè 打不完；打不过来：△～的牛苍蝇。

【打不开点儿】dā bu kǎi diānr ❶ 忙不过来：再加几个人来吧，俺这里都～了。❷（钱款）吃紧：这个月他店里的钱也～了。

【打茶叶】dà chǎ ye 过去称喝茶之前洗茶为打茶叶。

【打杈儿】dà chàr 为利于作物结果，将多余的枝杈去除：给洋柿子打打杈儿。

【打茬儿】dǎ chār 寻找购买或接手的人：家里的小狗好分窝了，你帮着打个茬儿。

【打喳喳儿】dà chǎ char 心里犯嘀咕：这几天我心里也是～，老是不放心。

【打馋虫】dà chǎn chèngr 吃东西以解馋，对人嘴馋的戏称：给他姥娘买的好吃的，都叫他～了｜这点东西不够孩子们～的。

【打场】dà chàng 收获麦子、高粱等农作物后在场上脱粒，将外壳和子粒分离：△多打几遍场，多收一成粮｜△忙死忙，先～｜△老雕老雕你～，挣个饽饽乞恁娘，老娘不吃给老黑，老黑吃了好打滚儿。

【打虫子】dà chěng zi 特指服用药物驱蛔虫：这几天孩子肚子不舒棱，像是好～了。

【打怵】dà chù 害怕；畏惧：上把儿吃亏了，他一走夜路就～。

【打春】dà chǔn 旧时在立春之日用鞭子抽打泥做的春牛以祈丰年，因此称立春为打春：△不避～，娘家断了根。

【打雀儿】dǎ cuōr 用弹弓、枪等器具打鸟。

【打嘚嘚】dà děi dei 打哆嗦：孩子都冻得～，多穿件儿衣裳。

【打盹神】dǎ dèn shèn 瞌睡虫，形容爱瞌睡的人：还没开始干活就想困觉，真是个～。

【打动】dā deng 四处搜寻、获取：咱不知道他从哪儿～的那些木头。

【打洞】dà dèng 挖洞；钻洞：△龙生龙，凤生凤，老鼠生来会～。

【打灯】dà děng 开灯：里边儿黑咕隆咚的，不～一点儿也看不清。

【打滴溜】(～儿)dà dǐ rour (liur)手攀高处，身体悬起并晃动：那几个孩子都待树上～耍｜《醒世姻缘传》第七十七回："不好，一个人扳着门上桯～哩！"‖《俚语证古》第三卷："缘高荡摇，谓之打低流。"

【打地】dà dì 征地：头年村里～把村北山那片果园打去了。

【打地面儿】dà dǐ miànr 将地面用水泥等建材整平：这么大的场儿，光～就得三天。

【打点】dà dian ❶ 打扮：他没有个媳妇，也不知道好好～自己。❷ 奚落；笑话：他小小的年纪，还没大没小的～起他大爷来了。❸ 收拾；准备；安排：你去～点出差使的东西｜《醒世姻缘传》第九十回："晁冠带了得用的家人，赍了许多银子，送了撰文的礼币与写诰轴中书的常礼，～一应该用的使费，等至九月里，用了宝，连夜赶回，要在十月初一日趁晁夫人寿旦迎接诰命。"｜《金瓶梅词话》第十四回："连夜～驮装停当，求了他亲家陈宅一封书，差家人上东京。"｜《金瓶梅词话》第九十八回："你在家看家，～些本钱，教他搭个主管，做些大小买卖。"

【打吊棒儿】dà diǎo bàngr 打吊瓶,进行静脉输液:孩子不能沾着就去～,打滑了就不管用了。

【打发】dā fa ❶ 派出;吩咐:～孩子去叫他三爹来陪客|《红楼梦》第三回:"且说黛玉自那日弃舟登岸时,便有荣国府～了轿子并拉行李的车辆久候了。"|《金瓶梅词话》第九十一回:"(吴月娘)把中秋儿～将来,说原是买了扶侍大姐的。" ❷ 使离去:给这么两个钱和～要饭样的|《红楼梦》第七回:"倒是你们没主意,有这样的,何不～他远远的庄子上去就完了。"|《金瓶梅词话》第十二回:"自此为始,每夜妇人便叫这小厮进房中,如此,末到天明就～出来。"|《金瓶梅词话》第二十五回:"当初在蔡通判家房里,和大婆作弊养汉,坏了事才～出来。"

【打房子】dà fǎng zi 征迁或征用房屋:村里这趟路拓宽～,把他家老屋打去了。

【打艮次】dà gèn ci ❶ 迟疑;犹豫:你就别～了,应下来就行了。 ❷ 思路或话语出现短暂停顿:他突然这么一问,那人打了一个艮次。

【打沟儿】dà gǒur 用镢头在地里开出种植用的土沟:你～我捻种。

【打响斗】dà gǒu dou 打嗝;膈肌疼挛:他一生气就光～。

【打卦】dà guà 投掷占具获得卦象,根据卦象推断吉凶:他回去还是不放心,又去找人打了一卦|《醒世姻缘传》第八十八回:"龙氏家中求神问卜,抽签～。薛如卞弟兄两个,又不肯四下出招子找寻。"|《金瓶梅词话》第五十九回:"李瓶儿慌了,到处求神问卜～,皆有凶无吉。"

【打卦算命】dā guǎ suǎn mìng 泛指找人进行各种占卜活动:他～都说命里有两个闺女。

【打光棍】(～儿) dà guǎng guìr 男人过了适婚年龄而没有老婆:放心吧,孩子长大了保证打不了光棍儿|《聊斋俚曲集·慈悲曲》第一段:"～实势难,炉少火灶少烟,衣脏袜破鞋儿绽。"又:"以理论起来,既有了儿,就不娶也可以罢了,可只是～也是难呢。"|《聊斋俚曲集·禳妒咒》第十回:"早知这个胎,干给也不要,我情愿～直到老!"|《聊斋俚曲集·姑妇曲》第一段:"若还得娘喜,情愿～。"

【打逛】dà guàng =〖打逛荡〗dā guàng dang (衣服、鞋等)尺寸太大穿起来不合适:才买的这双鞋穿上都～,太大了。

【打哈哈】(～儿) dà hǎr har ❶ 开玩笑;说笑:老师说的他都没听进去,光待下边儿～|《聊斋俚曲集·禳妒咒》第二十六回:"我也爱～,这骨牌争竞多,不敢再做从前错。" ❷ 随便对待;不用心:这不是个小事儿,你可别～。

【打鼾睡】dà hǎn shui 睡觉时打呼噜：他～动静太大了，响得人家根本睡不着|《聊斋俚曲集·墙头记》第三回："夜有三更，不免卧倒，打了两声鼾睡。"|《聊斋俚曲集·增补幸云曲》第十七回："万岁爷才把鼾睡打，一条花蛇甚蹊跷，口鼻耳眼都钻到。"|《聊斋俚曲集·磨难曲》第七回："店小二放倒身便～，忽然醒来，听了听，说：'还有气哩。'"|《金瓶梅词话》第六十一回："韩道国点灯寻到佛堂地下，看见他鼻口内～，用脚踢醒。"|《金瓶梅词话》第九十七回："这月桂走至西书房中，推开门见经济摆在床上，推～不动。"

【打狠狠】dà hěn hen 因着急或发怒而咬牙切齿的样子：咱不知道怎么得罪他了，望着人家就～|△小孩见了小孩亲，见了老人～。

【打霩雷】dà hǔ lei 打雷：△干～，不下雨。

【打滑】dà huà 表面滑溜：才下的雪，地上～。

【打嗬歇】dà huǒ xie 打哈欠：快困吧，孩子盹得都～了。

【打唧唧】dà jǐ ji 争吵；产生纠纷：提前把事讲透了，省着过后儿～。

【打饥荒】dà jǐ huang 还债：那几年他拼了命地挣钱～|《红楼梦》第七十二回："倘或说准了，这会子说得好听，到有了钱的时节，你就丢在脖子后头，谁去和你～去。"

【打家具】dà jiǎ ju 制作家具：屋后那几棵梧桐都给闺女～使了。

【打戒指儿】dà jiài zhir 制作戒指：那是他留着好给孩子～的。

【打交道】dà jiǎo dào 发生联系或交往：不～不了解到底是什么人。

【打酱油】dà jiǎng yòu 旧时到店里购买散装的酱油，常用来喻指较为简单的劳动：他孩子都不小了，都能～了。

【打更】dà jǐng 旧时夜间每到一更，巡夜的人打梆子或敲锣报时，通常指夜间到时间叫醒，这种说法现在已很少使用：你困吧，我给你打着更。

【打橛】dà juè 将带尖头的木桩搰入海底，连上绳索，以固定渔具进行捕捞。

【打拦头板儿】dā làn tou bānr 阻拦；反对：他待做点儿事，老婆老是～。

【打懒巴】dǎ lān ba 伸懒腰：守着人～，真是没有学道儿。

【打了骡子马也惊】dā ler luǒ zi mā ye jǐng 一个人得到惩罚，相关的人都会害怕：你这么办就对了，～，省着那些人再想着是个事。

【打离婚】dā lì hǔn 通过交涉以解除婚姻关系：为孩子的事儿两个人差一点打了离婚。

【打蛎子】dà lǐ zi 用器具获取附着在石头等物上的牡蛎：他要是没待家的话，定规是上海～去了。

【打粮食】dà liǎng shi 将稻、麦、豆粒等粮食从其秸秆上收获下来：一共这么点儿地，指着种地～不够全家人吃的。

【打垄】dǎ līng 为种植农作物在耕地上培出土埂：我～你捻种儿。

【打炉包儿】dà lǔ bar 将包好的炉包在炊具上烙烤：他媳妇打了一手好炉包儿。

【打麻烦】dà mǎ fan 产生不便或引发烦杂的事情：提前不讲清楚了，过后就光等着～就行了。

【打马虎眼儿】dā mà hu yānr 通过模糊事实或伴装糊涂以蒙混骗人：他是多么聪明的人，～糊弄不了他。

【打麦子】dà mèi zi 将麦子用器具敲打脱粒。

【打泥钱儿】dà mǐ qiànr 旧时的一种儿童游戏，"泥钱"指用黄泥制作的形如方孔钱的玩具，做游戏时，由一方先放好一摞泥钱，另一方在约定的距离上用一枚较大的泥钱击打，击倒即获胜，并将泥钱赢走，若击不倒换成对方击打。双方通过将军包的方式决定谁先击打。

【打鸣儿】dà mìngr 公鸡鸣叫。

【打旁连】dà pǎng lian 侧着身子用手支撑地面翻跟头：他四岁的时候就会～了。

【打攴】dā pe（pu）拍打以震落；掸落：你衣裳上沾了那么多花毛儿，快脱下来～～。‖《说文解字》："攴，小击也。"

【打偏篓儿】dà piǎn rour 顺便收获意外之财：就他那个人的性格，这次去保证待打个偏篓儿。

【打飘儿】dà piǎor 走路不稳的样子：他这几天身子虚得走起路来都～。

【打平房】dà pǐng fang 建设平顶的房屋（一般指正屋的配房）：夜来去帮他姐夫～了。

【打平伙】（～儿）dà pǐng huor 众人平均出钱或每人带上吃的东西一起聚餐：他挣那几个钱都不够自己和伙计们～儿的｜《二刻拍案惊奇》第五卷："而今幸得无事，弟兄们且～，吃酒压惊去。"｜《二刻拍案惊奇》第三十九卷："有个纱王三，乃是王织纱第三个儿子，平日与众道士相好，常合伴～。"亦作"打平火""打平和"：《二刻拍案惊奇》第二十二卷："众人又说不好单独难为他一个，我们大家凑些，打个平火。"｜《金瓶梅词话》第七十七回："西门庆家中，这些大官儿常在他屋里坐的，打平和儿吃酒。"

【打谱】dà pǔ ❶ 计划；打算：你去找恁哥哥帮你打个谱。❷ 想；准备：那你～一个人去？

【打谱谱儿】dà pǔr pur（很有希望或很有把握地）打算；以为（一般实际情况与打算相反）：老两口～地寻思孩子过节能回来。

【打扑拉儿】dā pǔ rar ❶ 坐或躺在地上手脚乱动发狂的样子：没答应这个事，她就待地下～了。❷ 尽情地；随意地：等你有了～吃也不该俺事。

【打钱】dà qiàn 寄钱；汇款：他每月往家里～。

【打墙盖屋】（～儿）dā qiàng gǎi wùr 修建房屋的概称：谁家～的不用人？|△～，邻帮相助。

【打群仗】dà qǔn zhang 打群架：街上有～的，好几个都伤了上医院了。

【打溜溜儿】dà rǒur rour 因找不到职业而闲荡：这么个大青年成天就这么～也不是个事儿。

【打闪】dǎ shān 打雷前的闪电：快拔下电来，外面～太厉害了。

【打苫】dà shǎn 将麦秸扎束并联结编制成的帘形物，可以用来当覆盖物或垫子使用：△下雨～，刮风扛石头（形容旧时觅汉繁重艰苦的劳动生活）。

【打扇】（～儿）dà shànr 挥动扇子以凉快或驱蚊虫：到了晚上，他给孩子们打着扇儿|《金瓶梅词话》第二十九回：“春梅湃上梅汤，走来扶着椅儿，取过西门庆手中芭蕉扇儿替他～。”

【打食】dà shì ❶ 消食；克食：咱喝壶茶叶打打食儿。❷ 动物获取食物：没看那个小燕儿光待窝里等着老燕子给它～吃|《红楼梦》第一百零一回：“谁知这山上有一个得道的老猕猴出来～，看见菩萨顶上白气冲天，虎狼远避，知道来历非常，便抱回洞中抚养。”|《聊斋俚曲集·慈悲曲》第一段：“待了二日，那公燕子又合了一个来，依旧～喂他。”

【打死灯】dā shi děng 关上灯：走的时候～，别浪费电。

【打失散】dā shǐ suan 散伙；分道扬镳：他们原来一块儿的那帮儿人早就～了。

【打水飘儿】dǎ shuì piǎor ＝〖打漂儿〗dà piǎor ❶ 贴着水面抛扁平光滑的砖、瓦、石块等，使其在水面上弹跳前进。❷ 比喻白白投入而没有收获：投的那两个钱儿也都～了。

【打散场儿】dà suàn changr 在工程完工、合伙成功后清算利润并聚餐：今晚上俺一块儿～。

【打索】dā suo 打扫：咱两个不用半个钟头就把房子～干净了。

【打躺躺儿】dǎ tāngr tangr 随意躺着的样子：都什么时候了还待炕上～来。

【打通腿儿】dà těng teir 两人朝相反的方向睡在一个被窝里。

【打挺儿】dǎ tīng 头颈用力向后仰,胸部和腹部挺起:孩子一～就没法抱。

【打瓦】dǎ wā 旧时的一种儿童游戏,将地上画好的方框内放入画片儿等物,游戏者在一定的距离外依次用瓦片投击,被击出框外的画片儿等物归击中者。后来多用厚铁片代替瓦片进行游戏,称为"打铁瓦儿"。

【打哇哇】dǎ wā wa 小孩一边发声一边用手拍打嘴唇发出哇哇的声音:几天没见着孩了都会～了。

【打围】dà wèi 打猎;狩猎:△瘫姑～——瞎嘘喝｜△打鱼的腥腥嘴儿,～的跑断腿｜《喻世明言》第六卷:"后来葛令公在甑山～,申徒泰射倒一鹿,当有三班教师前来争夺。"｜《红楼梦》第二十六回:"这脸上是前日～,在铁网山教兔鹘捎了一翅膀。"｜明杂剧《中山狼》第一折:"俺中山狼是也!有那赵卿～到此,教俺何处躲者?则索舍着命走也!"｜《聊斋俚曲集•磨难曲》第五回:"大王说:'趁今日天气晴和,各人披挂整齐,下山～一遭,有何不可?'"

【打信】dà xǐn 寄信:孩子都半年没往家～了。

【打哑巴语】dǎ yà ba yūr ❶ 做聋哑人的手势语:他跟着学得还会～。❷ 用眼神、手势等无声的方式来传递信息:他两个待那～还寻思人家没看见。

【打眼】dǎ yān 用眼睛短时间地看:～一看待使多少材料就有数了。

【打秧歌】dà yǎn guo 一般特指踩高跷,也泛指扭秧歌等民俗舞蹈活动:听街上有～的,快出去看看。

【打烟筒】dà yǎn tēng ❶ 制作烟筒:这几块儿铁皮正好找人打几节烟筒。❷ 用带重物的绳索或长竹竿去除附着在烟囱内壁的烟尘:这两天儿锅头不好烧,估计是好～了。

【打药儿】dà yuě 给农作物喷洒药物。

【打灾】dà zǎi 迷信的说法,指死去的人让在世的人遭病灾:他孩子这几天没精神儿,非说是有老人打孩子的灾。

【打臧该儿】dā zàng gāir 从什么时候:你这～搬那儿去的?

【打扎扎儿】dǎ zhār zhar 刚出生几个月的小孩学着站立:他还没学会～就想着跑。

【打仗】dà zhǎng ❶ 进行战争;作战:老人上学的时候,正延上和日本～。❷ 打架;打斗:△～不让理,种地不让时｜△天上下雨地下流,小两口～不记仇。❸ 吵架:他们两个～了,到如今还不说话儿。

【打仗闹祸】(～儿) dā zhǎng nǎo huōr 泛指打架斗殴、滋事闯祸:他从小儿就～的,一点儿不省心。

【打照面】(～儿) dà zhǎo miànr 面对面相遇;极短时间的相遇:要是和他～儿的话,还能认出模样来|无名氏《水仙子·喻镜》曲:"～关情意,急回头不见他。"|元杂剧《西厢记》一本第一折:"刚刚的打个照面,风魔了张解元。"

【打直势】dā zhǐ shi ❶ 打冷颤。❷ 幼儿有时在排尿前全身一颤的动作:孩子好尿尿的时候,老是光～。

【打转转】dà zhuàn zhuan 转圈:到如今还没个信儿回来,急得恁爹溜地～。

【打坠坠】dà zhuǐ zhui ❶ 抓住人或物用力往下:孩子打着坠坠非待买耍物。❷ 拖后腿;阻碍别人做事:他待想干个什么事儿啵,他老婆老是～。

【打嘴官司】dǎ zuī guàn si 吵架:我去了光听他们～。

【打嘴仗】dǎ zuī zhàng 吵架:成天光听恁两个～。

【沓儿】dàr =〖沓子〗dǎ zi 叠起来的若干纸张或其它薄的东西:拿了一～钱来。

【耷拉】dǎ la 绵软而下垂:△低头～角。亦作"答剌""搭剌""搭拉":元杂剧《黄粱梦》第三折:"这一个直挺了躯壳,那一个又答剌了手脚。"|元杂剧《两世姻缘》第一折:"觑不的那抓掩,鬆髻偏,便似那披荷叶搭剌着个褐袖肩。"|《醒世姻缘传》第二十二回:"刚才不是我不依您的话,天下的事惟公平正直合秤一般,你要偏了,不是往这头子搭拉,就是往那头子搭拉。"

【耷撒儿】dā sàr 流苏;装饰在物品边缘的缨穗状物:锦旗都使～镶的边儿|缝上这么些～反倒一点儿不利索。

【嗒嗒】dǎ da ❶ 小孩子刚开始学说话:这两天孩子开始会～话了。❷〈贬〉说话:还不知道他跟人家～了些什么。

【嗒拉】dǎ la (用调侃、无聊或醒踅的语气)说:△沟岔儿的闺女——好～个淡话儿。

【搭】dǎ (衣物织品等)接;缝:～上块儿被头。

【搭杆儿】dā ganr 搭放毛巾、衣物用的横杆:你的手巾就在～上。

【搭伙】dǎ huō 一起;共同(一般用于生活):他们两个人就是～过个日子罢了。

【搭上头儿】dā shang tòur ❶ 开始:过了正月十五厂里的活又就～了。❷ 接触;参与:人家高高在上,咱根本就搭不上头儿。

【搭手】dǎ shōu ❶ 用手;通过手:～一试,做工怎么样就知道个八九儿。❷ 开始动手干:既然都搭上手了咱就不能轻易撂下。

【搭头儿】dà tóur 从头;从一开始:不用急,～挨着慢慢讲。

【答人情】dà yǐn qìng 对于别人给予的帮助,用馈赠礼品的方式进行答谢:挣那两个钱儿还不够～的。

dai

【待】dāi ❶ 要;将;想;打算:他～把老人接过来住两天儿|元杂剧《老生儿》第一折:"这人每～去借个产驴,交俺骑着,将草棍子打我哩。"|元杂剧《幽闺记》第三十一折:"香醪～饮何处觅,牧童处,问端的。"|元杂剧《救孝子》第四折:"若不是李押狱白破你张千谎,～教俺孩儿将人命偿。"|元杂剧《陈抟高卧》第四折:"您每各自安置,我～睡也。"|元杂剧《朱砂担》第二折:"正～要展开脚忙移步,百忙里腿转筋甚腌证候!"|《聊斋俚曲集·墙头记》第一回:"六月还穿破棉袄,腊月还是旧布衫,～烤火没人舍筐炭。"又:"是他今日他达～来,买了些东西等他,须是做的好才好。又:"有心～告诉官府,争奈这腿软腰酸。"|《聊斋俚曲集·墙头记》第三回:"咱家虽没好的吃,或是热面或冷酒淘,爹爹～吃就开口要。"|《聊斋俚曲集·墙头记》第四回:"银匠哈哈大笑说:'二位～要银子?甚么银子?桃仁子?杏仁子?'"又:"银匠说:'这禽兽,你～打我不成!'"又:"叫你给他看看,你就嫌脏,正眼不理么,怎么这个就～打人?"|《醒世姻缘传》第二十二回:"晁夫人道:'你看!不干给您,您～我给钱哩?'"|《醒世姻缘传》第四十回:"这们没主意就听他,他是～教我还住一日,他好合孙兰姬再多混遭子。"|《金瓶梅词话》第五十九回:"快请你爹去,你说孩子～断气也。"|《金瓶梅词话》第二十四回:"怪抽嘴,你丈人瞧着,～怎的?"|《金瓶梅词话》第七十八回:"我～与你一套衣服,恐贲四知道,不好意思。"❷ 用于假设,有左右为难,犹豫不决的意思:辛弃疾《最高楼》词:"～不饮,奈何君有恨。～痛饮,奈何吾有病。"|元杂剧《陈州粜米》第二折:"～不要钱呵,怕违了众情;～等要钱呵,又不是咱本谋。"|刘时中《一枝花·罗帕传情》曲:"～书册中放呵倘或间沾污了非轻视,～帽盒里收呵若有些疏虞甚意儿?"|元杂剧《琵琶记》第二十一出:"这糠呵,我～不吃你,教奴怎忍饥?我～吃呵,怎吃得?"❸ 在;从;到:△人～人下能成人,树～树下不成材|你这～哪里买的?|把车子送～恁婆婆家。❹ 接待;招待:别慢～了客。❺ 对待:她～公婆还是挺好的。❻ 应该;必须:那你也～把这里收拾利索了再走。

【待要】dāi yao 想要:他说是～去赶集|△日子～好,家里有个絮叨老|《醒

世姻缘传》第九十四回:"本～骂骂街,泄泄气,又被宫直的老婆'蛇太君'挫了半生的旺气。"|《聊斋俚曲集·寒森曲》第六回:"你～上那里去?"|《聊斋俚曲集·蓬莱宴》第三回:"～不回去,只怕有罪愆;梦恶转回去,怎么着回还?"|《聊斋俚曲集·墙头记》第一回:"冰的牙根这样疼痛,怎处怎处?哎呀!可怜,可怜!～不吃,这样饥如何捱的?"

【待人亲】dǎi yìn qǐn 惹人爱:他那个孩子真～。

【待早里】dǎi zāo le 在以前:～哪有这样的事儿。

【待诏】dǎi zhao 剃头匠:△拿着猪头练～|△～的扁担——一头热|《水浒传》第十九回:"只见那汉去路边一个篦头铺里问道:'大哥,前面那个押司是谁?'篦头～应道:'这位是宋押司。'"|《醒世姻缘传》第六十四回:"是你家的大相公,还合一位朋友,到我庵中。我正叫了个～剃头,我流水叫徒弟看茶与他吃了。"|《醒世姻缘传》第九十三回:"原来这人是剃头的～,又兼剪绺为生……凭有几层衣服,一割直透,那被盗的人茫无所知。"

【待这】dāi zhè =〖待这里〗dāi zhè le 在这里:你～等谁? |他纯～撒谎。

【带】dǎi(dài)❶用布、线、革、橡胶等做成的长条物:皮～|输送～。❷随身拿着:随身～着钱|△要饭不～碗。❸区域:那一～的人实在。❹关(门):随手～门|《金瓶梅词话》第五十二回:"西门庆道:'怪狗材!还不～上门哩!'伯爵一面走来,把门～上。"❺附带;连着:连嘲～嗻|连吃～拿。❻含有;呈现:说话老是～着气儿|这件衣裳～着黄头儿。❼指出现某种状态、反应或结果,一般用于反问或否定句式:这个活儿一忙起来还～喝口水儿的? |有事求到他从来不～打哏次的。❽引导;领:～头儿|～路。❾抚养;照顾:老人帮他～孩子。

【带把儿的】dǎi bàr di 对小男孩儿的戏称:他非得生个～才算完。

【带劲】dǎi jìnr 有力量;有劲头;能引起兴致:听他讲话那真～儿。

【逮】dāi ❶抓:他没等跑出去就让人～着了。❷<贬>获益:他这一把儿真～着了,挣发了。❸说话生硬、没礼貌:他不是个坏人,就是说话～,不中听。❹打:～他两耳子。

【㕢】dāi 吃;大口的吃,含调侃或夸张的口气:～了三碗米饭。‖1936年《牟平县志》:"大吃曰㕢(土音读曰歹)。"

dan

【单】dǎn ❶ 独一：～独｜～点。❷ 不复杂：～纯｜简～｜～调。❸ 奇数的：～头儿｜～号。❹ 薄；弱：～桠。❺ 只有一层的：～行砖｜～衣｜△十冬腊月穿～裤——凉了半截。❻ 只；专；偏偏：～等着工头来了，他才忙活｜△人敬有的，狗咬丑的，兔子～吃没有的｜△不打勤的不打懒的，～打没长眼的。❼ 覆盖用的布：被～｜床～｜面～。❽ 记载事物用的纸片：～据｜传～｜名～。❾ 偏偏；与愿望、预料或一般情况不相同：说什么不行，～说没看好｜～延着家里没人，谁也帮不上把手。❿ 故意：不用管他，他这是～为的。⓫ 扑克牌游戏中指单独一张扑克牌：出～｜点～｜～悠。

【单崩儿】dàn bēngr 单个；单独：人家都伙伙儿去，就他非待～。‖《俚语证古》第十四卷："物单一谓之～。"

【单饼】dǎn bīng 一种烙制的薄面饼。

【单等】dǎn dēng ❶ 只等：请的人都到齐了，～他来了｜《聊斋俚曲集·翻魇殃》第八回："那逃人，那逃人，一溜溜进书房门。倒在床上挺着尸，～人来把他问。"｜《聊斋俚曲集·翻魇殃》第十二回："仇大爷定军机，四尊礮列东西，～贼从那里入。"｜《聊斋俚曲集·富贵神仙》第四回："事事的藏着头，～着按院问。" ❷ 偏偏等；只能等：这个孩子～来了人说这些话气你｜《醒世姻缘传》第四十五回："俺家是花子么？没有碗饭吃，～着吃他的碗饭！"

【单点】dǎn diān ❶ 单个地或单独地选或数：他们不吃套菜，待～。❷ =〖点单〗diàn dǎn =〖单悠〗dàn yǒu 特指在扑克牌游戏中单独出一张扑克：先～一张试试。❸（～儿）dǎn diānr 逐一地：他有不懂的，老师都～给他讲｜这些韭菜是我～择出来的。

【单干】dǎn gàn ❶ 单独做事而不与他人合作。❷ 特指农村实行土地联产承包责任制（与"大集体"相对）：就发～了，村里的懒汉少了。

【单举】dǎn ju 只就；单就：～这个事，这么说也是有道理的。

【单开旗儿】dǎn kǎi qìr 衣服下摆的后中央处的装饰性开口：今年又兴回～西服了。

【单看】dǎn kàn 只看：大人能做的都做了，剩下的～孩子自己的了｜《聊斋俚曲集·墙头记》第二回："不见我那大畜生，～王兄弟戏法如何。"

【单块儿】dǎn kuàir 一元面值的人民币：一摞子～的钱。

【单毛儿】dǎn māor 一角面值的人民币：帮着破成几张～的钱。

【单门独户】dǎn mèn dǔ hù 在居住地没有族亲或其他亲属,常指势单力薄:他们～待这个村里,也真不容易。

【单扇门】dàn shan mèn =〖单扇门子〗dàn shan měn zi 整个门口只有一扇门板的门:房门装的是个～。

【单挑】dǎn tiāo ❶ 单独;独自;不和别的合在一起:人家上市里卖菜都伙着伙儿,就他老是～。❷ 一对一地进行比赛或打斗:仗着人多不算本事,有种儿咱～。

【单头儿】dǎn tòur 奇数的:要个双头儿,不要～。

【单为】dǎn wei ❶ 单独;特地:这是我～给你留的。❷ 故意;故意这么做:他这不是～叫老人生气?

【单枵】dǎn xiao 单薄:你穿得有点～,没看外面下这个大雪? |陈造《行春辞》诗:"食三鬴兮绮襦,悼～於昔年。我酒旨而希可茹兮,属餍兮共此样觞。"

【单行】dǎn xìng 单层;只有一层:那是使～砖间起来的壁子。

【单延上】dǎn yān shang =〖单延着〗dǎn yān zhi 偏偏遇上:回来的路上～下雨。

【单人独手】dǎn yìn dǔ shōu 孤身一人或单独行动:你这样～地干也不是个事儿。

【胆气】dān qi 胆量和勇气:他人不大,～倒不小|《后汉书·光武帝纪上》:"诸将既经累捷,～益壮,无不一当百。"|元陈孚《博浪沙》诗:"一击车中～豪,祖龙社稷已惊摇。"|《醒世姻缘传》第四十七回:"一个女人家有甚么～,小的到他门上澎几句闲话,他怕族人知道,他自然给小的百十两银子,买告小的。"

【担】dàn ❶ 把棍子、木板等长条形物横搭在两物体上:待两根板凳上～上木板好踏着。❷ 用罗筛(面):去把那缸面～～。❸ 量词,本来指吸旱烟时一次加入烟袋锅的烟量,后也指卷烟一支的量:咱去坐着吃～烟歇歇。‖关于发音的一种说法是"袋"的变音。

【担心事】dàn xǐn shi 操心;挂虑:他就是个～的命。

【担杖】dàn zhang 两头带铁钩的扁担:△跑了贼拎～|元杂剧《七里滩》第一折:"拽着个钝木斧,系着条粗麻绳,携着条旧～。"|元杂剧《西蜀梦》第二折:"英雄归九泉壤,则落的河边堤土坡上,钉下个缆桩。坐着条～,则落的村酒渔樵话儿讲。"|元杂剧《张协状元》第四十出:"又是你!恩官台旨,今日要离京,你各人肩着～。"

【担杖钩儿】dàn zhang gǒur ❶ 扁担两头用挑东西的铁钩。❷ 水垔,水生半翅目类昆虫,常栖息于静水面或溪流缓流水面上,长有很细长的脚。

【但凡】dǎn fàn ❶ 凡是;只要是:～老人说的话都不是随随便便说的,要紧听进去|《元典章·吏部六·官职吏员》:"监察每、廉访司官司人每,～勾当行的官人每。"|元杂剧《铁拐李》第四折:"自从岳孔目死了,韩魏公大人见他是个能吏,与他修理门楼房屋,～闲杂人等,不许上门哩。"|元杂剧《衣锦还乡》第二折:"～人家不和,皆起于妯娌争长竞短,分门各户,都是您这妇人家做出来的。"|元杂剧《救孝子》第四折:"(王脩然词云)～刑人,必然尸亲有准伏,方可定罪。"|元杂剧《赵礼让肥》第二折:"(马武云)好是奇怪!我这虎头寨上,～拿住的人呵,见了俺丧胆亡魂。今朝拿住这厮,面不改色。"|《水浒传》第二十三回:"～客人来我店中,吃了三碗的,便醉了,过不得前面的山冈去。"|《儒林外史》第三十回:"～朋友相知,都要请了到席。"|《官场现形记》第六回:"～有过孝敬的,他一定还要另眼看待。所以他的好处,也在这里。"|《醒世姻缘传》第二十三回:"若～来的都要管待,一来也不胜其烦,二来人便不好常来取扰;所以将卖酒为名,其实酒价还不够一半的本钱。"|《醒世姻缘传》第三十回:"他虽是没了那枝彩笔,毕竟见过大光景的人,况且又是个南僧,到底比那真空寺的和尚强十万八千倍,所以～有甚疏榜,都是他拟撰,也都是他书写,都另有个道理,不比寻常乱话。" ❷ 倘若;假如:上学的时候～用点儿心,如今还用出这号儿力?|元杂剧《陈母教子》第二折:"～为人三思,然后再思可矣。你空长堂堂七尺躯,胸中志气半星无。"|《红楼梦》第三十二回:"～宽慰些,这病也不得一日重似一日了!"|《红楼梦》第五十五回:"我～是个男人,可以出得去,我早走了,立出一番事业来,那时自有一番道理。"|《红楼梦》第六十回:"你老自己掌不起来;～掌的起来,谁还不怕你老人家。"

【但使】dàn shǐ 假使:～我有一份办法,就不愿意来麻烦恁|章碣《下第有怀》诗:"～他年遇公道,月轮长在桂珊珊。"|王昌龄《出塞》诗:"秦时明月汉时关,万里长征人未还。～龙城飞将在,不教胡马度阴山。"|李白《客中行》:"兰陵美酒郁金香,玉碗盛来琥珀光。～主人能醉客,不知何处是他乡。"|萧衍《闰阖篇》:"～丹砂就,能令亿万年。"|庾信《暮秋野兴赋得倾壶酒诗》:"刘伶正捉酒。中散欲弹琴。～逢秋菊。何须就竹林。"|李商隐《楚宫》:"～故乡三户在,彩丝谁惜挼长蛟。"|辛弃疾《定风波(席上送范先之游建康)》:"听我尊前醉后歌。人生亡奈别离何。～情亲千里近,须信。无情对面是山河。"|辛弃疾《水调歌头(送郑厚卿赴衡州)》:"莫信君门万里,～民歌五袴,归诏凤凰衔。君去我谁饮,明月影成三。"|宋张孝祥《蝶恋花》词:"莫拾明珠并翠羽。～邦人,爱

我如慈母。"｜鲍照《学陶彭泽体诗》："长忧非生意，短愿不须多。～尊酒满，朋旧数相过。"

【但仔】dàn zi 只要；假使：他～是个争气的，还用爹娘帮着他忙活？｜《聊斋俚曲集·墙头记》第一回："天那天，～有一个好的，也还好过。"｜《聊斋俚曲集·慈悲曲》第一段："但只是做着后娘，只出上一片好，就见了玉皇爷爷，也敢抓出心来给他看看；～是那做后娘的可又不能哩。"｜《聊斋俚曲集·慈悲曲》第二段："刚才东头老孙婆子来说，您小达达往您养汉姐姐家里去了。你看～是个人，怎么就不来说声。"

【淡】dàn ❶ 难为情；不好意思：害～｜～得脸都红了。❷ 使难为情：他说的那些话咱都试着～人。❸ 与性有关的：说～话。

【淡绊】dǎn ban 尴尬；羞耻；难为情：他做些窝憋事，咱都跟着赚～。

【淡薄】dǎn bè 不重视；怠慢：叫街面儿上的人还寻思咱怎么～了人家。

【淡尴】dàn ga 尴尬：他弄出这么出事来，把人家～得扯身就走。

【淡寡撒】dǎn guà sa 食物没有味道的样子：这些水果吃起来～的，一点滋味没有。

【淡话】dǎn hua 下流话：～篓子｜他说那些～真不要脸。

【淡话篓子】dǎn hua lōu zi 爱说下流话的人：那是个～，少跟他嗒嗒。

【淡寞索】dàn me suǒ 羞愧的样子；灰溜溜的样子：弄清了这个事儿，他～地走了｜《聊斋俚曲集·琴瑟乐》："从新来到房中坐，～的怪冷落。没好辣气上了床，闭眼就做了梦一个。"

【淡人】dǎn yìn 让人感到害羞或丢人：听他说那些话，咱都试着～。

【蛋】dàn ❶ 禽类或龟、蛇等所产的卵：鸭～｜鳖～。❷ 骂人的话：糙～｜熊～｜滚～｜皮～。❸ 形状像蛋的东西：驴屎～儿｜两个孩子滚成一个～了。

【蛋蛋儿】dǎn dan ❶ 对小男孩的昵称：这个～长得真亲人。❷ 对小男孩生殖器的戏称。

【蛋子】dǎn zi ❶ 泛指卵球状物：石头～｜河卵～｜驴屎～。❷ 睾丸；男性生殖器。❸ 骂人的话：他算个～，还有他说的！

【蛋子子儿】dǎn zi zīr 睾丸。

【断】dàn（duǎn）❶ 东西从中间分开：△打不～的狗腿｜△有福之人不用忙，无福之人忙～肠｜△打～骨头连着筋。❷ 不继续；禁绝：～亲｜～顿。❸ 使看起来足够的东西不够：他看起来挺瘦，怎么这么～衣裳？

【断顿儿】dàn（duàn）dùnr 断炊；家里没有饭食：家里眼看着就要～了。

【断根】dǎn（duǎn）gěn ❶ 从根部断开：这几棵树叫风吹得都～了。❷ 没有后代，一般特指没有男性后代：不能就这么从这一辈儿～。

【断亲】dǎn（duǎn）qin 亲戚之间断绝关系：这么多年不走动，他们都～了｜《聊斋俚曲集·禳妒咒》第十回："你情愿合他～，情愿合他退婚，并无反悔，落笔为真。"

【端量】dǎn liang 端详；仔细地看：你仔细～～他两个长得像不像？

【端午】dǎn wū 端午节：△吃了～粽，才把棉袄撂｜△五月～不戴花儿，死了变成癞蛤蟆。

【端详】dǎn xiàng ❶ 仔细地看：最好～清楚再说。❷ 经过观察后认为：我～他不是个真大夫｜我～这个天儿要下雨。

【耽嘎】dǎn ga 拖延；延误：回来还有这么多事等着办，去了别～。

【耽干】dàn gan 耽搁；耽误：叫他这一搅合，这个事就这么～下了。

dang

【当】dǎng（dàng）❶ 从；自；沿着：你～这条路走，还近便。❷ 指示代词，本：他闺女说待～村｜这是～地品种｜元杂剧《罗李郎》第四折："总饶你满园春，万花新，争如得见～乡人。"｜元杂剧《秋胡戏妻》第一折："早新妇儿遭恶运，送的他上边庭离～村。"❸ 抵得上；等于：这孩子真中用，一个人～两个使。❹ 充任；担任：～婆婆｜～爹｜说给他家～媳妇｜△给好汉牵马坠镫，不给赖汉～祖宗。❺ 姑且作为：△拿着豆包皮不～干粮。❻ 认为；以为：他～你是外地人｜《金瓶梅词话》第六十八回："那驴子是隔壁豆腐铺里的，借俺院儿里喂喂儿，你就～我的。"｜《聊斋俚曲集·禳妒咒》第二十七回："我～是何人，原是大爷奶奶来了。"❼ 在同一时间：正在那一时间点或时间：～时｜～天｜～月｜～年｜～辈。❽ 抵押：困难那几年把首饰都～了换成吃的了。❾ 面对着：还是～面说清楚比较好。❿ 吃亏；受骗：上～。

【当把牌儿出】dǎng bā pàir chū （对人）重视；当回事，一般用于反问或否定句式：你想走也好，看他也没拿你～。

【当不了】dàng bu liǎo ❶ 免不了；极有可能：就这么吊儿郎当地干，他～又挨批评。❷ 早晚；最终：现在买下也行，孩子大了～还待买。

【当不住】dàng bu zhù ＝〖当不〗dàng bu 或许；有可能：他～是变想法儿

了｜他～想的和你一样。

【当步儿】dǎng bùr 立刻；马上：只要货到了，他们～给钱，一点儿不拖拉。

【当当】dǎng dang 交往：他们两个～了一阵儿，如今不大热乎了。

【当件景】dǎng jian jīng ＝〖当一件景〗dǎng yì jiǎn jīng〈贬〉(把非常普通的事)当做一件非常重要的事：人家就是那么随便说说，他回去～了。

【当景儿】dǎng jīngr 当回事；重视：这些事儿说说就过去了，别拿着～。

【当空儿】dǎng kèngr (时间上的)间隙：正好这个～公共车来了。

【当口】(～儿) dǎng kour 时间点；时候；时机：就他出门儿这个～儿，听见外边儿汽车的动静儿｜《文明小史》第六回："这里傅知府私心指望要趁这个～，立一番莫大功劳。"

【当齐】dǎng qi 打交道；交往：你和他～没有你的益得。

【当腰】(～儿) dàng rǎor (yǎor)动物腰部(的肉)：割块儿～回来包饺子｜《聊斋俚曲集·磨难曲》第五回："小鹿儿忽然惊跳，一箭射去中～。"

【当事儿】dǎng shìr ❶ 重视；当回事：回去好好想想，别拿着不～。❷ 当成主业或占据主要位置，一般用于反问或否定句式：消遣消遣还行，不能拿着～干。

【当现】dǎng xian 当初；当时：～他也没想着待这一住就是三十多年。

【当现日】dàng xian yì 当初；当时：～他爷爷是这一片的保长来。

【当营生】dǎng yǐng sheng ❶ 重视；当回事：要紧把这个事当个营生，早点儿办好了它。❷ 当成主业或占据主要位置，一般用于反问或否定句式：摸虾钓鱼是耍耍的个景儿，别拿着～。❸ 打发时间：快剥瓜子吃，当个营生。

【当着】dàng zhi 权当；本来也要：跟他去看看也行，～出去耍耍儿了。

【挡道儿】dàng dàor 挡路：△好狗不～，～没好狗。

【挡害】dāng hai 妨碍；碍事：抬一边儿放着吧，省着待这里～人家走路｜又没有人～着，他发什么无名火？

【挡话】dāng hua 搪塞的话：谁也能听出来那都是些～。

【挡头儿】dàng tour 挡住使不通畅的东西：前边儿加上个～就滑不出来了。

【挡药儿】dǎng yuer ＝〖抗药儿〗kàng yuer 短暂减缓症状但无法根治疾病的药物。

【党】dāng ❶ 量词，用于成群的人：清早上就有成群结～的人来爬山耍｜门口来了一～子人。❷ 意见相合的人或由私人利害关系结成的团体：他们两个是一～儿的。

【耽误】dǎng wen ❶ 拖延贻误:△孩子～了养,姑姑子～了当｜△磨镰不～割草。❷ 要是……就好了;当初……就好了:～开春儿的时候多种上点儿了。

dao

【刀】dǎo ❶ 用来切割、削砍的工具:△瞎汉磨～——快了。❷ 纸张计量单位,一百张为一刀:买两～纸。❸ 作物收割的次、茬:△头～韭菜香椿芽,十七八的闺女嫩黄瓜。

【刀子勺子】dǎo zi shuǒ zi 喻指毫不相干的东西或非重点的东西:你别待这里～说些没用的。

【刀子嘴】dǎo zi zuī 比喻说话强势、不留情面:△～,豆腐心。

【叨叨】dǎo dao ❶ 反复不停地说:说一遍就行了,别～了｜△吹灯念鼓词——瞎～。❷ 纠结;纠缠:差不多早点打发他走算事,再～下去没意思。❸ 交往:他这么个脾气,没有人愿意和他～。

【叨念】dǎo nian 念叨:都过去了,别一个劲儿～。

【扚】dǎo 用筷子夹菜:别客气,多～菜吃。

【魛鱼】dǎo yu =〖鳞荡鱼〗lǐn dang yù 带鱼:△佳鲞头鲅鱼尾,鳞荡肚皮鳠鳠嘴。‖ 参"鳞魛":蒲松龄《日用俗字·鳞介章》:"佳鲞来时卖河豁,青鱼去后见鳞魛。"

【岛子】dāo zi 岛屿:那几个～上常年有人住。

【捣】dāo ❶ 捶打;撞击:～了那个人好几锤。❷ 搅扰:～蛋｜～乱。❸ (鸟禽)啄;啄食:隔那鸟远点儿,它看～人｜鸡～食。

【捣打木子】dāo dà mǔ zi 啄木鸟:△～歪了嘴——命该如此。

【捣动】dāo deng 做;搞;弄:谁也不知道他成天～些什么｜那些东西都叫他～自己家去了。

【捣嘎】dāo ga =〖捣嘎捣儿〗dào ga dāor 秘密;隐秘的内幕:谁也不知道他们之间到底有个什么～。

【捣鼓】dāo gu ❶ 做;从事:～山货也没卖几个钱。❷ 摆弄:他真技良,那把锁一阵儿～好了。

【捣弄】dāo leng 做;搞;弄:他自己都～不清,外人更不能治｜他前几年就～点儿海货儿卖。

【到底】(～儿) dǎo dīr（dèir）❶ 最终；表示经过种种变化或漫长过程最后实现的情况：人家～把专家请来了|第一名～叫他争去了。❷ 毕竟；表示经过种种变化或漫长过程最后证实的情况：经过这场事儿，～还是自己家的人放心。❸ 用于疑问句中，表示深究：快说，～是谁叫你干的？❹ 始终：问了他好几遍，～不说。❺ 从来：这么多年了，俺～没看人家发回脾气。

【到面】dǎo miàn 到那时候：你～要是回老家，叫咱几个都一块儿。

【到时候儿】dào shǐ hour ❶ 等到某一时间点：别心事，～就给你送来了。❷ 经常；不时：这个毛病～就犯|孩子们～就回来看老人。

【倒巴】dào ba 位置、次序或逻辑出现颠倒：他把那东西拿手里端详了半天也没分出个～正巴来。

【倒班儿】dào bǎnr ❶ 按时轮流替换工作岗位：从下个礼拜开始，改成～干活了。❷ 与他人调换工作时间：明日家里有事儿，想和你倒个班儿。

【倒背手】dào bèi shōu 双手放在背后互握：他爷爷走路老是习惯～|《醒世姻缘传》第十五回："把晁凤、晁书雊了一头灰，撵过一边去了，倒背了手，低着头，在那院子里走过东走过西，肚里思量妙计。"|《醒世姻缘传》第八十三回："狄希陈一些也自己算计不通，低了个头，倒背了个手，走过东走过西的不住。"

【倒槽】dào cào 倒霉；遭遇麻烦：他把这块熊惹恼了，算是～了。

【倒场儿】dǎo chāngr 腾出地方或位置：他使性儿走了，正好给人家倒出场儿来了。

【倒喘气】dǎo chuān qì 因劳累、伤病等喘不过气来的样子：他上了两层楼就累得～。

【倒打语儿】dào da yūr 逻辑、次序颠倒的话：他如今年纪大了光说～。

【倒地瓜】dǎo dì guǎ 在收获完地瓜后，再次刨地以寻找遗落的地瓜，也称复收。

【倒颠】dǎo dian 颠倒；上下易位；本末倒置：他说太快了，都说～了|汤显祖《牡丹亭》第四十八出："哭得我手麻肠寸断，心枯泪点穿。梦魂沈乱，我神情～。看时儿立地，叫时娘各天。"|《聊斋俚曲集·寒森曲》第一回："善人衰败恶人兴，倒倒颠颠甚不平；忽遇正神清世界，始知天道最分明。"

【倒反】dào fan 颠倒；翻转：他说的这个道理，正好儿说～了。

【倒粪】dǎo fèn ❶ 将堆起来的粪肥反复地移位使其均匀，也指将从土炕拆下来的旧土坯捣碎与粪肥搅拌：他倒了两遍粪了。❷ 比喻说话反复唠叨：说一遍都听明白就中了，别和～似的。

【倒个儿】dāo guòr 方向、位置、顺序等调换或颠倒位置：装反了你，倒个个儿就对了｜头晌晒的褥子没～，到如今还没晒透。

【倒钩】(～儿) dào gour ❶ 逆向的钩子：绳子头上还拴住个～。❷ 逆向弯曲的样子：你把它～着放。❸ (dào gǒu) 张钩钓鱼时，将拔上来的鱼钩重新整理一遍，放到钩筐里，谓之"倒钩"。

【倒钩刺儿】dào gou cìr 逆向的刺：鱼钩上都带着～。

【倒花生儿】dǎo huà shēngr 在收获完花生后，再次刨地以寻找遗落的花生果实，也称复收。

【倒换】dāo huan ❶ 交换；调换：要是勒得上就勤～着手｜《元典章·户部六》："民间将昏钞赴平准库～至元宝钞，以一折五。"｜元杂剧《五侯宴》第一折："～过文书，当日个约定觅自家做乳母，今日个强赖做他家里的买身躯。"❷ 交替；轮流：咱分成两个班儿～着干。

【倒架儿】dào jiàr 承认自己不中用；丧失斗志：他那个人，到了什么时候也绝对不～。

【倒嚼】dào jue ＝〖倒摩草〗dào me cāo 牛、羊等反刍动物把咽下的食物再回到口中咀嚼。

【倒控】dào keng (使) 物体翻转或大幅度倾斜：豆枕太矮了，困这一宿觉把头～得难受。

【倒了鸡窝儿倒鸭窝儿】dāo le jǐ wè dǎo yā wèr 将东西翻来覆去地拿来拿去；反复折腾：他成天没点儿熊事儿，把院子里的东西～，还能折腾出花儿来？

【倒三不着两】dào sǎn bù zhuǒ liāng 颠三倒四的样子：不知道他这几天是怎么了，做点营生老是～的｜《红楼梦》第五十五回："罢了，好奶奶们。'墙倒众人推'，那赵姨奶奶原有些～，有了事都就赖他。" 亦作"道三不着两"：《红楼梦》第四十八回："正是我忘了，原该叫他同你去才是。我前日还同你哥哥说，文杏又小，道三不着两，莺儿一个人不够伏侍的，还要买一个丫头来你使。"

【倒手】dǎo shōu ❶ 把东西从一只手转到另外一只手：快倒倒手，把这只手都快勒麻了。❷ 把货物从一个人这里转到另外一个人那里：这一～就净挣了不少钱。

【倒替】dāo ti 交替；轮流：一下买了两件衣裳好～着穿｜《醒世姻缘传》第七十七回："两个家人娘子～着往上撮，一个把绳剪。"

【倒贴】dǎo tiē 指该收钱的一方反过来向该付款的一方提供财物：这样的女人～也不能要。

【倒瓦】dǎo wā 将屋顶的瓦片撤下重新进行铺装：房子盖起来二十来年了，也好倒倒瓦了。

【倒血霉】dāo xiē mei 倒大霉：叫他老婆知道他作这个业那就~了。

【倒烟】dào yǎn 因气压、刮风等原因造成锅灶、火炉等产生的烟从烟道中倒逆出来：炉子~，快开窗透气。

【倒仰】dào yang ＝〖倒匐拉〗dào ga la 向后仰：这么~着干活儿，马上腰就撑不住了｜《红楼梦》第六十九回："妹妹的声名很不好听，连老太太，太太们都知道了，说妹妹在家做女孩儿就不干净，又和姐夫有些首尾，'没人要的了你拣了来，还不休了再寻好的。'我听见这话，气得~，查是谁说的，又查不出来。"

【倒找】dǎo zhāo 倒贴；倒给：这个菜要是不好吃我~你钱。

【倒照】dào zhao 早霞或晚霞：△早上~不出门，傍黑~晒死人。

【道】dào ❶ 道路：半~｜小~｜近便~｜轧捎~｜赶牛~｜△好狗不挡~｜△顺着磨~找驴脚印。❷ 水流通行的路径：水~｜下水~｜河~。❸ 途径；办法：△小鸡不尿尿，各有各的~｜△老妈妈的肚皮——~~儿就是多。❹（~儿）道理；规律：△会看的看门~，不会看的看热闹｜听他说起来是头头是~儿。❺ 量词。a)用于线形或细长条形的东西：一~竖杠儿｜△一粒麦子一~缝儿，一个人一个性儿。b)用于门、墙、闸以及手等（表示界限、环节）：一~墙｜一~闸｜中间还隔着两~门｜△脱了裤子放屁——两~手｜△爹有娘有不如自己有，老婆汉子还隔~手。c)用于命令、题目等：出~题｜下了~命令。❻ 讲；说：会说会~｜说长~短｜△老人说，老人~，老人说话有根梢｜元杂剧《救孝子》第四折："多不到半月十朝，亲家母又来探取。他~女孩儿不曾到家，惊的俺母亲进退无措。"又："撞见着放牛牧童，向他行问个前路。他~林浪中有个妇人，不知他为何身故。"｜《乐府万象新·闹五更银纽丝》："伤床儿前，忙跪下，他~是番罢再来，呵花街不去踏，今宵饶罢。"｜元杂剧《倩女离魂》第二折："婆婆，我向扬州奴买些鱼吃，他~我不敢吃。我~你买些肉吃，他~我不敢吃。我~你都不敢吃，你吃些甚么？他~我吃淡粥。我~，你吃得淡粥么？他~，我吃得。"❼ 对（和）某人说：他~我今晚上不用来值班了｜你这~谁？这么没礼道儿｜《徽池雅调》："你~我泪汪汪是妇人家水性，你~我剪青丝头又不疼，你~我害相思有谁来作证，你~我寄来哑谜都是假，难道烧香疤肉不疼？"｜元杂剧《敬德不伏老》第三折："昨日庄东头王伴哥，请我赴牛儿会，有那伴哥来迟，我~伴哥你为何来迟。"❽ 对原先困惑不解的事情顿时明白：我~他怎么能突然请咱吃饭！｜元杂剧《生金阁》第三折："呸！我~是没头鬼，原来是这个老

弟子孩儿！" ❾ 表示同一宗族或亲属关系:亲戚～里|一家一～|一～二户儿。

【道道】❶ dào dao 讲;说:要是他不会,你跟他～。❷（～儿）dàor daor 线条儿:画上那么多～儿不好擦。❸（～儿）dàor daor 道理;奥秘:这里边的～儿太多了。❹ 办法;途径:看他不做声,才有些～儿来。

【道耗】dǎo hao 应为"道行"的变音。❶ 年岁很长的狐狸、蛇等动物具有某种神异的灵性:这么大的蛇都成～了,不能随便动着它。❷ 在某一方面的造诣:别看他才学了这么几年儿,还真有点～。

【道儿上】dàor shang ❶ 方位词,路上:待～把东西弄掉了。❷ 江湖;社会:这都是～的规矩。

【道子】dǎo zi 制作豆腐时用的长方形容器,四周为木边框,底部为竹木制的栅格板:一天能卖出三～豆腐去。

【蹈搔】dǎo sao 来回走动;忙活:你快歇着去,别待那瞎～。

【蹈摇】dǎo yao 走路摇摆不稳:孩子这两天会～着走了。

dei

【对茬口儿】děi chǎ kour 吻合;口径一致:他俩说的根本就不～,还想糊弄咱来。

【对答话儿】dèi da huàr 接腔;对答:他～不行,有理说不出来。

【对当】dèi dang ❶ 对答;反驳;顶撞:他那么说你,你还不拿话～他?|元杂剧《㑇梅香》第三折:"全不想可可的老夫人偏撞上,你便有口呵怎～。"|元杂剧《东坡梦》第四折:"一句句～,一句句～,总不离一曲满庭芳。"|元无名氏《水仙子》曲:"笑吟吟先倒在牙床上,羞答答怎～。" ❷ 对付:他哥哥要是来了,就不大好～。

【对付】dèi fu ❶ 应对:说得他都～不上话儿来。❷ 融洽;合得来:你不用心事,我看他们两个还挺～的。

【对节子】dèi jie zi 乔木名,一种野生山茶,学名水蜡。

【对襟儿】dèi jinr 中装上衣的一种式样,两襟相对,纽扣在胸前正中一排。

【对脸儿】dèi liānr 面对面:他们两个～待那里说话|他往南,我往北,正好～走。

【对磨】dèi me〈贬〉意气相投;行为习惯相仿:他们两口子一个馋的一个懒的,真～。

【对面房儿】dèi mian fàngr 两个家庭在同一栋房屋的两处房间内分别居住:老两口和儿媳妇俩～。

【对脾气】děi pǐ qi 脾性相投;意气相合:他们两口子不大～,成天争竞。

【对撇子】děi piē zi 意气相投:你和恁师傅真～。

【对双儿】děi shuàngr 双胞胎:两个儿本来是～,可长相和脾性大不一样。

【对味儿】děi wèir ❶ 味道相合;味道好:这两样儿放一块儿挺～的。❷ 合乎情理:他回去越寻思越不～。

【对眼儿】děi yānr =〖对光儿〗dèi guǎngr 男女相互喜欢倾慕:咱觉着他们不大般配,人家两个可真～了|人家两个～了,没办法。

【对子】dèi zi 春联;对联:△正月十五贴～——晚了半个月。

【得】dēi ❶ 获取;得到:△穷人乍～了个毛驴子|△种瓜～瓜,种豆～豆|△～了便宜卖了乖|△公修公～,婆修婆～,不修不～。❷ 适合:～劲儿。❸ 患某种疾病:～病|坐月子的时候～了个头痛的毛病儿。❹ 只要能;尽可能:～饶人处且饶人|他～偷懒就偷懒,哪管什么纪律。

【得地】dèi dì 得志;发迹;走运;得到进身的机会:要是他得了地,更没有看起的人了|元杂剧《伍员吹箫》第四折:"久已后你须～,略把眼照觑休忘。"|元杂剧《马陵道》楔子:"我观此二人,孙膑是个有德有行的人,庞涓久后～呵,此人是个短见薄识,绝恩绝义的人。"|《喻世明言》第四十卷:"沈炼长子沈襄,是绍兴有名秀才,他时～,必然衔恨于我辈。"|《儿女英雄传》第三十回:"何小姐是从苦境里过来的,如今～身安,安不忘危,立志要成果起这家人家,立番事业。"|《小五义》第二十五回:"此人心怀大志,日后～之时,就得面南背北,故此是'岂为有心'。居此地,无非随处乐吾天。"|《金瓶梅词话》第八十七回:"小的若见了张老爹,得一步之地,买礼与二爹磕头。"

【得好儿】děi hāor 有好的结果:要好儿不～|这么坏的人保证不～。

【得济】dèi jì 得到好处,一般特指长辈得到晚辈的孝敬或好处:△早将媳妇早生气,早养儿子早～|《红楼梦》第八十一回:"这小孩子天天放在园里,也不是事。生女儿不～,还是别人家的人,生儿若不济事,关系非浅。"|《聊斋俚曲集·墙头记》第四回:"清晨肉晌午鸡,每日象贼吃食,丝毫何曾得他济?"|《聊斋俚曲集·禳妒咒》第三十二回:"而且今日又生子,公姑两个甚欢喜,未必不还得了济。"|《聊斋俚曲集·翻魇殃》第十二回:"搬你一回一回恼,整年轮月两别离,不想得了你的济。"|《儿女英雄传》第十九回:"从来父母生儿也要～,生女也要～。"

【得劲儿】dèi jìnr 合适；舒服：这个家什使起来真～。

【得能】dēi neng 只要能：他正在个难处，你～帮帮他就帮帮│这样的事～过去就过去，别去计较。

【得说得道】dēi shuō dēi dào 不切实际、不负责任地胡说：那个人谱没有，成天～的。

【得为】děi wei ❶ 特意：听说你来，这是～给你留出来的。❷ 故意：他让你先走，就是~不让你知道。

【得益】děi yī ❶ 赚便宜：亲戚们之间说什么吃亏～的。❷ 受益；沾光：学好了～的是你自己。

【得着】dēi zhi ❶ 获得；得到：干了这些年也没～什么。❷ 得到好处；占到便宜：跟他去了的都～了。

【嘚嘚儿地】děir děir di 对吩咐的事情迅速而高兴地去做的样子：大人说个什么事儿，两个孩子从来都～。

den

【敦壮】děn zhuàng 敦实：恁那个儿长得～的。

【墩】děn ❶ 墩子，又厚又粗大的一整块石头或木头：木～子│草～子│石头～子。❷ 量词，用于丛生的或几棵合在一起的植物：一～豆角│一～花生│一～小白菜。

【墩窝子】dèn we zi 路面上的坑：下完雨路上净～，骑车子回来太颠人了。

【撖】děn ❶（使）人或物重重的往下掼或摔：他没果眯地下有水，一腔滑倒～在地上│把袋子～～，把沙装满了它。❷ 用拳头打：他～了那个人好几锤。亦作"敦""墩"：元杂剧《李逵负荆》第三折："打这老子投肚皮揽泻药，偏不的我敦葫芦摔马杓。"│《聊斋俚曲集·慈悲曲》第三段："吃毕了才把碗一敦，叫他来刮那饭盆，你把天理全伤尽！"│元杂剧《玉壶春》第二折："（词云）休敦摔，莫伴群芳乱折。"│元杂剧《哭存孝》第二折："词末尽将他来骂，口未落便拳敦。"│元杂剧《争报恩》第四折："当不的他打瓮墩盆乔样势！"‖《集韵》："～，都昆切，音敦。击也。"

【撖打】děn da 反复地用力往下放：把袋子～～还结实，盛货儿多。

【蹲】děn ❶ 两腿尽量弯曲，像坐的样子，但臀部不着地：～下│～跕。❷ 喻指在某一处所待着或闲居：常出去走走，别～家里憋着│△出海不赶流，不如～炕头。❸ 老人不与子女生活在一起,独自居住:他孩子们都待市里住,他们老两口自己～着。

【蹲倒驴】děn dao lǜ 牛筋草,根系极发达,草叶强韧,不易拔起,故名。

【蹲跍】děn gu 蹲着不动:别的孩子管哪蹲,就他～待墙根儿不愿动弹。‖《广韵》:"跍,跍蹲貌。"参"敦孤":《俚语证古》第三卷:"叠股而坐谓之敦孤。敦孤字当作蹲踞(古音读敦孤两音)。"

【蹲级】dèn jǐ 学生留级。

【蹲森】děn sèn 蹲着不动;不出门:你退休光待家～着不闷得上?

【顿磕】dèn ka ❶ 卡顿;不顺畅:这个录音机不知道是怎么回事,老是一～一～的。❷ 说话磕绊:你提前熟悉熟悉,别上台念起来～。‖《俚语证古》第四卷:"讷言而不能直达于口,谓之～。"

【顿顿磕磕】dèn den kǎ ka ❶ 卡顿或不顺畅的样子:机器这几天老是～的,像是轮子踢蹬了。❷ 说话吞吞吐吐、磕磕绊绊的样子:他太紧张了,稿子念得～的。

【囤】dèn ❶ 用竹篾、荆条等编织成的或用席箔等围成的存放粮食等农产品的器物:粮～|《聊斋俚曲集•磨难曲》第二十六回:"报子钱净了粮食～,到不如坐监的时,清净的很。"❷ 农历二月初二日用草木灰在地面上围起的象征囤的圆圈儿:二月二围～。

【扽】dèn 拉紧;突然用力拉紧:你帮我把床单儿～～。

deng

【东扯葫芦西扯瓢】děng chē hǔ lou xǐ chè piào 说话不切正题或说一些对方不感兴趣的闲话:你早回来,别听他～地瞎咧咧。

【东村西疃】děng cǔn xǐ tān 相邻的村庄:恁两个还是～的,什么事儿都好商量。

【东打雾露西打雨】děng dā wǔ lou xì dǎ yū 没有定性的样子;做事不稳当的样子:不找个安顿活儿干,成天～的。

【东倒西欹】děng dāo xì qiě 随意地躺着或胡乱歪倒的样子:他们几个人醉得待屋里～的|你写的字儿～的,都待这儿伸着胳膊晒阳阳儿?

【东拉西借】děng lā xǐ jiè 到处借钱的样子:他～才凑了这么两个钱儿。

【东里】děng le 东面:往前走,学校～就是他家|董解元《西厢记诸宫调》

第一卷:"到经藏北,法堂西,厨房南面,钟楼～。"

【东跑西蹿】děng pāo xì cuǎn ❶ 跑来跑去的样子:孩子们大冬天待外边儿～的,一点也不怕冷。❷ 奔波忙碌的样子:自己找点儿营生干干,不用跟着人家～。

【东跑西颠】děng pāo xì diǎn 奔波忙碌的样子:恁爹这么大年纪成天～的,也不容易。

【东屋家】děng wu jiǎ 以自己居住的房子为中心,称自家位于东边的另外一处房屋。

【冻】dèng ❶ 温度低:天寒地～。❷ 带胶质的食物经熬制后的凝固物:熬～|猪皮～|蹄子～|鱼～|骨头～。❸〈贬〉比喻反应慢、愚笨的人:站那里和碗～样的,一点用没有。

【冻菜】dèng cai 石花菜,可熬制成冻(凉粉),故名。

【冻三】dèng san 瘪三;不学无术没有正当职业的人。

【冻天冻地】děng tiǎn děng dì 天气寒冷、结冰上冻的样子:外边儿～的都不愿往外跑。

【冻着了】dèng zhi ler 因受凉引起感冒。

【冬】děng 农历二十四节气之一,冬至日:鬼～|人～|△长到夏至短到～|△过了～,一天长一葱。

【冬景天儿】děng jing tiǎnr 冬天。

【冬二月】děng ler yue 农历十一月:他是～生日。

【灯篓】děng lou 灯笼:这样的好媳妇,你快打着～找去吧。

【灯篓裤儿】děng lou kùr 一种用料轻柔、裤管肥大、裤脚扎住的裤子。

【灯芯绒】dèng xin yìng 条绒;表面有条状立体线的纺织品:那几年就行宜穿～料的衣裳。

【动静儿】děng jingr(zengr)❶ 动作或说话的声音:这谁说话的～,怎么这么耳熟? ❷ 情况;消息:发恁走了再没听着他的～。

【动窝儿】dèng wěr 离开原地:去叫了好几遍,他就没～。

【洞洞儿】dèngr dengr 孔洞:门叫枪打得净～。

【等松】dēng seng〈贬〉等着瞧:给我～着,有你的好果子吃。

【撑】dèng 两头同时用力或一头固定而另一头用力,把线、绳、布等拉紧或拉直:～紧绳子,别松了|～～袄袖儿。

【登登】děng deng ❶ 非常结实的样子:他身上那个肌肉～的。❷ 非常牢固的样子:把箱子绑得～的。

【瞪眸】děng hou 瞪大眼睛看:孩子～着眼儿直看你。

【瞪眼】děng yān ❶ 睁大眼睛:好好地～看。❷ 对别人生气或发脾气:吹胡子～|～扒皮|有事慢慢说,别～。❸ 形容无计可施:△吃饭摸大碗,干活白～|△小洞不管,大洞～。

【瞪眼扒皮】dèng yan bà pì ＝〖扒皮瞪眼〗bā pì děng yān 争吵或发怒时瞪大眼睛的样子:什么事不能好好说,都这～的算干什么!

【磴儿】dèngr 台阶;梯子的横梁:石头～|梯子～|还有十来～就爬到顶了。

【蹬跶山】děng da shǎn 一种秋蝗虫,个头较大,腿部粗壮有力。

【蹬歪】dèng wai ❶ 挣扎:《聊斋俚曲集·墙头记》第二回:"过不去回不来,手合脚瞎～,似上竿又把解来卖。"❷ 反驳;反抗:他都这么说了,下面谁还敢～? |要是他哥哥来了,他就一点儿不敢～。

【澄】dèng 让液体中的固形物沉淀;从稀汤中撇取米粒等固形物:用勺子～厚(稠)的喝。

【懂行】dèng hàng ＝〖懂门〗dèng mèn 在行;内行:△买卖不懂行,瞎驴撞南墙|咱得找～的来看看,别光自己瞎挖扎。

【懂腔】dēng qiang 带有讽刺意味的话语:趁早别去问他,省着听他说～。

【戥盘】dēng pan 配在杆秤上用来盛装物品的簸箕状或盘状容器:△你家有黄金,外边儿有～|《聊斋俚曲集·姑妇曲》第三段:"典当珠花,典当珠花,凑足了数儿找债家,一～称上银,那账儿够消罢。"

【戥盘秤】dēng pan chèng 配有载物盘的杆秤。

di

【的当】dī dang ❶ 详细;透彻:他的话儿说不～,人家也没法定|齐己《寄南岳诸道友》诗:"谩为楚客蹉跎过,却是边鸿～来。"|冯梦龙《挂枝儿·卷五·隙部·骂》:"劣冤家,今日里与你说个～,扭住在牙床上,狠骂一场,薄幸人,负心贼!"❷ 可靠;妥善;稳妥:元杂剧《射柳捶丸》第一折:"稳情取封官重赏,不枉了我举贤才～。"|元杂剧《酷寒亭》楔子:"(李尹云)张千,就着～人押解他迭配沙门岛去,疾去早来者。"|《醒世恒言》第三十六卷:"朱源于武昌上任,管事三日,便差～捕役缉访贼党胡蛮等。"|《警世通言》第十八卷:"(鲜于

同)密差～捕人访缉查家小厮,务在必获。"|《醒世姻缘传》第五回:"若老爷肯做时,差两个～的心腹人,小人两个里边议出一个,同了他去,如探囊取物的容易。"|《金瓶梅词话》第六十七回:"你每月只委付家下一个～人打米就是了。"

【地板擦子】dì ban cā zi 拖把。

【地茬】dǐ cha ＝〖地茬子〗dǐ cha zi ❶ 土质;耕地的土质条件及状况:这块地～不行,不长庄稼。❷ 一个家庭在遗传、家教传统等方面的情况:他们家～好,孩子们都挺有出息。

【地蛋儿】dǐ dànr ＝〖地瓜蛋儿〗dì gua dànr 土豆:～丝儿｜～饼。

【地蛋儿饼儿】dǐ danr bīngr 土豆饼,用土豆丝加少量的面粉煎制的饼状食品:煿～。

【地蛋儿合儿】dǐ dànr huòr 用切成薄片的两片土豆夹上肉馅,外面裹上面糊炸制成的食品。

【地蛋儿丝儿】dǐ dànr sǐr 土豆丝:炒～。

【地动】dǐ dèng 很轻微的地震。

【地拱羊】dǐ gèng yàng ＝〖地老鼠〗dǐ lao shu 鼢鼠。

【地瓜干儿】dǐ guà gǎnr 用礤床切制并晒干的甘薯片儿:晒～｜馇～｜煮～。

【地瓜花儿】dì guǎ huǎr 大丽菊,一种观赏植物,根部与地瓜相像,花一般呈红色、粉红色、黄色等。

【地瓜面儿】dì guǎ miànr 将生地瓜切片晒干后磨成的粉,可以与小麦粉掺合一起制作馒头、面条等。

【地瓜母子】dì guǎ mū zi 用来培植地瓜苗的母地瓜。

【地瓜皮】dì guǎ pì ❶ 甘薯的外皮。❷ 又名地衣,草耳,生长在野外潮湿处,是藻类和真菌共生的一类特殊植物,可食用,状同木耳。

【地瓜丝子饭】dì guǎ sǐ zi fàn 用甘薯丝加入花生、豇豆等粮食熬制成的较粘稠的饭:他就爱喝～。

【地瓜丝子鱼】dì guǎ sǐ zi yù ＝〖面条鱼〗miàn tiào yù 一种海产小银鱼:他要了一盘～拌韭菜。

【地瓜蔓子亲戚】dì guǎ wǎn zi qǐn qin 关系很远的亲戚:他们两家子都是～,平时也不怎么走动。

【地瓜引子】dì guǎ yīn zi 将蒸熟的地瓜剥皮、挤成糊状后加入老面引子搅匀,通过自然发酵作为制作面食的酵母:他还想着小时候吃～馒头的味道儿。

【地邻】dǐ lìn 田地相邻的人家:他两家子是～。

【地排儿车】dǐ pàir chě 排子车;双轮平板人力车:那几年他们都待沙岭庄儿拉～。

【地气】dǐ qì 风水:这个场儿～挺好的。

【地阡子】dǐ qiàn zi 梯田之间用石块干砌的石头墙;地头的土坡:我把～上也种上瓜了。

【地蛆】dì qǔ 一种生活在土中的害虫,专吃作物地下的根茎。

【地头蛇】dì tou shè ❶ 称霸一方的人:那就是这个场儿有名的～。❷ 当地人,坐地户:△强龙不压～。

【地下】dǐ xi ❶ 地面之上:燎壶待～放着|～净放着他捣鼓的些石头。❷ 房屋的正间:钱包放待～桌子上。❸(dǐ xià)地面之下;地层内部:～水。

【蒂把儿】dì bar 根蒂部位;尾部:黄瓜～这里发苦,不好吃。

【低拉】dǐ la 低垂:这两天儿他～着个头,没大有精神儿。

【低拉嗒儿】dǐ la dàr 低垂的样子:看秤儿还～的,再缀上一个才差不多够份量儿。

【低溜】dǐ liu(头)低垂:他回来～着个头儿,不大高兴的个样儿。

【低溜耷拉】dǐ liu dǎ là 簇拥下垂的样子:葫芦待墙上结得～的。亦作"低留答腊":《海浮山堂词稿·十劣·问年》:"奶儿长低留答腊,孩儿多皮儇扒查,只等待眼儿昏花,腿儿塌撒。"

【低溜当郎】dǐ liu dǎng làng ❶ 东西簇拥在一起垂挂或摆动着的样子:他家的葡萄结的那个好,～的。❷ 无精打采或有气无力的样子:我看他回来累得～的。

【低头耷拉角】dǐ tou dà la jiā 无精打采、垂头丧气的样子:看他～的那个样儿,就知道没考好。

【底火儿】dī huor 引燃炉火的最初燃料及其火势。

【抵偿】dǐ chàng 抵命;偿命:杀人～|《醒世恒言》第二十七卷:"焦榕通同谋命,亦应～。玉英、月英、亚奴发落宁家。"|《聊斋俚曲集·寒森曲》第二回:"我不像他有钱使,他死了我情愿～。"又:"他杀了人他该死,我杀了他我～,直口布袋不用矕。"|《聊斋俚曲集·磨难曲》第十三回:"重犯～理亦应,也无烦恼也无惊;大贤大圣身遭此,难说宽柔气不平。"|《醒世姻缘传》第三十回:"珍哥虽然说是问了～,也还好好的监里快活,没见有甚难为他。"|《醒世姻缘传》第五十一回:"我又不是反贼强盗,不过是打杀了人,问了～,我待逃走不成?"|《醒世姻缘传》第九十四回:"这样纳粟监生,家里银钱无数,干了这等不

公不法的勾当,逼死结发正妻,他若不肯求情行贿,执了法问他～,怕他逃往那里去!"

【扚】dī ❶ 用手捏住提引;拔取:他嗓子上火了,把脖子～～好出出火｜～蒜薹｜咱～点儿韭菜薹回去吃吧。❷ 针线、扣子等从缝合处或结合处脱落:他衣裳上好几个扣都～了。‖《集韵》:"～,击也,引也,手掐也,丁力切。"

【扚橛儿】dī juèr ❶ 从根部拔出;从根部断裂:桩子埋得浅了,叫大风一刮都～了。❷ 失败:他玩了三年车,差一点儿玩～。

【籴】dì 买入粮食:上集去～点儿粮食｜元杂剧《琵琶记》第二十出:"自去之后,连年饥荒,家里只有公婆两口,年纪八十之上,甘旨之奉,亏杀这赵五娘子,把些衣服首饰之类尽皆典卖,～些粮米做饭与公婆吃,他却背地里把些细米皮糠逼逻充饥。"｜《聊斋俚曲集·寒森曲》第八回:"歪子喜极了,实时换了些烧饼,～了米,拿到家中吃了一顿。"｜《醒世姻缘传》第二十九回:"没有大米,小米又不好待客,早些家去叫人去～几升大米来。"

【弟妹】dì měi 对弟弟的妻子的面称与背称,也泛指比自己年龄小的男子的妻子。

【弟兄】dǐ xing ❶ 弟弟和哥哥:他～五个,还有两个女姊妹｜《喻世明言》第十卷:"我爹做过太守,止生我～两人,见今哥哥恁般富贵,我要一件衣服,就不能勾了,是怎地?"｜《墨子·非儒上》:"丧父母,三年其后,子三年,伯父、叔父、～、庶子,其戚族人五月。"｜《水浒传》第九十回:"今者拜辞还京,某等众～此去前程如何,万望吾师明彰点化。" ❷ 特指哥哥:《三国志平话》上卷:"玄德归宅,与二弟评议……张飞言曰:'～放心,我独自去破董卓,诛吕布。'" ❸ 对同辈或对下属表示亲切的称呼:他做事从来不叫～们吃亏｜董解元《西厢记诸宫调》第三卷:"～休作外,几盏儿淡酒,聊复致谢。"

【递动】dǐ deng 偷偷地拿走:男的非说家里的东西都叫媳妇～娘家去了。

【提溜】dǐ liu ❶ 垂手拿;提:夜来他～了两壶酒来看喜｜△～着尿罐要饭吃——臊门子。❷ 提挂起来的一团或簇拥在一起的一团:两～葡萄｜一～大蒜｜《聊斋俚曲集·富贵神仙》第十一回:"任拘你怎么端相,那木匠～着墨斗,也只是看一眼。"｜《醒世姻缘传》第八十九回:"不消一日,素姐骂到自己门前,张氏卷了卷袖,紧了紧裙,手～着个棒槌,往外就跑。" ❸ 抓住某物在空中摇摆:待树上打～。 ❹ 形容悬而未决、断断续续的状态:应该给他找个正经活儿干,省着在那个场整天～着,能有什么出息?

【得伤】di shang 用在表示消极意义的动词或形容词后,表示心理或生理上

的某种不适,相当于"……得慌":干～|饿～|怕～|使～|恨～|淡～|躁～|
困～|气～|烫～|愁～|急～|盹～|痒痒～。

【滴答简儿】dī da jiānr =〖滴滴金〗(～儿) dī di jīnr 一种儿童玩的小烟花:
《帝京岁时纪胜》:"烟火花炮之制,京师极尽工巧……其街头车推担负者,当面
放大梨花、千丈菊;又曰:'滴滴金,梨花香,买到家中哄姑娘。'"

【滴滴嗒嗒】dī di dǎ da 详细的样子:就跟他说了大概其,没有空去～地说。

【滴溜】❶ dǐ liu 形容非常圆:～圆儿。❷ (～儿) dì rour 长在人眼皮上的
圆形突起或皮肤其它部位上的下垂状突起:眼皮上长了个～。

【滴溜猴儿】dì liu hòur 又小又瘦的样子:你看他瘦得和个～似的。

【滴溜球】dì liu qiù =〖滴溜球子〗dì liu qiǔ zi ❶ 圆球。❷ 矮胖的人:他
怎么找了这么个～媳妇。

【滴溜圆团】dǐ liu yuǎn tàn 浑圆、圆溜溜的样子:他把家里的小狗喂
得～的。

【滴水】dī shuir ❶ 一种专门安装在房檐上便于滴落雨水的立面呈三角形
的瓦。❷ 房屋屋檐末梢垂直于地面处。

【滴水成凌】dī shui chěng lìng 滴水成冰,形容极冷:外边～的,等再去吧。

【滴水檐】dī shuì yàn 房檐:元杂剧《杀狗劝夫》第三折:"前者得过承,是
我那～前受了的冷。"

dian

【点】diān ❶ 细小的痕迹或物体:黑～|△苍蝇拉屎——有～。❷ 液体
的小滴:雨～儿。❸ 汉字的笔画:△一～一横长,一撇到南洋,南洋有片林,长
待石头上(谜语:磨)。❹ 量词,用于小的或少的:这～儿水不解渴。❺ 点燃;
引燃:～火|～爆仗|△瞎汉～灯——白费蜡。❻ 计时的单位:十二～|八～。
❼ 加上点子,引申为修饰:～缀|画龙～睛。❽ 一落一起或一触即离的动
作:蜻蜓～水。❾ 一个一个地数或查对:～数|～名|～货|～卯。❿ 在众
多的人或事物中指定或指出:～菜|有什么毛病你尽管～出来。⓫ 使一点一
滴地落下或发出:～种|～眼药。⓬ (头或手)向下稍微动一动立刻恢复原
位:～头|～穴。⓭ 最能说明问题的关键地方:说话待说到～儿上。⓮ 在物体
上留下点状的痕迹或去除点状的痕迹:～上个记号|脸上那个痣叫他～去了。
⓯ 指示;启发:指～|～步儿。⓰ 用卤水或石膏等使豆浆凝成豆腐:△卤水～豆

腐——一物降一物。⓱ 理睬；尊敬；重视，一般用于反问或否定句式：咱本事小了，他根本就没～着。

【点步儿】diàn bùr 指点：看样儿有人给他～了。

【点搭】diān da ❶ 头向下稍微一动立刻恢复原状：他光～头儿不做声儿。❷ 用手指或棍状物连续地戳：说话的时候不能使手～人。

【点点儿】diānr dianr ❶ 小的痕迹：把门上的那些～都刷了去。❷ 很小或很少的样子：孩子长得那～都可怜人。

【点逛】diān guang 愚弄；戏弄：△母狗子尿尿——～拾粪的。

【点葫芦】diān hù lou 播种工具，在葫芦顶部安装一根木柄，葫芦上方侧面开一孔，用以装入麦种，葫芦底部开一小孔，使用时，边走边用木棍敲打葫芦，使麦种均匀播撒在犁沟内。

【点划】diān huà ❶ 用手指点或指划：他一走，人家就带背后～着嘞。❷ 欺骗；戏弄：人家是待那～他，他还拿着人家当好人。

【点谎】diān huang 欺骗；戏弄：他把俺～来了，找不着他的人影儿。

【点火就着】diān huō jiǔ zhuò 脾气暴躁；容易轻信别人而出现过激的言行：他那个脾气～，不敢让他知道这个事｜他就是属大炮的，～。

【点记】diàn jì ＝〖点痣〗diàn zhì 用强酸或其他方法祛除皮肤上的痣：他脸上那个记是～点去了。

【点卯】diǎn mǎo 旧时官衙在卯时（早晨5～7点）查点到班人员，故称点卯，泛指上班或工作时露一面应付差事：以前还来班上点个卯，后来干脆就见不着人｜《红楼梦》第十四回："横竖你们上房里也有时辰钟，卯正二刻我来～。"｜《醒世恒言》第十七卷："过几日间，或去点个卯儿，又时常将些小东西孝顺。"｜《西游记》第四十四回："他做的是我家生活，恐他躲懒，我们去点他一卯就来。"｜《官场现形记》第三十四回："别位大人先生，就是发帖子请他光临，来虽来，不过同～应名一般，一来就走。"｜孔尚任《桃花扇》第九出："今日～日期，元帅升帐，只得在此伺候。"

【点儿上】diānr shang ＝〖点子上〗diān zi shang ❶ 关键处；紧要时：人家说话就是能说到～去。❷ 不利的地方或时间：也该当他不走运，他正碰在～。

【点纤】diān xiàn ＝〖点纤子〗diān xiàn zi〈贬〉年龄很小或身体极为瘦小：就他那～都不抗个半锤儿。

【点心】diān xin ❶ 正餐以外糕饼之类零食：周密《癸辛杂识前集·健啖》："闻卿（赵温叔）健啖，朕欲作小～相请，如何？"｜《水浒传》第十四回："我们且押

这厮去晁保正庄上讨些～吃了,却解去县里取问。" ❷ 吃少量的食品充饥:咱先吃点麻花～～|孙頠《幻异志·板桥三娘子》:"有顷,鸡鸣,诸客欲发,三娘子先起点灯,置新作烧饼于食床上,与诸客～。"|《鸡肋编》下卷:"上觉微馁,孙见之,即出怀中蒸饼云:'可以～。'"|《金华子杂编》下卷:"家人备夫人晨馔于侧,姊顾其弟曰:'我未及餐,尔可且～。'止于水饭数匙。复备夫人～。"

【电钱】diǎn qian 电费:买起了机器,烧不起～。

【电石】diǎn shì ❶ 电池:表没电了,买两块～回来。❷ 碳化钙,与水反应可以生成乙炔。

【电石泥】diàn shi mì 电石(碳化钙)水解后的废渣,以前常用作建筑材料。

【店二】diǎn lèr 店小二,比喻随时听候使唤的人:他拿咱当～是不?

【掂对】diǎn dei ❶ 想办法:你～～,帮买点儿便宜煤。❷ 为难;对付:看样儿他们是待这里～你。

【掂量】diǎn liàng ❶ 在手里掂一掂,估计重量:我～～那包虾米也就两斤沉。❷ 再三考虑;斟酌:～～这个事儿,不是他们说得那么简单。

【颠】diǎn ❶ 颠簸:下雨下的这块路太～了。❷ 跑;溜走:他早上来点了一个卯就不知道～哪去了|《聊斋俚曲集·磨难曲》第十八回:"既不是梦,咱不快～,等待何时?"|《聊斋俚曲集·姑妇曲》第二段:"大成窘了,从他媳妇那夹肢窝里钻出去～了。"|《聊斋俚曲集·姑妇曲》第三段:"臧家姑姑太心也么贪,一席话儿没听完,往后～,怕人分他那元宝边。"|《聊斋俚曲集·富贵神仙》第六回:"张鸿渐一刀没砍着他,他跳过墙去～了。"又:"既然有本领要告官,觉着不好一溜烟。今日杀了人咋不～?"|《聊斋俚曲集·磨难曲》第十九回:"人勾两千,人勾两千,围了宅子没处～。"|《聊斋俚曲集·磨难曲》第二十三回:"好孽畜!谁想拿住他霎,他是推洋死哩!这不是溺了一泡尿～了?"|《聊斋俚曲集·磨难曲》第二十七回:"又上轿呼呼搧搧,那报马跑跑～～,三十里一派人声乱。"|《聊斋俚曲集·翻魇殃》第四回:"寻思一回,不如～了罢。把姜娘子两件衣裳卷了卷,夹拉着走了。"

【颠打】diǎn da 颠簸;上下震荡:这块路几更～回来身上都要散架了。

【颠道】(～儿)diǎn dàor 溜走;跑路:他怕你来训他,早就～儿了|《聊斋俚曲集·富贵神仙》第六回:"既然是会变,必定也会飞,也是颠了道无处追。"|《聊斋俚曲集·磨难曲》第二十一回:"开榜把名叫,报子先知道。使钱买录条,拿着就～。"|《聊斋俚曲集·翻魇殃》第八回:"你去学,你去学,流水打发我开交。还得备上一个骡,我好骑着去～。"

【颠跹】diǎn xian ❶ 小步行走的样子:他这么大年纪,～着走到村头使得喘不动了。❷ 瞎忙活的样子;献殷勤的样子:她成天跑过来瞎～,也没赚出个好儿来|△～出屁来打着脚后跟。

【颠跹不成个儿】diǎn xiàn bù cheng guòr ❶ 急于献殷勤的样子:他见着当官儿的就～了。❷ 因高兴而忙碌的样子:他听孩子说要回来,待家里～。

【颠跹二两腚】diǎn xiàn lěr liang dìng 点头哈腰,献殷勤的样子:当官儿的一来他就～忙不迭了。

【撷】diǎn 敲;捶;击打:～蒜|叫人家撸上把他好一个～|元刘时中《四块玉》曲:"休费心,休过求,～破头!"|《看钱奴》第二折:"他他他,则待掐破我三思台,他他他,可便～破我天灵盖。"亦作"掂":元杂剧《后庭花》第一折:"有一日掂折你腿胫,打碎你脑门。"|元赵显宏《一枝花·行乐》曲:"门掩半安排粗棍掂,有苦无甜。"

【撷蒜】diǎn suǎn 用蒜臼捣蒜:快去撷头蒜,好吃饺子。

【垫腚】diǎn dìng 排名在最后:他去也是给人家～,有什么意思?

【垫饥】diàn jǐ 稍微吃一点东西缓解饥饿感:这些东西不～|你少吃点儿东西垫垫饥也好。

【垫夹】diàn jia 器物因底部不平或地面不平而放置不稳:桌子～着,我去找点儿东西垫垫桌子腿。

【垫脚】diǎn jue 给圈养的牲畜在地面上铺垫的干土、碎草等。

【奠】diàn(diǎn)❶ 向死者或过世的祖先供献祭品致敬:～酒|先把菜～～再上桌。❷ 在宴席开始前,先将一些酒水浇在地上,表示对祖先的尊敬:怎么回事,吃饭的时候没～酒是吧?

【奠仪】diǎn yì 送给办丧事的人家用于祭奠的财物:老人去世,他们都来上的～|孔平仲《孔氏谈苑·丁讽久居》:"一旦有妄传讽死者,京师诸公竟致～,纸酒塞门。"|《红楼梦》第十七回:"贾母帮了几十两银子,外又另备～,宝玉去吊祭。"

diao

【刁蛋】diǎo dàn 偷懒耍滑:他干活儿行,一点儿不～。

【刁猫儿】diǎo māor 刁钻;耍心眼儿:和人交往不能～的,还是实实在在的长远。

【刁猫抓老鼠】diǎo mào zhuǎ lāo shu 偷奸耍滑；偷懒：他干活儿老是~的，不敢依仗他。

【刁谖】diǎo xuan 搬弄是非；说欺诈的话：听兔子叫耽误种豆子，以后少听他~。

【吊棒儿】diǎo bàngr 瓶袋包装的成品静脉注射液。

【吊吊】diào diao 向上吊起的样子：这件衣裳小了，肩膀这里老是往上~着。

【吊干】diào gan ❶ 吊起来风干。❷ 因土地缺水，又无雨露的滋润，植物或埋下的种子干萎：发种上花生就没下点儿雨，地里的花生都~死了。❸ 处于悬而未决或孤立无助的状态：还待嘎急上村里找，要不拖时间长了~起来更就没人管了｜那几个孩子都上外地挣钱去了，把老人闪家了就~死了。

【吊儿郎当】（~儿）diào ler làng dǎngr 不负责任或不正派的样子：跟着那帮儿人成天~，学不出个好儿来。

【吊死鬼】❶ diào si guī 迷信传说中，上吊自杀的人的魂魄。❷（~儿）diào si guīr 尺蠖。因其挂在树枝或树叶上作茧，故称。

【吊旋风】diào xuàn fěng 因生气或受凉等原因突然发作的口眼歪斜的病，称作面瘫或面部神经麻痹。

【吊眼子】diào yan zi 外侧上挑的眼睛形状：他长着个~。

【钓钩】diào gou 亦称"张钩"，一种乘船用筐钩钓鱼的捕捞方式。

【掉】diǎo（diào）❶ 落：~河里｜△看三国~眼泪——替古人担忧。❷ 落在后面：~队。❸ 丢失；遗落：把钥匙不知道~哪去了。❹ 回；转：~腔儿就走｜~头就跑。❺ 互换：~包儿｜~换。❻ 落入；进入某一势力范围：他这点小聪明儿~人家手里狗屁不是。

【掉秤】diǎo chèng 货物因损耗分量减少：卖菜~是正常事儿。

【掉底儿】diǎo dīr ❶ 不愿意让人知道的事情暴露出来：叫他耍狗精神，这遭儿耍~了｜撒谎的营生，说说就说~了。❷ 事业或家业衰败：他玩了几年运输，差一点玩~。

【掉腚】diǎo dìng ❶ 转成相反方向；转过头：他爹说了他两句，他恼得~就走了。❷ 转眼的功夫；极短的时间：他才停下的车子，~叫人偷去了。

【掉分】diào fěn 有失身份；有失脸面：听他说那些话真~。

【掉个儿】diǎo guòr 方向、位置、顺序等进行相反或相对掉换：把它们掉过个儿来就能放开了。

【掉灰】diào huǐ ❶ 灰垢从衣物或用品上去除：使这些胰子怎么搓也不~。

❷ 尘灰从高处坠落:仰棚好糊糊了,老是往下～。

【掉价儿】diǎo jiàr 身份、排场、地位降低;丢脸面:跟他这样的人出去真～。

【掉空儿】diǎo kèngr 在本可以得到的多种利益选择中,什么都没有得到:人家都领着东西,就他这几个～去了。

【掉了】diǎo ler ❶ 丢失;遗落:△要饭儿～了棍儿,当官儿～了印。❷ 流产的婉称:孩子好几个月了又～,真疼人。

【掉头】❶ diào tòu 转身:他听着不顺耳,～就走了|杜甫《送孔巢父谢病归游江东兼呈李白》诗:"巢父～不肯住,东将入海随烟雾。" ❷ diǎo tòu(车、船等)转成相反的方向。

【掉向】diǎo xiàng 迷失方向:那个场儿的路儿曲里弯拐的,看～。

【掉转】diào zhuan 转身调向:家里那个厨房太小了,站上两个人就～不过来了。

【调】diào〈贬〉心眼;主意;想法:半～子|不够～|谁能有你～多|他那个孩子～不够,干不了这个营生|别看他不做声,乔～才多来。

【调不过卦儿来】diǎo bu guǒ guàr lai 转不过弯来;弄不懂:你说了这么多,他还是有点儿～。

【调量】diǎo liang 把物品转换方向放:不急,你慢慢儿～着弄。

【调技良】diǎo jǐ liang 找窍门;灵活处理:光生搬硬套儿不行,待学会了～。

【调嘴】diǎo zuī 转换说法:他又～说什么也没看见|元杂剧《黑旋风》第一折:"你你你道我调着嘴不志诚,我我我打着手多承领。"

【鸢】diào 远:～远|杨泽民《倒犯·蓝桥》词:"琴剑度关,望玉京人,迢迢天样～。下马叩靖宇,见仙女、云英小。"|周邦彦《倒犯·仙吕调·新月》词:"淮左旧游,记送行人,归来山路～。驻马望素魄,印遥碧、金枢小。"|方千里《倒犯》词:"携手故园,胜事寻踪,松篁幽径～。曲沼瞰静绿,荫檐影、龟鱼小。"|《元史·食货志一》:"至元三年,诏～户种田地他所者,其丁税于附籍之郡验丁而科,地税于种田之所验地而取。"‖李实《蜀语》:"远曰～。"

【鸢远】diào yuan 距离遥远且不便:他住的那个场儿太～了,去趟儿都害愁|《明史·四川土司列传》:"然夷性犷悍,嗜利好杀,争相竞尚,焚烧劫掠,习以为恒。去省～,莫能控制,附近边民,咸被其毒。"|《清史稿·职官志三外官》:"康熙元年,省操江,所部十二营改隶总督,始置安徽巡抚。嘉庆八年,以距寿春镇～,加提督衔。"亦作"调远":《红楼梦》第一百回:"幸亏我还是在跟前的一样,若是离乡调远听见了这个信,只怕我想妈妈也就想杀了。"

die

【迭】diè 用在动词后,表示时间、能力、数量等充分:快别死充,就赶你能做～了样的｜到了旺季儿,光他两口子根本就忙不～。

【跌】diē ❶ 摔倒:△飞不高～不重｜△天上下雨地下滑,自己～倒自己爬。❷ 下降:西瓜这几天儿～价儿了｜△初三潮,十八水,二十二三～到底儿。❸ 减少:～秤儿｜～膘儿。

【跌膘儿】diè biǎor 体重明显减少:吃这么少也看不见他～｜这样儿人喝凉水也不～。

【跌秤】diè chèng 重量减少:晒上这么一头晌儿,菜跌老秤了｜几更拉过去也待跌十斤秤。

【跌分量】diè fěn liang 重量下降:这么个大毒日头晒得菜都～了。

【跌果子】diē guò zi 因磕碰受伤的水果或其它果实:那几个是～,别往上拿。

【跌价儿】diè jiàr 价格下降:这一期儿水果～跌得没有什么大利钱。

【爹】diē 父亲:△天下的～娘向小儿｜△没有～娘夸孝顺｜△～矬矬一个,娘矬矬一窝儿。"爹"通常是六十年代以前出生的人的称呼,"爸爸"一般是七十年代以后出生的人的新兴的叫法。

【碟咧】diě lie ❶ 盘、碟、碗等形状不周正或放置不端正:这几个盘都～着。❷ 嘴大而不周正:他那个嘴～着,丑死了。❸ 信口开河;滔滔不绝:人家夸他几句,他就～着个嘴说不完了。

【蹀躞】diě xie ❶ 小步行走的样子:快上车吧,就你这样几更～家去?❷ 献殷勤的样子;瞎忙活的样子:他成天去～,也没～出个好儿来｜发先他又～着把菜给人送去了。

【蹀里蹀躞】忙活的样子;殷勤的样子,含贬义:你看他那么大年纪了,还待人家面前～的干什么。亦作"蹀里蹀斜":《金瓶梅词话》第一回:"虽然有这小丫头迎儿,奴家见他拿东拿西,蹀里蹀斜,也不靠他。"

ding

【丁三当四】dǐng sǎn dàng sì 说话不着边际的样子:你看他成天～的,没有句实话。

【疔】dǐng ❶ 地瓜、土豆等作物表皮的黑褐色病变:那篓子地瓜都长～了。❷ 皮肤表面发生的带有黑色斑块的急性疖肿:他脸上长了个～。

【顶】dǐng ❶ 人或物的最高处:屋～|头～|崂～。❷ 某种状态的高潮:伏～子|气～子。❸ 逆着:～风儿|～着头儿。❹ 相当于;抵:△老将出马,一个～俩。❺ 担当:他个小孩子～不起这一大摊子事来。❻ 代替;顶替:～名。❼ 用头撑起或撞击:～牛|～倒。❽ 争辩;用强硬的话反驳:～撞|他一句话就～得他没话说了。❾ 最:～多|～天。❿ 支撑;抵住:～棍|～门当差。⓫ 耐;抗:～吃|～使|～穿|～糟作|～勃勃。⓬ 算作;如同;好比:这么一找补,这也～给了工钱了。⓭ 算;是:他～恁的个姨夫。⓮ 一次吃某种食物过多造成的厌食或消化不良:上把吃猪头肉～着了。⓯ 〈贬〉通过讥贬别人的身体部位,讽刺其有不好的习性或形象:～个挨揍的头|～着个死羊眼|～着个挨噘的样儿|～个啵啵嘴|～个破口儿嘴|～个头和个鸡窝样的就出门了。⓰ 〈贬〉位;个:他待那吆二喝三的,也没看看自己是～什么人物。⓱ 强烈的异味刺激:打开坛子盖儿,一股子怪味都～鼻子|壶里装的水都踢蹬了,哈了一口～人。

【顶蹦儿】dǐng bèngr(冒名)顶替:要不他也能捞着出去学习,谁知道叫人家～了。

【顶杠】dǐng gang 争吵;互不示弱:没说三句话,两个人就～起来了。

【顶棍】dǐng gun 用来抵住门的棍子。

【顶门当差】dǐng mèn dàng chǎi 能承担一定的家庭责任;独立支撑门户:如今孩子娇贵,这么大的孩子以前早就～的了。

【顶名儿】dìng mìngr ❶ 名义上;徒具虚名:他～是来帮干活的,倒过来还得找人伺候他。❷ 用别人的姓名替代:这栋房子他顶着孩子的名儿买的。

【顶使】dǐng shī 耐用:你买的这副手套儿真～。

【顶腿儿】dǐng tēir 旧时的一种儿童游戏,单腿站立,另一侧的腿从身体前侧弯曲至站立的腿的膝部,用手握住脚部或提住其鞋帮,然后单腿跳跃,用弯腿的膝部攻击对方,使对方倒地或握腿的手撒开取胜。

【顶勃勃】dìng yǎng yang 经得住劝,一般用于反问或否定句式:咱这些人实在,不～。

【顶肴子】dìng yào zi 耐消化;耐饥:饿了先吃点儿～的|我试着吃米饭不～,赶自就害饿了。

【顶糟作】dìng zǎo zuo 经得住恶劣条件或遭遇:上年纪不～了,干这么两天活儿就使得不行了。

【订亲】dìng qǐn 订婚。

【定不可疑】dǐng bu kuò yì 确定无疑；毫无疑问：他到如今没回来，～就是跑了。

【定对】dǐng dei 商议；商定：恁两个～好了再买也不晚。

【定规】dìng guǐ ❶ 现成的或约定俗成的规矩；成规：这样的事没有～，就是商量着来的事。❷ 一定；很可能：他这时候没回来，～是又加班儿｜先别做那么多东西，他还不～来不来。❸ （dǐng guì）计划；确定：提前不～好了，今后净出罗乱。

【定准】dǐng zhūn 一定；保证：住不了几天～就待下雨。

【腚】dìng ❶ 人或其它动物的臀部：猴子～｜△擦～的石头拉～的砖。❷ 果实的根部、尾部：萝贝～｜白菜～。❸ 车辆等物品的后面或逆向部分：车～上磕了一个窝子。

【腚巴骨】dìng ba gū 坐骨；尾椎骨：前两天儿他把～敦了一下子。‖参“腚尾巴骨”：《醒世姻缘传》第四十回：“姑子悄悄的对狄婆子道：‘这位嫂子是个羊脱生的，腚尾巴骨梢上还有一根羊尾子哩，他敢是背人，不叫人知的。’”

【腚沉】dǐng chen 坐下后就不愿意再起身，常用来比喻懒惰：他成天就～，一腚排那儿就没挪挪窝儿。

【腚腄子】dǐng chuǐ zi 臀部；屁股。

【腚敦儿】dìng děnr 摔倒后屁股着地：他直接摔了个～待地上。

【腚根】dǐng gen ❶ 肛门外括约肌部分：他痔疮犯了都拉～。❷ 物体的根部；尾部；后半部分：你把波螺儿～掐去，一搐就出来肉了。❸ 残局；剩下未完成的部分：拾～｜捡～｜他没事走了，让这些人给他打扫～。

【腚沟】dìng gǒu 胯下：钻人家～光不长个子｜△把头夹待～里｜《聊斋俚曲集·增补幸云曲》第二十回：“～里夹上称杆，管叫他一溜崩星。”

【腚瓜儿】dìng guǎr 指摔倒后屁股重重着地：敦～｜他一把没扶住，跌了个大～。

【腚后】dǐng hòu ❶ 屁股后边；身后：你想找的东西就待你～放着。❷ 距离不远的后面：他待俺～，赶自就来了。亦作“顶后”：《俚语证古》第三卷：“随行人后，谓之顶后。”

【腚尖】dìng jiǎn ❶ 左右两侧臀部的中心最突出的部位。❷ 臀部上的疖子。

【腚窝儿】dǐng wer ＝〖腚窝窝儿〗dǐng we wer 人坐在软的地方留下的臀部的痕迹。

【腚眼】dǐng yan 肛门：△鸭子扎猛儿——炫划～儿｜△人家上茅房他～儿痒痒｜他这么坏也不怕生个孩子没～儿！｜《聊斋俚曲集·俊夜叉》："虽是人家也赌钱，谁象你乜没～？"

【腚眼门子】dǐng yan měn zi 肛门：朝着他～就是一脚。

diu

【丢】diǔ 丢脸；丧失面子；羞愧：守着那么多人，～得他没场儿钻。

dou

【斗】dōu ❶ 旧时量粮食的器具：△饥时帮一口，强起饱了帮一～｜△一天省一口，一年省一～。❷ 形状像斗的东西：灰～子｜车～子。❸ 圆形指纹：△七～八簸箕，到老够过的。

【斗扯】dòu che ❶ 争论；争斗：你和那样的人～能有什么好处。❷ 逗留；延误：你装上货就早往回走，少待那里～。

【斗斗】dòu dou 向内侧并拢的样子：他走起路来脚～着。

【斗脚】dòu jue 内八字型的脚。

【斗篷】dōu peng 一种有帽子的披风：他穿上那个～真好看｜《红楼梦》第二十一回："（袭人）料他睡着，便起来拿了一领～来替他盖上。"｜《儿女英雄传》第三十一回："因要下地小解，便披上～，就睡鞋上套了双鞋下来。"

【斗丫子】dǒu yà zi 走路内八字的人。

【斗眼儿】dòu yanr ❶ 内斜视。❷ 有内斜视的人。

【斗嘴】dǒu zuī 亲嘴：他这不是扳着猪圈门子～，不知香臭吗？

【抖露】dǒu lou ❶ 抖动以震落附着的东西：把袋子上的花毛儿～干净了再装东西。❷ 泄露；张扬：把他那些事都跟人家～出去了｜《红楼梦》第二十一回："平儿仍拿了头发笑道：'这是我一生的把柄了。好就好，不好就～出这事来。'"亦作"抖搂"：《儿女英雄传》第二十五回："我要不起根发脚把你我从能仁寺见面起的情由，都给你当着人抖搂出来，问你个白瞪白瞪的，我就白闯出个十三妹来了！"｜《金瓶梅词话》第九十四回："这雪娥听见，千不合，万不合，悄悄说了一句：'姐姐几时这般大了？就抖搂人起来！'"

【抖擞】dòu sou ❶ （提起来）振动，抖动；抖动以震落附着的东西：衣裳上沾了些什么东西，快出去～～｜白居易《游悟真寺》诗："～尘埃衣，礼拜冰雪

颜。"|《游宦纪闻》第四卷:"有乡民着新紫襦诣谒,僧请以为施,民有难色。僧曰:'急~去狗毛!'盖民窃烹邻狗得襦,人有无知者,故戏之。"|白无咎《鹦鹉曲》:"觉来时满眼青山,~绿蓑归去。"|元曲《雁儿落兼得胜令》:"~了元亮尘,分付了苏卿印。"亦作"斗擞""斗薮""抖搜":苏轼《子由在筠作东轩记》诗:"君到高安几日回,一时斗擞旧尘埃。"|《续仙传》:"后于长安卖药,方买药者多,斗擞葫芦已空。"|孟郊《夏日谒智远禅师》诗:"斗薮尘埃衣,谒师见真宗。"|元杂剧《度柳翠》第二折:"抖搜的宝钏鸣,㑳僽的云鬐松。"|《醒世姻缘传》第五十九回:"素姐抖搜着尿裹脚发恨。狄希陈唬的个脸蜡渣黄,逼在墙上。" ❷ 哆嗦:冻得人他直打~。 ❸ 过度张扬;得意忘形:就从他当了官儿,再~得不行了。

　　【豆虫】dǒu cheng 大豆的主要害虫,绿色,体态较大。

　　【豆腐】dǒu fu ❶ 食品的一种,豆浆煮开后加入盐卤或石膏使凝结成块,压去一部分水分而成:△心急吃不了热~|△铁丝捆~——别提啦。 ❷ 用于某些谚语中,义为"软":△铁嘴~脚|△刀子嘴,~心。

　　【豆腐坨子】dǒu fu tuǒ zi 一次成型的豆腐块。

　　【豆腐乳】dǒu fu yù 小块豆腐经过腌制发酵而成的一种食品。

　　【豆秸】dǒu jiai 大豆的秸秆。

　　【豆娘娘】dǒu niang niang ❶ 一种外壳绿色、形如蚂蚱的昆虫。 ❷ 喻指长得矮小的女人:别看她长得和个~样的,本事倒真不小。

　　【豆腥味儿】dǒu xing wèir =〖豆腥气〗dǒu xing qì 生黄豆碾碎后散发出来的气味:这两样拌一块儿看有~。

　　【豆叶】dǒu ye 大豆植株的叶子:他花起钱来和扬~样的。

　　【豆枕】dǒu zhen 枕头:~太高了困觉难受|唐齐己《夏日雨中寄幕中知己》诗:"北风吹夏雨,和竹亚南轩。~欹凉冷冷,莲峰入梦魂。"|元刘时中《红绣鞋·歌姬米氏小字耍耍》曲:"出胎胞蓐草上早会藏阄,卧在被单学打令,坐着~演提韵,刁天撅地所事儿有。"|《庄农日用杂字》:"~印花布,被子褥子毡。"‖本字应为"头枕"。

　　【豆枕皮儿】dǒu zhen pìr 枕套:扒下那个~好洗洗了。

　　【豆枕肉儿】dǒu zhen ròur 枕芯:这个~是装着荞麦皮的。

　　【逗逗飞】dǒu dòu fěi 一种幼儿玩的小游戏,用左右各一手指尖相碰,然后离开,如此反复。‖《俚语证古》第三卷:"小儿作戏,以一指与一指对合,旋即离开,谓之~。"

【逗弄】dòu leng ❶ 逗乐:孩子哭了,快～～他。❷ 挑逗;捉弄:人家耍得好好的,别把他～哭了。

【逗呀】dòu ya ❶ 逗弄;戏耍:待家里没事儿就～孩子耍。❷ 惹:你也长大了,别～恁爹生气。

【都道】dǒu dào ❶ 大家都说:～他是个死心眼儿,这一急还真急出个主意来。❷ =〖都道说〗dǒu dào shuō 怪不得:～人家日子过得好,看说个贤惠媳妇。

【兜儿】dǒur ❶ 衣服上的口袋。❷ 小袋子。

【陡水】dōu shuī 指江河湖海及水库等水体的底部陡峭,水较深:这个海边儿都是些～,别下去洗澡。

du

【杜】dù 身体某一部位因被捆绑、挤压等而血流不畅,产生肿胀:～得他的指头都发紫了。

【杜杠】dù gang 毫不相让地争论:说着说着两个人就～起来了。

【杜青】dù qing 因血液流通受阻造成皮肤泛青紫:他的胳膊怎么个～色?

【肚里】dǔ lī 内脏:他都把这些鱼的～收拾干净了|这是点儿皮外伤,不是～的毛病。

【肚囊儿】dǔ nangr 胃肠;肚子:他的～不行,一弄就拉肚子。

【肚子里有牙】dǔ zi le yòu yá 指刚强有主见:那个媳妇真～,不大好惹。

【独儿】dǔ ler 独生儿子。

【独根子】dǔ gen zi 独生子女:她是家里的～闺女,从小惯得不像样儿。

【独龙子】dù lěng zi 一种长在海岸滩涂中的小型蟹子。

【堵】dū ❶ 阻塞;挡:～路|～嘴。❷ 说话无礼,让人无法继续交流:找他商量个事,他忽噎一句～得你吭吭的|他说话太～人了|《红楼梦》第二十九回:"别人不知我的心,还有可恕,难道你就不想我的心里眼里只有你!你不能为我烦恼,反来以这话奚落～我。" ❸ (～儿)dūr 用以塞住容器口,使内外隔绝的东西:找个～盖上,别洒出水来。

【堵人】dù yìn ❶ 噎人:这些地瓜光面儿,吃起来都～。❷ 说话生硬尖刻:他说话太～了,没法儿打交道。

【赌气子】dǔ qì zi 赌气,因为不满意或受指责而任性做事:两口子就争竞了几句,老婆～回娘家了|《红楼梦》第三十六回:"龄官又叫站住,这会子大毒日

头地下,你～去请了来我也不瞧。"|《儿女英雄传》第十五回:"一～,我老师也没拜,'鹿鸣宴'也没赴,花红也没领。"|《聊斋俚曲集·磨难曲》第十八回:"施舜华他合我异常的恩爱,我怎么猛上心定要回来?可着他～把我坑害!"

【赌钱鬼子】dù qian guī zi 赌棍;爱好赌钱的人:△～郎当神。

【嘟嘟】dǔ du ❶ 说话:他守着你就爱多～～。❷ 絮叨:别～起来没个头。❸ 胡说:看这个样儿,还不知道她待人家眼前～了些什么。

【嘟噜】dǔ lu 量词,用于成串的东西:这一～葡萄真甜|《红楼梦》第六十七回:"今年三伏里雨水少,这果子树上都有虫子,把果子吃的疤痢流星的掉了好些下来。姑娘还不知道呢,这马蜂最可恶的,一～上只咬破三两个儿,那破的水滴到好的上头,连这一～都是要烂的。"

【嘟哝】dǔ nèng 小声地说:大声点,谁能听见你～些什么。

【毒】dù ❶ 有害的性质或有害的东西:～药|～蛇。❷ 用有害的东西伤害:～死。❸ 凶狠;毒辣:那个人很～。❹ (阳光)强烈:夜来那个大～日头,都把人晒暴皮了。❺ (眼光)敏锐;有洞察力:他那个眼真～,咱都还没看出来|元杂剧《燕青博鱼》第二折:"兄弟,你好～也!你怎生便认的出来?" ❻ 幅度过大:这个上崖太～了|开车慢点,这个弯儿很～。❼ 为人处事待人刻薄歹毒:元杂剧《老生儿》第三折:"孩儿,想我也曾打你,也曾骂你,从今日为始,则在我家里住……休记我的～哩。"❽ 命运多苦难厄运,妨克亲人,连累家庭:元杂剧《合同文字》第三折:"怎知道寿短促,命苦～,再没个亲人看顾。"

duan

【短】duān ❶ 两端之间的距离小或时间近:△大风吹倒梧桐树,自有旁人说～长|△头发长,见识～|△长到夏至～到冬。❷ 缺点;短处:说长道～|△打人不打脸,揭人不揭～。❸ 亏欠了道理或丧失了底气:△吃人家的嘴软,拿人家的手～。❹ 抢夺;拦路抢劫:一下儿叫他把包儿～去了|《儒林外史》第五回:"严乡绅执意不肯,把小的的驴和米同稍袋都叫人～了家去,还不发出纸来。"|《儒林外史》第十九回:"木耐将曾经～路遇郭孝子将他收为徒弟的一番话,说了一遍。"|《聊斋俚曲集·增补幸云曲》第三回:"你莫非是一个响马?这两日关前～了皇杠,一个也还没拿着哩。"|《聊斋俚曲集·增补幸云曲》第八回:"接过来耀眼明,掌柜的谎一惊,这人不是小百姓;不然是个真强盗,宝藏库里剜窟窿,或是～了天朝的贡。"|《聊斋俚曲集·增补幸云曲》第二十回:"他

那主子若是个性好的人,写一个火票来问你要了去;若是傲上的人,驾前一本,就说尚书的公子～了差官的马去了,可不连老爷的官伤着了么?"|《聊斋俚曲集·增补幸云曲》第二十二回:"大姐说:'必然是个响马,在那里～了皇杠。不如拿起他来,送到当官,比这狗头!'"‖《聊斋俚曲集·磨难曲》第二十九回:"我听说任大王山上一发兴旺,招集了两三万人马。昨日又～了皇扛,教军门赔了十二万。"‖《俚语证古》第三卷:"～,夺也……路劫谓之～。"

【短道】duàn dào 拦路抢劫:他家大儿上街～叫派出所抓去了。亦作"断道":《红旗谱》第二十四节:"回去告诉老乡亲们! 我严运涛,一不是砸明火,二不是断道。"‖ 参"短路":明杂剧《徐伯株贫富兴衰记》第二折:"看他穿的袄子布衫靴子帽,则怕有短路的?"|《儒林外史》第三八回:"你不过短路营生,为什么做这许多恶事?"

【短道的】duàn dǎo di 拦路抢劫的人:这条路听说有～,别从这走。

【短短】duān duan 长度小的样子:～腿|买了那么件～衣裳。

【短溜溜儿】duān ròur rour 稍微短一些的,含喜爱之意:切菜的时候～地切着,炒起来还好熟。

【缎子】duàn zi 一种质地较厚,一面平滑的彩色丝织品:买了床～被面儿。

duo

【多少】❶ duǒ shuo 问数量:钱这个东西～是个多? ❷ duǒ shāo 表示不确定的数量:～给他留一点儿。

【多时候儿】duō shǐ hour 什么时候:你打算～去?

【多言多语】duǒ yàn duǒ yū 多嘴;说不应该说的话:人家的家务事,你别～的|《水浒传》第六十一回:"自古祸出师人口,必主吉凶。我既主意定了,你都不得～。"

【哆哆】duǒ duo 话多;多嘴:别待那儿瞎～,干活去。

【垛】duò(duǒ) ❶ 把东西整齐地堆成一堆:～木头|～劈柴。❷ 堆成的堆:码～|草～。❸ 量词,用于成堆的柴草等:三～劈柴。❹ 墙或某些建筑物突出的部分,有支撑或掩蔽作用:～子|门～儿。

【剁斧子】duò fu zi 石匠加工石头专用的一种锤头状的工具:那家外墙全是～石头。

【躲借】duō jie 短时间借(钱):他盖房子从我这里～了两万块钱。

148

【躲难】duò nàn 躲避灾难:这一个家族不知是哪一辈来这里～留下来的。

【躲膀儿】duǒ bāngr 短期借(钱):这一期儿手里头不大宽透,找你借点儿钱躲躲膀儿。

【躲闪】duò shan ❶ 躲避:车那么多,要紧注意～。 ❷ 短暂的闲暇:成天不是这个来了就是那个去了,他一点儿～都没有。

【掇】duō ❶ 用手端:饭好了,往上～饭吧|《金瓶梅词话》第二十九回:"妇人道:'你洗,我教春梅～水来。'不一时,把浴盆～到房中,注了汤,二人相继浴毕。"|《金瓶梅词话》第五十二回:"只见黄四家送了四盒子礼来,平安儿～进了,与西门庆瞧,一盒鲜乌菱,一盒鲜荸荠,四尾冰湃的大鲥鱼,一盒枇杷果。"|《醒世姻缘传》第四十八回:"端茶～饭,都是狄周媳妇伏事。"|《聊斋俚曲集·磨难曲》第八回:"吃完了饭,丫头、老婆子～去家伙。" ❷ 两肩往上抬起的样子:他走路老是～着膀儿|《金瓶梅词话》第三十三回:"自从西门庆家做了买卖,手里财帛从容,新做了几件虼螂皮,在街上～着肩膊儿,就摇摆起来。人见了,不叫他个韩希尧,只叫他做韩一摇。"

【掇掇着膀儿】duō duò zhi bāngr 肩膀上耸的样子:他成天～魵不成个儿了。

【掇板儿】duō banr 瓦工抹灰时用来端灰浆的带柄木板(现在有塑料制的)。

【掇肩】duō jiǎn 端肩膀;耸肩:你这么掇着肩不使得慌?|《金瓶梅词话》第十二回:"遮天映日,犹如蝗蝻一齐来;挤眼～,好似饿牢才打出。"

【掇弄】duǒ leng 挑逗;捉弄:他不顶开玩笑,别把他～恼了|《红楼梦》第九十八回:"幸亏宝钗是新媳妇,宝玉是个疯傻的,由人～过去了。"

【掇索】duō suo 洒落(细碎的东西):叫你和点面儿,不够你～的|孩子吃点心～得些渣渣儿满地是。

E

ei

【诶起】ěi qi 叹词,用于句首,表示惋惜、责备等:～,你这把墙刷成个什么样儿了。

en

【嗯很很】èn hěn hēn =〖咹罕罕〗àn hǎn hān 叹词。❶ 后跟对方不听劝阻或做坏事出现的结果：看他当官的时候那个渣厉样，～，如今抓起来了还能抖擞？ ❷ 在完成一个动作或一件事情后，对这一动作或事情的评价：～，这遭我看你往哪跑。

【摁】èn ❶ 按压：～手印儿｜～扣儿｜△牛不喝水～不河里去。 ❷ 平息或解决：费了好大的事才把这个事～下。

【摁钉儿】èn dingr 图钉。

【摁服】èn fu 使平息；使不反抗；解决或平息矛盾：恁哥哥才把这个事～下，你可别再抄弄起来。

【摁扣儿】èn kour 子母扣。纽扣的一种，用金属或塑料制成，一凸一凹的两个合成一对：这件儿衣裳全是～。

eng

【瓮】èng（ěng）缸：水～。

【齆鼻子】èng bǐ zi 因鼻塞而发音不清：他是个～，说话都听不清楚。‖ 张慎仪《蜀方言》："鼻音不利曰齆。《广韵》：齆，乌贡切，音瓮。"

F

fa

【发】fā ❶ 自从：～头年｜～几时｜就～吃了这个医生开的方儿，老人轻快多了。❷ 显出；呈现（某种特性）：～甜｜～苦｜～咸｜～酸｜～喀。❸ 感到：～愁｜～懵｜～麻｜～吓｜～晕｜～饱｜～胀｜～酸｜～木。❹ 用肩膀或后背将人或物顶倒高处：你踏我肩膀，我把你～上去。❺ 协助别人将重物拿到其肩膀或后背：你帮着把袋子～我肩上吧。❻ 表达某种情绪或实施某种行为：～善心｜～神经｜～疯｜～彪｜～火｜～蛮｜～坏。❼ 发制，通过某种工艺使食品变得蓬松或变大：～面｜～海参｜～蹄筋儿。❽ 盖（房子）：人多几天就把二起儿～起来了。❾ 拥有钱财；致富：～财｜～家。❿ 使拥有钱财；使致富：她不～娘家光～婆婆家。**⑪** 伤口感染肿胀或食物变质：～物｜伤口没搽药都～了｜稀饭憋待锅里好几天都～了，快掬了吧。**⑫** 出现某种灾殃：～大水｜～洪水｜～火。

【发板】fǎ bān 感到僵硬不舒服：今日怎么试着身上～？

【发榜】fǎ bǎng 公布考试成绩：不～心里老是放不下。

【发饱】fǎ bāo 感到胃胀：稍微多吃点儿就～，急忙不消化。

【发彪】fà biǎo 犯傻：人家都走了，就剩你待这里～。

【发怵】fà chù 害怕；犯愁：他一听着出长途车就～。

【发范子】fà fàn zi 一般用于否定或反问句式。**❶** 不好的心情得到排解宣泄：把他愁得没场儿～。**❷** 安置或处理：他弄了这么些东西把家塞得满满的，没法儿～。

【发付】fà fu **❶** 嫁（闺女）：他还待留两个钱儿好～闺女。**❷**（给老人）送终；送葬：他姥爷过继了个侄子，到老了好有人～。

【发汗】fà hàn 通过增热、捂被或用药等方式使身体出汗：不用吃药了，发发汗就好了。

【发坏】fà huài 使坏；做一些损人的事：刚砌的墙，叫哪个～的推倒了。

【发急】fà jì（fǎ jī）着急：嘎急出去找找，光～没有用。

【发几时】fā jī shi **❶** 从什么时候：～肚子不大舒梭的？ **❷** 常用在句首、句中或单用，表示惊讶、调侃：～变得这么勤快？

【发家】fà jiǎ 致富：指着要小聪明发不了家。

【发惊】fà jǐng 害怕；出现害怕惊恐的表情动作：这两天孩子困觉老是～。

【发喀】fà kǎ 食物因变质或不熟出现苦、涩、辣等味道，对喉咙造成不适或刺激：花生放得都透油了，吃起来～。

【发苦】fǎ kū 感到有点像胆汁或黄连一般的滋味：口～多半是上火了。

【发辣】fà là 感到有点像姜、蒜等的刺激性味道：里边放辣椒了，原不当我试着有点儿～。

【发厉害】fà lì hai 发脾气；耍横：你朝着家人～算什么本事？

【发麻】fà mà 产生麻木的感觉：听他说得那个吓人，头皮都～。

【发蛮】fà mǎn 性格沉闷且具有爆发性：他老头上来一阵儿就～，一般个人儿受不了｜他听了也不做声儿，又待那发起蛮来了。

【发闷】**❶** fà mèn 感到憋闷：他老是试着胸口～也没当回事儿｜桌上的人他都不认得，待那里坐着～。 **❷** fà mēn 性格沉闷：他的性儿有点～。

【发懵】fà měng 感到迷乱：什么人碰到这样的事儿不～？｜他们不了解内

情,你越说他越～。

【发面】❶ fā miàn 用酵母或引子发酵过的面:～馒头|～大包。❷ fà miàn 用添加了酵母或引子的面粉和面:你～我调馅。

【发面馒头】fā miàn mǎn tou 经酵母或引子发酵过蒸出来的馒头:那个手肿得就个～。

【发面引子】fā miàn yīn zi ❶ 用于制作面食的含有酵母菌的面团。❷ 成品的酵母菌粉(块)。

【发木】fà mù ❶ 感到麻木:我怎么试着胳膊有点～。❷ 发愣;发呆:他还待那站着～。

【发木理混】fà mǔ li hun =〚发木厉害〛fà mǔ li hai 蛮不讲理;撒泼:他正待那～,别进去挨上嘞|这个小嫚发起木厉害来真吓人。

【发皮汗】fà pǐ han 出大汗:你穿这么厚的衣裳待～?

【发脾寒】fà pǐ han 患疟疾:《喻世明言》第三十六卷:"侯兴一个儿子,十来岁,叫做伴哥,～,害在床上。"|《聊斋俚曲集·墙头记》第二回:"还不瞒墙着实叫,堪堪就死命难存,～冷的还成阵。"

【发神经】fà shěn jing 精神变得不正常:快别～,外边儿哪有什么人?

【发实】fā shi ❶ 利于成长;使强健:这些东西吃多了不～孩子。❷ 致富:她真～她婆婆家。

【发市】fà shì 商家一天中做成第一笔生意;开张:等了一头晌也不～|《春渚纪闻》第六卷:"(东坡)熟视久之,曰:'姑取汝所制扇来,吾当为汝～也。'"|《聊斋俚曲集·墙头记》第二回:"银匠说我先给你～,盛一碗给张大爷。"|《聊斋俚曲集·磨难曲》第二十八回:"自家姓胡,卖卜为生。今日还不曾～,这肚里自嘞搜起来了。"又:"胡生拉住说:'今日还没～,赊不的!'"|《醒世姻缘传》第七十一回:"况且他那精铜的物件,那个不带着两只眼睛,闻的童七大名,就害头疼,那个还敢来合他交易?所以常是好几日不得～。"|《金瓶梅词话》第二回:"老身不瞒大官人说,我家卖茶,叫做鬼打更,三年前十月初三日下大雪那一日,卖了个泡茶,直到如今不～,只靠些杂趁养口。"

【发水】fà shuī =〚发大水〛fà dǎ shuī =〚发河水〛fà huǒ shui 爆发洪水;水灾泛滥:那年～还溔了好几个人去。

【发酸】fà suǎn ❶ 闻到或尝到酸味:这些黏粥喝起来有点儿～,是不是踢蹬了? ❷ 出现微痛而无力的感觉:站了没一阵儿就试着两条腿～。

【发甜】fà tiàn 感到有点像糖或蜜的滋味:这些山水喝起来都～。

【发物】(～儿) fā wur 会影响伤口愈合或引发旧病的食物:伤口还没好,这几天别吃～|《醒世姻缘传》第五十七回:"每服五丸,温烧酒送下。忌葱韭,～不食。"

【发无赖】fà wǔ lài =〖发赖〗fà lài 耍赖:他讲理讲不过人家,就开始～了。

【发吓】fà xià 感到害怕:听他这么一说,这帮儿人还真有点～。

【发先】fà xiǎn ❶ 刚才:～你跟我说什么来? ❷ 较长一段时间之前:他～就来了,一直待这等着你。

【发咸】fà xiàn 感到咸味过重:看起来放盐不多,吃起来还是有点儿～。

【发小儿】fǎ xiāor (sāor)从小;从幼童时期:这孩子～就有个大人样儿。

【发熊】fà xìng ❶ 使性子;发脾气:他又跑自己屋里～儿不出来了。 ❷ 不驯服:弟兄几个数他最～了。

【发券】fà xuàn 利用砖、石等块料之间的侧压力建成跨空承重结构的砌筑方法。常见的门、窗、涵洞上方的拱状造型一般使用此工艺。‖ 亦作"发碹"。

【发洋彪】fā yàng biāo 犯傻:在那个场面上说这些话,这不是～是干什么?

【发迂】fà yǔ ❶ 迂腐刻板,不知变通:读书多的人老是看～。 ❷ 絮叨:你别待这里～了,他们不能鲁你。

【发晕】fà yǔn 感到眩晕:蹲得时候大了,试着有点儿～。

【发直】fà zhì 眼神呆板直视:看他两眼～,又犯病了。

【发早】fǎ zāo 在很早的时候:～就备下冬天的烧货了。

【发胀】fà zhàng 感到膨胀、肿胀:走这一天的路,两个脚～。

【乏】fà (fǎ) ❶ 疲劳;困乏:干这一天活儿,身上就～得不愿起。 ❷ 失去原有性状;力量作用变小、变弱:～茶|皮子都～了|这件儿衣裳成天穿着干活都晒～了。 ❸ 土地因长期种植缺少生息变得贫瘠:这是片～地。

【乏茶】fà chà 长时间冲泡后味道变淡的茶:～喝起来没滋大味的。

【法儿】fār ❶ 办法:去问问他能有什么好～。 ❷ 方式;样子:就这个惯孩子～能教出好孩子来?|你这个开车～太猛了|就他这个过日子～,金山也能吃净了。

fan

【反】fǎn (fān) ❶ 颠倒的;方向相背的:～穿衣裳|把事想～了。 ❷ 回;还:～咬一口。 ❸ 反抗;反对:官逼民～|△秀才造～,三年不成。 ❹ 反而;相

反地：～倒。❺ "反正" 的省略语：你说下个大天来，～他也不能答应。

【反巴】fǎn ba 翻转；颠倒：你把桌子放～了。

【反背】fǎn bei 握住壶或勺的柄向手背处倾转以倒出酒水或饭，传统认为这是不礼貌的行为：你不知道～添水没礼道？

【反朝廷】fān chào ting 不听长辈的管教或上级的管理：恁一个个的都～了，有本事了是不是？！

【反个儿】fǎn guòr 颠倒位置：你去看看，你盖的棚~~了。

【反话儿】fǎn huar 跟自己真正意思相反的话：他是说～，别当真。

【反腔】fàn qiǎng 反驳：老板连嘛带嘲的，他也不敢～。

【反天】fān tiǎn 造反；形容不守规矩、场面混乱：老师不待班里，学生们都～了。

【反腆】fān tian 翻脸；面色不悦：不知道哪里没伺候好，看他回来～得那个样儿。

【反正】fǎn zhèng 副词，表示情况虽然不同但结果并无差别，可以用在句首，也可用于句尾：～咱该说的都说了，听不听那是他的事｜他不来了～，那就不用费事忙活了。

【反转】fǎn zhuàn 反正；无论如何；不管怎样：外人怎么说是他们的事，～你待坚持住｜《聊斋俚曲集·寒森曲》第三回："已吃到星月全，点上灯不说颠，～只把吴孝恋。"

【饭钵儿】fǎn bēr 大的饭碗。

【饭橱】fǎn chù 放置饭菜、碗筷等的橱子。

【饭点儿】fǎn diānr 该吃饭的时间：忙得都过～了。

【饭食】fǎn shi 吃的东西；饮食：他从来不嫌后～｜《醒世恒言》第三十五卷："转到家中，吃了～，作别了主母，穿上麻鞋，包裹雨伞，又分付老婆，早晚须是小心。"｜《水浒传》第十一回："次日天明起来，讨些～吃了，打拴那包裹撇在房中。"｜《醒世姻缘传》第五回："晁知县看了书，差人将这一班人送到寺内安歇，叫衙役们轮流管他的～。"｜《醒世姻缘传》第十九回："大人家的～，有甚么稽查？脱不了凭他们厨房里支拨。"｜《醒世姻缘传》第二十五回："即如舍开这个客店，不是徒在～里边赚钱，只为歇那些头口赚他的粪来上地。"｜《醒世姻缘传》第二十六回："再是那些觅汉雇与人家做活，把那～嫌生道冷，千方百计的作梗。"｜《金瓶梅词话》第一回："叔叔，你如今在那里居住？每日～，谁人整理？"｜《金瓶梅词话》第二十五回："（惠莲）又替他换了衣裳，安排～与他吃。睡了一觉起来,已是日西时分。"

【饭罩儿】fǎn zhàor 盛馒头、饼子等食物的圆形容器,上面带有很多小孔,以前多为陶制,后多为铝制、不锈钢制。

【饭帚】fǎn zhu 刷锅用具,多用脱粒后的高粱或黍子穗儿制成。‖《俚语证古》第八卷:"饭诸,～也。净锅之器谓之饭诸。"

【返】fān(fǎn) ❶ 回归;返回:走到半路,又掉头往回～。❷ 回赠;归还:～钱。❸ 泛出:～潮│～碱│～艮。❹ 出现(某种状况):～生│～恶心。

【返乏儿】fàn fàr ❶ 恢复体力:晚上多困点儿,好返返乏儿。❷ 恢复实力:要是他返过乏儿来够你受的。

【返艮】fǎn gēn 受潮;湿度大:衣裳弄上海水了,洗不净老是看～。‖1928年《胶澳志》:"艮,迟缓又柔韧之谓,又物反潮湿亦云反艮。"

【返碱】fǎn jiān 土地或建筑物等表面泛出盐碱类析出物。

【返生】fàn shěng ❶ 食物在做好之后容易出现火候不够的情况:做芸豆待火大点儿,要不看～。❷ 与人交往中不容易亲近:他那个人老是～,和他爹娘也这么个样儿。

【返恶心】fàn wè xin 感到恶心:夜来吃的那些东西现在寻思起来还～。

【返醒】fān xing 苏醒;苏缓:下了这场雨,地里的庄稼都～过来了。

【贩】fǎn ❶(为了出售而)买入货:△买卖儿精,不～韭菜葱。❷ 人与人之间发生钱财方面交往:人不～事儿看不出人到底怎么样。

【贩弄】fàn leng ❶ 贩卖:他们两口子～衣裳卖。❷ 打交道;发生钱财方面的交往:和他～起事儿来马上变了个人│和他～事儿你可待注意点儿。

【贩子】fàn zi 贩卖东西的人:鱼～│菜～。

【矾】fàn ❶ 某些金属硫酸盐的含水结晶:明～│白～。❷ 加工海蜇的一道程序,用白矾水泡新鲜海蜇,以析出体内的水分:～海蜇。

【烦恶】fǎn wu 厌恶;讨厌:最～他来这一套了。

【烦气】fǎn qi ❶ 烦;让人讨厌:他这么迂叨真叫人～。❷ 讨厌:少说点儿,别这么～人。

【犯疯儿】fàn fēngr 发疯;发狂:别把她惹犯火儿了,她犯了疯儿够你受的。

【犯难为】fǎn nàn wei 感到为难:他从来不挑吃,不愿叫人家～。

【犯事】(～儿)fǎn shìr 犯罪;犯法:不知道他犯什么事儿,叫厂里～儿撵回来了│《红楼梦》第九十九回:"老爷极圣明的人,没看见旧年～的几位老爷吗?这几位都与老爷相好,老爷常说是个做清官的,如今名在那里!"

【犯天】fàn tiǎn 天气突然发生阴冷雨雪等变化:嘎急把晒的被都收进来,快~了。

【犯小人】fǎn xiāo yin ❶ 遇到对自己不利的人而坏事;遭陷害:算命的说头年他~。❷ 过于计较;做损人的事:他上来一阵儿老是~。

【番瓜】fǎn gua 一种长条形的瓜。

【翻弛】fǎn chi 外翻的样子:他就是个大刺刺,衣裳领~着就出来了|他那个大伤口~着,真吓人。

【翻翻】fǎn fan 向外翻卷的样子:他~着个大厚嘴唇就要丑死了。

【翻拉】fǎn la ❶ 翻动:他把箱子~遍了也没找着钥匙。❷ 背后说别人的不是;埋怨:他~人家照顾得不周到|对人多担待点不吃亏,别待背后~人。

【翻脸猴子】fǎn liān hǒu zi 脾气不好、容易与人闹翻的人:他就个~,要紧仔细点儿。

【翻蔓儿】fǎn wànr 用长棍翻动地瓜的秧茎,以免生长不定根,影响结地瓜。

【翻弄】fǎn leng ❶ 来回翻动:他回来找帽子,把大衣橱的衣裳都~乱了。❷ 提起(旧事):他们把那几年的陈谷子烂芝麻都~起来了。

【翻棉单】fǎn miǎn dan 儿童游戏,两人轮换翻动手指头上的绳环,变出各种花样儿。

【翻皮打脸】fǎn pi dǎ liān 生气而脸色难看的样子:不知道谁又惹着她了,待那里~的。

【翻拾】fǎn shi 翻动着找:我找了半天才把那件衣裳从柜子里~出来。

【翻天揭地】fǎn tiǎn jiè dì ❶ 天气异常寒冷的样子:这时候外边儿~的,出去净是找罪遭。❷ 形容鸡犬不宁的样子:他回来就闹得家里~的。

【翻新】fǎn xi 把旧的房屋拆了重建:~房子|~屋比盖屋还费事。

【翻箱倒柜】fǎn xiǎng dǎo guì 打开箱柜等家具找东西的样子:~地找了一下晚儿也没找着。

【繁生】fàn sheng 繁殖;繁衍:这些花儿都是你给的那一棵~的。

【霰卜拉】fǎn bu la 在下雪前或下雪时出现的一种小冰粒。‖东汉刘熙《释名》:"霰,星也。水雪相搏,如星而散也。"

fang

【方儿】fǎngr ❶ 方形:围起来正好是个~。❷ 方形的:要个~的,不要圆的。❸方法：谁有好～都帮说说。❹药方：验～｜△偏～治大病。

【方方儿】fǎngr fangr 方形的：割块儿～木头使。

【方张】fǎng zhang 形容庄稼长势茁壮或小孩强壮让人喜爱：他家那个孩子脸长得真～。

【仿佛】fǎng fū 相近；差不多：他们两个都～年纪，真能耍进去。

【防备】fǎng bei 提防：他翻脸不认人的个人儿，～着点儿｜《醒世姻缘传》第七十七回："你也待学你那两个哥的短命，管着我哩！人家拿着当贼因似的～，门也不叫我出出！"｜《醒世姻缘传》第九十八回："那日经历已经穿完了衣服，不曾～，遂被他的毒手。"

【防避】fǎng bi 预防；提防：△养儿～老｜要紧～他那一手儿｜《红楼梦》第三十四回："俗语又说'君子防不然'，不如这会子～的为是。"

【防缺儿】fǎng quēr 以备不时之需：剩下的不用退了，留着好防个缺儿。

【放扁】fàng biān ❶认输；认错；服软：你这么一顿找，他真～了。❷泄气；灰心放弃：两天没找着，她也有点儿～了。

【放鞭】fàng biǎn 燃放爆竹：孩子们都待那等着～吃饺子。

【放褯儿】fǎng càor 重新调整衣物的接缝，使衣物更宽大舒适：这条裤子穿着太紧了，得稍微放点儿褯儿。

【放工】fàng gěng 收工，在田间或工地干活的人结束一天的工作：几更～家去都黑天了。

【放浆儿】fàng jiǎngr（zǎngr）指经过日晒的地瓜因糖分增加，煮熟后更加甘甜软糯：这些地瓜～了，吃起来都蜜嘴。

【放经儿】fàng jǐngr（哺乳期妇女）出奶：正好～了，叫孩子再吃点儿。

【放口话儿】fàng kōu huar 放口风；答应：年初队长就～了，谁早完成任务就领着出去耍。

【放赖】fǎng lài 耍赖：他输不起了，跑这里来～。

【放懒筋】fàng lān jin 慵懒；懒惰：干了三天活儿没开钱，他也～了。

【放脸】fǎng liān 脸色由严肃、难看转为正常：整整一天他就没放放脸儿。

【放屁虫儿】fàng pi chèngr 斑蝥。

【放臊】fàng sào ❶黄鼠狼等动物逃跑时放出异味。❷服软；服输；招架不住：跟着干了这一天活儿就把他累～了。❸骂人的话，相当于"放屁"：他净待这里～！

【放声】fàng shěng 发出声音，指说话：问他们几个，都闭着嘴不～。

【放躺儿】fàng tāngr =〖放躺杠儿〗fàng tāng gangr 灰心泄气：他要是一～，一时半会儿你上哪找人干活？｜这两天儿我看他也～了。

【放挺】fàng tǐng 比喻躺倒不干了：他去干了没有三天就～了。

【放蛾】fǎng wè ❶ 放风筝：快到清明了，又好～了。❷ =〖放羊〗fàng yǎng 失去管束或放任自流的样子：老师先走了，孩子们都～了｜你上班了，几个孩子待家都～了。

【放血】fǎng xiē ❶ 出血：你上火太厉害了，给你放点儿血就能好得快。❷ 出钱：今日就他挣得多，就应该叫他放放血。

【放鹰】fàng yǐng 妇女用假结婚的手段骗走男方的钱财。

【妨】fāng 迷信中认为命毒的人会带累亲人早死或遭受厄运：算命的非说她命里～男人｜元杂剧《调风月》第四折："是个破败家私铁扫帚，没些儿发旺夫家处，可更绝子嗣，～公婆，克丈夫。"｜元杂剧《赵氏孤儿》第二折："你道他是个报父母的真男子；我道来，则是个～爷娘的小业种。"｜元杂剧《荐福碑》第三折："先～杀一个洛阳的员外，奔黄州早则无方碍，半路里先引的一个旋风来。"｜贾凫西《木皮词》第三十八页："这正是有福的～了没福的去，眼见这皇觉寺的好汉又主了中华。"亦作"方"：《海浮山堂词稿·朝天子·自遣》："海浮，命毒！方的俺无钱物，半床图画半床书，这便是安身处。"

【访听】fāng ting 打听；查访：先去～看看，是不是个真事儿。

【纺花车子】fāng hua chě zi 手摇的纺线工具。

【房近左右】fàng jìn zuǒ yòu 住宅周边：恁家～没有卖水果的？

【房门子】fǎng men zi 进入单个房间的门：～也好上上漆了。

fei

【飞】fěi ❶（鸟虫等）在空中活动：△家雀～到糠堆上——空欢气｜△鞋上的凤凰——能走不能～。❷ 在空中漂浮游动：把窗关上，省着～进灰来。❸ 挥发：酒精忘了盖盖儿，都～没有了。

【肥】fèi ❶ 含脂肪多（与"瘦"相对）：～肉｜～头大耳｜△大米干饭养～贼。❷ 衣物又宽又大：穿上那个大～衣裳和唱戏的样的。

【肥膘儿】fèi biǎor =〖膘子〗biǎo zi 肥肉：如今没有愿意吃～的。

【肥套】fěi tao（衣服）肥大：这件儿衣裳他穿着挺～的。

【肥套套】fěi tào tao 衣服宽大的样子：这件衣裳他穿着一点儿不瘦，还～的。

【费事八卦】fèi shi bà guà 麻烦、费周折的样子：早知道这么～的，他就不能办了。

fen

【分拐】fěn guāi 分清事理；明白道理，一般用于否定或疑问句式：这样的事上都分不开拐，还能做点什么？｜这么简单的题他都不～，那些难的你更教不会。

【分饥荒】fèn jǐ huang 把债务分派给相关方承担偿还责任：他们结婚分家的时候还分了两千块钱的饥荒。

【分人儿】fěn rènr ❶（功利性地）区别对待：他也不是对谁都那样，也～。❷ 因人而异：有人使着好有人使着孬，效果这个待～。

【分生】fèn sheng 植物通过根茎分蘖或丛生枝的方式繁殖：这些葱～得很快。

【分头】fěn tou 头发向两侧分的发式：别留平头，快留成个～吧。

【分数】(～儿) fèn shur ❶ 成绩：考试～还没下来。❷ 程度：他把孩子都惯到个什么～了？｜《醒世姻缘传》第十八回："幸得我还会过晁老先生，所以还有几分光景；若是第二个人，连这个～也是没有的。"

【粉浆】fèn jiǎng 制作绿豆粉丝时沉淀的第二层水浆。

【粉团】fèn tàn 团粉，即烹调用的淀粉。

【粉燕儿】fēn yanr 粉眉鸟。

【坟茔】(～儿) fèn yingr 坟地，一般特指祖坟：他们都说这些事是～管着｜元杂剧《鲁斋郎》第四折："想当初向清明日共饮金波，张孔目家世～，须不是风月鸣珂。"｜《聊斋俚曲集·翻魇殃》第七回："吩咐到那行了礼，上了～散了鞋，婆婆是该行八拜。"｜《聊斋俚曲集·富贵神仙》第十一回："三月里上～，家家户户麦饭过清明。"｜《醒世姻缘传》第四十一回："娘就没看见么？他在～子上，朝东站着，那下边请纸马的情管是他汉子，穿着穰青布衫，罗帽子，草镶鞋。"

【粪力】fěn li 肥力；粪肥的多少：地里缺～，庄稼长不起来。

feng

【风刺】fèng cǐ 粉刺。

【风旮旯】fěng gà la 月晕。民间认为月亮周围出现光圈是刮风的征兆，故称。

【风快】(～儿) fěng kuàir 形容刀器锋利:他真技良,磨的这把刀～儿|《醒世姻缘传》第三十六回:"算计往那里下手,又寻下了刀疮药并扎缚的布绢,拿了一把～的裁刀,要到那场园里边一座土地庙内,那里僻静无人,可以动手。"|《三刻拍案惊奇》第二十九回:"(徐公子)便在书房中,将一口剑在石上磨,磨得～,赶紧进房来。"

【风凉】fěng liang ❶乘凉:快上街上～～吧。❷凉爽;凉快:这里有穿堂风真～。

【风露】fěng lou 被风吹:我把菜板儿拿出去～～。

【风门子】fěng mèn zi 太阳穴:一拳就打待他～上。

【风梢】fěng shao 当地一种常见的蛇,可以飞快地在成熟的麦梢上穿行,故名。

【风掀】fěng xian 风箱,一种用木板做的长箱型装置,通过拉动木箱内的活动木板,起到压缩空气为炉灶鼓风助燃的作用:这么小就能帮大人拉～做饭了。

【风张】fěng zhang 不受管束或无节制地嬉笑哄闹:没事早回来,别待外边～|元杂剧《度柳翠》楔子:"你这和尚,～风势,说谎调皮,没些儿至诚的。"

【风张巴势】fěng zhang bà shì 不受管束或无节制地嬉笑哄闹的样子:你成天～的,哪有个嫚嫚儿样儿?

【风住了】fěng zhǔ ler 停风:刮到第二天下晚儿风才住了。

【疯疯儿】fěngr fengr 没有拘管的样子:这一期儿他又～得不善。

【疯魔】fěng me 发疯;着魔:叫那个人把他鼓弄得都～了|《红楼梦》第二十一回:"凤姐自掀帘子进来,说道:'平儿～了。这蹄子认真要降伏我,仔细你的皮要紧!'"亦作"风魔":元杂剧《西厢记》一本第一折:"风魔了张解元,似神仙归洞天。"|董解元《西厢记诸宫调》第一卷:"见人不住偷睛抹,被你风魔了人也嗏!"|马致远《赏花时·掬水月在手》:"喜无那,非是咱风魔,伸玉指盆池内蘸绿波。"|《醒世姻缘传》第九十三回:"每日被那娼妇淘碌空了的身子,又是一顿早辰的烧酒,在那七层桌上左旋右转,风魔了的一般,眼花头晕,焉得不'脑栽葱'搋将下来?"

【奉承溜光镜】fèng cheng liū guang jìng 巴结;阿谀奉承:他成天不干活,就会和当官的～。

【峰】fěng 量词,座(桥):一～桥。

【蜂子】fěng zi 通常指蜜蜂,也泛指蜂类:山上来了个养～的。

【缝头】fěng tou 裁剪衣服时为便于缝合而留出的布边。

【逢】fěng ❶ 特指集市的日期：等着～二十七日李村集再去买｜《醒世姻缘传》第十九回："～六是刘埠集，过七就是流红集，流红离着刘埠只八里地，没的来回好走路哩！" ❷ 只要；既然：△～着是个官儿，就强起卖水烟儿｜人家～那么说就有他们的道理｜△～着有个讲儿，就有那个响儿。

【逢集】fěng jì 轮到有集市的日子：今日～，路上的车格外多。

【封】fěng ❶ 任命；安排职位：厂里还～了他个组长。 ❷ 打麻将游戏的次、轮：一共才打了三～麻将。

【封窗】fèng chuǎng 旧时在天冷时把木棂窗用白纸从里面贴起来。

【封窗纸】fèng chuǎng zhi 指贴在木棂窗内侧的窗户纸。

【封冻】fěng dèng 土地上冻或水面冰封：外边儿都～了，挖窝子都挖不动。

【封地】fěng dì （大雪）覆盖大地：△大雪不～，冻不三五日。

【封墙】fěng qiàng 旧时用报纸或花纸等把房间内的墙壁贴起来。

【封仰敞儿】fěng yāng chàngr ＝〖封仰棚儿〗fěng yāng peng 将房间内的顶棚（天花板）先粘上一层厚纸打底子，外面再贴花纸或棚花等装饰物。

fu

【伏顶子】fú dīng zi 三伏天；夏天中最热的那段日子：那正是待个～上，热得都出不去门儿。

【伏假】fú jià 暑假。

【伏果儿】fú guor 一种夏天成熟的苹果，亦称"伏苹果"。

【伏天】fù tiǎn 指夏天的初伏、中伏、末伏，是全年最炎热的一段时间：这时候又不是个～，能热哪去？｜△头伏萝卜末伏菜｜《聊斋俚曲集·磨难曲》第二十四回："中伏酷热火炎炎，草叶焦枯未种田，老天呀！不消说是连年俭。"

【浮儿】fùr ❶ 称量商品的容器：算钱的时候别忘了去了～。 ❷ 出售商品的次数：一头晌才卖了两～。

【浮柴】fú chai 退潮或河水消退后残留在滩涂及岸边的海草、碎屑等杂物。

【浮皮儿】fú pìr 表面：就～稍微伤了一下，不干事儿。

【浮皮草痒】fú pi cǎo yāng ＝〖浮皮撩痒〗fú pi liǎo yāng 浮于表面而不切中要害：你这么～跟他说和没说一样。

【浮皮潦草】fú pi liǎo cào 马虎；不认真：他做营生～的。

【浮上】fú shàng 表面；表层：～飘着一层油。

【负责】fǔ zhèi 担负责任:谁当官儿谁～。

【符体】fǔ tī (衣服)合身:你给他买的这件衣裳挺～的。

【凫水】fǔ shuī 游泳:△龙王的闺女会～|△打打犟嘴的,淹淹～的。

【服】fù ❶ 衣服;衣裳:制～|便～。❷ 孝衣,用以指亲属关系的远近:他两家是没出五～的自家人们|△没有和钱出五～的。❸ 服从;信服:口～心不～。❹ 使信服:以理～人。❺ 适应:上那里不～水土。❻ 量词,指中药一次煎服的量:两～药。

【服服在地】fù fù zǎi dī 心悦诚服;无可辩驳:他二爹把他说的真是～。

【拂尘子】fù chěn zi 一种掸尘土、驱蚊蝇的用具。参"拂尘":《红楼梦》第三回:"旁边丫鬟只着拂尘、漱玉、金帕。李、凤二人立于案旁布让。"

【麸子】fǔ zi =〖麸皮〗fǔ pì 小麦研磨过筛后剩下的麦皮和碎屑:夜来赶集买回几袋子～好喂鸡|《聊斋俚曲集·翻魇殃》第九回:"买了～喂上马,店主慌忙走面前,上下都是包子麴。"

【富溜儿富溜儿】fǔ rour fǔ rour 充满后要溢出的样子:下完大雨,水库里的水～的|碗里的水～的,不好掇。‖《广韵》:"富,满也。"

【菖子苗】fǔ zi miào 田旋花。亦作"斧子苗":《醒世姻缘传》第七十二回:"论人倒标致,脸象斧子苗花儿似的,可是两点点脚;要不,你老人家娶了他也罢。"‖参"芙芙子苗":《聊斋俚曲集·禳妒咒》第一回:"口里一口糯米牙,头上一头好头发,脸儿好象芙芙子苗,金莲不够半揸大。"|《聊斋俚曲集·蓬莱宴》第二回:"那里的仙女下九也么霄,俊脸儿好似芙芙子苗。美娇娇,一片风流在眉梢。"

【福囤】fù dèn 比喻充分享用福分的地方:闺女找了这么个好女婿,真是上～里了。

【福根儿】fù gěnr 酒瓶中剩下的少量的酒:咱两个把这块儿～分分哈起来。

【福记】fū ji 民间认为能给人带来福气的痣:△穷记脸上贴,～腰里别。

【福将】fū jiàng 有福的人或能在危急时刻转危为安的人。

【福泰】fǔ tai 身材丰满、面相丰润:他爷爷长得真～。亦作"富态":《醒世姻缘传》第八回:"曲九州道:'没的是和尚,有这么白净,这们富态?'"‖《俚语证古》第三卷:"面相丰润谓之～。"

【福福泰泰】fǔ fu tǎi tài 身材丰满、面相丰润的样子:你还减什么肥,原来～的多好看。

【福贴儿】fū tier =〖福字儿〗fū zir 过春节时贴在门或墙上写有"福"字的

红色方纸:贴～。

【辐条】fù tiáo 车轮上连接车毂与轮圈的直条。

【釜炱】fǔ tāi 砖砌或陶制的烟囱:△～不出烟,怕是要变天。‖《说文解字》:"炱,灰,炱煤也。从火,台声,徒哀切。"段玉裁《说文解字注》引《玉篇》:"炱煤,烟尘也。"

【腐酱瓮】fū jiàng èng 腌制咸菜、发酵调味品等用的大缸。

G

ga

【圪古】gā gu 吝啬:他就这么～,上哪儿也伲伙不出人来。

【圪古钉子】gā gu dǐng zi 极度吝啬的人:跟那个～能借出钱来,你真不善。

【圪杂子】gà zǎ zi 吝啬:和这号～的人没法打交道。

【伲】gā ❶ 合伙:△买卖好做伙难～|△两好～一好|当初是～他的伙儿一块儿做买卖来。❷ 结交;结亲:～亲家|～干姊妹|～邻居|～连襟|他们两个从小～的娃娃亲。❸ 结伴;邀集:我想～你的伙儿去赶集。❹ (药)配伍;用适当的标准加以调配:～药|～解药。‖《广韵》:"～,古沓切,并～,聚。"《玉篇·人部》:"～,合取也。"《五方元音》:"～,伴聚。"《说文解字》:"～,合也。"王筠释例:"合、～义同音异。通力合作,合药及俗语合伙,皆～指音义也。今无复用～者。"‖"伲"今多写作"轧"。

【伲不来】gā bu lài 性情不相投:他们认识几年了,但是～。

【伲搭】gǎ da 〈贬〉交往:他两个人怎么能～上?

【伲裆】gā dang 不开裆的裤子样式(相对于"开裆"):天冷了,把这条裤子改成个～的。

【伲裆裤】gā dang kù 不开裆的裤子:孩子再长一岁就可以穿～了。

【伲地邻】gà dǐ lìn 因土地相邻而成为邻居关系:伲不着个好地邻光等着生气行了。

【伲伙】❶ (～儿)gǎ huōr 合伙:他们两个～开的饭店|△买卖好做伙难伲。‖1931年《增修胶志》:"合伙曰～。"❷ (～儿)gǎ huōr 结伴:俺～去看电影。❸ (～儿)gā huor 相好的;姘头:这就是他那个～。❹ gā huo 交往;相处:

他们俩～半辈子了,从没红红脸儿。❺ gā huo 与之成为情人关系:他～着他单位的那个会计。

【伖拉】gǎ la〈贬〉结交;不正当的结合:你怎么能和这样的人～上?

【伖邻守】gà lǐn shou 成为邻居:他搬到村西头儿和姓于的～。

【伖亲】gà qǐn 结亲:他们是姑舅姊妹～。

【伖亲家】gā qìng ji 结为儿女亲家:他们两家子～挺合适的。

【伖硬伙儿】gà yìng huōr 一心一意地合起伙来:只要恁这几个人都～,他们一点儿办法没有。

【伖药】gà yuě 抓配中草药:前几天一个劲儿地咳嗽,伖了两副药回来吃了就好了。

【匄拉】gǎ la ❶(～儿)圆圈;环状物;环形场地:他老实的,给他划个～绝对不敢不出去|褥子上有块尿～|△磨～找驴脚印——没事找事。❷(～儿)四周;周围:你上那一～儿去看看。❸遛弯儿;溜达:你快～着找去啵。‖《广韵》:"匄,周匝也。"

【匄拉亲儿】gǎ là qǐnr 关系很远的亲戚:他们两家说起来还是～来。

【蛤蜊】gǎ la 蛤蜊,贝壳类软体动物,壳卵圆形:红岛～|辣～|泥～。

【蛤蜊皮】gǎ la pì 蛤蜊的外壳。

【蛤蜊肉儿】gǎ la ròur 蛤蜊的软体部分:买两斤干～吃。

【旮旯儿】gā rar 角落;狭窄隐蔽的地方:孩子跑个～去藏着,大人没处找。

【轧】❶ gà 避开正常线路沿直线方向或近路进行拦截或超越:～捎道儿|～他前边去|把他的车～路边下了。❷yà～花|～马路。

【轧捎道儿】gà shǎo dàor 抄近路;走捷径:从这里～的话,能近便不少路。

【轧账儿】gà zhàngr 结算;结帐:到月底～的时候,一块儿算。

【轧线】gà xiǎn 将棉纱加工成棉线。

【轧绳】gà shèng 用苘麻的外皮纤维纺成的单股细绳再加工合成多股绳。

【疙瘩鸡】gǎ dà jǐ 用长条形面团做成的扭花状面食,上面捏出一鸡头的形状,故称。

【疙瘩头】gā da tòu 用整个芥菜根腌制的咸菜。

【胳膊】gā ba 肩以下手腕以上的部分。

【胳膊箍儿】gā ba gǔr 袖标;佩带在衣袖上臂部分,表示身份或职务的标志:你看他带上个～,就不知道姓什么了。

【割】gā ❶切断;截下;划分出来:～麦子|～韭菜|～草。❷购买(需要

裁割的东西）：～布｜～件衣裳｜咱～起肉买还能买不起葱花？ **❸** 在买卖中卖方虚谎多报货物重量：～秤儿｜你买的肉最少叫他～了半斤秤儿。

【割把子】gà bà zi 在办事过程中截留克扣或占别人的便宜：安排他去买点儿什么东西,老是待割点儿把子。

【割布】gà bu 购买从布匹上分割下来的布料：上集割了块布回来做条裤子。

【割不断】gā bu dàn 连襟；姐妹之夫的互称或合称。

【割秤儿】gà chèngr 缺斤少两：都是些熟人,他怎么好意思～？

【割裤子】gà kù zi 购买做裤子用的（从布匹上裁割下来的）布料：到了过年也不割舍割条裤子穿。

【割磨】gā me 买东西时双方就货物进一步议价：你一遭要了吧,我好好给你～～。

【割麦子】gà mèi zi 用镰刀等器具收割麦子。

【割蜜】gà mǐ 旧法养蜂的取蜜法,把蜂巢中储存蜜的部分用刀割下来：△没指着这窝蜂子～吃。

【割舍】gā shi ＝〖割舍得〗gā shi di 舍得：那时候穷家过日子,都不～花钱｜《琵琶记》第二十出："公公,婆婆,人道你死缘何故？公公,婆婆,你怎生～抛弃了奴？"｜元杂剧《窦娥冤》楔子："我也只为无计营生四壁贫,因此上割舍得亲儿在两处分。"｜《聊斋俚曲集·蓬莱宴》第四回："就象我那娘子,又带上了一朵鲜花,怎割舍得卖了他？"亦作"割舍的"：元杂剧《燕青博鱼》第二折："我割舍的发会村,怒吽吽使会狠。"｜元杂剧《灰阑记》楔子："不是我做娘的割舍的你,你可也做人家媳妇去,再不要当行首了也！"｜元杂剧《赵氏孤儿》第三折："背地里搵了,没来由割舍的亲生骨肉吃三刀。"｜《金瓶梅词话》第五十九回："（李瓶儿)叫了一声：'我的儿哝,你叫我怎生割舍的你去,坑得我好苦也。'"｜《醒世姻缘传》第七十八回："每遭拿着老米饭,豆腐汤,死气百辣的揣人,锅里烙着韭黄羊肉合子,喷鼻子香,馋的人口水往下直淌,他没割舍的给我一个儿尝尝！"

【割衣裳】gà yǐ shang 购买做衣服用的（从布匹上分割下来的）布料：头年给她婆婆割了两套儿衣裳。

【割肉】**❶** gà yǒu 买肉：你去割两斤肉回来包饺子吃｜△亲戚～割上骨头。**❷**（～儿) gà ròur 触及、侵害某人的利益：那不就割他的肉儿了,他能愿意？｜没割着他的肉儿,他当然不害疼了。

【嘎急】gǎ ji 赶紧；快：快～走,快撵不上车了。经常省略为"嘎"：你～上村头接接恁姥娘。

【嘎唧儿】gà jir 后缀,一般含消极或否定的意义:骂～|咸～|凶～|凉～。

【嘎拉】gǎ la 闲扯;胡说:也不知他待人家跟前都～了些什么|说不了几句他又开始～淡话了。亦作"割拉":《醒世姻缘传》第四回:"拿茶来,吃了睡觉,休要割拉老鼠嫁女儿!"

【嘎拉子亲戚】gǎ là zi qǐn qin 远房亲戚:他们两家子说起来还是～。

【嘎嗓】gā sang 鱼类的鳃:拾掇鱼的时候别忘了把～择出来。

【嘎斯灯】gā si děng 瓦斯灯。

【嘎呀】gǎ yà ❶ 咀嚼;吃:还不到饭点儿,他先找了点儿馒头～着。❷〈贬〉说;胡说:不知道他给人家～了些什么。‖《俚语证古》第五卷:"咀嚼食物谓之葛(古雅切)亚。"

【嘎呀胡儿】gǎ ya hùr 胡说八道:没事儿少和那帮人～。

【嘎渣】(～儿) gǎ zhàr ❶ 食品表面烘烤形成的硬层:火烧～儿。❷ 结痂;块状垢渍:血～|鼻清～|屎～|盐～。‖《俚语证古》第五卷:"锅焦谓之戈札……又疮甲亦谓之戈札。"

【嘎渣罪】gǎ zhà zuī 极度的痛苦:他那几年遭那个～就不用提了。

【嘎铮儿】gǎ zhengr 拟声词,发出清脆的声音:这是什么～着响?

【嘎铮铮儿】gǎ zhèngr zhengr 声音清脆的样子:吃起来还～的,真脆。

【嘎吱】gǎ zhi ❶ 拟声词:这个椅子好修修了,一坐就～响。❷(发出声音地)吃:才吃了饭又待那～萝贝。

【嘎子】gā zi 有花纹或造型的戒指:金～。

gai

【改口】gǎi kōu ❶ 改变原来的说法:再去问他的时候,他又～了|《聊斋俚曲集·寒森曲》第五回:"你既自己改了口,暂且放你这一遭,差人送上阳关道。" ❷ 因联姻改变对对方家人称呼:孩子叫爹娘了,不是得给～钱嘛!

【该】gǎi ❶ 欠:他还～着人家小铺五百块钱|《聊斋俚曲集·墙头记》第二回:"银匠说年年化银子,～下了几吊火钱,因着相好,不曾开口,怎么连面不见?"又:"为着～钱就不见,家父不是这样人,既相好怎么不相信?"|《聊斋俚曲集·墙头记》第三回:"他说火钱六七吊,至到而今把他～,没钱使上门来索债。"又:"因着合他常相处,～钱也无个账目存,这一来叫人心不愤。"|《聊斋俚

曲集·禳妒咒》第二十六回:"我只赌瓜子,我输了～着,你输了我可打你。"|《红楼梦》第一百回:"人家～咱们的,咱们～人家的,亦该请个旧伙计来算一算,看看还有几个钱没有。" ❷ 赊账:今日没拿钱,先～着吧。 ❸ 与某人或某事物有关:这个事～你什么事|《聊斋俚曲集·禳妒咒》第二十六回:"(公子云)打我罢呀,～他什么事?(江城云)他从头里合你挤眉弄鼻的,难道我看不见么?" ❹ 轮到:后日～我值班了。

【该当】gǎi dang 注定遇到(不好的事物):说起来这个事也是～着,那天他勤不着懒不着地非要去看什么戏|《白雪遗音·八角鼓·酒鬼》:"依着我说,不如凭着命去闯。酒鬼点头,他说道命里头～。"

【该莫该说】gǎi me gǎi shuō 不管怎么说;实实在在地讲:～人家两口子拿着老儿的是真挺好。

【盖垫】gài dian 用双层细高粱秸编制的圆形厨房用品,用来当锅盖、容器的盖子,也可摆放馒头、饺子等食品。‖ 参"盖垫子":《醒世姻缘传》第四十九回:"他也还会编席,编盖垫子,也会编囤。"

【盖屋】gài wǔ 建房子:孩子这么大了,也好给他～说媳妇了。

gan

【干巴巴】gǎn bà ba ❶ 干硬;没有水分或水分很少的样子:～些饭谁能吃下去。 ❷ 身体干瘦的样子:他长得～的,不带个福相。

【干巴劲儿】gǎn ba jìnr 身体看起来瘦弱,但比较有力气:看他瘦的那个样儿,还真有个～。

【干巴人情】gǎn ba yǐn qìng 不实际帮助别人,仅说一些无关紧要或毫无价值的话让别人对自己有感激之情:谁不知道谁,还用他送这些～!

【干崩干儿】gǎn bèng gǎnr 用煮熟的地瓜切片晒制的食品,吃起来干硬有韧性,故名。

【干贝】gǎn bèi 将扇贝的闭合肌晒干制成的食品。

【干插石】gǎn chà shì 垒砌石头墙时不使用水泥等任何粘合物的工艺。

【干馋】gǎn chàn 想吃而得不到:△鼻子尖儿上抹蜂蜜——～捞不着。

【干吃】gǎn chī ❶ 白吃;没有付出或代价地吃喝:他霸道惯了,待这根街上,到哪儿也是～。 ❷ 不就菜肴而单吃一样东西:几个孩子也没炒菜,光待那里～馒头。 ❸ 不就着汤、水而吃水分少的东西:也没拿着水,就～了点儿饼干。

【干吃白逮】gǎn chī běi dāi 没有任何付出或代价而吃喝或获取：那些人就知道～,吃孙喝孙不谢孙。

【干搓手】gǎn cuǒ shōu =〖干搓挼手〗gǎn cuǒ yue shōu 手足无措的样子：看着孩子痛的那个样儿,两口子是～。

【干干】gǎn gan ❶没有水分或水分少的样子：～鱼｜～鲞。❷变干；变干枯：再不浇水黄瓜都～了。❸身材干瘦的样子：看他那个～样就可怜死了｜他瘦得就个～猴。❹（gǎn gàn）白干；徒劳无功：要是他看谁不顺眼了,出了再多的力也是～。

【干干部部】gàn gan bǔ bù 有点像干部的样子：前面那个人戴着副眼镜,看模样～的。

【干干松松】gǎn gan sěng seng 干燥、干爽的样子：衣裳晒透了,～地穿身上多舒梭。

【干给】gǎn gēi 白给：～人家那么多东西,事也没办成｜《聊斋俚曲集·禳妒咒》第十回："早知这个胎,～也不要,我情愿打光棍直到老!"｜《聊斋俚曲集·禳妒咒》第十三回："休说使了二百钱,就是～也不要!"

【干勾儿】gǎn gour ❶一种类似蛤蟆状的两栖动物,腹部有红底的黑斑点。❷形容干瘦的样子：他怎么突然瘦得和个～样的。

【干鼓儿】gǎn gūr 白白地生气而没办法发泄；无奈：你就算这么说了他也待～着。

【干黄】gǎn huàng（没有血色或不健康的）黄色：他个脸～,是不不哪儿不舒梭?

【干捡】gǎn jiān 形容便宜到了极点：这个价格买和～似的。

【干渴】gǎn ka 口渴：看他那个样儿就～得不轻。

【干粮】gǎn liàng 水分少、不易变质、便于携带的面食：△拿着豆包皮不当～｜王充《论衡·艺增》："且周殷士卒,皆赍～。"｜楼钥《跋从子所藏书画》："问所携,前则草履,复则～。"｜《聊斋俚曲集·墙头记》第一回："又怕老头脾胃弱,吃了～消化难,老孝顺儿革了他达的面。"

【干忙活】gǎn mǎng huo 没有效果或回报地干活：一年到头儿跟着～,挣不几个钱儿来家。

【干气】gǎn qi（人）干净利落：他从小就～。

【干气干鼓】gǎn qì gǎn gū 徒然生气而没办法解决问题或发泄情绪：人家出去坐席,他待家里～。

【干亲】gǎn qǐn ❶ 指没有血缘或婚姻关系而拜认的亲属关系,如干亲家、干妈、干姊妹、干儿子等。❷ 徒劳地对别人好(一般指对年龄小的人或晚辈):这些没良心的,亲了也是～。

【干亲家】gǎn qìng ji 没有血缘关系或婚姻关系而结成的亲家。

【干操儿】gǎn sāngr 不喝水也不就着东西而吃较干的食物:也没点东西就着,他这么～了一个火烧。

【干松】gǎn seng 干燥;干燥而松散:这个好日头,晒的衣裳一阵儿就～了。

【干松松】gǎn sèng seng 干燥、干爽的样子:坐坐吧,地下～的。

【干事儿】gàn shìr (不利的)影响;妨碍;有大碍,一般用于反问或否定句式:不～,就破了点儿皮儿。

【干屎抹不了人身上】gǎn shī mē bù liāo yìn shěn shàng 诽谤或诬陷最终不会成真:～,咱没做的事儿按不到俺头上。

【干瘦】gǎn shòu 身形消瘦:他吃好的也不胖,老是～～的。

【干头儿】gàn tour 做某项事情的价值或必要:待遇老是这么差,工人们也都感觉没有什么～。

【干碗儿】gǎn wānr (池塘、河流等水体)干涸露底:那年大旱,山上的水库都～了。

【干兄弟儿】gàn xǐng dìr 结义兄弟,指没有血缘或婚姻关系,拜认的兄弟关系:他拜的～有七八个。

【干住屋儿】gàn zhu wùr 寄居蟹或寄居虾。

【干赚】gǎn zhuàn ❶ 没有代价或付出很少而得到:除了费点电钱,剩下都是～的。❷ 白白搭上;没有起到应有的作用:～和他还是亲戚,他一点也不愿意帮忙。

【干缀上】gǎn zhuì shang ❶ 耗费而没有效果;徒然:当时墙理得再厚也就叫这个大水冲倒了,也是～。❷ 比喻白白拿出财物而没有效果或回报:你给他再多也是～,没人致你的情。

【干姊妹儿】gǎn zī mèir 指没有血缘或婚姻关系,拜认的姐妹、姐弟或兄妹关系。

【秆草】gān cao 作牲畜饲料用的谷秸:欧阳修《乞罢刈白草札子》:"今年马军抽减,归京后,马数少于去年,其～等数,必不至阙少。"|《东京梦华录》第一卷:"每遇冬月,诸乡纳粟～,牛车阗塞道路,车尾相衔,数千万辆不绝。"|《庄农日用杂字》:"场园结实压,苫子～编。"亦作"杆草":《聊斋俚曲集·增补幸云

曲》第五回:"乍离龙床鸳鸯枕,土炕上无席铺杆草,半头砖又垫上檐毡帽。"

【赶】gān ❶（等）到某个时候:～他们长大了,咱也上年纪了|和他都说好了,咱～明日再去|《醒世姻缘传》第二十五回:"狄员外问:'你们～几时回来?我这里好叫他伺候。'" ❷ 就像;如同:～老人说话:"好货不用管,管死没好货"|你看他画的这个画,就～真的样的。❸ 连词,一边…一边…:他～走～寻思这个事儿。❹ 立即;马上:恁爹～就来了。❺ 同时:不用等他,咱～吃着。❻ 顶;胜过;超过:一个好儿～十个|元杂剧《百花亭》第一折:"那公子须不比寻常人,说起来,～一千个双通叔,赛五百个柳耆卿哩!" ❼ 按;按照:～你那么说的话,来的这些人都是多余的? ❽ 驱赶;驱逐:～鸭子|～猪。❾ 驾驭:～驴车。❿ 遇到;碰上(某种情况):～的早不如～的巧儿。⓫ 按照某一固定或有规律的时间到达并从事某种活动:～李村集|～海儿。

【赶不上】gān bu shàng 不及;不如:你说了一大顿,～人家这一句话管用。

【赶道话儿】gàn dao huàr ❶ 后面引出一句俗语、谚语或大众认可的话:～"走亲走亲,不走不亲",是亲戚也待常走动着。❷ 假若:他～能寻思过来,还是留下来好。

【赶道是】gàn dao shi 假若:他～不提这个事便罢,一说他就那个气。

【赶道说】gàn dao shuō 假若;如果说:人家～也没勃勃,恁就趁早回来。

【赶等等】gàn dèng deng 住会儿;等一会儿:先别急着走,～他爸爸回来送送你。

【赶海儿】gǎn hāir 在退潮时到海滩获取鱼虾、贝类等海产品。

【赶后日】gàn hǒu yi 到(等)后天:恁弟弟～才能来。

【赶急】gǎn jī 赶快:这样的好事儿你不～,还待这等着干什么?

【赶集】gàn jì 到农村定期交易的市场买东西:△～走得晚——家里净事。

【赶脚】(～儿) gǎn juēr 指旧时用马、驴、骡子等牲畜提供运输服务:王二小～|△骑驴的不知～的苦|《聊斋俚曲集·富贵神仙》第九回:"那～的果然就合他上了永平府,到了王店桥,隔着家有一程路,心里胆虚,带上眼罩儿遮了面。"|《聊斋俚曲集·磨难曲》第十八回:"店主说:'我一面招管。'即时叫了个～的来,说:'脚钱我管。'"

【赶拢】gān leng 讨好;迎合:你这么～他也没为出个好来。

【赶拢不是买卖儿】gān leng bù shi māir màir 只有一方主动是成不了事情的:要紧想着～,你说得急了人家还以为有你什么好处。

【赶马儿上】gān mǎr shàng 毫不示弱;寸步不让:有点事儿几个孩子都～,

没有个省心的。

【赶忙儿】gān mangr ❶ 马上;立刻;不一会儿:待这等等吧,他～就回来了。❷ 住一会儿;过一段时间:咱先吃饭,～再干活。

【赶明日】gàn mǐng yi 到(等)明天:恁不如～再走,待这里大耍耍儿。

【赶巧儿】gǎn qiāo 恰巧;凑巧:这也是～了,要不还真碰不上他。

【赶上】gān shang ❶ 追上;跟上:能～哪趟儿车就坐哪趟。❷ 遇上;碰到:正～旱天。❸ 比得上:她哪～你长得俊。❹ 不如,一般用于反问或否定句式:出去挨那个挤还～待家里耍耍儿了?│赶不上等干完了一块儿打扫,省着费两遍事。

【赶趟儿】gàn tàngr ❶ 来得及:你这个时候才走也～。❷ 反应快;不落后:他干活不行,就说大话～。

【赶眼色儿】gǎn yān sheir ❶ 善于察言观色并及时做出让人满意的行动:人家教育得那孩子真是～。❷ 眼疾手快,常用于贬义:才掇出来的盆花儿,叫哪个～的拿去了。

【赶早不赶晚儿】gǎn zāo bù gǎn wānr 趁早做比晚做好:这种事都是～,别等到最后。

【赶自】gān zi =〖赶着〗gān zhi ❶ 一会儿;马上:再等等,～车就来了。❷ 连词,一边…一边…:～走～找│两个人～走～说,不知不觉地就到了。

【敢】gān ❶ 有勇气;有胆量:～想～敢。❷ 可以放心大胆地(做某事):你～去考考,说不定还能考上。

【敢保】gǎn bāo =〖见保〗jiǎn bāo 表揣测,肯定;一定:这么敲门都敲不开,～他是困着了│他这个时候还没到,～是没坐上车│《祖堂集》第十卷:"德山云:青山碾为尘,～无闲人。"又:"你若择得,许你有这个眼;你若择不出,～你未具眼在!"

【敢准】gǎn zhūn 表揣测,一定;定准:～是路上堵车,要不他早就来了。

【敢子】gān zi =〖敢子的〗gān zi di 当然;必定;敢情:听你这么一说,他～愿意去│《聊斋俚曲集·禳妒咒》第二十四回:"即如就一碗豆腐,若是切成叶着油煎了,蘸上个蒜碟儿,或是切成细馅包包儿,～他就吃了。"亦作"敢仔""敢则""敢自":《聊斋俚曲集·增补幸云曲》第十八回:"长官,你戏我哩,叫我王官,又问我贵姓,敢仔我姓王。"│《醒世姻缘传》第七十四回:"你要说那大主子,他不给人家做'七大八',俺敢仔没本事说。"│《醒世姻缘传》第九十回:"俺的心里敢仔指望叫娘做彭祖才好。"│《儿女英雄传》第三十三回:"我到了咱们家这

一年多,听了听京里置地敢则合外省不同,止知合着地价计算租子,再不想这一亩地有多大出息儿。"|《红楼梦》第六十回:"你这么会说,你又不敢去,指使了我去闹。倘或往学里告去捆了打,你敢自不疼呢?"|《红楼梦》第六十四回:"贾蓉道:'我说的是当真的话。'贾琏又笑道:'敢自好呢。只是怕你婶子不依,再也怕你老娘不愿意。况且我听见说你二姨儿已有了人家了。'"‖1928年《胶澳志》:"敢子的,能如此便佳,与京语敢情之用同。"

【擀瓜儿】gàn guǎr ＝〖擀皮儿〗gàn pìr 将包饺子、包子等食品的面剂子用擀面杖擀平:你帮着～我包。

【擀杖】gān zhang 擀面杖。亦做"秆杖":王哲《换骨骰·赠道友王十四郎》词:"一斩红崖,按阔狭、方能及丈。横梁架,细如秆杖。"

gang

【杠】gàng ❶(～儿)画出的直线:三趟～儿。❷较劲:他今日和这个卖菜的～上了。❸硌:他们困不惯炕,说～人。

【杠杠儿】gàngr gangr ❶直线;线段:你衣裳背面怎么弄上了一些红～。❷规定;规矩:这些事儿都是有～的,谁也不能乱来。

【杠子】gàng zi 画出的直线或很浅的沟槽:车门儿叫树枝刮上了几趟～。

【杠子头】gàng zi tòu ❶固执并易与人发生争执的人:别和这个～叨叨|他这个～脾气,上哪儿都叫人心事。❷特指一种硬面制作的火烧或馒头,制作时用杠子反复压面,故称:～火烧。参"杠子火烧":《醒世姻缘传》第八十回:"一日,将午的时候,寄姐不在面前,童奶奶袖了几个杠子火烧要从窗缝送进与他,唤了几声不见答应。"

【刚】gàng 强硬;不示弱:他这个性儿太～了。

【刚不喽斗】(～儿)gàng bu lǒu dòur 强硬、不服气的样子:他来了还～的,差一点儿打起了。

【刚刚儿】gàngr gangr 强硬;不服气:他不知道人家那是让着他,还待那里～得不行了。

【刚连纸】gǎng liàn zhī 一种薄的白纸:老辈儿的时候,家里的墙都使～糊的|《聊斋俚曲集·增补幸运曲》第八回:"休说做衣服,就买几张～来也不勾糊一身衣服的。"

【刚忙儿】gāng mangr ❶马上;立刻;一会儿:先歇歇咱,～再干也赶趟儿|你先等等,我～就回来了。❷住一会儿;过一段时间:不急,咱～再走。

【刚强】gǎng qiàng 强硬;好胜:△老实常常在,～惹祸多。

【钢钢儿的】gǎngr gǎngr di ❶ 结实;牢靠:他保养的机器到如今使起来还～。❷（感情、关系）极好:他们几个的关系那真是～。

【钢火儿】gǎng huor 金属器具加钢及淬火后的硬度,也指刀刃的锋利程度:这把刀的～很好。

【钢硬】gǎng yìng 非常硬:那些馒头都晒得～,根本咬不动。

gao

【告说】gāo shuo 非常委婉地表达自己的请求:他待你眼前～,你这还没听出来?

【高昂昂儿】gǎo àngr angr ❶ 秤物时份量很足,秤杆上翘的样子:别讲价了,我给你～地称着就有了。❷ 形容人说话声音洪亮或声音很大:和长辈说话不能这么～的。

【高高下】gào gao xià 高的样子:那么～的个墙没几个人能爬上去。

【高起】gǎo qi 比……高:他对象也不～你│△什么～天?什么矮起地?什么甜如蜜?什么蜜水甜?父母～天,子女矮起地,娘想孩子甜如蜜,孩子想娘蜜水儿甜。

【高塽】gǎo shuang ❶ 本义指地形高,敞亮:一开始选的那个场儿好,真～。❷ 高挑;挺拔:他看中那棵长得～点儿的耐冬花了。‖《集韵》:"塽,地高明处。通作爽。"

【高塽塽】gǎo shuàng shuàng 高大敞亮的样子:你有心翻新屋了,就盖得～的│他家的房子盖待崖子顶那里,～的真廖亮。

【高下】gǎo xià 高度;身高:他这么～都够不着,咱更不用心事。

【膏】gāo（gào）涂抹油等润滑液体:～油。

【膏膏儿】gǎo gaor 小儿语,血:手指头磕破皮出～了。

【膏油】gào yòu 往机器上或活动的铁器上施加润滑油:缝纫机好～了,都蹬不大动了。

【糕】gǎo 糯米或大黄米等作主馅料的包子状食品,顶端一般有束状褶皱:包～。

ge

【各呀】gè yà 不驯服;不好对付:他那个东西真～。

【咯】ge 语气助词,用在句尾,主要流行于王哥庄片区:他待上山置菜～。

【膈应】gè ying ❶ 使人恶心:他做的那些鸡翅脚儿的营生真～人。❷ 反感;厌恶:他最～那些胡吹海嗙的人了。❸ 挖苦;讽刺:他单为说那些话～人家。

gei

【给脸】gěi liān 照顾情面:人家～他不要脸。

【格格儿】gēir geir ❶ 格子:把本子打上～│贴了那么多～纸墙上。❷ 横线;横条:上把穿了个～衣裳来的。

【隔道手】gēi dao shōu 隔着一层;多一个环节:△爹有娘有不如自己有,老婆汉子～。

【隔三差五】gēi sǎn chǎ wū 每隔几天;偶尔:～地去趟还行,天天去谁也跑草鸡了。

【隔印纸】gèi yǐn zhī 复写纸。

gen

【艮】gēn ❶ 受潮:扎紧口儿,别～了。❷ 湿度大:靠着海边管哪好,就是太～了。❸ 慢腾;拖拉:他那个脾气太～了。‖1928年《胶澳志》:"～,迟缓又柔韧之谓,又物反潮湿亦云反～。"

【艮瓜齑】gēn guà ji 一种用晾晒过的萝卜条腌制的咸菜。

【艮揪揪】gèn jiǔ jiu 食物坚韧耐嚼,有筋性:王哥庄大馒头吃起来～的,就是好吃│才晒的干崩干儿,咬起来～的。

【艮木悠悠】gēn mu yǒu yòu(说话做事)慢悠悠的样子:这个小嫚儿说起话来老是这么～的。

【艮皮拉肉】gēn pi lǎ yòu(水果等食品)皮肉坚韧不脆:这些桃儿～的没什么吃头儿。

【艮硬】gēn ying ❶ 食物坚韧耐嚼:他蒸的馒头吃起来挺～,真有嚼头儿。❷ 说话不紧不慢:那个小嫚儿说话真～。

【艮质质】gèn zhǐ zhi 食物咬起来有韧性、有质感的样子:这条鱼胶性大,吃起来～的｜才蒸的地瓜面饼子,吃起来～的。

【根】gěn ❶ 植物长在土里的部分:树～。❷ 物体的基部和其它东西连着的部分:～底｜山～儿｜墙～儿。❸ 事物的本源:～源｜病～｜知～知底。❹ 量词,指长条的东西:｜这～路｜几～筷子。❺ 关系;人脉:初来乍到的没有～儿。

【根梢】gěn shǎo 根据;依据:△老人说,老人道,老人说话有～。

【根子】gèn zi ❶ 植物的根部:这都是上山刨得些老～｜△拴绳子养海带——～不在下面儿。❷ 动物的尾部:尾巴～。❸ 后代:独～儿｜独～闺女｜奶～(吃奶的孩子)。❹ 人脉关系;后台背景:～不硬实的话,他早叫人家撵来家了｜△屋檐上的冰溜——～在上头。

【跟】gěn ❶ 随在后面;紧接着:～腔后儿。❷ 赶;及:走的慢了就不～趟儿。❸ 和;同:你～他说才管用。❹ 往;向:越～里去越宽透｜你这待～哪走？❺ 保持恋爱或情人关系:她～了他三四年。❻ 结婚或保持婚姻关系:他这么个糟法儿,媳妇也不～他了｜他多少好茬不要,非待～个没有工作的。

【跟车】gèn chě 跟随货车做装卸工作:最少找两个～的才能干完。

【跟搭】gěn da 跟随;跟着:我走哪儿小狗～到哪儿｜《聊斋俚曲集·富贵神仙》第十三回:"此事闹动了合庄,都来磕头,连那李大的老婆,在家里也坐不住了,～着也跑了来,捣了顿头去了。都来叩头,都来叩头,仇家也不敢记前仇,～着别人来,好像那鸡嗛豆。"

【跟道】gěn dào (来)告诉;(来)说:街上来了一党子唱戏的,他挨家挨户去～。

【跟腚】gěn dìng 紧跟在身后:我出门他～就来了。

【跟腚虫】gèn ding chèng =〖跟腚猴儿〗gèn ding hòur 总是跟在别人后边走的人:走哪里跟哪里,真是个～。

【跟脚】(～儿) gěn juer ❶ 鞋子大小合脚:才买的这双鞋真～｜《儿女英雄传》第四回:"我合他一块儿去,少爷,你老也支给我两吊,我买双鞋。瞧,这鞋不～了。" ❷ 紧接着:你前脚走了,他～就走了。

【跟脚子】gěn juè zi ❶ 随母亲改嫁的孩子。❷ 别人走到哪里跟到哪里的人:你怎么是个～,上哪里都跟着？

【跟哪】gěn nā 往哪儿:你待～走？

【跟前】gěn qiàn 身边;附近:孩子们都待～里,有个什么事也方便。

【跟趟儿】gěn tàngr ❶ 行进的速度跟得上:你走慢点儿,俺都不～了。❷ 说话、学习、技能等能跟上进度或他人：他早上了一年学，不过学习还挺～的｜他干活挺黏驰，说话倒是真～。❸ 及时：只要水能～，这块地的收成就差不了。

【跟下】gèn xià ❶ 往下面的方向：你～挪挪。❷ 以后；往后：就这一把儿，～别想这样的好事了。

【跟形势】gěn xǐng shi 时髦；赶潮流：你这些衣裳快别穿了，都不～了。

【跟装儿】gèn zhuǎngr 自己没主见，跟随别人行事：看人家都去，他也～去。

geng

【工分儿】gèng fēnr 农业生产合作社、人民公社时期计算社员工作量和劳动报酬的单位：他十三四岁就下学帮家里挣～了。

【工夫】gěng fu 时间：就他出门这块儿～，小狗跑出去找不着了。

【工夫市】gěng fu shì 旧时指短工劳务市场。

【功事】gěng shi〈贬〉功劳：看摆的那个排场，寻思他也不多么大的～。

【贡儿】gèngr 打扑克牌时，输家向赢家送的一张或数张大牌：吃～｜上～。

【弓弓】gěng geng 弯起如弓的样子：老人～着腰，站待村头儿等孩子回来。

【弓马娴熟】gěng ma xián shù 技艺纯熟的样子：他～的，这营生难不倒他。

【公儿】gěngr 雄性的动物：他从才菢的小狗里挑了一～一母儿回去养着。

【公分】gèng fēn 厘米：得割成两～厚的木板才合适。

【公理公道】gěng lī gěng dào 公正；不偏不倚：～地说，他干活还是很好的。

【公鸭嗓子】gěng yà sāng zi 形容说话声音像公鸭一般难听：我一听见他那个～就烦气。

【公鸭子】gěng yà zi ❶ 雄性鸭子。❷ 如同公鸭子般的声音，形容声音难听：他说起话来就个～，真难听。

【公子】❶ gěng zi 雄性的：那些～没有籽儿｜那个小狗是个～。❷ gěng zī 本是对豪门富家年轻男子的尊称，常用来指花花公子、公子哥，含贬义。

【共总】gěng zēng 合在一起；一共：两些加起来～能有百十斤。

【供儿】gèngr 供品；祭品：摆～。

【供养】gèng yang ❶ 用供品来祭祀祖先或神明；在重要的节日将食用的饭菜先向祖先或神明进行敬拜：把鱼肉～～再上桌吃｜《醒世姻缘传》第三回："新年新节，请你老人家来受～，你老人家倒不凡百保佑，合人一般见识，拿的人头疼发热。"｜《醒世姻缘传》第四十二回："（侯小槐）择了个进神的吉日，

唤了几个师婆跳神喜乐,杀了猪羊祭祀,～他在原住的明间上面,做了红绢帐子。"|《聊斋俚曲集·墙头记》第二回:"家里财神不～,把他简慢又蹧开,这是嘲呀可是怪?"|《金瓶梅词话》第五十九回:"进入明间内,～着一轴海潮观音,两旁挂四轴美人。"❷遵照相关礼仪进行敬拜:～牌位。

【拱】gēng ❶向外钻或顶:种子才撒上三天,就～出土儿来了。❷(猪等动物用嘴)顶或掀:猪把猪圈～倒了。❸用力推(车):这个大上崖儿一下～不上去。❹用刀等尖锐之物戳入:他把人家都～上刀子了。❺(虫子等在作物上)钻洞:这棵树上的桃儿都叫虫子～了。❻钻营:这伙计见了当官儿的就往前～。❼屈缩着爬行:那么多毛虫子待叶子上～。❽大针脚缝制;针尖在织品中连续穿行几次再拔针引线一次:你把那床被四边儿再～几针。

【拱鼻子】gèng bǐ zi(强烈的气味)呛鼻子:他家整天关门锁窗的,憋得那个味都～。

【拱送】gēng seng ❶在人群中使劲钻:他一阵儿就～上前边儿看戏去了。❷〈贬〉想尽办法地去做:他非要～跟着恁出去耍。

【埂儿】gēngr 农田里间隔分畦的土垄:畦子～。

【梗梗儿】gèngr gengr 挺直(脖子、头等部位):他～～着个脖子,一点儿也不服气。

gou

【勾勾儿】gǒur gour ❶如钩状弯曲:这根黄瓜怎么长～着。❷脊背弯曲;蜷缩:他～待那里一看就难受得要命。

【勾拉】gǒu la ❶勾结;交往:他们两个人怎么能～待一块儿? ❷勾引:他老想着～人家那个小嫚儿。❸粗略地缝(破损的衣物),亦称"编拉":他把裤子刮破了,你给他～～。

【勾周】gǒu zhou 触摸别人的腋窝、脖子等身体敏感部位,使之发痒难受:你把他～得都哭了。

【勾支】gōu zhi ❶蜷缩、不舒展的样子:那些豆角叫幂虫子幂得都～了|他长得～着,一点儿不大方。❷吝啬:这人办事真～,不开面。

【沟沟儿】gǒur gour 浅漕;和沟类似的低洼处:地下那么多～不好打扫。

【沟沟洼洼】(～儿)gǒu gou wǎ wàr 低洼不平、沟壑众多的样子:那个村～的,去趟都愁人。

【钩针】gǒu zhen 做针织工艺的一种针形工具,一端有短钩,用于钩住织线。

【钩子虾】gòu zi xiǎ ❶ 虾。虾体一般弯曲,像钩子一样,故称。❷ 比喻身体干瘦而弯曲的人:他那个身子勾勾得就个～。

【狗避】gōu bi 吝啬;不大方:伺候客要紧大大方方的,别～。

【狗不咬使棍儿捣】gōu bu yǎo shǐ gùnr dāo 无事生非:你整天～,净惹事。

【狗臭屁】gōu chòu pì 胡说的话;没用的话:放你娘的～! |《聊斋俚曲集•墙头记》第四回:"单单指望他一句话,他低头子挺了尸,全不放个～。"

【狗蹲】gōu den 〈贬〉如同狗一样蹲着;蜷缩状蹲着:他不下地干活儿,光知道跑阴凉儿地～着。

【狗狗避避】gōu gou bǐ bi 吝啬、不大方的样子:他～的,一听说出钱的事就躲远远儿的。

【狗咕哝】gōu gù neng 令人厌烦地絮叨:他不愿意待家里听老婆～。

【狗欢没好事】gōu huǎ mě hào shì 形容人过于兴奋时往往容易乐极生悲:我看着他今日是～。

【狗精神】gōu jìng shen 〈贬〉不庄重的样子:好好坐着,哪儿这么些～!

【狗撅】gōu jue 因过于兴奋而举止不庄重:孩子看你来了又～起来了。

【狗奶子】gōu nài zi ❶ 枸杞;枸杞的果实。❷ 母狗的乳房。‖《俚语证古》第九卷:"苦杞谓之～。"

【狗屁不是】gōu pǐ bù shì 非常差:他讲排场顶个儿,论学习～。

【狗臊】gōu sao 本义为使沾染腥臊气味,通常指骚扰、连累、烦扰:咱不图希他那仁瓜俩枣的,吃了别让他～着 | 隔他远点,别叫他～着。

【狗食钵子】gòu shi bē zi ❶ 盛放狗食的盆钵型容器。❷ 喻指吝啬的人:谁知道他是这么个～,吝古到家了。

【狗屎铁】gòu shi tiē ❶ 一种含铁量极低,提炼价值不高的铁矿石,常用来比喻毫无价值的东西:△黄金～。❷ 低质煤燃烧后融结在一起的琉璃状残渣。

【狗心景】gòu xin jīng 不正常的想法和行为:嘎急来家昂,我看你又要上～来了。

【狗熊】gòu xìng ❶ 熊。❷ 怯懦无能的人:他惹下事来了,就开始装～了。

【狗咬尾巴儿】gōu yǎo yū bar 对十分要好的伙伴关系的戏谑叫法:他们两个成天～,好成一个头。

【狗一阵猫一阵】gōu yì zhèn mǎo yi zhèn 形容人没有定性,反复无常的样子:他～的,谁知道明日能不能变了。

【够】gòu 伸长手足或用手持物接触或拿取:~卡槭花儿(槐花)。

【够秤儿】gǒu chèngr 所售货物重量足秤:这些虾称得~不是?

【够够儿的】gǒu gòur di 非常厌烦;忍受到了极点:他闻着油条味儿就~|一听着他那个破锣动静真是~。

【够过】gǒu guò 足以富足地生活:他的钱三辈儿~的|△七斗八簸箕,到老~的。

【够级】gòu jǐ ❶ 一种扑克牌玩法:俺这打~五缺一,你来正好。❷ 达到规定的等级:这筐苹果都~了,全是一级果儿。

【够呛】gǒu qiàng ❶ 不一定:我看他说的那个事要~了。❷ 够受的:他真接下这个活儿来,那就够他呛的。

gu

【古】gū 故事;很早以前的事:讲~|发先俺正待这里说你的~。

【古话儿】gū huar 老话:~说的好,没有弯弯肚子别吃那个弯弯镰。

【古力】gū li =〖古力井〗gū li jīng 下水道井,为外来语。

【古力盖儿】gū li gàir 下水道井盖。

【咕嘟】gǔ du ❶ 拟声词,形容液体沸腾、水流涌出或大口喝水的声音:泉眼的水~~~往外冒得那个急。❷ 炖;长时间地煮:肉还不熟,再放锅里~~吧。

【咕嘟马块】gǔ dù mà kuài 块状物与液体混杂不均匀的样子:那些涂料放了这么些日子,都变得~的了。

【咕哝】gǔ neng =〖咕囔〗gǔ nang 小声地说:进门就听她~她公公婆婆的事儿。

【沽】gù 沾(水或脏的东西);染(污渍):你裤子~上些什么东西,洗也洗不。

【沽沽】gù zhan ❶ 沾染(凌乱或不洁净的东西):衣裳~上些毛毛儿,打支不下来。❷ 涉足;涉及:你~这么多,能学过来?

【估摸】gū me 估量;估计:他领了那一大党子人,~得有二十来号人。

【估堆儿】gù zuīr =〖大估堆儿〗dǎ gù zuīr 对数量较多的物品不按具体重量或件数出售,而是论堆或大体估价出售:到最后卖不动了就~卖。

【姑姑子】gǔ gu zi 尼姑或道姑:△孩子耽误了养,~耽误了当。

【姑舅】gǔ jiù 姑表关系,即兄妹或姐弟生的孩子之间的关系:~弟兄|~姊妹。

【姑舅姊妹】gù jiu zi mèi 兄妹或姐弟的孩子之间关系的泛称:《红楼梦》第二十回:"头一件,咱们是～,宝姐姐是两姨姊妹,论亲戚,他比你疏。"

【轱辘马儿】gù lu mār 本指在铁轨上靠人力推行的铁质小推车,后泛指人力小推车。

【轱轮】❶(～儿)gū rèir 轮子:车～。❷(～儿)gū rèir 量词,段;节:我干这一～,你干那一～。❸gǔ len 浑圆、圆滚滚的样子:他的身子～着,穿衣裳不好看。

【轱轮身子】gǔ len shěn zi 胸腹部较厚,躯干呈圆柱形的身子:～穿衣裳不好看。

【锢路】gù lu = 〖锢路子〗gù lu zi 旧时修理焊补破损的铜、铁、锡等金属器具和瓷器的人:《东京梦华录》第三卷:"若养马,则有两人日供切草;养犬则供饧糟;养猫则供猫食并小鱼。其～、钉铰、箍桶、修整动使……则管定铺席人家,时节即印施佛像等。"|《梦粱录》第十三卷:"若欲唤～钉铰修补锅铫、箍桶修鞋、修幞头帽子……时时有盘街者,便可唤之。"亦作"骨路":张邦基《墨庄漫录》:"公乃误曰:'我谬也,误呼汝矣。适欲唤一锢漏俗呼骨路者耳。'"

【股子】gū zi ❶〈贬〉责任;那个事儿还有他的～里边|先攒着你的～,等过完年再收拾你。❷量词,用于气味或味道,阵;团:闻起来有～捂暴子味儿。❸量词,指一阵突然或剧烈的(力气):他干活儿老是一～劲儿。

【骨儿】gūr ❶果核:苹果～|梨～|杏～。

【骨膀儿】gū bangr 人的骨骼:他长得大～的。

【骨锤儿】gǔ chuir 聚集在一起的团、堆:你去看看,那边是一～什么东西?

【骨嘟儿】gū dur 花苞;花蕾:樱桃树才冒～,过几天才能结果。

【骨嘟嘴儿】gǔ du zuīr (花苞)刚刚突起:茶花都开始～了,过几天就能开。

【骨堆】gǔ deir 平地上隆起的土包:明日好扒白菜～了|元杂剧《盆儿鬼》第三折:"呀,呆老子也,却原来是一个土～!"亦作"孤堆":元杂剧《老生儿》第三折:"我嫁的鸡随鸡飞,嫁的狗随狗走,嫁的孤堆坐的守。"

【骨缝儿】gù fèngr ❶骨骼的结合处。❷特指女人生孩子时的产道:开开～了。

【骨拐儿】gǔ guair 胳膊肘。

【骨节】❶gǔ jiē 骨相接之处:就～这儿有点儿痛。❷(～儿)gū zer 量词,段、节:掐下一～儿给我就够了。

【骨血】gù xiē 比喻血统关系很相近的人,多指子女等后代:孩子再不听说那也是你的～。

【骨臕】gǔ xūn 骨髓。

【馉饳】gǔ zha ❶ 旧时对包子、饺子的统称,包子称"大馉饳",饺子称"小馉饳",现在已经很少用:△蛤蟆打哇哇,六十天吃～。❷ 团状或块状物:糖受潮了,都硬成一个大～儿了。

【馉饳汤】gǔ zha tāng ❶ 用细面粒做的疙瘩汤:有日子没划拉～喝了。❷ 煮馉饳(饺子)的汤。

【孤桩】(～儿) gǔ zhuangr ❶ 砍掉枝干和根部后的树干。❷ 失去双臂或双腿的身体:他当兵打仗的时候,两条腿都炸去了,光剩个～儿了|《醒世姻缘传》第二十回:"及到做完了衣服,胖得穿着甚是烦难,虽勉强穿了衣服,两个没头的～停在一处。"

【鼓】gū ❶ 一种大体为仿圆形的打击乐器:敲大～。❷ 凸起;胀大:书包儿～～囊囊的。❸ 使东西发出声音:～掌。❹ 非常多;极度拥挤:今日耍崂山的人都～了。❺ (电灯丝、保险丝等)熔断损坏:厅里的灯～了,嘎急换换。❻ 爆炸;炸伤:他叫爆仗～着手了。❼ 吹嘘:他净在那～。

【鼓捣】gū dao 折腾;摆弄:不知道孩子偷着～些什么东西|《红楼梦》第六十三回:"一坛酒我们都～光了,一个个吃的把臊都丢了,三不知的又都唱起来。"

【鼓鼓】❶ gū gu 隆起的样子:包里装着什么～着? ❷ (～儿) gūr gur 圆而突起的东西:手上不知道怎么起了一个～儿。‖《俚语证古》第十四卷:"圆而突起,谓之～。"

【鼓了】gū le 很多;爆满:夜来晚上电影院的人都～。

【鼓弄】gū leng 鼓动:他是不又待～你换车?

【鼓手】gū shou ❶ 旧时在婚礼、丧礼上吹奏乐器的人:△王八戏子鳖～|△八十岁学～——学会了也没有牙吹|《醒世姻缘传》第四十四回:"唤了乐人～,于十一月初十日备了一个齐整大聘。"|《醒世姻缘传》第七十六回:"狄希陈公服乘马,簪花披红,童寄姐穿着大红丝麒麟通袖袍儿,素光银带,盖着文王百子锦袱,四人大轿,十二名～,迎娶到寓,拜天地,吃交巡酒,撒帐,牵红,都有李奶奶合骆校尉娘子照管,凡事都也井井有条。"❷ 爱说大话的人:那是个～,少听他吹牛。

【鼓颠】gǔ dian ❶ 身体反复小幅度晃动:拊着孩子～了几下他就困着了。❷ 步子较小、晃晃悠悠地走路:这块道儿不近便,你几更能～了去。

【鼓脓】gù nèng 化脓；出脓：过了几天，他伤口都开始～了。

【鼓尖儿】gù jiǎnr 容器装满的样子：他把车装得满满的，都鼓着尖儿。

【鼓烟】gù yǎng 大口地抽烟；大量地抽烟：我进去的时候，两个人正待那里～。

【鼓跩】gǔ zhuai 走路缓慢且摇摆：他拖着条病腿，什么时候能～家去。

【鼓鼓蝴蝴】gǔ gu yǐng ying ❶ 缓慢蠕动的样子：他一看着虫子～的，浑身起鸡皮疙瘩儿。❷ 费力而缓慢行走的样子：这么大年纪了～地上楼费老事了。❸ 心动而不平静的样子：听了你这么一讲，他夜来一天这个心就～的。

【鼓蝴】gǔ ying ❶ 蠕动：那是条什么虫子待那～？ ❷ 费力而缓慢地行走：你几更儿～去就晌天了。❸ 心动：叫他这么一说，说得那些人心里也～了。❹ 动弹：别乱～，好好坐稳了。亦作"顾雍"：《俚语证古》第十三卷："蠕动谓之顾雍。"‖《康熙字典》："蝴，虫行貌。"

【鼓子】gū zi 说大话、爱吹牛的人：他是个～，少信他的。

【箍】gǔ ❶ 用力束紧；用环状物或带子、条子等束紧：他整天～着个嘴不做声儿｜～桶。❷ 紧紧地搂抱：你从后边～着恁爸爸，别掉下去。❸（～儿）gǔr 紧紧套在东西外面的圈：铁～儿。

【箍巴】gǔ ba 搂住；抱住：要不是你不上去～着，他们两个就打起来了。

【箍膀儿】gǔ bāngr 搂着肩膀：和你～照相的那个人是谁？

【箍脖子搂腰】gǔ bě zi lòu yǎo ❶ 形容举止亲昵的样子：他们待大街上～的，像怎么回事儿。❷ 形容关系好的样子，含贬义：他们两个好起来就～的，一句话说不来就打破头。

【箍缩】gǔ shu 收缩；蜷缩：这些海蛎子一上锅都～得没货了｜这批布缩水太厉害了，放水里摆了摆就～进去一大块儿。

gua

【瓜】❶ guǎ 蔓生植物，属葫芦科，果实可食：茄子栽花儿～栽叶。❷（～儿）guǎr 用于擀制包子、饺子皮的面剂子：你包饺子我擀～儿。

【瓜蒢】guǎ ji 泛指用芥菜、萝卜、黄瓜等腌制的咸菜：△～一拎，光棍儿一根｜△冻了～瓮，冻不了孩子腚｜冯梦龙《古今笑谈·癖嗜部·瓜蒢》："韩龙图赞，山东人，乡俗好以酱渍瓜啖之，谓之～。"｜《红楼梦》第四十九回："宝玉却等不得，只拿茶泡了一碗饭，就着野鸡～忙忙的咽完了。"‖1928 年《胶澳志》："酱

崂山方言

gua

瓜曰～。"

【瓜菹瓮】guǎ ji èng 用来腌制咸菜的大缸：△孩子腚，～。

【瓜种】❶ guǎ zhēng 瓜类的种子：这样的瓜品种真好，别忘了留点儿～。❷（～儿）guǎ zhengr 炒熟后供剥食的瓜类的种子或葵花籽：出去买了两斤～回来吃。

【呱嗒】guǎ da ❶ 金属或木板碰击发出的声响：那是什么在那儿～着响？❷ 门环叩击金属底盘的声音，泛指敲门：半宿有人来～门。亦作"瓜打"：《聊斋俚曲集·墙头记》第二回："了吊儿乱瓜打，拾石头把门砸，全不听的人说话。"❸ 说话；滔滔不绝地说：我也没听见他待那～些什么。❹（guà dǎ）突然板起脸的样子：一听我说这个，他那个脸～得上。亦作"瓜搭"：《儿女英雄传》第二七回："往日那脸一沉就绷住了，此刻只管往下瓜搭，那两个孤拐他自己会往上逗。"｜《醒世姻缘传》第五十九回："素姐正喜喜欢欢的，只看见狄婆子就把脸瓜搭往下一放。"

【呱嗒儿】guǎ dar 拖鞋：△日本～——提不起来。

【呱嗒板儿】guà da bānr ❶ 表演快板等曲艺节目时用来打拍子的器具。❷ 快书；快板：快过来看，这里有说～的。

【呱嗒呱嗒】guǎ da guǎ da 湿透样子：孩子叫雨淋得浑身～的。

【呱呱儿】guǎr guàr〈贬〉说：这么晚了还～什么？

【呱唧】guǎ ji ❶ 拟声词，如同鼓掌声或其它物体碰撞发出的类似声音：他把板凳儿～一声摔待地下。❷ 指鼓掌：唱得好就～～。

【挂】guà ❶ 借助钩子、绳子等使物体附着或悬于某处：△～羊头卖狗肉｜△城门楼子～猪头——架子不小。❷（事情）悬而未决：这几个事都～那儿好几个月了。❸（对人）闲置不用：领导安排了个闲差把他～起来了。❹ 心里牵挂：他心里老是～这个事儿｜△思着南朝～着北国。❺ 物体表面蒙上；糊上：～霜｜给鱼～冰。❻ 含有；带有；暗含：这件衣裳稍微～着个紫头儿。

【挂挂】guà gua 挂念；担心：恁姥爷老是～着你待外边怎么样。

【挂连】guǎ lian 连带；牵扯：听说那个事还～着他。

【挂牵】guǎ qiàn 牵挂；挂念：～着这个～着那个，有几个孩子就把心劈成几份儿。

【挂涩气】guǎ shēi qi 不滑；摩擦力大：那双手套～，拿东西牢棒。

【挂瓦】❶ guǎ wā 往房屋上铺瓦。❷ guà wa 挂在垂直面或极陡的坡面上的瓦。

183

【挂掌儿】guǎ zhāngr 给马、骡子、驴等牲畜的蹄子上钉上蹄铁。

【挂钟】guà zhěng 悬挂在墙上的钟表。

【刮净】guā jing 利落;干净:他干完活儿,把院子打扫得真～。

【刮拉】guǎ la ❶ 有联系;有牵连:听说他和街上那些不三不四的人也～着。❷ 有某种联系或关系的:别没有数,他们两家子也～着亲戚|听说话他～着威海口音。

【刮一翅子】guǎ yi chì zì 形容极为短暂的停留:他回来～,没说几句话就走了。

guai

【拐】guāi ❶ 拐杖;走路时帮助支持身体的棍:挂～|～棍。❷ 转折:里出外～|～弯|～弯抹角。❸ 骗:～骗|～孩子。❹ 走路不稳或跛脚:他一瘸一～地爬楼太费劲了。❺ 牵扯着;影响着:你闯好了,～着亲戚们也脸上有光。❻ 占对方的便宜:照他这么算,还～你十块钱。❼ 特指用自行车运载:他清早上就～着一大筐菜卖去了。

【拐脖儿】guài bèr =〖拐子〗guāi zi 拐角形状的短烟筒:得安上个～才能把烟筒伸出去。

【拐尺】guǎi chī 带九十度拐角的尺子。

【拐带】guāi dai ❶ 拐骗:元杂剧《合汗衫》第四折:"(卜儿云)媳妇儿,你这十八年在那里来?(旦儿云)婆婆,被陈虎那贼,～将这里来。"❷〈贬〉引领;带动:和这样的人待一块儿,把孩子就～瞎了。❸ 牵连;影响:叫这个腿痛～得浑身难受|他不好好学习,把他弟弟也～踢蹬了。

【拐弯儿】guài wǎnr ❶ 转弯:前面往右～就到了。❷ 比某一数量还多;有余:他今年都四十～了。

【拐肘】guāi zhu 胳膊肘:把衣裳～这里刮破了一点儿。

【怪不当】guài bu dāng 怪不得,表示明白了原因:～他不来,还有这么一回事里面。

【怪乎】guài hu 责怪;见怪:孩子不懂事,有什么言差语错的你别～。

【乖】guǎi 经验;见识:他跟着师傅出去学了不少～|《聊斋俚曲集·增补幸云曲》第十五回:"你嫌我辱没你时,你教些～给我,早晚给你支架子如何?"|《红楼梦》第四十八回:"倒是你说的是,花两个钱,叫他学些～来,也值。"

【乖乖】guǎi guai 叹词,表惊讶:亲娘～,你可吓死我了。

【掴】guǎi 触碰:别把杯子～下去。

【蝈蝈】guǎi guai 螽斯科一些大型鸣虫的统称:△～腚上一根毛|△石人河抓～——绷绷起脸来。

【蝈蝈腚上一根毛】guǎi guài dǐng shang yì gěn mào 喻指独生子女。

guan

【关门堵窗】guǎn mèn dù chuǎng ＝〖关门锁窗〗guǎn mèn suò chuǎng 门窗紧闭的样子:家里成天～的,待捂蛆?|咱不知道他整天～待里边干什么。

【关针】guǎn zhen 别针,一种弯曲而有弹性的针,尖端可以打开,也可以扣住,用来固定东西。

【关死】guǎn shi 将开关、门窗等(关闭):把灯～|～门。

【贯价】guàn ji 总是;一贯:～就是师傅待前面儿干,他跟后面儿好上学。

【惯孩儿】guàn hair 娇生惯养的孩子:家里就他一个男孩子,从小就是个～。

【官大自奸】guǎn dǎ zì jiǎn 官当大了自然变得世故:常言说"～",换成你也可能这样。

【官的】guǎn dì ＝〖官官的〗guǎn guǎn dì 一定的;毋庸置疑的:他这次拿第一是～。

【官官儿】guǎnr guanr 当官的人:那个胖头大耳朵的看起来像个～。

【官官相卫】guǎn guǎn xiàng wèi 官官相护:做官的人互相庇护:待那个年代～,他爷爷告了几年的状也没人管|明杂剧《勘金环》第四折:"若见那防御和同知,兄弟也你可休～。"亦作"官官相为":元杂剧《蝴蝶梦》第二折:"打的来皮开肉绽损肌肤……三个儿都教死去,你都官官相为倚亲属,更做道国戚皇族。"|元杂剧《两世姻缘》第四折:"也是俺官官相为,你可甚贤贤易色。"|《醒世恒言》第二十卷:"俗语道:'官官相为'见放着弟兄两个进士,莫说果然冤枉,就是真正强盗,少不得也要周旋。"|《醒世姻缘传》第八回:"这大街上不住的有官过,看见围着这们些人,问其所以,那官没见大官人他两个怎么难为你,只见你在街上撒泼,他官官相为的,你也没帐,大官人也没帐,只怕追寻起他计老爷和他计舅来,就越发没体面了。"

【官模官样】(～儿)guǎn mu guǎn ràngr 有当官的派头的样子:人家说话

走路,一看就～儿的。

【管】guān ❶ 管理;管辖;控制:△掇人家的碗,受人家的～。❷ 负责:他待厂里～着记账。❸ 负责供给:～吃～住|～饱。❹ 表示条件关系,相当于"不管""无论":～哪|～几时|～什么事都待跟他汇报汇报|你把好门,～谁来了也不让进。

【管保】guǎn bāo 一定;保证,表揣测:这个时候不待家,～赶集去了。亦作"管包":《红楼梦》第五十五回:平儿忙笑道:"他有这一次,管包腿上的筋早折了两根。姑娘别信他们。那是他们瞅着大奶奶是个菩萨,姑娘又是个腼腆小姐,固然是托懒来混。"

【管不听】guān bu tǐng 管不了:他连这么个小毛孩子都～。

【管乎】guān hu 在意;注意:俺都待这里说话儿,也没～他什么时候出去的。

【管几时】guān jī shi 不论什么时候;永远:学会这么身手艺,～有饭吃。

【管哪】guàn na ❶ 到处:孩子把水洒得～都是。❷ 任何地方:歇着几天他待家里～没去。❸ 不管哪方面;全部:这个孩子～都好,真省心。

【管什么】guān shǐ mu 不管什么;所有的:～不用你心事|～还待跟他说说|△～没别没有钱,～有别有病。

【管听】guàn tǐng 管得住,一般用于反问或否定句式:没问问自己的老婆他能～了? |才这么大的小孩子就管不听,长大了更没有法儿管了。

【管辖】guān xia 管束;约束:他想着离着老人远点儿,少受些～|《红楼梦》第四回:"我正愁进京去,有个嫡亲的母舅～着,不能任意挥霍挥霍;偏如今有升出去了,可知天从人愿。"

【管怎么】guān zī me 不管怎样;无论如何:家里来客了,～弄点儿新鲜海货|你～乞他问问这个事。

【管着】guān zhi 对其造成影响或导致某种结果:结个婚糟作上这么些钱,就能～怎么地? |这是～孩一辈子的事儿,哪能这么胡支麻拉淌的。

guang

【光】guǎng ❶ 光芒;光明:太阳～|火～。❷ (使)一点不剩:这么多人一阵儿就把饭～出了来了。❸ 荣耀:脸上有～。❹ 好处;利益:沾～。❺ 露着:～着身子。❻ 可能;易于:馒头捂着～长毛|天太热了,东西～踢蹬。❼ 以免;提防:别上那些场儿,～吓着孩子。❽ 将会;将要:我不去了,要不俺爸爸～说我。

❾ 不断地;总是:该说的说两句就行了,～说谁听着也烦气。❿ 单;仅仅:～说不练│△～看贼吃食,没看贼挨打。⓫ 特别:他家的孩子学习～那个好。‖ 以上第 ❻～❾ 四个义项发音也作"gang",应是介音"u"脱落的结果。

【光巴】guǎng ba 光着(身体):你～着身子不能冻着?

【光巴溜杆子】guǎng ba liǔ gān zi 身上穿衣极少或光着身子的样子:你这～的像怎么回事?

【光腚虫】guàng ding chèng ❶ 对光屁股小孩子的戏称。❷ 蛞蝓,夏秋季节山上出现的一种红色软体虫子。

【光光花儿】guǎng guang huǎr 学名蜀葵,观赏花卉,籽叶皆可入药。

【光棍】guǎng gùn ❶(为人行事)明智得体:听听人家那话说得,真是～。❷ 勇敢又有胆识的聪明人:△宁接～一句言,不接彪子二百钱│王浚卿《冷眼观》第二十四回:"要想同他反对几句,又因为他手下人太多,俗语叫～不吃眼前亏,我就悄悄的走来了。"│《增广贤文·补遗》:"村夫硬如铁,～软如棉。"

【光棍儿】guǎng gùnr 年龄大的单身男子:△瓜蒌一拎,～一根│△～汉子出家——无牵无挂。

【光棍儿朵锤儿】guǎng gùnr duō chuir 杜鹃鸟。

【光脊梁】guǎng jī liang 光着上身:天太热了,他们都～干活儿。

【光肉儿】guǎng ròur ❶ 净是肉;全是肉:他的身子胖得～。❷ 光着膀子;光着身子:来人了也～真不讲究│这么凉的天光着肉儿,你也不怕冻着。

【光说】guǎng shuō ❶ 一个劲儿地说:不叫他说了还～。❷ 只说(相对与"做"):～不干│～不练。❸ 只说(一个方面);片面地看到:～人家日子好,没看看人家出了多少力。‖ 此意义有时省略"光说"后的前半句,突出强调后半句:你～,人家那孩子用了多少功。

【光头马蛋蛋】guǎng tòu mà dǎn dan 对剃光头的调侃叫法:△～,真是不简单。

【光这个】guǎng zhe ge =〖光那个〗guǎng ne ge ❶ 非常;尤其:他办事～周到。❷ 单纯;仅仅:她早上起来～描画就花老功夫了。

【吭镲】guàng cha 钹,状如草帽的铜制打击乐器。

【吭当】guàng dang 后缀,有某方面征象的:热～│冷～。

【㧈】guàng 摔;抡击:他一胳膊就把杯子～待地下。

【逛】guàng ❶ 闲游:没事多待家里看看书,少出去瞎～。❷ 游览:这几天～栈桥的人老鼻子了。❸ 机器部件松动或偏离正常轨迹:你这个车把都～了,嘎急紧紧。

【逛荡】guàng dang ❶〈贬〉闲逛:你成天没事待街上～什么? ❷(衣服、鞋等)尺寸太大穿起来不合适:他瘦了不少,原来的衣裳穿起来都～了。❸摇动;晃动:桶里的水都～出来了。

【逛鱼】guàng yu 几种鰕虎鱼的合称,通常指的是矛尾刺鰕虎鱼:林培玠《废铎呓》:"设值龃龉之吏,则锦鳞变为海鳅,俗名～。渔户捕之,剖腹为腊,束而鬻诸乡里,以佐燕饮。"

gui

【归拢】guǐ leng 把分散着的东西集聚在一起:你这一～,就看着宽透多了。

【归落】guǐ luo 归类整理;收拾整洁:看地下乱的,快～～｜把库里的东西～整齐了它。

【贵孩儿】guì hair 得到宠爱的孩子:他发小待家里就是个～。

【贵贱】guǐ jiàn ❶价格高低:你也不问问～就买? ❷无论如何;反正:去找了几回儿,他～不管。 ❸表示坚决地拒绝或放弃:要是他这么想的话,～。

【贵金】guǐ jìn ❶珍贵:什么～东西捂巴得这么严实? ❷珍视;疼爱:拿着个媳妇就要～死了,生怕使着。 ❸娇气:咱庄户人哪和市里人那么～。

【贵客】guǐ kei 尊贵的客人:他去了都是～相待。

【贵人】guǐ yìn 尊贵的人;地位高的人:△～语迟｜△～不戴重发。

【桂花油】guì hua yòu 旧时一种含有桂花香味的梳头油:△为什么不点灯? 外边儿刮大风。为什么不关门? 外边还有人。为什么不梳头? 没有～,为什么不洗脸? 没有胰子碱。

【鬼】guī ❶鬼魂:哪个庙里没有屈死的～? ❷对人的蔑称或憎称:酒～｜烟～｜胆小～。 ❸躲躲闪闪;不正大光明:～～祟祟｜～睛蛤蟆眼。 ❹狡猾;精明:这个小东西很～了｜《輶轩使者绝代语释别国方言》第一卷:"自关而东,赵魏之间谓之黠,或谓之～。" ❺欺诈;通过狡诈的手段获利:又叫他～了三百块钱去。‖ 如俗语"不怕伙计鬼,就怕鬼伙计",第一个"鬼"义为"精明",第二个"鬼"义为"欺诈"。

【鬼冬】guī deng 农历冬至日的前一日,这一天一般家里包饺子吃。

【鬼画狐儿】guì hua hūr 坏主意;阴损的花招:他成天就知道弄这么些～。

【鬼头蛤蟆眼】guī tòu hà ma yān ＝〖鬼睛蛤蟆眼〗guī jing hà ma yān

❶刁钻狡猾的样子:他～的,光想占人家的便宜。❷贼眉鼠眼或举止猥琐的样子:《醒世姻缘传》第六十八回:"你若跟着我,谁不说你:'看这们～的个小厮,有这们等个媳妇!'"|《醒世姻缘传》第八十六回:"昨日曾有一个,这人瞎只眼,小一个鼻头,合一个～油脂腻耐的个汉子,下到我家,拴下头口,放下了两个被套,忙忙的饭也不吃,都出去,说是往城内金龙四大王庙里还愿去了。"

【鬼弄】guī leng 通过狡诈的手段获取:他二爹那几个钱都叫他～去了。

【鬼剃头】guī tǐ tòu 指头发突然大面积脱落。

【鬼爹】guī zha 撒娇;娇气:这么大了还是个孩子,一见着爸爸妈就～得要命。

【鬼钻子】guì zuàn zi 奸猾的人:他是有名的～,吃亏的营生儿找不着他。

【跪波罗】guǐ be luo 波罗盖(膝盖)着地;跪地:他两腿～待地上那么大期儿,可硌死了。

gun

【滚】gūn ❶在地上转动:溜地打～|～蛋|～大地去。❷炖、煮、蒸食物时,锅里的水烧开的次数:这些饺子是素馅儿的,烧两个～就捞出来行了|△千～豆腐万～鱼。❸通过无赖或蛮横手段占人便宜:那几个混子又从他小摊儿上～了三百块钱去。❹糟蹋:不到一天的功夫,孩子把这件衣裳～成这么个什么样了。❺用刀在鱼两侧均匀地划上口子:把鲳鱼～～再下锅。❻非常热的:～热|～烫|～烫老热|～锅跑老鼠。

【滚包儿】gūn baor 一种食品。在生活困难时期,农民将野菜攥成团,在地瓜面或其它面粉上滚动,使其外表沾上一层面,再上锅蒸熟食用。

【滚大地去】gūn dà dì qi ＝〖上大地去〗shàng dà dì qi 骂人的话,滚开;滚一边去:再这么不听话就给我～。

【滚蛋骨碌孙】gūn dàn gǔ lu sǔn 骂人的话,快滚:△地瓜蛋子出沟——～。

【滚锅跑老鼠】gūn guǒ pǎo lāo shù 十分忙乱的样子:他上来那个急脾气,把你弄得～的。

【滚热】gūn yè 如同沸腾一般热;滚烫:水是才开的,还～|《聊斋俚曲集·墙头记》第二回:"倒上酒顿的～,咱给爹汤汤风寒。"

【滚烫老热】gūn tàng lāo yè 温度非常高的样子:馒头才出锅儿的,还～的。

【滚战】gūn zhan ❶扭打:你快去看看,他们两家子的人都～起来了。

❷ 滚爬：他一天就把衣裳～得没法穿了。

【滚占】gūn zhan 通过无赖或蛮横手段占人便宜：他爹那两个养老钱叫他～得差不多了。

guo

【个儿】guòr ❶ 人的身材或物体的大小：小矮～｜大高～｜死充大～。❷ 指一个个的人或物：挨～问｜西瓜论～卖不论斤儿｜恁～～的都懒得不善。❸ 相称的对手：他们两个打起来，越那个高的不是～。❹ 一定数额的钱款：你手里头那几～快省着点儿花吧。

【个量儿】guǒ ràngr 身高；身材：就凭你这么个～还能叫他摔倒？

【个子】guò zi ❶ 指人的身材：他长得管哪好，就是～矮点儿了。❷ 捆扎后的较大的草捆：草～｜扛两～草下山。

【过】guǒ ❶ 从这儿到那儿，从此时到彼时：△蟹子～河随大流｜△一道河也～，两道河也是～｜△人～留名，雁～有声。❷ 从甲方转移到乙方：～户｜从小就～继给他二爹了。❸ 使经过某种处理或某一过程：～筛｜～罗｜～堂｜～目｜～秤｜～磅。❹ 从头到尾重新审视或回忆：打头儿挨着再～一遍看看。❺ 超出某一限度：～量｜～逾｜～杠儿｜～头儿｜～期。❻ 达到某一标准：饺子还有点不～火，再煮煮｜他这把考试没～线。❼ 用在动词后，与"来""去"连用，表示趋向：拿～来｜走～去。❽ 用在动词后表示曾经或已经：没见～大世面。❾ 举行一些活动或仪式纪念某些节日：～八月十五｜～生日｜～腊八｜～小年｜～五七｜～周年｜逢年～节｜难～的日子好～的年。❿ guò 节俭：别这么～，钱该花花｜两口子太会～了，拿着分钱能攥出汗来。⓫ guò 触电；遭到电击：叫电～死了。

【过磅】guǒ bàng 用磅秤称重量：装车前先～，够秤再装。

【过百岁儿】guǒ bēi suir 婴儿出生第九十九天邀请亲朋参加庆祝仪式，预祝婴儿健康成长。

【过不去】guò bu qù ❶ 有阻碍；通不过：△有上不去的天，没～的关。❷ 为难；较劲：和他～纯是自己找不自在。❸ 过意不去；歉疚：让你担这么多心，俺心里真是～。

【过秤】guǒ chèng 用秤称重量：这几筐都～了。

【过成块儿】guò cheng kuàir 能够相互适应一起生活：两个老人和孩子过

不成块儿。

【过当】guò dang 大门门楼与南倒屋或厢房连在一起的廊道;自大门进入院子的有顶的通道:收回来的苞米都垛待～里堆着|车子放待～里。‖《俚语证古》第七卷:"大门作单房式者谓之阁当。阁当为闳道之双声音转。"("阁"与"过"在崂山方言中发音相同)

【过冬】guò děng ❶ 农历冬至日过节。冬至前一日为"鬼冬",冬至日当天为"人冬":今日～回来吃饺子。❷ 度过冬天;出了冬天:～的白菜不受吃了。

【过点】guò diān 超过某一时间点:没看看什么时候了,都早～了|几更他跑伙房去,都～关门了。

【过饭饭儿】guǒ fànr fanr 过家家的儿童游戏:结婚了就正理八经地过日子,哪能和～样的?

【过干】guǒ gan 皮革、橡胶等老化而失去弹性或干裂:这根皮带～了,不能使了|这个篮球都～了,不能打了|那个脚踏车里皮子都～了,不敢装沉东西。

【过杠儿】guǒ gàngr ❶ 超过标志线:他掷的铅球～没有? ❷ 超过规定的或时间:今日早上困～了。 ❸ 过份;逾越规定:谁～了就处分谁。

【过后儿】guǒ hòur 事后;以后:△让人不算痴,～得便宜|△光知道人前笑呵呵,不知道～受折磨|当时不说清楚了,～哪有机会去挨个解释? |《红楼梦》第四十四回:"老太太……～又说:'都是为凤丫头花了钱。'"

【过火】guǒ huō ❶ 火候过大:好好看着锅里的饺子,别～。 ❷ 到火候:这些芸豆炖得不～,再炖炖。

【过活】(～儿) guò huor 积攒的钱款:一场病把这几年的～都折动上了|《醒世姻缘传》第三十四回:"他一向有些好与人赌博,所以把一个小小～弄得一空,连一点空地铺也都卖吊。他合该造化来到,手上就如生了丁疮一般,平日那些赌友,知他得了白财,千方百计的哄他,他如生定了根,八个金刚也抬他不动。就是那觅汉李九强得了那两吊钱,二十多两银子,也成了个～。"

【过季儿】guò jìr ❶ 植物出产的季节时令已经过去:这个时候杏都～了,想吃待到下年了。 ❷ 衣服适合穿着的季节已经过去:把这些～的衣裳早点儿洗洗放起来。

【过继】guǒ ji 没有儿子的人把兄弟、堂兄弟家的孩子收养为自己的孩子:他那个儿是～他兄弟家的。

【过劲儿】guò jìnr ❶ 过了最强烈、最顶峰的时候:等过那个劲儿了他也就寻思开了。 ❷ 药物在体内发挥完效力:这些膏药都～了,撕下来吧。

【过了麦】guò ler měi 过了麦收季节:从开春到～,没下几滴雨。

【过梁】guǒ liàng（guò liàng）位于门窗框的上方,两端垒在墙体中的横梁,一般为石制或混凝土制,起承托作用。

【过量】guǒ liàng ❶ 数量上超量:夜来的酒都喝～了。❷ 在时间、方位或程度上超过适宜、预定或标准的限度:睁眼一看都困～了｜下来一打听,跑～了｜你开～了,得掉头回来。

【过路子】guǒ lù zi 过路的;短暂停留的:这些～大夫不能信。

【过门钱儿】guò men qiànr 除夕当天贴在门窗上框、刻有镂空吉祥图案的彩纸。

【过门石】guò men shì 铺在门槛位置的条形石板:明日来人装～。

【过木】guò mu 位于门、窗、洞口的上方,两端垒在墙体中的横木,起承托作用:蒲松龄《日用俗字·木匠章》:"替木～有两样,上承下承总一般。"

【过年】❶ guǒ niàn 遵照习俗举行一些活动或仪式庆祝春节:△小孩盼～,大人愁腊月｜△嫚儿嫚儿你别馋,过了腊八就～。❷ guò nian 明年:孩子～就上小学了。

【过年黑夜】guò nian hēi ye 除夕夜:～吃了饺子,自家人们就开始拜年了。

【过日子】guǒ yì zi ❶ 生活;过活;度日:恁两口子不好好～,打什么仗?❷ 生活节俭:就他那个～,不能割舍花那些钱买。

【过三日】guò sǎn yi 生育习俗,在婴儿出生的第三天设宴庆贺。

【过晌儿】guǒ shāngr ❶ 过了中午:天这么热,过过晌儿再干活儿。❷ 下午:一～的功夫就收拾得差不多了。

【过生日】guò shěng yì ❶ 在生日这一天举行庆祝活动:两口子忙得都忘了给孩子～了。❷ 调侃的说法,指将钱物用到不相干的人身上:老人没等着尝尝,都叫几个孩子～了。

【过堂】guǒ tàng ❶ 旧时诉讼当事人到公堂受审。❷ 对被检查对象逐一查问:他们那几个人都叫了派出所去～。

【过头】guǒ tòu 超过限度:～力｜说～儿了｜△宁吃～饭,不说～话。

【过头力】guǒ tòu lì 超负荷的劳动;劳累过度:年轻的时候出～了,老了没有好身子。

【过午】guǒ wu 下午:明日～咱一块儿去｜《聊斋俚曲集·翻魇殃》第二回:"到了～,趁着姜娘子没在屋里,自己有几两私房银子,拿着二三两去了。"｜《阅微草堂笔记》第五卷:"今日～,门不启,呼之不应,当有他故。"

【过下雨阴天儿】guǒ xiǎ yū yìn tiǎnr 阴雨天在家休息：农民上哪找礼拜天，就能过个下雨阴天儿。‖参"过阴天儿"。《儿女英雄传》第二十三回："我过个阴天儿哪？你让我把这只底子给姑娘纳完了他罢。"

【过宿】guǒ xū 过夜：△没有～之凉｜《醒世姻缘传》第四十回："到了日晚，当铺极要孙兰姬～，孙兰姬说：'有个远客特来探望，今日初来，不好孤了他的意思。我们同在一城，相处的日子甚久，你今日且让了生客罢。'"

【过疑】guǒ yì 犯疑；疑心：你还是去说说好，别让人家～｜《警世通言》第十九卷："程某并无他意，娘子不必～。"

【过意】guǒ yì 心安，一般用于反问或否定句式：恁拿这么些东西来，叫俺真是不～｜《西游记》第三十六回："唐僧见他们磕头礼拜，甚是不～。"

【过逾】guǒ yu 过分：他假饶这么办的话就太～了｜吕惠卿《建宁军节度使谢表》："分既～，理宜颠越。"｜《儿女英雄传》第十八回："邓九公道：'喂，先生！你这也来得～贫了，怎么这句又来了呢？'"｜《红楼梦》第三十六回："他姐姐伏侍了我一场，没个好结果，剩下他妹妹跟着我，吃个双分子也不为～了。"｜《红楼梦》第六十二回："宝玉忙说：'这一道门何必关，又没多的人走。况且姨娘，姐姐，妹妹都在里头，倘或家去取什么，岂不费事。'宝钗笑道：'小心没～的。'"｜《红楼梦》第六十九回："他虽好性儿，你们也该拿出个样儿来，别太～了，墙倒众人推。"

【过药】guò yue 泻药：△量着肚子吃～。

【各别】guò biè 不同；特别：那个人挺～的，咱猜不透他｜元杂剧《举案齐眉》第一折："常言道贤者自贤愚者自愚，就似那熏莸般～难同处。"｜元杂剧《金钱记》第三折："此酒香味～。"｜元杂剧《来生债》第一折："难道居士另是一付肚肠，与世人～的？"｜《醒世姻缘传》第四十二回："纪时中道：'先生存日见不曾有这等本事，如何死了却又有这等本事起来？'他说：'神人自是～。既做了神，自然就有神通。'"

【各孤儿】guò gǔ 单独：你的书我～给你放起来了。

【各亲各论】guō qǐn guò lùn 各自的亲戚采用各自的称呼：咱最好～，要不都叫差辈儿了。

【各一路】guō yi lù〈贬〉思想行为与常人相异：什么都待和人别扭着，真是～种儿。

【各人】guò yìn 各自：～的东西～拿好了｜《金瓶梅词话》第三十一回："虽然蒙你招顾他往东京押生辰担，蒙太史与了他这个前程，就是你抬举他一般，也

是他～造化。"|《金瓶梅词话》第六十二回："他～作业,随他罢,你休与他争执了。"

【各自】guō zi ❶ 个别:这真是～人,他那几个兄弟就不是和他这样儿。❷ 单独:孩子干活累,他妈老是～给他做点好的吃|这个东西别掉了,你～放起来吧。

【硌】guò 身体接触让人不舒服的硬东西:鞋里有个什么东西～脚。

【硌硌齐齐】guǒ guo qǐ qi 高低不平让人感觉不舒服的样子:褥子下边～的不舒梭。

【硌牙】guǒ yà 牙齿在咀嚼时被硬物垫得不舒服。

【硌人】guǒ yìn 身体接触硬的东西感到不舒服:这个垫子垫着不得劲,～。

【哥】guǒ ＝〖哥哥〗guǒ guo ❶ 兄长;哥哥:大～。❷ 同辈而年纪比自己大的男子:表～。❸ 对姐夫的面称。

【果不然】guō bu yàn ＝〖果不其然〗guō bu qǐ yàn 果然;表示事实与所说或所料相符:～他又喝醉了|《醒世姻缘传》第三十四回："一个说成十个,瞎话说是真言。～动了那二位乡约的膻心。"|《醒世姻缘传》第三十四回："我说这两个不是好人,果不其然! 论我倒也合他两人相知。"|《醒世姻缘传》第六十九回："我前日见他降那汉子,叫他汉子替他牵着驴跑,我就说他不是个良才。果不其然,惹的奶奶计较。"

【果睬】guō cai ❶ 看到;注意:他没～有人进来。❷ 料想:谁也不～他能办出这样的事来|△兔子咬人——不～。

【果木】(～儿) guō mur ❶ 水果:还有几个卖～儿的没撤摊儿|元杂剧《襄阳会》第一折："叔父,你不饮酒呵,你请个～波……你看这桌子上,好枣、好桃、好梨也。"|《喻世明言》第二十五卷："吾闻江南洞庭有一树,生一等果,其名曰橘,其色黄而香,其味甜而美;若将此树移于北方,结成～,乃名枳实,其色青而臭,其味酸而苦。"|《镜花缘》第十六回："彼处不产五谷,虽有～,亦都不食,惟喜以土代粮。大约性之所近,向来吃惯,也不为怪。"❷ 果树:《管子·地员》:"蓄植～,不若三土。"|张岱《陶庵梦忆》:"城下密密植桃柳,四围湖岸,亦间植名花～以萦带之。"|左思《三都赋序》:"考之～,则生非其壤;校之神物,则出非其所。"|《西游记》第二十三回:"舍下有水田三百余顷,旱田三百余顷,山场～三百余顷;黄水牛有一千余只,况骡马成群,猪羊无数。"|元杂剧《贬夜郎》第三折:"若是忔搂定舌尖上度与吃,更压着王母蟠桃会,更做～丛中占了第一。"

【果子】guō zi 结果;结局:再这么作没你的好~吃。

【国光儿】guò guǎngr 苹果的一个品种,味道酸甜。

【蝶蝶蛲子】guǒ guo nǎo zi 蝌蚪。

【裹脚】❶ guǒ juē 缠足。旧时,把女子的脚用长布条紧紧地缠住,使脚骨变形前头尖小:以前女人不~说不上婆婆家。❷ guō jue 经过多年裹缠后形成的小脚:他姥娘就是个~。❸ guō jue 裹脚布,旧时女子缠足用的长布条:△懒老婆的~——又长又臭|《聊斋俚曲集·禳妒咒》第五回:"城南李知府看见那高家小相公聪明俊秀,要给他做个丈人,托我做媒,许下给我裂半尺布的~。待俺去走走,设或说成了,挣他这一宗布来,裂了~,只怕还剩下一对鞋里也是有的。"

【锅洞灰】guǒ dèng huǐ =〖锅洞子灰〗guǒ děng zi huǐ ❶ 从灶膛中掏出的草木灰。❷ 凝结在锅底及灶膛的烟尘:锅头不大好烧,好掏掏~了。

【锅嘎渣儿】guǒ gà zhar 锅巴;煮米饭或其它饭食时黏结在锅底上的一层烧焦的饭,通常呈微黄或黑色。

【锅梁儿】guǒ ràngr 锅内放置的"井"型木梁,蒸东西时起支撑作用,现在多用铝、不锈钢制品代替。

【锅门儿】guò mènr 在灶台前立面上开的方形口,用于添加柴草、煤等燃料。

【锅门口儿】guò men kōur 灶台前面的区域:他烧完火把~打扫得干干净净的。

【锅南后】guò nan hòu 农家灶台的南侧墙壁处:油壶稳待~那里。

【锅台】guǒ tài 锅灶周围的台子,泛指用来烧火做饭的土灶:她整天围着~转,哪能知道那么多事|△瞒着~上了炕|△是亲三分向,~热起炕。

【锅头】guǒ tou 农家锅灶的中间用于柴火、煤等燃烧的部分:这几天犯风,~不大好烧|△~憋烟,雨下当天|《聊斋俚曲集·翻魇殃》第八回:"~灶脑,米面柴薪,小小事儿,不必留心问。"

【锅腰】❶ guò yǎo 弯腰:大门太矮了,人过去都待~|△虾皮子~——礼道儿多。❷(~儿)guǒ yaor 驼背;驼背的人:他那个~越来越厉害了。‖《俚语证古》第三卷:"屈腰谓之~。"

【锅腰子】guǒ yào zi 驼背的人:△~上山驴啃草,~下山腔朝天,~困觉像座船,~窄楞着困觉好似对虾上大盘|《聊斋俚曲集·寒森曲》第四回:"踉踉凉凉都乱动,好似夹了一群贼,又像当的~会。"

【屹蚤】guō zao 跳蚤：△一个～顶不起被单来｜《金瓶梅词话》第三十四回："小的～脸儿——好大面皮！"｜《红楼梦》第三十一回："这些大东西有阴阳也罢了，难道那些蚊子，～，蠓虫儿，花儿，草儿，瓦片儿，砖头儿也有阴阳不成？"｜《醒世姻缘传》第八回："他那做戏子妆旦的时节，不拘什么人，掯他的毛，揊他的孤拐，揣他的眼，恳他的鼻子，淫妇穷子长，烂桃揻拉骨短，他偏受的，如今养成～性了，怎么受得这话！"｜《醒世姻缘传》第十九回："小鸦儿点了香来，点着了灯，在床上再三寻照，那有个蝎子影儿，只拿了两个～。亏不尽一个蝎虎在墙上钉着。"

【搁】guō 放置：你把盒子～哪去了？

【搁板儿】guō banr 固定在一定位置用于放置物品的木板：你上～上找你的水杯。

【搁不住】guō bu zhù ❶易变质腐坏：现在天热了，饭老是～。❷放置不稳：这块儿板子不平和，盒子待上边～。

【阁棚】guǒ peng 旧时将农宅的顶棚位置用粗竹竿或木梁搭建起来，其一端完全封闭，一端留有可供人上下的开口，用来储藏地瓜、粮食或其它杂物。

ha

【哈】hā ❶饮；喝；把液体或流食咽下去：～水｜～酒｜《聊斋俚曲集·磨难曲》第六回："天那天，这才是一口水也没捞着～。"｜《聊斋俚曲集·磨难曲》第十八回："坐不多时，就送上酒和菜来，那酒扑鼻子香。解子～了一口说：'好香，好香！'"｜《聊斋俚曲集·寒森曲》第六回："那个鬼～了那碗水，便问：'相公干了么？'"｜《聊斋俚曲集·增补幸云曲》第十八回："他若来时，唱给我听了，答应的我喜欢，赏他一桌酒，合你二姐姐吃～，临走再赏他二百钱，可不是陡然富贵么？"｜《聊斋俚曲集·墙头记》第一回："听说他称肉杀鸡，等他丈人，就不叫我陪客，或者还舍点腥水儿～～！"｜1928年《胶澳志》："饮曰哈。"❷特指喝酒：一天到晚就知道～。❸特指车辆等燃油机器消耗油料：他这个车～机油太厉害了。❹说出：他一口～出这么个价格也不好再改口儿。❺（学习方面）学好；学会，一般用于反问或否定句式：让他上学他该死～不进去，不出大力能干什么？

【哈风儿】hà fēngr 没东西吃；挨饿：不出力挣钱家里的孩子等着～？

【哈头儿】hā tour 值得喝的价值:这种酒淡寡撒的,一点儿没～。

【哈油】hà yòu 燃油机器消耗油料:跑这一趟儿车光～得一百块钱的。

【哈药】hà yuě ❶喝药液治病。❷特指喝农药或毒药自杀:他老婆～死了。

【哈虫】hǎ cheng 天牛的幼虫,呈蠕虫状,半透明至乳白色,蛀蚀树木。‖《俚语证古》第十三卷:"木中蠹虫谓之～。"

【哈吸】hǎ xi 哈欠:孩子都打～了,快困吧。

【喝呼】hā hu 呵斥;斥责:孩子还小,别老是～他。‖《俚语证古》第四卷:"凌人声谓之～。"

【饸饼】hǎ bing 烙制的夹馅面饼:今晚上回去愽～吃。

【呵】❶hǎ 用嘴呼出深部的气息:他把玻璃～上一点儿气擦了擦。❷hā 呵斥:他说话老是大气～着人家,谁能愿意了?|《商调山坡羊·赠妓镜儿》:"我怎能把你大气儿～着,我怎能把你脑背后丢了。"

【盍】hà(hǎ)覆盖(一般用于铺盖瓦片):房子快盖好了,明日就～瓦。‖《广韵》:"～,《说文》做盇:'覆也';《尔雅》:'合也'。胡腊切。"

【盍瓦】hǎ wā 铺设房屋的瓦片:师傅,咱儿时～?

【煆】hǎ 短时间地蒸:馒头不太热了,放锅里～～再吃。‖《广韵》:"～,赫也,热也,干也。呼呀切。"

【瑕趴】hǎ pa ❶锅腰:他看样儿是腰不舒梭,怎么个腰老是～着。❷俯卧:你～过身子来,我给你揉揉脊梁。‖《集韵》:"瑕,身伛貌。"

hai

【海籏箕】hài bè qi 江瑶贝,海产贝类,因外壳形如籏箕,故名。

【海道士】hài dǎo shi 一种海鱼,因鱼皮上有黑色暗纹形如八卦图案,故名。

【海腚根】hài dǐng gen 海葵。

【海狗】hǎi gōu 弹涂鱼,又称跳跳鱼。

【海虹】hài hèng 贻贝:他待海上养了好几年～。

【海猴儿】hài hòur 蠓虫,也称小咬,叮人非常痛痒。

【海和尚】hài huǒ chang 一种表皮光滑的杂鱼,又称面逛鱼。

【海蚵蚆】hǎi kā ba 鮟鱇鱼,因头部较大,形如蛤蟆(蚵蚆),故称。

【海老鼠】hāi lào shu 生活于海中的一种无脊椎动物,其形状体为椭圆纺锤形,后端具细长尾部,形如老鼠,故名。

【海笼子】hài lěng zi 渔民盛放海货的竹制笼子。

【海蛎子】hài lǐ zi =〖蛎子〗lǐ zi =〖蛎卡碴〗= lì ka cha =〖卡碴〗kǎ cha 牡蛎:～好吃,就是太难洗了|他们俫伙儿上海打～去了。

【海麻线】hài mǎ xian 海岸带岩礁上生长的一种藻类植物,线状,可食用。

【海毛子】hài mǎo zi 海鸥。

【海米】hǎi mī 将海虾煮熟晒干后脱壳所得的虾肉:沙子口这里出金钩～。

【海泥狗】hài mǐ gou 海泥鳅。

【海盘缠】hài pǎn chan 海星:早了～没有吃的。

【海蓬菜】hǎi pèng cǎi 又称盐蓬菜、碱蓬菜,一般生长在含盐碱的土壤上。

【海茄子】hài qiě zi 海参的一个品种,个头较大,肉刺短:这些～不值钱。

【海蛐蟮】hǎi qū shan 沙蚕,又名海蚯蚓。

【海兔子】hài tù zi 一种海鱼,因头部状如兔子,故名。

【海沿儿】hài yànr 海边;海滩:他们俫伙儿上～抓蟹子去了。

【海蜇】hài zhè 水母,生活在海中的一种腔肠软体动物,体形半球状,上面呈伞状,加工后可食用。

【海蜇里子】hài zhè lī zi 海蜇伞部内壁上的一层薄皮,味道鲜美。

【海蜇脑子】hài zhè nāo zi 海蜇的性腺。

【海蜇皮儿】hài zhè pìr 用白矾和盐将海蜇的伞部腌制加工后的片状物,一般用来拌制凉菜:白菜心儿拌～。

【海蜇头】hài zhè tòu 海蜇的口腕部。

【海蜇爪子】hài zhè zhuā zi 海蜇的触腕。

【海猪】hài zhǔ 海豚。

【害】hài（hǎi）❶ 坏处;引起灾难的人或事物:～处|祸～|除～。❷ 使受损伤:～人|损～|伤～。❸ 杀死:杀～|遇～。❹ 妨碍:盒子放那里～事。❺ 心理上发生不安定或负面的情绪:～怕|～淡|～气|～吓|～臊|～愁|～怕|～急|～惊|～躁|～疼。❻ 生理上有不适的感觉:～饿|～干|～痛|～使|～痒|～冷|～热|～硌|～烫|～使|～颠|～憋|～挤|～撑|～攮|～馋|～困|～钝|～辣|～咸|元杂剧《神奴儿》第二折:"怕你～渴时有柿子和梨儿,～饥时有软肉也那薄饼。"

【害憋】hǎi biē ❶ 感到呼吸不畅:一个小屋里这么多人,都试着～得上。❷ 想排大（小）便:课还没讲完,孩子们就～了。

【害不着】hǎi bu zhuò ❶ 不影响;不妨碍:人家也～你的事,找人家就没道理了。❷ 然而；反而：你待这心事得不行了，～人家还当没事儿一样。

【害馋】hǎi chàn ❶ 特别想吃东西：看人家吃，你不～？ ❷ 感到羡慕；想得到：你一说那里好，他又～了。

【害撑】hǎi chěng 因吃得过多而胃腹不适：别再叫他吃了，才都说～了。

【害愁】hǎi chòu 为烦恼或焦虑的事而愁闷：没什么难的事儿，别～。

【害淡】hǎi dàn 感到羞怯或羞愧：他说的那些话咱听了都试着～。

【害盹】hǎi dēn 感到困倦；想睡觉：你～的话就先去困。

【害冻】hǎi děng 感到寒冷：屋里没生炉子～得上。

【害颠】hǎi diǎn 因颠簸而不适：那条路没修好～的上。

【害干】hǎi gǎn =〖害渴〗hǎi kā 感到口渴：一过晌儿没喝口水儿，早～了都｜元杂剧《汉宫秋》第二折："怕娘娘觉饥时吃一块淡淡盐烧肉，害渴时喝一杓儿酪和粥。"

【害急】hǎi jī 感到焦躁；心中不安：孩子们都等得～了。

【害挤】hǎi jī 感到拥挤：你待里边坐着～的话就上外边儿来。

【害家绊驰】hǎi jiǎ bàn chi 碍事的样子：成年不使的些东西放待门口～的。

【害惊】hǎi jǐng 感到紧张不安；惧怕：大人听了这个声音都～，别说个小孩子了。

【害困】hǎi kǔn 感到困倦；想睡觉：你先家去吧，看你都～了｜《醒世姻缘传》第四十九回："这天已是三更了，我～，你急赶到屋里，打不了个盹也就天明了。"

【害辣】hǎi lǎ 感到辛辣不舒服：他没吃惯，老是说～不愿意吃。

【害冷】hǎi lēng 感到寒冷：你穿这么少不～？｜《醒世姻缘传》第七十九回："寄姐道：'我没为怎么，我实不～。'"又："十月已过，渐次到了冬至，小珍珠依旧还是两件布衫，一条单裤，～躲在厨房。"｜《聊斋俚曲集·墙头记》第二回："对你说休要～，走热了自然舒坦。"｜《聊斋俚曲集·墙头记》第三回："天已明了，看老头子～，先送些火去。"｜《金瓶梅词话》第二十四回："姐夫原来只穿恁单薄衣裳，不～么？"｜《金瓶梅词话》第七十二回："独自一个又睡不着，随问怎的暖床暖铺只是～。"

【害气】hǎi qì ❶ 生气：事都过去了，你也别～了。❷ 嫉妒：有些人看人家过好了就～的上。

【害臊】hǎi sào 感到羞怯或羞愧：他的脸皮八捺厚，做这么些事儿一点儿不～。

【害使】hǎi shī 感到疲惫：要是～了就歇歇再干。

【害事】hǎi shì 碍事;坏事:把桌子往墙边靠靠,放这里有点儿~。

【害事挡道】hài shi dàng dào 挡着路或妨碍他人做事:这些东西放这儿~的,都拿一边儿去吧。

【害烫】hǎi tàng 因温度过高感到疼痛:垫上点儿东西啵,要不~得上。

【害疼】hǎi tèng ❶ 身体某一部位感到疼痛:轻点儿,捏得人家都~了|《聊斋俚曲集·寒森曲》第七回:"推起来呼笼笼,起初时还~,研到腰不见腿儿动。"|《醒世姻缘传》第二十七回:"这人好了创疤,又不~~,依旧照常作孽。"|《醒世姻缘传》第四十五回:"狄周媳妇问说:'醒了怎么样着?他说~来没?'玉兰说:'我没听的他说~……我就没那好!'"|《醒世姻缘传》第六十回:"跳起来,那身上~,怎么行动;扎挣着去取鞭子,那两只胳膊甚么是抬得起来,只得发恨了一造罢了。"|《醒世姻缘传》第八十九回:"我实不知狄大嫂是拶了的手,我就捏着手往家里让,谁知狄大嫂这们~。"|《金瓶梅词话》第三回:"见如今老身白日黑夜,只发喘咳嗽,身子打碎般睡不倒的只~,一时先要预备下送终衣服。" ❷ 疼惜;不舍得:只要能把事办好了,别~花钱|元杂剧《诸宫调风月紫云庭》:"那厮每拿着二分钞便~。(带云)~,咱每就呵便二十锭三十锭呵,(唱)更磕着如今等。"|元杂剧《合汗衫》第二折:"(正末云)我咬你这一口儿,你~呵。"|《醒世姻缘传》第四十八回:"狄希陈轻则被骂,重则惹打,浑身上不是绯红,脸弹子就是扭紫。狄宾梁夫妇空只替他~,他本人甘心忍受。"

【害饿】hǎi wè 感到肚子空;想吃东西:到这个点儿都~了。‖ 参"害饥":元杂剧《贬黄州》第三折:"(末云)浑家,孩儿害饥哩,甑中还有米也没有?(旦云)从昨日没了米了。"|元杂剧《生金阁》第三折:"我害饥也,买个蒸饼吃哩。"

【害吓】hǎi xià 感到惧怕:别~,俺和你一块儿去。

【害咸】hǎi xiàn 因饭菜盐份过重,咸涩不适:就着馒头吃,要不~。

【害眼】hǎi yān 碍眼:滚大地去,别待这里~!

【害热】hài yě 感到温度高:~的话就把外套脱了|《金瓶梅词话》第四回:"却说西门庆在房里,把眼看那妇人,云鬟半挽,酥胸微露,粉面上显出红白来,一径把壶来斟酒,劝那妇人酒。一回推~,脱了身上绿纱褶子。"|《金瓶梅词话》第八回:"妇人在房中~,分付迎儿热下水,伺候澡盆,要洗澡。"|《醒世姻缘传》第二十二回:"麦其心故意往袖里摸了一摸,说道:'方才~,脱下了夹袄,忘在那夹袄袖内了。'"

【害躁】hǎi zào 感到烦躁:这么多人嚷嚷喳喳的谁能不~?

【害扎】hǎi zhà 感到冰凉不适:炕没烧火,坐了半天还~得上。

【㪟】hǎi 用棍棒或长条状物击打：孩子要是不听话只管拿笤帚疙瘩～｜他一棍子就把玻璃～破了。亦作"挆"：《聊斋俚曲集·禳妒咒》第一回："不知是谁撒了汤，恼的娘子滴下水，进来房门采住毛，挆了一百小鞋底。"｜《聊斋俚曲集·富贵神仙》第四回："重新又喤，重新又喤，撕了帽子剥了鞋，拿起大鞋底，挆他乜天灵盖。"｜《聊斋俚曲集·磨难曲》第十一回："从新数着数儿打，撕了衣裳剥了鞋，拿鞋底挆那天灵盖。"‖《广韵》："～，伐也，击也。"

【孩孩儿】hǎir hair 对小孩子的昵称：真是个听话的好～。

【孩子大起爹】hǎi zi dà qi diē 事物的从属部分大于主要部分：光个盒子就要这么多钱，这不～了？

【孩子家】hǎi zi ji 强调还属于孩子，没长大：他还是个～懂什么。

【孩子耍儿】hǎi zi shuār ❶小孩子玩的游戏：这么大的个人了，整天光弄些～。❷喻指小把戏、小伎俩：他弄的那些～谁也看得明明白白的。

【孩子芽芽】(～儿) hǎi zi yǎr yar 婴儿；小孩子：那臧该儿他还是个～，不懂什么事｜《聊斋俚曲集·翻魇殃》第十二回："那些贼到他家里，～也不留，排头赶杀没人救。"‖参"牙儿"：《东京梦华录》第五卷："凡孕妇入月，于初一日，父母家……送馒头……并牙儿衣物绷籍等。"又：'浴儿毕，落胎发，遍谢坐客，抱牙儿入他人房，谓之'移窠'。"

【絯儿了】hǎir ler ＝〖絯絯儿的〗hǎir hǎir di 形容非常多：今日集上的石榴～｜街上的人都～｜山那面的卡槭花儿～。‖通常用作"海儿了"或"海海儿的"。《广韵》："絯，多也。"

【絯絯儿】hǎir hǎir 整整；满满：～一天｜～两大车｜～一个月。

han

【汉们】hàn men 成年男子：你是个大～，不去和女人争竞。

【汉们头儿】hàn men tòur 男人的体格、身材：他哥哥真好～。

【汉子】hàn zi ❶成年男子。❷丈夫：△前老婆后～，韭菜馅饼两半子｜他们～老婆挺团结的｜《金瓶梅词话》第十六回："只有花大家两口子来吃了一日斋饭，他～先家去了，只有他老婆，临去，二娘叫到房里去，与了他十两银子，两套衣服，还与二娘磕了头。"｜《金瓶梅词话》第十八回："信那没廉耻的歪淫妇，浪着嫁了～，来家拿人煞气。"｜《金瓶梅词话》第二十六回："不是你背养主子，你家～怎的离了他家门。"｜元杂剧《后庭花》第一折："我不幸嫁了这个～，他每日只是吃酒,家私不顾,在这衙门中做着个祇候人。"

【汉子老婆】hàn zi lāo pe =〖老婆汉子〗lāo pe hàn zi 夫妻二人:人家～成天待一块儿,就对鸳鸯|△爹有娘有不如自己有,老婆汉子还隔道手|△纪经贩子,老婆汉子(指最容易因利益关系产生矛盾的搭档)|《聊斋俚曲集·翻魇殃》第三回:"想是您媳妇调唆你,不待自家受苦辛,老婆汉子不长进!"

【汗潲潲】hǎn chù chu 微微出汗的样子:家里有点热,我看孩子页颅盖儿～的。

【汗褂儿】hǎn guar =〖汗褟儿〗hǎn tānr 汗衫。

【旱船】hǎn chuàn 指民间艺术"跑旱船"及其所用的船形道具:唐郑处海《明皇杂录》下卷:"府县教坊大陈山车～、寻撞走索、丸剑角抵、戏马斗鸡。"

【旱烟】hǎn yan 晒干揉碎的黄烟叶。

【寒食】hǎn shi 传统节日,在清明前一天。旧时这一天民间有禁烟火、吃冷食之俗:△二月～早开花,三月～晚开花|△春到～六十日,清明夏至七十七|△豌豆大麦不出九,种到～古来有|△三月～不用忙,二月～忙不上|元杂剧《幽闺记》第三十一折:"逆旅中过～,见点点残红飞絮白,夕阳影里啼蜀魄。"

【憨】hǎn ❶ 朴实;忠厚:他大闺女～,不和他小闺女似的。❷ 头脑不灵活;痴傻:他上来一阵儿～得吓人。❸ 植物容易成活、生长:大头菜才～来,沾点水就活。

【憨不愣登】hǎn bu lěng dèng 木讷、愚钝的样子:他就这么～的,真不敢托付他个什么事|别看他看起来～的,上来一阵儿比谁都精。

【憨蛋】hǎn dàn 傻瓜:△聪明伶俐乖～|《聊斋俚曲集·墙头记》第二回:"草蛤蜊缝至行头里,这不成了个～么?"|《聊斋俚曲集·翻魇殃》第四回:"可笑那仇大郎真茫个～。"

【鼾睡】hǎn shui 鼾声;呼噜:夜来晚上他那个～打得天响|《金瓶梅词话》第三十八回:"那西门庆吃了一夜的酒的人,丢倒头,哪顾天高地下,～如雷。"

【铪】hān ❶ 拿(在手上):上老人那里去,怎么也待买点儿东西～着。❷ 接;受:他也是诚心给你,你快～着。亦作"捍":《醒世姻缘传》第二十六回:"后来渐渐的越发作梗起来,嫌粥吃了不耐饥,定要道士再捍上几个饼。"‖《玉篇》:"～,受也。"

hang

【行市】hǎng shi 市场行情：△好汉打不过～。

hao

【号】hào ❶ 种类；样式，用于人时含贬义：这～椅子坐着不得劲儿｜那～人和他讲不进理去｜《聊斋俚曲集·磨难曲》第三十四回："任大王说：'我素常杀的，都是这一～东西。'"❷ 量词，个；位：一下子上来七八十～人。❸ 大声地哭；有声无泪地哭：干～｜她跑这又哭又～的算怎么回事儿。

【号丧】hǎo sang ❶ 旧时家中有丧事，来吊唁的人和守灵的人大声干哭。❷〈贬〉哭，多用来骂人：《红楼梦》第六十九回："秋桐正是抓乖卖俏之时，他便悄悄的告诉贾母王夫人等说：'专会作死，好好的成天家～，背地里咒二奶奶和我早死了，他好和二爷一心一计的过。'"

【好儿】hāor ❶ 好的结果或回报：谁不想要个～？ ❷ 别人的肯定或感谢：出了那些力也没赚出个～来。 ❸ 对自我的高要求：孩子稍大点儿就自己知道要～了。 ❹（hàor）爱好；嗜好：那几个人都愿意喝酒，他一点儿不～。

【好病】hào bìng ❶ 疾病痊愈：他回去养了三天就～了。❷〈贬〉收敛；变得老实：他要是再耍混的，揍他一顿就～了。

【好不好的】hǎo bu hǎo di ❶ 很好的；好好的：孩子耍得～，叫你逗弄哭了。❷ 行不行；可以不可以，表示征询：你先帮干几天看看，～？

【好茬儿】hāo chār ❶ 好人家：恁闺女真说了个～。❷ 富裕、殷实的人家：他们家的生活待那个年代算是～。

【好处】hāo chu ❶ 对人或事物有利的因素：这个事成了对大家都有～。❷ 优点或恩惠：凡事多想着人家的～。❸ 最适当的状态或程度：这个话儿说不到～就起反作用了。

【好处是】hāo chu shi 尤其是，后面强调的是不满意之处：帮着跑点腿儿不算什么，～人家一点儿也不致情。

【好歹】hào dāi ❶ 好的和坏的：不知～的东西。❷ 总算；最终：劝了一晚上，～听进去了。❸ 毕竟；不管怎样：～他还是你的亲儿子。

【好饭】hào fàn 比较丰盛的饭：△～不怕晚｜△有钱难买五月旱，六月连阴吃～｜△青割麦子出好面，青割胡秫吃～。

【好过】hào（hāo）guò ❶ 舒适；好受：他不叫咱好受，咱也不能叫他～了。

❷ 生活宽裕、富裕:那几间房子租出去了,家里的日子就～了。❸ 容易经过;容易度过:△难过的日子～的年│这么个小窄桥儿,车不大～。

【好汉】hāo hàn ＝〖好汉子〗hāo hàn zi ❶ 有智慧、有本领的男子:△～不挣有数的钱│△～不吃眼前亏│△～打不出村去│△～架不住一群狼│△给～牵马坠镫,不给赖汉子当祖宗│△好汉子管村管瞳,赖汉子管筷子管碗。❷ 长相好的男子:△～无好妻,赖汉子娶花枝。

【好汉打不出村去】hāo hàn dā bù chu cǔn qi 再有本领的人在本村或当地可以逞能,到了外地或别人的势力范围就会失势:上这场来逞能,没听说～?

【好好生生】(～儿) hāo hao shěngr shengr ❶ 平平安安:恁两个都～儿的,比什么都强。❷ 有礼节;态度温和:你～儿地说,他还有可能答应。

【好话】hāo huà 赞美的话;好听的话:多少～说,何必说那些难听的。❷ 有利或有益的话:《儒林外史》第三十二回:"杜少卿流泪道:'老伯的～,我都知道了。'"

【好赖】hāo lǎi ❶ 好的和坏的:都这么大的人了,还能分不出个～来。❷ 好歹;不管怎样:～还有间屋儿住着,还行。❸ 不管好的还是坏的:～饭│～话。

【好赖饭】hāo lǎi fàn 不管是好的饭还是简陋的饭:那时候～能吃饱就行。

【好赖话儿】hāo lai huàr ❶ 善意或恶意的话;正面的或反面的话:谁还听不出个～来│他个什么脑子,连～都分不出来。❷ 从各个方面或通过各种方式反复说的话:～都跟他说了,他就是听不进去。

【好脸】hào liān 亲切、和悦的脸色;好的态度:他老婆一天到晚没给他个～│《醒世姻缘传》第八十回:"寄姐那副～当时不知收在何处,那一副急性狠心取出来甚是快当。"

【好买卖儿】hāo māir màir ❶ 挣钱的生意:他进货老婆就卖,真是～来。❷ 生意红火:他才开的店真～,人真多。

【好气儿】hào qìr 好的态度;肯定性或顺耳的话语:给他口～又不知道姓什么了。

【好人】❶ hāo yin 心地好的人:～哪有去干那些营生的。❷ (～儿) hào rènr 长相好看:恁嫂子真～儿。

【好乐儿】hǎo ruòr 喜欢娱乐:他爸爸那个人～,就愿意吹吹拉拉的。

【好性儿】hào sèngr 性格脾气好:你真～,换了旁人谁也不能让他│元杂剧《西厢记》二本第一折:"你对夫人说去,恁的这般～的女婿,教他招了者。"│《红楼梦》第六十八回:"奶奶太好性了。若是我们的主意,先回了老太太,太太看

是怎样,再收拾房子去接也不迟。"|《红楼梦》第六十九回:"他虽～,你们也该拿出个样儿来,别太过逾了,墙倒众人推。"|《醒世姻缘传》第二回:"晁奶奶可也～,不敢欺;俺小人家依不的! 这若是俺那儿这们败坏我,我情知合他活不成!"|《醒世姻缘传》第七十三回:"您都是前生修的,良公善婆,汉子～,娘家又有人做主,那象我不气长?"|《醒世姻缘传》第七十五回:"(狄希陈道):'你光要汗巾,不要这杭杭子? 你倒～。我娶了你罢?'寄姐说:'你这们～,我嫁了你罢呀! 我只是光要汗巾子,不要这个!'"

【好上】hǎo shang 尽心地;认真地:我出去趟,你～待家看着恁弟弟|《庄农日用杂字》:"黄黑豆铺子,～尽心看。"

【好声好气】(～儿) hāo shěng hào qìr 说话柔声细语、有礼节的样子:～儿地跟他说,他保证能给你办。

【好时气】hào shǐ qi 好运气:真～,才进门儿就下起暴雨来了。

【好使】hǎo shǐ ❶ 使用起来顺手、得劲:别看这把钳子鉎锈了,使上点儿油还很～。❷ 有效;管用:你的那些章程上这个场儿不～。❸ (钱)值钱;购买力高:早了那个钱～,不同如今。❹ 善良;仁慈:那个人心眼真～。

【好说】hǎo shuō ❶ 说起来容易:△实话～难听。❷ 不难办;好商量:单纯钱的事儿～,关键找不着合适的人|《红楼梦》第九十六回:"别的事都～,林丫头倒没有什么。若宝玉真是这样,这可叫人作了难了。" ❸ 好好地说:～歹说最后他才同意。❹ 严厉地责备;数落:夜来晚上把孩子～一顿。

【好说歹说】hào shuō dài shuō 用尽各种理由或方式反复请求劝说:大队书记来了～才把老人劝回去。

【好说话】hǎo shuō huà ❶ 脾气好;容易商量:不能看咱～就支使起来没有个头儿了|《官场现形记》第十三回:"看了上司的嘴脸还不算,还要看奴才的嘴脸,我老爷也太～了。" ❷ 有充足的理由或情面说出想法或请求:该做到的都做到了,我就～了。

【好天儿】hào tiǎnr 晴朗的天气:今日～拿出去晒晒被。

【好天好日】(～儿) hāo tiǎn hào rìr 泛指晴好的天气:等着～儿的拿出来晒晒,阴天就算了。

【好行事】hào xǐng shi 待人接物周到讲究:人家真是～。

【好要】hǎo yao 非要;非得:教乞他的正路不走,他～听那些混子的刁谚|和他商量事儿,他～和你扭着。

【好一个】hào yi ge 狠狠地:～吃|～说|～嘓。

【好意思】hào yì si 不害羞;不怕难为情:他真也～的,不声不响就把东西拿走了。

【好人物】(～儿) hào yǐn wur 相貌俊美:他哥哥真是～|《琵琶记》第十二出:"既不曾嫁人,如今新状元蔡邕,～,好才学,朕与你主婚,你可招他为婿,你意如何?"|《醒世恒言》第三卷:"九阿姐不知怎生样造化,偏生遇着你这一个伶俐女儿。又～,又好技艺,就是堆上几千两黄金,满临安走遍,可寻出个对儿么?"

【好营生】❶ hāo yǐng sheng 好的事情:这是个～,咱别拦挡他。❷ hào yǐng sheng 勤快;做事又好又快:他媳妇才～来。

【好者不误】hào zhe bù wù 对某项事物有嗜好的人不会错过任何一个与之有关的机会:别心事他来不了,～。

【耗子】hào zi 老鼠:△～咬茶壶——满嘴的瓷(词)。

【蒿子】hǎo zi 泛指艾蒿、黄花蒿等菊科蒿属植物,日常一般指艾蒿:△～长大不成树。

【蒿子猫儿眼】hǎo zi mào ler yān ❶ 蒿子,泛指艾蒿、黄花蒿等菊科蒿属植物;猫儿眼儿,指猫眼草。比喻不成材或没有什么用处的东西:你买回这些～的回来好干什么? ❷ 不论好坏、不区分情况:他不好上端详看看,～地就说上个媳妇,回来净找罪受。

【薅】hǎo 拔取(草木):她小的时候就能帮着大人上地里～草。

he

【嗬】hè 语气词,相当于"吗""是吗":你一下买回这么多东西,能吃了～|～,他能来那就太好了!

hei

【黑巴次】hēi ba cì (hēi pa cì) (脸色)黑乎乎;黝黑:那个人脸～的,穿着件儿红运动衫儿。

【黑豆核儿】hēi dou hùr 形容眼睛的中间部分颜色如同黑豆:那个小孩儿瞪着眼儿和～似的。

【黑狗黄狗是一窝儿】hēi gōu huàng gōu shǐ yì wěr 〈贬〉比喻实属一伙儿或共同的利益集团:找他去帮你说话,不知道～?

【黑咕隆咚】hēi gu lěng dèng 非常黑暗的样子:外边儿～的,谁愿出去?

【黑户儿】hèi hùr 未到主管部门登记取得合法身份的人或企业等：他那个孩子到如今还是个～。

【黑垆】hēi jian ＝〖黑垆土〗hēi jian tū 一种结构致密、土质坚硬的黑色粘土：后湾里的土净是些～｜△黄土地里的蝼蛄——拱不动～土。‖ 桂馥《札朴·乡言正字》："土强曰垆。"

【黑老鸹】hěi lāo wa 乌鸦：△～还嫌后猪黑。

【黑雀瞽】hěi que gu 夜盲。亦作"黑雀鸹""雀瞽"：《俚语证古》第三卷："日落则目昏不见，谓之黑雀鸹。"｜蒲松龄《日用俗字·疾病》："人生疾病有多般，雀瞽青睛与鼻渊。"｜田艺蘅《留青日札·鸡盲雀瞽》："今人之目至晚不见者，名曰鸡盲。"

【黑头】❶ hèi tòu 黑头鱼：钓了三条～回来。❷（～儿）hēi tòur 偏黑的颜色或（暗含有）黑色：这个青色里边儿还带着点儿～儿。

【黑瞎子】hěi xiā zi 狗熊：△～拉油碾——出力赚熊蛋。

【黑心】hēi xin 狠毒的人：那个～做不出什么好事来。

【黑心渣子】hēi xin zhǎ zi 心狠手辣的人：他是当地有名的～，趁早隔远点儿。

【黑影儿】hēi yingr ❶ 黑色的影子：看有个～闪过去了。❷ 黑暗处：俺都待～里没看清楚那个人是谁。❸ 比喻不被人记住：他干的那些活儿都干～里去了。

hen

【哏】hěn 叹词，表示惋惜或认同：～，这些树苗就这么晒踢蹬了｜～，你说你那几年真不容易。

【恨罢不能】hèn ba bū nèng 恨不能；苦于不能，表示急切地盼望做成某事：他急得～明日就回老家。

【恨虎】hèn hu 学名雕鸮，一种大型猛禽：他出那个凶样儿，就个～。

【恨人】hěn yìn 让人感到烦躁或恼怒：待这等他好几个钟头了，真～｜《聊斋俚曲集·墙头记》第二回："张大轮打着说：'好～！使的我喘吁吁的，他倒嗞嗞起来。'"

【狠巴巴儿】hèn bǎr bǎr 使劲、狠命的样子：这次～地给他下子，下把儿就记着了。

【狠歹歹】hèn dǎi dài 用力、狠命的样力：抓着不能轻饶了他,得～地收拾他。

【狠扎扎】hèn zhǎ zhà 用狠劲的样子：不～地揍他一顿,他是不能记苦的。

heng

【红馥馥】(～儿) hěng fùr fur (因喜悦、健康)脸色泛红的样子：他那个气色真好,脸～的|《金瓶梅词话》第三十四回："西门庆见他吃了酒,脸上透出红白来,～唇儿,露着一口糯米牙儿,如何不爱？"|《醒世姻缘传》第二十一回："～的腮颊,蓝郁郁的头皮。两眼秋水为神,遍体春山作骨。"|《醒世姻缘传》第五十八回："直待了晌午大转,相栋宇吃的脸～的从外来了,见了老狄婆子,说了话,才到后边园内合狄员外狄希陈相见了。"|《醒世姻缘传》第六十七回："三日以后,沿边渐渐的生出新肉,～的就如石榴子儿一般。"|《摘锦奇音》第二卷："四月里玫瑰花～,猛听得普德寺一对大蜡烛,姐妹们邀我南郊外。"亦作"红拂拂"：《聊斋俚曲集·禳妒咒》第七回："红拂拂的脸儿真可爱,瘦小小的金莲只半揸;瘦小小的金莲只半揸,真叫男儿要爱煞。"

【红红脸】hèng heng liān 产生争执或不快：他们俩伙了大半辈子,从来没～。

【红胡子】hěng hǔ zi 土匪；结伙打劫的人：他长得那个恶样儿,就赶个～|《红楼梦》第一百一十三回："赵姨娘双膝跪在地下,说一回,哭一回,有时爬在地下叫饶,说：'打杀我了！～的老爷,我再不敢了。'"‖《俚语证古》第三卷："关外强盗,呼之为～。"

【红花绿毛】(～儿) hèng huǎ lǚ màor 五颜六色、花花绿绿的样子：把个房子刷得～儿的,像个什么样子？

【红皮儿鸡蛋】hěng pir jǐ dàn 蛋皮颜色偏深的鸡蛋。

【红肉儿】hěng ròur 瘦肉：△吃～拉白屎|这净块儿～,一点儿膘子没有。

【红松松】hěng sèng seng 有点红色；暗含红色：他的脸一年四季～的。

【红头儿】hèng tòur 偏红的颜色或暗含有红色：那块儿布还挂着个～。

【红心】hěng xin 萝卜的里面发生红色病变：这几个萝卜都～了。

【哄点】hēng dian 哄骗：他～人家,地里种的说是野生的。

【哄滑】hēng hua ❶用好听的话使顺从：他嘴甜,从小就会～人儿。❷用花言巧语欺骗：他把老婆～得把她卖了还当他是好人。

【哄弄】hēng leng 耍弄；哄骗：他说的那些话净是～人的。

【哄送】hēng seng 顺着对方的意愿喜好说好听的话；哄骗：人家会～人，到哪儿都吃香儿。

【哄人】hèng yìn 骗人：他这是拿着实话儿～。

【烘黑】hěng hēi 非常黑：他按天待太阳底下晒得个脸～｜今日过晌天一下阴得～。

【烘旸】hěng yang 稍微地烘烤，使暖和：添把火稍微～～屋里就能站住人。

【横横】hěngr hengr 横向的样子：原来是～着放在那儿的，有人挪动了。

【横三竖四】hèng sǎn shǔ sì 胡乱的样子：那些工具都～待那里放着，走路都害事｜《聊斋俚曲集·磨难曲》第十七回："又～，把个头砍的稀烂，才踏着肩膀，抹下头来了。"

【㧢】hèng 扔；抛弃：他买回来的机器也锈踢蹬了，白～上那么些钱｜△吃了端午粽，才把棉袄～。‖亦作"㩅"：《聊斋俚曲集·墙头记》第二回："大家过不成，大石头往他那锅里㩅。"｜《聊斋俚曲集·墙头记》第三回："他给你做了好的，我定然剥来㩅了。"｜《聊斋俚曲集·寒森曲》第三回："恶虎为护那耳朵，常带着七八个家丁，怕人再使砖头㩅。"｜《聊斋俚曲集·寒森曲》第五回："哎哟了一大声，陡然间害头疼，像石头照着脑门㩅。"｜《聊斋俚曲集·禳妒咒》第四回："不如包打上二百好冰凌，上公堂照他皮脸㩅，要进童生是童生，要进几名是几名。"｜《聊斋俚曲集·富贵神仙》第八回："家有丈夫，教子成名；难道没达，就把书本子㩅？"‖《集韵》："～，呼宏切，音轰。击声。又挥也。"

【㧢货】hèng huo 扔掉的东西；得（要）扔的东西：你收拾到最后也是些～，别收拾这些旧东西了。

hou

【后奔颅儿】hǒu bèn rour 有的人的头后部特别突出的部分。

【后沉】hǒu chen 载货的车子后端分量重或装的东西多。

【后爹】hòu diě ＝〖后爸爸〗hòu bà ba 继父的背称。

【后腚】hǒu dìng ❶ 车辆等物品的后面、逆向部分：这个车～那么丑！❷ 车辆的后备箱：我把盒子放待车～里。

【后根子帐】hǒu gen zi zhàng 事情过去很久之后再追究事情的原委或相关的责任：别看这时候好好好儿，小心他过后儿算～。

【后脊梁】hǒu jī liang 脊背：他～都叫汗濕透了。

【后老婆】hǒu lao pe 再娶的妻子。

【后老婆针】hǒu lao pe zhěn 鬼针草，其结的长针状籽末端有双倒钩刺，很容易附着在人身上。

【后门】❶hǒu mèn 房子堂屋朝后（北）开的门或较大的窗。❷（～儿）hǒu mènr 融通、舞弊的途径：他有～才办出来的证儿。

【后脑勺子】hǒu nào shuǒ zi ＝〖后脑勺儿〗hǒu nāo shuòr 脑袋后面突出的部分。

【后娘】hòu niàng ＝〖后妈〗hòu mǎ 继母的背称：△～打孩子，一巴掌顶两鞋底｜△六月天，～脸，说变就变｜《聊斋俚曲集·慈悲曲》第一段："你看那有刺的，就叫做'～挂棒'，有钩的就叫做'～匙子'。"｜《聊斋俚曲集·慈悲曲》第三段："～只知有前窝，分出后窝就不公，就不通，更不通，一般也知道那脸儿红。"

【后手儿】hǒu shour 为防止意外事情发生而提前做好的准备措施：将来的事还没法说，应该给自己留个～。

【后头】❶（～儿）hòu tour 后面；后边：跑了两圈儿，他就落～去了。❷hǒu tòu 后脑勺：跌那一下子，差一点儿磕着～。

【后窝】（～儿）hǒu wer ＝〖后窝子〗hǒu wè zi 对后夫或后妻所生的子女的背称：《聊斋俚曲集·慈悲曲》第三段："后娘只知有前窝，分出～就不公，就不通，更不通，一般也知道那脸儿红。"

【后日】hǒu yi 后天；明天的第二天：等～咱都去看看｜《水浒传》第二十九回："等明日先使人去那里探听一遭，若是本人在家时，～便去，若是那厮不在家时，却再理会。"｜《醒世姻缘传》第五十五回："媒婆们吃了饭，每人与二十四个驴钱，叫他～来定夺。"｜《红楼梦》第九回："原来宝玉急于要和秦钟相遇，却顾不得别的，遂择了～一定上学。"｜《金瓶梅词话》第六十九回："我知道，不在明日，只在～，随早随晚讨了示下，就来了。"

【后院】hǒu yuàn 屋后的院子，一般东西方向比较狭长：～里栽的那几棵梧桐树都伐了做家具了。

【后肘儿】hǒu zhōur 猪后腿与臀部相连部分的肉。

【厚】hòu ❶厚度大：这些肉你切得别太～了。❷浓稠：你做的稀饭太～了｜这些酒一看就～敦敦的。‖《增韵》："～，醲（古同浓）也。"《礼记正义·内则》第十二："饘，之然反，～粥也。酏，羊皮反，薄粥也。"❸稠密：这棵树结的果格外～。❹ 多:那天去的人那么～。

【厚搐搐】hǒu chù chu 特别浓稠的样子:他做的稀饭～的不好喝。

【厚敦】hǒu den ❶ 厚度大:这块儿布摸起来挺～的。❷ 浓稠:你熬的稀饭有点～了。

【厚敦敦】hǒu dèn den ❶ 厚实的样子:你絮的这床褥子～的|《醒世姻缘传》第二十一回:"两耳虽不垂肩,却～的轮廓;双手未能过膝,亦长疱疱的指尖。"❷ 浓稠的样子:锅里的糖熬得～的。

【猴精巴怪】hòu jǐng bà guài 耍小聪明、刁钻猥琐的样子:他～的,吃亏的营生一点儿不干。

【猴精巴式】hòu jǐng bà shì =〖猴巴齐〗hòu ba qi 像猴子一样多动、不庄重的样子:也三十来岁的人了,怎么还～的。

【猴儿精神】hǒur jing shen 〈贬〉调皮、不庄重的样子:不知他哪那么多～。

【猴儿齐】hòur qi ❶ 试探性地尝试:那两年他还～着想干运输。❷ 不庄重地开玩笑、打闹:和他～光等着吃亏就行了。

【猴儿十三】hòur shì sǎn 像猴子一样不稳重的样子:他成天～的没有个正形儿。

【猴子腚】hǒu zi dìng 猴子的屁股,形容颜色红:看他那个脸糙起个～色?

【瘊儿】hòur 皮肤上长的一种人乳头状瘤。

【齁】❶ hǒu 食物的盐分太重而造成咳嗽、喉咙嘶哑:他吃咸菜太多～着了。❷（～儿）hǒur 肺气肿、哮喘等呼吸道疾病:他从小就有～,不好说媳妇。

【齁瘤儿】hǒu gur 指患哮喘或呼吸道疾病的人,呼吸沉重有哨音:他年轻的时候和人家比赛喝酱油齁成了个～|他从小有个哮喘病,是个～。

【齁儿齁儿的】hǒur hǒur di 饭菜过咸使嗓子不适的样子:他做饭放了两苲盐,菜～没法吃。

【齁咸】hǒu xiàn 非常咸:菜怎么做得～,待打死卖盐的?|蒲松龄《日用俗字·饮食章》:"金华火腿尤清素,高邮变蛋不～。"

hu

【呼】hǔ ❶ 通过口、鼻把气体排出体外。❷（较大的风）吹:叫风把窗扇儿～破了。

【呼哈】hǔ ha 颤动;颤悠;扇动:架子扎得不牢靠,一走人就～～的。

【呼呼的】hǔ hǔ di 酣睡的样子：都八点了,他还待床上困得～。‖《俚语证古》第三卷："鼾睡而鼻息发声谓之～。"

【呼打】hǔ da ❶ 扇动;振动;吹动;摆动:这么多蚊子这里,拿扇子～两下│大风把篷布～破了│△老板鱼凫水——～起来了。❷（口）一张一合;（艰难地）呼吸:那条鱼没死,还～气儿。❸（～儿）hǔ dar 指一边固定,另一边悬空的东西:舌头～儿│风弦～儿。亦作"忽打":《聊斋俚曲集·增补幸云曲》第十六回:"你只扇那八根柴、小油红,暑伏天使俩钱买的粗蒲扇,忽打忽打罢!"

【烀】hǔ 一种烹调方法,把食物粘在锅内壁上,锅底加少量的水,盖上锅盖加热,以半蒸半烤的方法把食物做熟:今日晚上咱～饼子吃。亦作"熝":《庄农日用杂字》:"烧汤泡干饭,熝饼也休嫌。"

【忽忽】hǔ hu ❶ 急速的样子:人真不顶混,眼看着～地一年又一年│这么个小孩子待这个河边～一趟儿～一趟儿,家长怎么也放心│《楚辞·离骚》:"欲少留此灵琐兮,日～兮其将暮。"│王安石《骅骝》诗:"怒行追疾风,～跨九州。"│戴名世《戴母唐孺人寿序》:"～遂至四五十年,恍如昨日,而余亦老矣。"❷ 盲从;轻率地做事:你没事少跟着他瞎～│刘向《说苑·谈丛》:"～之谋不可为也,惕惕之心不可长也。"❸ 象声词:外边大风～的,多穿点儿。

【忽剌】hù lǎ 突然;忽然:到家了才～想起来没拿包│《金瓶梅词语》第十一回:"预备下熬的粥儿又不吃,～又新兴出来要烙饼做汤,那个是肚里蛔虫?"

【囫囵】hǔ len 完整;整个儿:拿个～的过来,这个都破了│晚上叫他们闹的没困个～觉儿│《聊斋俚曲集·墙头记》第三回:"外头袍子虽～,边上漏着破铺衬,旧衣裳穿上还不趁。"

【囫囵个儿】hù len guòr ❶ 未破损:你拿这个～的,那个裂口的给我就行了│这筐鸡蛋跌得没剩几个～的。❷ 整个;全部:那个人开车太快了,没刹住就～翻路边去了。❸ 不脱衣服睡觉:你这么～困能舒梭?

【囫囵觉】hǔ len jiào 足时且安稳的睡眠:咱动静小点儿,好叫他困个～。

【囫囵梨】hǔ len lǐ 喻指不知就里、难以猜透的话语或事情:光给我个～啃,我怎么知道他待干什么?

【囫囵半片】hǔ len bǎn piàn 食物未经咀嚼或未充分咀嚼的样子:你这么～地吃,不怕胃痛?

【㧅】hǔ 用手掌（或片状物）击打:～他两巴掌│《辀轩使者绝代语释别国方言》第十卷:"南楚凡相推搏曰㧅,或曰～。"亦作"呼":《醒世姻缘传》第十一回:"那日审官司的时节,不是俺爷爷计会元央了直日功曹救护着,岂不被赃官

一顿板子呼杀了。"|《醒世姻缘传》第七十七回:"你要不听俺的话,别说惹出大祸来带累杀你,相觑皇见做着工部,替他表兄出气,拿了你去,呼给你顿板子,发到兵马司,把你递解还乡,你这点命儿是不消指望的了。"|《醒世姻缘传》第八十八回:"他要可恶不老实,呼顿板子,给他剥了衣裳,还叫他去做那徒夫。"

【滒黑】hǔ hēi　非常黑:出去耍一天,就把衣裳弄得～～的。‖《说文解字》:"滒,青黑色。从水,呼声,呼骨切。"

【惚雷】hǔ lei　阴雨天气的闪电及其发出的响声:他这么不孝顺也不怕叫～劈死|卢全《与马异结交》诗:"～霹雳卒风撼不动,欲动不动千变万化总是鳞皴皮。"亦作"忽雷":顾况《险竿歌》诗:"忽雷掣断流星尾,暚睒划破蚩尤旗。"|曹勋《断梅三首》诗:"晚云翻海忽雷震,农说断梅明日晴。"|陈瓘《庐山诗二首》:"法鼓忽雷震,此事非偶然。何时穿蜡屐,问法浮云边。"|贾至《相和歌辞·燕歌行》:"季秋胶折边草腓,治兵羽猎因出师。千营万队连旌旗,望之如火忽雷驰。"|葛立方《玉楼春》诗:"笙簧冻涩闲纤指。香雾暖熏罗帐底。却教试作忽雷声,往往惊开桃与李。"|姚合《恶神行雨》诗:"龙喷黑气翻腾滚,鬼掣红光劈划摃。哮吼忽雷声揭石,满天啾唧闹轰轰。"

【惚雷雨】hǔ lei yū　雷雨:△～三过晌儿。亦作"忽雷雨":杨万里《戊子正月六日雷雨感叹示寿仁子》:"今晨忽雷雨,天地又发春。草木閟红绿,生意察已欣。"

【壶】hù　❶用来盛液体的容器,有便于倒出液体的嘴,一般还有柄或提梁:暖～|尿～|△打碎的茶～——就剩一张嘴儿了。❷特指酒瓶:啤酒～|喝两～酒儿。

【壶底子】hǔ dī zi　瓶或壶里剩的一小部分液体:光剩了点儿～了,你再去燎壶水。

【壶堵儿】hǔ dūr　暖瓶、水壶口部的塞子。

【户儿】hùr　骂人的话,指人:他算个什么～,上这里来找事儿!

【护揽】hǔ lan　〈贬〉过多地、超出需要地占有财物、利益:你～这么多能吃了?

【护食】hǔ shì　(动物)在吃东西的时候不允许人或别的动物靠近或触碰食物:他不知道那个狗～,上来就叫狗咬了一口。

【护头】hǔ tòu　(小孩)害怕理发:他小时候特别的～,一剪头就哭不成个了|《金瓶梅词话》第五十二回:"我说这孩子有些不长俊,～,自家替他剪剪罢。"

【护窝子】hù wě zi 护犊子;比喻偏袒庇护自己的孩子:你光知道～,出去可没有人惯着。

【护向】hǔ xiang 袒护;偏向:一待说说孩子,他爷爷就～着|《刘知远诸宫调》:"记得村酒务,将人恁折剉,入舍为女婿,俺爷爷～着。"

【护心肢】hǔ xìn zhǐ 猪心口部位的肉,起到保护心脏稳定的作用,亦称"围心肉儿":△儿是爹娘的围心肉儿,闺女是爹娘的～。

【狐仙】hǔ xian 指得道成仙的狐狸。

【狐臊】hǔ sao ❶=〖狐臊子〗hǔ sao zi 狐臭:他身上那个～味儿真能熏死人。❷被狐狸等动物所迷惑,致使思维言行变得怪异:叫貔子～着了就光瞎说瞎道的。

【唬】hū 虚张声势、夸大事实来吓人:你个大男人怎么还能叫他～住了你。

【胡嘲乱噘】hù chǎo luǎn juè 乱骂一气的样子:那个疯老婆待外边～的。

【胡吹乱嗙】hù chǔ luǎn pāng 胡说八道或吹嘘的样子:他出去～,可是有人还真信了。

【胡大捞】hǔ dà lǎo 胡乱出价;没有诚意地出价:看着那些～的来了,根本就不用搭理。

【胡打狗干】hù dā gòu gàn 做事敷衍;不干正事:你千万不能依望那个人,他整天～的,一点儿谱都没有。

【胡秸】hǔ jiai 高粱植株的杆茎:以前的屋笆都是～的|这几年他瘦得和～样的。

【胡弄局儿】hù leng jùr 做表面文章,应付了事:他一看就是待这～,不是个实在人。

【胡咧咧】hù liě lie =〖瞎咧咧〗xiā liě lie 胡说八道:恁该干什么去干什么,别听他来～。

【胡萝贝】hǔ luo bei 胡萝卜。

【胡琴】hǔ qinr 本指中国古代北方、西北方少数民族所用的一种乐器,泛指二胡、京胡等弦乐器:到了晚上就听他待家里拉～|陈旸《乐书》第一百二十八卷:"～本胡乐也,出于弦鼗而形亦类焉,奚部所好之乐也。盖其制,两弦间以竹片轧之,至今民间用焉。"|岑参《白雪歌送武判官归京》:"中军置酒饮归客,～琵琶与羌笛。"

【胡秫】hǔ shu ❶高粱,一年生草本植物:△歪脖子～——各一路种儿。❷高粱米。

【胡秫地】hù shu dì ❶ 高粱地。❷ 比喻迷失方向的地方：你听他的就上～去了。

【胡支马趟】hù zhi mǎ tāng 稀里糊涂；不按规矩或事理做事：这是个大事，别～的。

【胡诌咧扯】hù zhǒu liě chē =〖胡诌乱扯〗hù zhǒu luǎn chē 胡说八道或吹嘘的样子：别听他～，那都是没有的事儿｜他上来一阵儿满嘴跑火车，你少听他～。

【葫茼子气】hǔ teng zi qì 大蒜、大葱散发出的异味。‖《玉篇》："葫，户都切。大蒜也。"

【糊查】hǔ cha （人）杂乱地围拢聚合：他还没说完，人就～上来了。

【糊涂】hǔ du ❶ 不明事理；对事物的认识模糊或混乱：他说话一口～腔。❷ 内容混乱的：～事糊涂了。❸ 饭食成为糊状：△开水撒面——～了。

【糊嘎渣】hǔ ga zha 烧糊或烤糊的黑色焦状物：火烧大了，锅底全是～。

【糊糊儿】hǔr hur 粥状粘稠的东西：晚上家里馇的苞米～。

【糊拉】hǔ la ❶ （随意地）涂抹：孩子把墙上～得管那是牙膏。❷ （数量和程度上）接近；将近：你别看这几样东西，也～着百十斤儿。❸ 占有；涉猎：你成天东一棒槌，西一榔头的，～这么多怎么能干好。

【糊耳】hǔ ler 糊涂；不清醒：这一言那一语的，把他都听～了。

【糊弄局儿】hù leng jùr 敷衍地完成某事：一看他干的活儿，就知道他是待这里～。

【糊迷】hǔ mi 糊涂；不清醒：恁东一句西一句的，把他都说～了。亦作"胡迷"：《聊斋俚曲集·磨难曲》第二十三回："有一伙瞎厮，在路上走路～了，一骨碌碌张在崖里。"

【帗】hù 覆盖：油菜都叫虫子～死了。‖《说文解字》："～，覆也。从巾，无声。荒鸟切。"

【炻】hū ❶ 触碰；接触：门上有油漆，别～着。❷ 交往；接触：那个人脾气不好，少～着他。

【炻皮】hū pì 贴着皮肤或其他物体的表面或表皮：这些胶不好，贴的纸都鼓起来了，一点儿也不～儿｜《聊斋俚曲集·墙头记》第三回："老人家衣服要会做，绵的极厚要～，揹里宽快些才如意。"

【炻辙儿】hù zhèr 贴合到一起；粘合起来，一般只用于反问或否定句式：上面的水还没干，你贴上去也不～｜他们粘的皮子都不～，没几天就掉了。

【榾】(～儿) hùr 果核:苹果～|梨～|这些桃儿是离～儿的。亦作"胡":元杂剧《薛仁贵》第三折:"你道不曾摘枣儿,口里胡儿那里来?"|《俚语证古》第十卷:"果实之核谓之胡。"‖《声谱》:"果子～也,户骨切,果核。"《集韵》:"～,果中实。胡骨切。"

hua

【化冻】huǎ dèng 雪或冰开始融化:天开始～了,孩子们不敢上河溜冰了。

【花儿】huǎr ❶ 花卉。❷ 礼花:快过年了,多买点～回来放。❸ 花招:他耍的那些～谁还能看不出来? ❹ 用刻有吉祥图案的木楦子制作出来的面食:明日七月七,楦几个～吃。

【花豹儿】huǎ baor ❶ 一种颜色中杂有别种颜色:～猪。❷ 身上脏污的人(一般只用于小孩子):他出去弄得浑身脏的和～似的。

【花卜嘟】huǎ bū du =〖卜嘟〗bū du 花骨朵;花蕾:再住半个月,这棵树就好长出～来了。

【花嗒】huǎ da ❶ 模糊不清:不戴眼镜看东西老是有点儿～。❷ 因受潮、浸水、沾污等变得不整洁或颜色杂乱模糊:那件上身儿叫牛仔裤都染～了。

【花嗒嗒】huǎ dà da 不整洁或颜色杂乱模糊的样子:玻璃叫孩子抹得～的,一点儿看不清外面的东西。

【花瓜儿】huà guǎr 整理好的较大的棉花团。

【花花儿】huǎr huar ❶ 带有花形图案的:～儿衣裳。❷ 迷恋声色:老婆待家里出老力,他待外边儿～得不善。❸ 不诚实;虚假:就他那个～心思谁还看不出来。

【花花嗒嗒】huǎ hua dǎ da 不整洁或颜色杂乱模糊的样子:才贴上的彩纸,叫雨点儿淋得～的。

【花馈儿】huǎ juānr 折叠成各种花样形状的面食,一般在加工过程中在夹层里加上油、盐、葱花等。

【花篓】huǎ lou 四周镂空、有简单图形的篓子。

【花毛儿】huǎ màor 轻盈的线状或絮状纤维:大衣上沾了不少～。

【花墙】huǎ qiang 用砖、石头等按照一定造型砌起来的镂空墙,起装饰或防护作用。

【花梢儿】huǎ shaor 颜色鲜艳而且图案复杂:你穿这种衣裳就显得太～了。

【花栽子】huà zǎi zi 花苗；花秧：头年移来家的那棵~，都长了这么大了｜元杂剧《墙头马上》第一折："奉命前往洛阳……选拣奇花异卉，和买~，趁时栽接。"

【花砖】huǎ zhuàn 带有花纹图案的砖。

【哗啦】huǎ la 支离破碎的样子：他骑车摔待沟里，车子都~了，真捡了条命回来。

【话把儿】huǎ bàr ❶ 话柄：谁也不愿意叫人家当~说来说去的。❷ 话头；话茬：你怎么老是愿意抢人家的~？

【话迟】huà chì =〖语迟〗yū chì 话少；说话慢：△贵人语迟｜他~，别急他。

【话儿赶话儿】huàr gan huàr 在交谈中话题逐渐扩展延伸：伙计们待一块儿~说起这个事来。

【话头】(~儿) huǎ tòur ❶ 话语：他~儿来得真快。❷ 话题；说话的端绪：人家还没开腔，就叫他把~抢去了｜《文明小史》第二十四回："正在不耐烦的时候，却好里面请吃饭，然后打断~。"

【话音儿】huà yǐnr 说话的言外之意、弦外之音：听话儿待学会听~。

【划回】huǎ hui 回想；反复考虑：你再好好~~，当时是怎么定的这个事。

【划架子】huǎ jià zi 装腔作势；摆谱：谁还不认识他，你看他还划那些架子。

【划拉】huǎ la ❶ 拢；聚拢：帮着把地下这些木头棍儿~起来。❷ 揽取；掠夺：他爹留给姊妹们的那两个钱都叫他~去了。❸ 掀起(衣服)：他~起衣裳来一看，后脊梁上全是伤。❹ 随意涂抹；潦草或粗略地写：老师留的作业孩子一阵儿就~起来了。亦作"画拉"：《儿女英雄传》第三十三回："公公可别笑，这可就是媳妇胡画拉的，实在不像个字。" ❺ 制作馏饸汤(疙瘩汤)的方式，将盆内的面粉加少量的水，用筷子沿同一个方向旋转搅拌，使其成为颗粒状面团：今晚上回去~馏饸汤哈。

【划弯儿】huà wǎnr ❶ 转弯：别忘了到前边的路口~。❷ 动脑子；灵活：碰上这些事儿你脑子得学会~，别死脑筋。

【滑】huà ❶ 光滑；滑溜：溜~｜△油瓮里捞出的鸡子——~蛋一个｜△天上下雨地下~，自己跌倒自己爬。❷ 滑动；滑行：~倒｜~冰｜~雪。❸ 狡诈；不诚实：~头｜狡~｜油嘴~舌。❹ (药品因服用或使用次数太多而)失去效力：沾着点儿病就打吊瓶，打~了就不管用了。

【滑瘩儿】huǎ dar 鹅卵石：这条河里的~都叫人捡得快没有了。

【滑工儿】huǎ gengr 偷奸耍滑的人：他这样的~上哪儿也干不长远。

【滑机油】huà jǐ yòu 润滑油。

【滑溜噗搋】huǎ liu pǔ chu 湿滑的样子：那条鱼～的,根本就攥不住。

【滑皮】huǎ pì 油滑不老实的人：那真是个～,没法儿治了。

【滑丝】huà sǐ 螺纹因磨损而纹路紊乱：另换个螺丝,那个都～了。

huai

【坏透漏】huǎi tōu lou 坏透,形容坏到了极点：他真是～了,连这么小的孩子也欺负。

【坏心烂肠子】huài xǐn lǎn chǎng zi 品行恶劣到极点的样子：这保准是那一群～的走狗干的!

【坏人帮儿】huài yin bǎngr 品行恶劣之人组成的群体：千万看好了孩子,别入了～。

huan

【欢】huǎn 起劲;活跃;旺盛：你看他那儿耍得～的|△狗～无好事。

【欢欢】huǎn huan 开心的样子：我一回来孩子们就～得光围着问东问西。

【欢气】huǎn qi 喜悦;高兴;兴奋：有这么听话的孩子,哪个当爹娘的能不～?|你能来就～得了不得,还花钱拿什么东西|△两岁嘞人娘～,四岁嘞人伤天理|△什么多?什么少?什么时候～什么时候恼?小人多,君子少,借时～还时恼。

【唤】huàn 特指招呼动物(招呼人不能称为"唤")：～鸡|～鸭子|～猪|～马|～狗。

【换动】huǎn deng 更换;替换：孩子发烧,头上的毛巾你勤给他～着。

【还醒】huǎn xing ❶ 植物受伤或萎蔫后恢复过来：才栽的那些茄子我看都～过来了。❷ 从昏迷中苏醒：《聊斋俚曲集·寒森曲》第三回："我且在此听听,看他～过来赖咱。"|《醒世姻缘传》第十二回："清早小夏景起去开门看见,吓得死过去半日才～过来。"亦作"还省"：《醒世姻缘传》第六十三回："正乱哄着,素姐才还省过来。"

【还甲子】huàn jiǎ zi 根据古代的"干支纪年",每隔六十年就是一个甲子年,六十岁被视为世人之大限,于是就有"六十岁还甲子"之说。

【獾耳朵】huǎn lèr duo 一种野草,形如獾的耳朵,故称。

huang

【黄裱纸】huàng biǎo zhī 祭祀用的黄色烧纸：△老鼠嗛着～——死充帐先生。

【黄病】huǎng bing 钩虫病,病人由于严重贫血,导致面黄肌瘦,故名。

【黄病失落】huàng bìng shǐ luò 面色憔悴、身体无力的样子：前几日碰见他怎么变得～的?

【黄菜】huǎng cai ❶ 晒干或萎黄的蔬菜叶：搂～｜揎～。❷ 特指干的萝卜叶子：今日晚上馇～吃。

【黄干干】huàng gǎn gǎn（不好看的）黄色：这几天你哪里不大舒梭,脸怎么～的? ｜元杂剧《范张鸡黍》第三折："我见他皮壳骷髅,面色儿～浑消瘦。"｜《聊斋俚曲集·增补幸云曲》第十四回："那一个道：'你看这汉子脸上～的。'"｜《醒世姻缘传》第十八回："（小姐）五短身材,黑参参面弹,两弯眉叶,～云鬓。"亦作"黄甘甘"：元杂剧《三夺槊》第二折："折倒的黄甘甘的容颜,白丝丝地鬓脚。"｜元杂剧《张天师》楔子："你没病,我看着你这嘴脸,有些黄甘甘的。"｜元杂剧《飞刀对箭》第二折："看了你这么黄甘甘,骨岩岩,一搭两头无剩,则怕你近不过那摩利支。"｜元杂剧《薛仁贵》第二折："则见他怕撒撒开圣旨,早唬的来黄甘甘改了面色。"｜元杂剧《存孝打虎》第三折："见他,见他,战战兢兢,怯怯乔乔,黄甘甘容颜如蜡渣,全不见武艺熟滑。"｜元杂剧《碧桃花》第二折："我见他黄甘甘容颜憔翠,更那堪骨体尫羸,只你这秀才每花酒病最难医。"｜元杂剧《竹叶舟》楔子："我看起来,你穿着这破不刺的旧衣,擎着这黄甘甘的瘦脸,必是来投托俺家师父的,却怎麽这等傲气。"｜元杂剧《魔合罗》第四折："唬的个黄甘甘脸儿如地皮,可不道一言既出,便是驷马难追。"

【黄姑】huǎng gu =〖黄姑子〗huǎng gu zi 黄姑鱼。

【黄花儿】huàng huǎr 黄花鱼：大～｜小～。

【黄花菜】huàng huǎ cài 金针菜,又名忘忧草。

【黄花儿鲊儿】huàng huar zhār 小黄花鱼：买了点儿～炸了炸,真好吃。

【黄墈】huǎng jian =〖黄墈土〗huàng jian tū 一种结构致密、土质坚硬的黄色粘土：挖点儿～回来好拖墼｜△～里的蝼蛄,拱不动黑墈地‖桂馥《札朴·乡言正字》："土强曰墈。"

【黄金狗屎铁】huàng jǐn gòu shi tiē 比喻东西因行情等变化造成价格反差极大：差不多就早点出手,这些东西～,别砸手里头。

【黄满浆】huǎng man jiang 玉竹。

【黄毛棘子】huǎng mao jī zi 酸枣树,又名棘枣树,一种带刺的落叶灌木或小乔木。

【黄盆鱼】huǎng pen yù 学名鳐鱼,尾部的针有毒,民间用于治病。

【黄头儿】huàng tòur 偏黄的颜色或(暗含有)黄色:你还是穿带~的衣裳好看。

【黄香】huàng xiǎng 学名松香,又名松脂,为松科松属植物渗出的树脂,是一味中药,旧时常用于给猪头脱毛:那些猪头使~拔的毛儿。

【黄眼绿睛】huàng yān lù jǐng 偏黄绿色的眼睛,喻指怪异、凶恶的外貌:他~的,一看就不是什么好人。

【恍恍儿】❶ huàng huangr 偶尔;不时:给他留着点儿吧,他~要这个吃。❷ huǎng huangr 狂妄;张扬:这个人真能~│就从他拆迁拿着钱,再~得要命了。

【晃】huāng(huǎng huàng)❶ 强光使人目眩:把灯泡儿换个小的,这个太~眼了。❷ 形容很快地闪过:一~几年就过去了。❸ 摇动;摆动:摇~│~荡。❹ 用水冲泡并摇匀或搅匀:~苞米面子│~奶│~碗糖水。

【晃锤】huāng chui ❶ 一种较大的锤,锤柄细长弹性大,可增加锤击的力量,需用双手使用。❷ 在相互对打中的虚招:出~。

【晃浪】huǎng làng 摇晃;使动荡:那谁~什么东西,嘤人嘤的!

【晃眼】huǎng yān 耀眼;刺眼:对面儿车的大灯太~了。

【谎蛋】huāng dan 母鸡看起来像下蛋的样子实际没下蛋,喻指谎言:不信你看,这又是个~│我看他又待这里下~。

【谎花儿】huāng huar 不结果的花。

【慌慌儿】huǎngr huangr 慌张;着急:看你~的,把东西都撒下了。

【慌了前爪子后腿】huǎng le qiàn zhuā zi hǒu tēi 因慌张而手忙脚乱的样子:来了检查的,他们才~。

【慌冒急促】huǎng mào jǐ cū 慌张着急的样子:别急他,省着~地干不待好处。

hui

【灰】huǐ ❶ 尘土:接~暴土。❷ 物体燃烧后剩下的粉状固形物:锅底~│

草木～。❸ 衣服或身上的污垢：满脸是～｜～嘎渣儿。❹ 黑白之间的颜色：～色｜发～。❺ 石灰、水泥与沙子等混合形成的泥膏：抹～｜和～。❻ 水泥：洋～。

【灰曝】huǐ bào 食物等因长期存放而粉末化，并散发出陈腐味：你的这个宝贝都放多少年了，拿出来一看都～了。

【灰曝子味儿】huǐ bào zi wèir 尘土的气味；长期密闭的空间里产生的气味：一进屋里那个大～都呛人。

【灰白色儿】huǐ bèi shēir 灰而偏白的颜色。

【灰不溜秋】huǐ bu liǔ qiù 颜色发灰的样子：他个脸色看起来～的，就赶没洗脸样的。

【灰菜】huǐ cai =〖灰菜子〗huǐ cài zi 一种野菜，藜科藜属：地里的～都长没是高了，他这几天忙得也没去锄锄。

【灰斗子】huǐ dōu zi 瓦工用来盛放灰浆的浅口容器。

【灰号儿】huǐ hǎor ❶ 标示水泥规格的标号。❷ 建筑材料中的水泥含量：打这个地面儿～要大一点的。

【灰粗粗儿】huì jǔ jur 细条形的泥垢：孩子也不多少日子没洗澡了，搓下那么多～来。

【灰口儿】huǐ kour 砌砖墙时留的砖缝。

【灰泥燎鬼】（～儿）huǐ mì liǎo guīr 形容身上脏污的样子：孩子成天弄得～儿的，大人也不管。

【灰扑扑儿】huǐ pùr pur 灰暗的颜色：那个颜色～的，不如这个颜色好看。

【灰腥气】huǐ xìng qì =〖灰腥味儿〗huǐ xìng wèir 尘土的气味：屋里憋得有股子～。

【回】huī ❶ 从别处到原来的地方；掉转：～来｜～去｜～头。❷ 将东西转让转卖：才买的那件儿衣裳叫我～给邻守家了｜《醒世姻缘传》第六十五回："狄希陈道：'既是张大哥有两套，你叫他～一套给我，我多与他些银子。'李旺道：'他为合他婆子合了气，敬意寻了这两套衣裳与他婆子赔礼的，只怕他不～给你。'"又："有一个相厚的弟兄要问你～一套，你要不～一套与他，叫他给咱的原价……为～这衣裳，一连来了两遭，你没在铺里。"❸ 用在名词前面表示其朝向、方位：～头朝东｜～门朝南｜《聊斋俚曲集•慈悲曲》第三段："那腿上去了一块皮，走着还瘸呀瘸呀的，瘸的进了房门，也没管孩子哭，一头攥在床上，～脸子朝里。"｜《醒世姻缘传》第二十回："女人尸首还好好的睡在床上，男人的尸首上

半截在床上，下半截在床下；都是～头朝北。"|《醒世姻缘传》第八十三回："我见人上轿，都是脸朝外，倒退着进去。我没见有～头朝里钻进去，转磨磨的。"

【回锅】huì guò 将凉的或不熟的饭菜放到锅里加热：菜都凉了，我给你稍微回回锅儿热热。

【回手牌】huǐ shōu pài 在扑克游戏中能确保压倒对方的扑克牌。

【回信儿】huǐ xìnr（sìr）反馈信息：夜来他那边儿～了。

【会过】huǐ guò 俭省；过日子：他真是～，省的钱都寄老家去了。

【会会儿】huìr huǐr 差一点；几乎：他作的那些业，～没把他爹气死。

【会来事儿】huì lai shìr 善于处理人际关系：他那个媳妇一看就～|他特别～，你打发他去就对了。

【烩】huǐ 把饼、火烧等面食与菜等混合在一起，加水煮熟或煮热：～饼子。

【溃脓】huǐ nèng 化脓；溃烂：他那个疮都～了。

【毁】huī 把成品重新加工，做成另外的式样或改成别的东西：你把这个大衣～成个半身儿吧|《金瓶梅词话》第二十回："你替我拿到银匠家～了，打一件金九凤垫根儿。"

hun

【浑实】hǔn shi 壮实：小伙子随他爹，长得～的。

【浑水】hǔn shuī 脏水；浑浊的水：那几个桶是专门盛～的。

【昏昏张张】hǔn hun zhǎng zhang 头脑昏沉恍惚的样子：他发早上起来这个头就～的。

【混】hùn ❶搀杂在一起：～汤儿|～成一块儿了。❷胡乱：～吃|～说|～唱|～跑|是药三分毒，别～吃药|你不知道内情，别～发表些意见。❸浑浊：～水摸鱼。❹冒充；欺骗：～弄|～吃～喝。❺苟且度日；苟且谋取：～当|～日子|～饭吃。❻闯荡：他上部队去都～成个营长了|～出个人样儿来给咱看看。❼可能：他那～去赶集去了|～是他没听见。

【混吃】hǔn chī ❶勉强挣上吃：他挣不回来什么钱，就自己混个吃。❷通过冒充或欺骗的手段骗吃：那几个人是跟人家后边～的。❸hǔn chi 乱吃；不加辨别地吃：吃药待听大夫的，不能自己寻思着～。

【混吃混喝】hǔn chī hǔn hā 通过冒充或欺骗的手段骗吃骗喝：来了这么多人～，没有一个中用的。

【混当】hùn dang 勉强从事；苟且度过：年轻人待这～到什么时候是个头儿。

【混点】hùn dian 捉弄；糊弄：把人家～来了，他找不着人了。

【混将将】hǔn jiàng jiang 粗蛮无理的样子：那几个人看起来～的，少靠前。

【混弄】hùn leng ❶ 欺骗；愚弄：叫他～着多花了好几百块钱。❷ 造成（不好的后果）；殃及：你说错一句话，～人家跑了多少冤枉路儿。

【混跑混蹿】hǔn pāo hǔn cuǎn 到处乱跑的样子：弄个孩子成天待街上～的，些家长也放心！

【混钱】hǔn qiàn 仅仅是为了钱而不负责任地干活或从事某项工作；骗钱：他们是来～的，不是来正经干活的。

【混是】hùn shi 可能是：他请假～去看大夫去了。

【混说】hǔn shuō 乱说；胡说：不了解的事儿，咱不能～|《红楼梦》第三十一回："林姑娘，你闹什么！我们一个丫头，姑娘只是～。"

【混汤儿】hùn tǎngr 混淆；混乱：他把那几个事儿都说～了。

【混行霸当】hǔn xìng bǎ dāng 专横不讲理的样子：他待村里～的，没有人敢惹。

【混糟】hǔn zào 胡乱地做；糟蹋；挥霍：你把钱管好了，省着他～。

【混着】hùn zhi 因受某种牵连而造成不利的后果：同学调皮捣蛋，～他也跟着挨批评。

【混子】hùn zi ❶ 滥竽充数的人：他不懂什么技术，纯是个～。❷ 游手好闲、不干好事的人：那几个人都是这条街上有名的～。

【混子郎唧】hùn zi lǎng ji 游手好闲、不干好事的样子：我看那个人～的，隔他远点儿。

【横理】hǔn li 蛮横不讲理：到最后说不过咱，他就发起～来了|你和他讲正经的，他和你耍～。‖1935年《莱阳县志》："蛮横曰～。横音如混。"

【横理霸刚】hǔn li bà gàng 蛮横不讲理的样子：他说话老是～的，没法儿谈。

【横理腔儿】hǔn li qiǎngr 蛮不讲理的话语：咱和他说不进去，他满口～。

【横立】hǔn li 横向：～档儿|～草儿|你～着裁省料。

【横立草儿】hùn li cāor 横着的草，比喻能绊人或坏事的不起眼的东西：△～绊倒人。

【横立档儿】hùn li dàngr 春联当中的横批：△山神爷的～——有求必应。

【横立肉】hǔn li yòu （面部的）横肉：那人满脸～，不好叨叨。

huo

【火哧哧】huò chǐ chì =〖火大哧〗huō dà chǐ 生气上火的样子：走的时候看他那个表情有点儿～的。

【火刺刺】huò cǐ cì 气恼的样子：他～地推门进来了。

【火窜】huō cuan 生气；上火：旁人这么一说，他直接就～了。

【火窜火燎】huō cuǎn huǒ liāo 异常焦急的样子：家里人都等你回来，急得～的。

【火钩子】huò gǒu zi 一端有钩的铁条，用来通煤炉、锅底等。

【火棍】huō gun 烧火时用来拨火的棍子：要是不听话他爹使～生敲。

【火火辣辣】huō huo lǎ là =〖火辣辣〗huō là lǎ 像烧灼一般疼痛的样子：到了晚上伤口变得～的。

【火急】huō jī 非常急；非常快：他成天说自己不爱吃肉，其实见着肉吃得～｜《醒世姻缘传》第六十六回："（狄希陈）～般粜了十六石绝细的稻米，得了三十二两银子，足数足色，高高的兑了二十二两纹银，用纸包了，自己拿到张茂实南京铺内。"

【火酒糟】huǒ jiu zǎo 酿白酒剩下的渣滓。

【火炕】huō kang 可以烧火的炕：还是困～舒梭。

【火鲁鲁的】huō lù lǔ 灼热不适的样子：叫巴蜇子毛儿蜇了一下儿，到如今胳膊还～。

【火力】huō li 指人体的抗寒能力：如今上了年纪，身上没有～了。

【火镰】huò liàn 一种形状像镰刀的长方形铁板，通过敲击火石产生火星以点火。

【火蓼子】huǒ liāo zi 水蓼。

【火势】（～儿）huò shir 事情发展的情势：《聊斋俚曲集·翻魇殃》第四回："阎罗就待打的～，仇福慌了，满口应承，才放他去了。"

【火烧】huǒ shou 烘制的圆形面制品：那几年他贩～卖｜△一个～才咬了一口（比喻才刚刚开始）｜△饥困了煿～——越急越不熟。

【火头儿】huò tòur ❶火苗；火焰：煮饺子这个～太小了，攒不起火来。❷强烈的怒气：他待个～上，你去净是找呲。

【火性】huō xing 火气；脾气：他那个～很暴｜元杂剧《东墙记》第一折："老夫人治家严训，怨俺那～如雷老母亲。"｜元杂剧《竹坞听琴》第四折："哎，你个

有～的便何须闹！"|《醒世姻缘传》第八十九回："俺男子汉没有～,你老婆家到有～了！这狄家的疯老婆,是个人么？"

【火儿人】huōr yìn 生气；发火；恼怒：他～走了|少说几句,～他连你一块儿揍着。

【火油灯】huō yòu děng 一种用棉线或纸捻作芯的无罩煤油灯。

【伙】huō ❶ 同伴；伙伴；交往较为密切的朋友：～计们子|大家～。❷ 由同伴组成的集体：合～|入～|搭～|劈～|散～。❸ 量词,用于有共同目的或有某种关系的人群：他们都是一～的。❹ 共同；联合：那个场儿俺两家子～着使|到如今还～着吃饭,没分家|《醒世姻缘传》第八回："我不为东西,只为一口气。怎么我四双八拜的磕了一顿头,公母两个～着拿出二两银来丢己人？"|《醒世姻缘传》第三十三回："薛教授说：'要不我合亲家～着也罢。只是书房我可没有,只得独累亲家。'"|《醒世姻缘传》第五十六回："爷儿两个～着买了个老婆乱穿靴,这们几个月,从新又自己占护着做小老婆！"

【伙计】huō jie ❶ 雇工；店员：店里才来的小～儿。❷ 男子之间客气或亲热的称呼：～,帮帮忙！❸ 要好的朋友：那是俺的个～|他们几个都是老～了。

【伙计们子】huō jie měn zi 要好、志同道合的朋友：都是～的事儿,怎么也待想办法儿照顾照顾。

【伙墙】huō qiang 左右或前后两处房屋或院落共享同一面墙：这面墙是他家和西屋的～。

【伙山】huō shan 左右两处房屋共享一面山墙：当时两家子～就是为了都能省点钱。

【伙头】huō tou 树桩的根部：他把那些树～雕刻得真好看。

【阖】huò（huǒ）量词,用于一对组成整体的事物：一～门（旧时的门多为由左右两扇组成）|一～媒（一门婚事有男女双方组成）。亦作"合"：《醒世姻缘传》第六十二回："上面又漏,下边流进满地的水来,娘只得支了一合糜案,上边打了一把雨伞,蹲踞了半夜,谁再合眼来？"‖《说文解字》："～,门扇也。"《韵汇》："双曰～,～门也。单曰扇,扇户也。"

【合个儿】huǒ guòr 整个；完全：上面儿的篷布～叫风刮碎了。

【合毛连屎】huò mào liǎn shī 毛着；满打满算：这筐东西～一百斤沉。

【合味】huǒ wèi 食材搭配后的味道相合：这两样东西放一块儿吃,真～。

【合眼】huo yān 闭眼：他陪床这两天都没合合眼儿。

【合页】huǒ ye 由两片金属构成的铰链,装在门、窗等开合处。

【盒儿】huòr 盒子；盛东西的器物：饭～｜△一个～，里边儿盛着个卜拉蛾（谜语，指舌头）。

【活泛】huǒ fan ❶ 头脑机灵；处事活络：往下待学着～点儿，别光照书本那一套｜《醒世姻缘传》第十三回："送这差不多五十两银子已你，指望你到官儿跟前说句美言，反倒证得死拍拍的，有点～气儿哩！"❷ 动作灵活；身体敏捷：人家那么大年纪了，看他身子～的｜《水浒传》第七回："智深正使得～，只见墙外一个官人看见，喝采道：'端的使得好！'"

【活疙瘩】huǒ ga da 活结；可以轻易打开的结扣。

【活话儿】huǒ huor 留有余地的话：先说下个～，到时候什么情况再说。

【活扣儿】huǒ kour ❶ 可以方便打开的线、绳的结扣：死疙瘩～。❷ 可进可退的状态：他这么弄也是为了留个～。

【活头儿】huǒ tour 生命持续的时间：还说他快不行了，看人家还真有～。

【斜】huō 用手或器具将水移至他处：这把下大雨家里进水了，俺全家～了一头晌｜三个人一阵儿把池子～干了。

【和】huò ❶ 粉状或粒状物搀和在一起，或加水搅拌使成稀的东西：～面。❷ 和谐；和睦：姊妹不～。❸ 与交好；要好：你再这么样我就不～你了吭。❹ 介词，表示相关、比较等：看你吓得就～能吃了你样的。❺ 连词，表示联合：我～你一块儿。❻（～儿）huòr 量词，（洗、淘、熬制等）遍：衣裳都洗出来了，再投～儿就晾起来行了｜《红楼梦》第二十回："一时杂使的老婆子煎了二～药来。"

【和灰】huò huǐ 将沙子、水泥或石灰等加水搅拌在一起作为建筑材料：三个～的，一个上料的。

【和泥】huò mì 将泥土和水搅拌：这么个小场儿，～都和不开。

【和脾儿】huǒ pīr 脾性相投；意气相合：咱看着是挺般配的，可是他们两个就是不～。

【和尚】huǒ chang 出家修行的男佛教徒：△跑了～跑不了庙。

【和顺】huǒ shun（面团经过加工后）匀和顺滑。

【和调】huǒ tiao 搅拌；调和：孩子把厨房～得到处是水。

【和…样的】huō yàng di 就像……一样；如同……一般：他那天单为穿件儿破衣裳，打扮得和个要饭儿样的｜成天当唧着个脸，和谁欠他二百钱样的。

【河】huò 天然的或人工的大水道：发～水｜△大～里有水小～里满｜△牛不哈水摁不～里去。

【河沟子】huǒ gou zi 小的河道；溪沟：天干得～都不淌水了。

【河卵蛋子】huǒ lan dǎn zi 鹅卵石。

【河沿儿】huǒ yànr 河岸：我才从南边～走过来。

【荷包蛋】huò bao dàn 水煮的不带壳的鸡蛋，常是连汤一块儿吃。

【货】huò ❶ 货物；商品；东西：新鲜～｜缺～｜△有周村客就有周村～｜△便宜没好～，好～不便宜。❷ 骂人的话：骚～｜贱～｜挨揍的～｜△好～不用管，管死没好～。

【货底子】huǒ dī zi 卖剩下的货物：打扫～。

【货郎】huò lang ❶ 旧时走街串巷售卖日用品的人：针头线脑儿的～都卖｜元杂剧《秋胡戏妻》第二折："（卜儿云）媳妇儿，可则一件，虽然秋胡不在家，你是个年小的女娘家，你可梳一梳头，等那～儿过来，你买些胭脂粉搽搽脸，你也打扮打扮；似这般蓬头垢面，着人笑你也。" ❷ 蟑螂。

【货郎鼓子】huò lang gū zi 带柄并两侧系有圆球的双面小鼓，摇摆时圆球敲击鼓面咚咚作响，旧时的货郎叫卖时为了引人注意，常摇摆此物：他头摇得和～似的。

【货卖一张皮】huǒ mài yì zhǎng pí 指货物的外表对于出售十分重要：把灰擦擦，不是说～来。

【祸害】huò hai ❶ 祸患；引发祸患的人或事：△好人不长命，～几千年｜他待那里纯是个～｜《红楼梦》第八十回："以后还不早打发了这没王法的东西。留在这里，岂不是～。" ❷ 毁损；伤害；糟蹋：～人｜这么大片树都叫他～了。

【祸祸儿】huǒr huor 祸端；麻事烦：他从伙伙上那帮人，就成天惹～来家｜他惹了～，叫咱跟着遭罪。

【豁上】huò shang 不惜付出某种代价；宁愿舍弃：他～老命也待去和他理争理争｜你就～百块钱试试。

【霍霍儿】huǒr huor 挥霍；糟蹋：那点家底儿早叫他～净了。

【嚯歇】huǒ xie 哈欠：快早点儿困吧，看你都打～了。

【擢浪】huǒ lang ❶ 接触（水）：上了年纪筋骨不行了，一～凉水就看指别。❷ 用手、脚或器物搅动水；玩水：孩子～盆里的水儿，把衣裳都弄湿了。

【擢罗】huǒ luo ❶ 搅拌；搅动：添上水还得稍微～～。❷ 搞乱；破坏：好事叫他就～踢蹬了｜叫他这一～，没有敢去买东西的了。❸ 气氛活跃、热闹：他不去的话～不起来。

【劐】huǒ 锐器刺入物体并顺势拉开：把鱼肚子～开，把里边儿拾掇拾掇。

J

ji（jī）

【几】jī（农历日期）什么日子：明日是个～？

【几更】jī geng ❶ 什么时候：叫你这么个干法儿，这～能干完。❷ 很长的一段时间：他～也不来一趟。❸ 到某个时间：～你磨洋着送饭来，这些人就饿死了｜～你去了，车可待早走了。

【几忙】jī mang 一时半会儿；很长时间：他再～不来，俺就不等了。

【几时】jī shi ❶ 什么时间：恁～来的？｜～能吃上你的喜蛋？｜苏轼《水调歌头》词：“明月～有，把酒问青天。”｜苏轼《洞仙歌》词：“夜已三更，金波淡，玉绳低转。但屈指西风～来，又不道流年暗中偷换。”｜林升《题临安邸》：“山外青山楼外楼，西湖歌舞～休。暖风熏得游人醉，直把杭州作汴州。”｜张先《一丝花》词：“伤高怀远～穷？无物似情浓。离愁正引千丝乱，更东陌，飞絮蒙蒙。”｜《聊斋俚曲集·磨难曲》第九回：“小相公听说就哭了娘，咱～家去呢？”｜《聊斋俚曲集·禳妒咒》第一回：“天地之间，蚕们可以老了，搢树可以倒了，饥困可以饱了，昂脏可以扫了，惟独这着骨的疗疮，～是个了手呢？”❷ 多少次：这些药一天～吃？

【几围围儿】jì wěir wèir =〖一围围儿〗yì wěir wèir 在某一地点的周围或附近：他是哪里人我也想不清了，大半是李村那～的。

【几下里】jī xiǎ ler 几个方面；若干地方：他这一说不要紧，～的人跟着忙活。

【几日】❶ jī yi 哪一天：他是～过来的？ ❷（～儿）jī rìr 不多的几天；很短的时间：这才～，孩子就长这么大了｜《金瓶梅词话》第九十一回：“当原先俺死的那个娘，也没曾失口叫我声玉簪儿，你进门～，就题名道姓叫我，我是你手里使的人也怎的？”

【肌镇窝】jǐ zhen wě 腋窝。

【虮子】jī zi 虱子的卵：头上那些～待使箆子才能刮下来｜《聊斋俚曲集·墙头记》第一回：“身上衣服没人洗，虱子～都成条，一双鞋穿的底儿吊。”

【饥荒】jī huang 债务：他盖房子拉了不少～｜《红楼梦》第五十三回：“他

现管着那府八处庄地，比爷这边多着几倍……不过二三千两银子，也是有～打呢！"

【饥困】jǐ kun 饥饿。老派的说法，现在已很少用：上前边儿找个饭店吃饭，孩子们都～了｜△吃了三顿饱饭忘了～｜《百喻经·五百欢喜丸喻》："尔若出国，至他境界，～之时，乃可取食。"｜《汉纪·武帝纪四》："遣博士分循天下，吏民有能救～者，具举以闻。"｜《后汉书·耿弇列传第九》："吏士素～，发疏勒时尚有二十六人，随路死没，三月至玉门，唯余十三人。"｜《后汉书·刘虞公孙瓒陶谦列传》："时多雨雪，队坑死者十五六，虏亦～，远走柳城。"｜《世说新语·德行篇》："各自～，以君之贤，欲共济君耳，恐不能兼有所存。"｜《东坡志林》："富彦国在青社，河北大饥，民争归之。有夫妇襁负一子，未几，迫于～，不能皆全，弃之道左空冢中而去。"｜段成式《酉阳杂俎·续集》第二卷："（王）用伐木～，遂食一鱼。其弟惊曰：'此鱼或谷中灵物，兄奈何杀此！'"｜刘大櫆《吴节妇传》："夫人度日虽艰窘，而兢兢保此千金，不敢视为己有，卒待其幼弟之～，全畀其庶母，俾携归以供朝夕。"｜《阅微草堂笔记》第十五卷："亦提二人就坐，各置肉于前，察其似无恶意，方～，亦姑食之。"｜《旧唐书·本纪》第十二："己亥，百僚请上复常膳；是时民久～食新麦过多，死者甚众。"｜周密《齐东野语》："士卒皆奋空拳，掉臂南奔，蹂践～而死者，不可胜计。"｜《三国志·吴书·吴主传》："民多征役，岁又水旱，年谷有损，而吏或不良，侵夺民时，以致～。"｜《牡丹亭》第五十出："想歌阑宴罢，小生～了，不免冲席而进。"｜《太平广记》第三百九十五卷："忠政役十一日，始服汤三瓯，不复～。"｜《太平广记》第四百一十四卷："南阳文氏，其先祖汉末大乱，逃壶山中，～欲死，有一人教之食术，云遂不饥。"｜《聊斋俚曲集·墙头记》第一回："他急自极好害～，何况等了半日多，此时不知怎么饿。"｜《聊斋俚曲集·禳妒咒》第一回："天地之间，蚕们可以老了，掩树可以倒了，～可以饱了，昂脏可以扫了，惟独这着骨的疔疮，几时是个了手呢？"｜《聊斋俚曲集·慈悲曲》第四段："张诚又说：'俺哥哥你还不吃饭么？' 张讷说：'我不～。'"又："张诚说：'我今晌午不大～，就添上俺哥哥也够了。'"｜《聊斋俚曲集·富贵神仙》第三回："出了大汗，到了五更里，觉着～，便叫店主来，对他说想饭吃。"又："烧心的～火生烟。我的天哟，断肝肠，才把肝肠断！"

【及至】jǐ zhi 等到某种情况出现；直至：△雁儿雁儿你摆布拉拉，～到家找恁妈妈；雁儿雁儿你摆布齐齐，～到家找恁姨姨｜《孟子·滕文公上》："～葬，四方来观之，颜色之戚，哭泣之哀，吊者大悦。"｜董解元《西厢记诸宫调》第八卷："各自准备下万言千语，～相逢，却没一句。"｜《聊斋俚曲集·丑俊巴》："放

身倒在床儿上,迷迷糊糊不动弹,睡着不醒起来坐,～起来又不安,反来覆去思又想,魂里梦里怪声欢,不觉金莲叫出口,活现美人在面前。"|《聊斋俚曲集·磨难曲》第五回:"一张呈状呈到堂上,～官府替他打人,他又讲起情来。"|明杂剧《僧尼共犯》第三折:"～归来已二更。怕的是严城夜禁天街净,响当当喝号提铃。諕的我褪前擦后不敢行,因此上探望俺骨肉亲情。"|《老残游记》第八回:"～步回店里,见有一个差人,赶上前来请了一个安。"|《醒世姻缘传》第三十七回:"～娃娃长到五六岁的时候,就送到家塾里边,早晚俱由家中便门出入,直到考童生的时候,方才出到街头,乍然见了驴马牛羊,还不认得是甚么物件。"|《醒世姻缘传》第五十九回:"他如今不在跟前,我却明白又悔,再三发狠要改,～见了,依旧又还如此。"|《醒世姻缘传》第六十六回:"狄希陈～到家,浑身上下通是染了个血人。"|《醒世姻缘传》第六十七回:"(常功)到十月,过了小雪,～十二月,到了小寒,不见他来赎取,凡遇赶集,瞒了狄员外把这皮袄插了草标去卖。"|《醒世姻缘传》第八十五回:"怎么我往京里去寻你爷儿们,你爷儿们躲出我来,～我回来寻你,你又躲了我进去,合我掉龙尾儿似的,挑唆你相大哥送在我软监里,监起我两三个月?"|《醒世姻缘传》第九十回:"～日落,几个族里的妇人合女儿尹三嫂,守候晁夫人升仙,其余的作了别渐都散去。"又:"～到了那边,看得金碧辉煌,十分壮丽,心里又痛又感,一面叩谢众人,一面号啕痛哭,呕了两声,吐了一洼鲜血,便觉昏沉。"

【极好】jǐ hāo ❶ 最好(的);再好(的):～个人搬不动这块儿大石头|△大闺女的心思——～的人摸不准。❷ 很多;很大;很长:他搬这次家拉了～几车|他待这儿上班也～几年了。

【记】jǐ 胎痣:身上那个～越长越大了。

【记恨】jì hen 仇视;仇恨:事都过去了,别再～了。

【记苦】(～儿)jǐ kūr 汲取教训:吃了上把儿那个亏,他真是～儿了。

【记事儿】jǐ shìr ❶ (人在小的时候)开始有记忆力:三岁的孩子就～了。❷ 记住或想起事情:如今上了年纪老是不～。

【记事钟儿】jǐ shi zhēngr 记性;记忆力:你真好～,这么些年的事儿还想得硬硬儿的。

【记硬】jǐ yìng 牢记:要紧把门牌号～了,下把儿来还好找。

【记痣】jǐ zhì ❶ 胎记:他从小身上就有这么个～。❷ 疤痕:那年他生了个疮,好了就留下这么个～。

【技良】jǐ liang 手巧;手艺好:他是有名的～人|△眼～手拙。

【忌】jì ❶ 戒除不良嗜好：～烟｜他把酒～了一年多了。❷ 禁忌（某食物）：～口｜～腥｜～辣。

【忌讳】jì hui ❶ 食用醋：买瓶儿～。❷ 因为风俗或个人原因对某些言语或事物避讳：他就～人家说他的小名。

【忌酒】jǐ jiū ❶ 戒酒：你～了俺也不勒勒你喝了。❷ 禁忌饮酒：大夫说吃药的时候～。

【忌烟】jì yǎn ❶ 戒烟：他都忌了半年的烟了。❷ 禁忌吸烟：治这个病待～。

【鸡膑腔】jǐ bǔ chi 鸡的胃；鸡胗：恁炒得～真是挺好吃的。

【鸡打盹儿】jǐ dǎ dēnr 短暂地睡或时断时续地睡：我困觉就是～，稍微一点儿就够了。

【鸡蛋糕】jǐ dàn gǎo 烤制的点心状蛋糕。

【鸡蛋黄儿】jǐ dàn huàngr 蛋黄。

【鸡蛋清儿】jǐ dàn qǐngr 蛋清。

【鸡蛋臊子】jǐ dàn sào zi 将生鸡蛋去皮后在容器中搅拌，并用开水冲熟，可连汤饮服。

【鸡鸡翎】jǐ ji lìng 雉鸡翎，京剧等传统戏曲中戴在头上的雉鸡长羽。

【鸡毛缨儿】jǐ mào yǐngr 狗尾草：墙头上长得满满的～。

【鸡刨狗挖】jǐ pào gǒu wā 凌乱不堪的样子：他也不知道拾掇家，弄得个家里～的。

【鸡皮子】jǐ pì zi 鸡皮疙瘩：吓得他连～都出来了。

【鸡翘脚】jì qiǎo juē 拙劣的伎俩：以后实实在在的，别弄这些～。

【鸡食钵子】jì shǐ bē zi 供鸡吃食的盆形容器。

【鸡食槽子】jǐ shì cǎo zi 供鸡吃食的长条形容器。

【鸡腿裤儿】jǐ tei kùr 紧身裤：这些～穿上这么紧能得劲了？

【鸡子】（～儿）jǐ zīr 鸡蛋：攒了两把～都上集去卖了｜《醒世姻缘传》第二十一回："也有送盒面的，也有送盒芝麻盐的，也有送十来个～儿的，也有送一个猪肚两个猪肘的。晁夫人都一一的收了。"｜《醒世姻缘传》第四十二回："他额定每日要三十个白煮～，一斤极酽的烧酒供献，转眼都不知何处去了。"｜《醒世姻缘传》第四十三回："众禁子们有提壶酒的、煮两个～的，都拿去与张瑞风扶头，都说：'张师傅，喜你好个杭货么？'"｜《醒世姻缘传》第四十四回："我黑了不吃饭，你明早煮两个～我吃罢。"｜《醒世姻缘传》第四十五回："他今日到家，吃了够六七个煮的～，喝了够两碗烧酒，还待吃，怕他醉了。"｜《聊斋俚曲集·墙头记》第三回："看咱爹爹肚里饥,快打～用油煎,吃点儿且把心窝站。"

【急板儿】jī banr 传统曲艺的打板节奏根据快慢分为为散板、慢板、中板、急板等不同的类型,急板指最快的节奏,引申为急切的时刻:上来～,这几个人都忙不过来。

【急出瘊疮】jǐ chu hòu chǎng 焦急难耐的样子:你快领他去买吧,这两天儿待家里要～来了。

【急促鲁】jì cǔ lù 匆忙的样子:我～地出门,也忘了给你捎点什么。

【急促促】jì cǔ cù 时间短促,匆忙紧迫的样子:他～地吃了两口饭就出门儿了。

【急窜火儿】jì cuǎn huōr 赶快;急忙:这么点活儿～干完了就行了。

【急火】jī huo 火焰大且温度高的火:～烧开了再慢慢儿炖。

【急急火火】jī jì huǒ huò 极其着急或紧急的样子:他没有功夫多想,～地家去了。

【急捞捞】jì lǎo lào =〖**急捞搔**〗jí lào sǎo 急不可耐的样子:你快叫他去吧,他待那儿～的｜快给孩子点儿吃,你看他待那里～的。

【急溜溜】jì liǔ liu =〖**急莫溜儿**〗jì me ròur 赶紧;赶快:给恁爷爷送饺子去,～的昂｜咱都～的,傍黑天儿还待撵回去。

【急忙】jī mang 短时间;一时半会儿:电闸鼓了,～还扎固不好。

【急冒窜火】jī mào cuǎn huō 火急火燎的样子:他～儿地来了一趟儿,没等说几句话就走了。

【急头掹脸】jī tòu wǎ liān 因着急而没有办法的样子:他爸爸妈待家里～的也想不出什么招儿来。

【急哇哇】jǐ wà wà 因着急而叫嚷的样子:车还没来,孩子们等得都～的｜机器踢蹬了,等着的人都～的。

【急芯子】jī xìn zi ❶燃烧较快的烟花鞭炮引信。❷形容性格急的人:他兄弟两个一个是～,一个是慢芯子。

【急眼】jì yān 十分着急;焦急到极点:听说你把他的场儿占了,他直接～了。

【急自】jī zi 本来;原本;已经,表埋怨或责怪:～就忙不过来,他又来助忙｜《聊斋俚曲集·墙头记》第一回："～要不出来,可也没奈何,也就依了。"又:"他～极好害饥困,何况等了半日多,此时不知怎么饿。"｜《聊斋俚曲集·寒森曲》第五回:"三人正哭,那个解子狼眉竖眼的说:'～一个喱喱哼哼的,一个扭扭捏捏的,又添你哭哭啼啼的,哭会子,不走罢!'"亦作"急仔""极仔":《聊

斋俚曲集·翻魇殃》第二回:"急仔嫌他年纪大,抓打起来不害噐。"|《聊斋俚曲集·翻魇殃》第四回:"一路上自思道:'俺媳妇子急仔睃不上我,不如就给他罢。'"|《聊斋俚曲集·翻魇殃》第六回:"穷姑姑,穷姑姑,下番人家谁贪图?急仔人家嫌咱穷,咱还倒嫌人家富。"|《聊斋俚曲集·翻魇殃》第七回:"你原是大人家,急仔没人敢哈喇,去了就是眼目大。"|《聊斋俚曲集·琴瑟乐》:"对对蝴蝶飞帘下,惹的大姐心里骂:急仔这回不耐烦,现世的东西你来囃?"|《聊斋俚曲集·翻魇殃》第九回:"极仔想你不得见,又说你去的不光滑,痛悷悷把我心摘下。"参"紧自":《金瓶梅词话》第五十八回:"金莲紧自心里恼,又听见他娘说了一句,越发心中撺上把火一般。"|《金瓶梅词话》第七十五回:"你甚紧自身上不方便,理那小淫妇儿做什么!"

【今年】jǐ nián 说话的这一年:△三十夜晚晒衣裳——~不干明年干。

【今日】jǐ yi 今天;说话的这一天:△乌云接落日,不下~下明日。

【价】ji 用在表示次数或时间的名词后面,表示动作发生的次数或频率:一天~|朝~|一遭儿~|三天两头~。

【季子】jì zi 季节;一季节的时间:忙活完这一~就光等着耍行了。

【棘子】jī zi ❶ 棘枣树,一种带刺小灌木:他上山砍了几棵~回来当障子|《聊斋俚曲集·俊夜叉》:"俺一日吃了一碗菜汁子,拾了一把烂~,着咱家里小妮子,借把盐来炒虱子,章邱的话头好日子。" ❷ 棘枣树上的尖刺,也泛指树木表皮上的尖刺:我手上攘了块~进去。

【棘子针】jī zi zhěn 棘枣树上的尖刺,也泛指树木表皮上的尖刺。

【棘枣】jī zao ❶ 酸枣树。 ❷ 酸枣树结的果实。

【积】jī ❶ 积累:一个月的活儿都~待这两天儿干出来。 ❷ 积德:这是哪辈儿~的,倘着这么个好孩子|《聊斋俚曲集·姑妇曲》第三段:"若还是早早悔悟,定~的子贵孙贤。"|《醒世姻缘传》第六十八回:"肯布施的,~得今生见荣华,来世还要无穷富贵。"

【济】jī ❶ 让;优先:~他先说|有好东西都先~老人吃。 ❷ 尽管;随便:~挑~拣|《聊斋俚曲集·墙头记》第二回:"地土百亩有余零,都是当年自家挣。难说~他摆划。"|《聊斋俚曲集·姑妇曲》第一段:"谁是恁那媳妇子,~你怎么揉搓哩?"|《聊斋俚曲集·磨难曲》第十六回:"上山爬岭~着你闯,之乎丢去,者也全忘。"|《聊斋俚曲集·富贵神仙》第七回:"那里值当的方仲起,我就合你缠一缠;缠一缠,~着揎,打到你明年明年又明年!"

【济单】jì dan 长时间没吃好东西;馋:他待学校这一期儿~得都瘦了。

【济挑济拣】jī tiǎo jǐ jiān 随便挑选：集上卖的多，～的。

【挤巴】jī ba ❶挤：再往里～～，还有好几个人没上车。❷空间狭小；拥挤：他们几个人住一间屋，里面很～｜我待换个场，这儿太～了。

【挤模挤数】(～儿) jī me jì shùr 数量刚好够；没有多余的：进的货都是～儿的，给你匀不出来。

【挤轧】jī ga 挤眉弄眼；挤弄眼睛以向对方示意：他朝你这～眼儿，是不待找你有事。‖1928年《胶澳志》："挤打，眼上下活动，挤眉弄眼之谓，亦云～。"

【挤束】jī shu ❶紧凑；紧密：叫你把这儿收拾得真～。❷使紧凑：你稍微～～，场儿就够使的。

【挤窝儿】jī wer 有破损但没有流出蛋液的鸡蛋：那些～都便宜卖。

【集】jì 集市：明日就是李村～了。

【集大孙多】jì dǎ sǔn duǒ 人多了容易上当受骗的比例就高：可是～，就是有那么些爱上当的人。

【集马喊叫】jǐ mā hàn jiào 大呼小叫、场面混乱的样子：院子里面～的，出什么事了？

【脊梁杆子】jì liǎng gān zi 脊背；后背：给我捶捶～。

【脊梁骨】jì liǎng gūr 脊椎：就～这儿有点儿痛。

【唧咕】jǐ gu 反复地说；念叨：你快把那个玩具给他买回来吧，省着他成天～。

【唧嘎】jǐ ga 争吵：他们两口子平常也没少了～。

【唧唧】jǐ ji ❶小孩哭闹：这两天儿孩子不大舒梭，光～。❷争论；争吵：他两个又～起来了。

【墼】jī ❶将泥土加水搅拌放入木框中，制成的砖形物，晒干后用来砌墙、砌炕等。❷用墼、砖等建材砌：～窗。

【墼挂子】jī guà zi 制作土墼用的长方形木框。

jia

【夹】jiā 忽略；遗漏：夜来浇水把这畦子葱～了｜咱光抬大件儿去了，就～了那些小包儿｜《聊斋俚曲集·姑妇曲》第三段："臧姑说：'咱也不要说破，把这～了的留下，别的还送给他。'"

【夹袄】jiǎ ǎo 中间不加棉花，只用表里两层布做成的上衣：这么冷的天了，

孩子光穿着个～|《醒世姻缘传》第十四回:"只见珍哥猱着头,上穿一件油绿绫机小～,一件酱色潞绸小绵坎肩;下面岔着绿绸夹裤,一双天青劈丝女靴;坐着一把学士方椅,椅上一个拱线边青段心蒲绒垫子。"|《醒世姻缘传》第二十二回:"麦其心故意往袖里摸了一摸,说道:'方才害热,脱下了～,忘在那～袖内了。'"|《醒世姻缘传》第三十六回:"不料到了庄上,天气暴热起来,又没带得～,只得脱了棉衣,光穿着两个绵绸衫子,感冒了风寒,着实病将起来。"|《醒世姻缘传》第六十八回:"我倒心里算计,你要跟我去呵,我把那匹蓝丝绸替你做个～,剩下的替你做条夹裤,再做个绫背心子,好穿着上山朝奶奶。"

【夹板儿】jiā banr ❶ 套在牛、马等牲畜脖子上的套具两侧的两根短棍,通过收紧用来控制牲畜,用来比喻受到的责罚:今晚上光等着媳妇给他上～行了。❷ 用于固定骨折部位的木板。

【夹板儿气】jiā bànr qì =〖夹板子气〗jiā bàn zi qì 受到来自两方面的为难与指摘:他成天待中间儿受些～。

【夹板子虫】jiā bàn zi chèng 蠼螋,因尾部有剪钳,故名。

【夹并】jiā bing 向内侧归合、夹挤的样子:他～着个腿儿,干活儿一点儿不泼皮。

【夹卜蝼拳】jiā bù lou quàn 一种大海螺。

【夹当儿】jià dǎngr =〖两夹当儿〗liǎng jià dǎngr 两个物体之间狭窄的空间;夹缝:袋子正好掉待个～里,不好往外拿。

【夹道】(～儿) jià dàor =〖夹古道儿〗jiā gu dàor 两道墙壁之间的狭长空间:他把麻袋拿来家就撂待～儿放着没管|《红楼梦》第一回:"一时小童进来,雨村打听得前面留饭,不可久待,遂从～中自便出门去了。"|《醒世姻缘传》第三十五回:"过了几年,说那墙后面还有他的基址,要垒一条～,领了一阵秀才徒弟,等县公下学行香,拿了一呈子跪将过去,说侯小槐侵他的地基。"

【夹底】jiǎ dī 橱底部的夹层。

【夹旮旯儿鬼】jiā gà la guī 怯于与人交往的人;害怕抛头露面的人:叫他说句话就愁死了,真是个～。

【夹挂儿】jiā guàr 遗漏:人家都分了东西,就把他～了。

【夹哈儿】jiā hàr 不易被发现的角落;旮旯儿:你放这么个～里谁也找不着|他自己也淡得跑了个～去不肯出来。‖1928年《胶澳志》:"墙角隐僻之处谓之～。"

【夹夹】jiā jia 向里紧缩的样子:这个衣裳领子做得～着不好看。

【夹夹桃花】jiā jiā tǎo hua 凤仙花。

【夹空儿】jià kèngr 空隙;夹缝:皮球掉待那个~里,够不上来。

【夹拉】jiā la ❶ 遗漏:仔细点儿,别~了。❷ 偶尔;零星:他恢复得挺好,~也能干点儿活儿。

【夹篓子】jiā lòu zi 用竹篾等编成的扁长形带把的容器。

【夹密】jiā mì（织物）致密;密实:这些篷布挺~的,真抗使。

【夹生】jiā sheng 食物没熟透;半生不熟:吃了些~饭。

【夹着嘴】jiā zhi zuī 闭上嘴（不说话）:你还嫌事不够大,快夹着你那个嘴!｜△没有孩子八个嘴,有了孩子~｜△没有爹娘夸孝顺,有爹娘的~。

【加狠杠儿】jià hēn gangr 在别人受责挨罚时说一些加重情节的话:要不是他待那儿~,小伙计还不至于叫老板撵家去。

【架】jià ❶ 搀扶:~着恁爷爷出去走走。❷ 从人的背后扣住其双手:那个偷东西的叫警察~起来,抓派出所去了。❸ 为蔓生作物生长而支起架子:~黄瓜｜~豆角｜~芸豆｜~葡萄｜~柿子。❹（~儿）jiàr〈贬〉姿态;姿势:他抠鼻子挖指头儿的,块儿什么~儿!

【架把儿】jiǎ bar 架势;姿势;样子:看他那个~,是来找事儿的。

【架不住】jià bu zhù 招架不了;抵挡不住:~他老婆天天晚上吹枕边风｜△好汉~一群狼。

【驾】jià 驾驭牲口的命令语,令其前行或快跑。令其停下来的命令语为"驭"。

【佳鲓鱼】jiǎ ji yù 学名真鲷,有红、黑两个品种,红颜色的称为"火佳鲓",黑颜色的称为"板佳鲓",是一种味道鲜美的海产鱼类:△佳鲓头鲅鱼尾,鳞荡肚皮鳕鳕嘴｜蒲松龄《日用俗字·鳞介章》:"佳鲓来时卖河鮥,青鱼去后见鳞鮈。"亦作"加吉鱼"。

【家】jiǎ ❶ 家庭;人口:△七口当~,八口主事｜△~是闺女的饭店,儿郎的江山。❷ 居住的地方;家庭所在的地方:老~｜~门。❸（ji）用在名词后面,强调属于某一群体和类别:孩子~｜女人~｜男人~｜他还个孩子~,说话别往心里去。❹（ji）用在单位、公司、字号等后面,强调属于或来自于此:他姊妹几个都待肉联~上班｜这是海尔~出的（产品）。

【家把什儿】jiǎ ba shìr 工具或武器:想干好活儿待有顺手的~。

【家底儿】jiǎ dīr 家里长期积累起来的财产:~厚实。

【家不去】jiǎ bu qù 进不去家;回不了家:他没拿钥匙,~了。

【家长里短】jiǎ chang lǐ duān 家庭琐事：他愿意和些老人待一块儿~的拉拉呱儿｜《醒世姻缘传》第七十五回："彼此叙说数年不见之情，谈说~，谁生谁亡。"

【家雀儿】jiǎ cuor 麻雀：他抓了个~回来｜△~守着泡人屎——拉不出这一橛子来。

【家口】jiǎ kou ❶ 家庭里的人口：他爹挣给这么多~吃饭，挺吃累的。❷ 特指妻子：等他上完学，说了~，早晚儿还是要分家｜卢仝《自咏三首》诗之二："蚊虻当~，草石是亲情。"｜《广异记》第四百四十二卷："郑氏由是恶其本妻，不与居止，常自安处者数月，妇人恒在其所。后本妻求高行尼，令至房念诵，妇人遂不复来。郑大怒：'何以呼此妖尼，令我~不至！'"

【家里】jiǎ ler ❶ 家中：他这两天儿待~哪儿也没去。❷ 妻子：老于~才来说的这个事儿。

【家门儿】jiǎ mènr ❶ 本家；家族：他们~就出做买卖的。❷ 居住地周边；本地：待~这里上班，什么事儿都方便。

【家门子】jiǎ měn zi ❶ 家里或离家不远的周围：上人家的~上找事儿，还能占着什么便宜？ ❷ 家族；门第：他那个~出读书人。

【家庙】jiǎ miào 宗祠，同族的人祭祀祖先的祠堂：《醒世姻缘传》第二回："因年节近了，在家打点浇腊烛，煠果子，杀猪，央人写对联，买门神纸马，请香，送年礼，看着人榨酒，打扫~，树天灯杆，彩画桃符，谢杨古月，也就没得工夫出门。"｜《醒世姻缘传》第三回："（晁大舍）一面梳洗完备，更了衣，天地灶前烧了纸，~里磕了头，天也就东方发亮了。"｜《醒世姻缘传》第二十一回："晁夫人也早早梳洗完备，在天地上烧了纸，又到~里祭祀，春莺也跟在后面磕头，方才一家大小人口都与晁夫人道了喜。"

【家去】jiǎ qi 回家：恁待这耍着，我先~吃饭了｜去叫了好几遍，孩子就是不~｜元杂剧《杀狗劝夫》第二折："我也怕不的打，我则背俺哥哥~。"｜元杂剧《救孝子》第四折："亲家母来问俺母亲告假，要他的女孩儿~。"｜《金瓶梅词话》第五十五回："苗员外还道西门庆在京，差伴当来翟家问，才晓得西门庆~了。"｜《儿女英雄传》第三十五回："张姑娘说：'一定~了。'"｜《醒世姻缘传》第三十八回："各人都写了喜信~，又将写出的文字寄与连春元看。"｜《醒世姻缘传》第四十八回："狄大娘定个日子，好叫姐姐~，这活络话怎么住的安稳？"｜《醒世姻缘传》第六十六回："狄员外见留他不住，只得许他次早~。"｜《醒世姻缘传》第九十二回："你往后把那~的话高高的收起，再别

要提。你住的这三间房,就是你的叶落归根的去处。"|《聊斋俚曲集·磨难曲》第九回:"小相公听说就哭了娘,咱几时～呢?"|《聊斋俚曲集·姑妇曲》第二段:"何大娘说:'我儿,你待～着,我也不肯留你。'珊瑚说:'我不～。'"|《红楼梦》第十回:"况且贾珍尤氏又待的很好,反转怒为喜,又说了一会子话儿,方～了。"|《红楼梦》第三十二回:"后来我们太太没了,我～住了一程子,怎么就把你派了跟二哥哥,我来了,你就不像先待我了。"|《红楼梦》第八十一回:"还记得咱们初结'海棠社'的时候,大家吟诗做东道,那时候何等热闹。如今宝姐姐～了,连香菱也不能过来,二姐姐又出了门子了。"

【家古古儿】jiǎ gù gur 不愿出门的人;怯于与人打交道的人:你待常出去耍耍儿,别光待家里憋成个～。

【角】jiā ❶牛、羊、鹿等动物头上长出的坚硬的东西:牛～|羊～|鹿～。❷(～儿)jiār 物体边沿相接的地方:把它放待～儿上。❸女子将头发理成束后,在发根处用头绳或皮扣扎住形成的发束:她头上扎了两个～。

【角固儿】jiār gur 孩子待个～里藏着,你上哪能找着?

【角角儿】jiār jiar ❶边角处;角落处:待那个尽～上才找着的。❷细碎的边角:掰得些馒头光剩下些～了|这块布裁完了就闪下点～了。

【角子】jiā zi 物体两个边沿相接处,分为外角子和内角子:墙～。

【假当】jiā dāng 假装;佯装:叫了他好几声,他也～没听见。

【假兜儿】jiā dǒur 不能存放东西、只起装饰作用的衣兜。

【假领】jiā līng 一种衬在衣服里面,只起装饰作用的衣领。

【假嗓子】jiā sǎng zi 与正常说话时相异的嗓音:歌要唱好了,待学会使～。

【假饶】jiā yao 假如:他～能改了这个毛病,真就算好孩子数了|吴渊《满江红》:"老怀抱,非畴昔。欢意思,须寻觅。人间世,～百岁苦无多日。"|柳永《木兰花》:"紫玉枝梢红蜡蒂。～花落未消愁,煮酒杯盘催结子。"|元杂剧《王粲登楼》第三折:"～不得风雷信,千古无人识卧龙。"|元杂剧《单刀会》第三折:"～鲁肃千条计,怎胜关公这口刀!赴单刀会走一遭去也。"|元杂剧《黄粱梦》第一折:"～你手段欺韩信,舌辩赛苏秦,到底个功名由命不由人,也未必能拿准。"|元杂剧《来生债》第一折:"世间人喜是钱亲,成功立业显家门。～囊底无钱使,满腹文章不济贫。"|《醒世恒言》第四卷:"就是别人家园上,他心爱着那一种花儿,宁可终日看玩,～那花主人要取一枝一朵来赠他,他连称罪过,决然不要。"|《金瓶梅词话》第二十九回:"额尖露臀并蛇行,早年必定落风尘,～不是娼门女,也是屏风后立人。"|《金瓶梅词话》第五十七回:"娘说那里话,～儿

子长成,讨的一官半职,也先向上头封赠起。"

【嫁女客】jià nü kēi ＝〖嫁妞客〗jià niu kēi 傧相;结婚当日陪伴新郎新娘的人。

jiai

【解板】jiǎi bān 将木材纵向锯成木板。

【街】jiǎi 旁边有房屋的道路:大～|南北～|～南道北|△下雨下在～上,下雪下在山上。

【街滑子】jiǎi huǎ zi 二流子;游手好闲的人:成天和些～待一块儿,不干点儿好事。

【街里】jiǎi lī ❶ 市区;城市(相对与"农村"而言):他说了个～媳妇。❷ 以前特指青岛市区最繁华的地带:△一二一,上～,买书包,买铅笔,上学校,考第一。

【街面儿上】jiǎi miànr shang ❶ 附近街巷;街市:～还真找不出这么个人儿来。❷ 比喻公众舆论:他家做那些事儿也不怕～说。

【街南道北】jiǎi nàn dǎo bēi 附近的街道周边:咱都是～的,什么事儿都好商量。

【街上】jiǎi shang ❶ 大街上:才待东边儿～还看着他来。❷ 街市上:出去转了转,～还真没有卖的。

【界】jiài 分隔:他理了道墙把院子～开了。

【界墙】jiài qiang 分界的墙:东边儿就是两家子的～|《醒世姻缘传》第三十五回:"这后墙是小人自己的～。"

【界石】jiài shi 为区分土地的界限而在相邻的土地分界线处埋下的标志石。

jian（jian）

【见保】jiǎn bāo 表揣测,肯定;一定:这么敲门不开,～他是困着了。

【见精识怪】jiǎn jǐng shǐ guài 见识广,经历事情多:他闯了那么多场儿,～的。

【见钱】jiǎn qiàn ❶ 有收入:他们两个人成年出去忙活也不～。❷ 看见钱;看见利益:～眼开|～红了眼。

【见天儿】jiǎn tiǎnr 每天:他～过来找,真草鸡人。

【见影儿】jiǎn yǐngr 看到人：上礼拜回来一趟儿,再就没～。

【件】jiàn ❶＝〖件子〗jiàn zi 量词,计量某些个体事物、衣服等：外边冷,多套上～衣裳。❷ 指某一方面、某一事情：他动不动就摔木碗儿,这～真叫人受不了｜《醒世姻缘传》第三回："但他只有欺凌丈夫这～不好,除此别的都也还是好人。"｜元杂剧《秋胡戏妻》第一折："自家李大户的便是。家中有钱财,有粮食,有田土,有金银,有宝钞,则少一个标标致致的老婆。单是这～,好生没兴。"｜元杂剧《秋胡戏妻》第二折："媳妇儿,可则一～,虽然秋胡不在家,你是个年小的女娘家,你可梳一梳头,等那货郎儿过来,你买些胭脂粉搽搽脸,你也打扮打扮。"｜元杂剧《王粲登楼》楔子："孩儿,你去则去,只虑一～。(正末云)母亲虑的是那一～?(卜儿云)虑的是豚犬东行百步忧。"

【奸】jiǎn ❶ 狡诈；虚伪：他一看就挺～的个人儿。❷ 作物不易结果或产量低：这个品种的苹果才～来,结不了几个果儿。

【奸渣子】jiǎn zhǎ zi 奸诈阴毒之人：那个～想不出好点子来。

【间】jiǎn ❶ 房屋内隔成的最小空间单位：里～｜外～｜套～儿。❷ 量词,用于房屋内的最小的空间单位：三～屋儿｜小两～儿。❸ 隔开；分割(房屋空间)：～上道壁子｜～成两小间儿。❹ 通过去除多余的植株使作物的生长间距适中：～苗儿。

【间口儿】jiǎn kour 房间的宽度。

【间苗儿】jiǎn miàor 按一定的株距把多余的作物幼苗除掉：夜来他跟着大人上坡～来。

【间自】jiān zi 间或；稍微：你平常日～勤勤手,还用忙活成这么个样?

【简直】jiǎn zhī 表示事物或状态达到的程度非常高,相当于"很""十分",也可以单用：他那个人儿～了,没法叨叨｜这个西瓜甜得～了,快吃块儿试试。

【肩膀不齐】jiǎn bāng bù qì 家境、地位等相差较大：他们两家子～,到底没佮成亲家｜《醒世姻缘传》第一回："谁知晁大舍道这班人～了,虽然也还勉强接待,相见时,大模大样,冷冷落落,全不是向日洽浃的模样。"

【肩膀齐】jiǎn bang qì 地位相当；门当户对：△～是亲戚,肩膀不齐两分离｜《聊斋俚曲集·禳妒咒》第五回："但只是他人家大,我仰攀不起；我只找穷汉人家～的。"

【监牢狱】jiǎn lào yù 监狱：他是蹲了好几年～才出来的。

【俭】jiàn 不丰足,特指歉收：《后汉书·陈忠传》："荆扬稻收～薄。"｜郦道元《水经注·抚水》："其所周溉田万顷,随年变种,境无～岁。"

【俭啬】jiǎn shei 过于节俭：看他那个～，花分钱就要疼死了｜《史记·货殖列传》："鲁人俗～，而曹邴氏尤甚，以铁冶起，富至巨万。"｜《太平广记》第一百六十五卷："汉世有人，年老无子，家富，性～。"｜《初刻拍案惊奇》第二十四卷："原来徽州人心性～，却肯好胜喜名，又崇信佛事。"｜柳宗元《问答·晋问》："有茅茨采椽土型之度，故其人至于今～。"｜刘祁《归潜志》第九卷："崔翰林伯善性～，家居止蔬食为常。"｜刘大櫆《茧斋先生传》："先生以家之中落，治以～，而与人交，财利未尝有纤介之苟。"｜《南史·曹武传》："武性～，无所饷遗。"｜《二十年目睹之怪现状》第七十四回："处于这应酬纷繁之地，势难仍是寒儒本色，不免要随俗附和，穿两件干净点的衣服，就是家常日用，也不便过这于～；这一点点下情，想来当世君子，总可以原谅我的。"｜《二十年目睹之怪现状》第八十三回："这个自然不能过于～，你自己斟酌就是了。"亦作"悭啬"：《醒世姻缘传》第六十八回："那样悭啬不肯布施的，不惟来世就不如人，今世且要转贵为贱，转富为贫。"

【捡】jiān ❶拾取：～煤核儿。❷收养弃婴：两口子～了个孩子养着。❸得便宜：这把真叫他～着了。❹穿别人穿下来的衣物：他小时候的衣裳老是～着穿。

【捡便宜】jiàn piǎn yi 用极低的价格购买或以很少的付出获取：他老是等着快散集的时候去～。

【捡散】jiān sàn 得便宜：真叫他～了，赶了一趟集，白得了个大奖。

【减价儿】jiàn jiàr 降价：都～了还不去买？

【謇謇】jiǎn jian 过于殷勤或忠直（反而引起对方反感和误解）：你这么样～～不出个好来｜《楚辞·离骚》："余固知謇謇之为患兮，忍而不能舍也。"

【毽儿】jiànr 游戏用具，用六块方布缝成立方形，里面装上麦粒、玉米粒或细沙。

【拣不拉残】jiān bù la cuàn 挑选后剩下的残次品：最后净剩了些～还这么贵。

【尖】jiǎn ❶某方面的感觉灵敏：眼～｜嘴～｜△馋猫鼻子～｜《金瓶梅词话》第六十一回："西门庆道：'今日你众娘每，大节间叫他来赏重阳玩耍，偏你这狗才耳朵～，听的见。'"❷娇气；脆弱；易被其它东西改变性状：茶叶很～｜这个孩子吃东西太～～了。

【尖馋】jiǎn chàn 偏食；挑食：这个孩子从小～，长得也瘦瘦的。‖一说为"馋"，参：《俚语证古》第五卷："馋谓之～。"

【尖尖】❶ jiǎn jian 尖形的：～头儿｜～下巴｜把它削成个～的才好使。❷（～儿）zǎir zair 尖锐的物体或物体的尖锐部分：上边儿还有个～。

【尖尖碜碜】jiǎn jian chěn chen 形容不合群、过于挑剔的样子：他这个人～的。

【贱】jiàn ❶ 价格低：等到大流儿下来就～了｜△～卖不赊｜△～钱没好货。❷ 卑鄙；下贱：～人｜～骨头。❸ 委屈；苦难；坎坷：受～｜遭～｜△苗儿怕胎里旱，人怕老来～。❹ 糟蹋；刁难；诋毁：踩～｜糟～。❺ 对做出过份的行为动作的讥称：手～｜嘴～｜腿～。

【贱才】jiàn cai 下贱的人；没自尊或不知好歹的人：媳妇用不上她，她还看一个劲儿往人家跑，真是个～｜《警世通言》第七卷："老～！老无知！好不识廉耻！自家女儿偷了和尚，官司也问结了，却说恁般鬼话来图赖人！"｜汤显祖《牡丹亭》第十一出："你这～，引逗小姐后花园去，倘有疏虞，怎生是了。"

【贱磕】jiǎn ka 吃苦；遭受折磨：儿女不待身边下，你再不拿自己好点儿就～死了。

【贱手】jiàn shōu 做事轻浮、爱动手动脚的人：这是哪个～把画儿撕了？

【贱种】jiàn zhēng 下贱、不知好歹的人：这个～好好的日子不过，跑北乡去受那个嘎渣罪。

【贱嘴】jiàn zuī 多嘴的人：又听着他那个～开始啵啵了。

【贱嘴卜拉舌】jiàn zuī bǔ la shè 多嘴、爱搬弄是非的样子：话紧点儿也好，别赶那些～的人，没什么大处。

【濺】jiǎn 把打制好的金属器件趁热放在水里淬，使其变得锋利坚硬：～火。

【剪绺】（～儿）jiǎn rōur 扒窃：《醒世姻缘传》第九十三回："原来这人是剃头的待诏，又兼～为生，专在渡船上乘着人众拥挤之间，在人那腰间袖内遍行摸索，使那半边铜钱磨成极快的利刃，不拘棉袄夹衣，将那钱刀夹在手指缝内，凭有几层衣服，一割直透，那被盗的人茫无所知。"‖《说文解字》："纬十缕为绺。""绺"是用丝缕编成的线或带子，古人外出所携带的财物多用线、带系住，小偷只有剪断丝带才能窃取财物，故称。

【剪绺的】jiǎn rōur di 扒手；小偷：赶集注意点儿，那里有不少～的｜元杂剧《铁拐李》第一折："（张千云）这老子倒乖，哄的我低头自取，你却叫有～，倒着你的道儿。"｜《警世通言》第十七卷："仔细看时，袖底有一小孔，那老者赶早出门，不知在那里遇着～剪去了。"｜《聊斋俚曲集·磨难曲》第八回："那驴夫在后边赶上说挤呀！驴夫又看了看，说呀！相公，你被～剪了！鸿渐回头一看，被套割破了,哎呀! 不好了! 待俺下驴。"

【剪头】jiàn tòu 理发:头发都长成二毛子了,快剪剪头去。

jiang(jiang)

【讲儿】jiāngr 对于一些事情约定俗成的说法或做法:这些事儿都是有～的,不能随便弄│△逢着有个～,就有那个响儿。

【讲古】jiǎng gū 讲故事;讲述以前发生的事或某个人的事情:他就愿意听你～。

【讲究】jiāng jiu ❶ 注重;认真:恁要是～吃～穿就不要上这儿来│《红楼梦》第五十六回:"姑娘们分中,自然是不敢～,天天和小姑娘们就吵不清。" ❷ 考究;追求完美:他爸爸做事很～│《官场现形记》第六回:"另外有个小厨房,饮食极其～。" ❸ 道理;一定之规:学唱戏那个一招一式都是有～的│《儿女英雄传》第三八回:"这又算个什么呢? 大伙儿都是出来取乐儿,没～。"

【姜蚂蚱菜】jiǎng mà zha cǎi 马齿苋。

【僵木人儿】jiǎng mu rènr ❶ 木偶。 ❷ 泥娃娃。

【礓磜】jiǎng ca =〖礓磜石〗jiǎng ca shì 台阶。属于老派的说法,现在已很少用:～上撒了些什么东西滑人滑的?│《醒世姻缘传》第四十一回:"娘就没看见么? 他在～子上,朝东站着,那下边请纸马的情管是他汉子,穿着穰青布衫,罗帽子,草镶鞋。"亦作"姜擦":《金瓶梅词话》第七十一回:"严严肃肃,殿门内摆列着纠仪御史,人人豸冠森耸,秉简当胸,端端正正。姜擦边立站定众官员,个个锦衣炳焕。"

【堽儿】jiāngr 山岗;山梁:过了那个～就上了王哥庄了。

【犟筋】jiǎng jin ❶ 倔犟固执:他上来那个～谁能拉住了。 ❷ 倔犟固执的人:他爹是个老～。

【犟种】jiàng zhēng =〖犟汉〗jiǎng han =〖犟汉头〗jiǎng han tòu =〖犟筋头〗jiàng jin tòu =〖犟筋种〗jiàng jin zhēng 特别固执倔强的人:碰上这么个～,咱就得让让他│他那个～,谁说也没有用。‖《俚语证古》第四卷:"强辩不已,谓之绛筋头。"

【糨】jiàng ❶ 浆糊:打点儿～好贴对子。 ❷ 浆洗(衣服):洗～缝连。

【糨洗】jiǎng xī 旧时习惯将衣物洗过后再用粉浆等浸泡使衣服挺括:～衣裳。

【江】jiǎng ❶ 表示勉强达到某种程度:做了那点儿饭～够吃的│那时候还不大明天儿,～能看见人儿。❷ 表示行动或情况发生在不久以前:俺也是～来。❸ 用在复句中,后面与"就"字相呼应,表示两件事紧接:俺～坐下你就来了。‖应为"刚"的变音。

【江打江】jiǎng da jiǎngr 数量上勉强够;刚好:拉三车沙也～,还得仔细着使│△江七打江八——～。

【江江儿】jiàngr jiǎngr 轻微地;稍微地:没有事儿,～刮破一点儿皮。‖应为"刚刚"的变音。

【匠】jiàng ❶ 有某一手艺并以此为业的人:瓦～│木～│皮～。❷ 合适;巧妙:独具～心│你买的那个盖子真～,我按上不大不小正合适。

【虹】jiǎng 雨后天空中出现的彩色圆弧:△东～雾露西～雨,南～发河水,北～剡萝贝。亦作"霽":《聊斋俚曲集·蓬莱宴》第六回:"且说王母娘娘在蓬莱山庆贺,众仙饮酒,这个时节才上了八碗莱,忽然见半空中一条白霽直插到座前……原来那霽就是那剑光。"

【将】jiǎng ❶ 娶:△山鸦雀,尾巴长,～了媳妇忘了娘,老娘摆待山口里,媳妇放待炕头上。❷ 特指骑在人的肩膀上:孩子叫大人～～他│《聊斋俚曲集·襄妒咒》第三回:"子正说:'过来,我背着你走罢。'江城笑说:'～～着罢。'子正说:'就依着你。'江城又说:'俺在这肩膀上站着罢。'" ❸ 出产或出售的某种东西特别多:夜来市场上卖柿子的～了│今年～鲅鱼了。

【将干】jiàng gan ❶ 滑稽;好玩:小猴骑在羊背上耍杂技,真～。❷ 言行怪异;不合常理:他这个人真～,俺的场儿怎么就成他家的了。

【将就】jiǎng jiu ❶ 勉强;凑合:咱先～着穿下这一冬来,下年再买吧。❷ 迁就:他就这么个脾气了,你不～他怎么办。❸ 依据;根据:～咱这个条件,买个这样的尽中。

【将就事儿】jiǎng jiù shìr 勉强可以;说得过去:他待那看着店,反正也就是～。

【将军宝】jiàng jǔn bāo 用手势表示"剪子、包袱、锤"的方式定输赢的游戏。

【将媳妇】(～儿)jiǎng xī fùr 男子娶亲;结婚:孩子们都出去看～的去了│△早～早生气,早养儿子早得济│△割大锯,拉大板,～,望好天。搬他姑,搬他姨,搬他红眼二舅母。

【酱鸡屎】jiàng ji shi 鸡排泄的稀便:△老头拾粪——不理那泡～。

jiao（jiao）

【交】jiǎo ❶交往：△娶妻娶德不娶娇，～友～心不～财。❷到（某个节气）：还没～九，冷天还待后边儿。

【交节】jiǎo jiē 进入某个节气：等交了节再干也不耽误｜《红楼梦》第十一回："到～的那几日，贾母、王夫人、凤姐儿日日差人去看秦氏，回来的人都说：'这几日也没见添病，也不见甚好。'"｜《聊斋俚曲集·禳妒咒》第七回："大利原该正九月，年除日～大吉昌，年除日～大吉昌。"｜《清史稿·时宪志一》："由～时刻之早晚，考知太阳行度有进退不齐之分……拟自道光十四年甲午为年根，按实测之数，将原用数稍为损益，推得日行～时刻，似与实测之数较近。"

【交九】jiǎo jiū 进入农历时令"九"。从冬至起每九天为一"九"，共历八十一日，称为"九九"，为一年中最冷的一段时间。

【交通车】jiǎo tèng chě 公交车：这个点恐怕没有～了。

【交运】jiǎo yùn 走运：人待～了，干什么都顺。

【叫】jiǎo（jiào）❶人或动物的发音器官发出较大的声音：～唤｜人欢马～｜△光听兔子～，耽误种豆子。❷招呼；呼唤：△天旱不修房，雨天干～娘。❸名称是；称为：香菜咱这里～芫荽。❹使；令：～他去干活｜△要～小儿安，常带三分饥和寒。❺容许：快～他出去耍耍吧｜△打不着鹿不～鹿吃草。❻怨；责怪：这件事儿就～他，要不都早干完家了。❼换成；换作：这个事要是～你的话，你能怎么办？❽被；让：手灯不知道～谁拿去了｜△活人不能～尿憋死｜△一朝～蛇咬，十年怕井绳｜～个孙子想得头疼｜～顿肉馋成那么个样儿。❾按；照：～你这么说，俺这个事就没人管了？

【叫蝈蝈】jiào guài guai 雄性蝈蝈。

【叫魂儿】jiǎo hùnr 连续地叫孩子的姓名，使其魂归位：给孩子叫叫魂就好了｜你叫两声就行了，别和～似的。

【叫街】jiào jiǎi 乞讨；在街上大声喊叫乞食：动静儿小点儿，别和个～的样的｜元杂剧《合汗衫》第三折："（卜儿云）你着谁～？（正末云）我着你～。（卜儿云）你着我～，倒不识羞。我好歹也是财主人家女儿，着我如今～。我也曾吃好的，穿好的。我也曾车儿上来，轿儿上去。谁不知我是金狮子张员外的浑家。如今可着我～，我不叫。"｜《醒世恒言》第二十七卷："小贱人，你可见那～的丫头么？"

【叫驴】jiào lü ＝〖叫驴子〗jiào lü zi 公驴：《聊斋俚曲集·墙头记》第三回：

"两个齐往两下里挣,好像挣着个老~,叫我可往那里去?"|《聊斋俚曲集·慈悲曲》第三段:"赵大姑说:'我着俺小三子,备上那大~,送了你去罢。'"|《聊斋俚曲集·磨难曲》第七回:"熬的他出汗病全无,倒赔上一个大~。"

【叫门】❶ jiào mèn 在门外呼叫里面的人来开门:△不做亏心事,不怕鬼~|《红楼梦》第六十三回:"只听有人~,老婆子忙出去问时,原来是薛姨妈打发人来接黛玉的。"|《聊斋俚曲集·磨难曲》第六回:"(秀才)来到庄里,天有半夜,待俺~。(把门打了几下,张鸿渐上)半夜三更,何人~?"❷(~儿)jiào menr 诀窍;秘诀:这里有个~,咱还没弄明白。

【叫你当人你当鬼】jiào ni dǎng yìn nī dǎng guī 不敢担当、躲避推诿的样子:人家都捞不着这样的好机会,你还待这里褪前擦后的,~。

【叫挝子】jiào zhua zi 说话大声叫嚷的人:他就是个~,上哪里光听着他的动静儿。

【叫庄】jiào zhuǎng =〖叫行〗jiǎo hàng 通过公开招标的方式出售货物,卖给出价高者:那几年他都去~进鱼回来卖。

【娇儿】jiǎor ❶ 颜色过于浅或鲜艳,仅适合年轻人:我这个年纪穿这个色儿就~点儿了。❷ 容易弄脏或损坏:这样儿的地板太~了,成天不闲着擦才行。

【娇贵】jiǎo gui 娇气:庄户人不怕雨星星,哪有那么~?

【娇娇儿】jiǎo jiaor 娇气:孩子长这么大个儿了,见着他娘还这么~。

【娇生】jiǎo sheng 色彩鲜艳、亮丽:你穿这套衣裳真~。

【骄扎】jiāo zhà 骄傲;瞧不起人:那个人太~了,没有看得起的人。

【教道】jiǎo dao 教育:他把孩子~得真有礼貌|《醒世姻缘传》第三十六回:"这样堕业的婆娘,那天地看了己是甚怒;若是外面的汉子~那老婆,或是老婆不听教诲,自己有些良心,这罪愆不也消除一半?"又:"你既卖在人家,比不得在自己爹娘手里,务要听奶奶指使;若不听~,要打要骂,做娘的便管你不着!"|《醒世姻缘传》第四十五回:"狄希陈说:'我不该恼丈母,他不该~他么?快快的别教巧妹妹往他屋里去,学上了不贤惠不好!'狄婆子道:'我倒~你来,你听么?'"

【教劝】jiǎo quàn 教育劝导:△光有爹娘生养,没有爹娘~|陶宗仪《南村辍耕录》:"如良吉者,自当旌异,为世~,而有司曾莫能省。"|《魏书·列传》第六十五:"谦之妻中山张氏,明识妇人也,~诸子,从师受业,常诫之曰:'自我为汝家妇,未见汝父一日不读书。'"|《西游记》第八十七回:"果依你言,不肯传旨。适间天师送我,~那厮归善,即福原也。"

【搅】jiāo ❶ 搅拌:把稀饭~匀了再舀。❷ 添加;掺入:做馂饳汤儿的时候别忘了~点儿虾皮儿。❸ (做菜)与一起做:韭菜~地瓜蛋儿。

【搅裹】(~儿) jiào guor 开支;花费。属于老派的说法,现在已很少用:两口子每月开这几个钱儿,光待孩子身上都~不过来|《醒世姻缘传》第六十八回:"叫我找入十两银子,一切~都使不尽,还有五两银子分哩,要不骑雇的驴,还坐八钱银子给咱。"亦作"浇裹""搅过":《三侠五义》第二十七回:"将来老奴要来不及了,那可怎么样呢?——哎哟! 又添了浇裹了。又是跟人,又是两匹马,要买去也得一百五六十两银子。"|《二十年目睹之怪现状》第九十四回:"一个人往来的浇裹轻,要是一家子同去,有那浇裹,就可以过几个月的日子了,何苦呢!"|《官场现形记》第二十二回:"我也不想赖到这里,在这里多住一天,多一天浇裹。"|《孽海花》第三十一回:"三儿是把名震世界的美人据为己有,新近又搭上了夏氏兄弟的班,每月包银也够了旅居的浇裹,不用说也是快活。"|《儿女英雄传》第三十三回:"山上的干树枝子,地下的干草、芦苇叶子、高粱岔子,那不是烧的? 不过亲家你们这大户人家没这么作惯,再说也浇裹不了这些东西。"|《红楼梦》第五十九回:"好容易我进来了,况且我是寡妇,家里没人,正好一心无挂的在里头伏侍姑娘们。姑娘们也便宜,我家里也省些搅过。"

【搅混汤儿】jiào hùn tǎngr ❶ 使事情变得混乱:他不来正好,都叫他~了。❷ 搞不清楚;弄不明白:你越急我,我越就~了。

【缴庄】jiāo zhuǎng ❶ 因破产而出售:他这几年买卖不济,都~了。❷ 麻将专用语,庄家未和牌,将庄交于下家。

【铰】jiāo 用剪刀剪:两剪子就把鞋样儿~好了|《红楼梦》第十七回:"(林黛玉)说毕,生气回房,将前日宝玉嘱咐他没做完的香袋儿,拿起剪子来就~。"又:"宝玉道:'你也不用~,我知你是懒怠给我东西。我连这荷包奉还,何如?'说着掷向他怀中而去。黛玉越发气的哭了,拿起荷包又~。"|《红楼梦》第三十二回:"不知怎么又惹恼了林姑娘,~了两段。回来他还叫赶着做去,我才说了是你作的,他后悔的什么似的。"又:"前儿我听见把我做的扇套子拿着和人家比,赌气又~了。"|《聊斋俚曲集·禳妒咒》第二十六回:"江城放下鞭子,找了把剪子来云:'我~下一块肉来,安在你那亲汉子身上。'"

【绞】jiào(jiǎo) ❶ 拧动;扭紧:绳子都~待车轮子上。❷ 纠缠:四五个人跑他家门口待那~。❸ 难缠:那个人很~,少和他当当。

【绞别】jiāo bie ❶ 因紧张、劳累、醉酒等原因口舌或肢体痉挛扭曲不听使唤的样子:他一紧张不要紧,嘴都~得说不出话来了|《聊斋俚曲集·禳妒咒》

第八回:"众笑喝说这个物件醉了,攒他去罢! 先生忙说我～了嘴了。"亦作"交别":《聊斋俚曲集•增补幸云曲》第十九回:"王龙待说我占一个苍蝇,还没说出来,交别口说:'我占一个蜣螂。'" ❷ 变形扭曲或歪斜的样子:他挂的帘子都待那～着,他也不整理整理。

【绞料】jiǎo liao =〖绞筋〗jiǎo jin 执拗难缠;不好对付:他真是～,怎么也不听商量。

【绞拉】jiǎo la 纠缠;扭结:绳子都～成一块儿了,快去理刷理刷。

【绞斜】jiāo xie 歪扭;偏斜:木头没干透,一晒就～了。

【绞字儿】jiǎo zìr ❶ 物体绞成一团的样子:那根绳子都～了,不好使。 ❷ 心脏或腹部绞痛:夜来过晌他肚子痛得～。

【浇尿】jiǎo niào 给农作物施播人畜尿液作为肥料。

【浇窝儿】jiào wěr 播种时往掩埋种子的小坑内施水:你～我捻种儿。

【焦创】jiǎo chuàng ❶(物体)干燥;没有潮气:今日这个好天儿,把褥子被晒得真～。 ❷ 烘烤的食品火候正好:这些花生炒得真～。

【焦酸】jiǎo suǎn 非常酸:现在葡萄～,还不到时候。

【窖子】jiào zi 地窖,收藏东西的地洞或地坑。

jie（jie）

【揭】jiē ❶(用枪)打:他一枪就把那个人～死了。 ❷(用手掌或片状物)抢打:家去叫他爹使鞋底好一个～。 ❸(玩扑克游戏时)依次抓取(牌):上几把儿的好牌儿都叫他～去了。❹ 揭发:△打人不打脸,～人不～短。❺ 购买(对联、画等片状物品):～对子|～席|～福贴儿|上集上～幅画儿。

【揭对子】jiè dèi zi 购买春联:赶集别忘了～来家。

【揭短】jiě dān 说别人的痛处或短处:△打人不打脸,揭人不～。

【揭福字儿】jiě fū zìr =〖揭福贴儿〗jiě fū tier购买印有或写有福字的红纸。

【揭嘎渣】jiè gǎ zha 触及痛处;歹毒:这个老婆说话真～。

【揭勾儿】jiě gòur 击毙:他一枪就把那个人～了。

【揭天揭地】jiē tiǎn jiè dì 狂风肆虐的样子:外边儿的那个大风～的,快哪天再去。‖"揭天""揭地"指声响震天、震地的样子:董解元《西厢记诸宫调》第一卷:"催军的聒地轰声,纳喊的揭天唱叫。"|敦煌本《双恩记》:"揭地鼓鼙噴绿野,怅天尘土绞红旗。"

【揭挑】jiē tiao 互相揭短；耻笑：他们两个人待大街上好一个～|《醒世姻缘传》第八十七回："你～说我爹是银匠，可说我那银匠爹是老公公家的伙计。"

【揭纸】jiē zhī 专指为死者买烧纸：起码待去揭两刀纸，也算礼道上过得去。

【结巴篮子】jiē ba lǎn zi 说话结巴的人。

【结个儿】jiē guòr ＝〖硬个儿〗yìng guòr 原来松散或稀软的东西凝结成一团：那些水泥受潮了，都～没法儿使了。

【结剧】jiè jù 效果大；程度深：一天就挣这么多钱，真～。

【结壳儿】jiē kēr 因紧张而说话长时间停顿：谁知道他能待台子上～了，太丢人了。

【结利】jiè lì ❶ 作物结果或收获：石榴第二年就能～。❷ 子女或晚辈能独立挣钱补贴家用或照顾长辈：人家四十多岁要的孩子，如今也～了。

【结现】jiè xiàn ❶ 结算出现金。❷ 要求现时的报酬：人家就是～的，他才不和你叨叨些虚的。

【结网】jiè wāng 编织、缝补渔网等网具：她娘扎花儿～，要哪头儿有哪头儿。

【节令】(～儿) jiè ringr ❶ 泛指农历的传统节日：那些好碟子好盘过个～什么的才拿出来使使|元杂剧《李逵负荆》第一折："某喜的是两个～，清明三月三，重阳九月九。"|元杂剧《鲁斋郎》第一折："我今回到这郑州，时遇清明～，家家上坟祭扫，必有生得好的女人，我领着张龙一行步从，直到郊野外踏青走一遭去来。"|《醒世姻缘传》第四十三回："晁夫人说是断了这条祸根，虽是惨伤之中，又是欢喜。三日，又叫晁书去他坟上烧纸，按～也都差人与他上坟。"|《醒世姻缘传》第七十八回："就是大老爷家奶奶，也还有个～，除了正月元旦，十五元宵……这几日才是放人烧香的日子。不是这～，就是大老爷宅眷，有甚么还愿挂袍、许幡进灯的善事……这又不是～，狄奶奶，且不看罢。" ❷ 为祭奠去世的人过的节日，如百日、周年等。

【接骨草儿】jiè gu cāor 问荆草。

【接灰】jiè huǐ ❶ 物品落上尘土：平着放看～，那就创起来放。❷ 闲置：买回去那几本书光放那儿～。

【接灰暴土】jiē huǐ bǎo tū 物品长期闲置而落上尘土的样子：电扇不使早收拾起来，省着～的。

【接力儿】jiè rǐr ＝〖就力儿〗jiù rǐr 顺便；趁势；趁着机会或便利：有这么个好机会，～让兄弟们都跟着办上|你要是上台东的话，～把我的眼镜捎回来。

【接山】jiè shǎn 山墙相接：他们两家的房子～。

【接生婆儿】jiè sheng pèr 农村中有一定接生经验、帮助产妇分娩的妇女。

【接言】jiè yàn 接话；回答：我问了他们好几遍也没有～的。

【借不着八条腿】jiè bu zhuò bā tiǎo tēi〈贬〉非常愿意的样子：听说你待领他出差，他～。

【截锯】jiě ju 适于截断木头的锯。

【螫蟟】jiě liu 蝉：孩子们又上山粘～去了｜△人一世，草一秋，～六十天的好时候。‖《俚语证古》第十三卷："蝉谓之蠽留。"

【螫蟟虎儿】jiě liu hūr＝〖螫蟟猴儿〗jiě liu hòur＝〖螫蟟魄儿〗jiě liu guīr 蝉蜕：～能当药使。‖《俚语证古》第十三卷："蝉在壳未蜕者，谓之蠽留龟。留为蝼之双声音转。龟字当作魄。"

jin（jin）

【斤重儿】jǐn zhèngr 份量：这么一袋子能有多少～？

【近便】jǐn bian ❶ 距离近：你从这里走～。❷ 亲属关系近；亲近：他两家子关系挺～的，还没出五服。

【近前】jǐn qiàn 跟前；当面：待我～这么说，上了你～又那么说了｜就待你～的东西你就看不见｜《乐府万象新·南北教坊司新传闹五更银纽丝》："四更睡思缠，腾腾困眠，分明梦里来～。"

【金翅金鳞】jǐn chi jǐn lìn＝〖金色儿金鳞〗jǐn shir jǐn lìn 金光闪闪的样子：你穿这个衣裳～的，太扎眼了。

【金贵】jǐn guì ❶ 珍贵：旱天的水比什么都～｜《红楼梦》第三十四回："袭人笑道：'好～东西！这么个小瓶子，能有多少？'"❷ 珍视：他拿着这个孙子就要～死了。

【金桂】jǐn guì 桂花的一个品种，开花呈金黄色，故名。

【金货】jǐn huò ❶ 黄金。❷ 黄金首饰等金制品。

【金米下水】jǐn mī xiǎ shuī 小气、吝啬的样子：他做事儿～的，没法伧伙儿。

【金帅】jìn shuǎi 苹果的一个品种。

【鈙】jǐn 提：孩子太小了，～不动这么多东西。‖《说文解字》："～，持也。从攴金声。巨今切。"《集韵》："～，巨禁切。"

【鈙揪】jǐn jiù 衣服拉扯或五官皱缩的样子：他成天～着个鼻子，没有看中的人。

【妗子】jǐn zi =〖舅母〗jiù mu 舅舅的妻子:《聊斋俚曲集·慈悲曲》第三段:"你大～,你且坐坐,再等他等。"

【劲刚】jǐn gàng 人瘦小而强劲有力、行动敏捷:别看恁孩子瘦,可是很～。

【筋】jǐn ❶肌腱或骨头上的韧带:板～│脚懒～│△伤～动骨一百天│△打断骨头连着～│△石湾村,待山根儿,石头瓦碴颠脚心。上山崖,满断～,挑担水,转遍村。❷肉眼可见的皮下静脉血管:青～。❸植物及果实中较粗的纤维:芹菜～│地瓜～│芸豆～。❹带一定弹性的细长的东西:钢～│皮～。

【筋骨儿】jǐn gūr ❶(面团的)韧性:这些面不好,做馒头没～。❷泛指筋腱骨骼:他走起路来晃里晃荡的,糙起没～。

【筋力】jǐn lì 体健有力:别看他七十来岁了,还很～。‖"筋力"的本义为体力,参:《礼记·曲礼上》:"贫者不以货财为礼,老者不以～为礼。"│《后汉书·独行传·刘茂》:"少孤,独侍母居。家贫,以～致养,孝行着于乡里。"

【筋力头儿】jìn li tòur 力气;力量:他那个～搬这些东西没问题。

【筋疲力尽】jǐn pì lǐ jìn 极度疲乏的样子:还没等跑下两圈儿来,他就累得～的│《官场现形记》第一回:"赵家一门大小,日夜忙碌,早已弄得～,人仰马翻。"

【筋性】jǐn xìng 面粉和成面团后的韧性、拉力:这些面不如那些有～。

【紧】jīn(jǐn)❶密切合拢(与"松"相对):扎～│绑～│捆～。❷靠得极近:～靠│～邻│～挨。❸使紧:～两道儿弦│～上两口丝。❹紧要;重要:抓～│上～儿。❺迫切;紧急:～等│～巴望。❻jǐn 很快;马上:你要是叫他知道了,他～就来了。❼jǐn 轻而易举:这么块大石头,他～就搬起来了。

【紧巴紧望】jīn bǎ jìn wàng 急切盼望的样子:家里～地等你的信儿。

【紧巴望】jīn bǎ wàng 热切地盼望或等待:恁姥娘～你能来。

【紧等】jīn dēng 急切地等待:你早点儿把货送来,他们还～着使。

【紧卡】jīn kā ❶(时间)刚刚按点:你再提前点儿,别老是～着点来。❷大小、空间等勉强合适:这件衣裳你穿上～,稍微大一点就合适了。

【进深】jìn shěn 院子或建筑物从入门处到对面墙壁或分界处的长度。

【进宅子】jǐn zhěi zi 入室盗窃:他家夜来晚上叫人家～把摩托车偷去了。

【尽】jīn ❶(用在方位词前)最;极:他家住在村的～东头│《聊斋俚曲集·襄妒咒》第二十回:"春香说那～西边那插屏遮着的那一席,才见王家那管家在那里摆菜碟儿,必然就是了。"又:"我乏了,就在～东边这一席上,坐下

歇歇。"|《醒世姻缘传》第二十五回:"(薛教授)也做了好些品物,携到店～后一层楼上,寻了一大瓶极好的清酒,请过狄员外来白话赏雨。"❷完全;足够:～中|～够。

【尽够】jīn gòu 足够:你拿这几个就～了,多了没用|《红楼梦》第四十九回:"五个不算外,咱们里头二丫头病了不算,四丫头告了假也不算,你们四分子送了来,我包总五六两银子也～了。"|《聊斋俚曲集·俊夜叉》:"我一时爆燥性,你也骂的～了,从今受了娘子教。"亦作"尽勾":《金瓶梅词话》第六十八回:"你不接钱尽勾了,这个是你落得的。"

【尽中】jīn zhěng 蛮可以;很好:你办到这个份数就～,大家伙儿都很知足。

jing（jing）

【经儿】jǐngr (女人的)奶汁:来～了|放～了|都没有～了,叫孩子吃什么?

【经着】jǐng zhi 经历过:恁是没～那狸猫打一爪儿|那样的日子,谁～谁知道|《聊斋俚曲集·墙头记》第三回:"忽～儿家供养,只觉着意乱心摇。"|《醒世姻缘传》第九十五回:"老娘的性子,别人没～,你问问做官的,他～来。"|《醒世姻缘传》第九十八回:"这二十多年,狄希陈从不曾～的礼貌,连忙回礼。"

【惊杆子】jǐng gān zi 惊吓害怕的样子:谁看这个阵势不～了?

【惊惧敛】jǐng jù liàn 因恐惧身体抖动抽搐或蜷缩的样子:孩子老是～的,是怎么了?

【景儿】jǐngr ❶环境;风光:那个场儿～真好! ❷事情;情况:怎么个～,才坐下就待走? |△骑驴骑脖梗儿——要的这个摩登～。❸好的苗头;满意的状况:我看这个事有～。

【敬奉】jìng feng 尊敬:人家这是～咱,咱可待知道自己姓什么。

【警醒】jǐng xìng 睡觉时警觉:他困觉很～。

【镜鱼】jìng yu 鲳鱼,海产的一种身体侧扁的鱼。

【耕】jǐng 用犁把土地翻松:△荒地无人～,～起来有人争|△拖拉机上炕——～(惊)人。

【精】jǐng ❶精明;机灵:～得和鳖样的。❷妖精;妖怪:狐狸～|貔子～|蛇～。❸很;十分;非常,用在某些含消极意义的形容词前(有时该形容词可以重复的形式出现):～湿|～浑|～矮|～瘦|～简单|～矮矮|～瘦

瘦│～窄窄│～细细│～浅浅。

【精淡】jīng dàn 味道极淡:再加上点儿盐,这些菜～│《金瓶梅词话》第九十四回:"教你做口子汤,不是～就是苦丁子咸。"

【精艮】jīng gēn 非常潮湿;湿度大:今日没有日头,天井里晒的衣裳还～。

【精神】jīng shèn ❶ 有生气:他穿上这身衣裳真～│范成大《再题瓶中梅花》诗:"风袂挽香虽淡薄,月窗横影已～。"│《红楼梦》第四十九回:"十数枝红梅,如胭脂一般,映着雪色,分外显得～,好不有趣。" ❷ 聪明;精明:他打眼一看就是个～人│《续资治通鉴·宋仁宗皇佑五年》:"臣观方今之人,趋进者多,廉退者少,以善求事为～,以能讦人为风采。"

【精生】jīng shěng ❶ 不成熟:洋柿子还～。 ❷ 食物欠火候,不熟:地瓜蛋儿还～的。

【精湿】jīng shī 非常湿:木头～,根本点不着│《醒世姻缘传》第三十回:"(宝光)穿了～的衣裳,垂头丧气,走了四五里路,一座龙王庙里,问那住持的和尚要了些火烘焙衣裳,又搬出饭来与他吃了。"│《醒世姻缘传》第五十九回:"薛三槐媳妇看着素姐收拾,梳了头,换了鞋脚,一脚蹬在尿盆子里头,把一只大红高底鞋、一只白纱洒线裤腿、一根漂白布裹脚,都着臭尿泡的～,躁得青了个面孔,正在发极。"│《金瓶梅词话》第二十七回:"走的饥又饥,渴又渴,汗涎满面,衣服～。"

【精瘦】jīng shǒu 很瘦:他～,媳妇倒是挺胖的。

【净】jìng ❶ 清洁:干～│△眼不见为～。 ❷ 空;什么也没有:罄干溜～│盘子都～出来了。 ❸ 单纯的;纯粹的:～利│～价儿│～重。 ❹ 全是;都是:板凳上～土│～你的好事儿│他这些脾气～惯的│△拣来的麦子打烧饼——没本～利│△赶集走的晚——家里～事│△做梦啃猪头——～想好事。

【净爱】jìng ǎi 一厢情愿;多此一举:市场上有卖现成的,你～费些事自己做。

【净皮净肉】(～儿) jìng pì jìng ròur ❶ 单纯而没有别的:给他的那些全都是～儿的好东西。 ❷ 没有衣物或其它东西包裹或保护的(人体部位):就那么～儿地磕待地上,那待痛死。

【净筛筛】jīng shài shai 清一色;如同挑选过一般:上来的盘子里～的全是肉。

jiu（jiu）

【九】jiū 农历时令。从冬至起每九天为一"九"，共历八十一日，称为"九九"。

【九日儿】jiū rir 孩子出生的第九天，一般在该日举行喜庆活动。

【灸牙】jiù yà 因某种食物过于昂贵，吃起来心疼：就这点儿东西值这么多钱？吃起来都～。

【舅姥娘】jiǔ lāo niang 父亲或母亲的舅母。

【舅姥爷】jiǔ lāo ye 父亲或母亲的舅父。

【舅子】jiǔ zi 对妻子的兄长或弟弟的背称：《醒世姻缘传》第二十九回："他吃酒不上三钟，就要起席。丈人～再三的留他不住，定要起身。"

【酒彪子】jiū biào zi 嗜酒如命、纵酒失态的人：他爹是村里有名的～。

【酒渴】jiū ka 因过量饮酒造成的口舌干渴：压碗水他喝，他上来～了。

【酒漏】jiù lòu 指喝酒后能迅速通过排尿、出汗等方式排出酒精，不容易醉酒的体质：他～，想叫他喝醉了没门儿。

【酒头鬼】jiù tou guī 嗜酒成性的人：他找了个男人也是个～。

【酒窝窝儿】jiū wè wer 酒窝儿。

【酒邪仙】jiù xiě xian 嗜酒如命、纵酒失态的人：他和那个～一块儿喝到半宿才回来。

【酒肴儿】jiù yàor 下酒菜；喝酒时的佐餐：这是就着喝酒的～，不是饭。

【酒糟】jiù zǎo 酿酒剩下的渣滓的统称。

【酒盅儿】jiù zhěngr 无柄的小酒杯。

【就】jiù ❶ 就像；如同：你看他勾勾待那里，～个干干虾。❷ 只；仅仅：他整天～个嘴，光说不练。❸ 根据；依照：这个事不急，～你的空儿。❹ 吃饭时配着吃某种食物：～着菜吃，别光吃馒头｜《红楼梦》第四十九回："宝玉却等不得，只拿茶泡了一碗饭，～着野鸡瓜齑忙忙的咽完了。"

【就钱吃面】(～儿) jiǔ qiàn chì miànr 根据自身情况和现实条件做事：这样儿的事儿不能逞能，待～儿。

【就待】jiù dai ❶ 就要；准备：一块儿还没耍够恁～走。❷ 就在：～你眼前放着还没看见？ ❸（夸张的说法）差一点：刨了一头晌地，～叫它使死。❹ 好像（要）；如同（要）：他发那个火儿，～把人家吃了。

【就附】jiù fu 将就；凑合：找对象这种事儿不能～，要紧找个如心的。

【就货儿】jiǔ huor 用来就着主食吃的咸菜、咸鱼、炒菜等食物：这是些～，不能成顿价吃。

【就手儿】jiǔ shōur 顺便：这么点儿东西～帮他捎过去了。

【就头儿】jiǔ tour 泛指各类佐餐的菜。

【揪揪】jiǔ jiu 束起或簇起的样子：衣裳后边怎么～着，挣挣它。

【揪手儿】jiǔ shour ❶ 抓手；器物上方便人执握操纵的把手。❷ 能掌握和控制事物的关键办法或途径：这么个大事儿总得有个～。

ju（ju）

【菊花秸】jū hua jiǎi 野菊花，中草药，具有清热解毒、舒风凉肝等功效。

【举手不动】jù shōu bù dèng 不动手；不劳动：他待家里是～，老人也指不上他。

【距远】jǔ yuān 远：从这儿上恁家有多么～？｜这块路看起来近便，走起来没是～。亦作"拘远"：《聊斋俚曲集·慈悲曲》第三段："李氏说：'休去了，咱家去吃的罢，多拘远哩。'"｜《聊斋俚曲集·慈悲曲》第六段："又见两匹马尖指就来这，老拘远里下马，缨帽儿皮靴，少年英耀步乱蹉，来到跟前叫了一声爹爹。"｜《聊斋俚曲集·墙头记》第三回："张二说：'咱去罢，多拘远哩。'"

【粗粗】jǔ ju ❶ 本指细长条形的面食，旧时常在烧火做饭时，用灶内的草木灰焙烤制成：面～｜给孩子烧个～吃。❷ 细长条形的东西：灰～。

【拘管】jǔ guàn 管教；管束：他自由自性儿惯了，根本受了了那些～｜《醒世恒言》第十六卷："幼年也曾上学攻书，只因父母早丧，没人～，把书本抛开，专与那些浮浪子弟往来，学就一身吹弹蹴踘，惯在风月场中卖弄，烟花阵里钻研。"｜《醒世姻缘传》第六十八回："妇女们有那堂堂正正的布施，这是不怕公婆知道，不怕丈夫～。"｜《醒世姻缘传》第七十七回："谁知这龙氏自从薛教授夫妇去世，没了两个有正经的老人家时时～他，便使出那今来古往、天下通行、不省事、不达理、没见食面、不知香臭的小妇性子。"｜《醒世姻缘传》第八十回："咱是男子人，倒叫老婆～着，还成个汉子么？"｜《醒世姻缘传》第八十五回："侯张两位师傅，自从收了素姐这位高徒，因他上边没有公婆～，下边不怕丈夫约束……轮流两家供备。"｜《金瓶梅词话》第六十二回："那大丫头迎春已是他爹收用过的，出不去了，我教与你大娘房里～着。"

【跔连】jǔ lian 肌肉收缩；筋骨不舒展：房子里没暖气，把老人都冻～了。

【跔连筋】jǔ lian jǐn 肌肉收缩、筋骨不舒展的样子：夜来那个天冻得人都～了，路上都没大有人。

【跔跔寒冷】jǔ ju hǎn lēng ❶因寒冷手脚瑟缩的样子：今日这个天儿出去冻得～的。❷发烧时畏冷的样子：我可能感冒了，觉着身上～的。‖《说文解字》："跔，天寒足跔也。"

【锔】jū（jù）用锔子连接或结合：～锅｜～盆。

【锔子】jū zi 用金属制成的扁平的两脚钉，用来连合破裂或需要连接的器物：他那个腿断了，打了两个～才接上。

【挶】jū（jǔ）紧紧攀附或吸着在物体表面：一家去孩子就～他身上非不下来。亦作"拘"：《聊斋俚曲集·墙头记》第二回："你总是个死狗，你好歹的拘巴着些。"

【锯路】jǔ lù 锯条的锯齿按一定规律左右错开，并排成一定的形状，称为"锯路"。

【惧敛】jǔ lian 害怕；恐惧：一听外边儿砸门，孩子待家还能不～？

【足】jū ❶脚：～球。❷充实；完备；足够：～斤～两｜△争着不～，让着有余。❸满足：△人心不～蛇吞象｜△知～心常乐，能忍身自安。❹高兴；开心：你愿意来耍俺就～得。

【聚堆儿】jù zuǐr 见面；相聚：他们几个同学两个月没～了。

juan

【卷卷】juān juan 卷曲：她的头发～着和个布娃娃似的。

【卷扇】juān shàn 学名半滑舌鳎，南方称龙利鱼，山东半岛部分地区称鳎米鱼。

【卷烟】juān yàn 烟卷；成品香烟（区别于"旱烟"）：吃～儿不习惯，还是愿意吃旱烟。

【蹶】juān 用脚踢：想想他办的这些彪事，～他两脚也不解恨｜△拿着财帛使脚～｜《聊斋俚曲集·磨难曲》第十五回："张春就着～了顿脚，抹了一块石头来好打。"｜《聊斋俚曲集·翻魇殃》第八回："你枉长了这么大！妹夫比你强十倍，给他提鞋～了牙！看你说的甚么话！"亦作"卷"：《聊斋俚曲集·寒森曲》第一回："打了顿捶来卷顿脚，又使拳头捣那腮，鞭子多又把头打坏。"‖1928年《胶澳志》："足踢曰～。"

【馂子】juān zi ❶ 用刀将粗条形面团切成段后蒸制的馒头,亦作"卷子":《醒世姻缘传》第十九回:"他却与晁住、李成名的娘子结了义姊妹,打做了一团,只等晁大舍略略转得眼时,溜到厨房里面,帮他们捍薄饼、涝水饭、蒸馍馍、切卷子,说说笑笑,狂个不了。这晁住与李成名的娘子,将大卷的饼、馍馍、卷子,与几十个与他。" ❷ 将揉好的面团擀成圆饼,抹上油卷起来做成一定形状蒸制的食品。

【圈】juàn ❶ 喂养猪牛羊等家畜的围合区域:猪～|羊～|～水。 ❷ 旧时指厕所:上～(如厕)。

【圈水】juǎn shui 农村旧式厕所或饲养家畜的圈里积存的粪尿混合液:△老母猪喝～——各好一嘴儿。

jue（jue）

【抉】juě 挑出;挖出:你把那块儿石头～出来|《史记·伍子胥列传》:"～吾眼县吴东门之上,以观越寇之入灭吴也。"|陆游《书愤》诗:"剖心莫写孤臣愤,～眼终看北虏平。"

【角猪】juē zhu 公猪。

【觉着】juē zhi ❶ 感觉到:怎么～这两天儿和感冒了似的。 ❷ 认为:我～他对这个事不大上心。

【觉惊】juē jing 做贼心虚;暗自害怕:他心里没有鬼待那～什么?

【觉景儿】juě jīngr 当回事;重视,一般用于反问或否定句式:你拿着这当回事儿,人家根本就不～。

【觉摸】juē me 〈贬〉感觉;认为:他爹娘还～着自己这个孩子好的了不得。

【觉母轿儿】juē mu jiàor 蜗牛。

【嚗】juè 骂:他张口～人这个毛病待改改。亦作"决""掘":元杂剧《墙头马上》第三折:"本是好人家女艳冶,便待要兴词讼,发文牒,送到官府遭痛决。"|元杂剧《剪发征宾》第二折:"妾身韩夫人,自从陶侃当下这个信拿钱到家中,被他母亲痛决了一场。"|《聊斋俚曲集·姑妇曲》第三段:"这个恶人好不谬,惹着尽自勾人受;汉子惹着他也掘,婆婆惹着他也咒。"|《醒世姻缘传》第六十四回:"我就只说了这两句,没说完,他就秃淫秃捏的掘了我一顿好的。"|《聊斋俚曲集·寒森曲》第五回:"从来鬼怕恶人,二相公没来时,动不动打骂;着二相公掘了一场,撅着嘴也没敢做声。"|《聊斋俚曲集·慈悲曲》第四段:

"四更尽五更初,炳之听他骂赵姑,达合妈掘了个无其数。"|《聊斋俚曲集•禳妒咒》第一回:"发恨想着掘他娘,到了近前没了胆。"|《聊斋俚曲集•禳妒咒》第十回:"他若再掘你,一样就照着,他有甚么降人药?"|《聊斋俚曲集•磨难曲》第十三回:"你去后拿我去当堂审问,我可就掘他妈不辨官民,他气极就送我牢里监禁。"

【噘打】juě da 骂;连续地骂:除着出这么多力,还待挨他些~。

【噘街】juě jiǎi 骂街;不指明对象当众谩骂:他上来那根筋就出去~去了。

【噘人】juě yìn 骂人:有事儿说事儿,~就不对了|△两岁~娘欢气,四岁~伤天理|△看了笑林广,~不用想。

【撅腚】juě dìng ❶ 翘起屁股。❷ 弯腰;埋头:别光~干活儿,多动动脑子。❸ 比喻动向:往那一~就知道你待干什么。

【撅高】juē gao 翘起、不稳定的样子:车子上拉的那些树枝子都那~着,没法上路。

【撅拱】juě geng 挺直翘起的样子:车一颠后边的钢管儿就一~一~的颤悠。

【撅勾儿】juě gòur 翘起的样子:这么些枝子~待外边,别刮着人。

【撅撅】juě jue ❶ 翘起、突起的样子:~着腚|~着肚子。❷ (生气后)走路时忿忿的样子:一句话没顺着他的意,~地就走了。

【撅着】juē zhi 用棍子等长条形物穿过东西背在后背:老头~着个篓子上坡去了。

【橛子】juě zi ❶ 短木头;短木桩:木~|他站那里和个~似的,一句话也不说。❷ 类似短木的东西:屎~|他拉不出那一~来。

【脚】juē ❶ 人或动物的腿的下端,接触地面支持身体的部分:~掌子|△山高高不过~底板。❷ 物体的最下部:墙~。❸ 指与体力搬运或运输相关的:拉~儿|捎个~儿|△骑驴的不知赶~的苦。

【脚脖子】juè bě zi 脚腕:下楼梯没果睬,把~崴了。

【脚背子】juè bèi zi 脚背;脚掌的反面:△蛤蟆爬了~上——不咬人溢赖人。

【脚步儿】juē bur ❶ 走路时两脚之间的距离:他个子高~也大。❷ 走路时腿的动作:听~就知道是你回来了。

【脚不沾地】juē bu zhǎn dì 形容非常忙的样子:今日这一天忙得他是~。

【脚蹀脚蹍】juē chāi juě niān 形容非常多:如今大学生~的,一点儿不稀罕了。

【脚孤拐儿】juè gǔ guair 大脚趾外翻的突出部分。

【脚后跟】juè hǒu genr 脚的后部:才买的这双鞋磨～。

【脚缆筋】juě lān jìn 脚筋;脚跟腱:官府的人抓着他把～挑断了。

【脚里头】juē lì tou 脚周边:好上看着～别绊倒。

【脚麻骨】juè mǎ gu =〖脚核桃〗juè huǒ tao 脚踝骨。

【脚拇丫子】juē mu yǎ zi 脚趾:△就你强,就你对,～开大会。

【脚前脚后】juē qiǎn juè hòur 差不多同时;时间相距很近:恁两个是～来的。

【脚心】juè xǐn 前脚掌的中心部分:使酒精擦擦～降降温。

【脚腰】juè yǎo 脚底的中间部位:你的～真高。

【脚踏车】juě zhà chě 自行车。

【脚踏儿】juè zhǎr 自行车的踏板。

【脚掌子】juě zhāng zi 脚板:干这一天活儿回来～痛。

【绝细儿】juè xìr 非常细:他切的菜丝～。

【爵敕儿】juè chir 官阶;官位:他待部队干个什么～?

【嚼】juè 上下牙齿磨碎食物:△咬钢～铁|△贪多～不烂。

【嚼嘎】juě ga 随意地咀嚼;吃:我怎么试着害饿了,有点东西～～就好了。

jun（jun）

【君子】jǔn zi ❶指人格品行高尚的人:△先小人,后～|△理治～,法治小人|△得罪～不得罪小人。❷泛指普通的人:△～不开口,神仙猜不透|△～报仇,十年不晚|△羊马儿比～（指动物在许多方面与人类一样）。

【俊】jùn ❶漂亮;英俊:～巴子|～媳妇。❷好看:挑几个～的苹果。

【俊巴儿】jùn bar =〖俊巴子〗jùn ba zi 英俊漂亮的人（用于轻松的口气）:恁兄弟真是个～。

【俊人】jǔn yin 英俊的人;漂亮的人:他也算是个～了,你别太挑了。

K

ka

【卡】kā ❶ 符合:不～条件。❷ 相当于:他的级别～个连长。❸ 测量;衡量:～尺｜～拐｜你给～个价儿。❹ 靠;贴紧:把杆子～墙上我看看。❺ (将任务、负担等)交给:这么多的活儿～给他一个人根本干不完。❻ (qiā)夹在中间,不能活动:他吃饭的时候叫鱼刺～着了。❼ (qiā)用手的虎口紧紧按住:～脖子。❽ (qiā)阻挡;作梗:就他非～着不给办。

【卡拐】kǎ guāi 符合九十度直角,泛指横平竖直符合规矩:他理的墙,保证都很～。

【卡刻儿】kà kèir ＝〖卡点儿〗kǎ diānr 在某个约定或规定时间的临界点:我紧～撵上的车。

【卡刻卡儿】kā kēi kār 时间非常临近的样子:他那个磨蹭劲儿,不～了不进学校门。

【卡槭】kā qi ＝〖洋槐〗yǎng huài 刺槐树:这跟板凳是～木做的。

【卡雾露】kà wǔ lou 起雾:外边又有点儿～。

【坷碴】kǎ cha ❶ 煤烧完后的块状残渣:煤～。❷ 牡蛎:把买的～蒸蒸吃。

【坷垃】kā la 小土块;块状物:把那些大块儿的～敲碎了。亦作"垳剌""喀喇":1928年《胶澳志》:"土干曰垳剌,上音搭,下音拉。"《俚语证古》第二卷:"土块谓之喀喇。"

【蚵蚆】kā ba ＝〖癞蚵蚆〗lǎi ka ba 蟾蜍。

【蚵蚆草】kà ba cāo 蛤蟆草,因其叶片凹凸不平,状如蛤蟆(蚵蚆)表皮,故称。

【蚵蚆皮】kā ba pì 白石花,其叶凉血解毒可入药。

【喀】kǎ ❶ 用力把异物从喉咙或气管里吐出来:～血｜～痰｜把鱼刺～出来。❷ 食物因变质出现苦、辣等刺激性味道:这些地瓜蛋吃起来发～,不能吃了。

【渴】kā 口干想喝水:干～｜解～｜酒～。

【榼花儿】kā huàr 用带吉祥图案的木模具制作的面食:过年的时候还蒸了两锅～。

【榼子】kā zi ＝〖馉花儿榼子〗bē huar kā zi 一种刻有吉祥图案的面食模具，一般为木制。

【搕】kā 将器物倒置往地上或硬物上磕碰，使附着物震落：桶底上还沾着不少，再～～。

【搕褡儿】kā dār 倒空口袋，比喻倾其所有或破产：他捣鼓这个买卖差一点给他～。

【磕蹙】kā cu 生活条件拮据：那时候家里的生活～的，哪有钱买好东西。

【磕打】kā da ❶ 磕碰：这筐苹果都～得不像样了。❷ 吃苦；遭罪；受折磨：孩子从小没有妈，他能不受～？｜《醒世姻缘传》第十四回："把那个囚妇开了匣，仍放他回房去罢。标致妇人不禁～，一时～坏了，上司要人不便。"｜《醒世姻缘传》第七十六回："狄员外虽因狄希陈已回，病觉略有转头，毕竟有了年纪的人，不禁～，几场气，病势入了腠理，不过挨日子而已。"

【磕磕打打】kā ka dǎ da 道路不平、行走不便的样子：天黑了，外边儿～的少出去。

【磕倒】kā dao 摔倒；跌倒：哪里～哪里爬起来。

【磕头虫】kà tou chèng 叩头虫。

【磕头礼儿】kà tou rīr ❶ 春节期间，族内晚辈给长辈行跪拜礼时，长辈送给晚辈的礼金。❷ 婆家的长辈给新婚媳妇的礼金。

【磕窝】kā we 缺衣少食；受苦：他待那～得都瘦了。

【扂】kā 关闭（门、窗、抽屉等）：把门～上｜～上窗。‖《集韵》："～，闭户也。"

kai

【开儿】kǎir 炖、煮食物时锅里的水烧开的次数：开两个～就熟了，别煮大了。

【开不够儿】kǎi bu gòur 金盏草。

【开春儿】kài chǔnr 初春；进入春季：我想着他是头年～来的。

【开沟】kài gǒu 农历八月初一，到地里少量刨取种植的地瓜、花生等作物：△八月初一开开沟，一棵地瓜刨一兜。

【开鬼眼】kǎi guì yān 指人能看到鬼魂。

【开户】kǎi hù ❶ 在银行开设账户。❷ 做生意的人当天卖出第一份货：夜来他一直到傍晌天才～。

【开化】kǎi huà 思想开通,不顽固守旧,一般用于老年人:他姥爷思想真～。

【开开】kǎi kai 恣意地;放肆地;不管不顾地,一般用在动词之后:忙活～了|哭～了|她一进门就嚎～了|爹娘不待家,你看孩子们耍～了|他这一引话头不要紧,那位就说～了|大人还没上桌,孩子们就吃～了。

【开圹】kǎi kuàng 掘造坟墓:老人走得时候正是腊月,～的都冻得伸不开手|《金瓶梅词话》第六十五回:"西门庆那日不在家,同阴阳徐先生往门外坟上破土～去了。"‖《说文解字》:"圹,堑穴也。一曰:大也。从土,广声,苦谤切。"段玉裁注:"谓堑地为穴也,墓穴也。"|刘敬叔《异苑》:"始皇既坑儒焚典。乃发孔子墓。欲取诸经传。圹既启,于是悉如谣者之言。"|《宋书·卷四十一》列传第一:"且汉世帝后陵皆异处,今可于茔域之内,别为一圹。"|汤显祖《牡丹亭》第四十出:"(丑)一游游到小姐坟儿上。拾得一轴春容,朝思暮想,做出事来。(净)怎的来?(丑)秀才家为真当假,动坟偷圹。"|李贺《感讽五首·其三》:"月午树无影,一山唯白晓。漆炬迎新人,幽圹萤扰扰。"|《阅微草堂笔记》第十一卷:"后葬母卜圹,适当其地,祭而祝之,果率其族类千百,蜿蜒去。"|《二刻拍案惊奇》第十三卷:"既掩圹,刘秀才邀请送葬来的亲朋在坟庵饮酒。"

【开脸】kǎi liān 旧时习俗,女子出嫁时用线绞去脸上的汗毛:她结婚的时候什么都凑付,也没找人～|《红楼梦》第十六回:"正是呢,方才我见姨妈去,不防和一个年轻的小媳妇子撞了个对面……竟与薛大傻子作了房里人,开了脸,越发出挑的标致了。"|《聊斋俚曲集·禳妒咒》第二十八回:"还得看个好日子,给他～才上头,咱还得把衣服做。"亦作"绞脸":《聊斋俚曲集·琴瑟乐》:"忙把头梳,忙把头梳,开眉绞脸用功夫,戴上新鬃髻圆,解了闺女路。"

【开买卖儿】kǎi mǎir màir 开设商铺、作坊等:他父母待市里～。

【开面儿】kǎi miànr 通情达理:他哥哥那个人真～。

【开瓢】kǎi piào ❶剖开葫芦做成瓢。❷喻指打破人的头部:那伙计还没等着上就叫人家一砖头～了。

【开旗儿】kǎi qìr 衣服下摆两旁或后中央处的装饰性开口:单～|他穿的是双～的西服。

【开沙】kài shǎ 西瓜、梨等水果的食用部分水分大并呈细颗粒状,这批西瓜个顶个的～,真好吃。

【开通】kǎi tèng ❶开明:他家老人很～,一点儿不封建。❷(说话)痛快:恁哥哥那人真～。❸(性格)开朗:学着～点儿,别把有些事看得那么重。

【开头儿】kǎi tòur ❶ 事物发展进程中的第一步：△万事～难。❷ 事情、动作等最初发生；开始：从你这儿开的头儿｜你～，俺跟着唱。❸ 第一部分；最初的一段或一部分：书上～就交代了他们的关系。

【开席】kǎi xì 在红白喜事或较为正式的宴席场合开始上菜喝酒：长辈没上桌还不能～。

【开支】kǎi zhǐ 专指公社化时期农村生产队年终结算支付给社员（农民）报酬：养这么多孩子到年底没有～，还欠着生产队里的钱。

kan

【看】kǎn ❶ 使视线接触人或物：△灯影里～媳妇——外加三分貌才｜△王八～绿豆——对眼了。❷ 观察并加以判断：～不透｜△痴人～高秤儿。❸ 易于出现某种不利或消极的情况：晒的被早点儿收起来，这个天儿～下雨｜《聊斋俚曲集·墙头记》第一回："李老说：'苦到不妨，再加蜜～人笑话。'"｜《聊斋俚曲集·翻魇殃》第二回："说你合我妹妹好，吃杯茶去也心安，你去了～他来家怨。"｜《聊斋俚曲集·增补幸云曲》第二十五回："万岁说胡秀才，那王龙有钱财，你若不去～他怪。"｜《聊斋俚曲集·磨难曲》第十七回："依你说不然，～他把脸翻，倒不如从此掐了线。"｜《聊斋俚曲集·磨难曲》第十八回："张相公，你弄到这半夜里，俺睡着了，～你跑了，咱还得绑绑。"｜《醒世姻缘传》第二十八回："新人还要做假，他说：'窄鳖鳖的去处，～咱哥合嫂子听见，悄悄的睡罢！'"｜《醒世姻缘传》第六十九回："新出锅滚热的果子，纯香油炸的，又香又脆，请到里边用一个儿。这到店里还有老大一日里，～饿着了身子。"❹ 以免；省得；提防；小心：《醒世姻缘传》第三十二回："你两个吃的也够了，也该略退一步儿，让别人也呵点汤，～撑出薄屎涝来，没人替您浆裤子！"｜《醒世姻缘传》第六十八回："相于廷道：'狄大哥，你拿了袖子罢，看着路好牵驴子走，带着袖子，～抢了脸。'"｜《醒世姻缘传》第七十五回："狄希陈道：'你悄悄的罢，紧仔爹不得命哩！～爹听见生气。'"｜《醒世姻缘传》第八十三回："不要替人生气，～气坏了身子，瞎了钱，没人赔你。"｜《聊斋俚曲集·慈悲曲》第三段："李氏说：'休做呀，我等不的，～那孩子醒了哭。你叫小讷子来，我合他去罢。'"｜《聊斋俚曲集·姑妇曲》第二段："不说于氏受气而去，且说珊瑚听的吵闹，索性藏了，只等于氏家去了才出来，便说：'不可为我又着大娘生气。～生出事来了，我去罢。'"｜《聊斋俚曲集·墙头记》第三回："～咱爹爹肚里饥，快打鸡子用油煎，吃

点儿且把心窝站。"|《聊斋俚曲集·翻魇殃》第九回:"牧之说:'你走罢,～你娘家里挂心。'"|《聊斋俚曲集·翻魇殃》第十一回:"慧娘说:'你这潮孩子!～着人家知道,成了故事。'"|《聊斋俚曲集·寒森曲》第三回:"大相公说:'二弟,你背着妹子,先合族人走了罢。我且在此听听,～他还醒过来赖咱。'"|《聊斋俚曲集·快曲》第二联:"许褚、张辽、徐晃、张郃盔歪甲斜,来扶曹操,说:'丞相快换衣帽,～人认的!'"|《聊斋俚曲集·增补幸云曲》第二十一回:"大姐说:'～人家裂破你那嘴了!'"|《聊斋俚曲集·增补幸云曲》第二十二回:"万岁道:'你说吃饭罢,休说用膳,～走漏了消息,被王龙知道了。'"|《聊斋俚曲集·磨难曲》第十五回:"(张春)到了跟前说:'老李婆子,你省着好罢,～使着呀。'"|《聊斋俚曲集·磨难曲》第二十二回:"我嘱咐您,到家把这信全然休要提起,～太太担心。"|《聊斋俚曲集·磨难曲》第二十九回:"快拿兵器来,咱以棍当刀罢,～刀伤了性命。"|《红楼梦》第十一回:"秦氏见了,就要站起来,凤姐儿说:'快别起来,～起猛了头晕。'"|《红楼梦》第八十三回:"你们别告诉宝二爷说我不好,～耽搁了他的工夫,又叫老爷生气。"

【看不迭】kàn bu diè 看不完:一下借回这么多书来都～。

【看房子】kǎn fǎng zi ❶ 看护、照管房屋:找了个老大爷帮着～。❷ 为了租赁、买卖或其它目的而查看房屋:才领着人家去～来。

【看光景儿】kàn guǎng jingr 看风景;看热闹:他～去了,没心思办正事。

【看光望景】(～儿) kǎn guǎng wǎng jīngr 欣赏景色:孩子一边儿～,一边儿跟着姑姑走。

【看蚂蚁蜂上树】kǎn mā yì yang shǎng shù 形容悠闲无事的样子:家里怎么忙他也不管,成天坐那里～。

【看那个嘴就不像面鹰】kǎn nè ge zuī jiù bǔ xiàng miàn yǐng 形容从表面上看就不是行家里手。

【看年纪】kǎn niǎn ji 显老,看起来比实际年龄大:她婆婆都七十多岁了,真不～。

【看坡】kǎn pē 看守菜园或庄稼地:他从小跟着大人上山～|△石湾儿～——单抓自己人|《醒世姻缘传》第六十七回:"既是你这娘娘子说,我就依着,破着不赎,算了我的工食,我穿着放牛～,也是值他的。"

【看人】(～儿) kǎn rèir ❶ 看见人:五一出去挨那个挤,看不着景儿光～去了。❷ (出于势利)对不同的人区别对待:不是谁去了都有那个待遇,也待～|《红楼梦》第六十回:"你是我银子钱买来学戏的,不过娼妇粉头之流!我

家里下三等奴才也比你高贵些的,你都会～下菜碟儿。" ❸ 看守;看管:他待单位里光～看了一个月了。 ❹ 相亲:夜来他～去了。

【看人儿去】kǎn rènr qù（出于势利)对不同的人区别对待:他是～,换了旁人不是那个态度了。

【看人下菜碟】kǎn yìn xià cǎi diè 看财产和地位分别待人的势利行为:他嫂子那个人是最会～的|《红楼梦》第六十回:"你是我银子钱买来学戏的,不过娼妇粉头之流! 我家里下三等奴才也比你高贵些的,你都会～儿。宝玉要给东西,你拦在头里,莫不是要了你的了?"

【看山】kàn shǎn ❶ 观看山的景色:～望景儿。 ❷ 在山上进行看守防护:清明的时候待多安排几个人去～。 ❸ 对死亡或埋葬的调侃的说法:他爷爷也去～去了。

【看山望景】(～儿) kǎn shǎn wǎng jīngr 观看山水风景:他成天没个正事,就知道东游西逛,～儿。

【看头儿】kàn tour 可看的价值或趣味:这块儿电视剧拍得没什么～。

【看玩应儿】kǎn wàn yingr 看热闹;看别人的笑话:还有些人就等着看你的玩应儿。

【看喜】kǎn xī 亲朋好友有结婚、生子、新房落成等喜事时送钱物贺喜。

【看眼儿】kǎn yānr 〈贬〉在旁边观看;袖手旁观:那些人都待边下～,没有上来说句公道话的。

【看样儿】kǎn yàngr 看样子;看起来:听他那个说法儿,～住几天才能回来。

【看热闹儿】kǎn yè naor ❶ 观看热闹的景象:△内行看门道,外行～。 ❷ 幸灾乐祸地看别人的不幸:外边儿那些～的不怕事大。

【看日子】kǎn yì zi 选择吉日:结婚这样的大事,还是找人看个日子好|《聊斋俚曲集·富贵神仙》第二回:"我有伯母前年老,至今灵柩还在堂,不久要～葬。"|《聊斋俚曲集·禳妒咒》第二十八回:"还得看个好日子,给他开脸才上头,咱还得把衣服做。"|明杂剧《雌木兰替父从军》第二出:"王姑夫且慢拜,我才子看了日子了,你两口儿似生铜铸赖象,也铁大了。"

【看硬】kǎn yìng ❶ 看清楚:你当时～了? 是他? ❷ 盯紧:千万把这些货～了。

【看中】kàn zhěng ❶ 看好;感觉合意:你只要～了咱就买,别心疼钱|看不中就别和人家讲价了。 ❷ 看完:～电视别忘了拔下电来。

【看走眼】kǎn zōu yān 错误地观察判断:他这么个明白人也有～的时候。

kang

【扛活儿】kǎng huòr 给别人做长工：当时老爷爷待村里给人家～。

【抗】❶ kǎng 禁；耐；经得起：人和家什一样，～使不～闲。❷ kàng 挡；阻挡：有根棍子待里边儿～着，不好拿。

【抗膀子】kǎng bāng zi ＝〖闯膀子〗chuǎng bāng zi 帮助解决困难或抵抗外人的欺侮：他家是外来户，有点什么事孩子们也没有帮着～的。

【抗不范】kàng bu fàn 受不了：谁也～他这么个脾气。

【抗不了】kàng bu liāo 受不了：他当时才下学，根本～这么重的体力活儿。

【抗不硬】kàng bu yìng 顶不住；受不了：再好的体格也～他这么糟作。

【抗吃】kǎng chī 吃的时间长：这些馒头太暄了，一点儿不～。

【抗打听】kng dā ting 口碑好；经得起评论：不信去问问，那家子人保证～。

【抗范了】kǎng fàn ler 承受得住：要是这他都能～，那谁也得佩服他。

【抗浪头儿】kǎng lǎng tour ❶ 抵抗力强：人上了年纪不～了。❷ 吃得消；经受得住：就你这点家底干这行能～？｜△屎气蜋过河——不～。

【抗门户】kǎng měn hu 对外处理相关家庭事务，维护家庭利益：他那几个孩子个儿顶个儿地能抗起门户来。

【抗使】kǎng shī 耐用；用的时间长：你买的这块儿胰子真～。

【抗硬了】kàng yìng ler 经受住：你就是不帮他也能～了。

【抗糟】kǎng zào 结实耐用；经得起折腾：都说这一批机器～。

【抗住了】kǎng zhǔ ler 经受得起；忍受得住：就他这个花钱法谁能～？

【炕帮儿】kǎng bāngr 安装在土炕外边缘的木条。

【炕洞子】kǎng děng zi 土炕下面用来过烟的通道：这几天儿锅头不好烧，怕是好投投～了。

【炕洞子灰】kǎng děng zi huǐ 土炕内部沉积的黑色烟尘：挖出来的～施地里是好肥料。

【炕旮旯儿】kǎng gā la 土炕旁的地面：他家里没什么家具，～里就有两根板凳。

【炕旮旯儿的本事】kǎng gā là di bēn shi 只会在家里逞强或在某个小圈子里面耍威风：大青年不出去闯，光憋家里耍～。

【炕旮旯儿还没踏遍】kǎng gā la hē měi zhǎ biàn 比喻新媳妇刚到夫家不久：她来了～就想主事儿。

【炕裙子】kǎng qǔn zi 土炕周边墙上镶嵌的装饰板。

【炕头儿】kǎng tòur 泛指炕面;炕上:老婆孩子热～。

【炕窝儿】kàng wěr 土炕墙壁上留有的可放东西的长方形小洞。

【炕席】kǎng xì =〖炕席子〗kǎng xǐ zi 铺在土炕上的席片。

【炕席里头】kàng xǐ lǐ tou 土炕上铺的席子的下面:他把零钱老是放待～。

【炕沿儿】kǎng yànr 炕边:把壶往里放,搁～这里光掉下去。

【康健】kǎng jiàn 健康:他爷爷八十多岁的人了,身子真～|元杂剧《张协状元》第二出:"愿得身～,待明年那时,喝道状元归。"|《喻世明言》第四十卷:"老年嫂处适才已打听个消息,在云州～无恙。"|《红楼梦》第二十九回:"托老太太万福万寿,小道也还～。别的倒罢,只记挂着哥儿,一向身上好?"|《二十年目睹之怪现状》第五十二回:"买办便代他传说道:'船主说,谢夫人的赏赐!他祝夫人身体～!'"|《聊斋俚曲集·寒森曲》第八回:"此时太老爷八十六岁,还极～。"|《金瓶梅词话》第四十九回:"长老道:'小僧七十有五。'西门庆道:'倒还这等～。'"

【嗛】kàng ❶(动物用口)叼、咬:夜来晚上叫老黄把那个小鸡儿～去了|△老鼠～着黄裱纸——死充帐先生。❷用口含住:他说话呜噜唔噜的,就赶口里～着个蘑菇蛋儿。

【漮】kǎng ❶萝卜等植物块茎或果实因呼吸作用造成有机物分解失去水分,出现空心:这些萝贝有点～了,炖菜吃了啵。❷喻指身体虚弱:别看他胖头大耳朵的,其实那个身子都～了。‖《字汇》:"～,空也。"《说文解字》:"～,水虚也,从水康声。苦冈切。"

【漮瓤】kǎng yang ❶萝卜等植物块茎或果实失去水分而严重空心:萝贝～得都没法儿吃了。❷喻指人的身体异常虚弱:那些年生活不好,老嬷嬷又生养了那么多孩子,身体都～了。

kao

【可不地】kǎo bū di 可不是;确实,一般单用:～,外边真下起大雨来了。

【可不是】kào bu shì ❶不是;却不是:俺都去看了,～他说得那么个样儿|元杂剧《丽春堂》第二折:"～我射不着,我那马眼生,他躲一躲,把我那箭擦过去了。"❷承接对方的话语,表附合赞同:～怹,真叫你说对了|《红楼梦》第三十九回:"宝玉道:'太太屋里的彩霞,是个老实人。'探春道:'～,外头老实,心

里有数儿。'"

【可间】kào jiǎn 但是;可是:他嘴上是那么说,~从来也没来趟儿。

【靠】kào ❶ 倚着;挨近:他们两家紧~着|△~山吃山,~水吃水。❷ 依赖;信任:依~|~山。❸ 过于接近;留的余地很少:你剪枝子的时候别太~了,多留块儿。❹ 嫁接:你给我~两棵茶花。

【靠帮儿】kǎo bàngr 合群;团结:俺一块儿出去,他真~。

【靠后】kǎo hòu ❶ 躲开;避开:再不该你的事都~昂|元杂剧《赵氏孤儿》第一折:"小校~,唤你便来,不唤你休来。" ❷ 放在一边,指事情不重要或不必着急处理:别的事都~,这个事可等不得|《水浒传》第三十五回:"老叔自说得是,家中官事且~。只有一个老父殁了,如何不烦恼。"|《红楼梦》第五回:"如今且说林黛玉自在荣府以来,贾母万般怜爱,寝食起居,一如宝玉,迎春、探春、惜春三个亲孙女倒且~,便是宝玉和黛玉二人之亲密友爱处,亦自较别个不同,日则同行同坐,夜则同息同止,真是言和意顺,略无参商。"

【靠活儿】kǎo huòr 等待接某项活计:那根街上不少人待那里~。

【靠己】kǎo jī 知心;可以信任依靠:那都是~的人。

【靠前】kǎo qiàn ❶ 往前;靠近:~看才能看清楚了。❷ 出头;担当:他家里出事了,那帮儿朋友没有个~的。

【靠搔】kào sao 偎依;靠近:孩子自己要一期儿就又~他妈身上去了。

【靠实】kǎo shì ❶ 确实;实在:你说的这个事儿~不是? ❷ 可靠:得找个~的人帮着办这个事儿。

【靠头儿】kào tour 等待的必要或价值:他待单位还有什么~?都五十多岁的人了。

【熇】kào ❶ 通过加热久炼使肉里的油析出:~猪肉|~大油。❷ 长时间加热使水蒸发或耗干:添水少了,把汤早就都~上了。❸ 身体很少摄入有营养或可口的东西:没人给他做饭,他成天~得瘦成露筋狗了。

kei

【客】kēi ❶ 宾客;客人(与"主"相对):伺候~|△~来扫地,~去冲茶|△十八罗汉请观音——~少主人多|△安席容易请~难。❷ 顾客;旅客:△船不等~。❸ 后缀,具有某种不良习性的人:下作~|拉飒~|邪涎~|鼻清~。

【客屋】kēi wu 整体建筑中待客用的房屋：△把你往～请,你往驴棚拱（形容没出息）。

【搿】kèi（kěi）卡住：里边儿～得太紧了,拔不动｜鞋这么小不～脚?

【搿脚】kěi juē 鞋太紧脚不舒服：才买的鞋有点～,穿一期儿就好了。

【克芯儿】kēi xìnr 引信失效或无法引爆的烟花、子弹等：你买的这些鞭,净是些～。

【刻】kēi ❶ 雕刻；用刀子削：～字｜～木头枪。❷ 传统计时的时间段,一刻等于十五分钟：七点一～再走也不耽误。

【刻戳儿】kěi chuōr 雕刻图章：那趟街上就有～的。

【刻儿卡刻儿】kēir kā kēir 时间非常临近的样子：都到了～了,他才不紧不慢地开始干活儿。

【嗑】kēi 用上下门牙咬有壳或硬的东西：～瓜子儿。

ken

【肯】kēn ❶ 愿意；乐意：～干｜～吃苦｜～下力。❷ 经常或易于：～下雨｜～长。

【肯长】kěn zhāng 长得快：庄稼缺了水,再添粪力也不～。

【肯着】kèn zhuò 容易燃烧；燃烧充分：草都艮了,一点儿也不～。

【啃察】kēn cha 用牙齿一点一点地咬：几个孩子都待那～苞米。‖《俚语证古》第三卷："侧齿咬谓之～。"

keng

【空】kěng（kèng）❶ 不包含什么；没有内容：～口白牙｜～口无凭｜～手套白狼｜△水桶烂了底 —— 两头～｜△～核桃摆供儿 —— 差个仁（人）儿。❷ 徒劳：跑～｜△拉磨驴断套 —— ～转一圈儿｜△家雀飞到糠堆上 —— ～欢气。❸ 离开地面的,在地上面的地方：悬～｜半下～。❹ 使空；腾出来（时间或空间）：～出几天来领着孩子耍｜不少早走的,～出些座来。❺ 没有被利用或里面缺少东西：～场儿｜～头儿｜～心头儿。❻（～儿）kèngr 尚未占用的时间或空间：跟他说多少遍了,老是说没有～｜这么点活儿,你抽～就干干了｜你走的这块儿～,他们就装起来了｜光这块儿～也够你放东西的。

【空虫儿】kěng chengr 中空的东西：我敲了敲,一听里面是个～。

【空当儿】kèng dǎngr ❶（空间上的）空隙：拿点东西把这个～盖起来。❷（时间上的）间隙：这块～人家又干了这么些活儿。

【空鼓儿】kěng gūr 因挤压、粘合不实，表层下存在空隙：这些瓷瓦儿贴得不行，～太多。

【空口】kěng kōu ❶ 不就着菜而单吃主食或不吃主食而单独吃菜或其它东西：你～吃蒜那待辣死。❷ 单纯凭着嘴说（强调没有书面的凭据或实际的行动）：求人的营生你光顶着嘴～去说，没有个给你办的。

【空口白牙】kěng kōu běi yà 光凭着嘴说（而没有凭据或未见行动）的样子：光这么～地说，怕没几个人信服他。

【空劳劳】kěng lào lao ❶ 饥饿的样子：孩子放了学个肚子～的，待嘎急吃东西。❷ 器物里面没有东西或东西很少的样子：△见了小草不弯腰，看看篓子～。

【空儿里】kèngr ler ❶（在）闲暇时间：等你～就多过来看看。❷ 空余的地方：光～就能栽上好几棵树苗儿。

【空手】kěng shǒu 空着两手；手没拿东西：上老人家来也不割舍花分钱，老是～就来了｜《汉书·卷六十三·武五子传·广陵厉王刘胥传》："胥壮大，好倡乐逸游，力扛鼎，～搏熊彘猛兽。"｜《红楼梦》第七十回："小丫头去了半天，～回来。"

【空手套白狼】kěng shōu tào běi làng 没有任何成本与代价而获取收益：他最会干这些～的营生了。

【空头儿】kèng tour 位于夹角或边角处的未被使用的地方：把闪下的那点儿～种上了几墩豆角。

【空心头】（～儿）kèng xin tòur 空腹：你～别吃些辣东西，肚子难受｜《醒世姻缘传》第六十七回："好管家，那一日我吃了几钟烧酒，～就醉了，你又催逼着我起身，我酒醉中说了几句不中听的臭屁，谁料你就认了真，对着狄员外说。"

【控】kèng ❶ 将装有液体的容器倒置或将附着液体的东西放于高处，使液体流出来：再～～油壶，里面还有不少油｜那筐菜～出半盆水来。❷ 人的头部低于身体或头部朝下对人造成的不适感：快给孩子枕上个豆枕，看把个孩子～得难受的。

【孔孔儿】kēngr kengr 小孔洞：把墙上那些～都泥平了。

kou

【口茬子】kōu chà zi〈贬〉口德；说话的谨慎程度：～不好的人少跟他说事。

【口干舌涩】kōu gǎn shě shēi 口干舌燥：讲了这一头晌儿，讲得他～。

【口官司】kōu guàn si 口角；争论：我没有空听恁打～。

【口话儿】kōu huar ❶ 口头意见：先不用急，等着听～就行了。❷ 口风；口吻；言外之意：听他那个～，他一时还不想去。

【口口儿】kōur kour 非常少的一点儿：他做的那一～饭够谁吃的？

【口泼】kōu pē =〖嘴泼〗zuī pē 吃食物不挑剔：他～，这些饭也没吃着不济。

【口气】kōu qi ❶ 说话的气势：他人不大，说话的～可不小。❷ 口风；言外之意：听他的～，不像能回来的样儿。❸ 话语中蕴含的吉凶、好坏：人家就是借他的～使。

【口条】kòu tiào 用作食品的猪、牛、羊的舌头。

【口头语儿】kòu tou yūr 口头禅：这些带骂字的～真是得改改｜《醒世姻缘传》第六十四回："爷哟！这是我的～，没的也是罪过么？"

【口咬咬】kòu yǎo yǎo 想吃东西的样子：我个嘴～的，吃点东西就好了。

【口重】kōu zhèng 愿意吃咸：他～，直说菜淡了。

【口拙】kōu zhuō 嘴笨；不善言辞：他～手不拙。

【口子油】kōu zi yòu 一种有愈裂作用的润肤膏。

【扣】kòu ❶ 用圈、环等东西套住或拢住：把门鼻子～上。❷（～儿）kòur 衣纽：衣裳～儿。❸（～儿）kòur 绳结：绳～儿｜△死疙瘩活～儿。❹ 把器物口朝下放或覆盖东西：把菜～起来，省着招苍蝇。❺ 强留：～押。❻ 从中减除：结算的时候别忘了把押金～出来。❼（～儿）kòur 圈套：下～儿｜做～儿。❽ 刻薄；不和善：这个小嫚儿怎么这么～，长大了谁敢说她当媳妇｜这个孩子～得来，上她家连碗水都闯不出来。

【抠哧】kǒu chi 用手指挠挖东西：你不困觉还待那里～什么？

【抠抠腚咋撒指头】kǒu kòu dìng zǎ sà zhī tòu 比喻极端吝啬、极度猥琐：那是些～的人，没法儿叨叨。

【抠搜】kǒu sou ❶ 用手挖挠或持器物掏取：那件衣裳快叫你～破了｜把那些旮旯都～着扫扫。❷ 过于俭省；吝啬：他自来就这么个～样儿｜他两口子就要～死了。❸ 一点一点地攫取：老人那几个钱儿都叫他～去了。

【眍䁖】kǒu lou =〖眍眍〗kǒu kou 眼睛深陷的样子：他的眼～着,就像个外国人｜这几年他瘦得眼都～进去了｜《红楼梦》第五十二回："急的晴雯央道：'小祖宗！你只管睡罢。再熬上半夜,明儿把眼睛～了,怎么处！'"亦作"扣娄"：《俚语证古》第三卷："深目谓之扣娄眼。"

ku

【苦悲悲】kù běi běi 面容悲切、凄苦的样子：长穷命也不长个穷相,你看他个脸成天～的。

【苦菜】kū cài =〖苦菜子〗kū cài zi 多年生草本菊科植物,味苦。

【苦碟子】kù diě zi 苦荬菜。

【苦瓜脸】kū guà liān 总是挂着哀伤表情的脸：人家都说他长着那个～就不带着个福相。

【苦森森的】kù shěn shěn di 微苦的样子：这些茶叶喝起来～。

【苦殷殷的】kù yǐn yǐn di 味道有点苦的样子：这些黄瓜品种不好,吃起来有点～。

【哭哀哀的】kù ǎi ǎi di ❶ 送葬时,人们集体为逝者哭泣哀痛。❷ 悲伤哭泣的样子：你快帮帮他吧,他来说这个事的时候都～。

【哭豹儿】kū baor 比喻爱哭的孩子：那个孩子就是个～,成天听他哭。

【哭吵】kū chao ❶ 哭诉：他上父母那里～一顿,老人的心又软了。❷ 装穷：他那个人到哪里就知道～。

【哭成一个蛋】kū cheng yī ge dàn 比喻哭得很厉害的样子：孩子找不着爹娘,待家里～了。

【哭穷儿】kù qìngr〈贬〉向别人诉说自己生活艰难：一跟他要钱就开始～。

【哭天抹泪】kū tiǎn mè lèi 哭哭啼啼的样子：他一碰上点儿事就～的没有招儿了｜《红楼梦》第三十二回："前日不知为什么撺出去,在家里～的。"

【哭哇哇的】kù wǎ wǎ di 听见孩子们待那里～,看样儿又争竞起来了。

【库儿】kùr 套在工具上起防护作用的鞘装物：刀～｜撸～了。

【库底子】kǔ dī zi 仓库出货后剩下的小部分：都是些～了,便宜点儿卖就行。

【裤头儿】kù tòur =〖裤子头儿〗kù zi tòur 内裤。

【裤腰带】kù yǎo dài 腰带的老派说法,现在已很少使用。

【裤腰嘴】kù yǎo zuī 喻指爱说大话、说话不负责任的人:他顶着个～。

【裤子兜儿】kù zi dǒur 裤子口袋。

【裤子拉裤子尿】kù zi lǎ kù zi niào 形容生活窘迫到了极点:拉撒这几个孩子累得他两口子～的。

kua

【夸老】kuǎ lāo 显得比实际年龄老:闯庄户地的人都～。

【夸年纪】kuǎ niǎn ji 显得比实际年龄大:他头发少,看着就挺～的。

【刳】kuā 用器物刮:他待厨房～地蛋儿|元无名氏《醉太平•讥贪小利者》:"鹌鹑嗉里寻豌豆,鹭鸶腿上劈精肉。蚊子腹内～脂油,亏老先生下手。"

【抠查】kuā cha ❶ 用指甲或工具去掉物体表面的东西:好容易才把锅底的糊嘎渣～下来。❷ 搜刮;揩油:他整天就知道～他爸爸妈的钱。

【跨堆儿】kuà zuǐr 够用;够分配,一般用于反问或否定句式:你留下这么点儿能～?

kuai

【块】kuài ❶ 疙瘩状或成团的东西:泥～儿。❷ 身材;个头:看他这个大～儿|～头。❸ (～儿)量词,(文艺作品的)首;曲;场;段;部:唱～儿歌|一～儿电影|看～儿戏|演～儿剧|看～儿电视。❹ 量词,用于硬币或纸币,相当于"元":两～钱。❺ 量词,个;段:这～路挺颤悠。❻ 量词,用于块状或某些片状的东西:一～儿地|那～场儿|两～糖。❼〈贬〉量词,(用于人)个:看他那～儿熊样我就够了|他是～儿什么东西!

【块八毛儿】kuài bǎ māor 一元或不足一元,比喻很少的钱:不去计较那～的。

【块块儿】kuàir kuair 较小的团状或片状的东西:先把它切成～,再放锅里煮水。

【块头】kuài tou 身材;个头:别死充,他那个～没顶你俩的?

【快】kuǎi ❶ 表建议,不如;那就:～上俺家吧|～不去吧|～走这条路吧|我～直接把你送家去行了。❷ 任由:咱没做不是,～叫他说去。

【快别】kuǎi bài 不要;不用;别:～叨叨叫人笑话|你～待那里瞎心事,孩子待外边过得很好。

【快当】kuài dang 时间短;迅速:你这么～就送去了？│这么近便的路,去趟儿还不～？│元杂剧《张协状元》第十一出:"(净)来,来！我去讨米和酒并豆腐,断送你去。(丑)我得老婆便去。(末)且是～！"│《醒世恒言》第二十卷:"到镇江有便船在此,又～,又安稳！"│《喻世明言》第二十四卷:"便折十来两,也说不得,只要～,轻松了身子,好走路。"│《醒世恒言》第七卷:"合得我意,一言两决,可不～！"│《醒世姻缘传》第八十回:"寄姐那副好脸当时不知收在何处,那一副急性狠心取出来甚是～。"│《醒世姻缘传》第八十一回:"吕祥主作,调羹助忙,所以做的甚是～。"

【快壶】kuǎi hù 一种中间空心、夹层装水的圆柱形烧水壶,因烧水较快,故名。

【快起来】kuǎi qī lai ❶ 赶快起床或站起来:～,没看都几点了？ ❷ 赶快离开原来的位置:～,还赶不上我自己弄得好。 ❸ 表示对对方观点或表述不赞同:你～吧,人家可没赶你说的那么个样。

【筷子笼儿】kuài zi rèngr 盛放筷子的筒状物,一般在其底部或四周有透气的孔。

【扐】❶ kuāi 用指甲抓挠:～痒痒。 ❷ guǎi 挎:～着篓子。

【扐破腚】kuāi pè dìng 急不可耐的样子:不敢应下他点什么东西,要不就～地跟你要。

kuan

【宽板板】kuǎn bàn bàn 宽绰的样子(含喜爱意):才买的这张床～的,歆上边儿真舒梭。

【宽宽下】kuàn kuan xià 宽;宽的样子:这么～的页大板,做两把椅子都够了。

【宽透】kuǎn tòu ❶ 宽敞通透:有这么多～场儿,不上那个夹道儿去挤巴。 ❷ 宽裕;富裕:这两天儿手里头也不大～。

【宽透透的】kuǎn tòu tǒu di 宽敞的样子:这里～,咱还是待这里好。

【宽下】kuǎn xià 宽度:你量量这扇门是多么～？

【宽心面】kuàn xǐn miàn 新郎新娘在结婚当天吃的一种宽面条,寓意放心、安心。

kui

【亏】kuǐ ❶ 缺损；损失：～本｜～身子｜吃～。❷ 幸亏；多亏：～你帮我想着｜～着咱没都走了｜《醒世恒言》第四卷："～着一位小娘子走来,用个妙法,救起许多花朵,不曾谢得他一声,径出来了,二位可看见往那一边去的？" ❸ 表示讽刺：～你还是个大学生。❹ 表示质问,强调陈述的事实没有在对方身上发生作用：～人家都提前跟你说了两遍｜～牌子上都写着怎么走。

【亏秤儿】kuǐ chèngr ❶ 缺斤少两：～就回来找你。❷ 折秤；货物因为自然损耗而分量减少：菜卖到最后都～。

【揆】kuì 量度；测量：你使手～～就能量出个差不多来｜陆机《演连珠》："临渊～水,而浅深难察。"｜陆倕《石阙铭·序》："陈圭置臬,瞻星～地。"

【襈】kuì ❶ 将长条状织物折、弯、绕：把松紧带～头上量量够不够长。❷ 挽系：～上个～儿｜把绳子～起来放着还利索。❸ （～儿）kuìr 用绳子、带子等打成的结扣。

kun

【困】kùn ❶ 犯困：我太～了,先歇下了。❷ 睡：他一共才～了四五个钟头｜《聊斋俚曲集·富贵神仙》第十三回："娟娟去后掩房门,他两个跟我就在乜床头～。"｜《聊斋俚曲集·增补幸云曲》第十五回："小二姐气狠狠,叫姐夫你好村,你在那鸡子窝里～？"

【困觉】kùn jiǎo（kǔn jiào）睡觉：这么晚了,人家都好～了｜《官场现形记》第二回："他又呆了半天,才说了一声：'天也不早了,钱老伯也好～了。'"｜《金瓶梅词话》第四十回："你说昨日在那里使牛耕地来,今日乏闲的这样的,大白日～；昨日叫五妈只顾等着你,你怎大胆,不来与五娘磕头！"

【捆】kūn（qūn）❶ 捆绑：拿绳子把草～起来。❷ 捆绑后的一束：三～。

【掍】kǔn 用鞭子等长条状的东西抽打：叫人家拿着皮带把他好一个～。

kuo

【可】kuō（kuǒ）❶ 允许；许可：△家丑不～外扬｜△家礼不～常述｜△～穿朋友衣,不沾朋友妻。❷ 能够；可以：～能｜～左～右｜△钱～通神,财能役鬼。❸ 值得：～怜｜～恨。❹ 适合：～身｜～体｜～脚｜～口。❺ 副词,表示转折:本事不大,口气～不小｜你～别忘了接孩子。❻(kāo)表示强调:～叫他气死了｜你～回来。

【可脚儿】kuǒ juēr 合脚。

【可卯可榫】kuǒ māo kuǒ xūn =〖可模可遂〗(～儿)kuǒ mu kuǒ suīr 尺寸、大小非常合适的样子:你做的箱子盖儿～的,真合适｜给孩子买衣裳当时～的,赶自就小了。

【可巧】(～儿)kuǒ qiāor 碰巧;适巧:正待去找你,你～儿又来了｜《红楼梦》第七回:"所以说那里有这样～的雨,便没雨也只好再等罢了。"

【可身儿】kuò shěnr (衣服)合身:我穿这件衣裳真～。

【可体】kuǒ tī 合身材:你还是穿这套黑衣裳～｜董解元《西厢记诸宫调》第七卷:"绒绦儿细绛州出,宜把腰围束。青衫式离俗,裁得畅～。"｜《醒世姻缘传》第八十三回:"吃过了茶,骆校尉见旁边放着许多做完的衣服,问道:'衣服都成了? 试过不曾? 趁着裁缝在外头,试的不～,好叫他收拾。'"

【扩膛】kuǒ tàng 剖腹:把鱼扩开膛,才能把里边择干净了。

【壳罗】kuō luo ❶ 物体的外壳;空壳:鸡蛋～儿｜鞋～儿。❷ 骨架大而没肉的;非常瘦的:△半大孩子～猪(形容能吃)。

L

la

【拉】lā ❶ 用力使朝自己所在的方向或跟着自己移动:～车。❷ 闲谈;讲:有空你找他～～。❸ 借;欠:～饥荒。❹ 助词,用在数词十、百、千后或或数量词之间表示概数:十～里地｜一百～斤儿｜十～块钱儿｜《聊斋俚曲集·富贵神仙》第三回:"官人从来不曾走路,又背着行李,又是饿了,一步挪不的四指,走了勾十～里路,那太阳就落下去了。"

【拉拔】lā ba 扶助;提携:那个单位里边好几个人都是他爹当时～起来的。

【拉不长长扯不团团】lā bu chǎng chang chē bu tuǎn tuan 形容人愚笨、懦弱:他～的,来个能干点什么?

【拉不出屎来怨茅房】lǎ bu chū shǐ lai yuàn mǎo fang 比喻遇到问题不找主观原因,反而埋怨客观条件或推卸责任。

【拉扯】lā che ❶ 抚养;照顾:～这么几个孩子也够他累的。❷ 聊天;拉呱:有什么事多找他～～,帮你打个谱儿。

【拉耷】lǎ da 绵软而下垂:炕上的褥子都～地下了,快往上挣挣。

【拉耷柳】lǎ da liū 垂柳。

【拉倒】lǎ dāo ❶ 失败:他开的那个小店儿也～了。❷ 作罢;算完:快～吧,你说的那些儿早过时了|△千好万好,一时不好拉了倒。❸ 没用;没出息:这么个大高个子拿不动这点儿东西,真～。

【拉对子】là dèi zi 用毛笔书写春联:他写一手好字儿,到了过年就忙着给村里的人～。

【拉嘎】lǎ gà 转悠;溜达:没事咱上东头～～走。

【拉工】là gěng 请假;歇工;因故未能出工(上班):上个月你～太多。

【拉瓜】lā gua 长型的南瓜。

【拉呱】❶ lā gua 说话;谈论:没事儿～点儿有用的。❷ (～儿)lǎ guār 闲谈;闲聊:和些老同事一块儿拉拉呱儿挺好的。

【拉黑儿】lǎ hēir 延续到天黑以后(才结束或休息):咱拉拉黑儿一遭儿干完再吃饭。

【拉合】lā huo (仅在计算时)平均来算;总体来算:买的这些蛤蜊～起来才三块钱一斤。

【拉火】lǎ huō 拉动风箱(以供烧火做饭等):他家孩子五六岁的时候就能帮着～了。

【拉拉】lǎ la 不断地滴、漏、撒:衣裳没拧干,把地下～得都是水|《醒世姻缘传》第七十二回:"他是面试的主儿,你不流水央及他,要经了官,孩子们禁的甚么刑法,没等的套上拶子,下头就～尿,口里就招不迭的哩!"亦作"喇喇":《金瓶梅词话》第二十六回:"你谎干净顺屁股喇喇,我再不信你说话了。"

【拉拉的】lǎ lǎ di 水、汗等湿透或不断滴落、流淌的样子:他回来让雨淋得～。‖《俚语证古》第二卷:"湿重下滴谓之～。"

【拉拉湿】lǎ là shī =〖拉鼓湿〗lǎ gù shī 湿淋淋的样子:外面有雾露,晾出去的衣裳到如今还～。

【拉买卖儿】lǎ māir mair 招揽生意:他帮着店里拉了不少买卖儿。

【拉哞儿】là mǔr 火车轮船等鸣笛:火车～。

【拉趴】lǎ pa 双腿叉开:他～着个腿,真不文明|我看他使得腿都～了。亦作"剌扒":《金瓶梅词话》第三十五回:"且说平安儿被责,来到外边,打内剌扒

277

着腿儿走那屋里。"

【拉皮】lā pi（做事）拖拉；迟缓：他太～了｜他干活儿这个～真要命,跟他说的事儿到如今没办。

【拉偏仗】là piǎn zhàng 在劝架、拉架时偏袒一方：孩子一争竞,他娘老是～,向着小的。

【拉其儿】là qìr 助词,用在名词后表示与列举事物相同或相类似的其它东西：买盒儿点心～的｜你上商店里看看有没有干果儿～的买点儿吃。

【拉撒】lā sa 抚养；拉扯：两口子～着三个孩子挺吃累的。

【拉飒】lǎ sa 脏污；杂乱：家里那么～,他也不知道收拾收拾｜《晋书·五行志》："太元末,京口谣云:'黄雌鸡,莫作雄父啼。一旦去毛衣,衣被～栖。'"‖《苏氏演义》上卷："～者,与龙钟、褴缕之义略同。"翟灏《通俗编·状貌》："～,言秽杂也。"

【拉飒客儿】lǎ sa kēir 不讲卫生的人：那个～什么时候能干净点?

【拉晌儿】lā shāngr 延续到过了中午（才结束或休息）：这几天活儿多,工人们都～干活。

【拉丝】là sǐ 食物变质发粘：那些馒头都～了,不能吃了。

【拉锁儿】lā suor 拉链：村头儿上有专门修～的。

【拉谈】lā tan 交谈；聊天：等找他～～,听听他什么想法儿。

【拉乡】là xiǎng 走街串巷卖东西：他做了豆腐就～卖。

【拉崖儿】là yǎir =〖拉崖子〗là yǎi zi 在推车上坡的时候,有人用绳子在前面牵引车子协助上坡：今年孩子都能帮大人～了。

【拉夜】là yè 熬夜：白黑～｜今晚上的活儿又待～才能干出来｜他们老是这么～干,都熬不住了。

【拉仗】là zhǎng 劝架；拉架：这么多人光围着看,也没有个过来～的。

【腊八】là ba 腊八节,即农历十二月初八这一天,这一天有煮食腊八粥的习俗：△嫚儿嫚儿你别馋,过了～就过年。

【腊月】là yue 农历十二月：△十年碰不上个闰～。

【腊月门儿】là yue mènr 农历十二月初：进了～,家家开始忙年。

【蜡台】lǎ tài 承托蜡烛的台状器物。

【落末后儿】là mǎ hòur =〖嘎末后儿〗gà ma hòur ❶（顺序、次序上）最后：人家都快吃完饭了,他～才来的。 ❷后来；最后：俺待那等了一天,～他从屋里出来了｜～他又改口说不知道这个事儿了。

【落末了儿】là mǎ liāor =〖嘎末了儿〗gà mǎ liāor（顺序、次序上）最后：要是能跑动了谁愿意待～叫人家笑话？｜夜来晚上他是～走的｜～就剩这么多了，便宜卖了。

【落科】lǎ ke =〖大落〗dǎ là =〖落子〗lǎ zi 游戏、比赛、考试等最后一名。

【剌】là ❶ 物体不光滑：那件衣裳～人。❷ 在不光滑的物体表面磨、蹭：绳子叫墙角～断了。❸ 割开；划开：绳子放了石头角子上多～两下就～开了。‖《说文解字》："～戾也。从束从刀。刀者，～之也。"

【剌板儿】lǎ banr 瓦工用具，木片前部尖、后部平，面上装柄，用来找平或抹出平而粗糙的表面，现在也有塑料制的。

【剌碴】lǎ cha 不平滑；粗糙：这个垫子沾沾上什么东西了，这么～。

【剌嘎】lǎ ga 在较硬或尖锐的东西上来回蹭或摩擦：你把绳子放石头上～几下就弄断了。

【剌剌碴碴】lǎ la chǎ chà 粗糙不平滑的样子：打磨好几遍了，怎么摸起来还是～的？

【剌狗蛋】lǎ gou dàn ❶ 葎草，攀援草本植物，叶掌形，蔓、叶柄均具倒钩刺。❷ 山上的一种草本植物，叶轮生、尖长，蔓、叶柄均具倒钩刺，根部可入药。

【喇叭花儿】lā ba huǎr 牵牛花。

【喇叭头子】lā ba tǒu zi 扩音器，因形如喇叭，故称：村干部待～里都要说破嗓子了，恁怎么就能没听见？

【辣害】lǎ hài 形容人的性格厉害、狠毒：他个媳妇很～，真不一般。

【辣蒿】là hao 独行菜。

【辣耗耗的】là hào hǎo di ❶ 有点（让人不舒服的）辣味或辣味儿较浓：吃起来怎么～，是不放辣椒了？ ❷ 油、肉因存放时间过长而变质的味道。

【辣嗖嗖的】lǎ sòu sǒu di 有点辣味的样子：他炒的这个菜有点～，还挺好吃。

【辣心】là xin 因吃蒜、葱、辣椒等刺激性食物而引起胃部有烧灼感。

【邋里邋遢】lǎ li lǎ ta 肮脏、不整洁的样子：他成天穿得～的，一点儿也不要好儿。

lai

【来】lài ❶ 助词，一般用在句末，表示行为动作曾经发生、已经发生或动作的完成对现在的影响，相当于"来着""了"：你上哪儿～？｜这个礼拜天全家都出去耍～｜元杂剧《鲁斋郎》楔子："（李四云）你便是我亲姐姐、姐夫。有人欺负我～，你与我做主！（正末云）谁欺负你～，我便着人拿去，谁不知我张珪的名儿！"｜《玉壶清话》第八卷："我尝见措大门爱掉书袋，我亦掉一两句也，要官家知道我读书～。"｜《墨客挥犀》第五卷："献臣曰：'不问孙待制，官人餐～未？'"｜元杂剧《窦娥冤》第二折："情愿我招了罢。是我药死公公～。"｜元杂剧《潇湘雨》第四折："不知是甚么人，惊觉着我这梦～。"｜元杂剧《黄粱梦》第四折："你临行前，老院公可曾劝你～？"｜元杂剧《陈州粜米》第一折："（小憨古做拴头科，云）父亲精细者！我说甚么～？我着你休言语，你吃了这一金锤。"｜元杂剧《望江亭》第三折："二嫂，你有福也！相公说～：'大夫人不许你，许你做第二个夫人……'（正旦见衙内科，云）相公，恰才李稍说的那话，可真个是相公说～？（衙内云）是小官说～。"｜元杂剧《救孝子》第二折："（杨谢祖云）哥哥每，你曾见个妇人～么？（牧童云）我见～。（杨谢祖云）在那里？（牧童云）在那林浪早蛆穰着哩。"｜元杂剧《秋胡戏妻》第二折："我这村里有一个老的，唤做罗大户，他原是个财主有钱～，如今他穷了，问我借了些粮食，至今不曾还我。又："我也做过财主～，如何今日听人叫。"｜《聊斋俚曲集•墙头记》第三回："张大焦了说：'精狗屁圈子！你早饭做甚么～？今早晨没去么？'" ❷ 表示追问或反问：家里人都这么忙，你帮着搭把手儿～？｜元杂剧《酷寒亭》楔子："若不是我呵，那得你性命～？"｜元杂剧《看钱奴》第四折："端的是怎生～？老人家请息怒。"｜元杂剧《李逵负荆》第一折："你道是贼汉，是我夺了你女孩儿～？"｜元杂剧《救孝子》第四折：（谢祖云）小的每西军庄人氏……（令史打掺云）西军庄人氏，哥哥杨兴祖，兄弟杨谢祖，哥哥当军去了，他调戏他嫂嫂不肯，他杀了他嫂嫂也。（王脩然云）谁问你～！兀那小厮，你说。"｜元杂剧《杀狗劝夫》第一折："（孙大云）谁骂我～？（柳、胡云）是孙二骂你～。"｜《太平广记》第二百四十四卷："君卿指贼面骂曰：'老贼，吃虎胆～，敢偷我物！'"｜《醒世姻缘传》第六十二回："智姐道：'谁睡觉～？上面又漏，下边流进满地的水来，娘只得支了一合糜案，上边打了一把雨伞，蹲踞了半夜，谁再合眼～？'" ❸ 表示祈使或意愿：你过来～，看我怎么收拾你！｜王铚《默记》下卷："曼卿曳其腰带后曰：'刘十，我做得通判过否？扯了衣裳，吃酒去～！'"｜《西游记》第四十九回："师徒们正讲，果见当驾官同仪制司来请。行者笑道：'去～！去～！必定是与我们送行，好留师父会合。'"❹用于假设，有左右为难，犹豫不决的意思：当时想说～，怕他心事又没说。❺用于估量、比况，略同"样""般"：这么～粗的棍子谁能一下子砍断｜元杂剧《西厢记》二本第三折："昏邓邓黑海～深，白茫茫陆地～厚，碧悠悠青天～阔。"❻用在十、百、千、万等数词或数量词后面表示大约的数量：一百～米｜十～斤。

【来不来】lài bu lài 事情还没正式开始之前；动辄：小嫚和他认识没几天，～就花了万数块钱。

【来回趟儿】lài huǐ tàngr ❶往程和返程：跑这～又花了不少路费。❷往返多次；反复：最好一下都备齐了，省得叫孩子～跑。

【来合】(～儿) lài huòr 在某一数量上下、左右：这根绳子能有十米～｜《聊斋俚曲集·慈悲曲》第四段："李氏生的那个儿子，名唤张诚，也送在学里读书，十年～张讷也没见一面。"

【来了】lǎi ler ❶从别的地方到说话人所在的地方：他们大清早上就～。❷生下(孩子)；出生：他又～了个闺女。

【来身上了】lǎi shěn shàng ler 来月经。

【来头儿】lǎi tour 来历(多指人的资历或背景)：咱不知道人家是什么～。

【来往】lǎi wāng ❶交际往来；交往的关系：就发上把儿争竞，他们两家子再没有～。❷(数量上)左右：看他的年龄也就四十～｜《红楼梦》第三回："若问那赦公，也有二子，长名贾琏，今已二十～了，亲上作亲，娶的就是政老爹夫人王氏之内侄女，今已娶了二年。"｜《红楼梦》第二十一回："因他自小父母替他在外娶了一个媳妇，今年方二十～年纪，生得有几分人才，见者无不羡爱。"

【赖摆】lǎi bai 斥责；挖苦；讽刺：俺不干这个活儿也不愿意受他些～。

【赖戴】lǎi dai ❶肮脏；不洁：他那个～样儿还能说上媳妇？‖1928年《胶澳志》："～，污秽之谓。"❷使脏污、恶心或厌烦：你别待这里～人好不好？｜△癞蛤蟆爬脚背子上——不咬人它～人。

【赖汉】lǎi han =〖赖汉子〗lǎi han zi ❶平凡的人；底层的人：△好汉不知～饥｜△好汉子不希干，赖汉子干不了。❷无能之辈；无赖之徒：△宁给好汉牵驴掌灯，不给～当祖宗｜△好汉子管村管疃，赖汉子管筷子管碗。

【赖乎乎】lǎi hù hǔ =〖赖赖乎乎〗lǎi lai hǔ hǔ ❶耍赖的样子：以前还不了解他这个人还～的。❷勉勉强强：找人给说了说，反正也～地给办上了。

【赖话】lǎi huà 反面的或难听的话：说好话都听不进去，说～更没有用。

【赖唧唧】lǎi jì jǐ 说话时带着不高兴、埋怨等情绪的样子；唧唧歪歪的样子：有话儿好上说，别老是拿出个～的动静来。

【赖鸭子】lǎi ya zi 喻指说话声音非常难听的人：一听他那个～动静就头疼。

【赖呀】lǎi ya 嘲讽；挖苦；责骂：快走吧，不走还待听她过来～。

【癞癞蛛】lāi lai zhǔ 一种外形丑陋的大蜘蛛：她丑得糙起个～。

【癞】lài 皮肤上的疮疥或病变：那个孩子脏得身上都长～了。

【癞蚵蚆】lǎi ka ba ＝〖蚵蚆〗kā ba 癞蛤蟆。

【擸】lāi 撕裂：～开｜～破｜蒲松龄《日用俗字·裁缝章》："裤子～开大事毕，不用裁缝动剪刀。"‖《集韵》："～，毁裂也。"

lan

【拦挡】lǎn dang 制止；阻拦：年轻人想干的事咱也别一弄就～｜《乐府万象新·闹五更银纽丝》："奴家不应，闪了灯光，低簌罗帏，强把他～。"亦作"拦当"：《元典章·刑部十九》："又有佃客男女婚姻，主户常行拦当，需求钞贯布帛礼数，方许成亲。"｜元杂剧《五侯宴》第四折："老阿者，您孩儿要说，阿妈两次三番则是拦当。"

【烂才】làn cai （饮食起居的环境）脏乱：他家里～的要命，根本进不去个人。

【烂场子市】làn chang zi shì 旧货市场，喻指脏乱不堪的地方：几天不待家，让几个孩子把家弄得就成了个～。

【烂乎儿】lǎn hur ❶破碎的样子：那些柿子待筐里都颠打～了。❷做的饭菜熟透的样子：那些肉都炖得挺～的了。

【烂熟】lǎn shù ❶指肉、菜等煮得极熟或果实熟透：煮上这么大的时候，地瓜早就～了，好开锅了｜苏轼《寄题刁景纯藏春坞》诗："杨柳长齐低户暗，樱桃～滴阶红。"｜忽思慧《饮膳正要》第二卷："野猪臛：煮令～，入五味，空心食之。"｜《说岳全传》第六十回："连夜将麻皮揉得粉碎，鱼胶熬得～。"❷极其熟悉或熟练：他对那个场儿～，让他领着恁就行了。

【烂窝济】lǎn wè ji 因久置、磕碰而变形、腐烂的样子：剩下的那几把儿菜也都～的，不能买。

【蓝生生儿】lǎn shèngr shengr 淡蓝色：他的眼～的和外国人样的。

【蓝头儿】làn tòur 偏蓝的颜色或（暗含有）蓝色：上把儿看的是个～的，和这把儿拿来的不一样。

【揽活儿】làn huòr 招揽活计或小工程:他小舅子帮他～,挣得还行。

【揽买卖儿】lǎn māir mair 招揽生意:他送这些小东西就是为了～。

【揽水】lǎn shuī 游泳:那个村儿靠海,个个会～。

【揽咸】làn xiàn 喜欢吃偏咸的食物:那个场儿的人吃饭太～了,咱不习惯。

【揽咸鱼头哂撒】lān xiàn yǔ tòu zǎ sà 主动招揽劳而无益的事情做,一般用于反问或否定句式:没事儿谁去揽这些咸鱼头哂撒?

【溇】lān ❶ 用热水或石灰水泡(柿子)以转化糖分变甜,同时除掉涩味:这棵树上的柿子不用～也挺甜的。亦作"揽":《醒世姻缘传》第二十一回:"你是也有了几岁年纪,怎么忘事?你可是喜的往上跳,碰的头肿得象没揽的柿子一般,疼得叫我替你揉搓,可就没的来,又扯上那一遭有客哩!"❷ 水质苦涩:那儿的水太～了。

【溇柿子】lān shì zi 溇过(用热水或石灰水泡过而变甜)的柿子。

【溇水】lān shui 水质苦涩的水;矿物质含量过高的水。

【懒犍】lān jian ❶ 懒牛:△好牛不拉犁——是个～|《聊斋俚曲集·寒森曲》第七回:"犁上摘来耙上使,脊受棍子腔受鞭,肉被烹煮皮缝罐。牵过来人人乱看,这行子是个～。"❷ 偷懒耍滑的人:他这个～,你打发他去了也不能给你干。

【懒懒擦擦】lān lan cǎ ca 懒惰或慵懒的样子:要不明天咱再去吧,今日有点儿～的。

【懒老婆】lān lào pe ❶ 懒惰的女人。❷ 陀螺:打～。

lang

【郎当】lǎng dang =〖当郎〗dǎng lang ❶ 吊;悬;垂挂:你那个衣裳待外面～着丑的,快掖裤子里边去|墙上结了两个瓜都～下来了|陈师道《后山诗话》:"杨大年《傀儡》诗云:'鲍老当筵笑郭郎,笑他舞袖太～。若教鲍老当筵舞,转更～舞袖长。'"❷(～儿)lǎng dangr(dǎng rangr)悬挂着的东西(含细小意):你衣裳后面怎么有个～儿?❸ 暂时;凑合:你先待这个单位～干着,等那面定下来了再走也不晚。❹ 疲乏无力的样子:他这两天冒肚子,浑身都～了|冯梦龙《挂枝儿·裹脚》:"裹脚儿,自幼被你缠上……一步儿何曾松放!为你身子儿消瘦了,为你行步好～。"❺ 板起(脸):他老板成天～着个脸,就和谁该他二百钱似的|《聊斋俚曲集·磨难曲》第一回:"百姓跟着号啕痛,摇吷怒喝脸～;一溜飞颠扬长去,骂声空在耳边厢。"亦作"瑯珰":《醒世姻缘传》

第六十七回:"再搭上一个回回婆瑯珰着个东瓜青白脸,翻撅着个赤剥紫红唇,高着个羊鼻梁,凸着两个狗颧骨,三声紧,两声慢,数说个无了无休,着极的人激出一段火性,把那柜上使手尽力一拍。" ❻ 游手好闲;不务正业:这么小的年纪不找个正经营生干,整天待家里就～踢蹬了│你都交往些什么人,净是赌钱鬼子～神│《水浒传》第一百零二回:"(王庆老婆)便把王庆脸上打了一掌道:'～怪物!却终日在外面,不顾家里。'"

【郎当神】làng dang shèn 只知道吃喝玩乐、无所事事的人:他净佮伙些赌钱鬼子～。

【啷】lang 用在十、百、千、万等数词或数量词后面表示大约的数量:去了一百～人。

【浪摆】làng bai ❶ 炫耀;显摆:她没有正心上班,成天就知道出去瞎～。❷ 轻佻;风骚:那个小嫚从小就～。

【浪头】lǎng tou 海浪:小船儿叫～泼上海沿儿来了。

lao

【老】lāo ❶ 年岁大:△苗怕胎里旱,人怕～来贱│△三岁孩子看到～│△～有少心必有贱。❷ 婉辞,多指老人死亡(一般带"了""的"):上月他爷爷～了│他爹是待医院里～的│《聊斋俚曲集·富贵神仙》第二回:"我有伯母前年～,至今灵枢还在堂,不久要看日子葬。" ❸ 很久以前就存在的:～关系│～亲│△一回生,二回熟,三回四回～主顾。❹ 陈旧;时间久的:△猴子耍把戏——～一套│△扑弄不净,不进～莹。❺ 原来的:～家│～本儿│～本行│～屋。❻ (蔬菜)长得过了适口的时期:～黄瓜。❼ (食物)火候大:煮～了。❽ 经常;总是:～想困觉│～是想家│～是忘事儿│身上有点儿难受,也～这么抗着。❾ 持续;长时间:～这么站着腿受不了。❿ 副词,表示多、大、很、极:～鼻子了│～些│～长│挣～钱了│得～宜了│丢～人了│吃～亏了│掉～价了。⓫ 前缀,用于称人、排行次序或某些动物名:～大│～小│～王│～黄│～雕。

【老把式】lāo bā shi 行家里手:论木匠的话,他爹是～了。

【老巴子】lào bà zi 对农民的蔑称;土包子:什么年代了,他们还把咱当庄户孙～待。

【老棒】lāo bàng 成熟;显年龄:恁这几个同学数他看起来～。

【老辈】lāo bei ❶ 祖辈:他们家～是待县里当差的。❷ 年代久远的;旧时代的:他家有个～太师椅｜现在人谁稀罕些～东西?

【老辈儿少辈儿】lāo bèir shǎo beir 祖祖辈辈:人家～没出个杂麻人,净出好人。

【老本儿】lǎo bēnr 最初的本钱:差一点把～都赔上。

【老鼻子】lāo bǐ zi 形容非常多:他跟着他二爹得了～宜了。

【老不带彩】lāo bu dǎi cāi 老年人不自重、行为不轨:这么大年纪了拿出个～的样来,真叫人瞧不起。

【老卜嘟花】lāo bū du huǎ 一种中药,名为"白头翁",具有清热解毒、凉血止痢等功效。

【老苍】lāo càng 年长;苍老:他长出这么多白头发来显得格外～。‖参"老伧":陈士元《俚言解》:"俗骂高年形貌衰颓曰老伧。"

【老苍人】lāo càng yìn 老年人:这些不明白的事还待问问村里的～。

【老长儿】lāo chàngr 非常长:剩下的路还～来,起码还待走一个钟头。

【老沉儿】lāo chènr 份量非常重:这个东西看着这么小,拿起来一试～了。

【老成】lāo chèng ❶ 显得年龄大:他看着挺～,其实还比你小三岁。❷ 经历多,做事稳重:他弟弟做事比他个个还～。

【老成人】lāo cheng yìn 年长者:有什么事多问问～不吃亏儿｜《醒世姻缘传》第七回:"众人都说:'喻张二兄毕竟～,见得是,我们只索罢了。'"

【老粗儿】lào cǔr =〖大老粗儿〗dǎ lào cǔr ❶ 做事粗枝大叶、马马虎虎的人:他是个～,干不了这些细致活儿。❷ 没有受过教育、愚笨粗鲁的人:咱些庄户大～哪还讲究那么多。

【老大】lào dǎ ❶ 排行最长的人:哪家不是～出力多。❷ 管事的人;有权势的人:他走了你就是～｜他们眼里谁有钱谁就是～。❸ 特指船长。❹(～儿)lāo dàr 非常大:他种的冬瓜结得～了。

【老大嫚儿】lǎo dà mǎnr =〖老嫚儿〗lāo mánr 年龄大还未出嫁的女子:再不说婆婆家,她就成了～了。

【老道】lāo dao 老练纯熟:他做事确实是～｜《红楼梦》第五十七回:"离了姨妈,他就是个最～的;见了姨妈,他就撒娇儿!"

【老儿的】lāor di(rāor di)泛指父母或直系长辈:他再不讲理,毕竟也是恁的～。

【老底儿】lǎo dīr 底细;隐私:非把他的～给掀出来。

【老帝老妈】(～儿)lào di lāo mar 远古的先祖。

【老雕】lào diǎo 鹰鹫的泛称：△～吃鸡毛——什么也充肠子｜△～～你打场，挣个馉馉乞饣您娘，老娘不吃给老黑，老黑吃了好打滚儿。‖《俚语证古》第十一卷："鸱鸢谓之～。"

【老雕翅子】lào diǎo chì zi 一种蕨类植物，形状如同老鹰的翅膀，故名。

【老嘎吱】lāo gà zhī ＝〖老嘎呀〗lāo gà ya 老的样子；显老的样子：这些豆角看起来～的，快不买吧。

【老玍】lǎo gā 十分吝啬的人：他这个～怎么舍得请咱的客？

【老干家】lāo gàn jia 实践经验丰富的人：找那几个人都是～，放心就行了。

【老高儿】lǎo gǎor 非常高：那个山～了，等下把儿再爬。

【老姑】lào gǔ 父亲的姑姑：这是恁～，快叫～。

【老古话儿】lāo gū huàr ＝〖老古语儿〗lào gù yur 谚语或长辈流传下来的话：～早就说来，人嘴小天书｜～说的都不差，老实长长在，刚强惹祸多。

【老古货】lǎo gū huo 年代久远的物件：他老人给他留下了不少～。

【老瓜】lāo gua ＝〖地瓜母子〗dì guǎ mū zi 培育红薯苗的红薯母体：生了这么多孩子，她就赶个发完芽的～。

【老恨虎】lāo hèn hu 比喻脾气大的老年人：她那个公公是个～，少惹弄他。

【老光棍】（～儿）lào guǎng gùnr 老而无妻的人：那几个～成天待老头市瞎扯｜《聊斋俚曲集·墙头记》第一回："洁净了二年，谁想婆子死了，撇下个～。"

【老海儿】lǎo hāir 海洛因：他那几年吃～扎吗啡儿，把家都破落了。

【老厚儿】lāo hòur 非常厚：夜来晚上下得雪～了。

【老虎妈儿】lǎo hu mǎr 本指母虎，常喻指非常厉害的女人：她厉害起来就个～。

【老黄】lào huàng 黄鼠狼：藏在屋里的肉叫～叼去了｜△～生了一窝小老鼠——怪胎了。

【老黄景】lào huang jīng 民间迷信指人被黄鼠狼、狐狸等迷住后的异常言行，比喻怪异的举动：他又犯了～了。

【老几】lǎo jī ❶ 排行第几：你待家里是～？ ❷ 表示在某一范围内数不上、不够格（多用于自嘲或轻视别人）：咱算～，还能有咱的事儿｜△一个人拜把子——你算～？

【老茧】lǎo jiān 手掌或脚掌上因磨擦而生成的硬皮：庄户人满手～，哪同市里人。

【老距远】lāo jǔ yuān 很远：从那绕道儿走的话，就～了。亦作"老拘远"：《聊斋俚曲集·慈悲曲》第六段:"又见两匹马尖指就来这,老拘远里下马。"

【老来少】lào lǎi shào ❶ 年龄大而身心态年轻:△父不慈子不孝,父慈子孝~|《聊斋俚曲集·富贵神仙》第一回:"夫妇才到七十外,又见曾孙中状元;吃了仙酒~,模样只象三十前。" ❷ 一芸豆品种,看起来挺老,吃起来依然脆嫩。

【老了】lāo ler ❶ 非常多:这两天儿上栈桥耍的人~。 ❷ 特指上年纪的人去世:老妈妈头年冬~。‖参"老":《聊斋俚曲集·富贵神仙》第二回:"我有伯母前年老,至今灵柩还在堂,不久要看日子葬。"

【老力】lào lǐ 繁重的劳动:他爹那几年待码头上出那个~就不用说了。

【老妈妈】lǎo mā ma 曾祖母。

【老嬷嬷儿】lào mǎ mar ❶ 老年妇女:街上几个~坐待那儿说话儿。 ❷ 女老伴儿:他~还待家里等他回去吃饭。

【老犸虎】lào mǎ hu 母狼,比喻非常厉害的女人:他那个闺女就是个~,可厉害死了。

【老妈子】lào mǎ zi 女佣:她拿着自己的婆婆当~使。

【老面】lāo mian 制作面食时留下的含有酵母菌的面团,用来作为发制面食的酵母:这还是上次做馒头留下的那块~。

【老模咔嚓】lāo mu kǎ chà =〖老模咔嚓眼〗lāo mu kà cha yān 形容年老丑陋的样子:如今她~的,一点儿也不稀罕人了。

【老婆】lāo pe ❶ 妻子:那就是他~。❷ 已婚的女人;中年妇女:你什么眼神儿,那是不是个小嫚儿,是个~。❸ 成年女人;妇女:他都是些~营生,你个男人少打听。

【老婆肚子】lāo pe dǔ zi 比喻饭量大或吃饱了还能继续吃的人:他怎么长了个~,有多少吃多少。

【老婆呱儿】lāo pe guār 女人之间的话;关于家长里短的话题:他个大老爷们净拉些~。

【老婆舌头】lāo pe shě tou 指爱议论别人家务事、传播小道消息或能言善辩:喳拉~|元杂剧《气英布》第一折:"那厮是能言巧辩之士,口里含着一堆的~,咱是个粗卤武将,到得那里?"|《醒世姻缘传》第七十八回:"既然打伙子合起气来,这些管家们的令正,谁是不知道的,七嘴八舌,动起~。"

【老婆胎】lāo pe tǎi 不喜欢与同性交往、只喜欢与异性交往的男人:他就个~,成天往女人堆里钻。

【老婆屎】lāo pe shī 对怕老婆的男人的戏称:他那个~见了媳妇就萎腿了。

【老婆喜】lào pe xī〈贬〉被自己老婆疼爱的男人：他是～，不是老婆屎。

【老婆指甲】lào pe zhī jia 学名瓦松，因叶尖有刺，故称。

【老婆嘴】lào pe zuī ❶ 男人没有胡须或胡须很少。❷ 比喻爱议论别人的家务事或传播小道消息：他成天顶着个～，没有敢让他知道的事。

【老起了】lāo qi ler 非常多：叫风刮下来的桃儿都～｜这个场儿蛤蜊～，快过来挖。

【老亲】lāo qǐn 旧时的亲戚；关系较远的亲戚：元杂剧《合汗衫》第三折："孩儿你休问他，他家和咱是～。"

【老秋】lào qiǔ ❶ 深秋：～的黄瓜结这么大就尽中了。❷ 很晚；迟误：等他给你弄好了，那就上～了。

【老瘸瘸】lào quě que 年老体衰、老态龙钟的样子：恁大爷年幼的时候咬钢嚼铁、挺马掖枪的，如今也～了。

【老骚头】lǎo sāo tou 爱讲下流话的人：那个～，整天没有句正经话。

【老生子】lāo shèng zi 父母晚年所生的孩子：他是个～，从小叫爹娘惯得不像个样儿｜《聊斋俚曲集•增补幸云曲》第七回："我没有名字，家父养活了俺兄弟六个，我是个～，排行叫六哥。"

【老师儿】lào shǐr ❶ 对人的尊称，义同"师傅"：～，能不能帮个忙。❷ 对领头的或技术高的手艺人的尊称：那是几个小工，他是～。

【老是】lāo shi 总是：山上那个泉子一年四季儿的水～满满的。

【老鼠疮】lāo shu chǎng 淋巴结结核，一种由结核分枝杆菌感染淋巴结引起的疾病。

【老鼠布袋儿】lāo shu bù dair 生长在地头、河岸上的一种野草，因结的果形如袋子，且外皮长毛，故名。

【老鼠屎】lào shu shī ❶ 老鼠的粪便。❷ 比喻将事情搞坏的小人物：△一粒～坏了一锅汤。

【老鼠媳妇儿】lào shu xī fur 鼠妇。身体呈长卵形，能卷曲成团，生活在潮湿、温暖以及有遮蔽的场所。

【老天磕地】lāo tiǎn kà dì 形容人上了年纪行动不便的样子：你别～地去讨贱了｜你～地出来干什么？

【老天爷爷】lào tiǎn yě ye ＝〖天老爷爷〗tiǎn lào yě ye 天帝或玉皇大帝。有时代表的不是具体的神，而是"天道"：《聊斋俚曲集•磨难曲》第十八回："想还有个报仇的日子。～，还望你速速的睁开眼！"

【老头儿市】lào tour shì 一些男性老年人在村口、街道聚集闲坐的某一固定地点。

【老鸹】lāo wa 乌鸦：她长得糙起个黑～。

【老鸹芋头】lāo wa yǔ tou 半夏。

【老屋】lāo wǔ ❶ 原来住的房屋：这就是他家的～。❷ 老旧的房屋：能有几间～住着也行。

【老小】lǎo xiāo 在家中排行最小的人：自古父母偏向～。

【老些】lào xiě 很多，一般用于否定或反问句式：剩下也没～活儿了，咱别害愁。

【老熊】lào xìng 骂人的话，相当于"老东西"：南街那个～又不知道上哪去了。

【老爷爷】lāo yě ye 曾祖父。

【老爷鱼】lāo ye yù 鲸鱼。

【老人斑】lāo yin bǎn ＝〖老年斑〗lāo nian bǎn 又叫长寿斑，老年人皮肤上常见的一种黑斑。

【老迂】lào yǔ ＝〖老迂板〗lào yǔ ban 迂腐死板的人：快别听那个～瞎叨叨了│《聊斋俚曲集·俊夜叉》："胡朋这里又念款：你可成了个老迂板！"

【老远】lào yuān 很远：两家隔着～，骑车去吧│我～就看像你来了。‖《俚语证古》第二卷："极远谓之～。"

【老早】lǎo zāo 非常早：～就起来给他打点东西│咱不知道的时候，人家～就知道了。

【老丈人】lào zhǎng yin ❶ 对岳父的父亲的背称：他～都九十多了。❷ 对年老的岳父的称呼。

【老祖师】lǎo zū shi ❶ 学术、技艺或行业的创始人。❷〈贬〉在某一方面特别出格的人：他那真是个花钱的～。

【姥娘】lāo niang 外祖母：△扁珠子芽，红根根儿，～教俺引针针儿。引不上，～打俺两挂棒，上南园，哭一场，回来还是俺亲～。亦称"老娘"：元杂剧《老生儿》楔子："那老爷老娘家亲眷每说道：'你那孩儿，则管在这里住怎么？东平府不有你的伯父？'"│《聊斋俚曲集·翻魇殃》第九回："不曾在家，不曾在家，前日去住老娘家。"

【姥娘门儿】lāo niang mènr 外婆家；外婆家所在地：△三辈儿忘不了～│那是人家～上的人。

【姥娘腹脐】lāo niang bǐ qi 一种海螺,学名香螺。‖"腹"古音读如"必":《韵补》:"腹,叶音必。"

【姥爷】lāo ye 外祖父:他～是村里有名的秀才。

【牢棒】lǎo bang 结实;牢靠:他扎的架子还是挺～。亦作"牢傍":《俚语证古》第十四卷:"坚固谓之牢傍。"

【牢靠】lǎo kao ❶ 牢固;结实:最好再加上根梁子,还～。❷ 可靠:你找的这个关系到底牢不牢靠?

【牢记心怀】lào ji xǐn huài 时刻记在心里:恁爸爸嘱咐你的事儿要紧～的。参"必记心怀":元杂剧《魔合罗》第一折:"你是必记心怀,你可也休疑虑,不是我嘱咐了重还嘱咐。"

【捞】lào（lǎo）❶ 从水或液体中取东西:从底下～|～鱼。❷ 一种洗东西的方法,将其浸泡在水中,用笊篱等筛状物淘:～麦子|～黄菜。❸ 窃取;侵占;通过不正当手段获取:厂里的那点儿好东西,都叫他～去了。❹ 得到;享受到;获得机会:那么多活儿等着,谁能～着出去耍?|《聊斋俚曲集·翻魇殃》第六回:"范公子祖辈官,他家里有个园,寻常无人～着见。"|《聊斋俚曲集·寒森曲》第六回:"玉皇爷爷隔着远,那里～着去叩阍?"|《聊斋俚曲集·墙头记》第一回:"闲来并不让他家坐,寻常连茶没有,待笑话那里～着?"|《聊斋俚曲集·富贵神仙》第四回:"想一想老严,想一想老严,门下官员万万千,小小的个方仲起,怎么能～着见?"

【捞不着】lǎo bu zhuò 得不到;享受不到;得不倒机会:干馋～|山区还有些孩子家里穷得～上学|《聊斋俚曲集·翻魇殃》第一回:"况且是路途遥远,～上门告诵。"|《聊斋俚曲集·快曲》第四联:"都拍手说:'快哉,快哉,快哉!这样快事,俺偏～,便宜你!过日捞着司马懿,俺也这样。'"

【捞干饭】lào gǎn fàn 做水份少的米饭:今晚上回去～吃。

【捞麦子】lǎo mèi zi 淘洗麦子的方式。将麦粒放到大盆中加水,用笊篱搅动清洗麦粒并去除漂浮物,再将麦子筛淘出来晒干,最后去除沉淀在盆地的沙粒等杂物。

【捞搔】❶ lǎo sao 得到(某种机会);享受到:待外地这么长时间没～着海货吃了。❷ lǎo sào 攫取;骗取:他媳妇的钱都叫他慢慢～去了。

【捞梢】lào shǎo 找补损失;捞回本钱:还还想打几把儿往回捞捞梢|《红楼梦》第七十三回:"原来我们老奶奶老糊涂了,输了几个钱,没的～,所以借去,不想今日弄出事来。"

【捞手摸脚】lào shōu mě juē 烦躁或着急的样子:他待那里～的也不知干点儿什么好。

【捞油水儿】lāo yǒu shuir 比喻用不正当的手段取得非分利益;揩油。

【涝涝犯儿】lào lao bàr 猪。‖"犯"古代指母猪:《诗经·召南·驺虞》:"彼茁者葭,壹发五犯。"《诗经·小雅·吉日》:"发彼小犯。"《俚语证古》第十二卷:"呼猪就食,作声曰涝涝。"

【涝洼地】lǎo wa dì =〖涝洼子地〗lǎo wǎ zi dì 低洼易涝的土地:那块儿～谁都不愿去种。

【鳞饭鱼】lāo ban yù 孔鳐,一种海产鱼类,通常写作"老板鱼"。

【髝竿】lǎo gan 个头细高:他～～的,走路都上晃|蒲松龄《日用俗字·身体章》:"～矬矮长短异,白净黑黢丑俊分。"

ler

【儿】lèr ❶ 儿子:他家两个～一个闺女|△～大不由爹,女大不由娘|△木匠的～会砍柴儿,机匠的～会牵线儿。❷〈贬〉骂人的话:那个～早就跑了,你不用去撵了|那个～来了没有好话说。

【儿多母罪】lèr duǒ mū zuì 生养的孩子多,母亲要经受更多的苦:都说～,孩子少就没有这么多事事儿。

【儿郎】lěr làng 小伙子;儿子(只用于谚语中):△会选的选～,不会选的选田庄。

【耳】lēr 理睬:你看他背着个手和个真情况似的,其实没有个～他的。

【耳窦】lēr dou =〖耳朵〗lēr duo 耳朵:他的～长得和元宝样的。

【耳窦眼儿】lēr dou yānr =〖耳朵眼儿〗lēr duo yānr ❶ 耳孔。❷ 为戴耳环等饰品在耳垂上扎的孔。

【耳窦坠儿】lēr dou zhuìr 耳垂:他～真大,带着个福相。

【耳朵底子】lèr duo di zi 中耳炎:这两天儿生～太难受了。

【耳朵尖】❶ lēr duo jiǎn 听觉灵敏:他的～,咱听不见他就听见了|《金瓶梅词话》第六十一回:"西门庆道:'今日你众娘每,大节间叫他来赏重阳玩耍,偏你这狗才～,听的见。'" ❷(～儿)lēr duo zǎir 耳朵的上半部分:～那里叫蚊子咬了一下儿。

【耳根子】lēr gèn zi ❶ 耳朵;耳朵后部。❷ 耳光:《聊斋俚曲集·姑妇曲》

第一段:"于氏拭了脸,劈珊瑚瓜的一声一～,说:'我看不上你乜脏样!'"|《聊斋俚曲集•富贵神仙》第九回:"旁里有张家两个侄子,一边一个,打了顿～。"❸指替人刺探消息的人:那几个人都是他安排的～。

【耳乎】lěr hu ❶注意:他随口说了那么一句,谁也没～。❷理睬:他说话说不到点儿上,没个～他的。

【耳门台子】lěr men tǎi zi 耳朵内侧至太阳穴的位置:他一不乐意了,就把嘴撇～上去了。

【耳门子】lēr mèn zi 耳朵;耳朵内侧:你再咧那个嘴,就上～上了。

【耳识】lēr shi 答理;理睬,一般用于反问或否定句式:他进屋转了一大圈儿也没人～他。

【耳熟】lèr shù 以往曾听到过;声音很熟悉:那个说话的声音很～,就是一时想不起来。

【耳屋】lēr wu =〖耳屋子〗lēr wù zi 正屋两边的小屋:《水浒传》第五回:"胡乱教师父在外面～中歇一宵。夜间如若外面热闹,不可出来窥望。"

【耳捂子】lěr wū zi 护耳,包住耳朵防止受冻的棉皮制品。

【耳性】lěr xing 记性;记忆力,一般用于反问或否定句式,义为记不住别人的提醒和劝诫:他就是没～,跟他说了多少遍也和没说一样|《醒世姻缘传》第六十六回:"小素姐的家法,只是狄希陈没有～,好了创口,忘了疼的,那小玉兰是领熟了他大教的,敢在他手里支吾么?"|《红楼梦》第二十八回:"薛蟠连忙自己打了一个嘴巴子,说道:'没有～,再不许说了!'"

【耳嘤】lēr ying 不注意听;听力差:跟你说了好几遍了,你还在那里～着。

【耳雍】lěr yīng =〖耳窦雍〗lěr dou yīng 耳屎;耳垢。

【耳韵】lěr yun 不识乐谱,依靠听力记住旋律节奏:他是～,不用看谱儿就会拉二胡。

【耳坠儿】lēr zhuìr 耳环;坠状耳饰品。

【耳子】lēr zi 耳光:他一进门儿就让他爹扇了一～。

【二】lěr ❶数目,一加一后所得:△一回生,～回熟|△～分钱开当铺——周转不开。❷顺序第二的;排序第二的:～爹|～闺女|△～更帮子打两下——没错。❸其它;另外:△一心不能～用|△一山不藏～虎|～话不说,搭上手就干。❹〈贬〉形容不好或不伦不类的人或事,不表数量也不表次第:～流子|～混五|～混子|～把毛|～半吊子。

【二把毛】lěr bā mào 小花招;小伎俩:少弄耍这些～,谁也不是些彪子。

【二百五】lèr běi wū 愚笨痴傻的人：你找那个～有什么好说的｜《冷眼观》第二十九回："所以那些无新无旧的客人，不问认识他不认识他，都以为他是同咸老六串通出来放白鸽的。你想，这个风声出去，谁是真～真洋盘，再肯来花这个冤枉钱呢？"

【二不漏兜子】lěr bu lòu dǒu zi 喻指高不成低不就的人：那几个干活的都是些～，稍微点事就不明白了。

【二齿钩儿】lěr chi gǒur＝〖二齿钩子〗lěr chi gǒu zi 一种有两根尖齿的农具：△～挠痒痒——是把硬手。

【二次】lěr ci 两可；不一定：这个事儿还～着，等定了再跟你说吧。

【二凑一】lěr cǒu yī 两方面因素、情况碰到一起：这个事儿真是～，谁也没想到。

【二粗儿】lěr cǔr ❶ 短而粗的：～茄子。❷ 短而粗的东西；矮而粗壮的人：他长得就赶个～。

【二大爷】lěr dà ye 对人讥笑的称呼：他真是个明白～。

【二道贩子】lěr dao fàn zi 通过二次贩卖获利的商人：你这是买～的，所以贵一点儿。

【二道毛子】lěr dao mǎo zi ❶ 指额前头发与眼眉一般齐、四周头发与耳垂一般齐的发式：你那个头都成了个～了，快去剪剪吧。❷ 不讲道理的人：那是个～，别和他去叨叨。

【二顿】lěr den 做熟的饭菜放到下一次吃饭时吃：～面条都烂乎了。

【二麸面儿】lěr fu miànr 麦子研磨第二遍的面粉，颜色稍黑。

【二干饭】lěr gan fàn 稠稀程度介乎稀饭和干饭之间的米饭：本来是做稀饭，添水少了熬成～了。

【二鬼子】lěr gui zi ❶ 指抗日战争时期的汉奸伪军：△山东头的～——死眼皮。❷ 旧时对军警队伍中的非在编人员的蔑称。

【二乎】lěr hu ❶ 没把握；不一定：这个事还～着，现当紧儿还不敢应你。❷ 犹豫；迟疑：你再去问问他，夜来我看他还～着。

【二二次次】lěr ler cǐ cì 模棱两可的样子：我看他还是～地不敢定。

【二二乎乎】lěr ler hǔ hù ❶ 勉勉强强的样子：这几个月跟着师傅还～地能学下来。❷ 不确定或没把握的样子：听他的说法儿，这个事儿还～的。

【二流子】lèr liǔ zi 不务正业游手好闲的人。

【二码指头】lěr ma zhī tòu 食指。

【二毛子】lěr mao zi〈贬〉发梢在耳垂以下肩膀以上的发型:他那个头发都长成～了,还不去剪剪。

【二米饭】lěr mì fàn 大米小米掺和做的饭。

【二起儿】lěr qīr 两层的楼房:他们家早就住～了。

【二起脚】lěr qi juē ❶双响炮,一种响两次的爆竹,点着后响一次并升空,在空中再响一次,又称"二踢脚"。❷睡眠中断后再继续睡:他半夜急急火火地来叫门,混弄我困了个～。

【二枉种】lěr wang zhēng 粗野蛮横、不讲道理的人:他男的是个～,少惹火他。

【二五墙】lěr wū qiáng 厚度约为二十五厘米的墙。

【二五眼】lěr wu yān 看问题肤浅,容易被假象迷惑:他干什么都不～,跟他出去一点儿吃不了亏。

【二细了】lěr xì zi ❶网目介于较大与较小之间的:使那个～罗罗出米的大小正好儿。❷颗粒大小介于较大与较小之间的:罗点儿～沙。

【二下旁人】lěr xia pǎng yìn 别人;外人:他拿着这个外甥连～赶不上。

【二性子】lěr xìng zi 介乎二者之间或兼有两种特性的东西:这些铁丝是些～,不大好理刷。

【二一个】lěr yì ge 第二;其次:材料没运来,～工人也不够,所以还开不了工。

【二仪子】lěr yi zi〈贬〉两性人:这个男的说起话来娘娘的,就赶个～。

【二月二】lěr yuě lěr 农历二月初二,传统节日,民间称这一天为"龙抬头":△～,觅汉上犁。

【二指页颅盖儿】lěr zhī yě lou gàir 调侃人不聪明(民间认为前额大的人聪明):就凭你那～,老实蹲家里啵。

lei

【肋巴】lèi ba 肋骨;肋部:他跌了这一下～痛得不敢动│他饭没吃好,倒生了一肚子两～的气。

【肋膣骨】lèi chǎ gū =〖肋齿骨〗lèi chi gū =〖肋巴骨〗lèi ba gū =〖肋巴条子〗lèi ba tiǎo zi 肋骨:△拿着肋齿骨当算盘子(比喻非常节俭不舍得吃)。‖参"肋膣":《聊斋俚曲集·富贵神仙》第九回:"别人都打了,惟有赵鬼子那肋膣里中了一枪,还血淋淋的,就没打他。"

【累】lèi ❶ 劳累;辛苦:没等干下这个月来就～草鸡了。❷ 生活拮据、艰难:那几年他家的日子太～了|《醒世姻缘传》第七十四回:"童奶奶说来,虽是日子～了,还有亲戚们,务必图个体面好看,插戴、下茶、衣服、头面、茶果、财礼都要齐整,别要苟简了,叫亲戚街里上笑话。"

【累惫】lěi bei 拖累;使疲劳:光哄这两个孙子就使草鸡她了,就别再～她了。

【累堆】lěi dei 形容过度肥胖的人赘肉重叠的样子:他胖得肚子～～的。

【勒揢】(～儿)lèi kenr ❶ 刁难;勒索:这没有什么不能办的,他这是单为～人家|元杂剧《鲁斋郎》第一折:"休想肯与人方便,衡一片害人心,～了些养家缘。"|《水浒传》第二十四回:"今年觉道身体好生不济,又撞着如今闰月,趁这两日要做,又被那裁缝～,只推生活忙,不肯来做。"|元杂剧《铁拐李》第二折:"旧官行～些东西新官行过度些钱。"|《醒世姻缘传》第六十七回:"你要钱可也自家来;你一边治着一边要不迟。这是甚么事?你且高枝儿上站着～哩!"|《金瓶梅词话》第三十三回:"这五娘就～出人痞来,谁对你老人家说我会唱?"|《金瓶梅词话》第九十五回:"吴巡检又～刁难,不容俺家领赃。"亦作"累揢""扐揢":《红楼梦》第十回:"你不许累揢他,不许招他生气,叫他静静儿的养几天就好了。"|《儿女英雄传》第二十三回:"倒不是送礼,我今日是扐揢你娘儿们来了。"‖1936年《牟平县志》:"故意为难曰～。"❷ 被绳子等勒住后留下的痕迹:这是箱子的外面儿,没看上面有装车的～儿?

len

【囵敦】lēn den(因蚊虫叮咬或过敏)皮肤上起的疙瘩。

leng

【冷清】lēng qing 寒冷:多拿几件衣裳,过几天就～了。‖《说文解字》:"清,冷寒也。七定切。"

【冷水面】lēng shuì miàn 用凉水和的不加酵母的面。

【冷天】lēng tiǎn 温度低的天气;寒冷的天气:什么～还用穿这么厚。

【龙墩儿】lèng děnr 龙椅;皇帝在皇宫的坐具:你看他舒着个青崴子腚,坐不住个～。

【龙睛虎眼】lèng jǐng hū yān 眼睛明亮有威的样子：他们弟兄们个个～，不是些好惹的。

【聋汉】lěng han 失去听觉的人；耳背较重的人：叫多少遍了还没听见，都是些～？

【聋聋卡卡】lěng leng kǎ kà 听觉迟钝的样子：恁去啵，我个耳窦～的，去了也听不清。

【笼扇】lěng shan 蒸包子、馒头等食品用的笼屉：蒸了两～都不够吃的。参"扇笼"：《金瓶梅词话》第二回："假如你每日卖十扇笼炊饼，你从明日为始，只做五扇笼炊饼出去卖。"

【笼头】lěng tou 给牲口戴的鼻羁和脖套，可以系上绳索用于牵引驾驭：△没～的驴|《红楼梦》第八回："姨妈叹道：'他是没～的马，天天忙不了，那里肯在家一日。'"

【棱竟】lěng jìng 毕竟：他们几个人上了外面～是一个场儿的，说话就亲热。

【棱长脸】lēng chàng liān 窄长的脸型。

【楞】lèng ❶发呆；失神：他～待那儿不动了。❷蛮横鲁莽：△横的怕～的，～的怕不要命的。

【楞里巴怔】lèng li bà zhèng 蛮横鲁莽的样子：他～的根本不听你说什么。

【愣头青】lěng tòu qǐng 鲁莽蛮横的人：他是个～，和他讲不进理去。

【弄半天】lěng bàn tiǎn 原来；敢情，表示终于明白了原因或真相：～人家说的咱听差了。

【弄不好】lěng bu hāo ❶做不好；搞不好：他们厂里这个风气，谁来了也～。❷说不准；有可能：你去试试看看，～还真能考上。

【弄不相应】lěng bu xiàng yǐng ❶搞不好：别轻易找他，～没法收场儿。❷很有可能：他要是没待那个场儿，～是跑外地去了。

【弄大顿】lěng dǎ dèn ❶耗费了大量时间：原来咱不懂，弄了大顿才搞明白了。❷表示终于明白了原因或真相：我道无论什么事人家都提前知道了，～小孙和人家是一伙儿的。

【弄弄】lěng leng 动不动；经常：咱真不摸他这么个脾气，～就恼了。

【弄戏儿】lěng xìr 做游戏；开玩笑：他那是和你～，别往心里去。

【弄置】lěng zhi 做；干；处理：到这个份数上，谁也没法儿～了。

li

【力量】lǐ liàng ❶ 力气;力度:那个~太大了,谁也顶不住。❷ 泛指各种肥料;肥力:这块儿地一点儿~没施,上哪儿能长好庄稼。❸ 经济能力:当时挣钱少,也没有~盖屋|《红楼梦》第十回:"好容易我和你姑妈说了,你姑妈又千方百计的和他们西府里琏二奶奶跟前说了,你才得了这个念书的地方儿。若不是仗着人家,咱们家里还有~请的起先生?"|《醒世姻缘传》第三十一回:"这样凶年,人家都没有~读书,可惜误了人家子弟。"|《醒世姻缘传》第三十四回:"敬德得了这股财帛,才有~辅佐唐太宗东荡西除,做了元勋世胄,封了鄂公,赐了先隋的一库铜钱。"|《醒世姻缘传》第五十二回:"张养冲死了,尽了贫家的~,备了丧仪,出过了殡。"|《醒世姻缘传》第九十回:"但不知所欠多少,惟恐欠得太多,~来不得,不能成其美事。"

【立逼】lǐ bǐ 要求或逼迫对方立即做某事:他~着老人把房子改成他的名儿|《醒世姻缘传》第九十八回:"太守见今差了书办,~着等候呈子,如今特央周相公起稿。"

【立等】lǐ dēng =〖立立等〗lǐ li dēng 着急地等待:快点儿送去,他家里~着使|《红楼梦》第四十回:"话说宝玉听了,忙进来看时,只见琥珀站在屏风跟前说:'快去吧,~你说话呢。'"

【立候候儿】lǐ hòu hour 内心急切地等待或盼望的样子:你没回来,孩子就~地待门口等着你。

【立急】lǐ jī 紧急;急切:他现在~着使钱。

【立立】lǐ li 紧(跟);紧(盯):我往哪走,他~跟着。

【立马儿】lǐ mār 立刻;马上:他那个聪明劲儿,~明白是怎么回事儿了。

【立马追即】lǐ mā zhuì jǐ 马上;即刻:不敢应他个事儿,应了就~跟着腚儿问。

【立时】lǐ shì 立刻;马上:他吃了药~就舒梭了|《二刻拍案惊奇》第二十卷:"~准状,金牌来拿陈定到官。"|元杂剧《陈州粜米》第三折:"不忧君怨和民怨,只爱花钱共酒钱。今日个家破人亡~见,我将你这害民的贼鹰鹯。"

【立站】lǐ zhàn 挺立的样子:他穿的那件衣裳挺好的,不管怎么洗,领子~~的。

【立字据】lǐ zǐ jù 写下书面的约定或凭证:当时不立下字据,以后就空口无凭。

【礼拜】lì bǎi ❶基督教徒每星期日聚众集会,对上帝敬拜的仪式。❷星期:今日是～三|上～|下个～六。❸星期日:明日是～。

【礼拜人】lǐ bai yìn 对人有礼貌:看人家那么～,是大家出来的。

【礼道】(～儿)lǐ daor 礼节;礼数;修养:他那孩子真有～儿|△虾皮子锅腰～多|《刘知远诸宫调》:"愚浊匹夫!直恁折敢无～。"

【里操外嗉】lǐ cǎo wài xuě 挑拨是非;胡说八道:他在中间～,把事挑唆大了|△圈腮胡子吃炒面——～。

【里出外拐】lǐ chū wǎi guāi 不平直、迂回曲折的样子:那根胡同～的,把人都走糊涂了|他们砌墙没拉线,弄得～的。

【里出外进】lǐ chū wǎi jìn ❶进进出出的样子:这儿～的些人,咱上边上说吧。❷凹凸不齐或迂回曲折的样子:他村里的房子盖得～的,也没有个规划。

【里打外开】lǐ dā wài kǎi 在家里能料理打算,外面的事情也能独当一面,形容能干的样子:人家不到二十岁就～的,父母省老心了。

【里鼓】lǐ gu 内讧:一块儿伙伙的那几个人都～了,买卖也没法做了。

【里间】lǐ jian 相通的房间中不直接通到外面的房间:△狗汪汪,驴叫唤,娘家哥哥来叫俺;也不想爹,也不想娘,就想俺娘家那个～炕;小篓子,挂干粮,小筐箅,盛冰糖,为嫚嫚儿就比做媳妇强|《红楼梦》第七十四回:"只见王夫人气色更变,只带一个贴己的小丫头走来,一语不发,走至～坐下。"

【里净】lì jìng 测量时的净尺寸(不含墙壁厚度等):东间的～是三米半乘四米。

【里开】lǐ kai 门窗等向内侧推的(与"外开"相对):这排窗都是～窗。

【里头】lǐ tou ❶里面:钱放在炕席～。❷室内:他们几个还待～喝。

【里外里】lǐ wǎi lǐ 从(正反)两方面计算;不论怎样计算或考虑:这个买卖算下来～叫人家挣钱去了。

【里衣裳】lǐ yì shang 泛指内穿的衣物:你～穿得少了,这件外套不顶事儿。

【里走外外走里】lǐ zǒu wài wài zǒu lǐ 焦躁着急地来回走的样子:这么多天没有你的信儿,急得恁妈～。

【理】lǐ 垒;砌:他跟着他爹待那～墙。

【理摆】lǐ bai 照顾:他成天忙得没有空～孩子。

【理刷】lǐ shua ❶使顺溜;整理:看你头发乱的,快～～。❷照顾;打扮:他媳妇把两个孩子～得真喜人。❸耕种;打理(农事):两口子一直待家～地。

【理争】lǐ zheng 讲理;争论:你和他能～出个什么子曰来?|△打了

盆,～盆;打了碗,～碗。

【狸猫打一爪儿】lǐ mao dà yǐ zhuǎr 比喻痛苦而深刻的教训:你是没经着那个～。

【利钱】lǐ qian ❶ 利润;赚头:照这个价儿估计他没什么～挣。❷ 利息:他要的～太高了,不能借|《醒世姻缘传》第七十一回:"也罢,我借一百两银子给你,算你向我借的。你一年只给我十两银子的～,别落他的手。"

【利索】lì su ❶ 整洁;有条理:他家里收拾得很～|△麦糠擦腚——不～。❷ 灵活敏捷:他的腿胳膊也不大～。❸ 完毕:他感冒一个星期了还没好～|孩子找工作的事儿才办～了。

【梨狗子】lǐ gōu zi 梨象鼻虫,一种吃梨的小虫。

【沥】lì 用力捏紧物体的一端,向另一端挤压滑动,将表面或里面的东西挤出来:你把洗的葱～干净了。

【沥生】lì sheng ❶ 夹生;半生不熟:地瓜都煮～了。❷ 事情进退两难的状态:这个事待盯紧了,再不紧不慢的话就办～了。

【栗子皮色儿】lǐ zi pì shēir 类似于栗子皮的颜色;咖啡色:那张桌子是～的。

【离巴】lǐ ba 过份;离谱:讲价归讲价,也不能太～了。

【离槲儿】lǐ hùr 成熟的桃、杏等水果的果肉与果核结合不紧密,能轻易剥离:这个品种的杏儿是～的,好剥。

【离水儿烂】lǐ shuīr làn 学名鳎鱼,一种海鱼。

【离眼儿】lǐ yānr 指离开视线范围:孩子这么小,一时一霎儿不能～。

【滴滴拉拉】lǐ li lǎ la 液体或粉状物零散滴洒的样子:袋子破了,～的地下到处是水|《醒世姻缘传》第五十三回:"这晁无晏只见他东瓜似的搽了一脸土粉,抹了一嘴红土胭脂,～的使了一头棉种油,散披倒挂的梳了个雁尾。"

【劙】lì 用刀划开:使刀子～上一趟口子。

【劙心】lì xin 因胃酸过多导致的胃部烧灼感:他一吃地瓜就～。

lia

【俩眼肆直】lià yān sǐ zhì ＝〖两眼肆直〗liāng yān sǐ zhì ❶ 眼神呆滞的样子:这个孩子是不是有什么毛病,怎么～? ❷ 因生气或受打击而束手无策的样子:他整天叫这个孩子气得是～。

lian

【连】liàn 并且；加上：这两天他家里事多，～又不大舒梭，不去也就不去了。

【连吃带拿】liàn chī dǎi nà 不但吃还往回拿：这一大党子人～，谁也受不了。

【连吹带谤】liàn chuǐ dǎi pāng 形容吹嘘浮夸的样子：你看他～说得那个起劲儿。

【连滚带爬】liàn gūn dǎi pà 形容慌乱逃走的样子：嘭的一声，吓得他们～都跑散了。

【连襟】liǎn jinr 姐姐的丈夫和妹妹的丈夫之间的亲戚关系：那个人就是他～。亦作"连衿"：《醒世姻缘传》第五十七回："小琏哥已是将死的时候，晁思才两口子还撺他在门外街上看着摊晒烧酒的酵子，恰好晁梁往他大舅子的连衿家吊孝回来，骑着马，跟着晁奉山两三个人。"

【连惊带吓】liàn jǐng dài xiǎ 形容受到惊吓的样子：老人～半月吃不进饭去。

【连嶥带嘲】liàn juè dài chǎo =〖连嘲带嶥〗liàn chǎo dǎi juè 咒骂嘲讽的样子：他去了～没有一个敢做声的｜她～弄得人家真算草鸡了。

【连性儿】liàn sèngr 再加上；另外：累了一天，回来～恁又没给他口好气儿，他能不恼？

【连阴】liǎn yin 阴雨天气持续多日：△有钱难买五月旱，六月～吃好饭。

【连阴天】liǎn yin tiǎn 连续多日的阴雨天气：碰上这个～，家里的东西看长毛儿。

【缝】liàn 缝纫方法，用针线将原来不在一起的东西连起来。

【联合】liǎn huo 团结；联络：平常不～人，到时候连个帮忙的都没有。

【脸大】liān dǎ 比喻面子大：你～，你去问问能不能借出来。

【脸子】liān zi 不愉快的脸色；不高兴的表情：动不动就甩～给谁看？

【镰柄腿】liǎn beng tēi 罗圈腿。

liang

【两帮儿】liāng bǎngr ❶ 两群；两队；两批次：今日来了～人来看他。❷ 特指对立的双方：他们是～的。

【两膀擎儿】liǎng bang qìngr 男性穿的背心。

【两不找】liàng bu zhāo 双方扯平；互不相欠：这样恁两个就～了，你也不用给他钱,他也不用给你钱。

【两差头】liàng chǎ tòu 完全不同的方向;分歧:恁两个说～上去了。

【两耽】liàng dàn 两方面都耽误或没有做好:他们不早跟咱说,弄得把事都～了。亦作"两躭":《金瓶梅词话》第四十三回:"头里因大妗子女儿两个来,乱着就忘记了,我只说你收了出去,谁知你也没收,就两躭了,才寻起来,唬的他们都走了。"

【两道手】liàng dao shōu 两个环节;额外增加环节:△脱了裤子放屁——～。

【两个】liāng ge =〖俩〗lia ❶ 数量词:～人 | ～事儿。❷ 与"和"连用,相当于"之间":我和他～说不进去。❸ 与"和"连用,相当于"一起":我一个人搬不动,你和我～吧。

【两含子】liàng hǎn zi ❶ 未贴合或粘合在一起:胶抹得少了,贴的板儿现在成了～了。❷ 不亲近;不同心:他什么事不让老婆知道,老是～。

【两好儿伱一好儿】liāng hāor gà yǐ hāor 两方面都有好的行为才能维系彼此之间良好的关系:婆婆媳妇之间待～。

【两合水】liàng huo shuī =〖两浆水〗liàng jiǎng shuī ❶ 海水和淡水交混的水或水域:这种鱼是～的。❷ 混血:他的孩子是个～。

【两夹当儿】liǎng jià dǎngr 夹缝;两个物体之间狭窄的空间:小猫正钻待个～里,抓不着它。

【两将明儿】liǎng jiàng mìngr 黎明时分;天将要黑时:他今早上起来的时候天才～。

【两口家】liàng kou jiǎ 夫妻二人;两口子:～哪有个不争竞的。

【两码事儿】liāng mǎ shìr ❶ 两种完全不同的事情:你说的和他说的是～。❷ 完全另外一种情况;另当别论:这个钱待给人家退回去,要是不退就～了。

【两免】liǎng miān 对于相互间的人情、回礼彼此免除:两家的孩子都待结婚,～了都不用看喜了。

【两说】liǎng shuō ❶ 不一定;不确定:能不能成,还～着。❷ 另说;不能混为一谈:他提的那些事都待～了。

【两头儿】liāng tòur ❶ 这一头和那一头;事物相对的两端:木板的～都翘起来了 | △黄瓜韭菜～香。❷ 双方;两方面:他老是～为好人儿。

【两下】liāng xià =〖两下里〗liāng xiǎ ler ❶ 双方;两方面:他这么处理的话,～都满意 | △狗咬犸虎～怕 |《聊斋俚曲集·磨难曲》第六回:"要作别泪纷

纷,生察察的～分,愁你家里无投奔。"│明杂剧《雌木兰替父从军》第二出:"不想王郎又中上贤良、文学那两等科名,如今见以校书郎省亲在家。木兰又去了十来年,两下里都男长女大得不是耍。"│冯梦龙《挂枝儿·欢部》二卷:"泥人儿,好一似咱两个。捻一个你,塑一个我,看两下里如何。"│《挂枝儿·想部》三卷:"单相思背地里想,双相思两下里挨。"│元杂剧《玉壶春》第一折:"他那里眼送眉传,我这里腹热心煎,两下里都思惹情牵。"❷两个地方:老婆汉子待～住也不是个事儿│《聊斋俚曲集·墙头记》第三回:"两个齐往两下里挣,好像挣着个老叫驴,叫我可往那里去?"│《醒世姻缘传》第三十二回:"晁奶奶那边极没有人手,又要桌谷,又要煮粥,两下里照管不来,也没有这许多米粮。"│《醒世姻缘传》第七十四回:"拣近着些的吉日,娶过那边去,或过三日,或过对月,再看或是一处住,或是两下里,叫他别要费那没要紧的事。"│《金瓶梅词话》第五十二回:"我刚才这里和哥不说,新酒放在～哩,清自清,浑自浑,出不的。"

【两眼墨黑】liàng yān měi hēi =〖两眼一抹黑〗liāng yān yǐ mā hēi ❶眼前一片漆黑。❷丝毫不懂;完全不了解:叫他去管技术,那他是～。

【两眼一正】liāng yān yì zhèng 完美,一般用于否定或反问句式:什么事儿上哪儿找那些～?

【两样】liàng yàng〈贬〉不一样;怪异:他说话真～,老是带着刺儿。

【两姨】liàng yì 姐妹生的孩子之间的关系:～弟兄│～姊妹│这是俺的个～兄│《红楼梦》第十九回:"(宝玉)一面见众人不在房中,乃笑问袭人道:'今儿那个穿红的是你什么人?'袭人道:'那是我～妹子。'"

【两姨弟兄】liàng yi dǐ xing 特指姐妹生的男孩子之间的关系。

【两姨姊妹】(～儿)liàng yi zī mèir 泛指姐妹生的孩子之间的关系:《红楼梦》第二十回:"你这么个明白人,难道连'亲不间疏,先不僭后'也不知道?我虽糊涂,却明白这两句话。头一件,咱们是姑舅姊妹,宝姐姐是～,论亲戚,他比你疏。"

【两疑】liàng yì 互相猜疑;彼此误会:回头儿想想其实他们两个是～了。

【凉森】liǎng shen 稍冷;微寒:公园里的石头墩坐上还挺～的,别受凉。

【凉森森】liǎng shèn shèn 凉嗖嗖或冷丝丝的样子:现在是朝凉午热的时候,早上还～的,穿不住短袖。

【凉台】liǎng tài 阳台:他那个户型多一个北～。

【凉洼济】liǎng wà ji 温度低不舒服的样子:也没烧点儿火,炕上～的。

【凉席子】liǎng xǐ zi 用草、竹等编制的席子:竹子～太凉了。

【凉着】liǎng zhi 受凉：再穿件衣裳，别～｜《红楼梦》第九十回："姐姐替我谢大奶奶罢。天气寒，看～。再者，自己叔嫂，也不必拘这些个礼。"

【晾】liàng ❶ 放在阳光下或通风处使干：～衣裳。❷ 放在一边；置之不理：店主把来买东西的～那里老半天也不搭理。

【亮晌午儿】liǎng shàng wùr 正中午：正是个大～，热哈哈的真不愿意出门。

【量】liàng 估计；料想：我～他也不敢再胡作了｜谁也没～着他能来。

liao

【了】liāo ❶ 完毕；结束：△事大事小，见面就～｜△糊涂事糊涂～｜△九秋十月～，光棍来打搅。❷ 放在动词后，与"得、不"等连用，表示可能或不可能：△腊月小，饽饽吃不～｜△心急吃不～热豆腐｜△狗改不～吃屎｜△光有享不～的福，没有遭不～的罪。

【料理打算】liǎo lī dǎ suan 处理和计划事情：他媳妇～是把好手。

【撂】liǎo 扔；遗弃：找个仔细场儿放好了，别～了。亦作"撩"：《醒世姻缘传》第四十回："狄周送银去的时候，孙兰姬正换了红衫上轿，门口鼓乐齐鸣，看见狄周走到，眼里吊下泪来，从头上拔下一枝金耳挖来，叫捎与狄希陈，说：'合前日那枝原是一对，不要撩了，留为思念。'"

【撂才】liào cai 爱动手打人；爱搞恶作剧：这孩子太～了，什么人也草鸡了。

【撂倒】liǎo dao ❶ 打倒；打死：那个人想跑，叫他一枪～了。❷〈贬〉搞定；摆平：他爹使钱把管事儿的～了，他作那些业也就没人追究了。

【撂话儿】liǎo huàr 留下话：他走的时候撂了个话儿，说有难处就去找他。

【撂拉】liǎo la 随意地、反复地踢腿：他这～着腿儿，都害着人家走路了。

【撂手】liǎo shōu 放弃；结束：当时他都待～不干来｜不弄出个子曰来他不能～｜再不嘎急～，积到最后是个麻烦。亦作"了手"：《聊斋俚曲集·禳妒咒》第一回："天地之间，蚕们可以老了，搹树可以倒了，饥困可以饱了，昂脏可以扫了，惟独这着骨的疔疮，几时是个了手呢？"｜《聊斋俚曲集·增补幸云曲》第十回："俺老的老，小的小，每日挣给你吃，几时是个了手？"｜《聊斋俚曲集·俊夜叉》："起初时小小解闷，赌热了火上浇油；田产不尽不肯休，净腔光才是个了手。"

【撂挑子】liào tiǎo zi 比喻丢下应负的工作，甩手不干：把他说急了眼～不干，找谁给你顶起来？

【撂心】liǎo xin 不再放在心上;放弃:才待～下这个事,他又来叨叨。

【燎】liāo 用(被)火短时间地烫、烤、烘(不参与燃烧):～水｜～壶｜把韭菜～～｜叫火把衣裳～了一下。

【燎壶】liāo hu 用来烧水的壶。

【燎浆】liǎo jiāng(liǎo jing)皮肤被火、热水或蒸气灼伤而起的水泡:开锅的时候叫气泄起一个大～来｜元杂剧《张生煮海》第三折:"烧的来焰腾腾滚波翻浪……但着一点儿就是一个～。"

【燎浆泡】liǎo jiāng pào 皮肤被火、热水或蒸气灼伤而起的水泡:他脸上那个～到现在还没消下去｜《水浒传》第八回:"林冲看时,脚上满面都是～。"亦作"料浆泡":元杂剧《生金阁》第三折:"酽这么滚汤般热酒来烫我,把我的嘴唇都烫起料浆泡来。"

【燎泡】liǎo pao 皮肤被灼伤而起的水泡:这种药治～真管用｜《红楼梦》第二十五回:"只见宝玉左边脸上烫了一溜～出来,幸而眼睛竟没动。"｜《聊斋俚曲集·快曲》第一联:"奸似贼,不出我胸中料,纵然能逃,连头带腰,也起个大～!"｜《聊斋俚曲集·快曲》第二联:"不惟说是衣服烧,身上～无其数。"

【燎水】liǎo shuī 烧水:这把壶～真快。

【寥亮】liǎo liang ❶ 开阔敞亮:才盖的这个房子真好真～。❷ 心情舒畅:听他这么一说,我心里也～｜支道林《咏怀诗》其一:"苟简为我养,逍遥使我闲。～心神莹,含虚映自然。"亦作"辽亮":江淹《殷东阳仲文兴瞩》:"晨游任所萃,悠悠蕴真趣。云天亦辽亮,时与赏心遇。"

【聊篇儿】liào piǎnr ❶ 煞有介事地说一些不切实际的话:他一过晌儿净待那瞎～。❷ 通过话语暗示或提示:他借人家的事～,咱也都听出来了。

【飏】liào(liǎo)被劲风吹:他叫海风～得烘黑。

【敹】liǎo 缝缀;粗略地缝:稍微～上几针,被面儿就不乱跑了。‖《尚书·周书·费誓》:"善～乃甲胄。"郑玄注:"～,谓穿彻之。"

lie

【咧摆】liē bai 很会说奉承话或很会讲显摆自己的话:他那个人光顶着个嘴,就要会～死了。

【咧咧】liě liè 唠唠叨叨地说;胡说:还不知道他回去是怎么～的。

【咧臊】liē sao 大声地哭:你要是不答应,他又好～了。

【咧歪】liē wai ❶ 哭：这个事儿～也没有用。❷ 姿势不雅地斜躺着：他～那儿半天了。

【咧着】liē zhi =〖咧谢着〗liē xiè zhi 得到好处；占到便宜：～这样的好事儿,看他恣得那个样儿。

【裂】liē ❶ 撕开；裁剪：～布｜～纸｜《左传•召公元年》："召使者,～裳帛而与之。"｜《清史稿•列传四十五》："康熙十二年,吴三桂反,京师闻变,有杨起隆者,诈称朱三太子,私改元广德,号其徒为'中兴官兵',～布裹首以白,披身以赤,谋作乱。"｜《聊斋俚曲集•墙头记》第三回：张大大怒,说：'你当面来形容我,咱只～了！'张老才待穿,被他一把夺过去～了。张二说：'我也～了你的。'把老张顿了一跌,剥下来就～,张大来夺,张二把他推倒,按住就打。"｜《聊斋俚曲集•禳妒咒》第五回："城南李知府看见那高家小相公聪明俊秀,要给他做个丈人,托我做媒,许下给我～半尺布的裹脚。待俺去走走,设或说成了,挣他这一宗布来,～了裹脚,只怕还剩下一对鞋里也是有的。"｜《聊斋俚曲集•慈悲曲》第四段："大家～了一块布衫子来,缠了缠,又着一个人取了一扇门来,才把张讷接了来家。"｜《聊斋俚曲集•翻魇殃》第四回："老郑越发怒了,叫他内司跑出来了七八个,先把衣服～了。"｜《聊斋俚曲集•增补幸云曲》第二十一回："大姐说：'看人家～破你那嘴了！'"｜《阅微草堂笔记》第四卷："次日,仙游陈题桥访之,话及是事,承尘上有声如～帛,后不再见。" ❷ 破开；分开：～口｜分～｜～纹。

【裂布】liè bù 将布撕开：那间传来的动静,就和～样的｜刘肃《大唐心语》第十一："仁轨曰：'乞方便。'乃于房中～,将头自缢。"｜陆游《山寺》诗："宿林野鹊惊复起,争栗山童呼不应。溪南闻道更幽绝,明日～缝行縢。"

【烈决】liè jue 强烈；激烈；厉害：他嘬起人来真～。

lin

【拎】lǐn ❶ 甩；摔：他没看不中那件衣裳,早不知道～哪去了。❷ 用手提：我看他大清早上～着个篮子买菜去了。

【拎摆】lǐn bai 本指生气或恶意地甩打,通常指甩脸子、奚落之意：老人宁愿待这个小屋儿住着,也不上他家受他的～。

【拎打】lǐn da 甩动手臂或手中的东西：茶杯叫孩子从桌子上～下来了。

【拎腚疯】lǐn dìng fěng 做事丢三落四、莽撞无序的样子：他又上来那阵～了。

【邻】lìn ❶ 房屋、土地临近的人：四～｜地～｜△远亲不如近～。❷ 邻接；相接：俺和他两个～山儿。

【邻帮相助】lìn bǎng xiàng zhù 邻居和亲戚朋友等一起帮忙：△打墙盖屋，～。

【邻山】lìn shǎn 左右两处房屋的山墙相对（中间隔着路或夹道）：弟兄两个～儿，有个什么事儿很方便。

【邻守】lìn shou 邻居：俺这些～们都挺好的。

【邻守八壁】lìn shou bǎ bī 泛指邻居们：恁这么大声争竞，也不怕～笑话。

【淋拉】lìn la ❶ 很小地下（雨）：外面～起雨来了。❷ 淋洒：屋里叫他们～得管哪是水。

【临】lìn ❶ 靠近；对着：～路｜～街。❷ 依次交替；轮流：～齐｜～换｜活别光让一个人干，恁几个都～着。❸ 按照顺序轮到：～他的时候又变卦了｜明日～你值班了。

【临换】lìn huan ＝〖临齐〗lìn qi 交替；轮流：咱都～着干，要不一个人太累了。

【儊伧肩】lǐn qìn jiǎn 头向前倾且肩膀下垂：他是个～。‖ 1935 年《临朐续志》："讥人肩垂曰～。"又："儊伧，《广韵》头向前也，今音转如'临勤'。"

【鳞荡罗儿】lǐn dang luor 小带鱼。

【檩子】līn zi ＝〖檩条儿〗lìn tiàor 架在屋架或山墙上用来支撑苇箔或屋面板的长条形构件。

ling

【另码事儿】lǐng mā shìr ＝〖另一码事儿〗lǐng yī mā shìr ❶ 别的一件事；别的一种事：你说的是～，等过后再商量。❷ 另当别论：你该请的都去请，人家不来～。

【令】lìng ❶ 命令：口～｜号～。❷ 延续或流传下来的（习俗、规矩等）：这些规矩都是老辈儿～下的。

【岭】līng ❶ 山丘；土丘。❷ 堆：他们把货卸得这一堆那一～的。

【领】līng ❶ 衣领：～子｜假～。❷ 带领：△先生～路，自己用心｜△千人行路，一人～头。❸ 领取：～书｜～钱｜～工资。❹ 特指握着对方的手带领：～手儿｜快～着恁弟弟，车太多了。❺ 量词，用于铺的席子：过年换～席｜《醒世

姻缘传》第二十回:"一座大北房,当中是一张凉床,床上铺着一床红毡,毡上铺一床天青花缎褥子,褥上一～藤席,一床月白胡罗单被合一个藤枕都吊在地下。"|《醒世姻缘传》第二十六回:"(麻从吾)开进房去一看,连炕上的一～芦席都不知从几时揭得去了。"|《醒世姻缘传》第八十回:"但这们个大丫头死了,使～席卷着,从咱这门里抬出去,街坊上看着也不好意思的。"

【领头儿】lìng tòur 带头:他领的头儿就叫他负责。

【领作】lǐng zuō 在作坊里或手工业队伍中领工:他就是那个～的|～的还没下筷子,都不能动手吃饭。

【零蛋】lǐng dan ❶ 分数为零:那个孩子一到考试净考～。❷ 空;无:要是他不给你,还不是个～?

【零花儿】lìng huǎr ❶ 零用钱:给孩子几个钱当～。❷ 零碎地花(钱):买书的钱都叫他～了。

【零拉嘎碎】(～儿) lìng la gà suìr 零星;零散:这些～儿的东西就近买行了,远了不够油钱。

【零卖】lìng mài 零售:光靠～卖不出去多少|这家店光批发,不～。

【垄】līng 为了种植农作物而在耕地上培出的土埂:这几天孩子都学会打～了|△兔子一蹦二十四根地瓜～。

liu

【六角帽子】liǔ jiā mǎo zi 斗笠;草帽,因呈六角形,故名,是旧时主要的遮阴挡雨的用具。

【六精八怪】liǔ jǐng bà guài〈贬〉过于精明的样子:他媳妇看起来怎么～的,不叫人喜。

【六心干眼】liù xīn gǎn yān〈贬〉十分急切渴望的样子:他叫你那辆车想得～的。

【六月】liù yue 农历六月份,泛指夏天:那是解放前的有一年～的事儿|△～韭,臭起狗|△有钱难买五月旱,～连阴吃好饭。

【六月天】liù yue tiǎn 泛指农历六月份前后,是一年当中最热的一段时间:△～穿棉袄——不是时候|△～,后娘脸,说变就变。

【六指儿】liù zhir ❶ 六个指头:他长了个～。❷ 六个指头的人:他哥哥是个～。

【柳燕儿】liū yanr 柳莺。

【流】liù 特指在江河湖海等水平面下发生的水体流动,水生动物的活动规律和轨迹常常与流有关:△出海不赶~,不如蹲炕头。

【流球】liù qiu 流氓;不务正业的人:他弟弟不学好儿,光和些~一块儿耍。

【琉璃】liǔ li 煤燃烧后凝结成的残渣。

【琉仁儿】liǔ reir 儿童玩的玻璃球:弹~。

【留后手儿】liǔ hǒu shour 为防止意外事情发生而提前做好准备措施:他当时也没~,如今就耽误了。

【留空儿】liǔ kèngr ❶留出空间:这里当时也没~,放不下那些东西。❷留出时间:我还待留点空儿去买点菜。

【留门】liǔ mèn (一般指夜间)等人回来而不从里面关门:他今日晚上不回来了,你不用~。

【镏子】liǔ zi 没有花纹或造型的戒指:金~。

【溜】liū(liǔ liǔ)❶在别人说、唱时进行机械地模仿:不会唱的就跟着~行了。❷附和别人说话的意思编话说:他怕漏了馅儿,快就跟着他往下~吧。❸排;趟:那一大~房子都是才盖起来的。❹偷偷地离开:~道儿。❺指某一区域:那一~的人真实在|他们那一~就这么个说话法儿。❻分割成的条、片、块、段、瓣:两~西瓜|一~~布儿|割成三~分了分|你切一小~就够他吃的。❼用作前缀,非常:~清|~滑|~圆|~光|~尖|~软。❽满;遍:~村转|~厂找他|~街达道。

【溜道】liǔ dao ❶熟练;顺畅:他算账不如他弟弟~。❷(机器等)运转顺畅:这个脚踏车子骑起来不大~。❸(~儿)liǔ dàor 偷偷地离开;跑路:他怕恁来找他算账,他早就~儿了。

【溜地划拉草】(~儿)liù dì huǎ la cāor 在地上挣扎的样子:叫人家把他们打得~。

【溜沟子】liù gǒu zi 溜须拍马:△~现当急,迎财神是慢工|他是靠~爬上去的。

【溜光】liǔ guǎng ❶干净:他斩眼功夫就把菜吃了个~。❷光滑:他把锅刷得~。❸(liū guang)奉承;溜须拍马:他真把那个看门的~硬了。

【溜滑儿】liǔ huàr 很滑:地下洒上水了,走起来~。

【溜尖儿】liǔ jiǎnr 很尖细;尖锐:山顶儿~~儿的,真不知道那些人是怎么爬上去的。

【溜肩】liū jian 双肩向外侧下垂的肩膀：他是～，做衣裳待加点儿垫肩。

【溜街达道】liù jiě dà dào 沿着街巷；到处：他回来没看见孩子，就撒开人～地找。

【溜净】liǔ jìng 非常干净：他把院子打扫得～。

【溜溜的】liǔ liǔ di 顺从的样子：大人安排的事儿他贯价干得～。

【溜路】liǔ lù 沿路：你上班的时候～看看，有没有卖苞米的。

【溜路走】liù lu zōu ❶ 沿着路走动：街上～的人都不少了。❷ 顺路经过：你从这～的时候进来趟儿。

【溜清】liǔ qǐng 非常清楚：人家都看得～，就是不希说。

【溜秋】liū qiu 皮肤或物体表面的划痕：带～的苹果才好吃来！

【溜酸】liǔ suǎn 非常酸：苹果还不到时候，吃起来～。

【溜秀】liǔ xiu 偷偷地出没；暗暗地做某事：他没有正心干活儿，光知道～着吃。

【溜沿儿】liǔ yànr 紧靠边缘：这把暖壶放得～，别掉下来。

【溜软儿】liǔ yuānr 非常软：塑料叫热水一烫就～了。

【溜圆】liǔ yuàn 很圆：晚上孩子吃多了，撑得个肚子～～～的。

【溜转儿】liǔ zhuànr ❶（眼睛等）转动灵活：你看他那个眼～，也不多少心肝眼儿。❷ 操纵熟练：别看他没什么学问，开起这个机器来那真是～。❸ 言听计从的样子：老李媳妇会来事，整天把他玩得～。

【馏】liǔ（短时间地）蒸：馒头都不热了，你放锅上再～～。

【遛门狗】liù men gōu ❶ 爱往别人家宅院里跑窜的狗。❷ 比喻愿意串门子的人：他成天就个～，有事没事净瞎出溜。

【蹓嘎】liǔ ga 蹓跶；遛弯儿：他们几个人三不六九就伙伙儿上海边～～。

lou

【楼梯阶儿】lǒu tì jiěr 台阶：这些～的高矮正好，走起来不使人。

【搂草】lǒu cāo 用耙收拢草：△～打兔子——捎带个景儿。

【篓子】lōu zi 篮子；用竹篾、荆条、棉槐条子等编成的带提手的盛器，一般为圆形或椭圆形：菜～｜夹～。❷ 在某一方面懂得很多的人（常含贬义）：淡话～｜瞎话～。

【篓子头儿】lōu zi tòur 指卖货的人把品相好的货物放到容器的最上一层：

摆～。

【蝼狗】lǒu gou 蝼蛄。

【瞜睺】lǒu hou 探头探脑地看,有时表示不公开地观察或窥探:那是谁待窗外往里～? | 你过去～～他们待那干什么,别叫人看见了。

【耧沟】lòu gǒu 用犁具、镢头等农具犁出种植沟:那时候他还很小,～还耧不直。‖《集韵》:"耧,朗口切,娄上声。耕畦谓之耧。"

【露筋狗】lòu jīn gōu 非常瘦的狗,比喻非常瘦的人:你看他瘦得就个～。

【露馅儿】lǒu xiànr 漏出破绽:他没说三句话就～了。

lu

【卢都】lǔ du = 〖都卢〗dǔ lu ❶（嘴）向前突出;撅着(嘴唇):他整天～着个嘴,没有句话儿 | 元杂剧《救风尘》第二折:"一个个眼张狂似漏了网的游鱼,一个个嘴～似跌了弹的斑鸠。"亦作"碌都":元杂剧《陈母教子》第二折:"无语低头,嘴碌都的恰便似跌了弹的斑鸠。" ❷（脸因生气或不高兴而)拉长:他整天～着个脸,就和人家欠他似的。‖《俚语证古》第三卷:"面容低垂露呈不悦之色,谓之都卢脸。"

【芦英子】lù yǐng zi 芦苇:半山腰那眼泉子里长了满满的～。

【炉条】lǔ tiào 炉膛底部承托燃料的铁条。

【卤】lū 用盐、酱油等腌渍:你把黄花鱼～～再做。

【卤水】lū shui 制盐时剩下的黑色汁液,味苦有毒,常用来制作豆腐:△～点豆腐——一物降一物。

【卤子】lū zi 米饭、面条等食物的汤羹、浇头。

【路识】lǔ shì 经历;见识:待外边儿那几年也真长了些～。

【露水珠儿】lǔ shui zhǔr 露水形成的小水珠:△～引河水。

【鲁】lū 欺骗;耍弄:他买的这些鸡蛋叫人～了。

【鲁秤】lù chèng 短秤;缺斤少两:做买卖能挣多少放后边,可不能～。

【撸】lǔ（lù）❶ 捋:俺上山～槐花来。 ❷ 撤销:他的那个组长也叫上面～了。 ❸ 训斥:他叫领工的好一个～。 ❹ 松开;脱落:绳子没系好,都～开了。 ❺ 事情没成:他出国的事也～了。

【撸子】lǔ zi 一种瓦工用具,用来修饰墙壁阴阳角。

【穑生】lū sheng ❶ 作物不种而生。 ❷ 不经师传(而学会某种技艺)。

【稆生子】lǘ shèng zi ❶ 不种而自生的作物。❷ 不经师传而自学成才的手艺人。

【漉漉儿的】lǚr lǚr（rǚr rǚr）di 湿透的样子：没有半个钟头，热得他身上的汗～。

lǚ

【耜耟】lǚ ju 耕地用的木犁。

【驴屄】lǜ bǐ ❶ 母驴的生殖器。❷ 骂人的话：△～贴对子——你说个门就是个门。

【驴板肠】lǚ bān chang ❶ 用驴的肠子制作的卤制食品。❷ 一种野菜，状如车前草，可食用。

【驴饽饽】lǚ be be 大蓟，中药材，具有凉血止血、散淤解毒作用。

【驴车】lǚ che 用驴拉的运输车：拉了好几～才拉完。

【驴大小】lǚ dǎ xiāo ＝〖驴大大小〗lǚ dà da xiāo〈贬〉如同驴一般大小，比喻人长大了：你～了，还和恁弟弟挣耍物儿？

【驴东狗西】lǚ děng gòu xǐ 东拉西扯；胡说八道：他说话整天～的，没有句正经话。

【驴脸】lǚ lian〈贬〉长脸：他腆着那个脸糙起个～。

【驴精神】lǚ jing shen〈贬〉多动、不庄重的样子：人家都这么听说，就你净些～。

【驴乱狗屎】lǚ làn gǒu shī 毫无价值、乱七八糟的样子：叫你当人你当鬼，发先这～地说了些什么？

【驴面汤】lǚ miàn tǎng 一种野菜，状如韭菜。

【驴脾气】lǚ pǐ qi 只愿听好话，听不得批评的倔强性格：他上来那个～谁也拉不住。

【驴盛】lǚ sheng 公驴的外生殖器：△吃～不吃灌肠。

【驴屎蛋子】lǚ shi dǎn zi 驴的粪便：△～也发发热。

【驴挑马担】lǚ tiǎo mà dǎn 用驴马等牲畜运东西的样子，也指非常出力搬运东西的样子：再等还是没人管，他只能～地往自己家搬弄。

【驴拥脖儿】lǚ yīng ber 套在驴脖子上的一种护具，以防在拉磨、拉车时损伤驴脖子部位的皮肤。

【捋】lū ❶（顺着一个方向）抚摸；按摩；梳拢：你给他把腿～两下他能好受点儿｜△老鼠给猫～胡子——豁上命了｜贾思勰《齐民要术·养羊》："～乳之时，须人斟酌，三分之中当留一分。"｜古乐府《陌上桑》："行者见罗敷，下担～髭须。" ❷ 沿着：～着河崖儿走就上海了。 ❸ 理顺；理清：把这些事儿好好～～。 ❹ luō 顺着一个方向撸取；顺着枝条采植物的花叶：～缨青｜俺才去～槐花来｜《诗经·周南·芣苢》："采采芣苢，薄言掇之。采采芣苢，薄言～之。"‖《说文解字》："～，取易也。"

【捋巴】lū ba 顺着一个方向抚摸：羊马比君子，小羊儿不舒梭了也给它～两下｜我这个脊梁板得难受，你给我～～。

【绿豆蝇】lù dou yǐng 一种个头较大、背呈青绿色的苍蝇。

【绿头儿】lǜ tòur 偏绿的颜色或（暗含有）绿色：再能加上点儿～就好看了。

【绿筝筝】lǜ zhèng zheng ＝〚绿筝生儿〛lǜ zhèng shěngr 有点绿色的；浅绿色的：这块儿布～的，挺配衣裳的。‖《俚语证古》第十卷："草色之浅绿者，谓之～的，筝筝当作青青（古音读筝）。"

【碌轴】lù zhu 石制的圆柱形农具，表面刻有棱条，用来轧谷物或平场地：《醒世姻缘传》第七十九回："分付已完，这牛顺驯而去。那日正在打场，将他套上～，他也不似往时踢跳，跟了别的牛沿场行走。"‖1935年《莱阳县志》："轧场之石曰～。碌音如绿，轴音如柱。"

【敹】lū 用鞭子、棍子等长条形物击打：叫他爹把他好一个～。‖《集韵》："～，击也。"

【履须】lǚ xu 小虫在人体或物品上爬行、叮咬：把饭盖起来，别叫苍蝇～了。

【陆续】lù xù 表示先先后后，时断时续的状态：仓库里剩下那点儿货，你～着挪家里放着。

luan

【乱插石】luǎn chà shì 垒砌起来的大小凌乱的石头：他家的院墙都是那几年使～砌的。

【乱成一窝粥】luàn cheng yǐ wè zhǒu 极度混乱的样子：几天不待家，回来家里～了。

【乱喊喊】luǎn qì qi 人多杂乱的样子：街上的人～的，咱上家里说。

【乱石】luǎn shì 碎石；杂石：使～插起来的一趟墙。

【乱谈】luǎn tàn 理不清的麻烦事：头上来不说明白了，到最后都是些～。

【乱嚷嚷】luǎn yàng yang 吵闹喧杂的样子：屋里的人～的，你说的什么我都没听清。

【乱营】luàn yìng 出现混乱的局面：这个话一传回来，队里的人都～了。

【乱杂】luàn za 杂乱：院子里这么～，是些什么人待里边儿？

【乱葬岗】luàn zǎng gāng 旧时随意埋葬尸体的地方。

【乱子】luàn zi 祸端；纠纷：出去都老实点儿，别惹～来家。

lüe

【掠】lüě 用扫帚粗略地或轻轻地扫：你拿笤帚把地～几下。

【略少】lüě shuo ＝〖略微〗lüè wěi 稍微，表示数量不多、程度不深或时间不长：平时～勤勤手，家里就很干净。

lun

【论】lùn ❶ 分析和说明事理：～正理｜就事儿～事儿｜△不～裤子不～袄。❷ 按照某种标准或类别来说：论个卖，不～斤儿｜～辈你待叫爷爷。

【论辈儿】lǔn bèir 按照辈分：～你待叫他爷爷。

【论个儿】lǔn guòr 按一个个的数量：鹅蛋～卖，不论斤儿。

【论壶儿】lǔn hùr 遵从道理或成规，一般用于反问或否定句式：那样不～的人没有愿意和他打交道的。

【论正理】lùn zhěng lī 按道理；按说：～他待去之前先跟你打个招呼。

【嫩】lùn ❶ 初生而柔弱：～超｜～芽。❷ 程度浅；余地少：你留的线头太～了，光扯开。❸ 幼稚；不老练：毕竟年纪还小太～了。❹ 食物烹调时间短，容易咀嚼：肉炒得～点儿了。

【嫩超】lǔn chao 鲜嫩：他买的这些韭菜挺好，～的。

【嫩超超】lǔn chào chao 非常鲜嫩的样子：这些菜一直没缺着水，都～的。‖《俚语证古》第十卷："条支鲜盛貌，谓之～的。超超字当作夭夭（古音读超）。《诗·周南·桃夭》篇：'桃之夭夭'，传云，夭夭，其少壮也。"

luo

【罗】luò ❶ 一种器具,在圆形或方形木框上固定上网状物,用来使小于网目的颗粒或粉末漏下去,留下较粗的颗粒或渣滓:天~地网。❷ 用这种器具过筛:~面│~沙│~蚴子。

【罗乱】luǒ lan ❶ 麻烦;祸端:开始还不当事儿,现在成了些~。❷ 棘手的;难以解决的:你少搀和他那些~营生。

【罗面】luǒ miàn 用罗筛除面粉中的渣滓或虫子。

【罗沙】luò shǎ 用罗筛选一定大小的砂石颗粒或筛除杂质。

【罗蚴子】luǒ yōu zi 用细目筛子分离粮食中的谷象等虫子。

【萝贝】luǒ bei 萝卜:△拔出~带出泥│△~快了不洗泥│△吃~,喝酽茶,气得大夫溜街爬。‖《俚语证古》第九卷:"芦菔也,葵也。芜菁大根者谓之萝白。萝白为芦菔(古音读白)之双声音转。"‖"白"与"贝"方言发音相同。

【萝贝灯】luǒ bei děng 旧时在农历正月十五日有送灯、观灯的传统。将青萝卜雕成灯碗,贴上棉芯,用食油点燃,称为"萝贝灯"。

【萝贝腚】luǒ bei dìng 萝卜生长时埋在土里的部分,呈白色。

【萝贝花儿】luǒ bei huǎr ❶ 萝卜开的花。❷ 眼部疾病,指眼睛角膜白斑。

【萝贝丸子】luǒ bei wǎn zi 用萝卜丝为主要原料炸制的丸子。

【萝贝缨儿】luǒ bei yǐngr =〖萝贝缨子〗luǒ bei yǐng zi 萝卜的叶子:捋~│使~包的大包。

【㧯】luō 撕裂;撕扯:那个麻袋都叫狗~碎了│元杂剧《杀狗劝夫》第二折:"将一条旧褡裢扯做了旗角,将一领破布衫~做了铺迟。"│元杂剧《争报恩》第一折:"~下这窗户上纸来,做个纸捻儿点着。"

【乐】luò ❶ 开心;高兴:看你待那儿~的。❷ 娱乐:他爹那人好~儿。❸ 享有某种资格:你算哪根葱哪根蒜,还~你出来说三道四?

【乐和儿】luò huor 高兴;愉快:咱不图别的,就图个~。

【乐意】luǒ yi ❶ 高兴;喜欢:他~了,你说什么都行。❷ 愿意:这样的好事谁也~去。

【落利】luō li 利落;整洁有条理:他做事老是这么~│你看他干起活来,就是~。

【落毛】luò mào 本义指动物褪毛,比喻人失势或落魄:△~的凤凰不如鸡。

ma

【马不停气】mǎ bu tīng qì 不间歇;马上;立即:应了他的东西,他就～跟腚上要。

【马车】mà chě 用马或骡子拉的运输车:那几年他赶～往市里送沙。

【马蛋子】mà dǎn zi 光头:他留着个～一看不像什么好人。

【马路牙子】mà lu yǎ zi 车行道外缘高起的石沿,又称为"路边石"或"路沿石"。

【马尿骚】mā niao sǎo 又名骚柳、水麻柳,学名枫杨。

【马蓬腰】mā peng yǎo (轻微的)驼背:他上了年纪都有点儿～了。

【马蛇子】mā shè zi 一种小蜥蜴。

【马扎儿】mà zhàr =〖马扎子〗mà zhǎ zi 一种可折叠的小型坐具:《老残游记》第十五回:"县官有马扎子,老残与人瑞仍坐长凳子上。"

【妈家】mǎ ji 已婚妇女的娘家:她们两个都是埠东～。

【妈家爹】mǎ ji diē 已婚妇女的父亲,区别于自己的公爹:她～也都惊动来了。

【妈家娘】mǎ ji niàng 已婚妇女的母亲,区别于自己的婆婆:她～真是个懂道理的人。

【妈家人】mǎ ji yìn ❶ 已婚妇女的娘家亲属:他做这么些过头儿事,媳妇～不能让他。❷ 已婚妇女老家的人:见了～真是亲。

【妈妈】mā ma ❶ 奶奶,老派的称呼:△帚笤疙瘩,随他～。‖1928年《胶澳志》:"～,祖母之谓。" ❷ 母亲,新派的称呼。

【蚂尖】mā jian（mā dian）水蛭,又名蚂蟥:△洗完澡再数腚上的～。

【蚂蚁蝉】mā yì yang 一种体型较大的蚂蚁。

【蚂蚱】mà zha 蝗虫。

【蚂蚱菜】mà zha cǎi ❶ 指霞草,即山蚂蚱菜。❷ 指马齿苋。

【犸虎】mǎ hu 狼的别称:△狗咬～两下怕|△～逮着驴——弄着大的了|△～吃了个童男女——人味儿没一点儿|《聊斋俚曲集·慈悲曲》第二段:

"那孩子只怕那～吃了,我还得去找他找。"|《聊斋俚曲集·慈悲曲》第三段:"就是～咬着老羊——就吃下他下半截,他也是不做声的。"|《聊斋俚曲集·慈悲曲》第四段:"今日跟到山里,万一撞见～着呢?"亦作"马虎""麻虎""妈虎":《聊斋俚曲集·磨难曲》第二十三回:"淌里洋来淌里洋撞,马虎好似狼,看见蹄儿是几个,道是一根尾巴长在屁股上。"|《俚语证古》第十二卷:"麻虎,獏虎也。狼谓之麻虎。麻虎为獏虎双声音转。《尔雅·释兽》:'豿獏似狸。'释文引《字林》云,獏,狼属。一云豿也。虎谓其如虎食人也。"|1928年《胶澳志》:"妈虎,谓狼为妈虎。"

【犸虎铃铛】mǎ hu lǐng dang 一种野草。

【犸虎扇子】mǎ hu shàn zi 学名射干,中草药,有清热解毒、祛痰利咽等功效。

【犸虎径道】mǎ hu jīng dao 狼平日活动的固定路线、通道,过去不少村庄都有这样的通道。

【码打】mǎ da 不动纸笔而粗略地估算:他才～了～,还缺了不少材料。

【码垛】mà duò 整齐地堆叠:他们把货码成垛才能收工。

【码算】mā suan 粗略地计算:我～了一遍,这个活可以干。

【骂嘎唧儿的】mǎ ga jǐr di =〖骂嘎吱儿的〗mà ga zhǐr di 骂骂咧咧的样子:他还待那里～,一点儿不服气。

【眜】mā ❶看;盯:等你看着的时候就晚了,人家早就～上了。❷观察并加以判定:他们还～着你当孙。

【眜不清志子】mā bù qǐng zhì zi 看不明白;认不准:加上他又是新来的,～。

【朚朚儿】màr màr ❶乳房:《聊斋俚曲集·俊夜叉》:"不看我千补百衲,两～出来见人?"❷哺乳;吃奶:孩子饿了,非要～。

【抹搭】mǎ da 眼皮微微下垂:他成天～着个眼皮,就赶没困醒。

【抹下脸来】mā xi(xia)liǎn lai 不高兴;翻脸:他老是不好意思的,抹不下脸来|《聊斋俚曲集·增补幸云曲》第十回:"老虔婆～说:'我没事就不来!人家那当姐儿的也是当姐儿,春里是春衣,夏里是夏衣,你也是个姐儿,我来问你要几两银子使使。'"

【麻】mā 错:看～了|想～了|△摘了帽子尿尿——算～账了。

【麻打】mǎ da 砸吧(嘴):人浪笑,猫浪叫,狗浪忙断腿儿,驴浪～嘴儿。

【麻大烦】mà dǎ fàn 有大麻烦:不赶紧修好,要是漏了水就～了。

【麻瞪】mǎ deng 眨动(眼睛):他待那～眼儿,看样儿是醒了|《聊斋俚曲

集·磨难曲》第一回："知县怕他实落报,送上厚礼哀哀央,他轿里底头～眼,合县报了几个庄。"|《聊斋俚曲集·磨难曲》第一回："虽然说不成灾,却又自家看不上,坐在那轿里～着两眼,见一个庄里没有术秸,便说这庄子成的是灾。"

【麻骨儿】mǎ gur ❶ 脚踝骨。❷ 肘部一处稍微触碰就有酥麻感的穴位。

【麻溜】mǎ liu 麻利;利落:他闺女干活～,人长得也好。

【麻撒】mǎ sa (雨雪等)稀稀落落的样子:出去拿着把伞,外边儿～起雨来了。

【麻糁】mǎ shan 花生、大豆等榨完油后挤压成的渣饼:这些菜都是施得～长的。

【麻沙沙】mǎ shà sha 感觉微麻的样子:叫锤把手震得都～的。

【麻呀】mǎ ya ❶ 咀嚼;咬:你待那～什么? ❷ 嘟囔:他还不服气儿,嘴不闲着～。

【麻爪儿】mǎ zhuār 手脚发麻,比喻因惊怕紧张而手足无措的样子:别看他现在这些本事,真遇见事儿就～了。

【嘛】mǎ 用在表示大小、长短、高下等意义的形容词前,强调非常小、短、矮等消极意义:～点儿|～长短|～高下|～矮矮|～瘦瘦儿|～点点儿。

【嘛长短儿】mǎ chang duānr 没多长;很短:韭菜才～,不好割。

【嘛粗细儿】mǎ cū xìr 没多粗;很细:他那个小胳膊～,没有什么劲儿。

【嘛点儿】mǎ diānr =〖嘛大点儿〗mǎ da diānr ❶ 很小:他家的孩子才～。❷ 很少:剩了～点水了,再去挑担回来。

【嘛高下儿】mǎ gāo xiàr 没多高;很矮:这个墙～,不用踮东西就蹦过去了。

【嘛厚薄儿】mǎ hou bèr =〖嘛枵薄儿〗mǎ xiao bèr 没多厚;很薄:别光看价钱,你摸摸他那个料～。

【嘛距远儿】mǎ ju yuānr 没多远;距离很近:过去～,不用骑车子了。

【嘛宽窄儿】mǎ kuan zhēir 很窄:小桥～,走不开两个人。

【嘛老点儿】mǎ lāo diānr 极少一点儿:就高了～,看不大出来。

【嘛深浅】mǎ shen qiān 很浅:河里的水～。

【嘛臧该儿】mǎ zǎng gāir 很短的时间;一会儿:我～就办好了。

mai

【买换】māi huan ❶ 收买:～人心。❷ 换取:这个人真是吃了千口不嫌腥,多少东西也～不出他的心来。

【买卖儿精】māir màir jǐng 精明的生意人：他哥哥从小就是个～｜△～，不贩韭菜葱。

【买卖儿人】māir māir yìn 生意人；善于经营的人：他真是个～，小帐算得巴巴的。

【卖】mài ❶ 卖出：这筐菜一头晌就～上了。 ❷ 损坏（器物）：才拿出来的把新茶壶叫他～了。

【卖乖】mài guǎi 假装吃了亏或受了委屈：△耍了精神，卖了乖｜△得了便宜，卖了乖。

【卖缺儿】mǎi quēr 售卖市面上少见或缺货的东西：剩这么几个了，光～都不够卖的。

【卖什么果木的】mǎi shǐ mu guō mù di〈贬〉指某人的背景来路：看他到这里咋咋呼呼的，到底是～？

【埋汰】mǎi tai ❶ 脏；不干净：就这个～样儿，谁能用上他？ ❷ 使人恶心、厌烦：他这是跑来～人的。

【埋种】mǎi zhēng 将种子或作物的块茎埋在土中：我打沟儿你～。

man

【满】mān ❶ 达到容量的极点：△酒要～，茶要浅｜△一瓶不～，半瓶晃荡｜△一块坏肉臭～锅｜△母鸡不下蛋——脂～腔了｜△秋雨不遮天，遮天下～湾。 ❷ 使满：把酒～上。 ❸ 全：△耗子咬茶壶——～嘴的瓷（词）｜△猪肥～身是膘｜△～筐砍不出个枨子来。 ❹ 达到一定期限：孩子～月儿了。 ❺ 顶多；无非：这筐芋头也～五十斤｜他～多等个十分钟。 ❻ 因用力而（眼睛、血管、肌肉筋腱等）鼓胀的样子：～断血管｜攒拳～眼｜△娘娘你好狠心，把俺说待午山村，挑担水～断筋，石头瓦碴颠脚心。

【满打满算】mān dā màn suàn 全部算在内：他那面儿～也就三四个人｜《儿女英雄传》第三十九回："孔夫子给子华他们老太太的米，那是行人情，自然给的是串过的细米，须得～。"

【满份家】mān fèn jiǎ ＝〖满份家子〗mān fèn jiǎ zi 全家：△钓鱼摸虾儿，饿死～｜快回来，～都等你回来吃饭。

【满净】mān jing 很多：你快多拿点儿，家里还～，都吃不了。

【满口逮腮】mān kōu dài sǎi =〖满口余腮〗mān kōu yù sǎi 大口吃东西腮帮鼓起的样子:没等你回来,他早就～地吃起来了。

【满口货儿】mān kou huòr 食物大或数量多,可以大口地吃:他不愿意吃小鱼儿,就愿意吃鲅鱼什么的,～。

【满里】mǎn lī 指房屋的使用长度或宽度。

【满满鼓堆】mān man gǔ dei 形容非常满的样子:皮箱叫他揎得～的。

【满满】mān man ❶ 眼睛瞪大突出的样子:他～着个眼就和想打仗样的。 ❷ 争吵:这两个人说了没几句话就～起来了。

【满破腚】mān pe dìng 充其量;最大限度:那一筐菜～能有一百五十斤。参"满破":《金瓶梅词话》第二十回:"一件九凤甸儿,满破使了三两五六钱金子勾了。"|《金瓶梅词话》第四十五回:"一个满破认他五十两银子,那里不去了,只当你包了一个月老婆了。"

【满外】màn wài 从房屋外墙测量出的长度或宽度。

【满眼】❶ mān yan 大而外凸的眼珠:这个人长着那对大～没有眼皮挡着就掉出来了。 ❷ mǎn yān (因用力或气愤)瞪大眼睛,引申为气愤、争吵、对抗、向人示威:那两个人都不是善茬,动不动就～。

【漫】❶ mān 满;遍:元杂剧《渔樵记》第三折:"呆弟子孩儿,～坡里又无人。见鬼的也似自言自语,絮絮聒聒的!"|元杂剧《玩江亭》第二折:"师父,你既要请我,这～地里又无房舍。" ❷ mǎn 隔着;越过:△～着锅台上了炕|《聊斋俚曲集•富贵神仙》第九回:"张春说:'不必叫别人。'便～墙叫过他大儿张诚来,'给你大叔背着行李。'"|《醒世姻缘传》第三十八回:"你这不去,惹的大的们恼了,这才～墙撩肐膊,丢开手了。"亦作"瞒":《聊斋俚曲集•墙头记》第二回:"还不瞒墙着实叫,堪堪就死命难存,发脾寒冷的还成阵。"

【漫风拉草】mān fěng lǎ cāo =〖漫草拉坡〗mān cāo lǎ pē 在山野荒坡艰难行进的样子:老妈妈借着月明～地朝前走。

【漫盘子漫碗】mān pǎn zi mǎn wān 形容人吃饭的时候在整个盘子和碗里胡乱挑食的样子:他吃饭～的,人家都没法儿吃了。

【漫坡地儿】mān pe dìr 山野田地;野外:待这么个～里,也找不着人来帮忙。

【漫山漫岭】mān shǎng mǎn līng 漫山遍野:这些花儿待俺那儿～管哪是。

【慢火】màn huō 火力和缓的火:使～蒸二十分钟。

【慢芯子】mǎn xin zi ❶ 燃烧较慢的烟花鞭炮引信。 ❷ 形容性格慢的人。

【嫚】(～儿) mǎnr ❶ 处女;未婚嫁的女人:俊丑放后边,怎么说人家还是个～儿不是? │△为一天～儿,当一天官儿。❷ 女孩;小姑娘:△～～你别馋,过了腊八就过年│△小大～,好大脚,扑丫扑丫上了坡。拾麦子,蒸饽饽,看看大～吃多少。‖1928年《胶澳志》:"女童谓之～。" ❸ 旧时长辈对已过门的女性晚辈的称呼,一般前面加上姓氏:李～│王～│曲～。

【嫚姑子】mǎn gù zi 对小女孩的昵称:这个小～待吃点儿什么?

【嫚嫚儿】mǎnr manr 闺女;小姑娘:你个～家待学着安静点儿。

【墁】màn 用泥土、石灰等物抹墙、涂墙:～墙│和点儿灰把壁子～～│《聊斋俚曲集·翻魇殃》第七回:"问了问他那屋,嫌那屋没～。修理要给钱,修理要给钱,不是空口说空言。"亦作"漫":《金瓶梅词话》第十二回:"有一个泥水匠在院中漫地。"

【镘】(～儿) mànr 铜钱没有字的那一面:桌子上放着的那个铜钱是～儿朝上│元杂剧《燕青博鱼》第二折:"(燕大云)你拿头钱来我看咱。(正末云)这个是头钱。(燕大云)这钱昏,字～不好。(正末云)哥也,这钱不昏,你则睁眼儿看者。"‖古代用来泛指钱财:元杂剧《陈州粜米》第三折:"俺这此处有上司差两个开仓粜米官人来,一个是杨金吾,一个是刘小衙内。他两个在俺家里使钱,我要一奉十,好生撒～。"

【蛮】mǎn ❶ 粗野;不通情理:野～。❷ 鲁笨;愚莽:学着使巧劲儿,不能光使～劲儿。

【蛮劲儿】mǎn jìnr 笨拙的力量:他长得粗实,一身的～。

mang

【忙不成个儿】mǎng bu chěng guòr 非常忙碌的样子:来了这么多客,老人待下边就～了。

【忙急】mǎng ji 忙活;忙碌:你看俺来了把你给～的。

【忙死忙】mǎng shi màng 不管多忙:他爹～,他也不过来搭把手帮帮│△～,先打场。

【吣】màng ❶ 助词,想取得对方的认同,相当于"是吧":你不是待上俺家去,～。❷ 助词,相当于"嘛":说这个他不爱听,那就说他爱听的～。

【莽】mǎng 蹬;踢:晚上孩子把被～了,到了半夜冻醒了。

【莽打】mǎng da 反复踢腿的样子:痛得他欹待地下光～腿儿。

mao

【毛】mào ❶ 动植物的表皮上所生的线状物；鸟禽身上长的羽毛：猪～｜羊～｜汗～｜有皮无～｜鸡～蒜皮｜△狗咬狗,两嘴～｜△羊～出在羊身上｜△嘴上无～,办事不牢。❷ 货币的实际购买力下降：他手里头攥着的那两个钱儿也～得没东西了。❸ 大约；接近：这一桶水～五十斤｜夜来晚上敛下困觉的时候～十二点了。❹ mǎo 发火；发怒：人家没等着说话,他先～了。

【毛儿八分】māor bà fěn 一角钱左右,比喻很少的钱：咱这么大的买卖也不差那～的。

【毛糙】mǎo cao 粗糙；不细致：板子还有点儿～,再打磨打磨。

【毛蛤蜊】mǎo ga la 魁蚶；毛蚶：～肉拌菠菜。

【毛梗儿】mào gěngr 毛线：她找了根儿～扎了扎头发就出门了。

【毛孩子】mǎo hǎi zi 小孩子：你和个三岁的～生的什么气。

【毛毫儿】mǎo haor ❶ 绒毛；毫毛：领子上的些～扎人。❷（可以激化矛盾或挑起事端的）极小的问题：小心点儿好,叫他抓着～够你受的。

【毛毫毫儿】mǎo hàor hǎor ＝〖毛毛毫毫〗（～儿）mǎo mao hǎor hàor（让人不舒服的）毛茸茸的样子：这件衣裳的领子～的,脖子刺挠得难受。

【毛料】mào liào ❶ 刚开采出来,未经加工的石料。❷ 羊毛等毛纺织品。

【毛毛儿】mǎo maor ❶ 绒毛；细小的线：衣裳上沾了些～。❷ 表面有绒毛的：外边是个～面的。

【毛毛乍乍】mǎo mao zhǎ zhà 刚睡着或刚醒来时,迷迷糊糊的样子：我困得～的,也没听清外边的动静。

【毛石】mǎo shi ＝〖渣毛石〗zhǎ mào shi 采石时在地表层质地疏松、不太坚硬的石头。

【毛着】mǎo zhi 未经精细计算的：他这个小店儿一月～能进个万数块儿。

【毛窋】mǎo zhū ＝〖汗毛窋儿〗hàn mao zhūr 汗毛根部：出汗出得～就开了,别叫凉风吹感冒了。‖1936 年《寿光县志》：“毛根曰～。”

【卯不知桦】māo bù zhǐ xūn 不了解情况而贸然行事：人家没个做声的,他～地待那里瞎嘟嘟。

【茆儿】māo 球状物：线～｜这种虫子你一动它就蜷成个～了。

【猫打狗抓】mào dā gòu zhuǎ 干活忙乱或不认真的样子：他～地干完了,后面还待跟着个打扫腚根的。

【猫儿眼】mào ler yān 猫眼草。

【冒】mào（mǎo）❶ 露出;出现:他这又从哪～出来了? ❷ 用沸水短时间煮:你把排骨先使开水～～再煮。 ❸（花费）超出预期或用度:手里头那几个钱儿都花～了。

【冒肚子】mǎo dǔ zi 拉肚子;腹泻:吃樱桃待吃几个核儿,省着光～。

【冒话儿】mǎo huàr 指幼儿刚开始学说话时冷不丁说出的话:孩子几天儿没见着,都会说~了。

【冒冒道道】mǎo mao dǎo dào 冒失忙乱的样子:他～地回来一趟,又不知道上哪去了|别老是～的,往后学着仔细点儿。

【冒闷】mǎo men 糊涂;搞不明白:他突然这么一问,我也有点～|当时他也～了,家去了才寻思过来不大对。

【冒血尖儿】mǎo xiè zǎir 皮肤受伤未破皮,但是有红色伤痕的样子:他磕的这下儿不大要紧儿,就是有点儿～。

【冒烟发火】mào yǎn fǎ huō 东西燃烧产生烟尘多的样子:改成烧煤气就再也不用～的了。

【帽】mào ❶ 戴在头上用于保暖防晒、挡风遮雨或做装饰的用品:△草～子当锣打 —— 响不起来|△狗熊戴礼～—— 不象人形|△牛吃破草～——肚里坏圈圈不少|摘了～子尿尿 —— 算麻账了。 ❷ 性状类似于帽子的东西:螺丝～|△浮山戴～,小雨儿两瓢儿|△男怕穿靴,女怕戴～儿。 ❸ 比喻对人的评价:他最会给人家带高～儿了。 ❹ 比喻预先做出的指定性安排:这几个人都是上边儿戴着～儿下来的。

【茅房】mǎo fang 厕所:△占着～不拉屎|△人家上～他腚眼儿痒痒。

【茅根儿】mǎo genr =〖茅根草〗mào gěn cāor 白茅。

【貌相】mǎo xiàng 相貌:看他的～不像个坏人。

【擂】māo 用拳头打:他的眼也叫人～青了。‖《广韵》:"～,打也。"《集韵》:"～,击也。"

me

【末货儿】mè huor 虾蠓,一种很小的虾,常用来做虾酱:～炒鸡蛋。

【末末儿】mèr mer 细粉末:把里边的那些～打扫打扫。

【末梢子】mè shao zi ❶ 豆角、芸豆等作物结的最后一茬:这些豆角光剩一些～了,快拔了吧。❷ 家里排行最小的孩子:他一共姊妹六个,他是个～。

【沫沽渣】mè gu zha 粘稠的唾沫;粘稠的咳出物:他吃什么中毒了,口里直吐～。

【沫沫儿】mèr mer 泡沫:这些猪肉放锅里使水一窜,窜出那么多～来。

【抹】mē ❶ 涂:～粉｜△干屎～不了人身上｜△嘴上～石灰——白说。❷ 揩;擦:哭鼻子～泪。❸ 除去:把他的功劳都～去了。❹ 用刀、剑等割(脖子、头等):《聊斋俚曲集·磨难曲》第十七回:"又横三竖四,把个头砍的稀烂,才踏着肩膀,～下头来了。"｜《醒世姻缘传》第二回:"若又似前采打,我便趁势照他脑前戳他两刀,然后自己～了头,对了他的命。"｜《红楼梦》第六十七回:"兴儿道:'他母亲和他妹子。昨儿他妹子各人～了脖子了。亦作"磨""劘":《聊斋俚曲集·寒森曲》第六回:"三官说:'我安心瞧个空,把他一刀子杀死,便自家磨了头。'"｜《聊斋俚曲集·慈悲曲》第四段:"张讷叫了一声皇天,把头几乎劘下来!" ❺ mà 触碰;动:要是他不去领着打扫卫生,没有愿意去～着笤帚的。❻ mà 擦;清除:拿块儿布儿～～上边的些灰。

【抹画】mē hua ❶ 涂抹:叫孩子把墙～得乱糟糟的。❷〈贬〉化妆;打扮:都几点了,还有空待那儿～?

【抹拉】mē la 用手抹:吃饭的时候称兄道弟,吃完饭一～嘴不认得你是谁。

【抹抹面儿】mē me miànr 倾斜的平面:平房顶单为做成个～好淌水。

【抹抹着】mē me zhi 向某一侧倾斜的样子:你剪的这个头发后面～不好看。

【抹坡儿】mè pěr 斜坡:台阶下面有一个～,正好能从这里把车子推上来。

【没】mě 无:～有｜～影儿｜～场儿｜～脸～皮。❷ 不曾;未:～去｜～困｜～醒。❸ 不够;不如:～你高｜～他心细。❹ 财物收归公有或被私人侵吞:～收。❺ 早在;早就:人家～两点就来等着了｜他哪三十来岁,～都四十多岁了。

【没白没黑】mě bèi mě hēi 起早贪黑的样子:发捣弄这个营生,～地忙活,没有空儿看孩子。

【没鼻子没脸】mě bí zi mě liān 劈头盖脸;毫不留情面的样子:他一进门儿就～地叫老师一顿嘞。

【没标靶儿】měi biǎo bar 无分寸:你帮他长个眼色,他哈上点酒说话就～了。

【没病没灾】(～儿) mě bìng mè zǎir 平安健康的样子:只要家里人都～儿的,咱不求别的｜《聊斋俚曲集·寒森曲》第八回:"又没病又没灾,忽然间眼不开,说三官已在旁门外。"

【没吃着】mě chī zhi 吃某种东西引起身体轻微不适:他今日吃鱼~,肚子一直不舒梭。

【没搭儿】mě dār 没办法;没有依靠:看样儿他是真~了,把你都请来了。

【没挡儿】mě dāngr 形容好到极点:吃蛤蜊哈啤酒,真~了。

【没法治】mě far zhì 无计可施;无可奈何:△一问三不知,神仙~|△人要脸,树要皮,没脸蛋子~|△屋漏拉上席,家漏~|《聊斋俚曲集·磨难曲》第二十一回:"我如今懊悔无及,恨当初不说的实,这可是也~。"

【没嘎知儿】mè gǎ zhǐr〈贬〉毫不觉察、无动于衷的样子:都快考试了,他还~的。

【没管乎】mě guān hu 没注意;没当回事:他当时随口这么一说,我也~。

【没好气】mě hāo qì 没有好的语气和口气:他~把包儿摔待桌子上|《聊斋俚曲集·姑妇曲》第一段:"于氏推了一把,~说:'我不希罕你!'"

【没家没业】mè jiǎ mě yè 未结婚成家也没有稳定职业的样子:他儿子这么个年纪了还~的也不是个事儿。

【没将道】mě jiǎng dao 没有一定的规则、道理或要求:这一类的东西~,怎么弄怎么好。

【没景】mě jīng ❶ 没有确切的进展:他们等了快一个月了,开工的事还~。❷ 不可观:一年能挣多少钱?~。

【没郎张】mě làng zhǎng 过份淘气的样子:我看你又~。

【没老些】mě lào xiě 没多少;不多:~日子我还看见他回来了。

【没里没表】(~儿)mè lī mě biāor 不讲道理、不顾礼节的样子:她发起厉害来~儿的,你讲什么也没用。

【没脸】mě liān ❶ 没有颜面:做了这样的事他也~跟自己的爹娘说|他认些孙来家,都跟着赚些~。❷ 不要脸;不知羞耻:~没皮。❸ 比喻遭到拒绝或斥责,落得没趣:他去一趟赚了~,回来就添油加醋地好一顿啵啜。

【没脸蛋子】mě liān dǎn zi 厚脸皮的人;不知羞耻的人:△人要脸树要皮,~没法治。

【没脸没腚】mě liān mě dìng =〖没脸没皮〗mě liān mě pì 不顾脸面、不知羞耻的样子:他能说出这样的话来真是~|他又~地上人家门上要东西。

【没聊涯儿】mě liáo rar 没完没了;不着边际:他喝上点儿酒就吹起来~了。

【没命妄】mě mǐng wang 肆意;过份:出价儿也待差不多,不能~地跟人家要钱。

【没年纪】mě niǎn ji 年纪不大:他还～,就想当看门大爷了。

【没尿泚】mě niào cǐ 无可奈何;没办法:他就是欺软怕硬,碰上硬茬也是～。

【没旁人揽的】měi pàng yin lān di 别人无法与之相争:只要他参加,第一名就～|△大麦岛洗澡——～。

【没跑儿】mě pāor 没错;确定无疑:你按我说的那么去弄,保证～|△吃豆子喝凉水儿,～(准会拉肚子)。

【没皮没肉】mě pì mě yòu ❶ 皮肉被打伤的样子:他爹下手那么重,打得个孩子～的。❷ 形容孩子调皮嬉闹时不顾自己皮肉损伤的样子:这个孩子耍起来就～的。

【没谱儿】mě pūr 没有计划和打算:那都还是～的事儿,不用听他瞎编。

【没期】mě qǐ 遥遥无期:你待勤催着,要不这个事儿又就～了。

【没强起】mě qiǎng qi 表示比较的常用短语,最好不过;相比没有更好的:他成天嗤空着个鼻子就觉着～他的。

【没晌没夜】mě shāng mě yè 起早贪黑的样子:干养殖这个活儿～的,吃饭没准点儿。

【没深没浅】mě shěn mě qiān 言语或行为掌握不住分寸的样子:他说话～的,别惹出什么事来。

【没声没响】mě shěng mě xiāng 悄无声息的样子:他进门儿～的,吓了我一大跳。

【没是没非】mě shi mè fěi ❶ 没有缘故:他保证是有什么事,要不～地不会请客。❷ 省心的样子;没有麻烦或意外的样子:孩子～地待那耍,别去逗弄他。

【没数儿】mě shùr =〖没有数儿〗mě you shùr ❶ 没有分寸:说起话来怎么一点儿～。❷不知好歹;不明事理:惬公公婆婆成天拿着你当宝,你快别～了。❸ 数量很多,无法一一计算:叫你这么个算法,那就～了。❹ 数量不清;情况不明:他成天不待这儿,究竟怎么回事他根本～。❺ 没有把握:这件事到底能怎么样,他也～。

【没听】mè tǐng ❶ 没有听到(声音):俺都～屋里有什么动静儿。❷ 没有听说;不知道:咱还～有这么家子人家。

【没头没堵】(～儿) mè tòu mě dūr 没有前因后果的样子;突兀的样子:你说的这个事儿～儿的,谁能明白?

【没头没脸】mě tou mě liān 不管身体什么部位:《金瓶梅词话》第五回:"这妇人便去脚后扯过两床被来,～只顾盖。"|《醒世姻缘传》第七十六回:"(素

姐)一手将狄希陈踩翻在地,拾起一个小板凳来,～的就打。"

【没头没脑】mè tou mě nāo ❶ 不留情面;狠狠:他去了～地一顿噘嘲。❷ 无缘无故;糊里糊涂:他上来就～地问了这么一句,大家伙都弄不明白|《二刻拍案惊奇》第十六卷:"夏主簿遭此无妄之灾,～的被贪赃州官收在监里。" ❸ 不管身体什么部位:一家去就叫他爸爸～地好一个打。

【没王的蜂子】mě wǎng di fěng zi 失去管束的人:老师没待这里,孩子们都成了～。

【没味儿】mě wèir ❶ 没有滋味;没有味道:这些茶叶喝起来～。 ❷ 无趣;没有道理:听他说的这些话真是～。 ❸ 不知趣:他真～,人家的事儿用不着多嘴多言的。

【没窝没场】(～儿)mè wě mě chāngr 没有立足或安身之处:二十多岁的人了还～儿的,谁家的闺女能跟?

【没心大意】mě xǐn dà yì 无精打采、心不在焉的样子:这些事没处理好,他干什么都～的|我看他有心事,一头晌都～的。

【没寻】mě xìn "没寻思"的省略语,没想到:我真～他能不帮这个忙。

【没寻思】mě xǐn si 没想到:他们都～你能来。

【没样样儿】mě yǎngr yangr ❶ 没有反应;不理睬:我叫他三遍了,他都～。 ❷ 不起作用:他那个大饭量,这点儿东西上他肚子里根本就没～。

【没腰没胯】mě yǎo mě kuā 因过胖或过瘦身材曲线不分明的样子:他胖得～的,都不好买衣裳。

【没以】mě yì 没有;不曾;尚未,只用于疑问句或单独使用:你吃饭了～? | 孩子写完作业了? ——～,才开始写。

【没人行事】mě yǐn xǐng shi 没有教养、不懂礼数、自私自利的样子:那家人家～,少和他们叨叨。

【没影儿】mě yīngr ❶ 找不到;没有踪影:你别费事去找了,他早～了。 ❷ 不实际;不靠谱:他说的都是些～的事儿。

【没有】mě yōu 无;不存在,可置于名词后起强调的作用:～用|动静儿～|信儿～。

【没有场外的举人】mě yōu chāng wài di jū yin 要想考中举人,首先得参加科举考试,若不进场参加考试,永远是不能中举人的,比喻要做成大事必须经过必要的过程或亲自经历。

【没正经】mě zhèng jǐng 不重视;不庄重:和他说个正事儿,他东一句西一句的,一点儿～。

【没治了】mě zhì ler ❶ 情况无法挽救:△药王爷摆手——～。❷ 形容好到极点:他做鱼好吃得～。

【没咒儿念】mě zhòur niàn 没办法;无计可施:他光有钱没有用,没人去干还是～。

【没爪没挠】mě zhuā mě nào 手足无措的样子:待外边儿碰上这么个窝憋事,弄得他真是～的。

【没滋搭味】mě zǐ dà wèi ❶ 味道寡淡的样子:上了盘包子也～的,没有什么吃头。❷ 乏味;无趣:～地说那些话还不如不说。

【摸】mě ❶ 用手轻触或抚摩:△一个锅里～勺子|小猫就愿意叫人～～它。❷ 用手探取、寻找:上河里～鱼|△豆子开花,墒沟～虾|△吃饭～大碗,干活白瞪眼。❸ 偷窃:偷东～西|偷鸡～狗。❹ 了解:你不～潮水别去瞎噗嚓|他到底是什么脾气咱也不～|△大闺女的心思——极好个人～不准。

【摸糊儿】mè hǔr ❶ 旧时的一种儿童游戏,一人用手帕、布条等遮住眼睛,摸找并辨识其他人。❷ 没有照明的情况下在夜里或黑暗处活动:家里连支蜡都也没找着,两个人就待那～。

【摸脾气】mě pǐ qi 了解性格脾气:你和他交往时间短了,还不～|《红楼梦》第八十一回:"各人有各人的脾气,新来乍到,自然要有些扭别的。过几年大家摸着脾气儿,生儿长女以后,那就好了。"

【摸索】mě suo ❶ 探摸;摸取:他待兜儿里～了半天,也没摸出分钱来|《文明小史》第二十回:"谁知魏榜贤忽然从身～了半天,又在地下找了半天,像是失落一件什么东西似的。"❷ 抚摸:一～那个小狗儿,它就舒梭得一动也不动。

【摸踅】mē xue〈贬〉得到;获取(觊觎已久的东西):不用去问他也保险愿意,平常他都～不着|真叫你～着了。

【摸踅不着】mē xue bu zhuò =〖摸约不着〗mē yuè bu zhuò〈贬〉求之不得:他上哪儿能嫌后,他都～。

【摩弄】mě leng 抚慰;顺着某人的心意说话办事:他把老板真是～住了,什么事都交给他办|元杂剧《张生煮海》第一折:"甜话儿将人将人～,笑脸儿把咱把咱陪奉。"|元杂剧《西厢记》三本第三折:"他是个好孩儿家,你索将性儿温存,话儿～,意儿谦洽,休猜做败柳残花。"|《聊斋俚曲集·蓬莱宴》第六回:"西王母欢喜下坐,伸玉手～一遭。"|《醒世姻缘传》第三十六回:"那妇人拿了银子

去了。晁夫人～着他,哄他吃饭,又给他果子吃,黑夜叫他在炕脚头睡,叫他起来溺尿。"亦作"磨弄":冯梦龙《挂枝儿·卷八·咏部·金针》:"我常时来挑逗你,你心肠是铁打的。倘一线的相通也,不枉了磨弄你。"｜冯梦龙《挂枝儿·卷八·咏部·镜(之二)》:"镜子儿,亏你每日看人面,欢喜你,磨弄你,放你在跟前,烦恼你,昏迷了,就不容你见。"

【摩洋调】mě yǎng diào 盲目跟风模仿国外的摩登样式:她长那个丑样儿还成天～。

【磨房】mě fàng 磨面粉的作坊。

【磨鼓】mě gu ❶ 突起的圆状物:那双鞋的鞋底是带～儿的。❷ 特指身体上的突起:他一抬头叫桌子碰起个大～来。❸〈贬〉指人:那也不是个好～,别指望他。

【磨鼓蛋儿】mě gu dànr 圆形的小石头或圆形物:他说句话就赶着口里含着个~~,听不清说些什么。

【磨鼓溜秋】mě gu liǔ qiu 突起多、不平滑的样子:这个板子粘上些什么东西,怎么～的?

【磨鼓石】mě gu shì ❶ 水冲刷或风化形成的没有棱角的石头:才待那块儿大～上打了个盹儿。❷ 专门加工的一种四周平整、中间凸起的花岗岩石料。

【磨拐】mě guāi 固定在旋转的一扇石磨的外立面上的短棍。

【磨棍】mě gun 推石磨转的木棍:《聊斋俚曲集·禳妒咒》第二十一回:"天色明了,奔走慌忙,担筲打水,才把～放。"

【磨扣儿】mě kōur 连接磨拐与磨棍的绳环。

【磨盘】mě pan 石磨底部托着磨扇的圆形石制或木质底盘:《聊斋俚曲集·寒森曲》第七回:"血肉推成磨糊子,染的～一片红,因他曾把鬼来弄。"

【磨扇】mě shan 石磨的两个主要构成部分,为两个上下对称的短圆柱形石盘。其中间有圆洞,用木轴(磨芯子)串起,其结合面均刻相互咬合的棱槽,用于研磨粮食。进行研磨时,下面一个固定在碾盘上不动,上面一个围绕中轴旋转。

【磨石】mě shi 磨刀石。

【磨石脸】mě shi liān 形容人的脸皮厚:倘着他这么个～什么人也草鸡了。

【磨芯子】mě xin zi ❶ 插在石磨上下两扇磨盘中心的木轴。❷ 夹在有矛盾的人中间承受压力的人:待他们这个家里边就是个～。

【磨牙】mě yà ❶ 熟睡中牙齿相互摩擦出声:孩子困觉～是好打虫子了。❷ 说废话;争吵:都干活去,省着闲得怎都待这～｜《醒世姻缘传》第三十三回:

"只是这个'成都府经历老官',从此以后,先生在外边费嘴,他令尊令堂在家里～。"|《红楼梦》第二十回:"宝玉会意,忽'嗯'一声帘子响,晴雯又跑进来问道:'我怎么～了?咱们倒得说说!'麝月笑道:'你去你的罢,又来拌嘴儿了。'"

【磨眼】mě yān ❶ 石磨的上扇上用于放入粮食的两个孔。❷ 手脚肩等部位磨出的茧。

【磨洋工】mě yang gěng 磨蹭着干活:那几个人光待那里～,真赶人家说的:拉屎尿尿半点钟,提起裤子来正相应。

mei

【美面】mēi mian 漂亮;长得好看:那个人长得挺～。

【玫瑰香】měi gui xiāng ❶ 玫瑰花的香味。❷ 葡萄的一个品种名称。

【煤】mèi ❶ 可以燃烧的煤。❷ 向火炉内添加用水搅拌过的煤粉,让炉火极缓慢地燃烧:困觉的时候别忘了把炉子～着。❸ 煤烟中毒:夜来晚上后街上两口子叫煤烟～着了。

【煤大罗儿】mèi da ruòr 一种比普通水桶略小,上粗下细的桶,是德国占领崂山期间的外来语音译。

【煤核儿】měi hùr 燃烧后的煤渣中没有完全燃尽的部分。

【煤锨板儿】mèi xiǎn banr 烧煤用的小铲子。

【麦蒿儿】mèi haor 播娘蒿。

【麦假】měi jià 旧时农村中小学为了学生帮助家里麦收而放的假。

【麦秸草】mèi jiǎn cāo 切穗后的麦秆,以前常用来披草房屋顶,也用来烧火做饭:使～蒸的馒头格外好吃。

【麦糠】mèi kang 脱粒后的小麦外壳儿:△～擦腚——不利索。

【麦穰】mèi yang 轧碎的麦秆:《聊斋俚曲集·寒森曲》第七回:"权印官狠似狼,该剥皮揎～,叫狱神尽把冤魂放。"

【麦子】mèi zi 小麦。

【墨斗子】měi dōu zi 木工、瓦工等工匠取直线的工具,一般用墨汁做颜料,故称。

【墨黑】měi hēi 非常黑:孩子出去钻得浑身～。

【墨水】(～儿)měi shuīr ❶ 写字用的各种颜色的汁液:唐《通典》第十四卷:"北齐选举多沿后魏之制,凡州县皆置中正,其课试之法……有滥劣者饮～一升。" ❷ 读书识字的能力;学问才识:肚子没有～儿上哪光吃亏。

【墨鱼】měi yù 乌贼:～炒萝贝。

【墨鱼籽儿】mèi yu zīr 乌贼的卵。

【墨鱼豆儿】mèi yu dòur 一种体型很小的形似乌贼的海产品。

【墨鱼划拉儿】měi yù huǎ rar 一种状如乌贼、体型较小的海产品。

【墨汁子】měi zhī zi 用墨研成的黑色汁液。

men

【门把儿】měn bàr 门把手,安装在门上便于开合门扇的部件:往这靠靠,别叫～刮着衣裳。

【门帮儿】měn bāngr 门两侧墙体的边缘:～上的油漆都拉掉了。

【门鼻儿】měn bìr =〖门鼻子〗měn bǐ zi 一种安装在门上的带孔的部件,借助其他东西扣门或用来挂锁。

【门阐】měn chan 门槛。

【门道】měn dao 内情;窍门:△外行看热闹,内行看～|这个活儿没有什么～,就是熟能生巧的事。

【门垛子】měn duō zi 门两边向外凸出的短墙:理～这些上眼的活儿,都待叫好手艺的师傅干。

【门关儿】měn guanr 门闩或门环等关门的开关:黑天了,别忘了关上～。

【门划拉儿】měn huǎ rar 固定在大门上用于开闭门的金属环(链)。

【门里大外】mèn lī dà wài 门里门外到处都是的样子:不敢叫你做点营生,看看你把些麦子弄得～的。

【门楼】měn lou =〖门楼子〗měn lou zi 院子大门上方带造型的建筑物:单看这个～就知道当时住的是富苤儿|△会嫁的嫁个好对头,不会嫁的嫁个高～|元杂剧《谢金吾》第一折:"先把那～上的砖瓦乱摔下来……上紧的拆!"|《醒世恒言》第十五卷:"大卿径望东首行去,见一座雕花～,双扉紧闭。"|《警世通言》第十四卷:"两个奔来躲雨时,看来却是一个野墓园。只那门前一个～儿,里面没什么屋宇。"|《聊斋俚曲集·磨难曲》第十八回:"眼望见有个庄儿,待俺走将进去,找个～底下,且歪倒睡睡,也解解连夜的困乏。"

【门儿没有】mènr mě yōu 根本不可能:想叫他花钱请客,～。

【门扇儿】měn shànr 门的可自由开关、转动的部分。

【门头】měn tòu ❶ 门面房:他爸爸待台东有个～。❷ 商铺的字头:下个礼拜到店里去的时候,就换～了。

【门外里】měn wǎi ler 表方位,门的外面:～站着两个人儿。

【门掩后】mèn yan hòu 门敞开后与墙形成的夹角处:他藏待～了,谁也没看见。

【门掩后的将军】mèn yǎn hǒu di jiǎng jùn 喻指怯懦的人或在暗处逞威风的人:他是～,就会瞎威风。

【门转芯】měn zhuàn xin 用户枢转动的门的转轴。

【门子】měn zi ❶ 方面;种类:不知道他这发的哪～疯|《红楼梦》第二十七回:"怨不得你不懂,这是四五～的话呢。"❷ 门路;关系:你不能和人家攀,人家有～。❸ 门扇;门:栅栏～|△扳着猪圈～亲嘴——不知香臭。❹ 房屋;家:要紧上心把～看好了。

【门子口】mèn zi kōu ❶ 当地;家周边:他二闺女说待～。❷ 邻居:这几个人都是俺～。

【闷钝】měn den 沉闷、愚钝的样子:他就这个脾气,老是～着不说话。

【闷蚩】měn chi 沉闷的样子:问了好几遍,他也～着不做声。‖《俚语证古》第三卷:"嘿然不语谓之～。"

【闷闷儿的】měnr měnr di 生气而无法发泄的样子:这两天为分地的事儿,待家气得～。

【妹妹】měn men 家里排行比自己年纪小的女子;比自己年纪小的同辈女性。属于老派的发音,新派的发音为 měi mei。

meng

【猛子将】mēng zi jiàng 胆大敢闯的人:他们那几个儿都是些～。

【蒙承】mēng cheng 凭空想象;盲目猜测:你还没弄明白到底是怎么回事,可不能光待家里～着。

【蒙松】měng seng ❶ 下(毛毛雨):天～起雨星儿来了。❷ 眼睛似睁非睁的样子:他～着个眼皮待那里装没听见。❸ 似是而非地;凭空猜测地:没弄清楚的事可不能～着说。

【懵懂】měng dēng 疑惑不解;搞不明白:老师问他的几个问题,他是～。

mi

【米达尺】mì dǎ chī 钢卷尺。"米达"为英语 meter（米）的音译。

【迷瞪】mǐ deng ❶ 迷糊；不清醒：一直上了车,他还～着。❷ 瞌睡；打盹：我才待～～,就听见他们争竞起来了。

【迷迷眜眜】mǐ mi yǎng yang 迷迷糊糊：晚上没困着,早上起来还～的。亦作"迷迷殃殃"：《聊斋俚曲集·翻魇殃》第二回："到了清晨,姜娘子才说：'你没了魂了么? 从夜来迷迷殃殃的!'"

【迷臊】mǐ sao ❶ 民间认为狐狸等动物可迷惑人或附在人身上使其言行变得怪异：人家都说那是叫黄鼠狼子～着了。❷ 多情放荡的人对异性造成的痴迷：他叫那个女的～着了,这时候去劝也听不进去。

【迷手】mǐ shou 做事糊涂的人：打发他这么个～去能办成事才怪。

【迷眜】mǐ yang 迷糊；小睡：你再～阵儿啵,还不到点。

【眯眯】mǐ mi 眼睛微合的样子：她～着个眼整天笑嘻嘻的。

【眯缝】mǐ feng 眼皮微微张开：他～着个小眼儿,就赶没困醒样的。

【眯睲】mǐ xi 眼睛轻微微合上；微睡：太盹了我,先去～～眼儿。‖ 本义指眼睛眯起的样子：明杂剧《牡丹亭》第十二出："是这等荒凉地面,没多半亭台靠边,好是咱～色眼寻难见。"亦作"迷奚""眯睲"：沈端节《西江月》词："幸自心肠稳审,怎禁眼脑迷奚。招愁买恨带人疑,一味笑吟吟地。"｜杨无咎《瑞鹤仙》词："渐娇慵不语,迷奚带笑,柳柔花弱。"｜董解元《西厢记诸宫调》第一卷："道着眯也不眯,焦也不焦,眼眯睲地伴呆着,一夜葫芦提闹到晓。"

【弥】mì 煮面条、水饺或粥饭时,水沸腾后泡沫上浮或溢出：快敞开锅盖儿,汤儿都～出来了。

【觅汉】mì han 雇佣的长工：△二月二,～上犁｜《醒世姻缘传》第十八回："寻思了一遭,想到对门禹明吾的奶母老夏为人直势,又有些见识,央他同晁书媳妇合两个媒婆,备了四个头口,跟了两个～,晁书也骑了一个骡子,跟了同去。"｜《醒世姻缘传》第八十九回："你们众人又不是他家的家人～,你们怎么知得这等真?"｜《聊斋俚曲集·慈悲曲》第四段："好似～上工,才做了文书,还未知主人打骂轻重如何。"｜《聊斋俚曲集·墙头记》第三回："休说是件破衣,七长八短不整齐,穿上就是有些～气。"｜《聊斋俚曲集·翻魇殃》第十一回："大相公买了四个骡,雇了两个～,又买的小妮子,一概完备。"又："喜坏了妇人合小厮,慌了管家合～,太太喜外人不得见。"｜《聊斋俚曲集·翻魇殃》第十二回："去时～没一个,来家管家摆成行,丫头小厮一大捧。"│《聊斋俚曲集·富贵神仙》第九回:"不免把门敲了敲,有～金三,出来问是谁。"│《聊斋俚曲集·磨难曲》第二十三回:"你看那短工子～,血汗暴流,吃了三顿粗饭,不过挣四五十文钱。"

【幂】mǐ 遮盖;沾满:锁眼儿都叫灰～死了│才开的花儿都叫虫子～死了。‖"幂"古又作"冖":《说文解字·冖部》:"冖,覆也。"段玉裁注:"覆者盖也。"

【幂虫子】mǐ cheng zi 蚜虫:大头菜都招～了。

【密压压】mǐ yà ya 十分密集的样子:前面的人～的,挤不过去。

【蜜水儿】mǐ shuīr 蜂蜜水:△娘想孩子甜如蜜,孩子想娘～甜。

【蜜嘴】mǐ zuī 食物过于甜的样子:北宅的杏儿甜得～。

【蜜嘴甜舌】mǐ zuī tiǎn shè 吃起东西来十分香甜的样子:人家吃块苞米儿饼子也吃得～的。

【泥】mì ❶ 土和水的混合物:孩子出去皮得满身是～。❷ 泥土或石灰、水泥等与沙子混合搅拌形成的用于建筑的膏状物:～皮│△齐不齐,一把～。❸ 把水泥等膏状物抹到建筑物上并抹平:～墙│《醒世姻缘传》第三十三回:"那年立的春早,天又暖和,连墙都～得干净。"│《醒世姻缘传》第七十六回:"因墙尚未～尽,将狄希陈进学纳监的贺轴都翻将转来,遮了那土墙。"

【泥板】mǐ ban 抹子,用薄铁片制成的用于瓦工抹灰、抛光的工具,其中间带有手握的木柄。

【泥狗】mǐ gou =〖泥溜狗子〗mǐ liu gōu zi 泥鳅:你上哪钻得身上都成了条～了。

【泥蛤蜊】mǐ ga la ❶ 在泥质海滩生长的蛤蜊。❷ 特指贝壳内含泥沙的蛤蜊。

【泥溜】mǐ liu 用手或口微抚使平整或顺滑:打胶三分靠～│△拉屎拉不上个尖儿,～上个尖儿。

【泥皮】mǐ pi 墙皮:他那一间的～都掉了│元杂剧《秋胡戏妻》第二折:"我这几日告天地,愿他的子母每早些儿欢会。常言道,媳妇是壁上～。"

【泥腥味儿】mǐ xing wèir =〖土腥味儿〗tū xing wèir 泥土的气味:河鱼的～大,咱吃不惯。

mian

【免】miān ❶ 擦掉;去除:墙上的记号叫谁～没有了│才画好的线叫他过来

都～了。❷ 免除:～职｜～税｜～礼｜～费｜～罪。

【面】miàn ❶ 粮食磨成的粉,通常特指小麦粉:地瓜～｜豆～｜大米白～｜△米～夫妻不到头。❷ 粉末:药～儿｜土～子｜石头～子。❸ 指某些事物纤维少而柔软:这些地瓜净～儿。❹ 头的前部;脸:△事大事小,见～就了｜△清酒红人～,白财动人心｜△知人知～不知心。❺ 事物的表面:地～儿｜路～儿｜桌～｜他俩关系一般化,也就是～儿上过得去。❻ (～儿)东西露在外面的那一层或纺织品的正面:被～儿｜鞋～儿。❼ 部位或方面:△刀切豆腐——两～光。❽ 方位词后缀:前～儿｜里～儿｜左～儿｜△拴绳子养海带——根子不在下～儿。❾ 量词:a)用于扁平的物体:一～鼓｜△三个老婆赶上～锣｜△邻居一杆秤,街坊千～镜。b)用于见面的次数:△见一～余一～,贵似黄金｜△见一～儿,劈一半儿。❿ 反应缓慢;行动拖拉:就你这个～样儿,抢屎也抢不着泡热的。

【面单】miǎn dan 床单;如同床单大小用来覆盖、衬托或包裹东西用的布:△拿人家的～盖自己的脚。

【面冻松】miǎn dèng seng 反应迟缓,眼睛无神的样子:看这个～的样儿,哪个老板能用上?

【面兜兜】miǎn dòu dou 形容食物吃起来感觉细软有面的样子:苹果放的时候太长了,吃起来都～的了。

【面鼓敦儿】miǎn gù denr ❶ 食物又软又面的样子:这些地瓜吃起来～的。❷ 行为迟缓的样子:他碰着什么事都那块～样儿,真能把你急死。

【面瓜】miǎn gua 行动迟缓、性格软弱的人:这个～还没来,大家都待这等着他了。

【面灰儿】miàn huǐr 傍晚时天色变暗:回来的时候天都～了。

【面面儿】miànr mianr 粉状物:你回去把药研成～冲水喝。

【面汤】miàn tāng ❶ 面条:吃三日～。❷ 木讷、怯懦之人:他待家里有本事,上外边就成～了。

【面叶儿】miǎn yèr 一种面食,将擀薄的面皮切成菱形,将其下到沸水中煮熟后食用。

【面子】miǎn zi ❶ 脸面;情面:不管怎么还待给人家个～。❷ 粉末:辣椒～｜石灰～｜石头～。❸ 部位或方面:一大～墙皮都掉下来了｜△一～风刮不倒墙,一～理说不服人。

【面子事儿】miǎn zi shìr 出于照顾情面的事:今日他能同意是看惩爹的～。

【缅】miān（miàn）遮蔽；用物体的一端(一侧)遮盖住另一端(侧)：～襟儿｜～裆｜～羞儿。

【缅裆】miān dang 旧时一种腰部肥大的裤子样式，需要先将前部折叠才能束腰。

【缅倒】miǎn dao 扳倒；摔倒：他一把就把那个人～了。

【缅羞儿】miàn xiǔr 遮丑：他过后儿也拿了二百块钱来，也是为了给自己缅缅羞儿。

【觍䚖】miān pian 腼腆；羞缩：别这么～，学着大方点儿。‖1928 年《胶澳志》："～，羞缩之谓，读如面骗。"

【绵蜇】miǎn zhe 海蜇的一个品种，为寒流与暖流之间的水母，其外伞表面光滑，口腕三翼型。

【棉褛儿】miǎn hòur 一种连有棉帽子的棉大衣。

miao

【描画】miǎo hua〈贬〉化妆；打扮：她成天～得就个妖精。

【藐耻】miǎo chi 看不起；耻笑：别～人家，谁也有困难的时候。

mie

【乜斜】miě xie 斜着眼看：他听见咱这说话往这～了两眼｜元杂剧《望江亭》第三折："那廝也忒懵懂，玉山低趄，着鬼祟醉眼～。"

【咩子】miě zi 小羊羔或小牛犊：△使不起大牛使～。

min

【揩】mīn 抚摸使平滑：那摔儿头发撅着，你把它～～。‖《说文解字》："～，抚也。"

【赁】mìn 对外租赁或向物主租用：那间房子早～出去了｜他住的房子是～人家的。

【鳘鱼】mīn yu 鮸鱼，一种海鱼。《正字通》："鳘，与鮸同。"

ming

【明大明】mìng da mìng 公开;不掩饰:那个人就这么～地要钱。

【明光加耀】mìng guǎng jià yào 十分明亮的样子:按上新灯,房子越发～的。

【明亮】mǐng liang ❶ 敞亮;光线充足:家里的窗大真～。❷(～儿)mǐng rangr 有阳光;天没黑:你快捎～早点家去。

【明铺夜盖】mìng pǔ yě gài 公开的通奸行为:人家两个～的也不管人家说什么|《醒世姻缘传》第四十三回:"合那刑房张瑞风～的皮缠,敢是那刑房不进去,就合那禁子们鬼混,通身不成道理!"

【明抢明夺】mìng qiāng mǐng duò 公然抢劫:来了一大帮子人就这么～的。

【明山】mǐng shan 外侧没有接建筑物的独立的房屋山墙。

【明阳儿】mǐng yangr 有阳光或灯光;明亮:上个～场儿还能看清楚了。

【明日】mǐng yi 第二天;明天:他～才能回来。

【明人】mìng yìn ❶ =〖明眼人〗mìng yan yìn 明白人;有智慧的人:他走这一步,一看就是有～指点|～一看就知道谁有理。❷ 光明正大的人:△～不做暗事。

【明着】mǐng zhi 公开地;不避讳地:人家就～说待要钱|厂里的东西他们都～往家拿。

mu

【木鼻子】❶ mù bi zi 味觉迟钝的人:他是个～,什么味儿都闻不出来。❷ mù bǐ zǐ 形容狂吃的样子:他们朝着海货儿下火,差一点吃～。

【木逼】mù bǐ 骂人的话,指不爱说话的人:他上了大场儿就和个～样的,说不出话来。

【木哧】mǔ chi =〖木搐〗mǔ chu 说话迟钝、口舌笨拙的样子:问了他好几遍,还是～着不做声儿|那个孩子整天～着个嘴没有话儿。

【木蠢大厚】mù chun dà hòu 笨重的样子:你看他的工具箱～的,真是家什也随人儿。

【木粉】mù fen 加工木材时产生的粉状锯末。

【木嘎】mǔ ga 寡言少语:那个～熊不会说句话。

【木呱嗒儿】mù guǎ dar 一种简易的木鞋。

【木花儿】mù huar 刨木料时形成的薄片,多呈卷花状,故名,又称"刨花"。

【木鸡子】mù jǐ zi 木头鸡,比喻呆笨或发愣的样子:说了好几遍他还和个～似的不动弹。

【木囵囵】mǔ len den 被蚊虫叮咬后皮肤上鼓起来的包。

【木厉混】mǔ li hun ❶ 撒泼;不讲道理:待跟他讲道理,他就耍起～来了。❷ 蛮横不讲道理的人:别和这个～争竞了。

【木木搐搐】mǔ mu chǔ chu 口舌笨拙、反应迟钝的样子:那孩子成天～没个话儿。

【木木嘎嘎】mǔ mu gǎ ga 寡言少语的样子:他平常日儿～的从不多说话。

【木士】mǔ shi 木头人,喻指木讷呆板的人:他一句话没有,和个～似的。

【木碗儿】mù wanr 齐刘海:给孩子剪了个～头。

【木锨】mù xian 用来铲粮食的木制锨状用具:△小老鼠扛～——大头儿待后边儿。

【木硬】mù ying ❶ 干硬不松软:这些梨吃起来有点儿～。❷ 迟钝呆滞:这几天没困好觉,脑子都～了|人家都忙成这样儿了,他还待那儿～着不伸手儿。

【木渣】mù zha ❶ 木屑。❷ 喻指没有滋味的东西:那些肉炖得太老了,吃起来和嚼～样的。

【木寨寨】mǔ zhài zhai 食物硬而无味的样子:这些鱼吃起来～的,一点儿滋味没有。

【木胀】mù zhang 木材因受潮而膨胀或变形:每年到了夏天这个门就～得关不上了。

【目近道远】mù jìn dǎo yuān 看起来近其实非常远的样子:这根路儿～的,待走半天。

【没牙子】mǔ ya zi =〖没牙哈子〗mǔ ya hǎ zi 没有牙齿或牙齿很少的人:他是个～,吃饭太费事了|人上了年纪成了～,光能吃点儿软和东西。

【没】mù 隐在水中;水漫过或高过:水都能把牛～了。

【没爪儿】mǔ zhuar 没有手指头的人。

【没是】mù shi 用在大、高、长、深等表示积极意义的形容词前,大小、高下、长短、深浅等词语前或大大小、高高下、长长短、深深浅等首字重叠的词语前,相当于"非常、极、很",进一步强调其积极意义:～大|～高|～长|～远|～深|～宽|～大小|～高下|～长短|～深浅|～宽下|～大大小|～高高下|～长

长短│～深深浅。

【没是距远】mù shi jǔ yuān 很远:他一个蹦儿跳出去～。

【模影儿】mū yingr（rengr）一晃而过、影影绰绰的身影:我打一个～看着像是他。

【母儿】mūr =〖母子〗mǔ zi 雌性的动物:才过去那个鸭子是个～│买蟹子最好买～,还有黄儿。

【唒】mǔ 口里含着:把糖～口里慢慢吃,别一下咽下去。

【拇量】mū liang 约摸;思量;考虑:我～着他今日能来│《醒世姻缘传》第四回:"他适才也送了咱那四样人事,你～着,也得甚么礼酬他?"│《醒世姻缘传》第十回:"差人道:'晁相公,你见的真。大爷也～那老婆不是个善茬儿,故此叫相公替他上了谷价。'"│《醒世姻缘传》第十六回:"却也该自己想度一想度,这个担子,你～担得起担不起?"│《醒世姻缘传》第五十五回:"这却我不得晓的,狄爷你自己～着,要是狄奶奶难说话,快着别要做,好叫狄奶奶骂我么?"│《醒世姻缘传》第八十回:"刘振白道:'你说去,情管有。我～着不好回我的。'"亦作"母量":王念孙《广雅疏证》:"今江淮间人谓揣度事宜曰母量。"

na

【捘】nǎ ❶ 大拇指与中指张开的距离:他那个脸皮能有八～厚。❷ 张开大拇指与中食指测量:不用使尺,使手～～就有数了。

【衲】nà 用密度很高的麻绳缝鞋底:～鞋底。

【哪场儿】nā chāngr ❶ 什么地方:你～伤着了? │你待～上班? ❷ 泛指任何处所:上～都有他的朋友│他这个好脾气上～也吃香儿。

【哪赶】nā gān =〖哪赶上〗nā gān shang 哪如;不如:咱～人家那个条件│你雇了这么些人,～叫自己家人来,又快又省钱。

【哪里】nǎ le ❶ 问什么方面、处所:不知道～有卖胡琴儿的。❷ 泛指任何方面、处所:人家的条件～不比咱强? │～也没有家里好│有理上～咱也不怕。❸ 表示不赞同对方说的话:～,没有你说的这么多人来。❸ 谦词,表示客气:～,孩子没你说得那么出息。

【哪门子】nā měn zi 哪方面；没有来由的，一般用于否定或反问句式：咱也不知道这算～亲戚。

【哪头儿】nā tour ❶ 某一端或某一处所：～高～矮你还看不出来？❷ 泛指任何方面：你这个媳妇要～有～，真有福气。

【哪样儿】nā yàngr 疑问代词，问种类、性质、状态等：都挑花眼了，自己都不知道～的好了。❷ 泛指种类、性质、状态：要～咱有～。

【哪臧该儿】nā zàng gāir 什么时候：那你～能回来？

【拿】nà（nǎ）❶ 用手或其它方式抓住、搬动（东西）：△卖蒜的不～秤——按头来。❷ 捉；强力取：你抓我～｜△偷牛的没～着——～着个拔桩的。❸ 掌握；把握：～手儿｜业务大～。❹ 要挟；挟制：～把儿～撸了｜～捏｜媳妇把他～得死死的｜可不能让他们～着咱。❺ 介词，引出对象，相当于"把""对待"：△～着豆包皮不当干粮｜△僵木人擦腚——～着人不当人｜他媳妇～着公公婆婆真孝顺｜《醒世姻缘传》第七十四回："我虽是家里有，～着我就是仇人，我岂止舍了他，我还连家都舍了哩！"｜《聊斋俚曲集·姑妇曲》第二段："大伯～着当奴才！就是不曾拿绣鞋，就是不曾给他拴裤带。"❻ 介词，引进所凭借的工具、材料、方法等，相当于"用"：△～着豆腐挡刀——招架不住｜△～着破头撞金钟。❼ 药力对人身体造成不适：他叫这些药～的犯恶心。❽ 撤职：书记叫镇上～下来了。❾（动物）用口撕咬：叫狼狗一口～待大腿上｜△狗～耗子——多管闲事。❿ 数量、数额等足够（买入或完成某项事情）：这套家具你没有两万块钱～不下来。⓫ 用手反复地捏：～地瓜｜身上板得难受，快给我～～。

【拿把儿】nǎ bār 摆架子；刁难；要挟：你～也得看看自己到底有没有什么拿手｜我看这么样儿就行，别～拿撸了。

【拿查】nǎ cha 用手反复地捏：馒头叫孩子～成渣渣儿了｜给我～这几下儿，身上立时就轻快了。

【拿掇】nǎ duo 拿；做：找张纸包起来，要不不好～｜《醒世姻缘传》第四十九回："我还有句话禀奶奶：除的家还许我来看看这媳妇子，浆衣裳，纳鞋底，差不多的小衣小裳，我都～的出去。"｜《金瓶梅词话》第七十五回："我就听不上你恁说嘴，自你家的好，～的出来见的人！"

【拿嘎】nǎ ga 拿捏；故作姿态以要挟或为难：这个事差不多就行，你再～撸了就没人管了。

【拿拿】nǎ na ❶ 按摩；推拿：我后脊梁难受的，给我～。❷ 拿捏；故作姿态以要挟、为难：快不用听他～。

【拿拿嘎嘎】nǎ na gǎ ga 故作姿态以要挟或为难别人的样子：看他～的个样儿，真不愿意卖给他。

【拿捏】nǎ nie 做作；矫情：他那个人不实在，太～了。

【拿手儿】❶ nǎ shōur 擅长：他做菜还是挺～的。❷ nǎ shour 可以制约对方的把柄或手段：你手里头没有点儿～怎么和人家争｜《醒世姻缘传》第十三回："晁大舍的为人，只是叫人掐住脖项，不拘多少，都拿出来了；你若没个～，你就问他要一文钱也是不肯的。"｜《醒世姻缘传》第十四回："老爷方才不该放他，这是一个极好的～！"｜《醒世姻缘传》第五十九回："这是咱的个～，没的真个叫孩子偿了命罢？"

【拿硬】nǎ yìng 握住：袋子发滑，使劲儿～了。

【拿着豆包皮不当干粮】nǎ zhi dǒu bao pì bǔ dàng gǎn liàng 看不出事物的真正价值；不公正地对待：这是从国外捎回来的，别～。

【拿着自己不当外人】nǎ zhi zǐ ji bǔ dàng wǎi yìn 不顾关系远近而轻易提要求、做事情：他来了以后成天要这个要那个的，也太～了。

nai

【奶】❶ nāi 乳汁：生他的时候他妈没有～，光喝奶粉。❷ nǎi 喂乳汁：孩子饿得直哭，快给他～～去。

【奶盖儿】nāi gàir ＝〖奶根子〗nāi gèn zi 吃奶的孩子：待自己的父母眼里，他就是个没摘奶的～。‖《俚语证古》第三卷："婴儿谓之奶盖。"

【奶奶】nǎi nai ❶ 吃奶；婴儿吃母乳：孩子非得要～。❷ 母亲为婴儿哺乳：看把个孩子饿的，快给他～。❸ nāi nai 祖母，是新式的称呼。

【奶胖儿】nāi pàngr 婴幼儿在吃奶阶段发胖：孩子这时候是～，不算胖。

【奶汤儿】nāi tangr 乳汁：当娘的不好好吃饭，都没有点儿～喂孩子。

【奶子】nǎi zi 乳房：△大嫚儿～哄小孩。

【耐】nài 抗；经得住：～黵｜～脏。

【耐冬】nǎi deng 山茶花。

【耐心烦儿】nài xǐn fànr 耐心：一般的个～干不了他那个活儿｜《聊斋俚曲集·富贵神仙》第二回："耐着心烦坐着等，定叫他使轿送你到门前。"

【耐黵】nǎi zhān 耐脏；不容易脏：这个颜色的地面儿真～。

nan

【男的】nǎn di ❶ 男性的:你穿的那件是～衣裳。❷ 男人:～站这边,女的站那边。❸ 丈夫:她～就待这个场儿上班儿。

【男外甥】nàn wǎi sheng ❶ 姐姐或妹妹的儿子。❷ 外孙;闺女的儿子。

【男人】nàn yin ❶ 男性的成年人:这些女人营生,～少掺言。❷ 丈夫:她～是跑海儿的。

【男人家】nàn yin ji 强调属于男人:你个～就待顶门当差的。

【南村北崖】nàn cǔn bèi yài 指相邻的村庄和地方:这～的大部分姓刘。

【南倒屋】nǎn dào wu 位于正房南侧的配房,一般用于放置农具杂物,也有住人的:弟兄们才分家那几年,他和媳妇住待～里。

【南海潮上来的】nǎn hāi chǎo shang lǎi di 比喻轻易得来的:谁家的钱也不是～。

【南屋家】nǎn wu jiǎ 以自己居住的房子为中心,称自家位于南边的另外一处房屋。

【难斗】nǎn dòu 不好对付:仰头老婆锁头汉,这样的人～。

【难犯】nàn fan 为难;刁难:有什么事找我说,别去～个孩子。

【难过】nǎn guò ❶ 伤心;难受:谁听了他讲的事心里也～。❷ 不容易过活或度过:△～的日子好过的年|《初刻拍案惊奇》第一卷:"若得兄去在船中说说笑笑,有甚～的日子?"

【难过的日子好过的年】nàn guò di yì zi hāo guò di niàn 过年过节的日子过得很快,而日常的生活中事情很多,不是那么容易。

【难受】nǎn shòu ❶ 身体不舒服:夜来晚上一宿没困着,起来浑身～。❷ 不痛快:△冷饭好吃,冷语～|他不吃点儿亏就～。

【难为】nàn wei ❶ 不容易做好;不容易做到:△一人帮十个人～,十个人帮一个人好帮|△不受苦中苦,～人上人。❷ 感到为难;对不易解决的事感到苦恼:快别去找他了,他也挺～的。❸ 使感到为难:少去～人家。

nang

【囊汤糟】nāng tàng zǎo 窝囊懦弱的人:她家那个大儿也是个～,不出头不出脑的。

【囔】nāng〈贬〉说:～胡儿｜～熊话。

【囔胡儿】nàng hùr 说不讲情理的话;胡说八道:咱走,不听他～。

【攮】nāng ❶（用刀等尖锐的东西）刺:摘山枣的时候,他手上～进一根儿刺去｜《聊斋俚曲集·姑妇曲》第一段:"还没问出来,只见他抽出那剪子来,嗤的声照脖子一～,就倒在地下。"｜《聊斋俚曲集·慈悲曲》第三段:"一刀把他心～破,孩子几乎见阎罗。"｜《聊斋俚曲集·磨难曲》第十九回:"金三吆喝一声:'有贼!'一枪～去。"｜《聊斋俚曲集·磨难曲》第二十九回:"凭着俺一杆枪,生铁～透;一骑马跑将去,直取人头。"｜《聊斋俚曲集·快曲》第三联:"大礮一声排成阵,军土满山去放火,张郃被俺～断筋。"｜《聊斋俚曲集·快曲》第四联:"许褚安心要弄鬼,一矛～去透心亮。"｜《聊斋俚曲集·富贵神仙》第九回:"上墙头,上墙头,揽着株桑树往下溜。才溜到半腰里,一枪儿～着肉。"｜《金瓶梅词话》第九十九回:"这张胜见他挣扎,复又一刀去,～着胸膛上,动弹不得了。" ❷ 头朝下跌倒;头向前栽倒:一头～待地下｜《聊斋俚曲集·慈悲曲》第三段:"那腿上去了一块皮,走着还瘸呀瘸呀的,瘸的进了房门,也没管孩子哭,一头～在床上,回脸了朝里。"‖《集韵》:"～,匿讲切。撞也;刺也。"

【瀼】nǎng 稀软:你和的苞米儿面子有点儿～,炸不住饼子。

【瀼沽儿】nǎng gur（内含水分多或因糖化等原因）非常软:这些桃儿都叫你颠打～了｜这些地瓜晒到时候了,真甜真～。

【瀼沽沽儿】nǎng gù gur 水分多而软的与样子:把地瓜晒了再煮,吃起来～的。

【瀼沽济】nǎng gu ji 水分多而软的样子,含不喜爱义:这些桃儿都～的了,不能买。

【齉鼻子】nàng bi zi 因鼻塞而发音不清（的人）:他是个～,说话都听不清楚。

nao

【脑后想】nào hou xiāng 说一些意味深长、让人事后才能明白过来的话:先不用跟他说得太明了了,给他个～。

【脑子大】nāo zi dà 深谋远虑;目标远大:他那个孩子从小就～。

【恼】nāo 不悦;生气:就开个玩笑把他就弄～了｜△亲是亲,财是财,～了亲戚只为财｜△愁愁～～得了病,嘻嘻哈哈活了命｜△小人多,君子少,借时欢气,还时~。

【恼亲戚】nāo qǐn qin 亲戚之间闹翻:就为了一句话两家子就~了。

【恼人】nāo yǐn 生气;翻脸:两个人本来好好的,为了点小事就~了。

【闹觉】nǎo jiào 指小孩在睡觉前容易出现哭闹的情绪:孩子那是~了,快哄他困觉去。

【闹玩儿】nǎo wànr 开玩笑;玩耍:他那是和你~,快别生气了|水火无情,耍火这可不是~的。

【挠根儿】nǎo genr 植物的细根(相对于"主根"):移花儿千万仔细,别把~挖断。

【挠头】nǎo tòu ❶ 事情麻烦不好解决:听说这个事很~。❷ 因事情棘手而烦恼:倘上这么些事儿,说不~是假话。

【臑乎】nāo hu 暖和:外边儿这么大的风,快进屋~|△~~上炕儿了。‖"臑",暖之义:江淹《泣赋》:"视左右而不臑,具衣冠以百凉。"

ne

【那把儿】ně bar 那一次:就咱上李村~给他送去的。

【那半夜】ně bàn yè 下半夜:两个人拉呱一直说到~。

【那个】nè ge ❶ 那一个;比较远的那一个人或事物:~也比这个强。❷ 非常;特别:他跑得~急|两个人见了~亲。❸ 那么多:一年没见着,他头上~白头发|耍山的~人一趟郎的|路上~车堵得走不动。

【那户儿的】ně hùr di 骂人的话,那样的人:~要是再胡说,不用惯他毛病!

【那会儿】ně huìr 那段时间;那一时期:~的人没有复杂的想法儿。

【那回儿】ně huìr 那一次:~他跟我提过这个事儿。

【那就待】ně jiù dāi 根本不可能;决然不会:你想叫他请顿客,他~。

【那歇】ně xie 很晚的时候:等他回来都上~了。

【那臧该儿】ně zàng gāir 那时候;那段时间:~村里连路灯都没有。

nen

【恁】nēn ❶ 你;你们:~看好了就便宜卖|说来说去还~是一家人|元杂剧《汉宫秋》第二折:"我养军千日,用军一时。空有满朝文武,那一个与我退的番兵!都是些畏刀避箭的,~不去出力,怎生教娘娘和番?"|《聊斋俚曲集·禳

妒咒》第七回:"徐氏说:'我儿,从今以往～家里去了,等我嘱咐你几句。'"
❷ 你的;你们的:这是～三叔。 ❸ nen 用在句尾,相当于"呢""嘞":人家就听
不进去～|吃了饭咱出去耍耍儿吧? 好～。

neng

【能治】něng zhì ❶ 行;可以:我听他的口话儿,看样儿咱这个事儿～。
❷ 胜任:就算给他个队长干,他那个样儿～?

【齉鼻子】nèng bi zi 鼻涕多或嗅觉不灵的人:是不感冒了,怎么成了
个～了? |元杂剧《气英布》第三折:"怎么只将两只臭脚去薰他? 他是个～,一
些香臭也不懂的。"

ni

【你光说】nì guǎng shuō 表述事情的另一方面,带有否定的口气或表示转
折:～老婆对他有看法儿,他也真没个人行事。

nian

【年半载】niàn bǎn zāi 一年左右或接近一年:他一推二推,这～又过去了。

【年成】niǎn cheng 指农作物的收成:头年的～还可以。

【年除日】niǎn chǔ yi 农历腊月最后一天;除夕日:他一直忙到～才家
去|《聊斋俚曲集·禳妒咒》第七回:"大利原该正九月,～交节大吉昌,～交节
大吉昌。"参"年除之日":《金瓶梅词话》第七十八回:"看看到年除之日,窗梅
痕月,檐雪滚风,竹爆千门万户。"

【年根儿】niàn gěnr 年底:一直到～了村里才发下钱来。

【年货】niǎn huo 过春节时所需用的一切物品:都进腊月门儿了,他家里还
没去置办～。

【年岁儿】niǎn suir 年月;时间:一看这件家什～也不短了。

【年头儿】niǎn tòur ❶ 年初:从～到年尾儿。 ❷ 年份:搬这来住又三
个～了|这个事说起来真是有～了。 ❸ 时代:都什么～了,还讲那老一套儿。

【年限】niǎn xian ❶ 规定的或作为一般标准的年数:这辆车都使到～了。
❷ 年月;年岁:家里存的那些酒都有～了。

【年幼】niǎn yòu 年轻：外人都看着他哥哥比他弟弟～｜元杂剧《救孝子》第一折："母亲寻思波，嫂嫂～，哥哥又不在家，谢祖又年纪小，倘若有那知礼者，见亲嫂嫂亲叔叔，怕做甚么？"｜《聊斋俚曲集·磨难曲》第二十一回："一来没有盘费，二来你忒也～。你明年会了试，会与不会，你可去看看。"‖参"年纪幼"：《挂枝儿·卷五·隙部·赎罪（之一）》："俏冤家进门来，把闲言斗，说得我低着头，满面娇羞，千不是，万不是，我的年纪幼。若有姊妹情，把前言一笔勾。闲话儿丢开也，你照旧来走走。"

【念咕】niǎn gu 念叨：我才待这里～你，你就回来了。

【念央儿】niàn yǎngr 委婉地恳求；用碎言低语的方式表达意图：跟她爹没要出来，就跑他娘那去～。

【念语儿】niǎn yur 纪念物：留着它也好当个～。

【捻纤】niān xian 搓捻：他低着头儿那～什么。

【捻种】niǎn zhēng 撒种子；播种：我刨沟儿，你～。

【粘竿】niǎn gan 一端附着粘性东西的竹竿，用来粘住树上的蝉、鸟雀等：大人给他做了根～，上山抓蟪蛄去了｜元杂剧《鲁斋郎》楔子："小官嫌官小不做，嫌马瘦不骑，但行处引的是花腿闲汉，弹弓～，鹞儿小鹞，每日飞鹰走犬，街市闲行。"

【撵】niān ❶ 追赶；赶上：就他这个学习法儿，脱了鞋也～不上人家。❷ 驱逐：把他们～出去｜《醒世姻缘传》第八回："计氏道：'依您这们说起来，凭着人使棍往外～，没的赖着人家罢？'养娘道：'自然没人敢～。'"｜《聊斋俚曲集·姑妇曲》第二段："忽然间打了顿鞭子，您外甥立刻就把奴来～。"

【撵车】niàn chē 赶车；为了不耽误登车而加紧时间：为了～早上五点就起来了。

【撵出屎来】niān chu shī lai 比喻被追赶的狼狈之态：他把那个偷桃儿的差一点～。

【撵活儿】niàn huòr 为按时完工而加快干活：孩子为了～，几天没回来了。

【撵起火来】niǎn qi huō lai 火力达到足够高的温度：这个时候多添煤才能～。

【撵趟儿】niàn tàngr 赶得上；来得及：你现在出门上车站的话还能～。

【撵兔子】niàn tù zi 形容速度快或过于忙碌的样子：今日叫他们催得就和～似的。

【碾盘】niān pan 石碾底部托着碾砣的圆形底盘。

【碾砣子】niàn tuǒ zi 石碾的旋转活动部分,为一凿有棱槽的石质圆柱,横放在碾盘上,一端固定在碾盘中间的木轴(碾转芯)上,一端连有木柄,由人、畜推动旋转。‖1928年《胶澳志》:"碾轮曰碢,音驼。"

【碾转芯】niān zhuàn xin 固定在碾台中心的木棍或铁管,用于与碾砣子连接,使其围绕中心旋转。

【蹍跶】niān xian 踩踏;用脚踏住来回搓动或转动:那个垫子一阵儿叫人~踢蹬了。

【黏】niàn ❶ 像胶或糨糊的性质:~呱嗒的|~苞米。❷ 反应和行为迟缓:他人挺好的,就是这个~能急死个人。

【黏缠】niǎn chan 不厌其烦地央求;软磨硬泡:他都来~一头晌了,撵也撵不走。

【黏弛】niǎn chi 行动迟缓:他怎么这么~,都几点了还不走。

【黏嘎牙】niǎn gà ya =〚黏呱嗒〛niǎn guà da 粘糊糊的样子:这些馒头没蒸透,吃起来~的。

【黏脚】niǎn jue =〚车黏脚〛chě niǎn jue 老式手推车的车闸,泛指车闸:刹不住~。‖《俚语证古》第八卷:"~,轫车也。止车行之两屈木谓之~。"

【黏粥】niǎn zhu 粥饭:到如今他还想着老娘做的苞米~那个香味儿|《庄农日用杂字》:"~小豆腐,煎饼随时摊。"|《醒世姻缘传》第二十四回:"那溪中甜水做的小米~,黄暖暖地拿到面前,一阵喷鼻的香,雪白的连浆小豆腐,饱饱的吃了。"|《醒世姻缘传》第五十四回:"他自己学那毛遂,又学那伊尹要汤,说合的人遂把他荐到那胡春元门下,试了试手段,煎豆腐也有滋味,擀薄饼也能圆汎,做水饭,插~,烙火烧,都也通路。"亦作"粘粥":《聊斋俚曲集·墙头记》第一回:"你大号红粘粥,你名突你姓胡,原来你是高粱做。"‖《俚语证古》第五卷:"米粥谓之黏诸。黏诸为饘鬻(古音读周)之音转。"

niang

【娘家门儿】niǎng ji mènr 已婚妇女婚前与父母同住的家:待~上什么都好说。

【娘们儿】niàng menr ❶ 女人;妇女:这都是些~营生,恁些汉们少管。❷ 母子或母女的合称:看恁~待这里笑得欢的。

【娘娘们们】(~儿)niàng niang měnr mènr 指男人的言谈举止有女人气:

他～儿的,办个事儿一点儿不痛快。

【酿木】niàng mu 立即;赶快:他一听就着急了,～打发人先过去看看|什么事只要找到他,人家都～的。

niao

【尿腚】❶ niǎo ding 指小孩睡觉时尿炕(床)频繁。❷ niǎo dìng 倾倒容器中的液体时,液体顺着外壁流到底部:这把壶快换换吧,老是～。

【尿訇拉】niǎo ga la 尿液在被褥或衣物上留下的晕迹。

【尿罐】niǎo guan 用于盛尿的罐子:△提溜着～要饭——臊了门户。

【尿炕】niǎo kàng 在床、炕等卧具上遗尿:他～一直尿到八九岁。

【尿脬子】niǎo pe zi 膀胱:他那个小～,一头晌就上好几趟茅房。

【尿窝儿】niǎo wer =〖尿窝子〗niǎo we zi 被褥上被尿弄湿的地方。❷ 尿尿时在沙土地上溅出的小坑。

nie

【乜】niè(niě)指示代词,那:～里|～场|～号。

【乜场儿】niě chāngr 那个地方:～也没大有人去耍。

【乜号】niě hao 那样;如此:不是这样的,是～的。

【乜里】niè ler 那里:跑～去有点儿远。

【捏巴】niè ba ❶ 捏:轻点拿,这样儿～就把菜搓揉烂了。❷ 按捏;按摩:我这个胳膊酸的,快给我～两下。❸ 欺负;刁难:他看人家小嫚儿老实就～她。

【捏歘】niè chua 胡乱地捏:柿子不让挑,要不都～踢蹬了。

ning

【咛问】nǐng wen 追问:把你自己的活儿先干好了,旁人的事你不用～。

【拧巴】nǐng ba (人)倔拗;别扭:你想干什么事,他非和你～着。

【凝糊儿】nǐng hur ❶ 粘稠:这把儿做黏粥做得～点儿。❷ 凝固成糊状:饭都～了,喝的话待再热热。

【凝糊糊儿】nǐng hùr hur =〖凝质质〗nǐng zhì zhi 液体、粥饭粘稠的样子:今日你馇的稀饭～的真好。

niu

【牛筋子】niǔ jin zi 流苏,常用作嫁接桂花等花木的砧木,亦称"六月雪"。‖1928 年《胶澳志》:"～花,乔木,白花,俗呼中筋子。"

【牛咩子】niù miě zi 小牛犊:他跟他爹后边儿就和个小～样的。

【牛舌头鱼】niǔ shě tou yù 条鳎鱼和舌鳎鱼的总称,因身体呈舌状,故称。

【拗】niù 执拗;倔强:那的性儿太～了。

【拗鼻子】niù bí zi 性格执拗的人:他这个～上来那块儿劲儿,谁也说不听。

【拗手】niǔ shou 不顺服;对着干:那个孩子太～了,学校老师都管不范。

【拗手货】niǔ shōu huò 不听管教、不服管理的人:那也是个～,不大好戳弄。

【扭】niū ❶扭动。 ❷不喝水或不就饭菜而吃干硬的食物:也不就点东西,就这么干～,吃下去能舒棱了?

【扭嘎】niū ga =〖扭呀〗niū ya ❶走路一扭一扭的样子:他如今胖得走路都～～的。 ❷把物体来回不停的转动:你老是那么～,早早就把它使坏了。

【扭扭】niū niu 歪曲;扭动:你把身子正起来,别老是～着。

【莥】niū =〖莥子〗niū zi 新长出来的瓜果雏形:黄瓜～|番瓜～|蒲松龄《日用俗字·菜蔬章》:"葛苴连秋叶生发,黄瓜鲜～价高腾。"‖1937 年《增修胶志》:"瓜初结曰莥子。"

nuan

【暖壶】nuàn hù 热水瓶:△飞机翅子上挂～——高水瓶(水平)。

【暖壶胆】nuàn hu dān 热水瓶的玻璃内胆。

【暖壶皮】nuàn hu pì 热水瓶的外壳。

nuo

【挪窝儿】nuò wèr 离开原来的地方:他待这个单位上了三十年的班儿没～。

【糯米牙】nuǒ mi yà 洁白而整齐的牙齿:他姐姐那口～真好看|《聊斋俚曲集·禳妒咒》第一回:"口里一口～,头上一头好头发,脸儿好象芙芙子苗,金莲不够半揸大。"|《金瓶梅词话》第三十四回:"西门庆见他吃了酒,脸上透出红白来,红馥馥唇儿,露着一口～儿,如何不爱?"

nü

【女人家】nü yǐn ji 强调属于女人:你个～又吃烟又喝酒的算个什么事儿。

【女婿】nü xu ❶ 女儿的丈夫:这是老王头的～给他买的|《史记·李斯列传》:"赵高教其～咸阳令阎乐劾不知何人贼杀人移上林。"|杜甫《李监宅》诗:"门阑多喜气,～近乘龙。"|元杂剧《西厢记》四本第三折:"你与俺崔相国做～,妻荣夫贵,但得一个并头莲,煞强如状元及第。" ❷ 丈夫:△番瓜花儿,葫芦花儿,守着～不想家;番瓜瓢儿,葫芦瓢儿,守着～不想娘|元杂剧《窦娥冤》第一折:"婆婆,你要招你自招,我并然不要～。"

【女姊妹儿】nü zī meir 特指家里的姐姐和妹妹:他家里～三个。

O

ou

【沤】❶ ǒu 长时间地浸泡:～麻|～条子。❷ òu 因长时间浸泡而发臭变质:那些衣裳泡盆里都～了。

【呕】ōu 呕吐:他哈大了,一出门就～了一大滩。

【呕斗】ǒu dou 长期心情郁闷:他这不是～出来的些病?

【呕吼】òu hou 大声喊叫:半宿大夜的,你～什么!

【炻】òu 燃料未充分燃烧,火小烟大的状态:木头都潮了,光那～着冒烟不肯着|《聊斋俚曲集·快曲》第一联:"您几个去北夷陵道旁,～着数堆烟火,休要断绝。"又:"既要他这里来,又～着火几堆。"|《醒世姻缘传》第四十八回:"走到前边,只见窗前门前都竖着秫秸,点着火待着不着的～,知是素姐因狄婆子打了他,又恨打的狄希陈不曾快畅,所以放火烧害。"亦作"偶":元杂剧《博望烧屯》第三折:"将这折枪、破鞍子、蒿草偶起烟来了也。"

【藕合儿】òu huòr 用切成薄片的两片藕夹上肉馅,外面裹上面糊炸制成的食品。

pa

【怕惧】（～儿）pǎ jùr 畏惧之心：那个孩子对大人一点儿～也没有｜元杂剧《对玉梳》第三折："转过这山额角，生惨惨，见一簇恶林郎，黑模糊，不由我心儿里猛然添～。"｜《红楼梦》第三十回："他们是惯皮惯了的，早已恨的人牙痒痒，他们也没个～儿。"｜《红楼梦》第六十七回："我不看你刚才还有点～儿，不敢撒谎，我把你的腿不给你砸折了呢。"｜《官场现形记》第五十六回："今天考试虽非乡、会可比，然究系奉旨之事，既然拿到了枪手，兄弟今天定要惩一儆百，让众人当面看看，好叫他们有个～。"｜《醒世姻缘传》第二十八回："谁知那些蠢物闻见了严列星两口子这等的报应，一些也没有～！"｜《醒世姻缘传》第五十七回："休惯了他，投信打己他两个巴掌，叫他有～。"又："寻着他老实打他几下，也叫他知有～。"｜《醒世姻缘传》第五十九回："素姐到了这个地位，方才略略有些～。"｜《醒世姻缘传》第六十五回："这顾绣衣裳，你要是没曾与人，还在那里放着，你就该流水的取了来与我；你要是与了婊子去了，你是个有～的，你就该钻头觅缝的另寻一套与我。"｜《醒世姻缘传》第九十七回："那税课大使东不管军，西不管民，匠人夫役在他手下的，都没有甚么～。"

【趴趴】pǎ pa 低矮的样子：就住待这么个小～屋里，哪个媳妇能跟？亦作"爬爬"：贾凫西《木皮词》第二十一页："爬爬屋三间当了大殿，衮龙袍穿着一领大布衫，沽突突洪水滔天谁惹的祸？百姓们鳖嗑鱼吞死了万千。"

【趴撒】pǎ sa ❶ 随意地趴着的样子：小猪～待窝里不肯出来。❷ 居住：俺上了年纪就待这栋老屋儿里～着就行。

【爬查】pǎ cha ❶ 缓慢爬行：他写的字儿和蟹子～似的｜《聊斋俚曲集·姑妇曲》第三段："拿着文书来到也么家，见了娘亲泪如麻，又揢答，说他方才是任华，怎么倒在地，怎么又～，从头细说他父亲的话。" ❷ 从躺卧的姿势变成坐或站起的姿势：吓得他～起来就跑｜《聊斋俚曲集·磨难曲》第十八回："口里还咉咉喝喝，三个五个～起来说咱不吃罢。" ❸ 起床：等他睡醒了～起来都八点了。❹ 职务或地位提升：这几年儿他～得不善。亦作"扒扠""爬察"：元杂剧《延安府》第二折："俺八府宰相正饮酒哩，不知你从那里扒扠将来。"｜《俚语证古》

第三卷:"爬察,匍匐也。"

【爬马儿】pà mǎr 艰难行走或吃力爬行的样子:等俺孙子结婚,我～也待去喝喜酒。

【爬墙虎儿】pà qiang hūr 墙藤;爬山虎:～长得都开不开窗了。

【耙头】pǎ tou =〚耙头子〛pǎ tou zi 钉耙,一种农具,用于平整土地。

【犏牯】pā gu 未经阉割的公牛:△抓牛抓个生～,说媳妇说个大屁股。‖《俚语证古》第十二卷:"牡牛未去势者,谓之爬古。"

pai

【派赖】pài lai 脏污;丑恶:他那个家～得都进不去个人｜△土地爷爷吃鸡屎——是个～神。‖ 参"泼赖":宋《云间志》:"方言……谓丑恶曰泼赖。泼音如派。"

【牌不离正出】pài bū lì zhěng chū 指应该用正规、正当的方式做事,不能搞歪门左道。

【牌九】pǎi jiū 一种用竹子、木头或骨头等制成的牌状赌具:他爷爷当现扎吗啡儿推～,不是个正经作。

【牌碗儿】pǎi wanr ❶ 写有先人名字的木牌或纸牌,用于祭奠。❷ 只有职位而无实权的人:他上来也就是个～,什么也说不算。

【排】pāi 用脚踹;踢:他一脚就把树枝子～断了｜《聊斋俚曲集·慈悲曲》第四段:"他也不做声,脚～手扳,使的那汗顺着脸往下淌。"又:"口中不言,口中不言,两脚～柴手又扳,一霎时手起泡,鞋也稀糊烂。"‖ 桂馥《札朴》:"足拨曰～。"

【排不烂】pāi bu làn 形容无能又猥琐的样子:他那个～的样儿,真是恨人。

【排谱儿】pǎi pūr〈贬〉排场;派头;场面:咱些庄户人哪能跟着讲那些～?｜他装出那块儿～来,谁看了也膈应。

【排实】pāi shi 稳当;结实:还是踏着根板凳～点儿,那块儿木板儿不稳当。

【排歪】pāi wai 歪歪扭扭坐着的样子:家人都待那忙活,就他～那儿不动弹。

【排场】pài chang ❶ 铺张奢侈的形式或场面:你不能攀人家,也去讲那些～。❷ 庄重;有规矩:他上哪儿都这么～｜这个孩子怎么上蹿下跳的,一点儿不～。

【踃】pāi〈贬〉猛然坐下：他来了家就～待椅子上没动弹动弹。‖《徐州十三韵》陆郘韵："派平声，一腔～下也。"

pan

【盘缠】pǎn chan 路费：都说穷家富路，多带上点儿～。

【盘炕】pàn kǎng 垒炕：△五月不～，～没人上。

【盘头】pǎn tòu 女子将头发集成束状盘结在头上：你一～俺差一点儿没认出来｜她成天上地干活，真没有功夫～。

【盘腿】pǎn tēi 指双腿交叉地坐：市里人儿都不大习惯上炕～。

【攀】pǎn 攀比：咱自己什么条件儿，哪能和那些富荏儿的孩子们～？｜《聊斋俚曲集·翻魔殃》第五回："休要惹的再告状，众人必定把我～，那才算是没体面。"

【攀伴儿】pǎn bànr 攀比：你给他这么多，旁人都跟着～。

pang

【胖大撒】pǎng dà sǎ 肥胖的样子：他儿随他，也长得～的｜他如今长得～的，都长破模样了。

【胖墩儿】pàng děnr 又胖又矮的人；过于肥胖的人：照这么个吃法儿，几个月就吃成个小～了。

【胖墩森】pǎng dèn sěng 胖乎乎的样子；又胖又矮的样子：他那时候还～的，如今瘦的变了个人。

【胖官】pàng guan 肥胖的人：他小时候是个瘦子，如今长成个～了。

【胖脸大腮】pǎng liān dà sǎi 肥胖的样子：看他～的，没缺着好吃的。

【旁的】pǎng di 别的；另外的；无关紧要的：这个事不是～，你待当个事。

【旁人】pàng yin 外人；另外的人：他自己都不当事儿，～能说什么｜△大麦岛洗澡——没～揽的｜《徽池雅调》第一卷："不但～笑着我，我也自笑我心痴。"

【嗙】pāng 自吹；吹牛：他守着些生人，又～起来了。

【耪】pāng 用力地锄：～地｜～草。

【踌】pāng 踹；蹬；用脚撞击：一脚～待他身上｜叫他老婆一脚～炕旮旯儿去了。‖1928年《胶澳志》："足蹬曰～，旁声。"

pao

【跑表】pǎo biāo ❶ 仪表运行：估摸多么远的路给司机钱就行了，不用叫他～。❷ 专门用于比赛计时的表。

【跑卜蝼】pāo bù lou 寄生蟹。

【跑车】pào chě 行驶车辆：他家门前那趟大宽胡同，都能～。

【跑船】pào chuàn ❶ 行驶舟船：△宰相肚子能～。❷ 从事海上捕捞或海上运输：年轻的时候跟着老人～跑了十来年。

【跑道儿】pào dàor（pāo dàor）偷偷地跑走；跑路：再不早～，等他来收拾你！

【跑浮儿】pào fùr（pāo fùr）指顾客未付钱而带走商品的情况：人多了要紧好好看着，别跑了浮儿。

【跑高跷】pào gǎo qiao 民间的一种舞蹈，亦称打秧歌，表演者踩着有踏脚装置的木棍(称高腿子)，边走边表演：每年村里～他都去。

【跑关系】pào guǎn xi 找门路；托人情：如今不像早了，干什么都待～。

【跑海儿】pǎo hāir 在海岸上从事海产品买卖：他那几年待沙子口那里～。

【跑架子】pāo jià zi 打算离开的样子：好上看紧了他，他拉着个～。

【跑脚子】pāo juè zi ❶ 跑掉；溜掉：一不仔细看着，他就～不见影儿了。❷ 动不动就溜之大吉的人：他真是个～，又不知道跑哪去了。

【跑空】pào kěng 贩货者白跑一趟，未能买入货物：这几天货价涨得太厉害了，他们全都～。

【跑了贼拎担杖】pāo le zèi lǐn dàn zhang 事后逞勇：当时他吓得跑没有影儿，这会儿～，逞起能来了。

【跑驴】pào lǚ 一种民间舞蹈表演项目，因风趣幽默为当地群众所喜闻乐见。

【跑马】pǎo mǎ ❶ 马匹奔跑或马车行驶：这根大宽胡同都能跑开马。❷ 遗精。

【跑买卖儿】pǎo māir mair 奔劳做生意：他们全家都待外地～。

【跑跑儿】pāor paor 小儿语，泛指小爬虫或小飞虫：窗外的～太多了。

【跑偏】pào piǎn 未按照直线或设定线路运行：这个车子老是～。

【跑山马】pào shǎn mā 一种生长在沙质滩涂中的小蟹子，跑起来速度很快，故名。

【跑数儿】pào shùr 仪表运行显示数:邻居家还没住人,哪个表～哪个就是咱家的。

【跑趟儿】pào tàngr(多指没有意义和价值的)跑腿:跟着他光来回～去了。

【跑腿】pǎo tēi ❶ 为人奔走做杂事:跟着人家～,也能学着不少东西。❷ 奔忙;奔波:△当官的动动嘴,下面儿跑断腿儿。

【跑外】pào wài 为某种业务经常到外地奔忙:他待厂里～,基本不着家。

【跑味儿】pào wèir 味道挥发散失:才刷了墙,多开窗～|把口扎紧了,别跑了味儿。

【跑人】pāo yìn ❶(人)跑掉;溜掉:你快别去撵了,他早就～了。❷ 人行走、跑动或出入:把这个口子堵死,要不老是往里～。

【跑针】pào zhěn 仪表的指针运行转动:那颗表是～的,这颗是跑字儿的。

【跑字儿】pào zìr 仪表运行显示数字:水表看样是踢蹬了,扭开水龙也不～。

【泡泡儿】pàor paor 较小的球状或半球状的东西:墙皮上鼓起些～来。

【炮燥】pǎo zao ❶ 急躁:光～不解决事儿|《红楼梦》第二十回:"宝玉笑道:'何尝不穿着,见你一恼,我一～就脱了。'"❷ 燥热:给孩子捂巴上这么厚的衣裳他能不～? 亦作"刨燥":《聊斋俚曲集·寒森曲》第七回:"(老王)忽一日说:'二郎爷爷叫我审理去哩。' 刨燥子噪子,就呜呼尚飨了。"|《聊斋俚曲集·富贵神仙》第三回:"吃下药去,刨燥了一宿。"

【刨锛】pào běn 一种似锤的工具,一头如锤形,另一头扁平。

【刨抄】pǎo chao ❶(鸡狗等动物)抓刨:小鸡儿们把食～得地上到处都是。❷ 辛苦劳动:他一年到头儿没有大钱挣,成天～着吃。

【抛撒】pǎo sa ❶ 浪费;糟蹋:～粮食伤天理|～粮食折寿限|元杂剧《看钱奴》第一折:"这等人前世里造下,今世里折罚;前世里狡猾,今世里叫化;前世里～,今世里饿杀。"❷ 小孩夭折:她原来有三个孩子,～了一个。

pe

【泼】pē ❶ 猛力倒水使散开:～水。❷ 皮实;不娇气:他的口很～,好赖饭都能吃。

【泼皮】pě pi 性格泼辣;身体皮实能干:他干活真～,没有说苦喊累那一说。

【泼实】pē shi 不娇气;能吃苦:他吃饭很～,从来不嫌后饭食。

【脬】pě 量词,用于屎、尿:一～屎一～尿的,拉撒个孩子真不容易。

【坡】❶ pē 田地；田野：他大清早就上～干活去了｜俺那面～里有的是这种草｜元杂剧《渔樵记》第三折："呆弟子孩儿，漫～里又无人。见鬼的也似自言自语，絮絮聒聒的！"｜《醒世姻缘传》第二十回："他已把他杀了，还是他甚么汉子哩？你要靠他收拾，他就拉到～里喂了狗，不当家的。" ❷ pě 倾斜；陡峭：这个崖子挺～的。 ❸（～儿）pěr 倾斜的地方：上～儿｜下～儿。

【坡跟儿】pě gēnr 漫坡形的鞋跟：还是～鞋穿起来舒梭。

【坡盘】pē pan 树莓、草莓的统称：那一周边的山上到处都是～。‖ 参"普盘"：郝懿行《尔雅义疏·释草》："凡诸莓形状略同，名称各异。南人呼为普盘，北人呼为婴门，皆即蘦莓声之转也。"

【破】pè ❶ 完整的东西受损变得不完整：△早上雾露，晒～葫芦。 ❷ 使分裂；劈开或分开：把绳子～成三股｜△一根头发～八瓣——细到家了。 ❸ 受过损伤的；破烂的：～屋狼舍｜△依着～鞋扎着脚｜△庄户人三件宝，丑妻薄地～棉袄。 ❹ 突破；破除（规定、习惯等）：～了规矩。 ❺ 花费：～费。 ❻ 讥讽东西或人不好（含厌恶意）：那个～场谁愿意去！ ❼ 将整的换成零的：我这没零钱了，你帮我～一百块钱使吧。 ❽ 打算；计划：这么晚还不回来，你～着做什么？｜你这把儿出去～着去几天？｜《醒世姻缘传》第六十七回："既是你这娘娘子说，我就依着，～着不赎，算了我的工食，我穿着放牛看坡，也是值他的。"

【破半儿】pè banr 物体破损后的大块儿部分：～花生有专门收的。

【破口儿】pè kour ❶ 有缺口的碗碟等容器：这个碗是个～，不能使了。 ❷ 乱说话的嘴：他顶着个～，就知道乱吧吧儿。 ❸ 兔唇。

【破口儿嘴】pè kour zuī 乱说话的人，特指泄露隐情的人：他那个～守不住句话。

【破烂不碎】pě lan bù suì 破旧而杂乱的东西：这些～的留着没什么用，撂了行了。

【破了腚眼儿不攒粪】pè le dǐng yanr bǔ zuàn fèn 骂人的话，胡说八道之义：还轮着你来胡咧咧了，你是～了吧！

【破锣嗓子】pě luo sāng zi 沙哑难听的嗓音：老远儿就听他那个～一个劲儿吆喝。

【破谜】（～儿）pě mènr 猜谜：和孩子一块儿破一个谜儿｜《聊斋俚曲集·增补幸云曲》第二十四回："我行一个令儿，要破一个谜，猜不方的罚。"

【破钱】pě qiàn 把币值大的钱兑换成币值小的钱：你上小卖部去破点儿钱。

【破烂儿市】pě ranr shì 集市上买卖旧物品的场所。

【破头折脚】pě tòu shě juē =〖破头子折脚〗pě tòu zi shě juē 上下不周正的样子:搭了个棚子～的,快拆了吧。

【破屋狼舍】pě wǔ lǎng shè 房屋破败不堪的样子:他那个家～的,再不修就倒了。

【破着嗓子】pè zhi sāng zi 扯着嗓子:人家～吆喝,就是听不见。

【婆婆家】pě pe ji ❶ 已婚妇女的公婆家:进了～就不能这么舒梭了。❷ 指结婚对象:她愿意从恁那里找个～|《聊斋俚曲集·翻魇殃》第六回:"原来公子有个女儿,年方二八,才貌双全,到了十六岁,还没有～。"|《醒世姻缘传》第五十四回:"狄员外道:'好位齐整姑娘!有了～不曾?'"

【婆婆门儿】pě pe mènr 已婚妇女的公婆家:进了～管辖就多了。

pei

【培门】pèi mèn (人)挤满门口,形容到家里来的人非常多:上他家来提亲的都培了门。

【陪客】pěi kēi ❶ 陪伴客人:专门儿叫你来～。❷ (～儿) pěi keir 主人特邀陪伴客的人:叫他是来当～。

【陪送】pěi seng 嫁妆:《金瓶梅词话》第九十七回:"又说应伯爵第二个女儿,年二十二岁,春梅又嫌应伯爵死了,在大爷手内聘嫁,没甚～,也不成,都回出婚帖儿来。"亦作"赔送":胡祖德《沪谚外编·石榴花》:"石榴花开头对头,小姐出嫁闹稠稠。阿爷赔送一匹牛,阿娘赔送一匹绸。"|《红楼梦》第六十九回:"凤姐一面使人暗暗调唆张华,只叫他要原妻,这里还有许多赔送外,还给他银子安家过活。"|《醒世姻缘传》第七十二回:"只不许说俺闺女有别的甚么事,只说是嫌俺闺女没赔送,两口子不和,情愿退回另嫁。"

【赔出腚根】pěi chu dǐng gen 赔得精光的样子:他头年贩木头差一差～来。

【配伴】pèi ban 搭配:你多拿几样菜～着卖。

【披毛搭撒】pěi mào dà sà ❶ 头发凌乱、衣冠不整的样子:这么正式的场面,他～的也真不像话。❷ 形容海菜长得很多很密的样子:这块儿石磅上的海麻线长得～的。

【披撒】pěi sa (头发)凌乱披散的样子:他成年～着个头就赶顶着个鸡窝。

【披遂】pěi sui (长头发)披散不整:他脸也没洗,头也不梳,～着个头发就出来了。

pen

【喷儿】pēnr ＝〖喷子〗pèn zi 量词,果品、蔬菜等成熟或收获的批、次:头～黄瓜│住两天儿柿子就大～下来了。

【喷天吐沫】pěn tiǎn tù mè 〈贬〉说话时唾沫飞溅的样子:他～地说得那个起劲儿。

peng

【捧护】pēng hu 抬举;维护:他能干的这么稳当,亏着大家伙儿都～着他。

【碰茬口儿】pèng chǎ kour 遇到难对付的人:他欺负老实人行,这遭～上了,看他怎么办。

【碰尖】pèng jiǎn 在器物制作或装修过程中,将锐角的材料对接出一定的造型:那个墙角还是～好看│他家那张三～桌子有年岁了。

【碰头打脸】pěng tòu dǎ liǎn 形容某种东西很多的样子:树上结的那一大些苹果都～的。

【碰头撒赖】pěng tòu sà lài 指通过自残的方式耍无赖:他那号人上来一阵儿～的,少惹弄他。

【碰腿】pěng tēi (人)非常多;摩肩接踵:今日上中山公园看樱花的人都～。

【棚花儿】pèng huǎr 贴在室内顶棚上的寓意吉祥的剪纸图案。

【怦怕】pēng pa 恐怕:他～恁冷,又烧火去了。

【澎】pěng 溅:家具上都～上水了。

【澎血身上】pěng xiě shěn shang ＝〖崩血身上〗běng xiě shěn shang 别人打架时的血溅到自己身上,比喻受无故的牵连:这样的事少靠前,别～。

pi

【皮】pí ❶ 生物的外表层:△人要脸树要～,没脸蛋子没法儿治。❷货物的外包装或交易时盛放物品的容器:△货卖一张～│这份桃带着～能有个十来斤儿。❸ 顽皮;调皮:这倒是个嫚儿来,比男孩子还～。

【皮艚子】pǐ cao zi 皮肤:他那个～真扛糟作。

【皮锤】pǐ chuí 拳头:两个人脾气都不小,说着说着就抡起～来了。

【皮打皮闹】pí dā pǐ nào 调皮;追逐嬉闹:他们几个下了课就知道～的,没有正心学习。

【皮蛋】pǐ dàn 调皮捣蛋的小孩：那个孩子也是～一个。

【皮紧】pǐ jin ❶ 反抗；不服气：那几个小混子看他来了，没有敢～的。❷ 指好挨揍了：我看你小子是～了。

【皮扣儿】pǐ kòu =〖皮子扣儿〗pǐ zi kòur 橡皮筋：你把卡片使～勒起来，省着掉了。

【皮老虎】pì lǎo hū 一种用泥做的老虎外形的儿童玩具，又名“泥老虎”，前后挤压时会发出“咕嘎咕嘎”的声音，故当地有“～，咕嘎咕嘎两毛五”的童谣。

【皮脸擦滑】pì liān cà huà 不知羞耻；厚颜无耻：你别～地跟俺腚上好不好？

【皮麻滑】pǐ ma hua 脸皮厚；对别人的批评或提醒麻木不觉：如今他也～了，你说的那些话他根本听不进去。

【皮实】pǐ shi 身体强健结实：这孩子真～，一般个头疼纳闷的从来没事儿。

【皮索】pǐ suo 调皮；嬉闹：那几个孩子～得大人都头疼。

【皮子】pǐ zi ❶ 轮胎：小车儿压破～了。❷ 皮革：那件衣裳是～的，价钱贵。

【㱟】pǐ 竹、木等物体裂开而未断离：板凳腿～了｜手指甲～了。‖《𬨎轩使者绝代语释别国方言》第六：“器破而未离谓之璺，南楚之间谓之～。”

【批子】pǐ zi 批次：这一～茶叶都喝着好。

【屁】pǐ（pì）❶ 从肛门排出的臭气：△土地爷爷放～——神气儿。❷ 骂人的话：他好个～，偷鸡摸狗的营生干的还少！

【屁味儿】pǐ wèir =〖屁臭味儿〗pì chou wèir ❶ 放屁的气味。❷ 形容说话不管用、毫无意义或不值一提：他说的～，没人听他的。

【屁呲的】pǐ cǐ di 指物品不结实、质量低劣：他扎的那个架子就赶～样的。

【琵琶虾】pǐ ba xiǎ =〖虾虎儿〗xiǎ hūr 学名虾蛄。

【噼吧梗儿】pì ba gēngr 一种条状的油炸面食，因吃起来较脆，故称。

【僻】pǐ 稀疏：那些树栽得挺～的。

【僻拉】pǐ la 稀疏：这些苞米儿种得太～了。

【僻拉拉】pǐ là la 稀疏的样子：茄子别栽得密了，越～的越肯长。

【劈】pī ❶ 用利器砍、削、割：他捞起铁锨就待～人家｜把萝贝一～四绺儿。❷ 分开；分割：～份儿｜～钱｜△见一面儿，～一半儿｜他们两个早～伙了｜这个钱应该～成三份儿一起分。❸ 被雷击：做这么伤天理的事儿，也不怕叫霱雷～了。

【劈半儿】pì bànr 分成两半;分得其中的一半:△见一面儿,劈一半儿。

【劈柴】pī chai 木柴;砍成段的木柴:砸点儿~好引火儿。

【劈房子】pì fǎng zi 将房产进行分割分配:老房拆迁,姊妹们都~分了。

【劈份儿】pì fènr 分成若干部分;分得某一部分:老人留下的东西,孩子们都劈了份儿。

【劈股儿】pǐ gūr 股份公司、合作社或合伙经营的经济实体进行股份划分与分配:村里今年~了。

【劈伙】pǐ huō ❶ 原来在一起干事或做生意的人分开各自做:和他伙计~以后,他干得还行。❷ 离婚:头年他们两个就~了。

【劈胯】pī kuā 两腿向左右两侧分开。

【劈拉】pī la ❶ 叉开(腿):他上哪儿一坐老是~着条腿,真不文明|《醒世姻缘传》第七十二回:"只叫他叫出那烂桃小科子来,剥了裤子,~开腿,叫列位看个分明,我才饶他!" ❷ 走路时腿部向两侧分叉的样子:这么大年纪了,他什么时候能~着走了去?|《醒世姻缘传》第七十八回:"一日,合一个小小厮司花夺喷壶,恼了,把个小司花打的鼻青眼肿,嚷到相主事跟前,追论前事,二罪并举,三十个板子,把腿打的~着待了好几日。"

【劈钱】pì qiàn 将某笔钱分成若干部分;分得某笔钱的一部分:平常什么也不用他去管,光到了年底去~行了。

【痞子】pǐ zi ❶ 地痞流氓。❷ 外来人,特别是来自落后地区的人:他闺女跟着个外地~跑了。

【啤酒肚儿】pǐ jiū dùr 因长期饮用啤酒而脂肪肥厚的腹部。

【啤酒糟】pǐ jiū zǎo 特指酿造啤酒剩下的渣滓:你去买两车~回来喂猪。

【貔子】pǐ zi 狐狸:△一窝儿~不嫌膻|△梦见~说獾。‖ 郝懿行《尔雅义疏·释兽》:"登州人谓狐为~。"

【貔子精】pǐ zi jīng 狐狸精;狐仙。民间认为狐狸能修炼得道,可化成人形:叫~迷膜着了。

pian

【片】piàn ❶ 平而薄的东西,一般不很大:铁~儿|瓦~儿。❷ 较大地区内划分的较小地区:分~儿|~长|他今日下~去了。❸ 用刀等利器成片地割下:你把这个鱼~~涮着吃。❹ 量词,用于成片的东西或语言、心意等:一~麦子地|△一~好心当了驴肝肺。

【片儿汤】piànr tāng ❶ 一种面食,将擀薄的面皮切成菱形小块儿,爆锅煮熟后连汤喝。❷ 比喻花言巧语:他那个~嘴说的话你也信。

【片片儿】piànr piànr 片状的东西:上机器把它压成些~。

【片松】piàn xing 侧柏树。

【谝弄】piān leng 炫耀;夸耀:他拿着新买的小玩意儿到处给同学~。‖《广韵》:"谝,巧言。"|《聊斋俚曲集•增补幸云曲》第十六回:"二姐自思道:'这长官嘲头嘲脑的听什么琵琶,我有王三姐夫送我一条汗巾,我拿出来谝谝,他贪看汗巾,就忘了弹琵琶了。'"

【偏沉】piǎn chen ❶ 物品放置不均匀,造成一侧重量过大:把筐另摆摆吧,车~了。❷ 比喻彼此差别大,只用于否定或反问句式:他们两个,撂南海去不~。

【偏分】piàn fěn 头发向左右两侧分的中心线在头的一侧的发式(相对于头发从头中心线向左右两侧分的"中分"):你还是留~好看。

【偏口儿鱼】piǎn kour yù 对嘴长在一侧的海鱼的总称,包括牙鲆鱼、石夹子鱼、高眼儿鱼等多种。

【偏筐】piǎn kuang =〖偏篓〗piǎn lou 扁长形的筐,多与独轮车配合使用。

【偏路】piǎn lù =〖偏道〗piǎn dào 绕路:你快从这根路走吧,那条路~。‖1928年《胶澳志》:"偏道,绕路之谓,不绕路即曰不偏道。"

【偏向】piǎn xiàng 偏袒;偏护:他跟外人翻拉分家的时候老人~别的姊妹|元杂剧《陈母教子》第一折:"不争着你个陈良佐先登了举场,着人道我将你个最小的儿~。"|元杂剧《西厢记》一本第二折:"平生正直无~,止留下四海一空囊。"|元杂剧《救孝子》第三折:"(令史云)你告呵,告着谁?(正旦唱)单告着你这开封府,令史每~,官长每模糊。"|《醒世姻缘传》第十回:"县尹道:'那高氏,你要实说!若还~,我这拶子是不容情的!'"|《醒世姻缘传》第八十回:"刘爷,你要~了狄爷,俺女儿在鬼门上也不饶你。你~了我,狄爷罢了,那狄奶奶不是好惹的。"

【骗】piàn ❶ 欺蒙;诈取:~人|~子|诈~。❷ 一条腿抬起跨上去或跳过去:一点儿也不高,稍微一~腿就上去了|张鷟《朝野金载》第四卷:"长弓短度箭,蜀马临阶~。去贼七百里,隈墙独自战。"|《金瓶梅词话》第六十八回:"一面牵出大白马来,搭上替子,兜上嚼环,躧着马台,望上一~,打了一鞭。"

【骗子手】piàn zi shōu 骗子:△男人会说~,女人会说不给人家吃。

piao

【瓢干瓮磕】（～儿）piào gān ěng kār 形容家里没有粮食或饮用水的样子：停了两天水，家里～的，嘎急挑两担水回来。

【瓢偏】piǎo pian（一般指圆形的东西）不周正、歪斜变形：你这个车子轮圈都～了｜他的嘴都冻得～了，话都说不利索。

【瓢瓦磕】piǎo wa cha 剖开葫芦制成的瓢：他那个耳朵长得就赶个～。

pie

【潎】piē 在液体表面舀：～脂油。亦作"撇"：贾岛《送僧归太百山》诗："夜禅临虎穴，寒潎撇龙泉。"

【撇】piē ❶ 遗落：他把钥匙～待车上。❷ 扔；丢弃：叫他爹把耍物儿～待门外。❸ 丢失：赶集回来的路上把包儿～了。❹（生硬或让人生厌地）用某种语言或腔调说话：～腔踮文｜元无名氏《粉蝶儿》曲："一个演习那渐间言语呼郎婿，一个～着些都下乡音唤丈夫。"

【撇家舍业】piē jiǎ shè yè 在外奔波而照顾不上家庭的样子：他～地待这好几年了，还是把老婆孩子接过来是个正着。

【撇拉】piē la 因伤病走路时腿部向外甩的样子：他～着条腿走路费老事了。

【撇腔踮文】piē qiǎng zhuài wèn 说话爱用书面语或腔调十分做作的样子：人家真有学问的还爱说个庄户话儿，就这些一瓶不满半瓶逛荡的人就会～。

【撇三落四】piē sǎn lǎ sì 丢三落四：他就这么～的，干什么也不放心。

【撇舍儿】piē sher 走路拖沓、歪扭的样子：我老远看他～地从那面过来了。

【撇勺子】piē shuò zi 旧时卖香油者舀取香油的专用勺子：△卖油的不拿秤——缀上那一～。

【撇约】piě yue 歪扭、不周正的样子：我看他累得走路都～了。

pin

【贫嘴呱啦舌】pìn zuī guǎ la shè 油腔滑调的样子：他成天～的没有句正经话儿。

【拼巴】pǐn ba 随意或简单地拼搭：你拆开倒是简单，到时候就怕你～不起来了。

【拚地】pìn dì 去除杂草,开荒种地:他待山上拚了一块儿地种菜。‖《礼记·少仪》:"埽席前曰拚。"唐孔颖达《疏》:"拚是除秽,埽是涤荡。"

ping

【平辈儿】pìng bèir 属于同一辈分:他们两个是一个家族的,论起来算是～。

【平常日】pìng chang yì =〖平常二日〗(～儿)pìng chàng lěr rìr 平日;平时:这件儿衣裳～穿尽中｜他～不和人家来往,有事倒往人家家窜那个急。

【平打平】pìng dā pìng 双方较量结果相等:《聊斋俚曲集·翻魇殃》第一回:"止有女婿人一个,或者他俩～,谁打过谁来谁得胜。"

【平房】❶ pǐng fang 平顶的房屋:盖～｜～屋。❷(～儿)pìng fàngr 单层的房屋(区别于两层或多层的楼房):俺住的是～儿,不是楼房。

【平房屋儿】pǐng fang wù 平顶的房屋:发结了婚他们住待院子里的～里。

【平和】pǐng huo ❶ 平坦;平滑:村里把街都重新铺了,真～。❷(味道)平淡:这种烟吃起来挺～的。

【平拉平儿】pìng lā pìngr 收支基本相当;不赔不赚:买卖儿不好做,这几年就是个～。

【平铺塌】pǐng pù tǎ(pìng pu tǎ)❶ 很平的样子:他的鼻梁长得～的。❷ 一般;没有特点:这块儿电影～的,能把人家看困了。

【平上】pìng shàng 毫不示弱地对着干:他和他哥哥～,一点儿没个大小｜《金瓶梅词话》第二十六回:"看不出他旺官娘子,原来也是个辣菜根子,和他大爹白搽白折的～,谁家媳妇儿有这个道理!"

【平绒】pǐng yìng 表面有绒的棉织品。

【平原地】pǐng yuan dì 平坦的土地:他老家那里都是～,连个山都没有。

【凭脉】pìng měi 诊脉;切脉:夜来去找了个中医给老人凭了凭脉｜元杂剧《老生儿》第一折:"当日婆婆上席去来,我暗使人唤的个稳婆与小梅～来。唤的个稳婆～,他道老儿欢喜,是个厮儿胎。"亦作"评脉":《聊斋俚曲集·富贵神仙》第三回:"那医官来时问了一也么声,就着床头把脉评。"

【苹果腚】pìng guo dìng ❶ 苹果的底部:吃得光剩了个～。❷ 形容如同苹果一般饱满的屁股:他从小长了个～,穿衣裳好看。

pu

【扑】pū ❶ 直冲:大狗一下就把小偷儿～倒了。❷ 为着;冲着(而来):我看他不是～着你来的,是～着钱来的。

【扑拉】pū la 用手脚或工具击粗略或胡乱地扑、压或平整:快去把那些火苗儿～死,别引起火来|把上边的土～平了。

【扑棱】pǔ leng ❶(人或动物)肢体胡乱地动:小鸟待盒子里憋得乱～。❷ 糟蹋;折腾:他跑去把小摊儿都～了,东西也没法卖了|老人的家底叫这个败家子儿～得差不多了。❸〈贬〉做;搞:他～的摊子太大了,根本就顾不过来。

【扑蹚】pū tang 踩踏;蹚压:这些孩子们待地里皮索,把种的苞米都～了。

【扑头儿】pū tour 想见到的人;可以找的人:老家都没有人了,回去也没有个～。

【筲箩儿】pǔ ruor ❶ 用藤条制作的容器,可用于罗面、喂牲口等:面～|牲口～。❷ 用纸或布糊的容器,可用来盛放针线等:针线～。

【铺儿】pùr 摊位;店面:人家还帮着我看着～,我待早回去。

【铺板】pǔ bān 铺在床底部起托举作用的木板:正好割割这点木头回去当～使。

【铺衬】pǔ chèn ❶ 零碎或破旧的布头;用来做补钉或打袼褙的碎布或旧布:《聊斋俚曲集·墙头记》第二回:"上下一堆破～,西北风好难禁,牙巴骨打的浑身困。"|《聊斋俚曲集·墙头记》第三回:"外头袍子虽囵囵,边上漏着破～,旧衣裳穿上还不趁。"|《聊斋俚曲集·翻魇殃》第十一回:"旧绣鞋破～,娘子夹进旧房门,可才又把言来进:当初剩下两口屋,一家挤着去安身,忽然拆了我心困。"|蒲松龄《日用俗字·裁缝章》:"缕缡一绚作～,零剪几块襟荷包。"❷ 尿布:这些旧衣裳撕撕给孩子当～|《聊斋俚曲集·增补幸云曲》第七回:"万岁下马进去,他没见那好姐儿,都是些苍颜白发,有纺棉花的,有纳鞋底的,有补补丁的,拿虱子的,洗～的。"‖ 古时亦作"铺持""铺迟":元杂剧《任风子》第三折:"这的中做布碾,好做铺持。"|元杂剧《调风月》第二折:"剪了做靴檐,染了做鞋面,捋了做铺持。一万分好待你,好觑你!如今刀子根底,我敢割得来粉零麻碎!"|元杂剧《杀狗劝夫》第二折:"将一条旧褡褥扯做了旗角,将一领破布衫捋做了铺迟。"

【铺盖】pǔ gai 被子、褥子等床上用品:一下子来这么些人,没有那么多～。

【铺下身子当地种】pǔ xì shěn zi dǎng dì zhèng 踏踏实实;埋头苦干:不～,

偷奸耍滑的什么也干不长远。

【匍拉】pǔ la ❶ 呈匍匐状：这种花儿长大了就～着长。❷ 一簇；平铺着的一团：这些花儿长大了就一～一～的。

【匍撒】pū sa =〖扑撒〗pū sa ❶ 用手顺着一定方向抚摸，使舒展：你把被～平了它｜《聊斋俚曲集·快曲》第二联："给我把衣服拧一拧，扑撒扑撒前后襟。" ❷ 按摩：这个腰板得难受，～了几下就舒梭了｜元杂剧《扬州梦》第二折："顺毛儿扑撒上翠鸾丹凤，恣情的受用足玉暖香融。"｜元乔吉《水仙子·嘲楚仪》曲："顺毛儿扑撒翠鸾雏，暖水儿温存比目鱼。"｜《金瓶梅词话》第七十五回："你睡下，等我替你心口内扑撒扑撒，管情就好了，你不知道我专一会揣骨捏病。"｜《醒世姻缘传》第六十四回："素姐叫那白姑子顺着毛一顿扑撒，渐渐回嗔作喜。"‖《说文解字》："匍，手行也。从勹，甫声。"段玉裁注："手行也，今人以手摸索，其语薄乎切，当作此字。"《说文通训定声》第九卷："今苏俗以手抚摩曰匍，音如蒲。""匍""亦作"捬"：冯梦龙《挂枝儿·卷三·想部·痒》："这东西今夜里忽然作祸，是谁人撒下一把疥虫窠？痒来时透心肝，其实难过。抓抓还揾揾，懒懒又捬捬。便泼上飞滚的热汤也。只讨得外面皮儿的苦。"｜冯梦龙《山歌·卷二·诈睏》："姐儿做势打呼屠，凭郎君伸手满身捬。"｜冯梦龙《山歌·卷六·夜壶》："无冷无热捉我半夜里捬。"｜冯梦龙《山歌·卷八·婆子》："未到黄昏捉我捬了摸。"

【匍撒良心】pū sa liǎng xin 凭良心；扪心自问：要紧～说话。

【葡脑儿】pǔ naor ❶ 表皮极薄的水泡状东西：你看我手上长了个～，是个什么东西？ ❷ 没有完全成熟的花生果实含水量大，如同水泡，故称：这块儿地的花生净些～。

【蒲扇】pǔ shan 用蒲葵叶子制作的卵圆形扇子，是最常用的夏季纳凉用品：大象耳朵就赶着个大～｜△头破不怕～扇。

【蒲团】pǔ tan 用玉米皮或麦秸草等编成的圆形坐垫：我还能回想起姥娘坐着～拉风掀的模样儿。

【蒲袜】pǔ wa 旧时一种用蒲草制作的冬天穿的厚草鞋。

【噗儿】pǔr 〈贬〉说：以后少和那帮老婆瞎～。

【噗喳】pǔ cha 〈贬〉喋喋不休地说；瞎说：以后少和那些闲人们乱～。

【噗出】pǔ chu 〈贬〉乱说；瞎说：快歇歇吧，别待那乱～。

【噗噗】pǔ pu 〈贬〉说；瞎说：这也不是什么好事儿，少出去～。

qi（q̣i）

【乞】qī ❶ 给；交付；送与：他都说好～人家了，没几天又去要回来｜△老雕老雕你打场，挣个饽饽～恁娘，老娘不吃给老黑，老黑吃了好打滚儿｜王禹偁《清明》诗："无花无酒过清明，兴味萧然似野僧。昨日邻家～新火，晓窗分与读书灯。"｜皮日休《夏初访鲁望》诗："野客病时分竹米，邻翁斋日～藤花。"｜庾信《道士步虚词•第五》："移梨付苑吏，种杏～山人。自此逢何世，从今复几春。"｜张元干《浣溪沙》词："～与病夫僧帐座，不妨公子醉茵眠。"｜苏轼《定风波•南海归赠王定国侍人寓娘》："常羡人间琢玉郎，天应～与点酥娘。"｜苏轼《僧清顺新作垂云亭》："天怜诗人穷，～与供诗本。我诗久不作，荒涩旋锄垦。"｜《苏轼《红梅三首》："抱丛暗蕊初含子，落盏秾香已透肌。～与徐熙新画样，竹间璀璨出斜枝。"｜晏殊《渔家傲》："一掬蕊黄沾雨润。天人～与金英嫩。试折乱条醒酒困。应有恨。芳心拗尽丝无尽。"｜王安石《杨德逢送米与法云二老作此诗》："卢全不出憎流俗，我卜郊居避俗憎。全有邻僧来乞米，我今送米～邻僧。"｜杨朴《七夕》："未会牵牛意若何，须邀织女弄金梭。年年～与人间巧，不道人间巧几多。"｜张先《百媚娘（双调）》："百媚算应天～与，净饰艳妆俱美。" ❷ 把动作或态度加到对方：他～了她个不果睐，谁能有防备？ ❸ 换做：这个事要是～他，早就解决好了。

【气棒】qǐ bàng 打气筒：跑了好几趟街才借着个～给车子打上气儿。

【气不忿】（～儿）qǐ bu fènr ❶ 不服气；看不惯；嫉妒：他一见了看不惯的事就～，真能生些闲气｜《红楼梦》第三十一回："你们～，我明日偏抬举他。"｜《红楼梦》第六十一回："……没的赵姨奶奶听了又～，又说太便宜了我，隔不了十天，也打发个小丫头子来寻这样寻那样，我倒好笑起来。"｜《金瓶梅词话》第五十九回："谁不知他～你养着孩子，若果是他害了，当当来世教他一还一报。"亦作"气不愤"：《金瓶梅词话》第十二回："这个都是人气不愤俺娘儿们，做出这样事来。"又："旁人见你这般疼奴，在奴身边去的多，都气不愤，背地里架舌头，在你根前唆调。" ❷ 对看不惯的事爱发表意见、爱生气的人：他这个人是个～儿，到哪里光得罪人。

【气肠子】qì chang zi 嫉妒心重的人：那都是些～，见不得人好。

【气打撒】qì dǎ sa 气乎乎的样子：他～地来转了一趟儿,没说话就走了。

【气蛋子】qì dan zi 疝气。

【气顶子】qǐ dīng zi 最生气、最愤怒的时候：他正待个～上,你这个当口儿去找他说理,净是找嗷挨。

【气鼓子】qì gu zi ❶ 狭口蛙。❷ 爱生气的人：他整天就个～,就爱生气。

【气力】qǐ li 能力;经济实力：家里老的老小的小,哪有～盖房子?

【气嗓】qì sang 气管儿;食道和气管的混称：那个鸡没割断～,还一个劲儿地扑棱|《聊斋俚曲集·翻魇殃》第四回："使力一穿,使力一穿,插在喉咙～间,一群媳妇子,齐来把他按。"|《聊斋俚曲集·姑妇曲》第一段："看了看,幸得刚搭着那～头边儿。"|《醒世姻缘传》第九十二回："剪刀不当不正,刚刚的戳在～之中,流了一床鲜血,四肢挺在床中。"

【气势】qì shi 有底气;理直气壮：人老了手里头没分钱,支使自己的孩子也不～。

【气色儿】qǐ shìr 脸上表现出来的健康情况：这两天他～好多了。

【气头子上】qǐ tǒu zi shang =〖气头儿上〗qǐ tòur shang 生气发怒的时候：他待个～,现在去找光等着挨呲行了|《醒世姻缘传》第八十九回："你～棱两棒槌,万一棱上了,你与他偿命,我与他偿命?"

【气心子】qì xin zi 嫉妒心强的人：叫那个～知道的话,他能气得困不着觉。

【气性】qǐ xing 脾气;火气：咱也都上年纪了,～别这么大|《红楼梦》第三十二回："原是前儿他把我一件东西弄坏了,我一时生气,打了他几下,撵了他下去。我只说气他两天,还叫他上来,谁知他这么～大,就投井死了。"|元杂剧《鸳鸯被》第三折："他使弊幸,使～,见无钱,踏着陌儿行,推我在这陷人坑。"|《醒世姻缘传》第四十八回："这也怪不的孩子!他姓龙的长,姓龙的短,难说叫那孩子没点～?"

【气呀】qì ya 故意让对方生气：快上学去,别待这里～人。

【起】qī ❶ 由坐卧爬伏而站立或由躺而坐：叫他好几把儿了还就是不～。❷ 离开原来的位置：快～来,别待这害事。❸（～儿）次；拐弯这儿都出好几～事故了|孩子晚上起来吃了两～奶。❹ 兴建;建造：～屋|～脊|《汉书·郊祀志》："～步寿宫。"|郦道元《水经注·济水》："大～殿舍,连楼累阁。"|《醒世姻缘传》第三十四回："若说常有人家～楼盖屋,穿井打墙,成窖的掘出金银钱钞,这其实又无失主,不知何年何月何代何朝迷留到此,这倒可以取用无妨,不叫是伤廉犯义。"|《红楼梦》第十六回："凡堆山凿池,～楼竖阁,种竹栽花,一应点景之事,

又有山子野制度。"|《金瓶梅词话》第十六回："西门庆在家看管～盖花园,约有一个月有余。"|《金瓶梅词话》第七十八回："如今朝廷皇城内新盖的艮岳改为寿岳,上面～盖许多亭台殿阁。" ❺量词,楼房的层:那个楼盖到六～了。 ❻颜色、样式等搭配协调,使更出效果:那双鞋不～你这套衣裳,换双啵。 ❼用在形容词后面表示比较的对象:他的个子一点儿不矮～你|△六月韭,臭～狗|△洗脸不洗脖子,丑～骡子|△什么高～天?什么矮～地?什么甜如蜜?什么蜜水甜?父母高～天,子女矮～地,娘想孩子甜如蜜,孩子想娘蜜水甜。|《聊斋俚曲集·增补幸云曲》第十四回："怎么说王龙家小厮强～我?虽是背里话,也不该亵渎至尊。"|《聊斋俚曲集·禳妒咒》第二十六回："骂一声强人胆就大～天!时时对我摔你那春香。"|《聊斋俚曲集·琴瑟乐》："埋怨老天不凑趣,一日长～十来日,捱过今朝又明朝,怎么教人不生气。"

【起驰】qì chǐ 在事情未定或未做之前对外高调宣扬或造势:你看他那几天起那个驰,这遭看他跟人家怎么说吧。

【起创】qī chuang 不怕事;勇于面对困难:他那几个孩子都很～。

【起发】qī fa 馒头等面制品发酵充分,松软有弹性:你蒸的馒头真～。

【起坟】qì fèn 迁坟;移坟:～这样的事恁弟兄几个都待去。

【起骨】qǐ gū 挖开坟墓取出骨殖:埋了这么多年了,不能随便～。

【起哈子】qī hǎ zi 群怨沸腾;合伙进行反对:村里一公布这个新规定,村民都～上村里去找。

【起脊】qǐ jī ❶搭建屋脊:明日他家里的房子～,请了一天的假。 ❷建有屋脊的:他家的房子是～的,冬暖夏凉。

【起空】qì kèng 向天空而起;腾空:他试着身上虚得都要～了。

【起来】qī lai ❶由躺而坐;由坐而站:～吧,好走了。 ❷起床:都几点了,孩子还不～。 ❸到旁边去;让出位置:你～,我上去看看。 ❹表示不认可对方的观点:快～吧,你说的根本就不是那么回事儿。

【起栏】qì làn 猪、牛等动物发情待交配。

【起亮】qī liang 高敞明亮:他留的这个窗真好,显得家里真～。

【起事儿】qi shìr 生事;挑事:他媳妇不～,两家也打不成这个样儿|他是光能～不能压事。

【起头】❶(～儿)qì tòur 起初;开头;事物发展进程中的第一步:～儿大家都往好处想,挺有干劲儿的|《朱子语类辑略》第八卷："如此等文字,方其说～时,自未知后面说甚么在。"|贯云石《寿阳曲》："人乍别,顺长江水流残月。

悠悠画船东去也,这思量～儿一夜。"|《醒世姻缘传》第三十三回:"～且先与他做贺序,做祭文,做四六启;渐渐的与他贺节令,庆生辰。"|《金瓶梅词话》第七十五回:"想着～儿一来时,该知我今日多少气,背地打伙儿嚼说我。" ❷ qī tou 苗头;事情刚开始出现的征兆:看这个～,他们早有准备。‖《俚语证古》第十四卷:"开始谓之～。"

【起屋】qì wǔ 特指建房屋时封顶。

【起五更爬半夜】qī wū jing pǎ bàn ye 在半夜里就起来干活做事的样子:那几年他两口子做买卖儿～的,真也不容易。

【起先】qì xiǎn =〖起先头儿〗qì xian tòur 开始的时候;起初;当初:～他不是这么说的|～他说每人都有一份儿|《醒世姻缘传》第五回:"～出头讲事都是梁生开口。梁生原要自己来,恐怕没了生脚,戏就做不成了。"

【起早连晚】qì zāo liǎn wān 早起晚睡(做事情):平常忙得没有空写,他就～地写。

【起蛰】qì zhè 惊蛰过后,冬眠的动物开始苏醒活动。

【其必】qǐ bī =〖去必〗qǔ bī 可能;一定,表揣测:他自己不上心去找,光指着人家,这个事儿～要黄了|几更等他来,～黑天了。

【其貌不作扬】qì mào bū zuò yàng 相貌平凡;相貌丑陋:你看他～的,也是当过大官的人。

【饻馏】qǐ liu 用地瓜干碴和豆末做的窝窝头:△天河俩叉吃地瓜,天河弯弯吃干饭,天河直溜吃～。

【骑大梁】qì dǎ liàng 小孩子骑自行车时因车座太高,脚够不着踏板,于是将屁股悬空于自行车横梁上骑行。

【骑锅驾灶】qì guǒ jià zào 讽刺男人去管本该女人管的事:弄了个孩子待家里～的,一点儿规矩没有。‖参"骑锅压灶":《聊斋俚曲集·姑妇曲》第一段:"如今现有个珊瑚在,你既然骑锅压灶,可就才只是发揣。"

【骑马调战】qì mā diǎo zhàn =〖骑马调转〗qì mā diǎo zhuàn 长途往复奔走的样子;颇费周折的样子:上那么个大远场儿～的,这党子人就待使死。

【期】(～儿) qǐr ❶ 规定的时间:有～|没～|就这么拖下去,到哪什么时候是个～? ❷ 一段时间:孩子在街上耍了一大～才回来|这一～儿雨水挺勤的。 ❸ 量词,次:我歇了三～儿才把这些东西拿上来。

【欺】qǐ ❶ 压迫;侮辱:△人善有人～,马善有人骑。 ❷ 一种植物因争夺过多的阳光养分,影响了周边其它植物的生长:那些树把庄稼～得都不长。

【欺嫌】qǐ xian 欺负；嫌弃：他从来不～人。

【蹊跷】qī qiao 奇怪；可疑：他这个事办得是有点儿～。

【七大姑八大姨】qī dà gǔ bà dǎ yì 泛指姑、姨等一般的亲属：到了过节他的那些～都涌来，家里都着不开。

【七个碟子八个碗】qī ge diě zi bā ge wān 很多菜肴的样子：都是自己家人，怎么还待～的忙急。

【七个糠八个米儿】qī ge kǎng bā ge mīr 一粒米只有一个糠，七个糠对应着七粒米，企图从七个糠里算出八粒米儿，以此来形容人吝啬苛刻到了极点。

【七老八十】qī lāo bà shì 指七十至八十余岁，泛指人年老体衰的时候：大爷这个身体年轻人不换，～不算老｜我还没～老瘸瘸了。

【七月七】qì yue qī 农历七月初七日，传统节日，亦称乞巧节，传说是牛郎织女鹊桥相会的日子。

【齐般】qǐ ban 齐全：包里的家什都很～。

【齐般般】qǐ bàn bàn 齐全的样子：他爹娘把孩子结婚使的东西置得～的。

【齐板板儿】qǐ bànr banr 整齐的样子：几个孩子长得～的，当爹的心里他能不恣？

【齐不齐一把泥】qì bu qì yǐ bā mì 本指瓦匠泥墙时通过添补灰浆用以找齐，引申为事情的解决或圆满通过很简单的一个环节就可轻而易举完成：～，这点小事不用愁。

【齐大伙子】qì da huǒ zi 众人一起的样子：咱这一大帮子人～一块儿上，很快就干完了。

【齐和】qǐ huo 整齐；均匀：你这些油菜长得真～。

【齐刷】qǐ shua 整齐；完备：他们弟兄几个来得真～。

【齐刷刷】qǐ shuà shua 非常整齐的样子：他那几个孩子～地往那儿一站，真抗门户。

【妻】qǐ 妻子，口语中一般称为"媳妇""老婆"，通常只用于熟语：△好汉无好～，赖汉子娶花枝。

【妻侄】qì zhì 妻子的兄弟的儿子。

【凄怜】qǐ lian ❶ 凄苦可怜：看着那些吃不上饭的小孩儿真～。❷ 数量极少：他拿那点儿东西就～死了。

【荠荠菜】qǐ qi cài 小蓟，中药材，具有凉血止血、消炎利尿作用。

【缕绺】qǐ li 碎布条或旧布条：筐子里装的净是些破～｜蒲松龄《日用俗字·

裁缝章》:"～一绸作铺衬,零剪几块襟荷包。"‖亦作"褷裂":1935年《临朐续志》:"褷裂,《集韵》:'衣敝也,俗谓碎布条曰褷裂',读如妻立。"

【沏】qì 伸入(水、汤之中):把头～水了好一个洗|他的那个手指头都～菜汤里头去了,叫人家怎么吃。

【喊嘎】qǐ ga 斥责;数落:发先你都把他～哭了|孩子也这么大了,别老是～他。

【漆嘎渣】qī gà zha 身上的灰垢:有个痴厮欹待路上,浑身那个～真溢癞人。

【刺】qī 刀等尖锐之物戳入:两个人动起手来就给人家～上刀子了。‖《说文解字》:"～,直伤也。从刀从束,束亦声。七赐切。"‖"刺"在日常词语中的读音一般为 cì 或 cǐ。

qia

【卡】❶ qiā 夹在中间,不能活动:他吃饭的时候叫鱼刺～着了。❷ qiǎ 阻挡;作梗:就他非～着不给办。

【卡子】qiā(qiǎ)zi ❶ 夹东西的器具:夹头发的～|买东西的时候捎着买几个～。❷ =〖卡子门〗qiā zi mèn 执法部门或军警在道路或通道上设置的检查站或岗哨:日本鬼子待路口那里都有～。

【抲】qiǎ ❶ 用手攥住;用手紧紧按住:他～着个小本子进门了。❷ 持有:你手里头～着钱还愁花不出去?❸ 掌管;负责:厂里的事都他那～着|他们家是老婆～钱。

【掐】qiā(qiǎ)❶ 用手的虎口部位用力扣住:～脖子。❷ 用指甲按;用拇指和另一个指头使劲捏或截断:～花儿|～点油菜。❸ 量词,拇指和另一手指尖儿相对握着的数量:她那个小腰而就一～儿。❹(将粮食)用石碾研磨或用石碾碾压后制作:～碾|～地瓜干儿|～豆包|《聊斋俚曲集·翻魇殃》第三回:"姜娘子做了饭,打发他婆婆吃了,才搋了升麦子碾上,～了。"❺ 切断;停止(供应):～水|～电|～奶|叫大队把他的待遇～了。❻ 截断并去除;删除:那块儿电影～了不少镜头去。❼ 熄灭(香烟):吃烟的都嘎急把烟～死。❽ 计算并控制(时间):恁要紧把时间～准了。

【掐不齐】qiā bu qì 鸡眼草,有清热解毒的功效。

【掐电】qià diàn 断电;停止供电:村里给他掐水～,逼得他们没法了。

【掐腚的蛾儿】qià dǐng di wèr 喻指急躁或没有头绪而胡乱做事的样子,义同"无头的苍蝇"：他一回来就翻这里翻那里，就赶着个～。

【掐根儿】qià gěnr ❶ 从根部截断。❷ 从根本上解决；根治：这个病不好～。

【掐奶】qià nǎi 断奶；终止给婴儿哺乳：孩子一直到三岁才～。

【掐碾】qiǎ niān 特指用石碾碾碎地瓜干、豆子等：家里大人们忙着～，小孩子待边儿下看。

【掐破耳朵】qiā pe lēr duo 反复而严厉地（说）：跟他～地说，就是听不进去｜他爹成天～嘱咐也不管用。

【掐水】qiǎ shuī 断水；停止供水：他家没交水费，叫人家～了。

【掐算】qiā suan ❶ 算命的人用拇指尖对着别的指头不同的部位来计算、推算。❷ 计算；打算（尤用于经验丰富的人）：每个步数儿叫他～得一点儿不差。❸ 猜想；推测：我～着他今日能来家。

【掐头去尾】（～儿）qiā tòu qǔ wēir ❶ 去除头部和尾部：看着这么条大鱼，～儿也没多少东西。❷ 删除或节略开头和结尾部分：他讲的故事～儿，太简单了。

【掐腰】qià yǎo ❶ 叉腰；两臂弯曲，双手分别放在两侧胯骨上：掐着腰的那个人像是个管事的。❷ 撑腰；支持：说话那么硬实，像是有给他～的。❸（qià raor）物体中间的一部分收缩，形成细腰形状：那件衣裳有个～，显得好看点儿。

【掐着把着】qiǎ zhi bā zhi 把持：他当时～不让借钱。

qian（qian）

【欠】qiàn ❶ 缺；少：吃饭～着口吃，对身体好｜地瓜吃起来还～着口火儿，再蒸蒸。❷ 该；赊：年底一算账还～着大队的钱。❸（将身体）略微抬起或偏侧：你稍微～～身子｜《聊斋俚曲集·姑妇曲》第二段："只等了二三日，于氏看着不是长法，便到他那屋里，臧姑坐着也没～身。"

【欠腚】qiǎn dìng 坐着时稍抬起臀部：你稍微欠欠腚，我把床单抽出来。

【欠火】qiàn huō 火候不够；欠火候：再煮煮吧，吃起了稍微欠口火儿。

【铅弹子眼】qiǎn dǎn zi yǎn 〈贬〉大而向外凸出的眼：他蛮着那个～就赶个土匪。

【牵马坠镫】qiǎn mā zhuǐ dèng 牵引马匹和拽着马镫，表示对人敬仰，甘执贱役：△给好汉～，不给赖汉当祖宗｜《聊斋俚曲集·增补幸云曲》第二十回："我叫他给我～，奉客唱词；又写了一笔好字，早晚给我上帐写写名帖不好

么?"|《聊斋俚曲集·翻魇殃》第十二回:"一群管家来马前磕了头起来,来牵马的,坠镫的,把爷俩扶下来。"

【千层饼】qiǎn ceng bīng 层数很多的烙饼。

【千窟窿万眼】(~儿) qiǎn kū leng wǎn yānr〈贬〉形容人心眼儿很多:他那个人~儿的,不大好叨叨。

【千取】qiǎn qū〈贬〉想尽一切办法(去做):栽排给他的事,没有件干好的,~叫你生气。

【千数儿】qiǎn shur 一千左右:这面子墙就~个砖就够了|这一车能拉个~斤。

【扦】qiǎn ❶用针线轻轻地缝:~裤脚儿|~褯儿。❷用细条状工具把空隙用物料填实:~缝儿。

【扦拿】qiǎn na 如同鸟啄食一般夹菜吃饭;(过于拘谨或漫不经心地)吃、拿、动:孩子~了几口菜,就撂筷子说不吃了。

【扦子】qiǎn zi 用于固定物体的带有针状或齿状物的金属制品:皮带~|鞋~。

【前沉】qiǎn chen 与后部相比,前部的份量大:推车子的时候稍微~点,推起来还省劲儿。

【前后脚儿】qiǎn hou juěr 相隔时间很短;次序上紧跟着:我和你~来的。

【前后眼】qiǎn hou yān 比喻对事情的发展或结果的预知能力:过后儿都别互相谪怨,谁也没有那个~。

【前脸】qiǎn liān =〖前脸子〗qiǎn liǎn zi 建筑、车辆等的前面、正向部分:那个骑摩托车的把他的车~给刮破了。

【前脚说后脚忘】qiǎn juē shuō hòu juē wàng 形容健忘的样子:如今上了年纪~,自己都犯愁。

【前腿后爪子】qiǎn tēi hǒu zhuā zi〈贬〉前车之鉴:这都有~,他不用这么胡作。

【前窝】(~儿) qiǎn wer =〖前窝子〗qiǎn wè zi 对前夫或前妻所生的子女的背称:《聊斋俚曲集·慈悲曲》第一段:"譬如有一个~儿,若是打骂起来,人就说是折磨;若是任凭他做贼当忘八,置之不管,人又说是他亲娘着,他那有不关情的:谓之左右为难。"|《聊斋俚曲集·慈悲曲》第三段:"后娘只知有~,分出后窝就不公,就不通,更不通,一般也知道那脸儿红。"

【前肘儿】qiǎn zhōur 猪前腿靠近身体的部位。

【钱夹子】qiǎn jiā zi 钱包：这就是他拾回来的那个～。

【钱上紧】qiǎn shang jīn 把金钱看得很重：他那个人就是～，别想借出分钱来｜△锅腰子上山——前(钱)上紧｜元杂剧《范张鸡黍》第一折："章好立身，我道今人都为名利引，怪不着赤紧的翰林院那伙老子每～。"｜元杂剧《来生债》第一折："不思量有限的光阴有限身，委实他～。"

【钱绳子】qiǎn shěng zi 家庭中的理财权：他们家是老婆拚～。

【钱头儿】qiǎn tòur 钱款的数额：这也不是个小～的营生，仔细点好。

【钱蝎子】qiǎn xiē zi 喻指极度贪婪钱财的人：你和那种～打交道没吃亏就算好事了。

【浅浅】qiān qian 非常浅的样子：河里的水这么～，没法儿洗澡。

qiang（qiang）

【强】qiàng ❶ 好，用于比较：他们家的日子过的那个～｜《聊斋俚曲集·墙头记》第一回："他头一年还算～，零碎使了七石粮，虽不丰富还无账。"｜《聊斋俚曲集·禳妒咒》第二十六回："却是春香，却是春香，你运气～不～？若是～，赢几钱来买梳妆。"｜《聊斋俚曲集·磨难曲》第二十三回："我王丙命不～，破了财守空房，这日子像个下番的样。"｜《醒世姻缘传》第四十回："你修的比那辈子已是～了十倍，今辈子你为人又好，转辈子就转男身，长享富贵哩。"❷ 好；融洽：他们俩个伙伴得不～。‖《俚语证古》第十四卷："善美谓之～。"

【强货了】qiǎng huò ler 相比之下好很多：你才买的这个比以前那些～。

【强梁】qiǎng liang 争强好胜；不好惹：他们弟兄都很～｜《醒世姻缘传》第四回："晁大舍只因自己富贵了，便渐渐～厌薄起来。"｜《醒世姻缘传》第十九回："这样一个女人，怎在山中住得？亏不尽汉子～，所以没有欺侮。"｜《醒世姻缘传》第二十四回："且单说那明水村的居民，淳庞质朴，赤心不漓，闷闷淳淳；富贵的不晓得欺那贫贱，～的不肯暴那孤寒，却都象些无用的愚民一般。"

【强起】qiǎng qi ❶ 相比更好；相比更强：他太傲了，寻思没有人能～他的｜△逢着是个官儿，就～卖水烟儿｜△吃饭先喝汤儿，～开药方儿｜《醒世姻缘传》第四十八回："姓龙的怎么？～你妈十万八倍子！你妈只好拿着几个臭钱降人罢了！"｜《醒世姻缘传》第八十三回："寄姐道：'罢！人见来还好哩，还～你连见也没见！'"亦作"强其"：《聊斋俚曲集·禳妒咒》第七回："休愁那亲事难成，情管找一个极俊的媳妇，还强其江城，还强其江城。"｜《聊斋俚曲集·磨难曲》

第二十六回:"儿登科,儿登科,就是他爹待怎么? 虽不如中一双,还强其没一个。" ❷ 好;健康;融洽,一般用于反问或否定句式:有一阵儿他们两家关系弄得不大~|看他脸色黄干干的,体格不大~。

【腔口儿】qiǎng kour 戏曲中代表不同人物身份的唱腔,如官腔、民腔等。

【呛】qiàng(qiǎng)❶ 刺激性气体或异物进入呼吸器官造成的堵塞或不适:~人|~嗓子|~肺里去了。❷ 烟熏:烟~火燎|几根大烟袋把墙都~黑了。

【呛风】qiǎng fěng 风灌入呼吸道引起不适:孩子直咳嗽是不是出去~了?

【呛面】qiǎng miàn 把干面粉揉进湿面团里。

【枪药】qiǎng yue ❶ 枪弹里的火药。❷ 比喻说话时带着火气:他吃什么~了,大清早上就来发彪。

【抢】qiāng ❶ 夺;硬拿:~劫|~钱。❷ 赶快;赶紧;争先:他们几个很团结,有活儿都~着干。❸ 用饭铲、铁铲等平着或侧着铲:拿张锨把地下的那些水泥渣儿~起来|△蒸的饼子——不用~。❹ 撞击、触碰地面;身体向前摔倒或摔伤:他走得急了,一头~待地下|地下个橛子绊了一下,把他一面子脸都~了|《战国策·魏策》:"布衣之怒,亦免冠徒跣以头~地尔。"|《醒世姻缘传》第六十四回:"狄希陈不及防备,被素姐飐的一个漏风巴掌,兜定一脚,踢了一个嘴~地。"|《醒世姻缘传》第六十八回:"相于廷道:'狄大哥,你拿了袖子罢,看着路好牵驴子走,带着袖子,看~了脸。'"|《醒世姻缘传》第九十一回:"吴推官跪得两腿麻木,猛然起来,心里又急待着要出去,只是怎么站立得起来! 往前一~,几乎不跌一交。"|《醒世姻缘传》第九十八回:"你可安详些儿,着忙的人,不觉作下揢去,往前一~,把个鼻子跌了一块油皮。"亦作"枪":司马迁《报任安书》:"见狱吏则头枪地。"

【抢倒】qiāng dao 向前摔倒:他~那一下,把波罗盖儿磕破了。

【抢了个大元宝】qiāng le ge dà yuán bāo 对小孩子跌倒的戏称:咹阳来,看你中用的,~。

【抢破头】qiāng pe tòu 竞相获取或购买的样子:要是这个价钱卖,来买的保证~。

【戗】qiǎng ❶ 逆;反方向:~茬|~风。❷ 违背;违逆:~犯|~促|他是个顺毛驴,什么事~着他就惹下天来了。亦作"抢":《醒世姻缘传》第十九回:"你只休抢着他的性了,一会家乔起来,也下老实难服事的。"

【戗茬儿】qiǎng char ❶ 逆着木头等物体的纹理。❷ 逆着事物的情理或趋势:这么弄的话是个~,最后是自找苦吃。

【戗促】qiǎng cu 反驳;顶撞:你～了他几句也就老实了。

【戗犯】qiǎng fan 用话语冒犯;顶撞:他脾气大,没有敢～他的。

【戗风】qiǎng fěng 顶风;逆风:外边儿风太大了,～走都走不动。

【戗锯】qiǎng ju 解板用的大锯。

【戗戗】qiǎng qiang 逆向的样子:～毛了|事多了累得他头发都～了。

【戗子】qiāng zi 做饭菜用的锅铲:这种锅配上把木头～好使。

【墙裙子】qiǎng qǔn zi 安装在室内墙壁下半部的装饰板:包上～顶糟作。

qiao〔qiao〕

【乔】qiào 不好;坏;歹;恶劣:～脾气|～毛病|～调|马致远《青杏子·悟迷》曲:"唱道尘虑俱绝,兴来诗吟罢酒醒时茶,兀的不快活煞,～公事心头再不望。"|元姚守中《粉蝶儿·牛诉冤》曲:"有一等贪哺啜的～人物,就本店随机儿索唤,买归家取意儿庖厨。"|元杂剧《秋胡戏妻》第三折:"当也波初,则道是峨冠士大夫,原来是个不晓事的～男女。"|《聊斋俚曲集·姑妇曲》第二段:"才叫二成来替替,臧姑来～声怪气的叫了去了。"

【乔调】qiào diao 坏心眼;坏主意:他人不大,～还真不少。

【乔架】qiǎo jià 故弄玄虚的行为;小伎俩:没是没非地叫咱来,不知道这两口子弄了些什么～。

【乔叫唤】qiào jiào huan ❶变了声地号叫:他长这么高了,打个针都吓得～。❷大声叫嚷着说话的样子:他～着待把车卖了|《醒世姻缘传》第五十七回:"小琏哥甚么是肯来,抱着他老三奶奶的腿～;他说我恶模恶样的害怕。"|《醒世姻缘传》第八十七回:"张朴茂的媳妇子,新寻的家人伊留雷媳妇子,新寻的丫头小河汉、小涉淇,四个人齐齐的拉着寄姐不叫跳河。唬得小京哥～往怀里钻。"参"乔叫":《金瓶梅词话》第三十三回:"我听见金雀儿花眼前高哨,撇的鹅毛菊在斑竹帘儿下乔叫。"

【乔毛病】qiào mǎo bing 坏毛病:孩子这些～不改,长大了要麻烦。

【乔脾气】qiào pǐ qi 坏脾气:媳妇真受不了他的那些～。

【乔心肝眼儿】qiào xìn gan yānr 坏主意;不良之心:他的那些～就赶谁不知道样的。

【巧话儿】qiāo huàr 应景的俗语或俏皮话:△聋人听～|他也不哪来的那么多～。

【巧劲儿】qiāo jìnr 巧妙的手法;窍门:干什么都待学着使～。

【巧头儿】qiāo tou 比较稀罕的食物:人家好东西都吃遍了,就愿意吃点儿～。

【巧言花语】qiāo yàn huǎ yū 花言巧语:他成天～的,什么人也叫他说晕了。

【翘翘】qiào qiao 一头儿向上仰起:木板晒得都～了。

【翘头八半】qiào tou bà bàn ❶(作物、果实)奇形怪状的样子:～的黄瓜剩了一大堆,挑不出点儿好的来。 ❷(人)长相不周正的样子:那几个人都长得～的,他闺女保证看不中。

【悄没声】qiǎo me shěng 悄无声息的样子:他走路～的,我没果睬有人来了。

【悄手敛脚】qiǎo shōu liǎn juē 行动悄无声息的样子;蹑手蹑脚的样子:他～地进来了,还吓了我一大跳。

【睄紧】qiǎo jin 留心;注意(某种东西):这个事不急,你～着。

【诮嗤】qiāo chi 讥诮;嗤笑:他没有看中的人,见了谁也待～几句。

【帩】qiǎo 缝:你帮我把裤脚～～。‖1928 年《胶澳志》:“缝衣曰～,峭平声。”

【趫】qiào 行动敏捷:他才～来,爬墙和猴似的|张衡《西京赋》:“非都卢之轻～,孰能超而究升?”|《后汉书·朱儁传》:“贼帅常山人张燕轻勇～捷,故军中号曰飞燕。”

【趫欻】qiào chua 敏捷:他爬起树来那个～。

【趫闯】qiào chuang 敏捷;利落:栽排给他的事干得都很～。

【趫利】qiào li 敏捷:他年轻,手脚就是～。

【趫手练腿】(～儿) qiǎo shōu liǎn tēir 手脚敏捷的样子:看人家～儿的,哪像七老八十的人。

qie（qie）

【攲】qiě 躺;卧:他三拳两脚把就那几个人砸得～地下爬不起来了|《聊斋俚曲集·慈悲曲》第六段:“一日往南昌公干,起的身早,见张诚～在路旁,看了看,是个书生模样,试了试还有气,就下轿来,守了一霎,还魂过来。”|《聊斋俚曲集·翻魇殃》第九回:“却说那仇福到了家,他娘～在床上,忽然看见仇福进来,跪在床前。”|《聊斋俚曲集·快曲》第四联:“两个翻身都落马,～在地下狗

喗黄。脚楂脖子枭首级,那鼻眼略动口还张。"|《聊斋俚曲集·寒森曲》第四回:"二相公至三官灵前～下,才合煞眼,忽见三官进来,相公便拉着哭。"|《聊斋俚曲集·磨难曲》第十五回:"张春大怒,批脸带腮只一捶,打了个倒栽葱。老李婆子～在地下说:'张春杀子人哩!'"|《聊斋俚曲集·磨难曲》第二十八回:"张春回来,看着两个还～着喓哼。"

【欹下】qiě xi ❶ 躺下:你打俺俺就～不行?|《聊斋俚曲集·慈悲曲》第二段:"婆子放倒头睡沉沉,汉子～下暗沉吟。" ❷ (躺下)睡觉:人家都～了,明日再说吧|《聊斋俚曲集·翻魇殃》第二回:"仇福也不答应,～睡了。"|《聊斋俚曲集·磨难曲》第二十六回:"亏了那两个丫头,一闹一个三更尽,才～骨碌噪子,打了一个盹。"‖1928年《胶澳志》:"～,读如且下,睡倒之谓。"

【茄花色】qiě hua shēi 如同茄子花一般的淡紫色:她穿着一个～外套儿|《醒世姻缘传》第四十一回:"夜来北极庙上那个穿～的婆娘,情管也是个会管教汉子的魔王。"

【茄子合儿】qiě zi huòr 用切成薄片的两片茄子夹上肉馅,外面裹上面糊炸制成的食品。

【前年】qiě nian 去年的前一年。

【前日】qiě yi (ye) 前天;昨天的前一天:他是～回来的。

【切巴】qiē ba 随意或快速地切割:这盆肉一阵儿就～～了。亦作"切把":《聊斋俚曲集·禳妒咒》第二十四回:"俺无论几顿,只是锅子里泚上瓢水,抓上把盐,把豆腐切把切把,扑棱翻上,俺就去合人家闲话,这不省便么?"

【切字语】qiè zi yū 暗语:有话儿就光明正大地说,别打些～。

qin（qin）

【吢】qìn 语气词,表蔑视;不赞同:～,谁希得那点东西来?

【钦敬】qǐn jing 敬佩;尊敬:人家说的那话,确实叫人～|《容斋随笔》第十二卷:"卞夫人与袁夫人书云:'贤郎有盖世文才,阖门～。'"|元杂剧《九世同居》第一折:"老夫自来仗义疏财,为乡里～,尊称曰长者相呼。"|元杂剧《小孙屠》第九出:"忽然见弟兄持刀刃,连叫两三声。莫不是嫂嫂不～?"|元杂剧《气英布》第二折:"随何也咱是你绾角儿弟兄,怎生来汉王不把咱～。"|《喻世明言》第三卷:"(吴山)从此改过前非,再不在金奴家去。亲邻有知道的,无不～。"|《喻世明言》第五卷:"常何见马周一表非俗,好生～。"|《水浒传》第

一百零八回:"萧嘉穗答拜不迭道:'此非萧某之能,皆众军民之力也!'宋江听了这句,愈加~。"|《孽海花》第三十五回:"我因~他的为人,已答应他亲身护送;又约了几个弟兄,替他押运行李。"|《三国演义》第三回:"肃曰:'贤弟有擎天驾海之才,四海孰不~?'"|《梼杌闲评》第二十七回:"众人见了,才各各心服~,回营称谢。"|《老残游记二编》第五回:"譬如见了一个才子,美人,英雄,高士,却是从~上生出来的爱心。"|《儿女英雄传》第八回:"我心里先暗暗的~,便不肯动手。"|《聊斋俚曲集·寒森曲》第七回:"端过那圣水瓶,倒一盏还有零,救善人听说极~。"|《聊斋俚曲集·富贵神仙》第十二回:"听说太原人,听说太原人,合巹~又钦尊,烦年兄寄个平安信。"|《醒世姻缘传》第八回:"却说梁生、胡旦因有势要亲眷,晁家父子通以贵客介宾相待,万分~。"

【嗛口钱】qǐn kōu qiàn 入殓时放在死者嘴里的制钱。

【勤不着懒不着】qǐn bu zhuò lān bu zhuò 不合时宜的行为造成他人反感或带来麻烦:俺这商量好好的,他~来插上一杠子。

【勤可】qìn kuo 勤快:那真是个~媳妇。

【亲】qǐn ❶ 血统最近的:~兄奶弟|~姊热妹|△打虎~兄弟,上阵父子兵|△~生的儿,入急的财。❷ 因血统或婚姻结成的关系:实~|姑舅~儿|△~是~,财是财|△是~三分向,锅台热起炕|△十个闺女十门~,十个兄弟没场分。❸ 婚姻:说~|相~|定~。❹ 关系近;感情好:△狗养的狗~,猫养的猫~。❺ 本身;亲自:~身经着的事儿|~口儿讲的话。❻ 用嘴唇接触表示喜爱:~嘴儿。

【亲得牙花子痒痒】qǐn di yǎ hua zi yāng yàng 疼爱之极的样子:他亲那个小孙子~。

【亲渴】qǐn ka 特别地喜欢或渴望:没见着海的人见着海就~得慌了。

【亲口】qǐn kōu 当面讲;亲自说:这是他~说的。

【亲娘舅儿】qìn niǎng jiùr 舅舅,母亲的弟兄:这是恁~,是老儿的。

【亲戚道里】qǐn qin dǎo lī 有亲属关系;沾亲带故:都~的,不好意思说得太过分。‖"道里"为亲朋、乡亲之意:耿沣《赋得沙上雁》诗:"衡阳多道里,弱羽复哀音。"|李嘉祐《送袁员外宣慰劝农毕洪州使院》诗:"龙沙多道里,流水自相亲。"

【亲天】qǐn tiǎn 表惊叹或比较强烈的情绪,一般用于句首:我的~来,他怎么爬到杆子尽顶儿上了!~,你看这几辆车都撞成什么样儿了,太吓人了|~,这个大雨!

【亲兄奶弟】qìn xǐng nài dì 亲兄弟：恁是～，不团结还不叫人笑话？

【亲人】❶ qìn yìn 亲近人；使人感到亲切可爱：这个孩子长得也好又听话，不～是假的｜刘义庆《世说新语·言语》："会心处不必在远，翳然林水便自有濠濮间想也，觉鸟兽禽鱼自来～。"｜蒋一葵《长安客话·海淀》引黄建《病起入城别勺园》诗："勺园景物自～，别去重来肯厌烦？" ❷ qǐn yin 直系亲属或配偶。

【亲姊热妹】qìn zī yě mèi 亲姐妹；亲兄弟姐妹：到了八步赶蝉的时候还是～管用。

【頯】qìn （头部）低垂：△青头萝贝紫皮蒜，仰脸老婆～头汉。‖《说文解字》："～，低头也。"

【頯頯头】qìn qin tòu 头部低垂的样子：他走起路来頯頯着个头，也不怕磕倒。亦作"寝寝头"：《俚语证古》第三卷："首低垂者谓之寝寝头。"

qing（qing）

【轻】qǐng ❶ 重量小；比重小（与"沉""重"相对）：△远路无～担｜△拿起扫帚当掸子——掸不出个～重｜△心中有杆秤，能称～和重。❷ 数量少；程度浅：～来～去｜年～气盛。❸ 用力小；用力不狠：～点关门｜～拿～放｜～手～脚儿｜他这个坏脾气就是揍得～了。❹ 副词，多用于斥责性的句子中，别；少：你～拿大话吓唬人｜～来这一套。

【轻快】qǐng kuai ❶ 份量轻：这么～的箱子，我一个人就拿动了。❷ 轻松：他找的那个活儿很～｜他给我匍撒完了，身上真～。

【轻来大去】qǐng lai dà qù ＝〖轻来轻去〗qǐng lai qǐng qù 数量少或程度浅的样子：孩子伤得～的，你就别计较了。

【轻妙】qǐng miào （物体结构、用料等）单薄；细小：这个车子这么～，装不多么点儿东西｜《聊斋俚曲集·寒森曲》第四回："前日商礼把尸背，看着～似麻稭，忽然就有千斤赛。"‖1928 年《胶澳志》："～，细小之谓，对粗言。"

【轻飘】qǐng piao 轻薄；不庄重：你穿这套衣服太～了。

【轻撇咧】qǐng piè lie 轻飘；单薄；不结实：这个车一看就～的，不值什么钱。

【轻省】qǐng sheng ❶ 分量轻：他做的这些工具使起来真～。❷ 轻松；轻便：他说起来～，干起来就不是那么回事儿了｜这么个大事你倒说得～｜元杂剧《生金阁》第二折："我如今年纪老，髟发苍，我做不的重难的生活，只管几件～的勾当。"｜《红楼梦》第四回："原来这门子本是葫芦庙里一个小沙弥，因被火之

后，无处安身，想这件生意倒还～热闹，耐不得寺院凄凉，遂趁年纪轻蓄了发，充当门子。"|《红楼梦》第二十回："至次日清晨起来，袭人已是夜间发了汗，觉得～了些，只吃些米汤静养。"|《醒世姻缘传》第三十二回："晁夫人一个女流之辈，罄囊拿出一万四五千谷赈济那乡里饥民，这只怕那慷慨的男子也还做不出的事，他却～做了，却不知道也受了多少的闲气。"

【轻铁】qǐng tie 铝：～锅｜～盆。

【穷】qìng ❶缺乏财物：～汉｜△人～志短，马瘦毛长。❷（肌肉）少：他的腿上肉真～｜单打他身上～的场儿。

【穷得吱吱的】qǐng di zhǐ zhǐ di 十分贫穷的样子：他～，哪还有分钱给你。

【穷汉集】qǐng han jì ＝〚穷汉子集〛qǐng han zi jì 春节前能赶的最后一个集市。因为家境宽裕的人会在春节前及早购置好年货，而没钱的人总是等到节前最后一个集才去购置，故称。

【穷汉子】qǐng han zi 贫穷的人：他那个人各一路，宁愿当个～也不愿出力挣钱。

【穷汉腿】qǐng han tēi 一种当地的野菜，现在也称其为"仙人腿"。

【穷山网】qìng shǎn wāng 一种长在田野石砬子（混有少量泥土的碎石堆）中呈网状的草。

【穷腚根】qìng dǐng gen 讽喻无福消受的人：△～搋不进个半半砖。

【穷家富路】qìng jiǎ fù lù 居家时手头拮据无妨，外出时应多带盘缠，以备不时之需：都说是"～"，路上多带点钱好｜《三侠五义》第二十三回："银子虽多，贤弟只管拿去。俗语说得好，'～'。"

【穷乐儿】qìng ruòr 虽然不富裕，但依然苦中作乐：孩子们没钱上学他也不上紧儿，成天就知道～。

【穷劈了】qìng pǐ ler（骂人的话）贫穷到了极点：他这是～，老人的养老钱儿也想花｜这人真是～，连这点东西都看在眼里。

【穷势势】qìng shǐ shi 贫穷而猥琐的样子：他上哪里都那么块儿～的样儿。

【穷头】qìng tòu 骂人的话，贫穷的人：他顶这个～，就知道要人家的东西。

【穷人乍富，腆腰大肚】qìng yin zhǎ fù tiān yǎo dǎ dù 形容有人在突然暴富后，处处想表现出有钱人的可笑样子。

【苘杆】qīng gan 苘麻的茎，常用来比喻比较纤细或脆弱的东西：他那个小细胳膊和～似的｜△铜头铁背～腿（形容狼）｜《聊斋俚曲集·翻魇殃》第八回："身软弱，瘦可怜，穿上绵衣只似单，胳膊好似～子样，怎么口外去受风寒？"亦作"蒨杆(子)"：《聊斋俚曲集·翻魇殃》第八回："身软弱,瘦可怜,穿上绵衣只似单,胳膊好似蒨杆子样,怎么口外去受风寒。"

【擎】qìng（qǐng）❶ 支撑;承载:这么个小车子,哪能～住这么大的分量。❷ 托举;高举:你把竹竿～得高点儿｜李渔《亲情偶寄·种植部》:"及花之既谢,乃复蒂下生蓬,蓬中结实,亭亭独立,犹似未开之花,与翠叶并～,不至白露为霜,而能事不已。"

【罄干溜净】qìng gǎn liǔ jìng 器具全空的样子:家里的饭叫他吃得～｜你没待家,孩子们把家盒子里的糖吃得～。‖《说文解字》:"罄,器中空也。"《诗经·小雅·蓼莪》:"缾之罄矣,维罍之耻。"

【青】qǐng ❶ 深蓝色、深绿色或紫色:那时候净穿～衣裳。❷ 身上的血瘀;淤青:拧得她胳膊上不少～｜打得他身上紫～蓝变的。

【青布袋虫】qǐng bù dai chèng 甜菜夜蛾的幼虫,啃食农作物。

【青杆子味儿】qǐng gàn zi wèir ＝〖青杆子气〗qǐng gàn zi qì 类似于植物秸秆的气味:这种菜待捎嫩的时候吃,稍微老点儿吃起来就有～。

【青绿徐】qǐng lù xù 带青绿色;青绿相间的颜色:那块布挂着个～的颜色儿｜那件衣裳有点～的。

【青水砖墙】qǐng shuīr zhuǎn qiàng 垒起的砖墙不将整墙抹灰,只将砖缝抹灰扦缝。

【青头儿】qǐng tòur 靛蓝色的颜色或(暗含有)靛蓝色:待屋里看带着点～,上外边就看不出来了。

【青头榔子】qǐng tou lǎng zi ❶ ＝〖青头榔〗qǐng tòu làng 生长时因露出土而变成绿色的芋头,其食用起来口味变差:这些芋头～太多了。❷ ＝〖愣头青〗lěng tòu qǐng 莽撞、愣头愣脑的人:怎么碰上这么个～?

【青崴子】qǐng wāi zi 青蛙:他长了个～腔｜△～腔坐不住个龙墩儿。

【青砖】qǐng zhuǎn 在砖坯烧制后趁热加水冷却,产出的砖呈青色,故称。

【清光当】qǐng guàng dang 汤类食物很稀薄的样子:熬的稀饭也～的,没有点儿米儿。亦作"青光当":《醒世姻缘传》第四十九回:"晁夫人……教他各人都挤出奶来,用茶钟盛着,使重汤顿过,嗅得那个白净老婆的奶有些膻气,又青光当的。"

【清浩浩】qǐng hào hao 空荡冷清的样子:房子闲着不大住人,一进屋里～的。

【清口】qǐng kōu 清爽可口;爽口:他拌的小凉菜儿真～。

【清气】qǐng qi ❶ 清洁;整洁:打扫完了房子,进去就～多了。❷ 清新:上树林子里喘口气都～。❸ 清淡:他做的菜真～。

【清水捞银子】qǐng shuī lǎo yǐn zi 几乎没有成本地轻松获取巨大利益;一本万利:他做的是～的营生,光挣不赔。

【清汤寡粒】qǐng tāng guà lì 形容饭菜的水多而没有滋味的样子:厂里做的些饭都～,没人爱吃。

【清闲】qǐng xian ❶ 清净安适:一个人～惯了,来这么多人他烦躁。❷ 安生;未被打扰:孩子们这个哭那个叫,吃顿饭都吃不～。

【清早上】qǐng zāo shang =〖大清早上〗dà qǐng zāo shang 黎明;一早:他～就起来干活去了。参"清早晨""清早辰":《金瓶梅词话》第四十八回:"从清早晨,堂客都从家里取齐,起身上了轿子。"|《金瓶梅词话》第二十三回:"到次日清早辰,老婆先起来穿上衣裳,蓬着头走出来。"

【请年】qìng niàn 农历除夕日,到已故先人茔地举行仪式,将其神灵请回家过年。

【情理】qǐng lī 人情与道理:他那个人还是挺讲～的|郦道元《水经注·泗水》:"以今忖古,益知延之之不通～矣。"

【情理罐子】qǐng li guàn zi 强词夺理的人:他是有名的～,趁早别和他争竞。

【赌吃坐穿】qìng chī zuò chuān 吃穿生活坐享现成的样子:她上了人家这样的家庭光～行了。‖《集韵》:"赌,慈盈切,音晴。受赐也。"

【赌等】qìng dēng 放心地等着:就～着人家来给你送上门行了。

【赌好儿】qìng hāor 完全放心:他干活儿,你就～吧。

【赌管】qìng guān 只管;保证;管保:你说的事儿～放心,都已经安排好了。亦作"情管":《醒世姻缘传》第十八回:"晁爷你不信,只叫大官人替唐老爷做上女婿,情管待不的两日就是个知州。"|《醒世姻缘传》第六十五回:"我猜你这衣裳情管是放在张茂实家,我若要的不大上紧,你一定就与了别人。"|《聊斋俚曲集·墙头记》第二回:"你既饱了,且找个避风去处,且慢慢归家。情管我着他两个争着事奉你。"又:"情管那令郎欢喜,都争着把你养活。"|《聊斋俚曲集·禳妒咒》第七回:"休愁那亲事难成,情管找一个极俊的媳妇,还强其江城,还强其江城。"|《聊斋俚曲集·富贵神仙》第五回:"把大杯,满满斟,微微带笑叫官人:吃着叫他唱一个,唱一个,情管投着你的心,你的心。"

【赌受】qìng shou 坐享;承受;继承:老人的家业都叫自己的孩子们～。亦作"情受":元杂剧《马陵道》第二折:"我恨不的并吞了六国诸侯,这江山和宇

宙,士女共军州,都待着俺邦情受。"|元杂剧《窦娥冤》第一折:"想着俺公公置就,怎忍教张驴儿情受?"|元杂剧《单刀会》第四折:"俺皇亲合情受汉朝家业,则您那吴天子是俺刘家甚枝叶?"|《金瓶梅词话》第六十二回:"伯爵喝采不已,说道:'原说是姻缘板,大抵一物必有一主,嫂子嫁哥一场,今日情受这副材板,勾了。'"|《聊斋俚曲集·墙头记》第一回:"不因着情受他那地土,俺只说俺是他达。"|《聊斋俚曲集·姑妇曲》第一段:"我没造化情受你这个好媳妇,休去了也罢了!"|《金瓶梅词话》第四十七回:"我这一回去,再把病妇谋死,这分家私连刁氏都是我情受的。"|《金瓶梅词话》第一百回:"后韩二与王六儿成其夫妇,情受何官人家业田地,不在话下。"

【䞍着】qǐng zhi ❶ 等着:如今孩子们都大了,你光～享福行了,别去那么劳累自己了。亦作"情着":《聊斋俚曲集·姑妇曲》第二段:"大成便说没奈何,低着头儿且情着,母亲呀,咱不幸遭着这不贤的货。" ❷ 尽情:《聊斋俚曲集·姑妇曲》第一段:"既然出了门,我情着往前撞。"|《聊斋俚曲集·墙头记》第一回:"老头子日日闲,情着吃情着穿,着您媳妇常忙乱。"

qiu（qiu）

【求处】qiǔ chu 可资帮助的价值:他当官的时候有～,找他的人多得是。

【求告】qiǔ gao 请求;央求:里里外外～多少人这才算办成了事。

【秋假】qiǔ jià 旧时农村中小学为了让学生帮助家里秋收秋种而放的假。

【秋菇子】qiǔ niū zi 秋末最后结的小瓜。

【秋天】qiǔ tian 秋季。

【㕭】qiù 责备:为挖家雀的事俺爸爸把我好一个～。

【糗】qiǔ 弄脏;污损:那条裤子叫灰～死了。

【糗搓】qiǔ cuo ❶ 弄脏;污损:才买的件儿衣裳叫他～得没法儿穿了。 ❷ 经受艰苦;遭受折磨:两口子把个小孩子撂家里,～得不像个样了都。

qu（qu）

【去皮】qù pì ❶ 破皮;褪皮:她汉子把她打的身上都～了。 ❷ 将果实的外壳或表皮去除。 ❸ 遭罪;不堪其苦:什么人倘上这样儿的事也真～了。 ❹ 算重量时扣除容器的份量:看这一大筐东西,去了皮也没老些份量。

【曲】qū（qǔ）折弯;使弯曲:把铁丝这头上～上个弯儿。

【曲溜拐弯】qū liu guài wǎnr 弯弯曲曲的样子：上他家趟儿～的能走糊涂了。

【曲呛】qū qiang（受委屈后）脸上不舒展的样子：看他～的那个样儿，当娘的真是心疼。

【曲曲芽】qū qu yà ＝〖曲曲菜〗qū qu cǎi 苣荬菜，茎叶嫩时可吃，略带苦味：《蒲松龄集·附录·学究自嘲》："馆谷渐渐衰，馆谷渐渐衰，早饭东南晌午歪，粗面饼卷着曲曲菜。"｜蒲松龄《日用俗字·菜蔬章》："莴苣味如曲曲菜，驴驹嘴似婆婆丁。"

【曲蟮】qū shan 蚯蚓：△～号歌歌，六十天吃饽饽。亦作"蛐蟮"：《聊斋俚曲集·富贵神仙》第十二回："卷子开包，卷子开包，磨墨声闻百里遥，个个都吟哦，好似蛐蟮叫。"｜《聊斋俚曲集·磨难曲》第二十五回："卷子展开色，卷子展开色，磨墨声闻百步遥，个个都吟哦，好似蛐蟮叫。"‖崔豹《古今注·鱼虫》："蚯蚓，一名蜿蟮，一名～。善长吟于地中，江东谓之歌女，或谓之鸣彻。"章太炎《新方言》第十卷："今通谓蚓为～。"

【屈】qū ❶ 错怪；冤枉：你这么说他其实一点儿也不～。❷（人的才能）不能充分发挥：种了一辈子的地，也真～了他的才。

【屈才】qū cài 人的才智本领不能得到充分发挥：这个孩子待这个山旮旯儿里真～了。

【屈谎】qū huang 冤枉；冤屈：没有真凭实据可不能乱～好人。

【觑觑】qǔ qu 眯着眼看：他是不是近视了，怎么看东西老是～着？

【趄】qū 用脚尖平着踢：才买的双鞋没几天就让孩子都～破了｜△卖鞋的过河脚～沙。‖《俚语证古》第三卷："以足扱物谓之～答。～为蹴之双声音转。"

【瘛瘛】qǔ qu 身体瑟缩的样子：待医院里看见他～得都脱相了。

quan（quan）

【权当】quān dang ❶ 姑且当作：到了晌天就找点山果吃，也～吃晌饭了｜《醒世姻缘传》第九十五回："老寡妇要替媳妇招赘一个丈夫，～自己儿子，掌管家财，承受产业。" ❷ 只当：给他说了好几遍，他～没听见｜《红楼梦》第十九回："（袭人）若果然还艰难，把我赎出来，再多掏澄几个钱，也还罢了，其实又不难了。这会子又赎我作什么？～我死了，再不必起赎我的念头！"

【权道】quān dao 权当：要是不爱听，～我没说。

【劝化】quàn hua 劝导:咱都回去～～他,估计他能听进去|元杂剧《窦娥冤》第一折:"待我慢慢的～俺媳妇儿,待他有个回心转意,再作区处。"|元杂剧《生金阁》第二折:"如今着他去～,不怕不听。"

【劝人方儿】quǎn yìn fǎngr 规过劝善的话语;有时指泛泛一般的套话:他净说些～,说了有什么用?!

【圈腮胡子】quàn sǎi hǔ zi ❶络腮胡子。❷长有络腮胡子的人:△～吃炒面——里嘈外噜。

【圈食】quān shì 饭后因躺卧造成积食:孩子一早起来就肚子疼,看样儿是夜来晚上～了。

【蜷躄】quān cu 蜷缩:上这面来吧,你～那里太不得劲了。

【蜷蜷】quǎn quan 蜷缩;蜷曲:叶子叫太阳烤得都～起来了。

【全美】quàn mei ❶身体没有缺陷:生男生女都一样,孩子～就好。❷周到全面:这个事儿办得很～了,得知足|元杂剧《破窑记》第一折:"我如今要与女孩儿寻一门亲事,恐怕不得～,想姻缘是天之所定。"

【全全美美】quàn quan měi mèi ❶身体没有缺陷的样子:孩子们～、没病没灾儿的,那就是大人的福。❷周到全面的样子:他结得这个婚～的,真顺心。

【泉眼】quǎn yān 从地下冒溢泉水的孔洞:亏着山上有个～,不用挑水了。

【泉子】quǎn zi 从地下流出的水源:亏着半山腰儿的那个～救了那块儿地。

que（que）

【缺根弦儿】quē gěn xiànr 傻乎乎的样子:他不认得人家就把东西借出去了,真是～。

【缺货】❶ què huò 货品出现短缺:店里都～好几个星期了。❷（～儿）quē huor 紧俏的商品或稀罕的物件:他待那里卖～儿,价钱自然就高。

【瘸呀】què ya 行走时身体不稳;跛:他～着这条腿,上楼太费事了|《聊斋俚曲集·慈悲曲》第三段:"那腿上去了一块皮,走着还～～的,瘸的进了房门,也没管孩子哭,一头攘在床上,回脸子朝里。"

【劂】quē 折弯或折断;反复对折:这根竹竿太长了,你把竹竿那头～一块儿去|使劲儿大了把棍子～断了。‖《广韵》:"～,断物也。"亦作"缺":《金瓶梅词话》第三十五回:"一官问奸情事。问:'你当初如何奸他来?'那男子说:'"头朝东脚也朝东奸来。'官云:'胡说!那里有个缺着行房的道理?'"

【雀子】quē zi =〖雀子屎〗què zi shī 雀斑:以前没注意她脸上有～|《聊斋俚曲集·禳妒咒》第五回:"夫人说:'怎么不好?'公子说:'那脸上一些黑～。'"

【皵】quē 特指生面团被风吹后变得粗糙或开裂:把面使盆盖上,要不叫风吹～了。‖"皵"古代指树皮粗糙或坼裂:《尔雅·释木》:"槐:小叶曰榱;大而～,楸;小而～,榎。"李咸用《览友生古风》诗:"皴～老松根,晃朗骊龙窟。"李时珍《本草纲目·木部·梧桐》:"梧桐处处有之,树似桐而皮青不～。"

qun〔qun〕

【裙】qùn ❶ 裙子:长～子|连衣～儿。❷ 像裙子的东西:墙～子|炕～子|△瓮穿～,大雨淋。

【𢾗】qǔn 用鞭子等长条状的东西抽打:他一扬手,鞭子～待他腿上。

【皴】qǔn 皮肤因被冻或因风吹而变得粗糙或开裂:把脸擦干了再出去,省着～了脸。

【皴手】qǔn shōu 手因被冻或因风吹而变得粗糙或开裂:《俚语证古》第三卷:"手背冻裂谓之～。"

【逡】qǔn 清楚;明白:这就～了,就是他干的。

【逡亮】qǔn liang 清楚:没戴眼镜我一点儿看不～。

reng

【绒绒儿】rèngr rengr ❶ 小绒毛:上面那些～摸起来滑溜溜的。❷ 表面有绒毛的:穿了件儿～衣裳。

ruo

【摞儿压摞儿】ruòr ya ruòr 层层叠叠的样子:库里的东西堆得～的,没法找东西。‖参"罗压罗":《聊斋俚曲集·翻魇殃》第十二回:"贼死的罗压罗,满街上血成河,没死的还有三十个。"

sa

【仨瓜俩枣】（～儿）sǎ guǎ liǎ zāor 比喻价值、数量微不足道的财物：人家给个～儿的也不解决问题。

【仨亲俩薄】sǎ qǐn liǎ bè 厚此薄彼：什么事儿待公平了，别叫人寻思咱怎么还～的。

【仨把俩】sǎ ba liā 概数，两三个；几个：弄了这～的回来，也不好做什么。

【撒花子】sā huǎ zi ❶ 散开很多人（去做某种事情）：他跑出去耍，家里人～找也没找着。❷ 放任无序的状态：厂里的事儿他也～不管了。

【撒口】sǎ kōu =〖松口〗sěng kōu ❶ 松开（咬着的）嘴：那个狗咬上就不～。❷ 从不同意转而同意；放弃或降低原来的要求或主张：找了很多人去说，他就是不～儿。

【撒媒柬】sà měi jiān 订婚：他闺女下个月～。

【撒泼】sǎ pe ❶ 不加限制；放开：你要是爱吃就～吃，锅里有的是。❷ 使劲；努力：～干，早干完了早家去。

【撒气】sà qì ❶ （使）漏气：他的车子不知道叫谁～了。❷ 泄劲；放弃：没有人支持这个事，他也就～了。

【撒骚儿】sà sǎor 走漏风声：过后寻思寻思，保证是有人～了。

【撒手不为财】sā shōu bù wěi cài 借出或没收上来的钱很难说最终是自己的财富。

【撒手无招】sà shōu wù zhǎo 对人或事失去把控：这时候不严管着，到时候～，找谁也没有办法。

【撒丫子】sā yǎ zi 撒腿快跑的样子：他早就～跑不知道哪去了。

【瞜吗】sǎ ma 四处看：不知道那几个人待那～什么。

【靸】sā 把鞋后帮踩在脚后跟下：外边儿急着叫门，他～着鞋就出来了｜《聊斋俚曲集·墙头记》第三回："那一日～着鞋，跑出去把门开，王银匠已在门儿外。"｜《红楼梦》第二十一回："次日天明时，便披衣～鞋往黛玉房中来，不见紫

鹃,翠缕二人,只见他姊妹两个尚卧在衾内。"|《金瓶梅词话》第九十一回:"衙内听了此言,心中大怒,澡也洗不成,精脊梁,～着鞋,向床头取拐子就要走出来。"

【靸嗒】❶ sā da 把鞋后帮踩在脚后跟下;穿(拖鞋):他～着双拖鞋上这来,也太随便了。❷(～儿)sǎ dar =〖呱嗒儿〗guǎ dar 拖鞋:△日本～——提不起来。

san

【三把两下】(～儿)sǎn ba liàng xiàr ❶ 快速利落的样子:他去了～儿就捣鼓好了。❷ 一定的技能、本领或办法:没有～儿能干了这个活?

【三八墙】sǎn bā qiàng 厚度约为三十八厘米的墙。

【三不六九】(～儿)sǎn bu liǔ jiūr 隔三差五;经常:他～儿过来找老人耍。

【三齿钩儿】sǎn chi gǒur =〖三齿钩子〗sǎn chi gǒu zi 一种有三根尖齿的农具。

【三冲角儿】sàn chěng jiār 三条路的汇合处:他家正住在个～上,一般人压不住。

【三川柳】sàn chuan liū 柽柳。

【三春】sàn chǔn 指春季的三个月或春季的第三个月:△～不跌一秋忙(三春不及一秋忙之意)。

【三个老婆赶面罗】sǎn ge lāo pe gān miǎn luò 形容妇女凑在一起说话多、声音大的样子:～,那些老婆扎了堆儿就和赶集样的。

【三角子眼】sǎn jiā zi yān 三角眼:他顶着个～,就待坏死。

【三来为全】sǎn lai wěi quàn 三次才算完整,此语常在酒场、游戏比赛中使用:俗话说,～,还差一个酒!

【三码指头】sǎn ma zhī tòu 中指。

【三七】sǎn qi =〖三七日〗sǎn qi yi 人死后的第二十一天,在该日进行祭奠。

【三秋】sàn qiǔ 秋收、秋耕、秋种的统称(一说为秋收、秋种、秋季分配):几更等他送东西来,早就晚～了|《聊斋俚曲集·富贵神仙》第四回:"晚了～,晚了～!早若如此,我也不记仇;既是到如今,望和平不能勾。"|《聊斋俚曲集·磨难曲》第十一回:"今要平和不能够!谁知冤仇莫结,惜乎他晚了～。"

【三说二卖】sǎn shuō lěr mài 反复劝说的样子;花言巧语的样子:架不住他～,老人们就信了。

【三天两头】(～儿) sǎn tiǎn liàng tòur 隔一天或几乎每天;经常:他～儿地往这跑。参"三日两头":《醒世姻缘传》第十四回:"晁大舍自从与典史相知了,三日两头,自己到监里去看望珍哥,或清早进去,晌午出来,或晌午进去,傍晚出来。"|《醒世姻缘传》第五十九回:"薛夫人又甚是体贴巧姐的心,三日两头叫他回来看母。"

【三日殡】sǎn yi bǐn 丧葬习俗礼仪,人去世后第三天埋葬。

【三日】sǎn yi 孩子出生的第三天:明日孩子过～|《醒世姻缘传》第二十一回:"到了～,送粥米的拥挤不开,预先定了厨子,摆酒待客。"

【三日面汤】sǎn yi miǎn tǎng 在孩子出生的第三天宴请亲朋好友,其中必须吃面条,寓意长寿吉祥。亦作"三日面条儿":明日俺待去吃～。

【三灾八难】sǎn zǎi bà nàn 各种疾病或不幸遭遇:要是有个～的,有谁能真靠前?|《红楼梦》第三十二回:"我想你林妹妹那个孩子素日是个有心的,况且他也～的,既说了给他过生日,这会子又给人妆裹去,岂不忌讳。"

【三阵两火】sǎn zhèn liǎng huō 几下子,形容很短的时间:没等～,就把那一帮儿污滥打得丢盔卸甲。

sang

【丧棒儿】sǎng bàngr 哭丧棒,出殡时孝子挂的棍子。

【丧门】sǎng men 比喻给人带来麻烦、灾祸或不吉利的事情:这不就叫那块儿熊～的,倘上这么个事儿。

【丧门种】sàng men zhēng 骂人的话:快滚你这个～!

【桑仁儿】sǎng rènr 桑葚。

【嗓杆头儿】sāng gan tòur 嗓子;咽喉底部:他忙了一天没喝水,～就和冒烟儿了样的|他满着个～待那里瞎嘘喝。

【嗓子眼儿】sàng zi yānr 喉咙:惊得他把心提～上了。

sao

【搔子】sào zi 物体表面刮擦的较轻的痕迹。

【臊】sào 使沾染臊腥的气味,比喻带来让人厌烦的事情:△提溜着尿罐要饭——～门子。

【臊嘎】sào ga 骚扰；烦扰：爽走，别待这儿～着｜你少沾着他，别叫他～着。

【臊主意】sǎo zhǔ yi 坏主意；愚笨的主意：这都是他出的～。

【厮儿】sāor ＝〖小厮儿〗xiǎo sāor ＝〖小厮〗xiāo si 男孩。老派的说法，现在已很少用：他家有三个孩子，两个闺女一个～｜元杂剧《鲁斋郎》楔子："嫡亲的四口儿：浑家张氏，一双儿女。～叫做喜童，女儿叫做娇儿。"｜元杂剧《老生儿》第一折："唤的个稳婆评脉，他道老儿欢喜，是个～胎。"又："我想来，若是得个女儿也，则分的他一半儿家私，若是得一个小厮儿，我两只手交付与他那家私，我不干生受了一场。"｜元杂剧《老生儿》楔子："不想小梅这妮子年二十岁，婆婆为他精细，着他近身扶持老夫，如今腹怀有孕，未知是个女儿小厮儿。"｜元杂剧《赵氏孤儿》第一折："公主因在府中，添了个小厮儿，唤作赵氏孤儿哩。"｜元杂剧《赵氏孤儿》第四折："我若死后，你添的个小厮儿呵，可名赵氏孤儿，与俺三百口报仇。"｜明杂剧《中山狼》第二折："俺闻的古人说：'大道以多岐亡羊'，想起来，羊乃至驯之畜。一个小厮儿，便可制伏，尚且途路多岐，走的来没寻处。"｜《金瓶梅词话》第四十回："前年陈郎中娘子，也是中年无子，常时小产了几胎，白不存，也是吃了薛师父符药，如今生子，好不一个满抱的小厮儿，一家儿欢喜的要不得。"｜《聊斋俚曲集·禳妒咒》第三十二回："况且江城我那个俏心肝，变成了一个贤人了，给他买妓收婢，不多大时节，就生了个白胖小厮。"｜《聊斋俚曲集·慈悲曲》第一段："亏了这一日，那李氏又娩卧了，虽然生了个小厮，张炳之也不甚喜欢。"｜《金瓶梅词话》第三十一回："玉箫道：'你小厮家带不的这银红的，只好我带。'"｜《醒世姻缘传》第二十回："打哩天爷可怜见，那肚子里的是个小厮，也不可知，怎么料得我就是绝户！"｜《醒世姻缘传》第二十八回："那娘子正在那里碰头打滚，他倒了一些温水，把那药送了下去，即时肚里响了两声，开了产门，易易的生下一个白胖的小厮，左手里握了他那一丸药。"｜《醒世姻缘传》第八十回："却说寄姐害了这个活病，只喜吃嘴，再出不得门，足足的到了十个月，生了一个白胖的小厮，方才病能脱体。"‖1928年《胶澳志》："小厮，童子之谓，对人称己之子曰小厮。"

seng

【送粪】sèng fěn 往田地里运送粪肥：他十来岁儿就能帮大人上地～了。

【送客】sěng kēi 结婚时女方家安排的陪新郎新娘到男方家的人。

【送老衣裳】sěng lāo yǐ shang 寿衣：当时家里人寻思他不行了，～都穿上了。

【送耳朵】sěng lēr dou（说的话）听起来舒服顺耳：那个媳妇说话真～。

【送年】sěng niàn 农历正月初二晚上举行仪式将除夕这天请回来的祖先神灵送别。

【送汤米儿】sèng tǎng mīr 亲朋家有生孩子的喜事，送去鸡蛋等营养品。参"送粥米"：《醒世姻缘传》第二十一回："晁夫人都把他们送粥米的盒子里边满满的妆了点心肉菜之类，每人三尺青布鞋面，一双膝裤，一个头机银花首帕。"|《醒世姻缘传》第二十五回："薛教授又生了一个儿子，十月立冬的日子生的，叫是再冬。彼此狄薛两家俱送粥米来往。"|《醒世姻缘传》第四十九回："姜晁两门亲戚，来送粥米的，如流水一般。"|《醒世姻缘传》第六十六回："你长大出嫁的时节，我与你打簪环，做铺盖，买梳头匣子，我当自家闺女一般，接三换九，养活下孩子，我当自家外甥似的疼他，与你送粥米，替你孩子做毛衫。"

【送日子】sěng yì zi 指男方选好结婚日期后，到女方家去正式通知。

【送人情】sèng yǐn qìng 卖人情：咱挣下来的东西，都叫他～了。

【送人心】sěng yìn xǐn（话语）说到别人的心里；暖心：说上几句～的话，比送给人家好吃的都强。

【松散】sěng suàn ❶ 松；不紧：系鞋带的时候～点儿，省着勒脚。❷（身体）轻松；舒坦：你给我揉完了，身上试着真～。❸ 闲散：组长分给他的活儿还算挺～的。

【松闲】sěng xian 轻松；悠闲：他这一期儿不往外地跑了，挺～的。

【性儿】sèngr 脾气；性格：使～|好～|△一粒麦子一道缝儿，一个人一个～|元杂剧《陈州粜米》第一折："老汉陈州人氏，姓张，人见我～不好，都唤我做张憋古。"

sha（sha）

【杀】shā ❶ 使人或动植物失去生命：～人|～鸡|～树。❷ 勒紧；捆结实：～车子|～紧裤腰带儿|这么远的路，要紧把筐～紧了|《醒世姻缘传》第六十七回："（狄周）到下处，叫人挑着纱灯，把皮袄叠了一叠，～在骡上，骑着家来，见了狄员外，把那艾回子可恶的腔款学说了一遍。"|《聊斋俚曲集·磨难曲》第二十八回："单三绳往肉里～，堪堪手脚坠下来，就放了也把骨坏。" ❸ 把盐

加在生的食物上使渗水：这些菜水分大，没使多少盐就～出这么多水来。**❹** 皮肤或伤口因受外部刺激而疼痛：一出汗～得伤口痛｜你这喷了些什么东西，这么～眼｜药水往伤口上一撒，～得他直咧嘴。

【杀巴子】shā bà zi 屠夫：他长得和个～样的，小孩儿见了都害怕。

【杀才】shà cai 骂人的话，该杀的：拿着自己的亲娘这么狠心，真是个～！｜《水浒传》第二十九回："那妇人大怒，使骂道：'～！该死的贼！'"｜《水浒传》第三十八回："黑～，今番来和你见个输赢！"｜元杂剧《金线池》第二折："抵多少南浦你离后，爱你个～没去就。"｜《聊斋俚曲集·姑妇曲》第二段："真么一个媳妇，是模样不好呀，是脚手不好呢？是不孝顺这～是待死呀？"又："他二姨这～，就真么无道数样的替你做……只怕你点着灯还没处去找。"｜《聊斋俚曲集·慈悲曲》第二段："我合你打下赌，定要去找那～。"｜《醒世恒言》第八卷："我的儿，这也不干你事，都是那老虔婆设这没天理的诡计，将那～乔妆嫁来。"｜《醒世恒言》第八卷："刘公被他羞辱不过，骂道：'老～，今日为甚赶上门来欺我？'"｜《醒世恒言》第二十卷："母亲，莫不妹子与小～背地里做下些蹊跷勾当，故此这般牵挂？"｜《醒世恒言》第二十五卷："这些～，劫掠良家妇女，在此歌曲，还有许多嫌好道歉！"｜《金瓶梅词话》第七回："你这老～，搬着大引着小，黄猫儿黑尾。"｜《金瓶梅词话》第九十九回："是那里少死的贼～，无事来老娘屋里放屁。"

【杀肉】（～儿）shà ròur 杀了畜禽兽等吃肉：他三不六九偷人家的狗～吃｜《醒世姻缘传》第八十五回："人好容易到京，出来看看儿，只是把拦着，不放出来，我不吊杀罢？活八十，待～吃哩么！"

【杀食】shà shì 消化食：吃块儿萝贝杀杀食。

【杀树】shà shù 砍树；伐树：那都是几十年的老树了，他听说去～，要命也不去。

【杀人】shà yìn **❶** 使人失去生命。**❷** 比喻给出的价格极其高：真敢要个价，这待～！

【刹风】shà feng 风停：等～了再干也不晚。

【刹伏】shā fu **❶** 风、雪等减缓、停下：这一阵儿风～下了。**❷** 身体病症变轻：我看他的那个脸～点儿了。

【刹堆儿】shà zuǐr （人）凑在一起：那党子人都上他家～了。

【沙蛤蜊】shǎ gà la **❶** 在沙质海滩生长的蛤蜊。**❷** 含有沙子的蛤蜊。

【沙肝】shǎ gan 猪牛羊等动物的脾脏和胰脏。

【沙骨豆儿】shǎ gū dòur 如同豆子一般大小的沙粒：我鞋里掉进去个～，直硌我脚｜△～榨不出油来。

【沙蜜蜜】shǎ mì mi 水果开沙、甘甜的样子：这块儿地种的瓜好吃，～的。

【沙窝儿】shǎ wer ＝〖沙窝地〗shǎ we dì 沙土地：这都是～种的地瓜，净面儿｜△～栽葱——白（辈）大。

【沙眼儿】❶ shǎ yanr 由沙眼衣原体所引起的一种传染性角膜结膜炎。❷ shǎ yānr 器具在制作过程中产生的小孔洞：这根管子上有～，漏水了｜这口锅上有～。

【沙蜇】shǎ zhe 海蜇的一个品种，为寒流性大型水母，其外伞表面有许多颗粒状突起，口腕二翼型。

【纱帽翅儿】shǎ mào chìr 乌纱帽，借指官职：县令心事的是他的～，不是老百姓的死活。

【煞】shā ❶ 结算；收尾：～死账｜你～个尾儿吧。❷ 渗：～进水去了。

【煞底】shǎ dī＝〖煞骨〗shǎ gū 对事物观察深刻透彻；有洞察力：他的眼看事儿很～。

【煞气】shà qì 出气；发泄不满：他待外边儿惹了一肚子火儿，回来拿着老婆孩子～｜《金瓶梅词话》第十八回："信那没廉耻的歪淫妇，浪着嫁了汉子，来家拿人～！"又："姐姐，不是这等说，他不知那里因着什么头由儿，只拿我～。"｜《金瓶梅词话》第六十九回："此已定是西门官府和三官儿上气，嗔请他表子，故拿俺每～。"亦作"杀气"：《醒世姻缘传》第九十四回："姐姐作践的姐夫的极了，姐夫不敢惹姐姐，拿着我杀气，他人手又方便，书办、门子、快手、皂隶，那行人是没有的？"

【煞实】shā shi ❶ 扎实；严密：你做个营生就是～，真叫人放心。❷（风雪等）大；气温很冷：这个天儿真～。

【煞死】shǎ sī 无论如何；不管怎么说：劝了多少遍他还～不同意｜叫他一块来吃饭，他是～不来。

【煞头】shā tou 茶等饮品对舌头的刺激程度：这种茶叶～大。

【煞妥】shà tuo 厉害：他嘅起人来真～｜你这一招儿很～，真够他呛的。

【煞威儿】shà weir 权威；震慑力：当爹的没有～，这么小的个孩子都管不听｜他挺有个～的，一说什么下面的人溜溜的。

【煞险】shǎ xiān 把小事情说得很危急、很严重：不就这么点伤？别待这～了。

【煞研】shà yan 仔细核对;商量:恁两个～好了再干活。

【厦檐】shà yan 室外联屋走廊。

【厦子】shà zi 临正屋或墙体搭建的单坡面小屋:待东墙根儿搭了一个小～|《金瓶梅词话》第四十八回:"贼没算计的,比时搭月台,买些砖瓦来盖上两间～却不好?"|《金瓶梅词话》第六十九回:"我外边赁着一间～,晚夕咱两个就在那里歇。"‖参"披厦""厦":《黄侃论学杂著·蕲眷语》:"吾乡谓于正室旁依墙作屋,斜而下,其外更无壁者,曰披厦。"|《醒世姻缘传》第三十五回:"以东房之地隘也,私将侯小槐之西壁以为后墙,上盖东厦三间,以成四合之象。"又:"又是他许多徒弟再四央求,方才仍旧罚了五万砖,又加了三万,方才叫人押了拆那墙西盖的厦屋,还了侯小槐的原墙。"

【傻嘎傻嘎】shǎ ga shǎ ga 走起路来步子大、傻乎乎的样子:俺都干完活了,他才～地走过来。

shai

【晒】shài ❶ 放在阳光下使干燥;在阳光下吸收光热:～被|～阳阳儿。❷ 将人撇在一边,不加理睬:把客～那儿半天没人管。

【晒烟儿】shài yǎnr (被)置之不理;(被)慢待:他们上屋里喝水去了,叫人家待那～|说好的上车站去接他们,结果把人家晒了烟儿。

【晒阳阳儿】shǎi rǎngr rangr 晒太阳:他爹吃了饭就上街和些老头蹲墙根～。

【筛】shāi ❶ (把冲泡完的茶叶从茶壶中)倒掉:茶叶都乏了,～了再下壶。❷ 筛除;剔除;淘汰:那些尺寸不对的盒子～出来放待边上。

【甩】shāi(shuāi)抡;挥动:他习惯洗完了手就～手,～得地上净是水。

shan(shan)

【山】shǎn ❶ 地面上高耸的部分:△十里高～望平地——看远不看近|△东～老虎吃人,西～老虎也吃人。❷ 形状像山的东西:枣～。❸ 指山墙:明～|硬～|接～|他们两家子邻～。❹ 山上出产的;野生的:～蒜|～韭菜|～葡萄|～货。

【山庵子】shàn ǎn zi 一种建在山上的比较简易的房子:到如今他们还待那个～住,不愿下来。‖"庵"古同"菴":1928年《胶澳志》:"山中小寺宇或农佃人所居小屋俗称菴子。"

【山敦子花】shǎn děn zi huǎ 野百合:△～满山红,各娘养的各娘疼;～满山坡,各娘养的不嫌多。

【山根儿】shàn gěnr 山脚:村里的房子都盖到～了。

【山沟旮旯儿】(～儿)shàn gǒu gā rar 偏僻的山区或丘陵地带:他们住待个～儿里,出去趟费老事了。

【山和尚】shǎn huò chang 戴胜鸟。

【山货】shǎn huo 山里的土产:这几天弄点儿～好送人。

【山礓薄地】shǎn jiāng bě dì 贫瘠的山岭土地:早了这个场儿净是～,说个媳妇都不好说。

【山韭】shǎn jiū 野韭菜:△吃了～溜山走。

【山老婆】shǎn lào pe 指没有文化、性格泼辣的农村妇女:从外边儿就能听见恁些～的大动静儿。

【山溜古怪】shǎn liu gù guài 刁钻精明的样子:那个人看起来～的。

【山蚂蚱菜】shǎn mà zha cǎi 学名尖叶霞草,又名丝石竹。

【山坡地】shǎn pè dì 丘陵或山上的田地:那些～就能种点儿地瓜什么的。

【山后岐儿】shǎn hòu qǐr 山的北坡:人家都跑～去了,你怕撵不上了。

【山前岐儿】shǎn qiàn qǐr 山的南坡:他家那块地待～。

【山墙】shǎn qiàng 人字形屋顶的房屋两侧的墙壁。

【山水儿】shǎn shuīr ❶ 山和水,指有山有水的风景:那个场儿的～真好看。❷ 山水画:给他画了一幅～。❸(shǎn shuìr)山上的泉水、溪水:这些～喝起来真甜。

【山蒜】shǎn suàn 野蒜。

【山药豆儿】shǎn yue dòur 山药植株上结的果实。

【钐】shàn 砍;劈;割:他这么作也不怕叫人家给他～头去|葛洪《抱朴子·外篇·博喻》:"犹～禾以讨蝗虫。"|元杂剧《三战吕布》第三折:"元帅将刀刃斜～。"|元杂剧《襄阳会》第三折:"则你大杆刀带肩～,则你这宣花斧着他天灵碎。"|元杂剧《西厢记》二本楔子:"远的破开步将铁棒彪,近的顺着手把戒刀～。"

【姍姍】shān shan 骄傲:穿着这件从外国捎回来的衣裳试着很～。

【闪】shān ❶ 天空的闪电:打～。❷ 突然显现:他来～了一下,再没见着影儿。❸ 侧转体躲避:～开。❹ 因用力过猛拉伤肌肉:～了腰。❺ 剩下;撒下：还～下两个包子没吃｜元杂剧《青衫泪》第二折："你好下得，白解元，～下我，女少年。"｜元杂剧《范张鸡黍》第二折："～的这老亲无子，幼子无爷。"｜元杂剧《赵氏孤儿》第二折："我精神比往日难同，～下这小孩童怎见功？" ❻ 甩下不管；未打招呼而把人独自留在某处或单独抛下：人家都走了，～他一个人待那里｜顾起元《客座赘语》："与人期必而背之使失望焉曰～。" ❼ 身体因受风、受凉出现不适：半宿起来没披衣裳～着了。 ❽ 留出；空出：茄子栽得不～缝儿，它哪能长？ ❾ 突然分离引起的心理失落：孩子上外地上学去了，老两口待家有点儿～得上｜元杂剧《梧桐雨》第三折："妃子，～杀寡人也呵！"｜《聊斋俚曲集•磨难曲》第十三回："趁如今就合你别了罢，省的你后日要把奴来～。"｜《聊斋俚曲集•富贵神仙》第七回："多情人送到我黄郊路，回了回头那俏影儿全无，～杀人那泪点儿留不住。"｜《乐府玉树英•新增杂调北腔歌》："俏冤家，口应心不应，想当初说话儿水里点灯，到如今～得个干干净。"｜冯梦龙《挂枝儿•怕闪》："我被人～怕了，～人的再莫来。你若要来时也，将～人的法儿改。"｜《海浮山堂词稿•集贤宾•顶真叙情》："冤家狠心将俺～，～的人叫苦连天。"｜《醒世姻缘传》第十九回："你可是不会～人的？咱浓济着住几日，早进城去是本等。"

【闪板】shān bān 遗漏；未打招呼而把人独自留在某处或单独抛下：他们都佮伙儿出去耍，就把小李～了。

【闪风】shān fěng 受凉；受风：夜来晚上穿得少，孩子～了｜《红楼梦》第五十二回："晴雯方才又闪了风，着了气，反觉更不好了，翻腾至掌灯，刚安静了些。"

【闪缝儿】shàn fèngr 留有空隙：树栽得密了，长起来一点儿不～。

【闪晃】shān huang ❶ 闪动：电压看来有点儿问题，灯泡老是～。 ❷ 突然显现：我看他从那面儿～了一下就走了。

【闪空儿】shàn kèngr ❶ 留有空隙：闪出块儿空儿来好放车子。 ❷ 留有时间：他一天的活儿安排得满满的，一点儿不～。

【闪舌头】shān shě tou 对说大话的讥称：吹那个大牛他也不怕闪了舌头。

【闪台】shàn tài 表演戏剧或开会时，大部分人中途离开场地，只留下台上的人。

【闪下】shān xi 剩下；丢下；遗弃：好的都叫人家拿走了，光～些不济的。 ‖1928年《胶澳志》："～，遗弃之谓。"

【扇打】shǎn da 用扇子扇：这边蚊子多，出去拿把扇子好～着。

【搧】shǎn 用手掌掴：他反正耳子～了两巴掌｜《醒世姻缘传》第二十三回：

"看见是那掌柜的拾了不还,把那掌柜的一顶细缨子帽扯得粉碎,一部极长的胡须大绺采将下来,大巴掌～到脸上。"|《醒世姻缘传》第九十一回:"一个男子汉的脸弹,做了他搁巴掌的架子,些微小事,就是两三巴掌～将过去。"‖《集韵》:"～,批也。"

【善】shàn ❶ 仁爱;友好:～良|～心|～人。❷ 轻;不厉害,一般用于否定或反问句式:偷了这么多东西去,抓着就不能～打发他|《聊斋俚曲集·俊夜叉》:"长长骂着还踢蹬,给你句好气就上了天,我还嫌我骂的～。"|《醒世姻缘传》第八十五回:"谁没说呀? 京里说的～么,奶奶,你待不走哩么?"

【善茬】(～儿) shàn chār 善良的人;好对付的人,一般用于反问或否定句式:听听他说那些话儿,哪还是个～儿? |《醒世姻缘传》第七回:"有如此等事! 咱那媳妇不是～儿,容他做这个?"|《醒世姻缘传》第十回:"大爷也拇量那老婆不是个～儿,故此叫相公替他上了谷价!"|《醒世姻缘传》第九十五回:"咱两个也算得起丁对丁,铁对铁的。张飞、胡敬德剃了胡子,都也不是～儿,你省的了?"|《醒世姻缘传》第九十六回:"虽是也要待好,也不可太于柔软。那人不是～儿,'人不中敬,屈不中弄',只怕踹惯你的性儿,倒回来欺侮你。"亦作"善查""善岔":《聊斋俚曲集·磨难曲》第六回:"这方二相公也不是个善查,只怕进了门,他就给个作道。"|《聊斋俚曲集·富贵神仙》第二回:"原来这方二相公也不是个善查,那差人不敢进去。"|《醒世姻缘传》第三十九回:"他也不免有些鬼怕恶人,席上有他内侄连赵完在内,那个主子一团性气,料得也不是个善查。"‖1928年《胶澳志》:"善岔,循良之谓,不是善岔与京语不是好惹的语同。"

【善的】shǎn di 善良的人;好对付的人,一般用于反问或否定句式:他的那个妹妹更不是个～|《醒世姻缘传》第九十六回:"这就是你的二房呀? 眉眼上也不是个～,你合他处的下来呀?"

shang

【上】shàng ❶ 位置在高处的(与"下"相对):楼～|顶～|～不够天,下不够地。❷ 次序或时间在前的:～把儿|～回儿|～一年。❸ 等级和质量高的:～等|～着。❹ 由低处到高处:△看蚂蚁蜒～树|△媳妇～炕,媒人断账|△锅腰子～山——前(钱)上急。❺ 去;到(某个地方):～街里|～北京|～崂山。❻ 向前进:冲～去。❼ 浇灌:菜园干得好～水了。❽ 安装;连缀:～刺刀|～螺丝|～大梁|～双鞋。❾ 涂:～眼药。❿ 按规定时间

进行或参加某种活动:～课│～班。⓫ 拧紧发条:表该～弦了。⓬ 登载;登记:～账。⓭ 用在名词后边,表示时间、处所、范围:晚～│炕～│组织～│△好人在嘴～,好马在腿～│《聊斋俚曲集•姑妇曲》第二段:"到了九日～,他哥哥自家来搬他。"│《醒世姻缘传》第二十三回:"谁想天也就不肯负他的美意,二十岁～,便就生了一个儿子;二十二岁,又生了次子。"│《聊斋俚曲集•磨难曲》第三十六回:"从六十～就不愿做官了,上了七八疏,皇上不允,又因循五六年,才准许致仕归家。"│《醒世姻缘传》第二十五回:"果然五十六～得了个儿子,五十八～又添了一个次子。" ⓮ 用在动词后边,表示开始、继续、趋向、完成:想～来│跑～来│锁～│选～村长。⓯ (时间、数量等)达于某一点;达到一定的程度或数量:成千～万│～了岁数│～去三十岁才能明白这道理│抬头一看表,都～了那半夜。⓰ 为了贩卖而买入:～货│～水果。⓱ 完;空;结束:沙都快使～了│这么多菜他一个人吃不～。

【上把儿】shǎng bar 上一次:～听你的就对了│～他就弄这么一出儿。

【上步儿】shǎng bùr 出头;靠前:那一天谁要是敢～谁就待吃亏。

【上大席】shàng dǎ xì ❶(菜品)上正式的宴席:以前这种大鱼到了～的时候才能吃上│山豆角儿上不了大席。❷ 参加正式场合:他真是个夹旮旯鬼,上不了大席。

【上大场儿】shàng dǎ chāngr 到正式场合或众人面前:他那个腼腆,一～就脸红。

【上答下应】shàng dā xià yǐng 应答别人的询问或话语:店里才来的那个小嫚儿～的还挺机灵。

【上道】❶ shǎng dào 值得谈论,一般用于反问或否定句式:他的人品待村里都不～。❷(～儿)shǎng dàor 由生疏到熟练;进入正轨:他上店里干了半年,什么都～了。

【上冻】shǎng dèng 结冰;冻结:地里都～了,镢头都刨不动。

【上奠仪】shàng diǎn yi 向逝者的家属送上香火钱表示慰问:老人走了,他们都来上的奠仪。

【上风头儿】shǎng feng tòur 风刮来的方向:救火的时候待跑～去。

【上赶】shǎng gān 讨好;示好;迎合:他那个大架子,老是待叫人家～着他。

【上赶子】shǎng gān zi (对方没有意愿)单方面主动的样子:人家不冷不热的,你～就叫他看上去了。

【上干】❶ shǎng gan (相对与地下)仅仅表面变干:这号天儿老是～,待勤锄着地。❷ shàng gǎn 气温高,东西容易干燥:这个天儿真～。

【上沟陡崖】shàng gǒu dòu yài 道路陡坡很多、崎岖难走的样子:他老家待山里,回去趟儿～的费老事了。

【上拐】shǎng guāi 横平竖直合乎规矩:活儿干得漂不漂亮不说,起码得～。

【上晃】shǎng huang ❶ 头重脚轻;上大下小:车上的货装得太高了,跑起车来都～。❷ 个子太高显得头重脚轻:他也太高了,走起路来都～。

【上急】shǎng jī 着急;抓紧:他性儿太艮了,自己的事也从来不～。

【上讲儿】shǎng jiǎngr 合乎成规或情理:说的话办的事得要～。

【上街】shàng jiǎi 到街上去:没事儿多～找人耍耍|《三国演义》第二回:"三人郁郁不乐,～闲行,正值郎中张钧车到。"

【上轿缠脚】shǎng jiào chǎn juē 比喻事到临头才开始忙活:这待要考试了孩子才开始熬夜学习,～不赶趟了。

【上紧】shǎng jīn 抓紧;上心:快考试了,我看你怎么一点儿不～?|元杂剧《东堂老》第一折:"(柳隆卿云)赵小哥,～着干,迟便不济也。"|元杂剧《谢金吾》第一折:"夫役们,先把那门楼上的砖瓦乱摔下来……～的拆!"|《醒世恒言》第十七卷:"写一纸忤逆状子,告在县里。却得闲汉们替过迁衙门上下使费,也不～拿人。"|《金瓶梅词话》第十六回:"我的哥哥,你～些,奴情愿等着到那时候也罢。"|《金瓶梅词话》第五十八回:"如今等应二哥来,我就对他说,教他～寻觅。"|《金瓶梅词话》第八十七回:"妇人道:'既要娶奴家,叔叔～些。'武松便道:'明日就来兑银子,晚夕请嫂嫂过去。'"|《醒世姻缘传》第六十五回:"我猜你这衣裳情管是放在张茂实家,我若要的不大～,你一定就与了别人。"|《醒世姻缘传》第七十四回:"你放着眼皮子底下一门好亲戚,他不消打听我,我不消相看他,你们不上点紧儿,可遥地里瞎跑。"|《醒世姻缘传》第八十四回:"童奶奶叫人把那饭从新热了热,让他两个吃完,嘱咐两个～寻人。"

【上圈】shǎng juàn 上厕所,旧时粗鄙或调侃的说法:他又待～,真是懒驴上磨屎尿多。

【上侃】(～儿)shǎng kānr 门框上的横木。‖《俚语证古》第七卷:"叠压门框之横木谓之门侃,亦谓之门～。"

【上炕】shàng kǎng ❶ 到炕上:下边冷的,快～煿煿。❷ 得寸进尺:他暖和暖和就～了。

【上来】shǎng lai ❶ 用在动词后,表示从低处到高处或由远处到近处:人家从后边撵～了|河水都涨～了。❷ 用在动词后,表示由农村到城市;由低层

级到高层级：等割完麦子就领着孩子～耍｜他～干了不少实事。❸ 开始；起头：他～就说盖房子的事｜一～的时候还不大习惯。❹ 用在动词后，表示成功（说、唱、背等）：想～｜那几个人他都能说～。

【上来一阵】shǎng lai yì zhèn 有时候；偶尔：他～就发无名火儿。

【上冷】shǎng leng 上面感到寒冷（相对于下面）：晚上困觉的时候，老是试着有点儿～。

【上脸】shǎng liān ❶ （喝酒）脸红：他一哈酒就～，贯价不用心事能偷着喝酒。❷ 不识抬举；得寸进尺：△跐着鼻子～｜给你口好气就～了｜《红楼梦》第四十回："下作黄子！没干没净的胡闹。倒叫你进来瞧瞧，就～了！"

【上门】shǎng mèn ❶ 男子入赘：～女婿。❷ 登门；到人家里去：你待亲自～去请才好。❸ 相互之间走动、交往：他们两家子不～｜《醒世姻缘传》第二十回："再说晁家没有甚么近族，不多几个远房的人，因都平日上不得芦苇，所以不大～。"｜《醒世姻缘传》第八十二回："相栋宇道：'你看这不是怪孩子！有事可该来商议，怎么越发不～了！'"

【上哪】shǎng nā ＝〖上哪去〗shǎng nā qi ❶ 到哪个地方，常用作问候语：大叔你这待～？｜半夜五更的让我～找人？❷ 到任何地方：揣着这门技术，～也饿不着。❸ 表示不赞同对方的观点或说的话：～能有你说的那么多。❹ 谦语，表示没有如对方肯定或赞美的那样：～，快别这么夸了好不好。

【上年】shǎng nian 去年：她老头～就退休了。

【上牌】shǎng pài 在扑克游戏中，把洗好的扑克牌重新颠倒一下次序。

【上坡】❶ shǎng pē 到农田农活：咱还没起来，人家都～回来了。❷ （～儿）shàng pěr 向上的坡：往前走还有个更陡的～。❸ （～儿）shàng pěr 沿着坡往上移动：《儒林外史》第二十五回："走到鼓楼坡上，他才～，遇著一个人下坡。"

【上戗】shǎng qiang 冒犯；进攻：下把儿谁要是敢～，就揍回来。

【上墙跳郭】（～儿）shàng qiàng tiǎo guōr 爬院墙、翻屋顶的样子：这几个孩子凑待一块儿就～的，不是个正经作。

【上秋】shàng qiǔ 到秋天：等着～结的柿子就更好吃了。

【上路儿】shǎng rùr 熟悉某种技艺或行业：别发急，慢慢你就～了。

【上身儿】shǎng shenr ❶ 身体的上半部：他的～太胖了｜《儿女英雄传》第六回："～穿一件大红绉绸箭袖小袄。"❷ 上衣：你看我穿那件～好看。❸ 对女人怀孕的婉称。

【上身子】shǎng shen zi 身体的上半部：他的腿粗～瘦。

【上神】shǎng shèn 发呆：他一句话不做声儿，光待那儿～。

【上手】shǎng shōu（shǎng shou）❶ 出手；动手：那么多人站那里，没有敢～的。❷ 开始熟练某种技艺：学了三个月，他基本～了。❸ 到手；达到某种目的：《水浒传》第一百零五回："那将士费了本钱，弄得权柄～，恣意克剥军粮，杀良冒功。" ❹ 位置较尊的一侧：～那个场儿应该留给长辈坐｜《水浒传》第一百零九回："那麻扎刀林中，立着两个行刑刽子，～是铁臂膊蔡福，下手是一枝花蔡庆。"｜《警世通言》第二卷："见一所林子里走出两个人来，～的是陈干娘，下手的是王婆。"亦作"上首"：《金瓶梅词话》第二回："三个人来到楼上，武松让哥嫂上首坐了，他便掇杌子打横。" ❺ 打扑克等游戏中顺序的上一位：～没说不要，你还不能出牌。

【上寿】shǎng shòu 祝寿：他爹过生日那天，～的人来了一院子。

【上数儿】shǎng shūr 数得着，排名比较靠前，一般用于反问或否定句式：他那个技术待厂里还不～｜《金瓶梅词话》第七十三回："俺每便不是～的，可不着你那心的了。一个大姐怎当家理纪也扶持不过你来？"

【上水】shǎng shuī 给蔬菜农作物灌溉：天这么旱上一遍水不大管用。

【上算】shǎng suàn 合算；便宜：你好好想想，这么弄的话上不上算。

【上套儿】shǎng tàor ❶ 熟悉某种技艺或行业：他很技良，学了一个月就～了。❷ 走上正轨：他开的小店儿也慢慢地～了。❸ 中圈套：幸亏没上他的套儿。

【上弦】shǎng xiàn 给钟表等上发条：表停了，好～了。

【上小海儿】shàng xiǎo hāir 使用简单的作业工具从事的渔业活动：那条船是出去～的。

【上心】shàng xǐn 尽心；用心；放在心上：我跟你说的那个事要紧～去办｜孔平仲《代小子广孙寄翁翁》诗："爹爹与妳妳，无日不思尔。每到时节佳，或对饮食美，一一俱～，归期当屈指。"｜《红楼梦》第十回："气的是他兄弟不学好，不～念书，以致如此学里吵闹。"

【上牙哈子】shǎng ya hǎ zi 口腔的上腭：孩子叫鱼刺把～攮了一下儿。

【上崖儿】shǎng yàir ❶ 向上的坡：到了前面那个～，就先歇歇。❷ =〖上崖子〗shǎng yǎi zi 沿着坡由低处到高处：一个人推着车子～太使人了。

【上眼】shǎng yān 显眼：放这里挺～的，拿下面儿放着去吧。

【上眼药】shǎng yān yue 比喻借机说坏话整人：他心里很明白，又是那个人给他～。

【上疑】shǎng yì 犯疑;起疑心:他干点事老是偷偷摸摸的,谁看了也～。

【上人】shǎng yìn 陆续有人来:等到了七点这里就～了。

【上茔】shǎng yìng 到故去的亲属墓地祭奠。

【上硬】shǎng yìng 加固结实:你把螺丝～了它,别老是掉。

【上账】shǎng zhàng 登记在账簿上:他们说村里不少钱都没～。

【上褶儿】shǎng zhēr 产生褶皱:这种布儿真肯～。

【上着】shǎng zhuō 上策;优选的办法:别的都不急,先把手续办出来是～。

【伤爹害娘】shàng diě hài niàng 咒骂对方的父母亲人:她一进门就～地嘞起来了。

【伤天理】shàng tiǎn li 损害天道伦理:浪费粮食～|《聊斋俚曲集·禳妒咒》第十回:"高公说:'那里伤了天理,遭着这样事情!可怜可怜!'"|《聊斋俚曲集·禳妒咒》第十三回:"我又不曾～,怎么把你禽兽生?终来为你送了命!"|《聊斋俚曲集·墙头记》第一回:"哎!我不知前世伤了多少天理,才生下这样儿郎。"|《聊斋俚曲集·富贵神仙》第二回:"莫费心思做状呈,宁将冷落恼亲朋;不惟用意～,尤恐将来祸患生。"

【晌】shāng (时间)到了中午:要是走得晚了到那就～了。

【晌饭】shāng fan 中午饭:别急,吃了～再走|《醒世姻缘传》第八回:"郭师傅,你光着呼子头,我们赤白大晌午没得晒哩,快进家去吃了～,下下凉走。"|《醒世姻缘传》第三十回:"晁夫人道:'日子忒久了,家里不便,就着在寺里罢。'留计巴拉吃了～,辞了晁夫人去了。"|《醒世姻缘传》第三十二回:"我合你三婶说了,叫照着数儿换给我哩!快些倒下换上,家里还等着碾了吃～哩!"|《醒世姻缘传》第五十八回:"狄员外叫他到园内葡萄架下看着叫人收拾;又叫调羹做鱼炒蟹,理料～;又着人去请相栋宇。"|《聊斋俚曲集·慈悲曲》第三段:"你不必找他,他待中来家吃～哩。"‖《俚语证古》第五卷:"午饭谓之～。"

【晌觉】shāng jiao 午觉:不困个～到了过晌就看打盹儿|《红楼梦》第九十四回:"那两个女人因贾母正睡～,就与鸳鸯说了一声儿回去了。"|《醒世姻缘传》第三十三回:"一日夏天,先生白日睡了～,约摸先生睡浓的时候,他把那染指甲的凤仙花敲了一块,加了些白矾,恐那敲湿的凤仙花冷,惊醒了,却又在日色里晒温了,轻轻的放在先生鼻尖上面,又慢慢的按得结实。"

【晌天】shāng tiǎn (时间)到了中午:都～了还不快起来?|都～了,好歇歇了|△哪里～哪里卸牛。

【晌晚】shāng wan 中午：忙得他～饭都没吃｜△早上雾露天，～晒死獾。

【晌晚午儿】shāng wan wùr 正中午：他～顶着个大毒日头就骑车子来了。

【墒沟儿】shǎng gour 农田中或菜畦间的排水沟：往～里放放水｜△豆子开花，～摸虾。

shao（shao）

【捎】shǎo ❶ 顺便带、拿：～带｜～信。❷ 趁着；利用（时间、机会）：～明亮儿早点儿走｜～热乎嘎急吃。❸ shào 击打（日常一般指特指用筷子敲击手部）：他一使左手拿筷子，老人就使筷子～他｜《红楼梦》第二十六回："这脸上是前日打围，在铁网山教兔鹘～了一翅膀。"

【捎带】shǎo dai ❶ 顺便拿或运：顺路就帮我～过来了。❷ 顺便；在主要的之外附带：送孩子的时候～着说了说这个事｜来回上班的时候他～着卖点儿老家的山鸡蛋。❸ 牵连：他过来一叨叨，把你也～上了。

【捎道儿】shǎo dàor 近路；便路：轧～。

【捎脚儿】shǎo juěr （多指车、骡马等运输工具）运输途中顺便搭载人或物：看有没有顺便的车，捎捎咱的脚儿？

【捎明亮儿】shǎo mǐng rangr 趁天亮；趁有光亮：咱～走吧，晚了看不清路。

【捎热儿】shǎo rèr 趁热：包子～吃，凉了就吃不出那个味儿来了。

【捎信儿】shǎo sìr 传递口信：他找人～来叫咱都去。

【捎早新儿】shǎo zāo sìr 趁早：这么远的路，咱待～走。

【梢】shào 村庄、城市等聚居地的边缘：他盖房子的那个场儿都出～了｜《东京梦华录》第三卷："如要闹去处，通晓不绝。寻常四～远静去处，夜市亦有燋酸躞、猪胰、胡饼、和菜饼。"

【梢巴子】shǎo bà zi 残碎剩余的东西：到了傍黑净剩下些～，卖不出去了。

【梢梢儿】shǎor shaor 细而长的末端：把那些～剪齐了它。

【潲】shào ❶ 雨斜着落下来：快关窗，别～进雨来。‖1928年《胶澳志》："雨侵曰～。"在一些古代作品中写作"哨"，指雨斜着落下或风掠过：马致远《集贤宾·思情》曲："听夜雨无情，哨纱窗紧慢有三千解。"｜邓玉宾《一枝花》曲："更把这谈玄口缄，甚么细雨斜风哨得着俺！" ❷ （物体受阳光照射或风雨侵蚀而颜色）减褪：帽子戴得都～色儿了。

【潲色儿】shào shēir 物体受阳光照射或风雨侵蚀而褪色：衣裳后脊梁

都～了，换件儿吧。

【稍瓜】shǎo gua 菜瓜:《醒世姻缘传》第一回:"众人看了这个光景，～打驴，不免去了半截。"

【筲】shǎo ＝〖水筲〗shuì shǎo 上边沿有提系的水桶。老派的说法，现在已很少用:他今早上挑了两～水回来|《聊斋俚曲集•禳妒咒》第二十一回:"天色明了，奔走慌忙，担～打水，才把磨棍放。"|《聊斋俚曲集•增补幸云曲》第四回:"仙女说:'有水，只是无什么奉客，下马来，就这～里吃些罢。'"

【筲鼻儿】shǎo bìr 对称着固定在水桶口上缘的两个金属环或带孔的金属片，用来钩住桶的提手。

【蛸蜢甲】shào meng jiā 一种体型细长的蚂蚱，头部有两根较长的触须。

【艄公】shǎo geng ❶ 在船上专司摇橹的人。❷ 泛指渔民:△～贩子，老婆汉子(指最容易因利益关系产生矛盾的搭档)。

【少】shāo ❶ 数量小:△妻贤大祸～|△虾皮子锅锅腰——礼道不～|△衣～加根带儿，饭～加碗菜儿。❷ 不够原有或应有的数目;缺少(与"多"相对):△多一事不如～一事|△见人施一礼，～走十来里。❸ 丢;遗失:好上看着，别～了东西。❹ 别;不;不要:～跟这些不三不四的人来往。

【少白头】shào bei tòu 人未年老而头发已苍白:他的～是遗传。

【少到家】shāo dao jiǎ 至少;最少:这一大车子～也有二百斤。

【少来大去】shāo lai dà qù 极少;微乎其微:再剩个～的就不值当去拿了。

【少末末儿】shào měr mer 稍微;少量:这些料加多了反而不好，～加点儿就行了。

【烧】shǎo ❶ 点燃;燃烧:～劈柴|～煤|～草|～火。❷ (有了钱或地位)忘乎所以;挥霍无度:他这纯是叫钱～出来的些毛病。

【烧包】shǎo ba (有了钱或地位)忘乎所以;挥霍无度:他从挣了点儿钱就～得不知道姓什么了。

【烧货】shǎo huo 可用于烧火的柴、草、煤等燃料:这么冷的天儿，家里连点儿～没有。

【烧炕】shǎo kàng 乔迁新居时，亲朋好友带着贺礼来到新居聚餐表达恭贺之意:什么时候搬家？好给你去～。‖ 古称"暖屋"或"暖房":陶宗仪《南村辍耕录•暖屋》:"今之入宅与迁居者，邻里醵金治具，过主人饮，谓之曰暖屋，或曰暖房。王建《宫词》:'太仪前日暖房来。'则暖屋之礼，其来尚矣。"|《梦粱录•民俗》:"或有新搬移来居止之人，则邻人争借动事，遗献汤茶，指引买卖之

类,则见睦邻之义,又率钱物,安排酒食,以为之贺,谓之暖房。"

【烧心】shǎo xin 因胃酸过多造成胃部有烧灼感。

she

【舍咧】shě lie ❶ 衣服下部大;不熨帖:外套下摆～着,你穿着太肥了。❷（容器的上口）较大或外翻:这个筐子口～着,盛不住东西。

【舍气】shè qì 罢休;罢手,一般用于反问或否定句式:你想他吃了这么个亏哪能～? ｜家去寻思寻思他还不～,又是一顿嘛嘲。

【舍挺】shē ting 劳累之极的样子:夜来真把他累～了,待家敤了一天。

【折】shè ❶ 赔本:干这趟活儿没挣钱倒是～了好几千。❷ 吃亏;有损失:你没去真～了,去的一人发了一大袋子东西。

【折本】shě bēn ❶ 赔钱:挣多少钱先不说,能保着先别折了本。❷ 吃亏:～的营生他从来不干。

【折秤】shě chènr 货物因为自然损耗而重量减少;货物零散出售的总重量少于整体秤出的重量:卖菜～是正常事儿。

【折耗】shě hao 损耗;消耗:你倒动这一趟儿～不少份量去。

【蛇带】shě dài 带状疱疹,又称"缠腰龙"。

shei

【色道】shēi dao 颜色:这些瓜一看那个～像熟大了。

【色儿】shēir ❶ 颜色:红～｜青～｜茄花～。❷ 脸上表现的神气、样子:气～｜脸～。❸ 物品的质量:成～。❹ 与性有关的:△酒是～媒人。

【色气】shēi qi ❶ 外观的颜色、品相:看～还挺好的。❷ 脸色;气色:看他这几天～不大强。

【涩】shēi ❶ 一种使舌头感到不滑润不好受的滋味:这些苹果吃起来发～。❷ 不光滑;摩擦时阻大:皮带都磨平了,不挂～头了。

【啬】shēi 过于吝惜钱财;不舍得花钱:俭～｜～磕｜他太过日子了,花分钱～得要命。

shen（shen）

【森】shěn 木然呆立的样子：他们一个个都那儿~着，没有个敢出头的。

【瘆】shèn 使人感到恐惧：他一走到这个山洞门口，就试着~得上。亦作"渗"：元杂剧《盆儿鬼》第二折："来，来，来，先着这冷飕飕渗人风过。"｜元杂剧《博望烧屯》第一折："这将军内藏着君子气，外显出渗人威。"

【瘆人毛】shèn yin mào 传说有人身上长的一种使人见了害怕的体毛：△话是拦路虎，衣裳是~。亦作"森人毛"：《聊斋俚曲集·禳妒咒》第一回："浑身打战似筛糠，不知这是那里的病？老婆说有森人毛，这话是真不是空。"｜《聊斋俚曲集·增补幸云曲》第十八回："这长官有森人毛，未曾请他来，我这心里战兢兢的。"

【身巴骨】shèn ba gū 身体：别看他这个年纪了，~很硬棒。

【身北里】shěn bēi ler 方位，某地某物的北面：学校~就是他家的麦子地。

【身东里】shèn děng ler 方位，某地某物的东面：市场就待粉坊~。

【身后里】shěn hǒu ler 方位，某地某物的后面：车就停待宾馆~。

【身南里】shèn nǎn ler 方位，某地某物的南面：转到小铺~才找着他。

【身前里】shěn qiǎn ler 方位某地某物的前面：大楼~那条路就通着浮山。

【身西里】shèn xǐ ler 方位，某地某物的西面：大楼~那条路就通着北村。

【身架】shěn jià 身体；身材：他再瘦~也待那儿｜那个人的~和你差不多。

【身量】shěn liang 身材；个头：你就照着他这个~买就行了｜《聊斋俚曲集·翻魇殃》第四回："姜秀才并不曾放在他的眼眶，说我曾见来，~不大长。"｜《聊斋俚曲集·翻魇殃》第九回："大姐~大些，一把拉着，脚不沾地，到了他那屋里说：'大兄弟，快来跪着。'"｜《醒世姻缘传》第四十一回："这在家里可这们一个大~的汉子，叫他唬的只筛糠抖战。"｜《醒世姻缘传》第五十六回："他的~又大，气力又强，清晨后晌，轻轻的就似抱孩子一般。"｜《金瓶梅词话》第六十五回："论起来这孩子倒也好~，不相十五岁，倒有十六七岁的。"｜《金瓶梅词话》第七十九回："你偌大的~，两日通没大好吃甚么儿，如何禁的？"｜《红楼梦》第三回："第三个~未足，形容尚小。"

【身上】shěn shàng ❶ 身体表面：他不知道吃什么过敏了，~起了些疙瘩。❷ 排行在自己前面的：他~还有个哥哥来，过继给他大爹家了。

【身下】shěn xià ❶ 身体下方：就待你~铺着的这床褥子是才晒的。❷ 排行在自己后面的：他爹~还有两个弟弟，都闯东北去了。

【身子】shěn zi 身体:衣裳压待你~里头│△铺下~当地种。

【伸】shěn ❶ 伸直;舒展:~脖子│~腰。❷ 展开;铺平:都这么晚了,你先~被困觉。

【伸被】shěn bèi 铺开被褥:他都~困觉了,听见外边儿有敲门的。

【伸手】shěn shōu ❶ 动手:大家都这么忙活,咱好不~干点儿? ❷ 插手;参与:这样的事你最好别~。

【伸张】shěn zhang ❶ 声张;扩大:就咱几个知道就行了,别出去~。❷ 活动;施展:这么个小场儿根本就~不开。

【神道】shěn dao ❶ 思维不正常;神经兮兮:时间长了才发现他还挺~。❷ 思维不正常地说话做事:快别听他~了,嘎急老老实实地干活吧。

【神故道故】shèn gū dǎo gū 莫名其妙的样子;不可思议的样子:放待桌子上好好的,~跑院子去了。

【神灵鬼儿】shèn lǐng guīr 泛指各类鬼神:他那一天做的些事,就和有~指使样的。

【神经】shěn jing ❶ 神经纤维构成的组织:~性头痛。❷ 精神不正常,举止不合常理:他真~,半宿大夜把人家都叫起来。

【神神道道】shěn shen dāo dao 思维不正常或神经兮兮的样子:他成天~的,把个孩子也拐带踢蹬了。

【神似武艺】shèn shi wū yi 高超的本领,一般用于否定或反问句式:如今到了这个份数,~也没法儿治。

【神张】shèn zhang 调皮;捣蛋:再叫你~,这遭磕着了吧?

【神作】shèn zuō 过分调皮;闯祸:孩子这两天大胆了,和那几个同学成天~。

【深】shěn ❶ 从表面到底部或从外面到里面的距离大(与"浅"相对):~湾│~井│~挖。❷ 从表面到底部的距离:估计能有二尺~的水。❸ 程度高的:~交│~说。❹ 颜色浓:~色儿│~蓝色儿。❺ 深奥:老师讲得太~了,听不大懂。❻ 历时长:~更半夜。

【深陡】shěn dou (器皿的)边沿又高又陡:这些盘~,很着货儿。

【深浅】shěn qiān ❶ 深浅的程度:这条河的~正合适洗澡。❷ 事情的情态、状况或把握的分寸:他不知~就去找人家光吃亏。

【深说】shěn shuō 谈得多或谈得程度深:他要是不问咱也不用~。

sheng（sheng）

【省】shēng ❶ 节约：那都是他～下来的钱。❷ 免得；以防：没事少和他嗒嗒，～人家说闲话｜把大棚都早盖起来了，～着下大雨。

【省劲】shèng jìn 节省力气；省事：你帮这一改，我省老劲了。

【生】shēng ❶ 生长；发育：出～｜下～｜～芽。❷ 生育；养育：△一窑烧下几百砖，一娘～下几百般｜△龙～龙，凤～凤，老鼠～来会打洞。❸ 活的；有活力的：～死。❹ 生活，维持生活的：挣～｜营～。❺ 发出；起动：～病｜～气｜△坏事也是酒上起，好事也能酒上～。❻ 使燃料燃烧起来：～火。❼ 植物果实不成熟：西瓜还挺～的。❽ 未经烧煮或未烧煮熟的：～水｜～米。❾ 不熟悉的；不常见的：～人｜～客｜△一回～，二回熟，三回四回老主户。❿ 不熟练的：～手。⓫ 未经炼制的：～铁。⓬ 甚，深：～怕。⓭ 固执地；不管不顾地：～嘛｜～揍｜你守着这么多人就这么～说，不害淡的上？

【生场儿】shěng chāngr 陌生的地方：上了～仔细点儿。

【生吃】shěng chī ❶ 未经烧煮或未烧煮熟就食用：这些黄瓜嫩，～最好。❷ 不管不顾地吃：他也不管有没有客待这里，～一个点儿。

【生处不嫌地面苦】shěng chù bù xiàn dǐ mian kū 人一般不会嫌弃自己的家乡或家乡的生活条件。

【生打】shěng dā 不管不顾地打：孩子不听说，师傅你～就行了。

【生儿】shěngr 生育能力：他媳妇没有～，两口子就拾了个孩子养着。

【生嘎约】shěng gà yue 食物不熟的样子：这些瓜吃起来怎么～的？

【生就】shěng jiù 生来就有；天生：△～的骨头长就的肉｜《二十年目睹之怪现状》第三十二回："我头一次到这等地方，不觉暗暗称奇，只得将就坐下。便有两个女子上来招呼，一般的都是～一张黄面。"

【生嘛】shěng juè 不管不顾地骂：要是把他惹毛了，他不管什么人～。

【生嘛硬嘲】shěng juè yìng chǎo =〖生嘲硬嘛〗shěng chǎo yǐng juè 不管不顾地咒骂的样子：他待个大街上就这么～的，要不要脸。

【生拉硬拽】shěng lā yǐng zhuài 不管别人的意愿或实际情况而用力拖拽：就这么～的，什么机器也使踢蹬了。

【生炉子】shěng lǔ zi 点燃炉子内的燃料：天这么冷都好～了。

【生路】shěng lù 不熟悉的路：这一趟儿走的都是些～，格外慢。

【生拿】shěng nà 强取；不管不顾地拿：客没上桌，孩子就满盘子～东西吃。

【生男长女】shěng nàn zhǎng nǖ 生儿育女；生养孩子：从那以后他也说上了媳妇，～好上过日子｜元杂剧《墙头马上》第三折："休把似残花败柳冤仇结，我与你～填还彻，指望生则同衾，死则共穴。"

【生气惹恼】shěng qì yě nāo 上火恼怒的样子：你不如搬出来住，省着和儿媳妇待一块儿～的。

【生抢硬夺】shěng qiāng yǐng duò 明目张胆地抢夺：那些人上来就～，抢了不少家什去。

【生痧子】shèng shǎ zi 生麻疹：这不是旁的毛病，就是～。

【生水】shěng shuī 未经烧开的水：他们那个场儿的人都愿意喝～。

【生说】shěng shuō 不管不顾地说或批评：往后别守着外人～孩子，叫他下不来台。

【生烟味儿】shěng yàn wèir 燃料未充分燃烧而产生的呛人的气味：快开窗透透气儿，屋里有股子～。

【生日】shěng yì ❶ 人出生的日期：孩子是什么时候的～？ ❷ 每年满周岁的那一天：明日就是你的～了。 ❸ 泛指出生时的月、季节等宽泛的时间：俺闺女是腊月～｜光记着孩子是夏天～。 ❹ 周岁：你孩子几～了？｜《醒世姻缘传》第八十六回："吕祥道：'多咱的事？生的小叔叔，待中一～呀。'素姐道：'瞎话呀！这一定是我来了以后的事，怎么就有勾一～的孩子？我信不及。"

【生人】❶ shěng yin 陌生人：要是～来了就跟我说说。 ❷ shěng yìn（在某地）出生；（在某时）出生：他是秋天～｜他媳妇是南方～。

【生人难见】shěng yìn nǎn jiàn 陌生的人第一次见面很难产生亲切感：都说～，先交往交往看看再说。

【生糟】shěng zào ❶ 无节制地挥霍：那个孩子拿着钱～，他爹娘真是草鸡了。 ❷ 破坏性地使用：那些租房子的不管，～房子。

【牲口市】shěng kou shì 集市上买卖马、牛、驴、骡子等牲畜的专门区域。

【鉎锹】shěng shu ❶ 金属生锈或被腐蚀：你再不把那台机器拿出来使，就～踢蹬了。 ❷ 铁锈；金属氧化腐蚀的锈迹：铁门上的～把衣裳沾沾脏了｜薛逢《灵台家兄古镜歌》："金膏洗拭鉎涩尽，黑云吐出新蟾蜍。"｜苏辙《磨剑池》："神仙铸剑本无硎，岸石斑斑尚铁鉎。"‖《玉篇》："鉎，锹也。"《集韵》："鉎，铁衣也。"又："锹，铁锈，铁上衣。"朱骏声《说文通训定声》："鉎俗曰铁锈。"桂馥《札朴·乡里旧闻·附乡言正字》："铁生锈曰～。"

shi（shi）

【示威】shì wěi 通过肢体动作或表情表达不满、抗拒的情绪；摆出要打斗的架势：那个猫咕喽咕喽地待那里～。

【市】shì ❶ 集中买卖货物的固定场所：菜～｜肉～｜熟货～｜海货～｜破烂儿～。❷ 行政机构。

【市里】shǐ lī（相对于农村或郊区）城市；市区：这就有卖的，还用跑～去买？

【市里人】shǐ lī yìn（相对于农民或小城镇的居民）城市居民：人家倒也是～，一点儿也不娇气。

【柿子】shǐ zi ❶ 柿子树。❷ 柿子树的果实：溇～。❸ 西红柿：～汤。

【柿子饼儿】shǐ zi bīngr 柿饼，将柿子去皮加工成的饼状食品：他姥娘就爱吃～。

【尸盆】shǐ pen 出殡时为死者摔的盆子。

【屎】shī ❶ 粪便。❷ 无用的；无能的：～货。

【屎堵腚】shī dū dìng 比喻事情到了非常急迫的程度：他不等到～是不能着急的。

【屎孩子】shī hài zi ＝〖吃屎的孩子〗chī shī di hǎi zi 不懂事的小孩子：你这么个大人，叫个～扎固成这么个样儿？

【屎货】shī huo 无能之辈：就这么点东西都拿不动，真是个～。

【屎气螂】shī qi liǎng 屎克螂：△～会餐——开屎（始）。

【时】shì ❶ 指一段时间：△饥～帮一口，强起饱了帮一斗｜△人误地一～，地误人一年｜△养兵千日，用在一～。❷ 规定的时候；适当的时候：按～吃药｜准～能来｜△船不等客，～不等人｜△打仗不让理，种地不让～｜△过～的黄历不好使。❸ 时辰：子～｜卯～。❹ 时刻；泛指任何时间点：△在家千日好，出门～～难。❺ 运气：△～衰鬼弄人｜△运去金成铁，～来铁是金｜△～也，命也，运气也。❻ 次数：一天三～吃药。

【时气】shǐ qi 运气：算你好～，他今日没朝你发火。

【是个】shǐ guò 是顶用的人；是对手，一般用于反问或否定句式：他们三个人一齐上手也不～。

【是亲三分向儿】shì qǐn sān fèn xiàngr 在处理事情时，对有亲属关系的人多少会有一些偏向：老人说～，这点道理你待懂。

【是事儿】shǐ shìr =〖是个事儿〗shǐ gě shìr ❶ 是问题；是不好解决的事，一般用于反问或否定句式：事只要办成了，请客那都不～。 ❷ 是正常的事；是应该的事：这么个大青年，成天待家耍也不～。

【试】shǐ ❶ 品尝：你～～，我怎么～着有点儿糊味儿？｜才包的荠菜饺子，你～～怎么样。 ❷ 尝试；试验：你不先～～深浅儿就下水，太险了吧。 ❸ 测验；考验：我～了～还是这样的结实。 ❹ 感觉；感到；认为：夜来～身上有点不舒梭｜听了他这么一讲，俺都～着害气。

【试脉】shǐ mèi 切脉；脉诊：找大夫给你试试脉儿，别自己乱吃药。

【试验】shì yan 为查验事物的性状而从事的活动：他们把买的几样药都～了一遍，还是你买的这一种管用｜陈天祥《论卢世荣奸邪状》："今乃损相位～贤愚，亦犹舍美锦校量工拙，脱致隳坏，悔将何追？"

【使】shǐ ❶ 用；使用：～镢铲｜～起来很得劲｜干什么活就待～什么家什｜△一等人～眼教，二等人～口教，三等人～巴棍溜秋教｜《醒世姻缘传》第三十五回："宗昭原是寒素之家，中了举，百务齐作的时候，去了这四十两银，弄得手里掣襟露肘，没钱～，急得眼里插柴一般。" ❷ 派遣；支使：～唤｜把人家当儿～。 ❸ 劳累；疲乏：～人｜《金瓶梅词话》第一回："当下这只猛虎，被武松没顿饭之间，一顿拳脚打的动不得了。～的这汉子，口里儿自气喘不息。"｜《金瓶梅词话》第五十二回："西门庆则～的满身香汗，气喘吁吁，走来马缨花下溺尿。"｜《聊斋俚曲集·磨难曲》第十五回："（张春）到了跟前说：'老李婆子，你省着好罢，看～着呀。'"｜《聊斋俚曲集·磨难曲》第二十九回："金总兵～的汗流气喘，被赵胜送了个仰面朝天。"｜《聊斋俚曲集·姑妇曲》第一段："大成巴数了一阵，墙上挂着一支鞭子，拿下来把珊瑚打了几下子，于氏那气才略消了。又怕～着他娘，才吩咐散了。"｜《聊斋俚曲集·慈悲曲》第二段："～的慌不必喘粗气，不是你那亲汉子，你还要降的起。"｜《聊斋俚曲集·翻魇殃》第十一回："大姐说：'我这二日～的身上乏了，二弟家那屋，等他捎了钱来，雇人整理罢。'"｜《聊斋俚曲集·快曲》第四联："砍瓜切菜不住手，～的我，大汗淋淋透甲袍。"｜《聊斋俚曲集·富贵神仙》第三回："官人还不壮实，走了一日多路，～着了，所以又病起来了。"｜《聊斋俚曲集·墙头记》第二回："张大轮打着说：'好恨人！～的我喘吁吁的，他倒嗤嗤起来。'"｜《醒世姻缘传》第二十七回："你看这小厮，倒好叫你做证见！他养活咱甚么来？你爹教那学，～得那口角子上焦黄的屎沫子，他顾赡咱一点儿来！"｜《醒世姻缘传》第三十三回："我～的慌了，你且拿下去想想，待我还惺还惺再教！"｜《醒世姻缘传》第五十三回："你有话再陆续说罢，

看～着你。你说的话,我牢牢的记着,要违背了一点儿,只叫碗口大的冰雹打破脑袋!"|《醒世姻缘传》第五十四回:"有活我情愿自己做,～的慌,不～的慌,你别要管我。"|《醒世姻缘传》第六十回:"贼小私窠子! 你说我是不打了么? 我是胳膊～酸了,抬不起来。"

【使费】(～儿) shǐ feir 各方面的费用:做这么个营生～真不少|《醒世恒言》第十六卷:"因他生得风流俊俏,多情知趣,又有钱钞～,小娘们多有爱他的,奉得神魂颠倒,连家里也不思想。"|《聊斋俚曲集•墙头记》第一回:"他说我年太高,不宜量把心操,八石粮不用开口要,又不封粮不纳草,吃穿～都勾了。"|《醒世姻缘传》第一回:"那时去国初不远,秀才出贡,作兴旗扁之类,比如今所得的多,往京师～,比如今所用的少,因此手头也渐从容。"|《醒世姻缘传》第九十回:"晁冠带了得用的家人,赏了许多银子,送了撰文的礼币与写诰轴中书的常礼,打点一应该用的～,等至九月里,用了宝,连夜赶回,要在十月初一日趁晁大人寿旦迎接诰命。"

【使唤】 shī huan ❶ 指使;差遣:他～人家和～佣人似的|《东京梦华录》第六卷:"更有猴呈百戏,鱼跳刀门,～蜂蝶,追呼蟋蟀。"|元杂剧《黄花峪》第二折:"哥哥你～着我,怎敢不依随。" ❷ 支配身体部位或使用牲口、工具等:往回走的路上冻得他手脚都不听～了。

【使劲儿】 shì jìnr ❶ 用力:～抬|～拥|～干。 ❷ 多:～吃|～拿。 ❸ 帮忙;助力:隔着这么远,亲戚们也都使不上劲儿。 ❹ 受力:光剩下这一根木头待这里～,那几根都撤了。 ❺ 发挥作用:人家都说那是他家的坟茔～。

【使死】 shī si ❶ 比喻累到极点:小孩子干这么重的活儿,那待～他。 ❷ 劳累致死:他爹那真是生生～的。

【使数】(～儿) shǐ shur 供差遣使唤的人;奴婢。属于老派的说法,现在已很少使用:他又不是他们家的～,凭什么这么使唤人家|元杂剧《来生债》第二折:"咱家中奴仆～的,每人与他一纸儿从良文书,再与他二十两银子,着他各自还家。"|元杂剧《拜月亭》第二折:"可又别无～,难请街坊,则我独自一个婆娘,与他无明夜过药煎汤。"|元杂剧《生金阁》第一折:"便好道未见其人,先观～。我这两个小的,是我心腹人,一个叫做张龙,一个叫做赵虎。"|元杂剧《张生煮海》第四折:"摆列着水里兵卒,都是些鼋将军、鼍先锋、鳖大夫。看了这海中～,无过是赤须虾、银脚蟹、锦鳞鱼。"|元杂剧《墙头马上》第四折:"自从裴少俊将我休弃了,回到洛阳,父母双亡,遗下几个～和那宅舍庄田,依还的享用富贵不尽。"|元杂剧《张天师》第一折:"则俺三个在这月明之下,又无甚跟随的～,

怎生是好。"｜元杂剧《金童玉女》第一折:"你看那梅香小玉,丫鬟~,相随相从。"｜元杂剧《西厢记》四本第四折:"我则见丫鬟~都厮觑,莫不我身边有甚事故?"｜元杂剧《玉镜台》第三折:"到这里论甚~,问甚官媒?紧逐定一团儿休厮离。"｜元杂剧《黄花峪》第一折:"(正末云)官人,我是个过路的,这个人是你的伴当?那侵你~的?你为何吊着他打?拐带了你多少银两?你若说的是呵,我与你行究。"｜元杂剧《风花雪月》第一折:"则俺三个在这月明之下,又无甚跟随的~,怎生是好。"｜《初刻拍案惊奇》第五卷:"那些~养娘们见夫人说罢,大家笑道:'这老妈妈惯扯大谎,这番不准了。'"

【使性】(~儿) shì xìngr 使性子;发脾气;赌气:就说了他两句,今日就~儿不来了｜夜来晚上他~儿没吃饭｜《五代史平话·周史》上卷:"咱父亲累代积善,不喜您恃勇~打人。"｜元杂剧《对玉梳》第一折:"俺家使过他数十锭花银,俺娘见他没东西了,日日拈他去,他一口气成病,~儿出去了。"｜元杂剧《窦娥冤》第一折:"这歪刺骨便是黄花女儿,刚刚扯的一把,也不消这等~。"｜元杂剧《金线池》第一折:"俺想那韩秀才是个气高的人,他见俺有些闲言闲语,必然~出门去。"｜《水浒传》第五十四回:"李逵惧怕罗真人法术,十分小心扶侍公孙胜,那里敢~。"｜《醒世姻缘传》第四十四回:"翁婆有甚言语,务要顺受,不可当面~,背后国哝,这都是极罪过的事。"

【使性磅气】shī xìng bàng qì 赌气或使性子的样子:没借着钱,他~地走了｜1928年《胶澳志》:"~的,没好气之谓。"亦作"使性谤气""使性傍气""使性棒气":《醒世姻缘传》第三十三回:"狄希陈使性谤气,一顿穿上袄裤,系上裤子。"｜《金瓶梅词话》第九十一回:"他又气不愤,使性谤气,牵家打伙,在厨房内打小鸾,骂兰香。"｜《醒世姻缘传》第三十三回:"连这等一个刚毅不屈的仲由老官尚且努唇胀嘴,使性傍气。"｜《醒世姻缘传》第六十七回:"常功使性傍气,一边脱那皮袄,一边喃喃的说道:'撞见番子手,可也要失主认赃,没的凭空就当贼拿么?'"｜《醒世姻缘传》第九十一回:"他一时喜快,你慢了些,他说你已而不当慢条思理的;他一时喜慢,他又说你使性棒气没好没歹的。"

【使人】shì yìn ❶ 使唤人;用人:单位真会~,叫他去最合适了。❷ 累人:这个活儿太~了。

【事】shì ❶ 自然界和社会中的现象和活动:△万~开头难｜△~要多知,话要少讲｜△好~不出门｜△人欢无好~,狗欢抢屎吃。❷ 麻烦;祸端;变故:惹~｜找~｜寻~｜出~。❸ 职业;工作:他一直没有正经~干,光待家耍｜《史记·樊郦滕灌列传》:"舞阳侯樊哙者,沛人也。以屠狗为~。" ❹ 事理;道理:这

么大的人了还不懂～。❺ 责任或关系:快走吧,没你的～了|他找谁也找不着咱的～儿。❻ 额外的事情;麻烦事:他成天～～格外多。❼ 好处:他们几个把钱分了,没有兄弟们的～儿|有好处的营生没有人家的～,到了出力的时候谁能靠前儿？ ❽ 问题或原因:牛皮癣是血份的～,不是皮肤的～|是发动机的～,不该变速箱的～。

【事事儿】shìr shir 额外的事情;麻烦事:他那个人～格外多。

【施粪】shì fěn 给农作物施播人或动物的粪肥。

【十不闲儿】shǐ bu xiànr ❶ 一种木偶皮影戏。❷ 比喻闲不住的人:他整天忙得就个～。

【十岔路口儿】shǐ cha lǔ kōur 十字路口。

【十成】shì chèng ❶ 非常:～相好也待账目清楚。❷ 非常好:人家和咱没亲没故的,能给办到这个份数儿那就～了。

【十大现成】shì da xiǎn cheng ❶〈贬〉对于本应白己做的事情或通过付出才能获得的东西,认为别人都已经或应当为其做好:上了那个场儿他还～,寻思还有给他跑腿的。❷ 轻率随意地做出承诺的样子:你快别光听他瞎咧咧,那是个～,省着叫他把你噷胡黍地去热死。

【十冬腊月】shì děng là yue 指农历十月、十一月、十二月期间,是一年中天气最寒冷的一段时间:待个～里没个愿意出门的。

【十个指头不分丫儿】shǐ ge zhī tou bǔ fèn yǎr 形容笨拙到极点:他笨得～,哪能会干这个营生。

【十拉个】shǐ la ge 十个左右:这一桌儿顶多能着～人。

【十年碰不上个闰腊月】shì niàn pěng bu shàng ge yǔn là yue 比喻很难得的机会:快去看看吧,这样的事儿～。

【十七大八】shì qī dǎ bā 十七八岁的样子:这一男一女,又都是～的年纪,很快就互相喜欢起来。

【十山九诓】shì shǎn jiǔ kuāng 谎话连篇的样子:他说起话来～的,不能信。

【十月一】shì yue yi 农历十月初一,亦称"寒衣节",多于此日到茔地祭奠逝者。

【十字花儿】shǐ zi huǎr 螺丝刀的头或螺丝的头是十字形:不要平口儿的螺丝刀,要～的。

【什么人】shǐ mu yìn ❶ 表示询问某人身份或性质:才进来的是～？ ❷ 表示质疑或否定某人身份或性质:没看看都是些～,就和他们瞎掺和。❸ 一切人;

所有人：～也不让进门。❹〈贬〉某人：～不是说来嘛，各人管各人，不算没良心。

【什么天气】shǐ me tiǎn qi 什么事情；什么情况，表责备、抱怨：你这弄了些～，叫俺白跑一趟儿？

【石磅】shì bǎng 天然的巨石：走得害使了就坐～上歇歇。

【石墩子】shì děn zi 厚而大的一整块石头：路边儿有个大～挡着车进不去。

【石花】shì huǎ ＝〖石花子〗shì huǎ zi 长在石头上的梅衣科植物石梅花的地衣体，是一味中药：小心石头上长的那些～，走起来发滑。

【石鸡子】shì jǐ zi 雉鸡。

【石夹红儿】shǐ jiā hèngr 一种海蟹，外壳比一般的海蟹硬，颜色较红。

【石匠】shì jiang 泛指开采或加工石料的人：他爷爷三辈都是～。

【石砬子】shǐ lā zi 田野里混有少量泥土的碎石堆：那一片～上长的全是些苞根儿草。

【石面子】shǐ miǎn zi 较碎的石屑；石粉：这些沙搅上～了，不好使。

【石条】shǐ tiào 条形的石头：△剃大分，不带帽儿。镶金牙，自来笑。穿皮鞋，走～。带手表，挽两道儿。

【石头蛋子】shǐ tou dǎn zi 没有棱角、外表圆滑的石头。

【石头窝子】shǐ tou wě zi 采石坑，泛指采石场：那几年他爹待老家开～。

【石竹子】shǐ zhu zi 学名瞿麦，中草药，叶片似竹子，炒制后可以泡茶喝。

【识字娴文】shǐ zì xiàn wèn 指有文化：他这～的人，怎么能做这号糊涂事！

【实必】shì bi 为实；确实：要是～找不齐人，咱几个先干着活儿也行。

【实诚】shǐ cheng 实在；不虚假：他还是挺～的个人，不会跟你要谎。

【实核溜儿】shǐ hu rǒur 实心并且份量较重的：下面那个墩子是个～，两个人都抬不动。

【实卡实】shì ka shì 实实在在：和人交往要紧～的，千万别刁猫儿的｜△山顶上滚石磨——石磕石（实卡实）。

【实落】shǐ luo ❶踏实；安稳：听不着他的信儿，家人心里老是不～｜你这么一说，大家的心也都就～了。❷稳固；结实：把货装得很～，就放心跑行了。

【实拍拍】（～儿）shǐ pèi pěir 充实或结实的样子：～的一大箱子｜《醒世姻缘传》第五十八回："都说是几年的新活洛，通不似往年的肉松，甜淡好吃，新到的就苦咸，肉就～的，通不象似新鱼。"

【实拍实打】（～儿）shì pei shǐ dǎr 不空心、内容充实的样子：～儿的这一大筐菜，这么小的孩子怎么能抬动了？

【实亲】shì qǐn 有血缘或婚姻关系的亲戚：咱们两家子是～，但使能帮上就帮帮他。

【实人】❶ shì yìn 诚实、实在的人：他是个～，不会跟你拐弯抹角的。❷（～儿）shǐ rìr 实际的人；本人：他～儿比照片上好看多了。

【实实哈哈】shǐ shi hǎ ha 形容冻得厉害，大口喘息的样子：多穿点儿丑不了你，强起冻得～的。

【实心子】shǐ xin zi 实在的人；实在但不灵活的人：恁哥哥这个～，人家说什么他就听什么。

【实在】shǐ zai ❶ 诚实：他这个人很～。❷ 踏实；认真：这帮人干活不～。❸ 真实；不虚假：拿了去的那些东西人家都用不上，还不如给钱～。❹ 确实地；毫无疑问地：那门技术～是不简单。

【式】shǐ ❶ 样式：你买的这件儿是那～的，和我买的不一样。❷ 人的仪容状态：长得就个猴子～｜这么大了还个孩子～。

【失错】shǐ cuo 失去：别的他倒是不害怕，就心事别～了这么小的个孩子。

【失枕】shǐ zhēn 落枕，指因睡觉姿势的原因造成的颈部疼痛不适。

【拾】shì ❶ 捡取：△窗台上～镜子——真些巧｜《聊斋俚曲集·磨难曲》第二十四回："叫花子～了一个大元宝；死罪逢恩诏；儿子久别家，忽然敲门到；老头子得了个儿初落草。" ❷ 收养（弃婴）：他那个孩子是～的｜《聊斋俚曲集·慈悲曲》第一段："娶后婆，前边撇下了个小哥哥，你说是咱的儿，他拿着当～来的货。" ❸ 重新开始曾经搁置下的事情或关系：毕业这么多年了，学的东西都～不起来了｜这几年他又～起老本行来了。❹ 恢复恋爱关系：后来他们两个又～起来了。❺ 买（馒头、火烧等食品）：你去～两个火烧去。

【拾腚根】shǐ dǐng gen 收拾残局；处理后续的麻烦：他留下个乱摊子走了，这些人来就待给他～。

【拾掇】shǐ duo ❶ 收拾；整理：今日我待家里～家，哪儿也没去｜《金瓶梅词话》第二十三回："你别要管他，丢着罢，亦发等他每来～，歪蹄泼脚的，没的展污嫂子的手。"｜《聊斋俚曲集·翻魇殃》第四回："姜娘子听说，辞拜了婆婆，～了～出来。" ❷ 打扮：你那个头发太长了，快去～～。❸ 教训；惩治：这次他没得着便宜，还叫人家好一个～。

【拾翻】shǐ fan ❶ 翻动；翻腾：为了找他那个包儿，把大衣橱都～乱了。亦作"失翻"：《聊斋俚曲集·寒森曲》第四回："大不然移了尸去，尽他去怎么失翻。" ❷ 把过去的矛盾、纠纷等重新提起：他又把分家的事～起来，非说当时分得不公。

【拾粪】shǐ fèn 捡人或动物的粪便：△母狗子尿尿——点逛～的｜△老头～——不理那泡酱鸡屎。

【拾赇】shǐ hou 占有不应该得到的东西：他到底把村头的那几棵树～去了。‖《广韵》："赇，赇瞜，贪财之貌。胡遘切。"

【拾脚后跟】shǐ jué hǒu gen 比喻为别人收拾残局或处理麻烦事：他干点活待跟着个～的。

【拾垄】shǐ līng 用镢头等农具在地里做出土垄：孩子今日学会～了。

【拾五儿】shǐ wūr 一种儿童游戏，用五颗小石头或小砖块为游戏用具，故名。

【拾心事】shì xǐn shi 额外地操心劳力：光自己的事儿够忙活的，别去拾那些心事担。

【食】shì 特指家禽、牲畜、鸟兽等动物吃的东西：猪～｜鸡～｜狗～｜猫～｜△猪多没好～，人多没好饭。‖ 人吃的东西称为"饭"，极少单用"食"字，只用于："窝～"（积食）、"打～"（加快消化食物）等很少的用法，通常须与其它字组合在一起使用：如粮食、饭食、食盒子等。

【食嗓儿】shǐ sangr 饮食习惯：海边的人爱吃咸，和山里人～不一样｜蒲松龄《日用俗字·禽兽章》："鹅鸭虽好～，喂养只在江河旁。"

【食腥气】shǐ xing qì 消化不良或积食时呼出的气味。

【食牙】shǐ ya 臼齿：他的那几个～都掉净了。

【湿润润】shì yǔn yùn 湿润的样子：蒙上块儿布，叫它～的，别干着。

shou（shou）

【瘦嘎呀】shǒu gà ya 很瘦的样子：你看他长得～的，还真有劲儿来。

【瘦嘎挣儿】shòu ga zhěngr 身材有点瘦的样子：那两个人一个胖点儿，一个～的。

【瘦猴儿】shǒu hòur 形容身体干瘦的人：他把孩子磕打得就赶个～。

【瘦脸寡腮】shǒu liān guà sǎi 脸部削瘦的样子：他～的不带个福相。

【瘦瘦儿】shòur shour 很瘦的样子：～身子｜小～腿｜孩子整天吃不进东西去，～得那个样儿。

【瘦岩岩】shǒu yàn yan 身体干瘦无力的样子：他多少年就是～的，不长

417

肉｜元曲《寨儿令·收心》："面皮儿黄绀绀，身子儿～。"｜欧阳修《燕归梁》词："鬓云谩軃残花淡，各娇媚，～。离情更被宿醒兼。空惹得，病厌厌。"｜元杂剧《汉宫秋》第一折："和他也弄着精神射绛纱，卿家，你觑咱，则他那～影儿可喜杀。"｜元杂剧《梧桐雨》第四折："～不避群臣笑，玉仪儿将画轴高挑。"｜元杂剧《张天师》第二折："现如今你～病怎支？他虚飘飘占不归，知甚日重会？"｜元杂剧《梧桐叶》第一折："我如今～腰减罗裙褪，他那里急煎煎人远天涯近。"亦作"瘦厌厌""瘦恹恹"：马致远《寿阳曲》："金莲肯分选半折，瘦厌厌柳腰一捻。"｜吕渭老《小重山》词："雨洗檐花湿画帘。知他因甚地，瘦厌厌。玉人风味似冰蟾。愁不见，烟雾晓来添。"｜元杂剧《连环计》第二折："我则道他瘦恹恹苦病缠，却元来悄促促耽闺怨，方信道色胆从来大似天。"

【授】shōu 特指用手揉面：孩子能帮着～面了。

【手背子】shòu bèi zi 手背。

【手锤】shòu chuì 石匠、瓦匠用的一种较大的锤子。

【手大捂不过天来】shōu dà wū bù guo tiǎn lai 比喻一个人的本领再大也非常有限：那么一大摊子事儿，他再能也是～。

【手灯】shòu děng ＝〖电棒子〗diǎn bàng zi 手电筒。

【手贱】shōu jiàn 做过分的动作：谁这么～，好好的棵花就拔了。

【手巾】shōu jin 毛巾：那根～好洗洗了｜《醒世姻缘传》第二十一回："那日晁夫人自己安在盆内的二两一个锞子，三钱一只金耳挖，枣栗葱蒜；临后又是五两谢礼，两匹丝绸，一连首帕，四条～。"｜《醒世姻缘传》第二十五回："薛教授兑足了五百两买布的本钱，又五十两买首帕、汗巾、暑袜、麻布、～、零碎等货，差了薛三槐、薛三省两个同去，往后好叫他轮替着走。"｜《醒世姻缘传》第三十七回："两个斗着嘴，那闺女也梳完了头，盆里洗了手，使～擦了，走到狄希陈跟前，把狄希陈搂到怀里问道：'你说不说？'"｜《聊斋俚曲集·慈悲曲》第四段："当初来家，那安眠稳睡，俺原自己就不图；只伺候下条～，黑夜里好拭那泪珠，黑夜里好拭那泪珠。"｜《聊斋俚曲集·增补幸云曲》第七回："净面汤一铜盆，献过来花～，细软肥皂多清润。"

【手紧】shōu jǐn 不舍得花钱或送人财物：待外边儿别那么～，该花就花。

【手拿把掐】shōu na bà qiǎ ＝〖手拿把攥〗shōu na bà zuàn ＝〖手掐把攥〗shōu qiǎ bà zuàn ＝〖手掐把拿〗shōu qiǎ bā nà 十分有把握的样子：你就放心行了，这都是～的营生｜这个事对他来说～，放心吧。

【手气】❶ shōu qi 特指赢钱或得彩的运气：他这两天～真好，都叫他把钱赢去了。❷ shòu qì 手腕部的腱鞘囊肿：她手脖子上长了个～,带个镯子压压能管用。

【手松】shōu sěng 随意花钱或送人财物：他那个人～,那几个钱早早就没有了。

【手印儿】shòu yìnr ❶ 手部留下的痕迹：血～。❷ 特指在契约、文书上按下的红色指纹：不光签字儿还待摁个～。

【手掌子】shǒu zhāng zi 手掌。

【手爪子】shōu zhuà zi 手指：他那个～真硬。

【手拙】shōu zhuō 手笨：△眼技良～。

【收】shǒu 丰收：今年的苞米不大～。

【收法】shǒu fǎ 一种民间法术。

【收溜】shǒu liu 收拢；往中心或里面集中：苞米儿都撒袋子口上了,快往里～～。

【收刹儿】shǒu shar 对运行物体的控制：这个车子怎么回事儿,扳着闸也一点儿～没有。亦作"收煞"：《七侠五义》第一百零三回："那人往前一扑,可巧跑得脚急,收煞不住,'噗咚'嘴吃屎爬在尘埃。"

【守着】shōu zhi 当着某人的面；面对：你～亲家怎么好这么说话!｜△番瓜花儿,葫芦花儿,～女婿不想家；番瓜瓢儿,葫芦瓢儿,～女婿不想娘｜《醒世姻缘传》第三十三回："刚才昨日上了学,今日就妆病,～你两个舅子,又是妹夫,学给你丈人,叫丈人丈母恼不死么!"｜《醒世姻缘传》第三十六回："我六七十的人了,能待几年～孩子? 这们的大物业,你受用的日子长着哩。"｜《醒世姻缘传》第四十四回："他～他娘吃了两个馒头、一碗大米水饭。"｜《醒世姻缘传》第五十九回："怪孩子多着哩! 这两三日饭也不吃,头也没梳,只是哭,恐怕他去了,没人～我,又怕我受他嫂子的气。叫我说：'你～我待一辈子罢? 你～我,你嫂子就没的怕我,不叫我受气了?'"｜《醒世姻缘传》第九十三回："爹娘坟上,你那庐墓的去处,扩充个所在,建个小庵,你每日在内焚修,～爹娘,修了自己,岂不两成其便?"

【受】shòu（shǒu）❶ 适合：～吃｜～看｜～穿。❷ 经得起：～打听｜不～鼓弄｜～表扬。❸ 遭受：～苦｜～贱｜～罪。

【受吃】shǒu chī 好吃；吃起来有味道：他做的菜真～。

【受穿】shòu chuǎn 穿起来舒服；耐穿：她做的衣裳挺～的。

【受打听】shǒu dā ting 经得住打听：他家的行事保证～。

【受端详】shòu dǎn xiàng 经得起细看:他那个鼻子眼儿很～。

【受管】shǒu guān 好管:孩子大了也不～了。

【受贱】shǒu jiàn 受苦;遭罪;遭受他人的鄙贱轻视:他老两口不自己过,跑媳妇手里去～。

【受看】shòu kǎn 好看;耐看:这家店做的馒头光～不受吃|他看常了还挺～的。

【受使】shǒu shī 好用;管用:才买的这把钳了真～。

【受听】shòu tǐng 好听;听来很顺耳:他媳妇说句话真～。

【受用】shǒu ying 舒服;享受:这两天儿他肚子不大～。

【寿器】shǒu qi 棺材:《聊斋俚曲集·寒森曲》第一回:"施～舍衣裳,到处里说贤良,家虽不富有名望。"|《醒世姻缘传》第九十回:"(晁夫人)也没等晁梁料理,叫人将打就的杉木～抬到手边,用水布擦洗干净。"‖《俚语证古》第八卷:"～,柗器也。棺材谓之～。寿为柗之初文。《广雅》:'柗,棺也。'"

【寿材】shǒu cài 未使用的棺材。

【寿限】shǒu xian 寿命:△养儿不怕晚,就怕～短|《聊斋俚曲集·磨难曲》第二回:"你若是命该终,放了你也活不成功;～亦是前生定。"|《醒世姻缘传》第九十三回:"原只该六十岁的,～每每增添,活了一百五岁。"

shu（shu）

【数儿】shùr ❶ 数字:他的眼花得都看不清～,还能帮恁算什么帐? ❷ 数量;定额;定数:货物都是有～的,谁也不能乱动。 ❸ 用在千、万等数词或数量词后面表示大约的数量:千～斤儿|那面的房子万～块钱儿。 ❹ 对人或事物的了解或把握程度:就他这个脾气你还没有～?

【数话】shū hua 数落;责备:孩子也这么大了,别守着外人～他。

【数拉】shū la 批评;斥责:你不能一个劲儿地～孩子,也待多圆圆他。亦作"数喇":《聊斋俚曲集·姑妇曲》第一段:"何大娘连骂带说,数喇了一阵,把于氏气的脸儿焦黄,便说:'你真果不着珊瑚去么?'"|《聊斋俚曲集·翻魇殃》第三回:"十日以前合我说,着我数喇了一千行,并不曾把嘴来謈。"

【数量】shū liang ❶ 计数;计算:我点的是五十棵樱桃树,你再～～。 ❷ 数落;指责:一进门就听见父母在家～他|《聊斋俚曲集·墙头记》第一回:"李氏跑出来说:'怎么着?待要地?黑夜里睡不着,那里寻思不到呢!'怒冲冲

的指着～起来了。"|《聊斋俚曲集•翻魇殃》第三回:"仇福也不做声,听着姜娘子～着哭,一日没吃饭,就暗宿了。"|《聊斋俚曲集•磨难曲》第十五回:"张春就着蹃了顿脚,抹了一块石头来好打。一行打着,照样的～。"

【数算】shū suan 计算:他花的那些冤枉钱都～不过来|《醒世姻缘传》第十六回:"从头一一～,各匠俱到,只有那学匠不曾来助忙。"

【叔】❶ shū "叔伯"的省略语,放在某些亲属关系前,泛指同宗而非嫡亲的亲属:～兄弟|～姊妹|～舅儿|～嫂子|～姥爷|～侄儿|～外甥。❷ shū 跟父亲同辈或与父亲年龄相仿且比父亲小的男子:大～|三～。

【叔伯】shū bei 放在某些亲属关系前,指同宗而非嫡亲的亲属:～弟兄|～姊妹|《聊斋俚曲集•翻魇殃》第三回:"着人找了他～哥来,立了文书,写了两个阄,叫仇福来拾。"|《聊斋俚曲集•富贵神仙》第七回:"有张鸿渐的个堂～哥是张春,打靛的把子吊了柄——是没把的个石头。"|《聊斋俚曲集•富贵神仙》第九回:"只走的隔着自己的庄,还有十数里路,便寻思个～哥哥,是张子明,在这邻庄居住,暂且往他家里住下,夜间深了着,再走不迟。"|《醒世姻缘传》第五十七回:"放着晁无逸不是他亲～大爷么? 他就该照管哩,怎么不照管?"又:"你是他～大爷,不养活他,叫我养活哩!"

【叔伯弟兄】shū bei dǐ xing 泛指堂兄弟:他们这一家子～二十来个儿。

【叔伯兄弟】shū bei xǐng dì =〖叔兄弟〗shù xǐng dì ❶ 泛指堂兄弟:他们几个～伙伴得都挺团结的。❷ 特指堂弟:这是俺的个～。

【叔伯字儿】shū bei zìr 泛指别字、异体字、俗写字等:这都是些～,能看明白就行了。

【叔姊妹儿】shù zī mèir 泛指堂姐妹:他们两个是～。

【竖竖】shǔ shu 竖向的样子:把板～起来放,省着绊人。

【属儿】shūr ❶ 属相:你是什么～? ❷ 属于某一类:恁孩子这算好孩子～了,别不知足。

【树墩子】shù děn zi 树桩:这棵～没有形,也就能烧火。

【树林子】shǔ lǐn zi 树林,生长许多树木的地方:小时候成天上这片～里耍。

【树栽子】shù zǎi zi 供移栽的树苗。

【舒】shǔ (身体或物体的一部分)伸;伸展:～手|～头|～腿仰胳膊|《元典章•刑部三》:"～舌头于本妇口内,欲要通奸。"|元杂剧《李逵负荆》第三折:"堪笑山儿忒慕古,无事空将头共赌。早早回来山寨中,～出脖子受板斧。"|元杂剧《生金阁》第三折:"他见我与相公捶背,他看着我揎拳捋袖,～着拳头要

打我。"｜元杂剧《渔樵记》第二折："我～与你个脸,你打,你打。"｜元杂剧《豫
让吞炭》第四折："我怎肯躬身叉手降麾下,我宁可睁眼～头伏剑锋,枉了你闲
唧哝。"｜元杂剧《荐福碑》第一折："一个撮着那布裙踏竹马,一个～着那臁朋
跳灰驴。"｜元杂剧《绯衣梦》第三折："那厮可便～着腿脡,扠着门棍,精唇口毁
骂不住声。"｜元杂剧《魔合罗》第一折："也是我穷对付,扯将这蒲包上纻麻且
系住。淋的我头怎抬,走的我脚怎～,好着我眼巴巴无是处。"｜元杂剧《曲江
池》第四折："想你来迎新送旧多胡做,到今日穷身泼命怎收科?～着那手掌儿
道乞化钱一个。"｜《醒世恒言》第三卷："进了门,却不敢直入,～着头,往里面
张望。"｜《聊斋俚曲集·墙头记》第三回："半夜转了腿肚子,脚头冰凉～不开,
土炕上铺着席一块。"｜《聊斋俚曲集·禳妒咒》第二十六回："妙哉,妙哉,我是
人牌,春香～出胳膊来罢。"｜《聊斋俚曲集·俊夜叉》："他的娘子叫张三姐,为
人极有本领,管的他那汉子回了头,从新成了人,这几年来,成了那木锨～在那
酱盆里——就大匙起来了。"｜《聊斋俚曲集·磨难曲》第十九回："到如今那被窝
里,细细的个人儿,想也是～不开你那金莲。"｜《金瓶梅词话》第八回："贼淫妇,
你～过脸来,等我掐你皮脸两下子。"｜《金瓶梅词话》第十九回："不想是个女人
不好,素体容妆,走在房来,～手教他把脉。"｜《金瓶梅词话》第三十三回："你
家孩子现吃了他药好了,还恁～着嘴子骂人。"

【舒手】shǔ shōu ❶ 伸手:外面冻得都舒不出手来。 ❷ 参与;掺合:这样的
事儿咱要紧不能～。

【舒舒】shǔ shu 伸出;伸展:他整天～着个嘴就知道吃。

【舒梭】shǔ suo 舒服:叫他这么一捋巴,身上真～｜《聊斋俚曲集·磨难
曲》第十四回："衙役说我官声好,找法给我弄钱财,话儿都是极相爱。每日叫耳
根～,到不想脖项成灾!"

【舒腿扬胳膊】shǔ tēi yǎng gā ba 随意地伸展四肢的样子:他待座位
上～的,哪有正心听讲。

【舒嘴獠牙】shǔ zuī liǎo yà 嘴部突出、牙齿外露,形容相貌丑陋的样子:看
他那～的样儿,别吓着孩子。

【熟场儿】shù chāngr 熟悉的地方:这都是些～,打听个人很快当。

【熟淌了】shǔ tāng le 果实中的淀粉转变成糖或糖质增多而变软:地瓜
都～。

【𣂇】shù 用手打,一般指用手掌打:再不做声,他娘非～他。‖《集韵》:"～,
击也,殊玉切。"

shua

【刷】shuā（shuà）❶ 清除或涂抹的用具：毛～。❷ 涂抹；清洗：～墙｜
～锅。❸ 淘汰：他上市里那次考试叫人家～下来了。

【刷白】shuǎ bei（脸色）苍白：吓得他那个脸～。

【刷刮】shuā guà 利落：他家老三干活真～。

【刷锅刷碗】（～儿）shuā guǒ shuā wānr ❶ 泛指洗刷锅碗等餐具、炊具。
❷ 一种生活在水中的小虫，常在水中打转，故名。

【刷拉】shuà la 选择性地整理；根据一定的标准筛除：他～一遍了，剩不了
多少好的了。

【刷溜】shuà liu 快速；利落：他干活就是～。

【耍】shuā ❶ 玩耍；消闲：有空常上家来～｜△越吃越馋，越～越懒｜《琵琶
记》第一出："（丑）还是做什么～好？（净）踢气球～……空使绣襦汗湿，谩罗袜
生尘。" ❷ 游览：～崂山｜～北京｜元杂剧《西厢记》一本第一折："游了洞房，
登了宝塔，将回廊绕遍。数了罗汉，参了菩萨，拜了圣贤。（莺莺引红娘捻花枝
上，云）红娘，俺去佛殿上～去来。" ❸ 不工作；闲着：这么个大青年成天待家～也
不是那么回事儿。❹ 戏谑；捉弄：他就知道～人家的大头。❺ 卖弄：～嘴皮子
｜她又带上那个镯子上哪里～展扬去了。❻ 使用道具表演：～狮子｜～大刀。

【耍巴】shuā ba 耍弄：他这么～人真是太不像话了。

【耍大头】shuà dǎ tòu 玩弄；耍弄：不提前给他下子，他还想耍咱的大头。

【耍二零】shuà lěr lìng 耍花招；耍滑头：他和你～，大家伙儿都能看出来。

【耍狗撅】shuǎ gōu jue 因过于兴奋而做出不庄重的举动：都什么年纪了
还～。

【耍挂】shuā gua 玩弄：别听他～人。

【耍鬼儿】shuǎ guīr 玩弄心计；施展诡诈手段：谁也不能待背后耍什么鬼
儿。

【耍孩子】shuā hài zi 贪玩的小孩子：他成人的时候，弟弟还是个～。

【耍海儿】shuǎ hāir 到海边游玩：他们几个又佮伙儿～去了。

【耍猴儿】shuà hòur ❶ 让猴子做杂技表演：街上有～的。❷ 言行轻浮、夸
张、不庄重：他待院子里上窜下跳，就赶～。

【耍花儿】shuà huǎr 耍花招：他～还当人家还看不出来。

【耍火儿】shuǎ huōr 玩火：千万不能叫孩子～。

【耍精神】shuà jǐng shen 耍小聪明；占小便宜：△耍了精神卖了乖。

【耍酒疯儿】shuǎ jiū fěngr 喝酒过量后失态发狂：一喝上点酒就～，这个毛病真不好。

【耍弄】shuā leng 愚弄；戏弄：～人家到最后就是～自己。

【耍贫嘴】shuà pǐn zuī 油嘴滑舌：他～一个赶两个，说正经的就秕虱子了。

【耍俏式】shuà qiǎo shi 开玩笑；逗乐：别没大没小地和恁大爷～。

【耍诮】shuǎ qiao 讥笑；丑化；耍弄：就算他～人也不能说那么出格儿的话。

【耍山】shuà shǎn 游山；到山上游玩：到了礼拜天来～的人一趟郎的。

【耍狮子】shuà shǐ zi 舞狮，一种民间舞蹈，由人扮成狮子，随着锣鼓的节奏做各种各样的动作。

【耍水儿】shuǎ shuēi 玩水：孩子待池子边下～不要紧，得有大人看着。

【耍物儿】shuā wur 玩具：给孩子买个什么～他能欢气？

【耍熊儿】shuà xìngr 使性子了；耍赖皮：他又跑屋里～不出来。

【耍展扬】shuǎ zhān yang 炫耀；卖弄：她穿这样的衣裳来干活，是来～的，不是来干活的。

【耍嘴儿】shuǎ zuīr =〖耍嘴皮子〗shuǎ zuì pǐ zi 口头说得好而没有实际行动：那号人～是把好手，实干不行。

shuai

【甩大鞋】shuài dǎ xiài 不动手干活；不爱出力：她对象成天待家里～，她整天就要忙活死了。

【甩脸子】shuǎi liān zi 脸色冷淡，故意不理睬某人：他那个熊脾气动不动就给老婆～看。

【甩手掌柜】shuǎi shōu zhàng guì 只挂名而不愿负责也不做事的人：你还想跟恁爹攀，也想当～的？

【甩子】shuǎi zi 一种瓦工用具，手柄上带一心形铁片，用来挖取灰浆。

shuan

【栓马石】shuǎn mà shì 旧时垒在院墙外侧带孔的石头，供拴牲口用。

shuang

【双】shuǎng（shuàng）❶ 一对；对称的两个（与"单"相对）：～鱼儿｜～喜临门｜△捉奸捉～，捉贼要赃｜～桥好走，独木难行。❷ 两个；双倍：人家都一份儿，就给他～份儿。❸ 偶数的（与"单"相对）：选个～头儿日子｜点菜不要单数，点～数儿。❹ 量词，用于成对的东西：一～鞋｜△好手不敌～拳，～拳不如四手。❺ 对着折叠使其成为两层或两段：绳子太长了，你把它～起来｜你把面单～着铺。❻（～儿）双胞胎：他媳妇生了对～儿。

【双儿巴儿】shuàngr bar 双胞胎：头年他来了一对～，还是龙凤胎。

【双开旗儿】shuǎng kǎi qìr 衣服下摆两旁的装饰性开口。

【双头儿】❶ shuǎng tour 两个头或两个端：这样的笔都是～的。❷ shuàng tour 偶数的：点菜点～。

【爽】shuàng（shuāng）快：～走｜～滚｜～给他送回去。

【爽滚】shuàng gūn 骂人的话，快滚：跑这儿来耍混的，给我～！

【爽落】shuāng luo 干爽：来了秋风凉儿，身上真～。

【爽走】shuàng zōu ❶〈贬〉赶快离开：你～，省着待这气人。❷ 干脆就走：一听他开始不讲理了，咱～。

shui

【谁讲话儿】shuì jiàng huàr 用于句首，表示下文出自某名人或熟人之口，有时仅仅起到引出下文的作用：～，天收不怕雀啣撒。

【水】shuī ❶ 一种可以饮用的无色、无臭、透明的液体：△大河里有～小河里满｜△死猪不怕开～烫｜△快刀割不断长流～，真亲闹不了一百日。❷ 稀的汤汁：清汤寡～儿。❸ 江河湖海等水体的统称：有山有～｜游山玩～｜△近怕鬼，远怕～。❹ 用水洗东西的次数：这些衣裳投了两～还不干净。

【水瓮】shuì ěng 水缸：这个大～，挑三担水才能满了。

【水道】shuì dào 农田里用于灌溉的水渠。

【水谷杜】shuī gù du 布谷鸟。

【水鬼儿】shuǐ guǐr 以潜水为业的人：最后他们找了～才把东西捞上来。

【水红】shuī heng 粉红色：买几张～纸｜这件～裙子是夏天才买的｜《醒世姻缘传》第九回："这一匹～绢，叫裁缝替我裁个半大袄，剩下的，叫俺嫂子替我

做件绵小衣裳,把这二斤丝绵絮上。"|《醒世姻缘传》第十九回:"毛青布厂袖长衫,～纱藏头膝裤。罗裙系得高高,绫袜着来窄窄。"|《醒世姻缘传》第六十六回:"我到了那里,亭子上摆着一桌酒,张大爷还合一个大高鼻梁的汉子——我不认的他,又有一个穿～衫子老婆,合俺姑夫在上面一溜家坐着,合姑夫猜枚。"

【水济济】shuī jì ji 水汪汪;水分过多的样子,含不喜爱义:这些地瓜～的不好吃|《金瓶梅词话》第七十八回:"我见那水眼淫妇,矮着个靶子,象个半头砖儿也是的!把那～眼挤着,七八拿杓儿舀!"

【水煎】shuī jian 放少量的油用水炖或煎:新鲜鱼还是～着做好吃。

【水萝贝】shuī luò bei 一种外皮粉红色、里面白色的萝卜,又称"半夏萝贝"。

【水筲】shuì shǎo 水桶:这是才买的一担新～。

【水鸭子】shuī yà zi 野鸭。

【水舀子】shuǐ yāo zi =〚舀子〛yāo zi 取水用的较大的勺子。

【水肴儿】shuì ràor 喝茶时吃的佐肴或小零食:掇上一碟子虾米当～。

【睡语】shuǐ yu 梦话:晚上他老是说～。

【摔打拎摆】shuī da lǐn bai 因生气或厌烦而故意将东西摔打泄愤的样子:人家不挣那个钱也不去受他的～。

【摔木碗儿】shuī mù wanr 摔掉手中干活的用具;撂挑子不干:他发过年往这摔了好几把儿木碗儿了。

shun

【顺】shùn ❶趋向同一个方向(与"逆"相对):～茬|～风|六六大～|△弟兄和睦永不散,妯娌和睦～气丸。❷趁便;顺便:～手就干了|～嘴儿说几句。❸适合;如意:～心|～眼|～口儿|～脚。❹服从;不违背:～服|他非要去你就～着他。❺沿着:～杆子溜|～口打滑|△～着磨道找驴脚印|△老母猪吃南瓜——～着蔓儿爬|△钱到手,饭到口,雨水落地～沟走|你～着这儿走不绕路。❻从:我～家带来点儿花生|～后门儿出去还近便|《聊斋俚曲集·增补幸云曲》第七回:"那万岁骑马～大街前行,转过街口,果然有座木牌坊,路北里瓦门楼,上挂着牌匾,那牌上是'养济院'三字。"❼(颜色、方向等)趋同:一～边。

【顺茬儿】shǔn char ❶顺着木头等物体的纹理。❷顺着事物的情理、趋势:

你这么办的话是个～，应该能行。

【顺当】shǔn dang 顺利：他这几年买卖做得挺～的。

【顺腚】shùn dìng 紧跟着；紧接着：你才走，他～跟你去了。

【顺杆子】shùn gān zi 按着别人的话语或态度（说、做）：～爬｜～溜｜～说。

【顺杆子溜】shùn gān zi liū 按照别人的话语或态度继续往下说话或编造：他也不知道怎么说好，快跟着人家～算了。

【顺杆子爬】shùn gān zi pà 按照别人的话语或态度而附和：当官儿的说什么他就跟着～。

【顺拐】shǔn guāi 走路时同一侧的胳膊和腿同时向前运动：他一紧张走正步就～。

【顺脚】shǔn juē 顺路：没事儿，我～就去捎着行了。

【顺劲儿】shǔn jìnr 适应：他待那干了一个月还没顺过劲儿来。

【顺口】shǔn kōur ❶（～儿）好吃；好喝；食用或饮用起来很受用：这个酒喝起来真～。❷ 说起来顺畅：读起来不～，老试着哪里别扭。❸ 说的次数多了形成习惯：他嚒～了就成口头语儿了。❹ shùn kōur 随口：当时一急就～说出来。

【顺口打滑】shùn kou dà huà ＝〖顺风打气〗shùn fěng dà qì 顺着别人的话或事情的态势说一些附和的话：他就知道～，其实说不上个子曰来。

【顺耳】shǔn lēr 中听；听起来舒服：一样的句话，他说出来就～。

【顺溜】shǔn liu ❶ 顺畅；顺势：△顺着潮水儿打虾子——使它这个～劲儿。❷ 适应：才开始还不得劲儿，没几天就～过来了。

【顺毛驴】shùn mao lù 比喻吃软不吃硬的人：他是个～，听溜不听戗。

【顺三竖四】shùn sǎn shǔ sì 说话没有逻辑、东拉西扯的样子：他待个台子上～地说了些什么东西！

【顺色儿】shǔn shēir 颜色雷同：你快换件儿衣裳吧，这件和裤子都～了｜△黄鼠狼子拖油条——～了。

【顺手】shǔn shōu ❶ 得劲儿：才买的这把锤使起来还挺～的。❷ 对某一动作或行为形成习惯：他拿人家的东西拿～就不好改了。❸ shùn shōu 随手；顺便：～就干了的事，别到最后攒成一块儿。

【顺头搭儿】shùn tou dār〈贬〉顺利，一般用于反问或否定句式：对他这个坏种，就不能给他个～。

【顺嘴】shǔn zuīr ❶ 随口：他就是～一提，再没多说。❷ 说的次数多了形成习惯：说～了不知不觉就说出来了。

shuo

【说】shuō ❶ 说话；用话表达：△千年文约会～话｜△唱戏的腿，～书的嘴。❷ 介绍(婚姻)：～媳妇｜～婆婆家｜△大姑娘当媒人——放着自己～别人。❸ 嫁或娶：她～待浮山后｜他家里没栋屋儿，都～不上个媳妇。❹ 责备：你不怕恁爸爸～你？ ❺ 谈论；议论：△谁人背后无人～，哪个人前不～人。

【说彪话】shuò biǎo hua 说傻话：提前嘱咐嘱咐他，省着去了净～。

【说不迭】shuō bu diè ❶ 没等说完；正说着的时候：～他回来了。❷ 没完没了地说：他俩儿凑一块儿就～了。

【说不痛道不痒痒】shuō bu tèng dǎo bu yāng yàng 不听话；听不进别人的劝告：这么重要的事儿，他还～。

【说不听】shuō bu tǐng 不听劝；管不了：△～道不痒痒｜去找了多少遍，就是～他。

【说道】shuō dao 评理：这个事儿不能就这么过去了，待好好～～。

【说道儿】shuō daor 说法；讲究；成规：这些事儿都是有～的，注意点儿好。

【说方便】shuò fǎng biàn 说情：他们都在旁边帮着～，他也不好再追究了｜元杂剧《潇湘雨》第四折："任凭你心能机变口能言，到俺老相公行～！"｜元杂剧《刘弘嫁婢》第一折："姑娘，你说一声方便，我也好在家里存活。"｜《金瓶梅词话》第一回："因此，张宅家下人个个都欢喜，在大户面时，一力与他～。"｜《金瓶梅词话》第三十四回："你既替韩伙计出力摆布这起人，如何又揽下这银子，反替他～？"｜《金瓶梅词话》第六十四回："又常在爹根前替俺们～儿，谁问天来大事，受不的人央。"

【说古】shuǒ gū 讲故事：小孩儿们都跑村头听老人～｜贾凫西《木皮词》："这些话都不过零敲碎打，信口诌成，也有书本上来的，也有庄家老～的，也有可信的，也有可疑的，也有可哭的，也有可笑的。总而言之，没甚要紧。"

【说和】shuò huò ❶ 从中介绍，促成别人的事：他大叔帮着～成了。❷ 调解双方的争执，劝说使和解：他过后儿也懊恨了，找了好几党子人来～。

【说胡儿】shuò hùr 说不讲情理的话；胡说八道：人家一听他待那～还能不恼人？

【说慌嘴】shuò huǎng zuī 口误；说错：发先我～了。

【说进去】shuō jìn qi 谈得来：他爷儿两个老是说不进去。

【说开】shuò kǎi 说明白；说清楚：找他把话～，自然也就理解你了｜元杂剧

《冻苏秦》第四折:"如今趁他衣锦还乡,在洛阳驿亭中安下,我特地探望他一遭去,~此事,多少是好。"｜元杂剧《渔樵记》第四折:"哦!有这等事。若不是哥哥~就里,你兄弟怎知道。"

【说媒】shuò mèi 做媒人;给人介绍结婚对象:给恁说成这阖媒,俺也好挣个猪头吃｜△痴人作保,馋人~｜孙静庵《金屋梦》第三十八回:"你来~,可不知是甚么人家,女婿年纪多少?"｜《醒世姻缘传》第七十二回:"他前边的那位娘子,是俺娘家嫂子说的媒。"又:"媒婆道:'你看发韶么?我来~,可说这话,可是没寻思,失了言。'"

【说媒拉线】shuò mèi là xiàn 为别人牵线介绍结婚对象:~这样的事找她最合适。

【说婆婆家】shuò pě pe ji ❶ 为女子介绍结婚对象:有合适的帮着给小嫚而说个婆婆家。❷ 女子结婚嫁人:他闺女住几年也好~了｜《聊斋俚曲集·翻魇殃》第六回:"原来公子有个女儿,年方二八,才貌双全,到了十六岁,还没有~。"

【说睡语】shuò shuǐ yu 说梦话:孩子那是~,别叫他。

【说说道道】shuò shuo dào dao ❶ 说话:老婆们弄一块儿就爱~。❷ 评理;讨说法:要是他再这么过分,非找他~不治的。

【说死】❶ shuǒ sī 把话说准;将事情说定:这个结果不怨旁人,还是恁两个没~的事儿。❷ shuō shi 无论怎么说:~他也不能同意。

【说孙话】shuò sǔn hua 说有失体面或尊严的话;说引来是非或欺辱的话:你别叫他去,去了就光~。

【说媳妇】shuǒ xī fu ❶ 为男子介绍结婚对象:你不待给小李说个媳妇不是? ❷ 娶妻:他也三十多岁的人了,还没说上媳妇。

【说下】shuō xi 讲明;声明;口头约定好:咱先~过后不用争竞｜《聊斋俚曲集·襄妒咒》第一回:"这一日吃着那酒,~若一个有难,大家一齐上前。"｜《红楼梦》第四十五回:"先~,我是没有贺礼的,也不知道放赏,吃完了一走,可别笑话。"

【说闲话】❶ shuò xiǎn huà 闲聊;聊天:俺一块儿~说起这个事儿来｜《儒林外史》第四回:"就是我主顾张老爷、周老爷在那里司宾,大长日子坐着无聊,只拉着我~。" ❷ shuò xiǎn hua 背后议论别人的隐私或是非:该做到的都待做到了,省着让外人~。

【说言道语】shuō yàn dǎo yū 议论;指摘:他们做事这么不注意,少不了人家背地后~的。

【说嘴】❶shuǒ zuī 耍嘴皮;说好听的话:他～那真是把好手|他光～儿不来实的,谁能信?!|元杂剧《降桑椹》第二折:"你还～哩!你平常派赖,冬寒天道,着我在这里久等,险些儿冻的我腿转筋。"|《金瓶梅词话》第七十五回:"我就听不上你恁～,自你家的好,拿掇的出来见的人。"|《金瓶梅词话》第七十六回:"休要～,俺每做了这一日活,也该你来助助忙儿。"|《金瓶梅词话》第七十八回:"贼因根子们,别要～,打伙儿替你爹做牵头,勾引上了道儿,你每好图躧狗尾儿,说的是也不是?"❷shuō zui〈贬〉能说会道的人:这个孩子就是个～,你听他的就耽误事儿了。

si

【四敞大解】sǐ chāng dǎ xiē 门窗等随意敞开的样子:他走得太急了,门～的就出去了。

【四方四角】(～儿)sǐ fǎng sǐ jiār 方方正正的样子:这块儿木板～的,当桌子面儿正好。

【四方团脸】sì fǎng tuàn liān 方形的脸庞。

【四匄拉儿】sì gǎ rar 四周:他爬起来一看,～全是树。‖《广韵》:"匄,周匝也。"

【四个芨瘩儿】sì ge bā dar 身体的四肢:人家都起来干活了,就他还～朝天敬待炕上。

【四海】sǐ hāi 豪爽仗义交际广泛;见过世面:他一看就是个～人,说话真场面|《醒世姻缘传》第七十四回:"李明宇也是个～朋友,李奶奶原是京师女人,待人亲热。"|《金瓶梅词话》第七回:"你老人家不知,如今知府、知县相公来往,好不～,结识人宽广!"

【四季豆儿】sì ji dòur 芸豆。

【四脚拉趴】sǐ juē là pǎ 仰面朝天躺着、双腿叉开的样子:你看他～的,真没个年轻人的样儿。参"四脚拉叉":《醒世姻缘传》第二十九回:"因那晚暴热的异样,叫了徒弟陈鹤翔将那张醉翁椅子抬到阁下大殿当中檐下,跣剥得精光,四脚拉叉睡在上面。"

【四句儿】sì jur 本指诗歌,喻指故作高深但没有趣味、毫无价值的话:快走吧,省着等他来了说～。

【四楞锏子】sì leng jiān zi 古时一种有四条棱的鞭类兵器:切的面条和～样

的,怎么吃? 参"四楞铜":元杂剧《单刀会》第三折:"一刃刀,两刃剑,齐排雁翅;三股叉,四楞铜,耀日争光;五方旗,六沉枪,遮天映日。"

【四两腚】sì liang dìng 很轻的屁股,形容献殷勤的样子:当官的一来,他颠着那～就忙活开开了。

【四邻】sì lìn 周围的邻居:他不像脾气,打死～|《聊斋俚曲集·翻魇殃》第八回:"二相公同着～去央他,安心给他一百银子,打发他去。"又:"累～,累～,一口许他百两银。"|《醒世姻缘传》第九十一回:"吴推官合南瓜睡觉,这荷叶是不消提起,照例施行。镇日争锋打闹,搅乱得家宅不安,～叫苦。"

【四邻八壁】sì lìn bǎ bī 泛指周围的邻居:叫他老婆一宣扬,～都谈论这个事。‖ 参"四邻八舍":元杂剧《窦娥冤》第二折:"(做叫科,云)四邻八舍听着:窦娥药杀我家老子哩!(卜儿云)罢么,你不要大惊小怪的,吓杀我也!"

【四溜八瓣】(～儿) sì liǔ bà bànr 器物破碎的样子:他一把没接住,把个盘跌得～的。

【四六儿】sì liùr 事理;情理:那都是些不讲～的人。

【四码指头】sì ma zhī tou 无名指。

【四排大坐】sì pāi dà zuò〈贬〉大模大样坐着的样子:他一家去就～地不起来,从来不帮着干点活儿。

【四平】sì pìng 非常平整:他花了好几天的功夫,把地面整得～～的。

【四下】sì xià 四周;周围:～都是他们的人|《聊斋俚曲集·翻魇殃》第十回:"那屋壁破墙垣,～透黑浪烟,一行倒蹬一行叹。"|《全明散曲》第四卷:"正青春失陷尘埃,何时了却冤孽债。迷魂阵～安排,陷人坑苦把人埋。"|《醒世姻缘传》第三十五回:"凡值科岁两考,成百金家收那谢礼,人再不说他邪运好,财神旺相,～传扬开去,都说他是第一个有教法的明师,倍了旧日的先生,都来趁他的好运。"|《醒世姻缘传》第八十八回:"龙氏家中求神问卜,抽签打卦。薛如卞弟兄两个,又不肯～出招子找寻。"

【四下里】sì xiǎ ler 四周;周围;四处;到处:等他醒过来一看,～黑洞洞的,什么也看不见|元杂剧《博望烧屯》第二折:"你与我先点着粮车,后烧着窝铺,你～火箭一齐去。"|元杂剧《马陵道》第三折:"～安营,八下里扎寨。"|李开先《一笑散·山坡羊》:"顺风船儿撑不过相思黑海,千万里马儿也撞不出～牢笼扣。"|《水浒传》第四十回:"立在车子上,当当地敲得两三声,～一齐动手。"

【四眼儿】sì yanr 骂人的话,原指某些狗的眼睛上方各有一个如眼睛大小的斑点,看起来如同有四只眼睛,后比喻戴眼镜的人。

【四至】sǐ zhì 建筑物或土地东西南北四面的界线或范围:《续资治通鉴长编》第二百六十五卷:"元是定夺文字称'东至买马城,南至鸿和尔大山脚为界,西至焦家寨,北至当界张家庄',～内因甚只北至独有'当界'二字?"|《宋会要辑稿》食货二:"每庄摽拨定田土,从本县依地段彩画图册,开具～。"|《聊斋俚曲集•寒森曲》第八回:"时值价银三千两,～分明详细开,一面全管无罣碍。"

【死】sī ❶ 失去生命:△～猪不怕开水烫。❷ 熄;灭:～火儿了。❸ 不可调和:～对头|～顶。❹ 固定的;死板的;未不活动的:～头儿|～期|～疙瘩|～面|～脑筋。❺ 不能通过;不能流通:～胡同|～水湾儿。❻ shi 用在动词后,表示(使其)失去生命的方式:撞～|药～|累～|气～|跌～|攘～。❼ shi(sī)用在动词或形容词前或后,形容程度深或达到极点:欢气～|恣～|冻～|热～|憋～|蜷～|盹～|强～|颠～|精～|喜～|甜～|酸～|好～|～沉|～贵|～犟|～顶|当官的～烦气他。

【死搬硬套】(～儿)sī bàn yǐng tàor 古板;不顾实际情况而生硬地套用:凡事待看情况,光～不好使。

【死逼】sī bì ❶ 强迫;逼迫:当初他也是不愿意学,都是～着学出来的。❷ 被迫;不得不:旁的路都不通,～着从这里走。

【死沉】sī chèn 形容份量非常重:弄了个大包～～的,没有个能拿动了的。

【死充】sì chěng 逞能;假装:△老鼠钻面缸儿——～白胡子老头|△腰里别了俩死耗子——～个打围的|△癞蛤蟆扳着个尿罐沿儿——～个喝茶的。

【死顶】sī dǐng 意见极度不合;凡事对着干:他们两个老是～,什么事儿也干不成。

【死疙瘩】❶ (～儿)sī gà da 死扣;死结:别系成～,到时候不好解。❷ sì gǎ dǎ 未发酵或发酵不好而没有弹性的:这些馒头吃起来～的。

【死疙瘩活扣】(～儿)sī gǎ da huǒ kòur 模棱两可或不确定的状态:这个事成天就这么～儿地放着,放到什么时候是个头儿?

【死贵】sī guì 形容价格贵得离谱:那个店里的东西～～的。

【死货】sī huo 骂人的话,没有用的人:真是些～,跑了这么多人都不知道。

【死犟】sī jiàng 非常倔强;固执己见:证据都摆在眼前,他还非得～。

【死脚掌子】sì juě zhāng zi 形容面食因发酵或蒸制不好而毫无弹性的样子:那些饼都蒸成些～了。

【死扣儿】sī kour 不能直接解开的结扣或疙瘩。

【死拉狗】sǐ lā gou ❶（躺在地上如同）死去的狗：叫他好几遍也不起来,待炕上装～。❷ 欠账或欠人情耍无赖不还的人：人家去找他要钱,他就装～。

【死拉牯】sǐ lā gu〈贬〉死去的牯牛：叫他去办正事,他装起～来了。

【死力】sī lì 非常辛苦、累死累活的劳动：老辈人真出了些～。

【死猫瞪眼】sì mǎo děng yan 不注意观察;不会看眼色行事;看不明白事理：你真～,这样的急事不嘎急说还等着干什么?

【死眉哈拉眼】sī mèi hà la yān 警惕性不强或看不明白事理的样子：他们两个人都～的,什么人儿也看不住。

【死牛犊子】sì niǔ dū zi 特别倔强执拗且不善于表达的人：他又上了那个～脾气来了。

【死期】sī qǐ 固定期限的银行储蓄：上把儿发的钱,存了个～的。

【死性儿】sī sèngr ❶ 性状变得稳定：你要是晒的时候少了,它老是不～。❷ 打消某种动机;断了念头：最后看真没什么景了,他才～。

【死煞口儿】sī shi kōur ❶ 将开口处束紧或封住：把麻袋～,省着颠开漏东西。❷ 将事情管控住：都到这种程度了,一定待把这个事儿～｜这个事要紧和对方～,绝不能再变了。

【死煞门子】sī shi měn zi 堵了自己的门路;社会关系断绝：就他这个熊脾气,干什么生意也～了｜成天就爱占人家的小便宜,没有人愿意和他交往,他都快～了。

【死手】sī shou ❶ 死板：出去学着机灵点儿,别那么～。❷ 吝啬：人太～了俗伙不着朋友。❸ 狠手;狠招：他这把儿真是下了～了,办不成不算完。

【死孙】sī sun 怯懦无能、总是被人欺负的人：他真是个～,叫人家欺负到头上了还不动弹。

【死相】sī xiang 吝啬;不会办事：多跟恁哥哥学学,办事别那么～。

【死眼皮】sī yan pì 没眼力;不灵活：△山东头的二鬼子——～。

【死羊眼】sì yang yān 没有观察力;没眼神儿：你顶着个～看什么去了,叫人把袋子偷去了都不知道。

【死样儿】sì yàngr 骂人的话,该死的样子：看他那个～吧,光想好事儿。

【死油烂】sì yǒu lan 邋遢、无赖之人：夜来晚上他又醉成个～了。

【丝酱】sǐ jiǎng 一种用发酵方式加工黄豆的工艺,发酵制作后的黄豆产生长丝,即"纳豆"。

【丝丝儿】sǐr sir 如线或细条状的东西：衣裳上粘上这么多～,快去择择。

【私孩子】sǐ hài zi 私生子,常用作骂人的话:那个～今日跑来做什么?│《金瓶梅词话》第八十五回:"奴婢两番三次,告大娘说,不信,娘不在,两个在家,明睡到夜,夜睡到明,偷出～来,与春梅两个,都打成一家。"│《聊斋俚曲集·增补幸云曲》第二十四回:"这个我可猜方了,这是他那肚里那～。"

【似温不秃】sǐ wěn bǔ tū (水)半冷不热的样子:喝些～的水,肚子真难受。

【饲养院】sǐ yang yuàn 建国初期大集体时代,村集体集中饲养马、牛、骡子等牲畜的地方。

【肆】sǐ 极;非常:～平│～直。‖章炳麟《新方言·释词》:"《小尔雅》:'～,极也。'"

【肆肠倒气】sǐ chang dǎo qì 因劳累、气愤而浑身无力、气喘吁吁的样子:他爬了趟浮山回来就使得～的。

【撕巴】sǐ ba ❶厮打:他们两个没说几句话儿就～起来了。❷撕碎;撕扯:才买的本书就叫他～了。

【撕破脸】sǐ pe liān 比喻关系破裂,矛盾公开化:到时候万一～就不大好了。

【撕窝】sǐ we 因撕扯、磕碰等而失去原来的性状:盖在上面的篷布叫大风都刮～了。

【燍馐】sǐ nao 食物腐败变质:那些稀饭都～了,快倒了啵。‖1928 年《胶澳志》:"饭臭曰～"。亦作"燍殙":蒲松龄《日用俗字·饮食章》:"燍殙豆腐不上桌,淬殙鸡子臭难堪。"

su

【素淡】sù dan ❶味道清淡,不肥腻:你做饭真～。❷颜色浅淡;朴素:还是～的颜色长远。

【嗉子】sù zi 禽类动物的食管后段暂时贮存食物的嗉囊,位于下颈部。‖参"嗉":元无名氏《醉太平·讥贪小利者》:"鹌鹑嗉里寻豌豆,鹭鸶腿上劈精肉。蚊子腹内刳脂油,亏老先生下手。"

suan

【蒜瓣儿肉儿】suǎn bànr ròur(一般指某些鱼类的)形同大蒜瓣一样的小肉块:大头腥鱼净～。

【蒜臼子】suǎn jiǔ zi 捣蒜泥用的容器,石制或陶瓷制,外壁较厚:△土地爷爷戴～——头沉。

【蒜头鼻子】suǎn tòu bǐ zi 状如大蒜的大鼻子：我看着他那个～就恶死了。

【算麻帐】suǎn mā zhàng 算错帐：他～了,少收了你十块钱｜△摘了帽子尿尿——～了。

【算事儿】suǎn shìr =〖算个事儿〗suǎn ge shìr 是问题;是不好解决的事,一般用于反问或否定句式：那也是经过风雨的人了,对他来说那都不～。

【算数儿】suǎn shùr ❶ 计数;计算：早点儿～,看待使多少料。❷ 承认有效：人说了话就待～。❸ 完成;了结：装满车～｜别管几个菜,吃饱了～。

【舢板儿】suǎn bānr 泛指结构简单的小木船。

【散伙】suǎn huō ❶ 人群解散：他们都～了,你去了也找不着人。❷ 原来在一起干事或做生意的人解散了：我们一块儿干了半年就～了。

【散集】suǎn jì 大部分的买卖者离开集市：等你颠打着去了都好～了。

【散席鱼】suǎn xì yù 在较为正式的宴席上,最后一道菜一般是一条全鱼,上了这道菜代表宴席即将结束,故称。

【酸巴溜】suàn bǎ liū 酸姜;叉枝蓼,蓼科植物。

【酸不拉唧】suǎn bu lǎ jì 味道有点酸的样子：那些杏吃起来～的,还不熟。

【酸唧溜】suǎn jì liu =〖酸溜溜儿〗suǎn ròur rour ❶ 形容味道或气味有点酸的：他就爱吃～的苹果,甜得大了还不爱吃。❷ 形容轻微嫉妒的感觉：你看他说的那个话儿,～的。

【酸枣儿】suǎn zàor ❶ 酸枣树。❷ 酸枣树结的果实。

【酸枣鼻子】suǎn zào bǐ zi 小而红的鼻子：他顶着个～,就待丑死。

【酸楂】suàn zhǎ ❶ 山楂树：村里集体种了一片～。❷ 山楂果实：吃了几个～就酸倒牙了。

sui

【随】suì（suǐ）（与长辈在某一方面）相像：他那个眼长得真～他爹｜△养闺女～娘,栽的葫芦爬墙｜△白菜疙瘩～他妈妈,白菜心儿～他爷爷那根根儿。‖《俚语证古》第三卷："～,肖也。状貌与父母相似,谓之～。"

【随达】suǐ da 〈贬〉（与长辈某一方面）相像：他爹是个生古人,几个孩子也～着。

【随大流】suǐ dǎ liu 大部分人怎么做就跟着做：咱～就行,人家怎么办咱就怎么办｜△蟹子过河～。

【随家门】suì jiǎ mèn 与家族成员在某些方面像:恁儿学习这么好,真～。

【随色儿】suǐ shēir 颜色搭配协调;颜色基本一致:你傍上的这块布挺～的,老远看不出来。

【岁】suì 特指人的虚岁年龄:孩子今年三生日四～了。

【岁数儿】suì shuir 人的年龄:都什么～的人了,咱不去出那号儿力了。

【碎言杂语】suǐ yàn zǎ yū 闲言碎语:外边儿的那些～～可别当真。

【碎杂】suì za 语言庸俗琐碎;举止猥琐:她说的那个女婿就要～死了。

【尿脬】suì pe =〖尿脬子〗niǎo pe zi 膀胱:△猪～打人——打人不痛惹人一肚子气｜△～虽大无斤两儿,秤砣虽小压千斤｜《金瓶梅词话》第三十回:"仰着合着,没的狗咬～——虚欢喜?"

sun

【孙】sǔn 懦弱;窝囊;容易受人欺负:人家那是不愿计较,不能拿着人家当～待｜人家是没钱,但是人家不～。

【孙话】sǔn hua 有失体面或尊严的话;引来是非或欺辱的话:他去说的那些～,自己还当有本事。

【孙女女婿】sǔn nù nū xù 孙女的丈夫。

【孙钱】sǔn qiàn 白白花掉的冤枉钱:往后把眼睁大了点儿,少花这样的～。

【孙头】sǔn tòu =〖孙种〗sǔn zhēng 无能而易吃亏受欺的人:真个～! 这样欺负你还不还手。

【孙子辈儿】sǔn zi bèir ❶ 在辈分上低两代的人。❷ 比喻差距很大:和他讲法律,恁都是～了吧?

【孙子媳妇】sǔn zi xī fu 对孙子之妻的面称与背称。

suo

【锁】suō ❶ 加在门窗、器物等开合处或连接处,须用钥匙或其它专用工具才能打开的金属装置:门～｜挂～｜暗～。❷ 用锁锁住:关门～窗｜～门。❸ 用金银等贵金属制造,给小孩戴在胸前带有吉祥寓意的装饰品:长命～｜金～｜银～。❹ 一种缝纫方法,用线顺着布边或扣眼密缝,使其不脱落:～边｜～扣眼。

【锁鼻儿】suò bìr =〖锁鼻子〗suò bǐ zi 门、箱、柜等需要上锁的用品上安装的可供锁体穿挂的有孔金属件。

【锁子骨】suò zi gū 人的锁骨：他瘦得都露着～了。

【蓑约】suǒ yue 蓑衣：他真不要好儿，穿的那件衣裳和披着个～样的。

【褛襴】suǒ luo ❶ 附着在物体上的絮状杂物：你这是上哪儿钻来，衣裳上沾这么多～？ ❷ 衣服过长：你的裤子都～着地了。‖1936 年《寿光县志》："衣长曰～。"

ta

【塌鼻子】tǎ bì zi 低矮的鼻子。

【塌飒】tā sa 脏乱不堪的人；困顿潦倒之人：他穿着那个熊样儿，就赶着个～。‖原义为"困顿潦倒"：范成大《阊门初泛二十四韵》诗："生涯都～，心曲漫峥嵘。"

【塌飒乌什】tā sà wù shì 邋遢猥琐的人：打起精神来，别和个～样的。

【溻】tā ❶（汗）浸；泡：衣裳叫汗都～透了。 ❷ 使受寒：他的关节炎是～下的毛病。‖《玉篇》："～，他盍切，湿也。"

tai

【台布】tài bǔ 铺在桌面上的针织品：你割的这块儿～真清气。

【抬杠铺儿】tài gǎng pùr 喻指争论、抬杠的场面：恁待这嚷嚷什么，和上了～样的？

【抬铝犋】tǎi lǜ ju =〖豁子〗huǒ zi 一种人力拉的犁。‖"铝"发音如"驴"，也有写作"驴犋"的。

【抬头纹】tài tou wèn 额头上的横向皱纹。

【鲐鲅鱼】tǎi ba yù 鲭鱼，一种与鲅鱼相似的海产鱼类，鲐鲅鱼体形短粗，身上有青绿色花纹，而鲅鱼体形细长，身上有青黑色圆形斑点，腹部灰白色。

tan

【贪多嚼不烂】tǎn duǒ juě bu làn 比喻过于贪婪:光知道往家挖,不知道～|《红楼梦》第九回:"那工课宁可少些,一则～,二则身子也要保重。"|《红楼梦》第六十九回:"如这秋桐辈等人,皆是恨老爷年迈昏愦,～,没的留下这些人作什么,因此除了几个知礼有耻的,余者或有与二门上小幺儿们嘲戏的。"

【贪长】tǎn zhāng 人的身高长得快:正是～的年纪,应该多吃点儿。

【弹巴】tǎn ba =〖弹弄〗tǎn leng ❶ 用手拨弄或整理:他把毛线～成了个蛋儿。 ❷ 理清;理顺;搞清楚:他家那些杂乱事儿,谁也～不清楚。

【弹崩儿】tàn běngr 用手指弹击头部。

【弹簧脖子鸡毛腚】tǎn huàng bě zi jǐ mào dìng 形容点头哈腰的样子:他见了当官的真是～,就差跪下来。

【弹溜仁儿】tǎn liǔ renr 儿童游戏,弹玻璃球儿。

【坍鼻子】tǎn bì zi 塌鼻梁;很矮的鼻子:他长那个～就要丑死了。

【摊巴】tǎn ba 铺开;摆开:你把垫子都～开。

【瘫痼】tǎn gu 腿不能走动的人:他娘是个～,下不来炕儿|△～打围——瞎嘘喝。

【团鼓悠悠】tǎn gu yǒu you 圆鼓鼓的样子:他再穿上这么厚的衣裳,越发～的。

【团团】tǎn tan 椭圆形;球形:那个人长着个～脸。

【团团悠悠】tǎn tan yǒu yòu 如同球形的样子:他养的小狗～的真好玩儿。

【团悠】tǎn you 状如圆形;状如球形:他如今胖得都～起来了。

【疃】tān 村子;村庄:四村八～|咱都东村西～的,说起来还是亲戚|△好汉子管村管～,赖汉子管筷子管碗。

tang

【倘】tǎng ❶ 遇到;有:人家～着个富丈人,能拉巴他。 ❷ 遭遇;摊上:这样儿的事儿,谁～上谁草鸡。

【淌幌子嘴】tǎng huàng zi zuī 说形容说大话、假话的人:他顶着个～说话没有个准儿。

【趟】❶ tǎng 条;行;排:南边儿有～河|一～杠|一～缝儿|一～溜

秋｜两～韭菜。❷（～儿）tàngr 往来的次数：我去了三～才碰着他。

【趟子】tàng zi 捕鸟兽者在猎物必经之路上开辟出用于捕猎的线路：这都是才开出来的～，前几天还没有。

【汤钵儿】tǎng ber 口大体深的汤盆。

【汤米儿】tǎng mīr ❶ 比喻很少量的饭：这两天他～没进。❷ 家有生孩子的喜事，亲朋送的鸡蛋等营养品：西屋家添了个孙子，她去送～。

【汤水儿不进】tǎng shuīr bù jìn ❶ 吃不下饭，喝不下水：这两天儿他～，吃什么吐什么。❷ 不接受别人的意见或建议：跑去说了好几遍，他就是～。

【汤药】tǎng yue 煎好的中药：回去吃了几服～就见好了。

【烫面】tàng mian ❶ 用开水和的面：～大包儿。❷ 没有个性、过于软弱的人：他成天走起路来都没个筋骨儿，和个～样的。❸ 惧内、怕老婆的男人：他待家里就是块儿～。

【烫心】tàng xin 白菜内部的一种病斑：这棵白菜有～了。

【糖瓜儿】tàng guǎr 用麦芽糖制作的糖块，形如擀制饺子皮的面剂：△灶王爷吃～——稳拿儿。

【糖角儿】tǎng jiār 用红糖或白糖作馅包成的三角形发面包子。

【糖精】tàng jǐng 一种甜味的有机化合物，以前经常作为糖的代用品，在制作爆米花、做馒头时使用。

【糖精嘴】tàng jǐng zuī 甜言蜜语、能说会道之人：他那个～，就要会说死了。

【糖球】tǎng qiù 冰糖葫芦。

【糖球会】tǎng qiù huì 每年农历正月十六日在海云庵举办的以糖球为特色的民俗节庆活动。

【糖稀】tàng xǐ 较稀的饴糖。

tao

【讨贱】tào jiàn 自找没趣；自找遭罪：他凭着好日子不过，跑这么个场来～。

【逃动】tǎo deng 逃脱：倘着这么个厉害媳妇，他这一辈子别想～出来。

【套】tào ❶ 套子，罩在外面的东西：手～｜外～｜被～。❷ 加罩在东西的外面：～上个毛衣。❸ 加罩在外面的：～袖｜～裤。❹ 量词，用于同类事物合成的一组：一～衣裳｜一～拳｜～数｜△猴子耍把戏——老一～。❺ 模拟；照做：～话儿｜死搬硬～。❻ 用绳子等做成的环：牲口～｜△上了～的骡子马——

不行也得驮着走。❼ 用绳环拴住：～马｜～牲口。❽ 比喻陷害或糊弄人的布置：圈～｜虚玄～｜下～。❾ 引出实话或实情：没用三句话就～出他的话儿来了。❿ 垒建院墙使之围合：～墙｜～院墙。

【套脖儿】tào ber 套在脖子上防寒的围巾。

【套弄】tào leng 通过计谋或圈套获取：我一听他是待～我的话儿｜《聊斋俚曲集·墙头记》第三回："张二说：'老头子这般欢喜，等我～他～。'"

【套墙】tǎo qiàng 垒建围墙：他那栋房子就盖起一个屋框来，还没～。

【掏气挖嗓】tǎo qì wǎ sāng 生气上火的样子：我不愿和他～地争竞。

【掏搔】tǎo sao 掏取：他寻思了好几寻思才～出那个钱包来。

【掏腰儿】❶ tào yǎor 拿钱；出钱：临着他～的时候，他就改口不这么说了。❷ tǎo yǎor 让人偷了随身的财物：他夜来去赶集叫人～了。

te

【他爹】tè diě ❶ 指某人的父亲：△巧～打巧——巧急（极）啦。❷ 旧时妻子称呼自己的丈夫，为"孩子他爹"的略称：～，快喝碗水歇歇。

【他好】tē hao 表建议或客气，意为不合适或不应该：～不打招呼就走了。

【他娘】tè niǎng ❶ 指某人的母亲：△孩子哭，拊给～。❷ 旧时丈夫称呼自己的妻子，为"孩子他娘"的略称：～，我的衣裳稳待哪里？

tei

【退伙】těi huō 退出某个群体，不再继续合作：说待～的都有好几个人了。

【退赔】těi pèi 退还原主或赔偿非法取得的财物：他占的那些房子都～给厂里了。

【退前擦后】těi qiàn cā hòu 后退、畏缩的样子：打发叫他去，他～地一个月了还没动儿｜《聊斋俚曲集·磨难曲》第三回："众人说：'大家一齐上前，休要～。'……大家一齐往前做，若有～，定教他地灭天诛！"｜《聊斋俚曲集·磨难曲》第二十九回："谁忍烦，弄机关，～？杀人如切菜，半个不存留。"亦作"褪前擦后"：明杂剧《僧尼共犯》第三折："及至归来已二更，怕的是严城夜禁天街净，响当当喝号提铃。諕的我褪前擦后不敢行，因此上探望俺骨肉亲情。"

【褪色】těi shēir 因水洗、日晒、自然老化等原因，颜色变浅或脱落。

【褪牙】těi yà 指儿童脱落乳齿。

【腿】tēi ❶ 人和动物用来支持身体和行走的部分：△胳膊扭不过大～｜△好人在嘴上,好马在～上｜△话经三张嘴儿,长虫也长～儿。❷ 物体下面像腿一样起支撑作用的东西：桌子～儿。

【腿肚子】tēi dù zi 腓肠肌,人的小腿后部隆起的部分。

【腿骭子】tēi gàn zi ＝〖骭腿〗gǎn tei ＝〖骭腿子〗gǎn tèi zi 小腿；胫面骨：看他那个大长～,保险能长大个子。‖《说文解字》："骭,骹也。从骨,干声。古案切。"

【腿喀喇】tēi kà la ❶ 大腿根；裆部：～那里老是痛。❷ 胯下：他那个～能钻过狗去。‖《俚语证古》第三卷："两股之间谓之～。"

【腿曲盘】tēi qū pan ＝〖曲盘〗qū pan 腘窝,膝关节后方的弯曲凹陷部位：给我把～这儿匍撒两下｜蒲松龄《日用俗字·身体章》："曲盘里弯跁骼盖,两臁腿肚打磨筋。"

【腿子】tēi zi ❶ 物体下面像腿一样起支撑作用的东西：板凳～。❷〈贬〉跑腿的人；听人使唤的人：这保证是他下边儿的些～干的。

【推】těi ❶ 向外用力使物体或物体的某一部分顺着用力的方向移动：～车子。❷ 延迟：往后～两天再说。❸ 用工具贴着物体的表面剪或削：～木头｜把头发～～。❹ 推托；假装：我～当不知道。❺ 推却；辞让：△一～六二五。❻ 用磨盘研磨或用机器研磨,后泛指粉碎加工粮食：△有钱能使鬼～磨｜去～点儿苞米儿好烀饼子。

【推车别梁】těi chě biě liàng 泛指重体力劳动：家里～这样的营生,还是男孩子才行。

【推当】těi dang 故意装做：有人来了,他也～没看见。

【推粪】tèi fèn 用小推车往田地里运送粪肥：他十来岁就能上山～了。

【推磨】těi mè ❶ 推动石磨研磨粮食：△光腚～——转着圈丢人。❷ 用机器研磨粮食：没电了,推不了磨了。❸ 推诿扯皮；故意磨蹭延误：那几个办事的都待那～儿,谁也不想管。

【推尿】tèi niào 用手推车往田地里运送人畜尿肥。

【推耙】těi pà 刨子,木工用来刮平木料的工具。

【推牌九】tèi pǎi jiū 一种赌博活动,牌九指一种赌具：《官场现形记》第十五回："王长贵同水手们～,又赌输了钱。"

【推子】těi zi ❶ 理发工具。❷ 木匠用来削平木料的一种工具。

ten

【屯】tèn 褪；脱；扒：你帮把孩子的裤子～下来。

【屯皮】tèn pì ❶ 本指蚕、蛇、蝉等脱皮，也指剥皮：他一阵儿就把狗～去了。❷ 指严重的责罚：叫爸爸知道了非给你～去不治的。

teng

【同】tèng 如同；犹如：他不～你，就是个直肠子。

【同位儿】těng wèir （上学的）同桌：上小学的时候俺和他两个～。

【铜盆】těng pen 洗脸盆，因以前多为铜制，故名：这还是结婚分家时候的个～｜《醒世姻缘传》第八十一回："端着个～，豁朗的一声撂在地下，一个孩子正吃着奶，唬的半日哭不出来，把他送到空屋里锁了二日，他得空子自己吊杀了。"｜《聊斋俚曲集•磨难曲》第十九回："若有人爬后墙，敲～为信号。"｜《聊斋俚曲集•增补幸云曲》第七回："净面汤一～，献过来花手巾，细软肥皂多清润。"

【疼得嗷嗷儿的】těng di ǎor ǎor di 疼痛得大声叫喊的样子：一石头打待他脚上，他拎着脚～。

【疼可】tèng kuo 疼爱；体贴：媳妇知冷知热的，真～他。

【疼热】tèng yè 关心体贴：女婿但使对她有个～，她也不至于这么寒心｜元杂剧《救孝子》第一折："我想这大的个小厮，必然是你乞养过房螟蛉之子，不着～。"｜元无名氏《新水令•思情》曲："怎肯辜负了有～的惜花心，生疏了没褒弹画眉手。"｜元无名氏《一枝花•盼望》曲："谎恩情如炭火上消冰，虚～似滚汤中化雪。"

【疼下心肝把儿来】těng xi xǐn gàn bàr lai 极度心疼的样子：他瞎了这么多钱，真疼下他的心肝把儿来了。

【疼人】těng yìn ❶ 对人体贴爱惜：他不知道～，光知道顾自己。❷ 让人心疼；让人产生悲伤、惋惜的情绪：这些小树苗就这么叫人砍了，说不～是假的。

【腾】tēng 身体因贴着湿热的土石等物而为潮气所伤：别坐那些石头上，省着把腚～了｜新盘的炕还没干透，别上去，光～了身子。

【捅咕】tēng gu ❶ 怂恿：就他非～着小李儿去买车。❷ 通过关系打通关节：他找他二哥帮着～这个事儿。

【煻】tēng 蒸；馏：关上火吧，饭早就～透了｜△嫚儿嫚儿你别愁，上了青岛住洋楼,大白菜炖猪肉,锅里～着小馒头儿。‖《集韵》:"～,以火暖物。"

ti

【体己】tǐ jī 亲近;贴心:到了关键的时候,还是自己的亲戚们～|《孽海花》第三十回:"彩云道:'说的是,我正为难哩!我是个孤拐儿,自己又没有见识,心口自商量,谁给我出主意呢?'三儿涎着脸道:'难道我不是你的～人吗?'"亦作"梯己":《元典章·吏部六》:"所在官司设立书状人,多是各官梯己人等于内勾当,或计会行求充应。"

【体己话】tǐ jī huà 贴心的话:你来了也好有人说个～儿。

【蹄子冻】tǐ zi dèng 用猪蹄熬制的肉汤混合物凝固后形成的食品。

【梯子磴儿】tǐ zi dèngr 梯子中间用于踏踩的短横木。

【梯子石儿】tǐ zi shǐr 石头台阶;台阶:那条爬山的路现在都铺上～了。

【替换】tì huan ❶ 更换:～下来的配件都卖破烂儿了。 ❷ 交替;轮换:一个人干太累了,咱两个～着干。

【替手垫脚】tì shōu diǎn juē 帮忙做辅助性劳动:孩子也能帮老人～的了|《醒世姻缘传》第三十九回:"只说你自家一个人,顾了这头顾不的那头,好叫他～的与你做个走卒,敢说是监你不成?"|《醒世姻缘传》第五十五回:"我们爷要不是眉来眼去,兴的那心不好,我也舍不的卖他。好不～的个丫头哩么!"

【替头儿】tì tour 离开自己的居住地,与丧偶的女人结婚并到女方处居住的男子。

【提】tì 量词,用于可提着的东西,其重量没有确数:你去买两～酒上恁姥爷家看看|元杂剧《伍员吹箫》第一折:"再赐你上马一～金,下马一～银。"

【提不起来】tǐ bu qī lai 差到极点;不值一提:他的为人待街面儿都～。

【提名道姓】(～儿)tì mìng dǎo xìngr 指名道姓:这么多人这里,别～的。亦作"题名道姓":《金瓶梅词话》第九十一回:"当原先俺死的那个娘,也没曾失口叫我声玉簪儿,你进门几日,就题名道姓叫我,我是你手里使的人也怎的?"|元杂剧《忍字记》第一折:"这个穷弟子孩儿,要钱则要钱,题名道姓怎的?"

【提亲】tì qǐn 受一方之托到中意的异性家提议结亲:也不多少人来给他儿～,都没看中。

【提系儿】tǐ xir ❶ 秤杆上用于手提的部分,多用绳索或皮革条制成。 ❷ 对称结合在桶、壶等容器的上口边缘用来提起容器的绳、横梁或弯柄:水筲～。

【剔】tì 用尖锐的东西慢慢地或少量地刮、抠、挖、挑:～骨头｜～榫｜△挖耳朵～牙缝,抠抠挖挖一世穷。

【剔留秃鲁】tǐ liu tǔ lu 说话快或说话快而不清楚的样子:他～说得那么快,咱都也没弄明白说了些什么｜元无名氏《柳营曲·题章宗出猎》曲:"～说体例,亦溜兀剌笑微微,呀剌剌齐和凯歌回。"

【踢蹬】tī deng ❶ 损坏;损毁:车走到半路～了。❷ 变质;变得不好或有害:馒头都～不好吃了｜西瓜都放得～了才想起来。❸ 糟蹋;毁弃:这么个好人叫这个坏种～了｜《聊斋俚曲集·姑妇曲》第三段:"谢臧姑最可怜,他爷娘甚不贤,一句好话没人劝,～的儿亡女又死,才知道头上有青天。"‖ 参"替蹬":1928年《胶澳志》:"替蹬,毁弃之谓又有卖却之义。"

【踢溜扑弄】tǐ liu pǔ leng ❶ 混乱的声响:他屋里～的是怎么回事儿? ❷ 做事忙乱的样子:你看他～地把厨房弄得乱糟糟的。❸ 做事利落的样子:这些活儿他～一阵儿就干完了。

【踢溜趟郎】tǐ liu tǎng lang 络绎不绝的样子:大清早上就～来了不少人。

tian

【天儿】tiǎnr 天气:今日这个～真好。

【天胆】tiǎn dān〈贬〉喻指胆子非常大:那个孩子真是～,没有怕的事儿。

【天顶天】tiǎn ding tiǎn 每天:～跑这么远的路,真草鸡人｜他们姊妹俩～,日顶日,往山上送粮。

【天份】tiǎn fen 天赋;天资:恁孩子真好～。

【天高地矮】tiǎn gǎo dǐ yāi ❶ 天高地厚:有两个钱别不知道～。❷ 形容感情十分深厚:人家对咱真是～。

【天井】tiǎn jing 屋宅的院子:孩子们都待～里耍｜《聊斋俚曲集·慈悲曲》第三段:"他那媳妇子,又搭上他那邻舍家跑了一～,都夺着那锨柄,才没捞着他打。"｜《聊斋俚曲集·翻魇殃》第五回:"大姐看着人打扫～不题,却说老郑看了批词说,这个妇人利害,又上上台告下状来。"｜《聊斋俚曲集·磨难曲》第十九回:"李家、张家闹嚷嚷,站了一～。"｜《聊斋俚曲集·磨难曲》第二十四回:"候之良久,身子微觉乏困,起的身来,去那～里看了一看太阳,已向午转了,申时将尽,并没有个先兆。"｜《醒世姻缘传》第八回:"珍哥道:'你看这昏君忘八!没

的只我一个见来？那些丫头媳妇子们正在～晒衣裳,谁是没见的？'"|《醒世姻缘传》第四十五回:"这深更半夜,你爹在那房里守着近近的,你不进屋里去,在这～里跳挞甚么?"|《醒世姻缘传》第四十五回:"又是独院落,关上～的门,黑夜可凭着你摆划,可也没人替的他。"|《醒世姻缘传》第五十七回:"晁凤跑到那里,正见晁思才手拿着一根条子,喝神断鬼的看着小琏哥拔那～里的草。"|《醒世姻缘传》第五十八回:"恰好园里又再无别人经过,自己～门口门尚未开,要且往爹娘房去,撞见调羹出来,又见狄周媳妇走过,二人拍手大笑。"|《醒世姻缘传》第六十四回:"只得就在咱家设坛才好,或在前边厅房里边,或就在这～里搭棚也可,却早起后晌吃斋吃茶,添香点烛的多也方便。"|《醒世姻缘传》第七十三回:"薛如卞方出到～,薛如兼见他哥已出来,也便跨出门槛。"

【天津绿】tiǎn jun lù 一白菜品种,菜体直筒状。

【天楼华堂】(～儿)tiǎn lou huǎ tàngr 形容房屋气派华丽:人家两口子把个房子拾掇得～的。

【天上地下】tiǎn shàng dǐ xi 有天壤之别:这些宽房大屋,比自己原来的小趴趴屋儿好了个～。

【添】tiǎn ❶ 添加;增加:他们都～言～不得钱,你还得根据自己情况自己拿主意。 ❷ 生育;(孩子)出生:今年老刘家又～了一个孙子|元杂剧《赵氏孤儿》第四折:"其时公主腹怀有孕,赵朔遗言:'我若死后,你～的个小厮儿呵,可名赵氏孤儿,与俺三百口报仇。'"|《醒世姻缘传》第二十一回:"我那日听见说了声～了侄儿,把俺两口子喜的就象风了的一般。"|《醒世姻缘传》第二十五回:"果然五十六上得了个儿子,五十八上又～了一个次子。"

【添拨】tiǎn be 添补;补贴:做这些小手工挣不了多少钱,可是也能～～家里|他那几个退休金都～给他儿了。

【添锅】tiàn guǒ 做饭时把水加入锅内:还没～就烧开火了。

【添盐拨酱】tiǎn yàn bē jiàng 添油加醋;歪曲事实真相:叫他回去～地一顿啵嗻,全变味了。

【添喜】tiǎn xī 对生孩子的恭喜之语:老孙家里今年又～了。

【舔】tiān ❶ 用舌头接触或取东西:～指头。 ❷ 阿谀奉承;拍马巴结:厂里的人说他提拔这么快就是会～。‖《俚语证古》第四卷:"曲言媚人谓之忝。忝字当作餂(古音读忝)。"

【舔腚】tiàn dìng 奉承;巴结:人家会～,好事自然比你多。

【舔腚客】tiàn dǐng kēi 阿谀奉承之人:他家怎么能出这么个～,真丢人。

【舔光】tiān guang 顺着别人的说话做事；奉承：这个孩子嘴甜，真会～人儿。

【舔抹儿】tiǎn mer 阿谀奉承；巴结：他没有心干活儿，光想着～当官儿的。

【舔献】tiǎn xian 阿谀奉承；献殷勤：他～人家一大顿儿也没赚什么好。

【甜沫】tiǎn mer 一种用玉米面做的粥，加有菠菜、盐等：这家饭店做的～太好哈了。

【甜杆】tiǎn gan ❶ 甘蔗杆。❷（新鲜的）玉米杆。

【甜甘甘的】tiǎn gàn gǎn di 比较甜的样子：这里的水哈起来～。

【甜离棚儿】tiàn lǐ hùr 桃子品种，成熟后果肉与果核基本分离，能轻易剥离，味道甜美，故称。

【甜蜜腥】tiǎn mì xǐng 有甜味的样子：你把水里面放什么了？怎么～的？

【甜晒】tiǎn shai 加微量食盐后晒制鱼类食品的加工工艺：～鲅鱼。

【腆脸】tiǎn liān 板着脸；生气：别说了，这样他都～了｜元杂剧《秋胡戏妻》第三折："这厮睁着眼，觑我骂那死尸；腆着脸，着我咒他上祖。"

【腆脸舒鼻子】tiàn liān shǔ bǐ zi 板着脸难看的样子：他们家的人个个都～的，谁能受得了？

tiao

【挑白】tiǎo bèi 非常白：她把衣裳洗得～～的。

【挑口儿】tiǎo kour 随口味喜好随意挑选：如今这好日子都～吃。

【挑弄】tiāo leng 挑唆；挑逗：叫他一个人～得满家鸡飞狗跳的。

【挑唆】tiāo suo 挑拨；教唆：他是看热闹不怕事大，又～得人家两口子打起仗来了｜△劝事两有益，～将无功｜《醒世姻缘传》第二十一回："这事瞒不过嫂子，这实吃了晁无晏那贼天杀的亏，今日鼓弄，明日～，把俺那老斫头的～转了，叫他象哨狗的一般望着狂咬！"｜《醒世姻缘传》第八十五回："怎么我往京里去寻你爷儿们，你爷儿们躲出我来，及至我回来寻你，你又躲了我进去，合我掉龙尾儿似的，～你相大哥送在我软监里，监起我两三个月？"亦作"调唆""唆调"：《聊斋俚曲集·墙头记》第四回："家里一个老头子，饥饱与他嘎相干？他调唆着不吃家常饭。"｜《聊斋俚曲集·翻魇殃》第三回："姜娘子说：'你这样胡说，是谁调唆的？你听我道来。'"又："哥哥还把兄弟教，娶媳妇合费钱合钞。不知你听谁调唆，极精细却是极潮。"又："想是您媳妇调唆你，不待自家受苦辛，老婆汉子

不长进！"|《金瓶梅词话》第十二回："你看小淫妇,今日在背地里白唆调汉子,打了我恁一顿。"又："旁人见你这般疼奴,在奴身边去的多,都气不愤,背地里架舌头,在你根前唆调。"|《金瓶梅词话》第二十四回："你刚才调唆打我几棍儿好来,怎的不教打我？"|《金瓶梅词话》第二十九回："我调唆汉子也罢,若不教他把奴才老婆汉子一条提撮的离门离户也不算。"又："说他小厮一点尿不晓孩子的,晓的什么,便唆调打了他恁一顿。"

【挑头儿】❶ tiǎo tòur 带头:他们几个～去反映情况。❷ tiǎo tou 挑选的余地;挑选的价值:就剩这么点儿东西了,没大有什么～了。

【挑样儿】tiǎo yàngr 可任意挑选的;有多种挑选余的:这儿东西太少了,等上集去～买。

【跳房儿】tiǎo fàngr 一种儿童游戏,在地上画上方格,按规则跳跃。

【跳针】tiào zhěn 在纺织、编织或缝纫过程中线条出现未织上的情况。

【调羹】(～儿) tiǎo gēngr 汤匙。‖《俚语证古》第八卷:"羹匙谓之～。"

【调口子】tiǎo kōu zi 制造或寻找适当的机会或办法:等他慢慢调个口子,放他出去。

【调皮】tiǎo pì 说谎:那个孩子老是撒谎儿～的|元杂剧《三战吕布》第一折:"为头说谎,～无赛。"

【笤帚】tiǎo zhu 用高粱或黍子穗儿制作的扫炕或扫地用具。‖《俚语证古》第八卷:"扫器谓之条诸。"

【笤帚疙瘩】tiǎo zhu gā da ❶ 磨秃了的笤帚:△～,随他妈妈。❷ 笤帚的柄部:他爸爸拿着～把他好一个打。

tie

【贴】tiē ❶ 把薄片状的东西粘到某一物体上:△正月十五～对子——晚了半月|△头发上～膏药——毛病。❷ 紧靠;紧挨:～心～意|～着外墙搭了个厦子。❸ 补贴:他攒的那几个钱都给他儿～上了|这些没用的东西倒～也不能要。❹ 巴结:他见了当官儿的就使劲往上～。❺ 用巴掌打(耳光):上来那阵火儿真想～他|叫他爹～两耳子就好病了。

【贴骨头贴肉】(～儿) tiē gū tou tiè ròur 贴心的样子:有个闺女～的多好。

【贴乎】tiē hu ❶ 亲热;袒护:他光知道～他家老小。❷ 讨好;趋附:他很会～对他有用的人。

【贴己】tiě jī 贴心;可靠:这么大老远的,身边也没有个～的人说说话儿|《红楼梦》第七十四回:"只见王夫人气色更变,只带一个～的小丫头走来,一语不发,走至里间坐下。"|《儿女英雄传》第四十回:"何小姐还道珍姑娘没个～的人照应,那知他不知甚么空儿早认了戴嬷嬷作干妈了。"

【贴利】tiē li 熨帖;利索:他修得那个头发真～。

【贴皮蝎】tiè pi xiē ❶大蝎子草,学名斑地锦,属中药材,因匍匐贴地生长,故称。❷善于巴结的人:他真是个～,看见当官的就蹀躞起来了。

【贴铺衬儿】tiè pǔ chenr 符合实际;贴近情理:他说那些事还贴点铺衬儿。

【贴钱】tiè qiàn 补贴钱;倒找钱:这不是挣多挣少的事,～也待干。

【铁扫帚】tiē sào zhu 学名威灵仙,中草药,具有祛风除湿等功效。

【贴贴】tiē tie 扁平贴合的样子:他手上起的那个泡都～了。

【贴心贴意】tiē xǐn tiè yì 体贴用心;真心实意:这个儿媳妇对他公公婆婆真是～的。

【铁匠】tiē jiàng 制造和修理铁器的人:△～办事——光知道打。

【铁匠铺儿】tiē jiàng pùr 制造和修理铁器的作坊:△～铺卖豆腐——软硬兼施|如今开～的早没有了。

【铁腥味儿】tiē xing wèir 铁器、铁锈所散发出来的气味:锅刷不净光有～。

【铁嘴】tiē zuǐ ❶口才好、说话善于占理的人:那是有名的刘～,你能说过他？❷只会说大话:△～豆腐脚。

ting

【听不见一声】tǐng bù jian yì shēng 刚知道某一信息就盲目相信或鲁莽行动:他～也买回个机器来,不寻思寻思他能舞扎范了。

【听风是雨】tǐng fěng shǐ yū 大惊小怪、一惊一乍的样子:弄明白再说话,别跟着人家～的。

【听溜不听强】tǐng liū bǔ tìng qiǎng 吃软不吃硬:他就是是个顺毛驴,～。

【听觑】tǐng qu 仔细地听;偷偷地听:我～着像恁爸爸的声音|《金瓶梅词话》第十九回:"李瓶儿在房中听见外边人嚷,走来帘下～。"|《金瓶梅词话》第三十五回:"潘金莲从房里出来,往后走,刚走到大厅后仪门首,只见孟玉楼独自一个,在软壁后～。"

【听说】tǐng shuō ❶听别人说;有人说:他也就是～,也没真看见。❷听话;

乖巧：～的孩子才叫人亲｜《聊斋俚曲集·姑妇曲》第一段："骂贱人，骂贱人，指望你来孝娘亲，你全然不～，光合咱娘撒懒。"｜《聊斋俚曲集·慈悲曲》第二段："你在这里得安康，您姑就是您亲娘，我儿呀，你～，学成一个人模样。"｜《醒世姻缘传》第四十四回："你要～，咱娘明日早来替你送饭，要姐姐不～，明日咱娘也不来了，三日可也不来接你。"｜《醒世姻缘传》第四十五回："娘只去，我没等的娘张口，我就跟着娘来了，还等怎么才是～哩？"｜《醒世姻缘传》第七十四回："也是个不～的孩子；他见不的我么，只传言送语的？"

【听说听道】tǐng shuō tǐng dào 听话、顺从的样子：大人们安乐，孩子们也都～的｜《醒世姻缘传》第三十六回："你若～，我常来看你，如你不肯争气，我也只当舍你一般。"

【听醒】tǐng xing ❶ 注意听着：今晚上他们回来，你好上～着。❷ 留心打听：你帮我～着，有这方面的信儿就跟我说说。

【听勃勃】tǐng yǎng yang 听指挥；听劝：孩子大了，说他两句开始不～了。

【听音儿】tìng yǐnr 辨别说话者的真正意思：△听鼓听声儿，听话～。

【挺马掖枪】tìng mā yè qiǎng 年轻力壮、勇猛能干的样子：他那几个儿都～的，家里有什么事也不愁。

【挺妥】tìng tuo ❶ 强健：他们几个人身子都很～。❷ 结实；牢固：这都是些很～的关系，尽管放心。

【莛杆】tǐng gan 高粱秸秆最末梢的一段：还是早了的～盖垫好使。‖1928年《胶澳志》："秫稍曰～，莛音廷。"

【鯹鲅鱼】tǐng ba yù 河豚。

tou

【头】tòu ❶ 人身体的最上部分或动物身体的最前的部分：～疼脑热｜牛～马面｜枪打出～鸟。❷ 指头发或所留头发的样式：剪～｜削～｜平～｜分～｜剃～｜盘～｜少白～｜披～散发｜△卖油的娘子水梳～，泥瓦匠住的风雨漏。❸ 面子；体面：有～有脸｜～面人物。❹ 指事情的起点、终点或末梢：桥～｜床～｜开～儿｜～上来｜打～挨着来｜说起话来就没个～儿。❺ 方面；部分：一～子营生｜要哪～没哪～｜△挑鸡蛋的断了筐系——两～不剩一～｜△老鼠扛木锨——大～待后边儿。❻ 物体的边角或残余部分：布～儿｜料～｜线～｜铅笔～儿。❼ 刚开始的；在最前面的：他～三天还能装装,再就露原形了。❽ 次序在前;第一:～胎｜～科｜△大姑娘坐轿——～一遭儿。❾ 首领:～子｜～～儿｜领～儿。❿ 用在动词前或表示钟点、日期、季节名词之前,表示在此之先或在此之前的:～过年｜～你来就准备好了｜～下雪就除完白菜了｜～半个月来就能看见梨树开花。⓫ 量词,多用于牲畜:一～牛｜两～猪。⓬ 名词后缀:木～｜石～。⓭ 方位词后缀:上～｜里～｜外～｜前～｜后～。⓮ 限度:过～饭可以吃,过～话可不能说｜那辈儿人出了过～儿力,老了没有个好身体。⓯ 具有某一方面的价值、必要或兴致:想～｜盼～｜活～｜吃～｜干～｜那块儿电影没有什么看～｜苹果放得都一点儿没咬～了。⓰ 空间;余地:空～儿｜余～儿｜缝～儿。⓱ 食物、饮品在某一方面对人的刺激程度:香～｜煞～。⓲ 具有某一方面的趋势或可能性:这个雪真有个下～儿｜他没有几天地蹦跶～儿。⓳ (～儿)放在表颜色的形容词后,表示略带有这种颜色的;暗含着这种颜色的:红～儿｜紫～儿｜蓝～儿。⓴ 〈贬〉对人蔑视的或骂人的用语:孙～｜杠子～｜屌～｜穷～｜犟筋～｜挨揍的～。

【头半年】tòu bǎn nián 在半年之前:～就做好了等你来拿。

【头不抬眼不睁】tòu bu tài yān bu zhěng ❶ 当没看见,故意不理睬:家里来了客,他～,权当没看见。❷ 专心做某事:家里的活忙得他～。

【头沉】tǒu chen ❶ 头部昏沉不适:这几天老是觉着～不得劲。❷ 某项花销超出自己的承受能力:一下拿出这么些钱去,叫谁也～｜△土地爷爷戴蒜臼子——～。

【头春】tòu chǔn 在春天来临之前:必须待～种上,稍微晚了就不行了。

【头大】tòu dà 头脑发胀;犯愁:我一听他那个癞鸭子动静就～了。

【头冬】tòu děng 在入冬之前:～把大棚待扣起来。

【头顶脚躁】tòu dīng juè zào 〈贬〉非常急切的样子:他想买的东西,就～地待嘎急买回来。

【头伏】tòu fú ❶ 初伏;夏至后的第三个庚日,是三伏中头一伏第一天:△～萝贝末伏菜。❷ 时间在入伏之前:～能做好了就行。

【头高头低】tòu gǎo tòu dǐ 杆秤称重时,秤杆轻微上下浮动的样子,指有很少的重量误差:说起来也没缺你的秤儿,就是～的事儿。

【头拱地】tòu gèng dì 比喻使出浑身的力量、尽最大的努力:他说的事咱就是～也得办。

【头和】tǒu huor 第一次;第一遍(专指洗衣服、熬汤药等):这才洗了～。

【头黑天儿】tòu hèi tiǎnr 在天黑之前:～要紧家去,省着家里人心事。

【头回儿】tǒu huir 从前；以前：～这个场儿还是一片菜园地。

【头紧脚紧】tòu jīn juě jīn 穿戴严实的样子：走这么远的路，要紧收拾得～的。

【头磕头儿】tòu ka tòur 因工作、合作等原因长时间在一起：那几年他俩～待一块儿干活。

【头辣腚骚】tòu là dìng sǎo 形容萝卜的头部吃起来偏辣，尾部寡淡无味：△萝贝～，老娘爱吃半中腰。

【头明天儿】tòu mìng tiǎnr 在天明之前：咱～就待起来走。

【头囊儿】tǒu nangr 脑袋：看孩子这个～长得像他爹。

【头年】❶ tòu nian 去年：～春｜～秋｜～冬｜他～夏天将的媳妇｜《醒世姻缘传》第三回："我自～里进的晁家门来，头顶的就是这天，脚踏的就是这地，守着的就是这个汉子！"｜《醒世姻缘传》第四十九回："～里还看见日头是红的，今年连日头也看不见了，行动都着人领着。"｜《醒世姻缘传》第五十八回："～七月十五待往三官庙看打醮，我就依着他往三官庙去，跟着老侯婆合老张婆子坐着连椅……气的你在旁里低着头飞跑，气的俺娘合俺丈人都风瘫了。" ❷ tǒu niàn 年前；春节前：～就待预备好了。

【头皮】tǒu pì ❶ 头皮屑：好几天没洗头了，净是～。 ❷ 头顶及头发下的皮肤，常喻指福分或运气：什么事儿都和人家攀，你有人家那个～？｜《聊斋俚曲集·富贵神仙》第一回："我却要漫荒拉草，受用那下半世的风光，或是佛来或是仙，摸摸这～不能担。"｜《聊斋俚曲集·增补幸云曲》第五回："他是天上的神仙女，汤他一汤就造化多，～薄敢说将他摸？"｜《红楼梦》第六十回："我们的～儿薄，比不得你们。"

【头秋】tòu qiǔ 在入秋之前：才栽的这几棵小苗，～就长起来了。

【头晌】tǒu shāng（tòu shang）上午：夜来待恁姥娘家耍了一～｜你明日～送饭过来，别耽误人家吃晌饭。

【头晌天儿】tòu shàng tiǎnr 在正午之前：～就装完车了。

【头上来】tòu shǎng lài 开始的时候：～他说来三个人，后来说是五个人。

【头绳儿】tǒu shèngr 用于束扎发髻或辫子的细绳。

【头胎】tòu tǎi 生育的第一胎：他～是个小嫚儿｜《儒林外史》第十三回："鲁小姐～生的个小儿子，已有四岁了。"

【头痛脑热】tòu teng nào yè ＝〖头痛纳闷〗（～儿）tòu teng nǎ mènr 泛指小的病痛或身体不适：老人有个～的也好有个人伺候｜谁成年能没

451

个～的？｜《醒世姻缘传》第九十回："晁夫人又不～，又不耳聋眼花，光梳头，净洗面，照常的接待人客，陪茶陪饭，喜喜笑笑，那象一个将要不好的人！"亦作"头疼脑热"：《醒世姻缘传》第八十二回："但这刘振白刁歪低泼，人有偶然撞见他的，若不打个醋炭，便要头疼脑热，谁敢合他成得交易？"

【头天】tòu tiǎn 前一天：他～晚上就把所有的东西准备好了。

【头头儿】tòur tour 头目；为首者：他单位的那几个～年纪都不大。

【头午】tòu wū 上午：明日～再来。

【头囟子】tǒu xǐn zi 囟门，婴儿头顶骨未合缝的地方，在头顶的前部中央。

【头旋儿】tǒu xuànr 人头顶的头涡，又称毛旋。

【头一把儿】tòu yi bār 第一次：发开春儿这还是～爬山。

【头一年】❶ tǒu yi niàn 第一年：～来的人少，往后就都知道这家店了。❷ tòu yì niàn 在一年之前：人家～就报上名了。

【头一遭】(～儿) tǒu yi zǎor 第一次：△大姑娘上轿——～｜《聊斋俚曲集·磨难曲》第十四回："众叩头哀告说：'宽了生员罢！这才是～。'"

【头油】tǒu yòu ❶ 往头发上抹的护发油：他的头那么亮是抹了～了。❷ 头部的油性分泌物：出～就待勤洗着头。

【头子】tǒu zi ❶ 头目或领头人：那个瘦的是他们的～。❷ 头科；够级扑克游戏中的第一名。

【头走】tòu zōu 在走之前；在出发之前：你～把碗刷出来。

【透油】tòu yòu 肉类或含油的食品久置而冒油变味：这些点心放得都～了。

【透腔儿】tòu qiǎngr 穿透整个躯干或物体的主体部分：那棵大槐树都快烂～了。

【敨】tōu ＝〖敨露〗tōu lou（衣物或织品）因开线而脱落：把线头系上个疙瘩儿，省着～了｜毛衣从袖口那儿～了。

【投】❶ tòu（tǒu）把揉洗完的衣服用清水涮洗：裤子我洗完了，你～两遍就晾起来吧。❷ 用细长的东西疏通：～古力｜拿炉子钩～炉子。❸ tōu 把包着的东西倒出来：把这几袋子沙都～这了吧。‖《俚语证古》第十四卷："倒出谓之～。"

【酘】tòu 醉酒后于次日再小饮以求舒适：夜来喝大了，再喝点儿～～｜元杂剧《杀狗劝夫》第二折："昨日上坟处多吃了几钟酒，不自在。两个兄弟，咱今日往谢家楼上，再置酒席，与我～一～去来。"｜元杂剧《朱砂担》第一折："前面有一个小酒务儿，再买几碗～他一～……大碗里酾的酒来，将些干盐来，我吃两碗，～过我那昨日的酒来。"亦作"投"：《醒世姻缘传》第四回："萧北川道：'这样，也等不到天明梳头，你快些热两壶酒来，我投他一投，起去与他进城看病。'婆子道：'人家有病人等你，象辰勾盼月的一般，你却又要投酒。你吃开了头，还有止的时候哩？你依我说，也不要梳头，坎上巾，赶天不明，快到晁家看了脉，攒了药，你却在他家投他几壶。'萧北川道：'你说得也是。只是我不投一投，这一头宿酒，怎么当得？'"

tu

【土包子】tù bāo zi 对农民的蔑称；土气没见过世面的人：你真是个～，这是今年最行宜的样式。

【土鳖】tū bie ❶又称地鳖，呈扁平卵形，一种生活于地下或沙土间的昆虫。❷怯懦的人：该他说话的时候就装起～来了。❸吝啬或不露富的人：～财主｜他真是个～，听见待花钱又跑一边去了。

【土鳖财主】tū bie cǎi zhu ＝〖憋肚子财主〗biē dù zi cǎi zhu 不舍得花钱或财富不外露的有钱人。

【土不拉唧】tū bu lǎ jì 土气的样子：这件衣裳穿上～的。

【土方儿】tū fǎngr 民间流传的治病偏方。

【土虺蛇】tū hui shè 一种蝮蛇，简称"土虺"：△深山虎狼少，就怕土虺咬｜他发先那个本事不知道上哪去了，现在又装起～来了。‖《汉书·田儋传》："蝮蠚手则斩手，蠚足则斩足。何者？为害於身也。"唐颜师古注："虺若土色，所在有之，俗呼～。"｜《尔雅·释鱼》："蝮虺：博三寸，首大如擘。"宋邢昺疏："舍人曰：'蝮，一名虺，江淮以南曰蝮，江淮以北曰虺。"清郝懿行义疏："《尔雅》所释，乃是～，今山中人多有见者。福山、栖霞谓之土脚蛇，江淮间谓之土骨蛇。长一尺许，头尾相等，状类土色。人误践之，跃起中人。"｜章炳麟《新方言·释动物》："《说文》：'虫，一名蝮。'《尔雅》作虺。今自淮汉以南称～，亦云土骨蛇。"

【土坷垃】tū kà la 土块：△～成不了金刚钻。

【土平】tū ping 踏平；夷为平地：才长起来的麦子，不知道叫谁都～了｜元杂剧《渑池会》第二折："则为这秦昭公使计兴邦，为玉璧惹起刀枪；领大兵齐临秦地，～了京兆咸阳。"｜元杂剧《周公摄政》第三折："他老将会兵机，敢～了三四国。"｜元杂剧《智勇定齐》楔子："他时统领齐兵将，马践偏邦如～。"

【土信】tū xin 砒霜，因产于信州（今江西省上饶县一带）而得名。

【土蜇蜇儿】tū zhèr zher 蟋蟀。

【吐噜】tū lu ❶ 燂；把宰杀的猪、鸡等去毛：～鸡。❷ 对洗澡的戏称：这么些日子没捞着洗澡了，待好好～～。❸ 受折磨；遭罪：他儿惹了这个大乱子，真把他～皮去了。

【图希】tū xi 为了；贪图：到这里上班主要是～近便。‖ 参"希图"：冯梦龙《挂枝儿•卷五•隙部•不稀罕》："你要走也由得你，你若不要走，就今日起你便莫来缠。似雨落在江心也，那希图你这一点。"｜《醒世姻缘传》第一回："向日那些旧朋友都还道是昔日的晁大舍，苦绷苦拽，或当借了银钱，或损折了器服，买了礼，都来与晁大舍接风，希图沾他些资补。"｜《醒世姻缘传》第三十四回："那年水不冲我的，就是龙天看顾，还希图这个做甚？"｜《金瓶梅词话》第八十回："但凡世上帮闲子弟，极是势力小人，见他家豪富，希图衣食，便竭力承奉。"

【秃咕咕】tū gù gu 斑鸠。

【秃舌子】tū shè zi ❶ 说话口齿不清：他说话～。❷ 说话口齿不清的人：他是个～。

【秃厮】tū si 骂人的话，指秃头的人，有时用作对和尚的蔑称：《春芜记•阻遇》第十五出："他两个只指望销金帐里风光好，啰里知被我这～儿隔断子玉楼春。"｜元杂剧《合汗衫》第四折："丢了一个贼汉，又认了一个～那。"｜《金瓶梅词话》第八回："大官人你到放心，由着老娘和那～缠，你两口儿是会受用。"又："不想都被这～听了个不亦乐乎。"

【突突】tǔ tu ❶ 快速地说：没旁人说的，光听着他待那～。❷ 心跳加快的样子：听他这么一说，他心里～地难受｜《红楼梦》第六回："那刘姥姥先听见告艰难，只当是没有，心里便～的，后来听见给他二十两，喜的又浑身发痒起来。"❸ 连发射击的声音，也指用枪射击：游击队把他们几个都～了。

【湥】tū（水）冲；（水）吞没：他待河边儿种的苞米儿也叫河水～去了。

tuan

【团弄】tuǎn leng 用手搓捏、揉（使成球形的东西）；摆弄：恁姐转眼功夫就把面～好了｜《醒世姻缘传》第四回："李成名自己进到房内，一边对着萧婆子说道：'家里放着病人，急等萧老爹去治，这可怎么处？'一边推，一边摇晃，就合～烂泥的一般。"

【团脐】tuǎn qi 指母蟹，因母蟹腹甲呈圆形（公蟹腹甲呈尖形），故称：△三

个大钱买个蟹子,要肥要胖还得要个~|冯梦龙《山歌·卷一·私情四句·瞒夫(之一)》:"急水滩头下断帘,又张蟹了又张鳗。有福个情哥弗知吃子阿奴个多少~蟹,我个亲夫弗知吃子小阿奴奴多少鳗。"|《红楼梦》第三十九回:"湘云道:'有,多着呢。'忙令人拿了十个极大的。平儿道:'多拿几个~的。'"

【团鱼】tuǎn yu 鳖:《闲窗括异志》:"近有食鳖之人,心既好食,又招宾友聚会而食,号~会。"|《水浒传》第四回:"智深裸袖道:'~洒家也吃,甚么善哉……~大腹,又肥甜了,好吃。'"

tuo

【坨子】tuǒ zi 成块、成堆的东西:豆腐~|盐~。

【驮篓】tuǒ lou =〖驮篓头子〗tuǒ lou tǒu zi 上口相连的两个篓子,放在牲口脊背两侧用于驮运。

【脱环儿】tuō huànr 关节脱臼:医院检查说就是~了,没事儿。

【脱相】tuō xiàng (人)完全失去原来的模样:她再减肥就瘦~了。

【拖墼】tuǒ ji 用框状模子制作块状土坯:还得去拖几个墼好盘炕。

【拖罗】tuǒ luo ❶ 拖动;拽:这件衣裳太长了,都快~着地了。❷ 拿(很多东西):他每遭回来都~一大些东西给老人。❸ 团;簇;群;一连串:他在前面,后面跟着一大~人|《醒世姻缘传》第九回:"(计头子)只见计氏就穿着这做的衣裳,脖子缠着一~红带子,走到跟前,说道:'爹,我来了,你只是别要饶那淫妇。'"❹ 牵涉:他一出事不要紧,~出不少的人来。

【拖索】tuǒ suo ❶ 拖动:你这~着些什么,这么沉? ❷ 偷;偷偷地拿:剩的那几块板子,都叫那个人~家去了|顶名儿是来看门的,东西叫他~回去不少。

【拖腿拉腰】tuǒ tēi là yǎo 走路时腿脚不便的样子:他今日来也是~来的。

【拖拖局】tuō tuo jù 圈套;骗局:他经验少了,还不知道那是个~。

【唾泌】tuò mi 唾沫:△~星子淹死人。

【庹】tuō 两臂分别向同侧平伸,左右手指尖之间的距离。

wa

【瓦儿】wār ❶瓦片。❷抓阄时用的纸团或代表意义的东西：做几个～｜抓～。

【瓦碴儿】wā char 破碎的瓦片、陶片等：地里的石头～太多了，害着庄稼长。亦作"瓦查""瓦叉"：元杂剧《盆儿鬼》第四折："俺只待提起来望这街直下，摔碎你做几片零星瓦查。"‖《俚语证古》第八卷："碎瓦谓之瓦叉。"

【瓦刀】wà dǎo 瓦工用的刀形的工具。

【瓦匠】wà jiang 瓦工，用砖石和砂浆砌筑房屋或其它构筑物的工人：他爹～木匠都会。

【瓦凉】wǎ liang 很凉：晚上孩子把被蹬了，身上～。

【瓦颅盖儿】wǎ lou gàir 较高的前额：你看他个大～，就像个寿星。

【挖咕】wā gu 委屈：人家不致他的情，他～得要命。

【挖拿】wǎ na ❶手指做屈伸的动作：他这两天儿手指能～了，恢复得挺好的。❷反复地攥握、抓取：孩子～的东西他不下眼儿吃。❸做；干活；从事：他勤勤手儿，稍微～点儿就够吃的。

【挖屈】wǎ qu 委屈：你看孩子哭得～的，快去哄哄他。

【挖雀儿】wǎ cuōr 抓鸟窝里的鸟：那些孩子爬屋顶上～，把瓦都蹬破了。

【挖扎】wǎ zha ❶摆弄；操作：孩子才～鱼来，嘎急给他洗洗手｜咱从来没～过这样的机器，不懂门。❷接触；从事：他不让孩子干～钱的工作。

【宎昈】wā hou 轻蔑或生气地看：他又翻着那个白果眼待那～人。‖《集韵》："昈，胸去声，怒目视貌。"1936年《牟平县志》："怒视曰～（音洼候）。"亦作"挖睺"：1928年《胶澳志》："挖睺，瞪目视之，即眭眦之义，读如瓦候。"

【掗】wā ❶抓：～破脸儿。❷用工具盛取粉状或固状物：～面｜～点儿水泥｜元杂剧《陈州粜米》第一折："我量与你米，打个鸡窝，再～了些……（二斗子云）这米还尖，再～了些者。（小憨古云）父亲，他又～了些去了。"｜《聊斋俚曲集·翻魇殃》第三回："姜娘子做了饭，打发他婆婆吃了，才～了升麦子碾上，掐了掐。"

【搲脊梁】wǎ jī liang 挠背部的痒处：快给恁姥娘搲搲脊梁。

【搲破脸】wā pe liān ❶ 抓破脸部的皮肤。❷ 闹翻；矛盾公开化：有什么事就说什么，～就不好了。

【搲痒痒儿】wǎ rāngr rangr 挠痒：老人就愿意叫人给他～。

【踠】wā 身体向前跌倒：一到家他就～待床上困了。

wai

【外】wài 不真心对待；使吃亏：你放心去干就行了，恁亲爹还能～了你？

【外后日】wāi hòu yi 大后天：预报说是～下大雨｜陆游《老学庵笔记》第十卷："今人谓后三日为～，意其俗语耳。偶读《唐逸史·裴老传》乃有此语。裴，大历中人也，则此语亦久矣。"｜《金瓶梅词话》第三回："明日是破日，后日也不好，直到～方是裁衣日期。"｜《儒林外史》第四十七回："～是方六房里请我吃中饭，要扰过他才得下去。"

【外开】wǎi kai ❶ 门、窗等设计向外侧推的（与"里开"相对）：这栋房子的窗扇都是～的。❷〈贬〉靠边站，到一边去：你趁早～，轮不着你说话。

【外快】wǎi kuāi 正常收入以外的收入：他那个活儿～多。

【外路子】wǎi lu zi 外地人：他叫了些～来，说话咱都听不懂。‖参"外路"：《红楼梦》第七十二回："上年老太太生日，曾有一个外路和尚来孝敬一个蜡油冻的佛手，因老太太爱，就即刻拿过来摆着了。"

【外皮儿】wǎi pìr 外表面：这些苹果就是～有点儿擦伤。

【外甥女】wǎi sheng nū ＝〖女外甥〗nū wǎi sheng ❶ 姐姐或妹妹的女儿。❷ 外孙女。

【外甥狗】wài shēng gōu 对姐姐、妹妹的子女或女儿的子女的戏称：△～，吃了就走。

【外四家】wǎi sì jiǎ 血缘关系很远的亲戚；外人：△大年五更吃饺子——没有～｜《金瓶梅词话》第二十一回："玉楼道：'我的儿，你再坐回儿不是？'金莲道："俺每是～的，门儿的外头的人家。"

【外驮】wǎi tuò 吃里爬外的人：他就是个～，向外不向里。

【外姓】wǎi xìng 本宗族以外的姓氏；从外地迁来的异姓：这个村里没都是姓李的，没大有～。

【外姓人】wǎi xing yìn 本宗族以外的异姓人：他毕竟是个～，说这个事儿不大方便。

【外衣裳】wǎi yi shang 外套：出去套上件儿～，省着冻着。

【歪脖子胡黍】wǎi bè zi hǔ shu 喻指言行怪异的人：△～——各一路种儿。

【歪瓜裂枣】(～儿) wǎi guǎ liě zāor 泛指品相很差的东西；相貌丑陋或身体有缺陷的人：那净是些～，找不出个俊人儿来。

【歪快】wāi kuai 斜着依靠(在某物上)；斜躺：他～一期儿就困着了。

【歪七裂八】wǎi qī liě bā 歪斜不整齐的样子：他们几个人站队站得都～的。

【歪歪】wǎi wai ❶ 不正的样子：那个墙都～着要倒了。❷ 言行出格；做坏事：从那以后他再也不敢～。❸ 不好的；恶劣的：～脾气｜～毛病。

【歪歪毛病】wǎi wai mǎo bing 坏习惯；不良习气：这孩子真正气，一点～没有。

【歪歪脾气】wǎi wai pǐ qi 坏脾气：他如今也不知从哪学了这么些～。

【崴】wāi ❶ (脚)扭伤：～脚脖子了。❷ 投掷；扔：一石头把那个人～破头了。

【崴拉】wāi la 因腿脚有伤病而走路艰难的样子：他这么大年纪了，几更～着去了真累够呛。

wan

【万古千秋】wǎn gū qiàn qiǔ 非常长久：还是石头水泥盖的房子～，不怕风吹日晒。

【万里鞋】wàn li xiài 旧时一种"万里"牌运动胶鞋，后来泛指运动胶鞋。

【万能手儿】wàn neng shōur 会多种手艺的人：他真是个～，没有不会干的营生儿。

【万数儿】wàn shur 上万；一万左右：他家的果园一年出～斤儿苹果。

【玩】wǎn (wàn) ❶ 玩耍：～笑｜～具。❷ 玩弄；戏弄：他以为自己聪明，处处～人家。❸ 做某种生意：～汽车｜～股票。

【玩车】wàn chě 做汽车运输生意：他们村～的特别多。

【玩应儿】wàn yingr ❶ 戏耍；游戏；玩具：他都什么年纪了，不可能和你耍～。❷ 笑料；笑话：老婆汉子打仗净叫人家看～。❸ 不庄重的事情；伎俩：他待弄出些什么～来。

【弯拉】wǎn la 用手指着人(说话或斥责)：他的指头都要～人家脸上了。

【弯钩儿】wǎn gour ❶ 弯曲;蜷缩:木板都叫火烤～了。❷ 钩子或钩状物:绳子那头还绑着一个～。

【弯算】wǎn suan 想尽办法达到某种目的:就这么偏的场儿,他也能～着找过来,真是不善。

【弯弯】wǎn wan ❶ 弯曲的:△～种不～收|△没有那个～肚子别吃那个～镰|△天河两支吃地瓜,天河～吃干饭,天河直溜吃饸馏。❷ 变弯曲:木头板晒得都～了。❸ 不正的;坏的:他也不知有多少～心眼儿。

【弯弯曲溜】wǎn wan qū liu 弯弯曲曲的样子:跟着他～地上哪来了?

【湾】wǎn 大水坑;水库:孩子们上～洗澡去了|△泥狗翻～,就要变天|△秋雨不遮天,遮天下满～。

【湾子】wǎn zi 海岸凹入陆地的地方:他爹待村头的～里养鲍鱼。

【挽划】wān hua 比划;比试:看他那个架势还想～几下儿。

【挽】wān 用手拔取或用工具挖取:～蚂蚱菜|△～到篓子里才是菜。

【挽菜】wàn cǎi 挖野菜;采野菜:她上山～,下地干活儿,男孩子不换|元杂剧《薛仁贵》第四折:"执荠～,缝衣补衲,多亏你这柳氏浑家。"

【碗窝儿】wān wer 旧时建造农宅时经常在灶台旁的墙壁上留出用于放置饭碗的方形或长方形孔洞。

【蔓子】wǎn zi =〖蔓儿〗wànr 植物的藤蔓:地瓜～|拉瓜～|豆角～。

【蔓瓜】wǎn gua =〖秋地瓜〗qiǔ dì guǎ 收割麦子以后,剪取地瓜的蔓茎而栽种的地瓜。‖1928 年《胶澳志》:"折蔓而种植甘薯,谓之～。"

【绾簪】wǎn zuān 妇女将头发盘起并扎在脑后。

wang

【王法】wàng fa 本指封建时代的国家法律,泛指国家法律:这样的事都不管,还有没有～了? |△人随～草随风。

【旺醒】wǎng xing ❶ (动植物)生命力旺盛:我看了看你栽的樱桃长得挺～的。❷ (人口)兴旺:他们家族待村里很～。

【往常日】wàng chang yì 平时;平日:别说这么个旱天,就是～里,他也不让外人来挑水。

【往下】wàng xià ❶ 向下面的方向:把梯子再～放放。❷ 以后;今后:～不能惯他这么些毛病。

【亡命】wǎng ming 凶悍野蛮;不顾性命:他们弟兄几个都很～,没敢惹的。

【忘魂失道】wàng hun shǐ dào 精神恍惚、丢三落四的样子:他这两天儿不知道是怎么了,老是～的。

【忘了】wǎng ler ❶ 忘记;不记得:△好了疮疤～疼│△三辈儿忘不了姥娘门儿。❷ 副词,表提醒:～咱还和他一块儿吃饭来?

【忘忘打打】wàng wang dǎ da 健忘的样子:他还没上年纪怎么就老是～的。

【望】wàng ❶ 看:家里来人了,我先回去～～│△孩子眼儿,～不远儿。❷ 看护:还得给人家～着孩子。❸ 对;朝;向:你怎么～他那么大的意见?│《聊斋俚曲集·俊夜叉·穷汉词》:"你也试试俺的心肠,志志俺的性情,看俺～着你珍重不珍重,希罕不希罕?"│《聊斋俚曲集·磨难曲》第十四回:"那衙役你～着亲,那百姓也是你的民,为衙役到把民杀尽?"│《聊斋俚曲集·襄妒咒》第二十六回:"江城云:'你～他亲吗?'"│张读《宣室志》第一卷:"二人俱入洞中,昏晦不可辨,见一门在数十步外,遂～门而去。"│《敦煌变文集·卷一·捉季布传文》:"忽然起立～门问,阶下干(敢)当是鬼神?"

【望风把门】wàng fěng bà mèn 在外围留心观察动向:他们都待屋里边,安排老刘待外边～。

【望镰倒】wàng liǎn dāo 溲疏,一种落叶灌木。

【望门】wǎng mèn 看门:我急着过来办事,找了个邻居帮着～。

【望四日儿】wǎng sì rir 新婚妻子在婚后的第四天携丈夫回娘家探望父母家人:今日家里小嫚儿～。

【望望】wàng wang ❶ 看一看:你快～孩子长得这个好。❷ 看望:没事儿常上恁爷爷那去～。❸ 无实际意义,引出后面要强调的事情或情况:你～,这是弄了些什么事儿。

【望人穷】wàng yin qìng 看到别人过得好就嫉妒:他就是个～,看着别人强就气死了。

【网包】wāng bao 用线、绳、尼龙丝等编成的网状的包或袋子。

【网雀儿】wǎng cuōr 用网具捕获飞鸟:上面来人抓了不少上山～的。

【网兜儿】wāng dour 用线、绳、尼龙丝等编成的带手提把手的网状袋子:今日俺一块儿上海挖回一大～蛤蜊回来。

we

【我道】wē dao 我说,表示明白了原因,对发生的某种事情就不觉得奇怪:噢,～他来了什么也不说话儿｜～他怎么也不回信儿,原来是这么回事。

【莪子】wě zi 蘑菇。

【饿】wè 肚子空;想吃东西:△～得死懒汉,～不死穷汉。

【饿劳劳】wě lào lao 饥饿的样子:那么晚才回去,他肚子～的。

【饿落】wě luo 长期吃不饱:那几年他～得不像个样儿。

【蛾儿】wèr 蛾类和蝶类的统称:掐头的～｜△一个盒儿,里边盛着一个拨拉～。(谜语:舌头)

【鹅】wè 家禽之一:母～｜～蛋。

【窝】wě ❶ 禽兽或其它动物的巢穴;喻坏人聚居的地方:鸟～儿｜贼～儿。❷ 人体或物体所占的位置:挪～儿。❸ 洼陷的地方:酒～儿｜～子。❹ 郁积不得发作或发挥:～火儿。❺ 积压;不流通:～食儿肚子里。

【窝憋】wě bie ❶ 心情不舒畅:倘上这样的事,你寻思他能不～? ❷ 憋闷:常出来走走,别老是～家里。亦作"窝别":《醒世姻缘传》第十七回:"晁源要了纸笔,放在枕头旁边,要与他父亲做本稿,窝别了一日,不曾写出一个字来,极得那脸一造红,一造白的。"

【窝憋事】wě bie shì 让人郁闷的事情:谁知道他能弄出这么些～来?

【窝场儿】wě chāng ❶ 地方:到如今也没找着个～安顿下来。❷ 要害;关键处:说了一大顿也没说上个～。

【窝搓】wě cuo 团揉弄皱:裤子叫他～得没法儿穿了。

【窝睺儿】wě hour 眼睛深陷:他～着个眼儿,就赶着个外国人。

【窝囊】wě nang ❶ 因受委屈或遇事不顺而烦闷:这个事他回去越寻思越～。❷ 肮脏;脏乱:他那个屋里～得进不去个人儿。

【窝囊废】wě nang fèi ❶ 骂人的话,怯懦无能的人;废物:叫人家欺负成这个样儿,真是个～! ❷ 非常邋遢不干净的人:这个～把身新衣裳又弄脏了。

【窝囊样儿】wě nang yàngr ❶ 怯懦无能的样子:看着他那个～就来气儿。❷ 肮脏的样子:他浑身穿的那个～,谁也躲得远远儿的。

【窝鹇儿】wě rir 一种小鸟,叫声婉转:△痴厮等～｜△下雨天,～叫,～戴了顶六角帽。

【窝蜷】wě quan 蜷缩:你整天待屋里～着,不憋得上?

【窝食】wě shì 饭后因躺卧造成积食：孩子没有别的毛病，就是～了。

【窝窝儿】wěr wěr ❶ 不大或很小的凹陷：墙上还净是些～，再找人刮刮腻子。❷ 形状凹陷的：他长一对～眼，和外国人样的。

【窝子】wě zi ❶ 坑：石头～｜前面有个～，你把孩子抱过去吧。❷ 简陋的屋子；家：他家都一～懒汉。

【窝子吃窝子拉】wě zi chī wě zi là 就地吃就地拉，比喻人懒惰、邋遢之极：他就待那间小屋里～的，走不进去个人儿。

【窝工】wè gěng 因安排不当或不具备工作条件而无法开工：这几天老是下雨，窝了好几天的工。

【恶发】wè fa 感染；（伤口、疮疖等）感染化脓或溃烂恶化：天太热，要紧别把伤口～了｜《醒世姻缘传》第六十七回："你骗了人家的钱来，勒掯着不替人治疮，把人的疮使低心弄的～了，误了人的性命，咱往县里禀装大爷去！"又："赵杏川道：'起先不谨慎，把疮来坏了。叫谁看来，又叫人用了手脚，所以把疮弄的～了。'"又："这是员外舍过的财了，我的本事降了来的，干员外甚么事？他那使毒药～了疮，腾的声往家跑的去了，叫人再三央及着，勒掯不来，二三十的鳖银子！"

【恶心】wè xin ❶ 要呕吐的感觉：他一上车就～的想呕。❷ 使人厌恶：人家待吃饭，你待这说这些肮脏事儿，你真～人。

【恶影】wè ying 恶心：我今日不大舒梭，还有点儿～。‖ 参"恶影影"：《醒世姻缘传》第九十六回："狄希陈说：'我心里还恶影影里的，但怕见吃饭。'"

【恶影卜嗒】wè ying bǔ da ＝〖恶心卜嗒〗wè xin bǔ da 感到有点恶心的样子：那些蛤蜊不新鲜，吃了有点儿～的。

【恶抓恶拿】wě zhuā wě nà 像抢夺一般拿取的样子：他吃起饭来～的，就不能慢点儿。

【挼】wě ❶ 用力使弯曲：～上个边儿｜～上个角儿。❷ 折：～断。❸ 管教；纠正（性格、习惯）：他这个脾气不给他～～长大了更没法改。

【踒】wě （手、足、关节等）扭伤：～手脖子｜他～脚了｜焦延寿《易林·蒙之随》："猿堕高木，不～手足。"｜韩愈《祭马仆射文》："颠而不～，乃得其地。"

【渥】wè 颜色深、浓：你穿这件儿衣裳颜色太～了，不好看｜你看他这对眼眉，真～｜人家长得～眼～眉的。

【渥眼渥眉儿】wě yān wě mèir 浓眉大眼的样子：他那个孩子～的，真受看。

wei

【卫生衣】wěi shèng yǐ 绒衣；球衣。

【未见】wěi jiàn 不一定；未必：你这个时候去找他的话，他～能答应。

【味儿】wèir ❶ 滋味；舌头尝东西所得到的感觉：甜～｜咸～｜辣～。❷ 气味；鼻子闻东西所得到的感觉：香～｜臊～｜△他吃米儿，人家闻～。❸ 趣味；道理：说些没～的话。❹ 内心的感受：这些话叫人听了心里是个～？｜△烟袋脂拌韭菜——不是那么个～。

【味气】wěi qi 气味：我怎么闻着这个茶叶～不大对？

【为】wěi ❶ 用自己的付出积累下人情、人脉：那边的事儿办得这么顺，都是老人早给他～下的。❷ 因为：～你请客不叫他，他又不高兴了｜元杂剧《救孝子》第四折："自从被这贼汉拐将我来，～我不随顺他，朝打暮骂，着我打水浇畦。"｜元杂剧《望江亭》第二折："谁想杨衙内～我娶了谭记儿，挟着仇恨，朦胧奏过圣人，要标取我的首级。"｜元杂剧《老生儿》第一折："我当日与你家做女婿，～你父亲无儿，久以后这家缘家计都是我的。"｜《醒世姻缘传》第二十回："这样无耻，还该去衣打三十板才是！～你自己说了实话，姑免打。"｜《醒世姻缘传》第四十回："狄婆子说：'你别笑！我刚才不～你也是个孩子，我连你还打哩！'"｜《醒世姻缘传》第七十三回："薛如兼道：'为甚么休回来？可也有个因由。'龙氏道：'就是～他上庙。'"｜《醒世姻缘传》第七十七回："素姐～不叫他往皇姑寺去，从此敦葫芦挣马杓发作道：'您么是为做官图名图利，吃着牢食，坐着软监就罢了……把这点命儿交付与你，我那屈死鬼魂可也在北京城里游荡游荡。'"｜《醒世姻缘传》第八十九回："你薛三哥是～他自己多说，拿上去打了枷号的。" ❸ 充当某种职位或身份：做官～宦｜～官儿｜那还是她～嫚嫚儿的时候买的｜他两口子一个会～公公一个会～婆婆｜～儿的不急，～儿媳妇的更不急｜△～一天嫚儿，当一天官儿。

【为臭人】wèi chǒu yìn 充当让人厌恶的人：恁这么说话净是去～，好人都让人家当了。

【为贵】wèi guǐ 享受宠爱；享受尊贵：上了婆婆家就不能和待娘家一样～了｜柳宗元《掩役夫张进骸》："生死悠悠尔，一气聚散之。偶来纷喜怒，奄忽已复辞。为役孰贱辱，～非神奇。"

【为过】wěi guò 过分，一般用于否定或反问句式：这种情况下这么说说也不～｜《聊斋俚曲集·磨难曲》第二十回："他说他文章也算好，前后不少也不多，便就中了也不～。"

【为好人儿】wěi hào rènr 冒充好人:出力的时候看不见你,现在出来～?

【为假】wěi jiā 假的;是骗人的,一般用于否定或反问句式:卖萝贝带泥不～。

【为嫚嫚儿】wèi mǎnr mɑnr 未出嫁:她就这几年出力糠搓的,～的时候也好人儿|△狗汪汪,驴叫唤,娘家哥哥来叫俺;也不想爹,也不想娘,就想俺娘家那个里间炕;小篓子,挂干粮,小笕笕,盛冰糖,～就比做媳妇强。

【为主】wěi zhū ❶ 放在首要位置:他是卖菜～,捎带着卖点儿海货儿。❷ 主要;关键:他没来～是他爹不让。

【苇箔】wèi bè 用芦苇秸秆编成的帘状物品,一般用于屋顶底部的辅料。

【围脖】(～儿)wěi ber 围在脖子上防寒的围巾:明刘若愚《酌中志•内臣佩服纪略》:"凡二十四衙门内官内使人等,则止许戴绒纻～,似风领而紧小焉。"|《金瓶梅词话》第七十七回:"爱月儿道:'我要问爹,有貂鼠买个儿与我,我要做了～儿戴。'"|《金瓶梅词话》第七十七回:"不打紧,昨日云伙计打辽东来,送了我几个好貂鼠,你娘们都没～儿,到明日一总做了,送一个来与你。"

【围箍】wěi gu =〖围随〗wěi sui 围绕;依偎:他一进门,伙计们都跑过来～着他。

【围围】wěi wei ❶ 围绕在身边:这几个好孩子成天～着你,你多有福。❷(～儿)wěir weir 附近;周围:那一～儿没有卖这个果木的。

【围心肉儿】wèi xǐn ròur 猪心口部位的肉,起到保护心脏稳定的作用,亦称"护心肢":△儿是爹娘的～,闺女是爹娘的护心肢。

【委实】wěi shì 确实:他要是～不同意,也别太难为他|《聊斋俚曲集•姑妇曲》第二段:"您婆婆～的极难说话,他说声谬起来,信口子瞎胡吧。"

【委琐】wēi suo 絮叨:你讲的他都听明白了,别再～了。

【痿】wěi ❶ 坐着或躺着一点一点地挪动:那一段儿山太陡了,他只能慢慢地～下来。❷ 瘫软:他一听说出事了,直接就～待地下。

【痿遂】wěi sui 因极度害怕而身体瘫软:大黑夜听见这么个怪动静,吓得他～待那里不会动了。

【痿腿】wěi tēi ❶ 双腿瘫软:你看这个狗这么凶,见着他主人就～了。❷ 因害怕、畏难而退却:别看能吆喝,真叫他上手就～了。

【喂】wěi ❶ 把食物送到人的嘴里:～饭|～奶。❷ 给动物东西吃;饲养:～鸡|～狗|～食。❸ 施播(肥料):～化肥|～豆饼|～地。

【喂随】wèi sui 喂养照顾：看你把孩子～得胖的。

【偎顾】wěi gu 蜷缩；依偎：别老是待炕上～着，多下来走走。

wen

【文风没动】wèn fěng mě dèng ＝〖文风不动〗wèn fěng bù dèng 丝毫不动；没发生任何变化：《红楼梦》第二十九回："那宝玉又听见他说'好姻缘'三个字，越发逆了己意，心里干噎，口里说不出话来，便赌气向颈上抓下通灵宝玉，咬牙狠命往地上一摔，道：'什么捞什骨子，我砸了你完事！'偏生那玉坚硬非常，摔了一下，竟～。"

【文明棍儿】wěn ming guìr 西式手杖。

【文文雅雅】wěn wen yǎ ya 温和有礼貌的样子：人家老刘家那孩子～的，真叫人喜。

【文之武之】wèn zhǐ wū zhǐ 自以为能力全面的样子：别看他整天～的，真碰上事了什么也不好做。

【纹溜儿】wěn rour 纹路：那个杯子上带的～还真好看。

【蚊子妈儿】wěn zi mǎr 一种体型较大的蚊子：腿上叫～咬起一个大疙瘩。

【问道】wěn dao 询问；打听：你～我，我～谁？│有不明白的事多去～～恁大爷们。

【问鸡打狗】（～儿）wèn jǐ dǎ gōur 打听一些不该问的事情：她正经话儿没一句，成天就知道～喳拉老婆舌头。

【温乎儿】wěn hur 不凉；温热：锅里的饭还～，快捎热儿吃。

【温温】wěn wen ❶ 温乎；不凉不热：壶里的水刚～。❷ 稍微加热：菜要是凉了～再吃。

【稳】wēn 安放；搁置：我把你的包～待桌子上。‖1928年《胶澳志》："～，安置物件之谓。"

【稳沉】wēn chen 稳重；沉稳；沉着：他那个人相当～。

【稳拿儿】wēn nàr 对事物非常有把握：△灶王爷吃糖瓜儿——～的。

wu

【兀嘚嘚】wǔ dèi děi ＝〖兀兀嘚嘚〗wǔ wu děi děi 自以为是、自鸣得意的样子：师傅表扬了他几句，这两天儿他就有点儿～的了。

【兀秃】wǔ tu (水)没有烧开的;(酒水等)半凉不热的:～水｜～茶｜《醒世姻缘传》第六十九回:"半生半熟的咸面馍馍,不干不净的～素菜。"｜《醒世姻缘传》第九十九回:"武将文臣,彼此看了几眼,不着卵窍的乱话说了几句,不冷不热的～茶呷了两钟,大家走散。"

【兀兀秃秃】wǔ wu tǔ tu 水、酒等半凉不热的样子:喝了些茶水～的,肚子直难受｜元杂剧《生金阁》第三折:"我如今可酾些不冷不热,～的酒与他吃。"

【杌子】wù zi 四条木腿呈梯台形的木凳:踮着根～还牢固｜《水浒传》第二十四回:那妇人也掇条～近火边坐了。"｜《红楼梦》第五十四回:"一时歇了戏,便有婆子带了两个门下常走的女先生儿进来,放两张～在那一边命他坐了,将弦子琵琶递过去。"｜《聊斋俚曲集·禳妒咒》第二十一回:"江城跑上云:'春香背着～,外边锣响,咱去看看。'跑出说:'放下～,待我上去。'"｜《醒世姻缘传》第三十回:"好甚么!那些时扶着个～还动的,如今连床也下不来了。"｜《醒世姻缘传》第七十一回:"(童奶奶)又朝上与太太磕头告坐,在那暖皮～上坐下,又说:'刚遇着才到的佛手柑,不大好,要了两个儿进与太太合老公尝新。'"｜《金瓶梅词话》第二回:"三个人来到楼上,武松让哥嫂上首坐了,他便掇～打横。"亦称"兀子":《西湖老人繁胜录》:"驾过太一宫拈香毕方回,沿路前后奏乐,驾头用朱红圆兀子一只,以绣袱盖,门捧于马上,二边各有从人扶策。"｜王铚《默记》:"王荆公在蒋山……与(李)茂直坐于路次,荆公以兀子,而茂直坐胡床也。"｜《醒世恒言》第九卷:"柳氏另掇个兀子傍着女儿坐了。"｜《梦粱录》第十三卷:"家生动事如桌、凳、凉床、交椅、兀子……马子、桶架。"｜陆游《老学庵笔记》第四卷:"徐敦立言:'往时士大夫家妇女坐椅子、兀子,则人皆讥笑其无法度。'"

【五冬六夏】wū děng liǔ xià 一年到头:他～戴着那个破帽子,没见他换换。

【五花儿六花儿】wū huar liù huar 应为"舞划"演绎而来,"舞划"谐音"五花","五花儿六花儿"意为瞎折腾、耍花架子的样子:不老老实实的干点儿正经营生,成天～的光想大的。

【五黄六月】wū huang liù yue 指一年之中天气最炎热的一段时间:△～不出工,十冬腊月喝北风｜△～穿皮袄——扰乱春秋｜《西游记》第二十七回:"只为～,无人使唤,父母又年老,所以亲身来送。"｜《醒世姻缘传》第六十七回:"你害汗病发作发疟子来?～里穿了皮袄往外走,他夺了你的!"亦作"五荒六月":《醒世姻缘传》第三十四回:"既是无所不为、蝇营狗苟,这五荒六月,断然就有纱牵、纱裤、纱服、纱裙、纱鞋、纱袜的穿了,何消还着了羊皮打柴受苦哩?"

【五七】wū qi =〖五七日〗wū qi yi 人死后的第三十五天,是亲属为其祭奠的日子,通常说"过五七":《金瓶梅词话》第十四回:"拙夫死了,家下没人,昨日才过了他～。"|《红楼梦》第六十八回:"亲大爷的孝才～,侄儿娶亲,这个礼,我竟不知道。"

【五日殡】wū yi bìn 丧葬习俗礼仪,人去世后第五天埋葬。

【伍的】wū di 表示列举,相当于等等、之类、什么的:老人要是有点儿头疼纳闷儿～,你待身边也好有个照应。

【唔啦】wǔ la 说话不清楚或吞吞吐吐的样子:他～了半天也听不明白说了些什么。

【唔噜】wǔ lu 含混不清地说:他半天也没～出个子曰来。

【唔唔哝】wǔ wu něng 口舌笨拙的人:他也是个～,根本就顶不起这个事来。

【唔唔哝哝】wǔ wu něng neng 说话支支吾吾的样子:问了他好几遍,他～地说不明白。

【梧桐栽子】wǔ teng zǎi zi 小梧桐苗:这个孩子长得真笋发,就赶个～样的。

【悟良】wǔ liang 听话;温顺;乖:恁这个孩子真～。

【捂】wū ❶ 用手掌盖住:～着肚子|△手大～不过天来。❷ 严密地遮盖住或封闭起来:～上床被发发汗。❸ 因不透气而变质损坏:茶叶～了|～暴子味。❹ 将不成熟的果实通过搁置一段时间使其变熟:这些柿子放家里～几天就熟了。❺ 通过放置而变熟的(果实):这是些～柿子,不好吃。

【捂暴子味儿】wū bào zi wèir =〖捂毛子味儿〗wū mào zi wèir 因空气流通不畅或封闭时间较长而散发出的异味:这些面都有～了,看样儿是搁不少日子了。

【捂憋】wū bie ❶ 密封使不透气:房子这么小真～人。❷ 待在房子里不出门:他成天把自己～家里。

【捂蹙】wū cu ❶ 盖住使不透气:这些好好的东西就这么～踢蹬了。❷ 拖沓、遮遮掩掩的样子:都几点了,你还待那里～什么? ❸ 不舍得拿出来的样子:这个年纪该吃点喝点了,你成天～着那两个钱儿待干什么。

【捂汗】wù hàn 通过焐热的方式发汗;表汗:他出去闪着了,捂捂汗能管用。

【捂蛆】wù qǔ 〈贬〉包裹或封闭起来:他成天待家关门～。

【捂揉】wǔ you ❶ 按住并慢慢地揉动:我肚子痛,你给我～几下儿。❷ 说话、做事慢腾腾的样子:他半天～不出个屁来,不如你自己说。

【捂捂盖盖】wù wu gǎi gài 怕被人知晓而遮掩的样子：△～变妖怪。

【捂作】wū zuo 因包裹、遮盖或储藏通风不畅，影响物品质量：这么好的茶叶都～变味了。

【无滥】wǔ lan 无赖；混子：那都是～干的事儿。

【无名簿】wù ming bù 比喻付出和贡献不被别人记住：他出的那些力都上了～上去了。

【无其代数】wū qi dǎi shù 极多；无数：要是求着他办点儿事，他这事那事的真是～｜《聊斋俚曲集·增补幸云曲》第十四回："这姐儿们听说，一个家开门的，上楼的，扒墙头的，纷纷嚷嚷，～。"｜《聊斋俚曲集·增补幸云曲》第十八回："鬼使走上去，按着头的，拧着腿的，轮了个跟头，如鸡啄碎米，点了个～。"亦作"无其大数"；《聊斋俚曲集·慈悲曲》第一段："我想普天下做后娘的，可也无其大数，其间不好的固多，好的可也不少。"

【无是无非】wù shi wù fěi ❶ 没原因；没因由：没做错什么，谁能～说你？｜人家不可能～就找上门来。❷ 没有麻烦或意外：孩子们～就好｜元曲《一枝花·辞官》："闲时节笑咱，醉时节睡咱，今日里～快活杀。"｜贾凫西《木皮词》第二十五页："若是～，保住了这个混沌，直到于今也没有争，也没有让，也没有传贤的落得干净，也没有传子的后来吃亏，岂不和和气气大家图一个受用。"

【无妄】wǔ wàng 凭空；任意：你弄清楚了再批评也不晚，别～地冤枉孩子。

【务年】wù nian 每年：他～给婆婆做件衣裳。

【武艺儿】wū yìr（rìr）某方面的本领或才能：你没有那个～就别去逞能。

【恶人】wǔ yìn 让人烦；使人感到恶心：他说话太～了，咱少和这样人叨叨。

【乌古拉臊】wù gu là sǎo 毫无价值；乱七八糟：有用的东西他没说一句，净说了些～的。

【乌乱八糟】wǔ làn bà zǎo ＝〖乌乱不糟〗wǔ làn bù zào 乱七八糟：那些～的东西趁早撂了，省着占些场儿。

【乌穗】wǔ mèi 小麦、高粱、玉米等禾本科植物患的黑穗病，受害部位产生黑色粉末。‖《广韵》："穗，禾伤雨则生黑斑也。"

【乌眼儿青】wǔ yanr qǐng 眼部周围的淤青。

【乌洋乌洋】wǔ yàng wǔ yàng（人或动物）密集而杂乱的样子：去看戏的人～的，没法儿下脚儿。

【乌蛘子】wǔ yàng zi 夏天在室外常见的一种小飞虫。

【屋】wǔ 房子；房屋：盖～｜起～｜～门｜《诗经·召南·行露》："谁谓雀无

角？何以穿我～？"

【屋笆】wù bǎ 坡形房顶的底层,一般用高粱杆或苇箔铺设。

【屋框儿】wù kuangr 房屋的主体框架:那栋老屋如今光剩了个～了。

【屋门】wǔ mèn 进入整栋建筑物的门:我站外边儿叫了几声,没进～。

【屋山】wù shǎn 山墙;人字形屋顶的房屋两侧的墙壁:韩愈《寄卢仝》诗:"每骑～下窥阚,浑舍惊怕走折趾。"|辛弃疾《鹧鸪天·戏题村舍》词:"鸡鸭成群晚不收,桑麻长过～头。"

【屋梢】wù shǎo 房顶长出两侧屋山墙面的部分。

【屋西头】wù xi tòu 方位词,在居住的房屋的西面方向:他家住待～,隔着还老远儿。

【屋子底】wù zi dī 房屋(强调自己居住的住宅):他光知道赌钱把～都赔进去了。

【舞划】wū hua ❶ 挥舞耍弄;比划:你也是练过武的,给俺～两下看看。❷ 动手打:你和他～纯是找打挨。

【舞弄】wū leng ❶ 摆弄:他没用一个钟头就把这个架子～起来了|《二刻拍案惊奇》第十三卷:"欲用力拆开,又恐怕折坏了些肢体,心中不忍。～了多时,再不得计较。"❷ 做;搞:△眼经不如手经,手经不如常～|他待家～了一阵儿饭店,干得也一般。

【舞扎】wū zha ❶ 操作;摆弄:他把机器拆开倒是快当,想装起来的时候就～不起来了。❷ 打;对付:他那个大块儿,二三个人～不了他。

【舞舞扎扎】wū wu zhǎ zha 自以为有本事而不太安分的样子:你看他整天～和个真事似的。

【雾露】wǔ lou 雾:早上起来外边儿～就有点儿大|△东打～西打雨|△早上～,晒破葫芦。

【雾露弛子】wǔ lou chǐ zi 指浓度很高的雾:外边儿没下雨,就是刮点～。

xi（xi）

【喜】xī ❶ 快乐;高兴:你来了把老人～的|他两个人～得眉开眼笑的|《红

楼梦》第四十一回:"当下刘姥姥听见这般音乐,且又有了酒,越发~的手舞足蹈起来。"|《聊斋俚曲集•磨难曲》第二十六回:"太太一听着说可足了心了!~的那手战战,身子也没处安放。" ❷喜事:有~|报~。 ❸爱好;嗜好:她穿衣裳~红|他爹就~那壶酒。 ❹喜欢;喜爱:他见了那个孩子一点儿也不~|《聊斋俚曲集•翻魇殃》第一回:"惟有大姐十二岁,性子极不好,他老子因他泼,所以不大~他。"|《醒世姻缘传》第五回:"因王振得了时势,这两人就致了仕,投充王振门下,做了长随,后又兼了太师,教习梨园子弟,王振甚是~他;后来也都到了锦衣卫都指挥的官衔,家中那金银宝物也就如粪土一般的多了。"|《醒世姻缘传》第六回:"晁大舍~他伶俐,凡百托他,一向叫伎者、定戏子、出入银钱、掌管礼物,都是他一人支管。"|《醒世姻缘传》第二十一回:"~的晁夫人狠命的夹着腿,恐怕~出屁来!"|《醒世姻缘传》第四十九回:"晁梁~的那嘴裂的再合不上来。" ❺适于:茼蒿~腥|萝贝~油水|大枣~雨水。

【喜死】xī shi 调侃语,指对方的言行幽默、滑稽,有时表达无可奈何的心情:他说起笑话来还板着个脸,真叫他~了|上面这么大的字儿都找不着,真叫你~了。

【喜笑花生】xī xiao huà shěng 喜笑颜开的样子:一听这个信儿,恁得他是~的|《醒世姻缘传》第四十四回:"一个十六七岁的美女,娇娇滴滴的迎将出来,~的连忙与他接衣裳、解眼罩、问安请坐、行礼磕头,这一副笑脸,那严婆的辣手怎忍下的在他脸上?"

【喜人】xì yìn 令人欢喜;让人羡慕:看看这对双巴儿闺女真~。

【喜蛛】xī zhu =〖喜蛛蛛儿〗xī zhùr zhur 蟏蛸。一种体形小而细长的蜘蛛,民间以其出现为喜兆,有"早报喜,晚报财,不晌不夜有客来"的说法:《乐府万象新•新增京省倒挂真儿》:"灯花不住连连爆,~儿吊了十数遭,眼睛禁不住频频跳。"|刘庭信《双调•折桂令》:"孤雁儿无情,~儿不准,灵鹊儿干耎。"|元杂剧《西厢记》五本第二折:"疑怪这噪花枝灵鹊儿,垂帘幕~儿,正应着短檠上夜来灯爆时。"|元杂剧《玉壶春》第一折:"直惹的狂蝶觑,野蜂闹,~忙。"|元杂剧《三夺槊》第二折:"怪早来~儿的溜溜在檐外垂,灵鹊儿咋咋地头直上噪,昨夜个银台上剥地灯花爆。他两个是九重天上皇太子,来探俺这半残不病旧臣僚。"|元杂剧《倩女离魂》第三折:"则兀那龟儿卦无定准,枉央及;~儿难凭信,灵鹊儿不诚实,灯花儿何太喜。"|元杂剧《薛仁贵》第四折:"~儿在檐前挂,魂梦儿撇不下。"‖参"蟢":曹植《令禽恶鸟论》:"得蟢者莫不训而放之,为其利人也。"

【嬉马哈儿】xǐ mà hǎr =〖嬉哩马哈〗xǐ li mà ma 嬉皮笑脸；不重视的样子：你要紧拿着当回事,别～的。

【希】xì =〖希当〗xì dang =〖希得〗xì di 愿意；屑于,一般用于反问或否定句式：谁～和他去争竞？｜人家不～和他叨叨,他还来劲儿了｜咱不～和他去抢｜掉地下也没有～去捡的。

【稀罕人】xǐ han yìn 让人喜爱：那对闺女长得真～。

【稀糊子焦烂】xǐ hù zi jiǎo làn（食物)熟透、稀烂的样子：今日的稀饭馇得～。

【稀烂贱】xǐ làn jiàn 非常便宜；不值钱：那个东西待俺那里～,你还拿着当宝贝。

【稀溜哗啦】xǐ liù huǎ la ❶ 拟声词,形容物体撞击、破碎的声音。❷ 形容破损严重,失去原来形状的样子：家里的大衣橱也叫他砸得～的。

【稀松】xì sěng ❶ 少量：他一年使的那点货很～。❷ 无关紧要；起不了大作用：雨水冲下来的那点儿土就很～了。

【稀松寥寥】xì sěng liǎo liāo 数量很少或程度很轻的样子：他卖机器那几个钱儿～。

【稀松平常】xì sěng pǐng chàng 轻松不费力；不足为奇：对他来说,背着这么沉的东西爬山～｜《聊斋俚曲集•增补幸云曲》第二十二回："万岁道：'乜个投箭法～,拿起只箭来撩到里头,人人都会,有什么奇处？'"

【袭】xì 因周边的灯光、背景原因等造成的视觉变化：这件衣裳颜色其实挺好看的,就是叫灯～得看起来颜色有点浅。

【西北冽子风】xǐ bēi liē zi fěng 寒冷狂劲的西北风：～吹得嗖嗖的。

【西施舌】xǐ shi shè 一种较为名贵的贝类,别名车蛤：张岱《夜航船》："～似车螯而扁,生海泥中,常吐肉寸余,类舌。俗甘其味,因名'西施'。"｜《南越笔记》："马甲柱,惠州美其名曰～。"

【西屋家】xǐ wu jiǎ 以自己居住的房子为中心,称自家位于西边的另外一处房屋。

【细】xì ❶ 条形物横剖面小：～粉｜～铁丝。❷ 颗粒小：～沙｜～灰｜～渣渣儿。❸ 精细：～活儿。❹ 仔细；详细：看～了再动手。❺（货物卖得)缓慢：待这里人也少价又高,所以货卖得就～。

【细粉】xǐ fēn 粉丝,粉条,是用绿豆或地瓜的淀粉制成的细条状食品。

【细了骲】xǐ liào tiào 身材细长：闺女长得～的大高个儿｜《醒世姻缘

传》第二十五回:"紫棠色的面皮,人物也还在下等。～的身段,身材到可居上中。"‖《广韵》:"姚,身长貌。"

【细溜溜儿】xǐ rǒu rour 细长的样子(含喜爱意):她擀的那面条～的,吃起来真顺口。

【细甜】xǐ tiàn 很甜:快试试这些樱桃儿～。

【细细儿】xǐ sìr 非常细:他切的那个土豆丝儿～的。

【细心儿】xì seir 仔细、较真的人:他真是个～,这样的小事儿也管。

【惜力】xì lì 不愿意出力:他干活儿～,生怕累着自己。

【媳妇】(～儿)xī fur ❶ 儿子的妻子:他真找着个好～|《元史·后妃传二》:"后性孝谨,善事中宫,世祖每称之为贤德～。" ❷ 妻子:他非得把闺女说给这个青年当～|元杂剧《伍员吹箫》第三折:"刚一味胡支对,则向你～根前受制。"|《红楼梦》第十九回:"等我明儿说了给你作～,好不好?" ❸ 已婚的年轻妇女:大嫚儿小～的都爱看这出戏|《红楼梦》第六十九回:"正值贾母和园中姊妹们说笑解闷,忽见凤姐带了一个标致小～进来。"

【洗糨】xī jiǎng 旧时习惯将衣物洗过后再用粉浆等浸泡,使衣物干了以后更挺括:～衣裳。

【洗糨缝绽】xī jiǎng fěng liàn =〖糨洗缝绽〗jiǎng xī fěng liàn 泛指浆洗、缝制、修补衣服等家务活儿:他媳妇～喂猪做饭,哪头也不差。

【洗洗浆浆】xī xī jiǎng jiàng 蟋蟀。

【畦】xì ❶ =〖畦子〗xǐ zi 田园中土垄分开的小地块:白居易《村居》诗:"种薤二十～,秋来欲堪刈。"|范成大《四十田园杂兴》诗六十首之十二:"桑下春蔬绿满～,菘心青嫩芥薹肥。" ❷ 分畦种植:《楚辞·离骚》:"～留夷与揭车兮,杂杜衡与芳芷。"|杜甫《种莴苣》诗:"堂下可以～,呼童对经始。"

【席】xì ❶ 用苇子、高粱秸外皮等编成的铺在炕表面的卧具,一般为长方形:上李村集揭领～。 ❷ 宴席;酒席:坐～。

【席子】xǐ zi 用高粱篾、苇篾编成的可供坐卧的片状物:凉～。

xia

【下】xià ❶ 位置在低处的(与"上"相对):～边|～面。 ❷ (在锅里)做(饭):～饺子|～面条|△勃勃是一礼,锅里没～着你的米。 ❸ 方面;方位:两～都没认承他个好儿|四～看看没人你再走|元杂剧《秋胡戏妻》第二折:

"（罗云）我待和你婆婆平分财礼钱哩。（正旦唱）则待要停分了两～的财礼。"❹用；投入（精力、本钱）：～力｜～功夫｜～本钱。❺泡（茶）：～壶水｜～茶。

【下巴骨】xià ba gū 下巴颏。

【下把儿】xiǎ bar ❶下一次；第二次：这遭儿忘了不要紧，～可别忘了。❷以后：这也是个教训，～要紧注意。❸xiǎ bār 从一开始；最初；本来：人家～就讲好了，过后不争竞。

【下不来台】xiǎ bu lāi tài 指在人前受窘，场面尴尬：话说到就行，别叫人家～。

【下茶】xiǎ chà =〖下茶叶〗xiǎ chǎ ye 泡茶；沏茶：别～，我马上就要走了。

【下大头】xià dǎ tòu 穿戴金属头盔及其它专用设备潜水：他那几年专门～捞海参。

【下搭眼儿】xià da yānr ❶忍心：你真～的，你待这里吃，叫孩子边下看。❷愿意；屑于：看看筷子碗那个脏样，咱真不～吃。

【下地】xiǎ dì ❶到地面上：他的腿痛得到如今不敢～。❷到田地里干活：他七八岁儿就跟着大人～干活。

【下饭】xiǎ fàn （某种食物）促进食欲：吃咸鱼真～。

【下风头儿】xiǎ feng tòur 风吹向的方向：救火不能待～救，得跑上风头儿才安全。

【下黑儿】xiǎ hēir 傍晚。

【下颏】（～儿）xiǎ hair 下巴：重～儿｜《聊斋俚曲集·襄妒咒》第七回："夫人拉过江城的手来，撮了撮～，捏了捏耳环，便说：'你看看江城出产的这样的风流，这样的标致！'"｜《聊斋俚曲集·富贵神仙》第十一回："人都说他大风里刮了～，连嘴也是难赶。"

【下狠】xiǎ hēn 狠；狠心：你怎么这么～，看把恁弟弟揍的｜《醒世姻缘传》第十一回："他若～己你一下子，咱什么银钱是按的下来，什么分上是说的下来？就象包丞相似的待善哩！"｜《醒世姻缘传》第五十七回："多大的孩子，这们～的打他！"｜《醒世姻缘传》第六十回："龙氏知道相栋宇的婆子把素姐～的打了一顿棒椎，且不去哭那薛教授。"｜《醒世姻缘传》第七十二回："孙氏起初泼骂，后只叫：'魏爷，有话你讲就是。你～打我，成得甚事？'"｜《醒世姻缘传》第七十四回："一个男子汉，养女吊妇也是常事，就该这们～的凌逼么？"｜《醒世姻缘传》第八十回："狄奶奶～的打时，他二位还着实的劝哩。"｜《醒世姻缘传》第八十七回："我再下下狠，把银匠的老婆，银匠的丫头子，都拿到衙门来，拶的尿屎一齐屙！"

【下狠把儿】xiǎ hēn bar 下狠心；用狠招：孩子这些坏毛病，待～给他改改。

【下谎蛋】xiǎ huāng dan 本指母鸡表现出下蛋的样子而不下蛋，引申为说谎：他净～，根本没有他说的那个人。

【下灰】xià huǐ 洗涤时去除脏污的成份：你使热水泡泡，还肯～。

【下火】xiǎ huō 较劲儿；用力：没有米饭吃了，伙计们都照着馒头～。

【下货】❶ xiǎ huo 猪、牛、羊等畜禽的内脏：猪～。❷ xiǎ huò 货物销售得快：夜来过十五，市场上的海货儿真～。

【下家儿】xià jiǎr 买家；接手的人：你光要个高价没有用，关键是待有～买｜凭着这么好的东西就是找不着～。

【下监】xià jiǎn 投入监狱。

【下街】xià jiǎi 在某些地势错落的村庄里，指地势较低的特定街区范围：他家住待沧口～那里。

【下脚】xiǎ juē 落脚：他家里乱得都没有个～的场儿。

【下扣儿】xiǎ kòur 设下圈套：亏着大哥多长个心眼儿，到底是他们～了。

【下筷子】xiǎ kuài zi 动筷子；开始吃饭：老儿的不～，孩子也不能先吃。

【下来】xiǎ lai ❶ 从高处下到低处来：从山上～。❷ 从上级机关到下级机关来；从城市到城镇或乡下来：有空就领孩子～耍。❸ 农作物、水果、蔬菜等成熟或收获：～樱桃了｜～新麦子。❹ 表示一段时间终结：一年～也能挣不少钱。❺ 用在表数量的词组后面表示足够：你把这间屋简单一装修，两万块钱就～了。

【下里】xiǎ ler 方面；处：提前把货分成两～，到时候还好拿｜姚述尧《洞仙歌·七夕》词："念岁岁年年，今夕之前，两～，千山万水。"｜元杂剧《哭存孝》第三折："今日九牛力，当不的五辆车，五～把身躯拽。"｜高安道《哨遍·嗓淡行院》套："四壁厢土糁，八～砖甋。"｜《聊斋俚曲集·慈悲曲》第六段："一～叫爷，两～叫娘，不合他一个锅轮勺，像这等还有什么话讲？"

【下力】xià lǐ ❶ 勤劳：他那几个孩子一个比一个～。❷ 出力；卖力气：他不肯～还光想吃好的穿好的。

【下礼】xiǎ lǐ 送礼：他没下上礼，这个事老是试着不放心｜《醒世姻缘传》第六十六回："若是换了第二个不好的人，乘着这个机会正好报仇个不了，他却一些也不记恨，将自己捎来～的衣裳慨然回了与我。"

【下年】xiǎ nian 明年：他生日小，～才能上学。

【下农业】xiǎ nù ye 种地；务农：但使有别的出路，真不愿意～出这些死力。

【下三烂】xiǎ sàn làn ❶ 卑贱无能;下流恶劣:再别弄这些～事来溢癞人! ❷ 卑贱无能的人;下流恶劣的人:你越是不去和他计较,他越是拿着你当～。

【下生】xià shěng 出生:你说的那个年代,他还没～|《金瓶梅词话》第一回:"四方盗贼蜂起,罡星～人间,搅乱大宋花花世界。"

【下手】❶ xiǎ shōu 动手:不～干永远学不会|都～干活儿,别都站着。 ❷ xiǎ shou 下边;下头;右边的位置:《警世通言》第十三卷:"即时叫起四家邻舍来,上手住的刁嫂,～住的毛嫂……一发都来。"

【下水】xiǎ shuī ❶ 泡茶;沏茶:快上俺家咱～喝。 ❷ 到水里游泳或玩水:他的游泳技术不行,到如今还不大敢～。

【下死把儿】xiǎ sī bar 下了决心并使出全部的办法:他吃了以前的亏,这遭儿真是～了。

【下死手】xiǎ sī shou 拼尽全身力气;使出全部的办法:看他这么个弄法儿,真是～了。

【下套儿】xiǎ tàor 设下圈套:他叫人家～了。

【下晚】(～儿) xiǎ wānr 晚上;傍晚:他到了～儿才赶回来|《红楼梦》第八十二回:"到了～,黛玉道:'宝玉,有一章书你来讲讲。'"

【下细】xiǎ xì 货物销售慢而少:这儿的人不认这种柿子,真～。

【下县】xiǎ xiàn 偏远的区县:当时他家穷,从～说了个媳妇|《醒世姻缘传》第九十五回:"寄姐道:'我说你～里人村。礼数可也有个往还,你也该让我往左边去回个礼才是,怎么也就没个遵让?'"

【下学】xiǎ xuè ❶ 毕业后不继续上学:他上完初中就～了,跟着他爹贩海货儿。 ❷ 辍学:他小学没上完就～帮家里挣钱。

【下崖儿】xiǎ yàir ❶ 向下的坡:后面的路净是～,就好走了。 ❷ 沿着坡由高处到低处:我上崖儿的时候,正碰见他～。

【下崖子】xiǎ yǎi zi 沿着坡由高处到低处:你～的时候开车慢点儿。

【下眼儿】xiǎ yānr 屑于;愿意,多用于反问或否定句式:看着厨房那个脏,掇上来的饭都不～吃。

【下眼看】xiǎ yān kàn ❶ 瞧不起;轻视:日子过得不好,人家都～|《聊斋俚曲集·墙头记》第四回:"灰毛乌嘴不成事,人就把咱～,待还钱也把卦儿变。"|《聊斋俚曲集·翻魇殃》第九回:"我被掳在东山,卖旗下十余年,京游子不敢～。"❷ 屑于看;愿意看,多用于反问或否定句式:就他那个熊样儿,我都不～。

【下阳儿】xiǎ yàngr 太阳落下:这时候太热了,等下了阳儿再出去。

【下蛰】xiǎ zhè ❶蛰伏;冬眠:早都~了,上哪儿找蛤蟆? ❷比喻隐藏不露面:恁都跑哪去了,~去了?!

【下针】xià zhěn 针灸:他家老三学着会~了。

【下庄户地】xià zhuǎng hu dì 干农活:他爹成天~,腰都使弯了|咱个~的不能和人家市里人攀。

【下子儿】xiǎ zīr 鱼类、昆虫等产卵:住两天儿蚂蚱好~了。

【下作】xiǎ zuo 贪吃;贪婪:他吃起饭来真~|《红楼梦》第三十六回:"糊涂油蒙了心,烂了舌头,不得好死的~东西,别作娘的春梦! 明儿一裹脑子扣的日子还有呢。"|《红楼梦》第四十五回:"凤姐若生于寒门,还不知怎么~贪嘴恶舌的。"

【下作客】xiǎ zuo kēi 贪吃的人;贪婪的人:这一党子~,谁摊上谁草鸡。

【吓拾】xiǎ shi 背地里捉弄;暗中伤害:谁这么手贱,~这么小的孩子?

【吓唬】xià hu 恐吓;使害怕:这一招~孩子还行,~不住大人。

【吓一惊】xià yi jǐng ❶受到惊吓:谁听见那个动静儿也待~。 ❷使受到惊吓:听人家这么一说,吓了他一惊。

【虾酱】xiǎ jiàng 将小虾磨碎、加盐经发酵制成的一种酱类食品:大葱蘸~|芸豆~卤子。

【虾糠】xià kǎng 加工虾米时脱下的虾皮等碎屑。

【虾仁儿】xiǎ rěnr 鲜虾去头剥皮后的虾肉:炸~。

【虾毛】xiǎ mào =〖虾须〗xià xǔ 虾的长触须:△韭菜拌~——乱七八糟。

【虾米】xiǎ mī =〖海米〗hǎi mī 将海虾煮熟晒干后脱壳所得的虾肉:《醒世姻缘传》第十六回:"送得晁老去了,走到邢皋门的书房,正见桌上摊了一本《十七史》,一边放了碟花笋干,一碟鹰爪~,拿了一碗酒,一边看书,一边呷酒。"‖《本草纲目》:"凡虾之大者蒸曝去壳,谓之~,食之姜醋,馔品所珍。"

【虾皮子】xiǎ pǐ zi =〖虾皮儿〗xiǎ pìr 经过加工晒制的干毛虾。

【虾子】xiǎ zi ❶海里的一种小虾:△海西打~——越小的越精。 ❷腌制的海虾酱:你蒸的这些~真好吃。

【瞎】xiā ❶丧失视觉;失明:△瘸的精神~的怪|△买卖不懂行,~驴碰南墙。 ❷没有光亮;黑暗:黑灯~火。 ❸没有根据地;胡乱地:没看见就别~猜|△干河撒网——~张罗。 ❹没出息;堕落:这孩子光知道讲吃讲喝,真学~了。 ❺无用:花~钱|出~力|~精神|△不吃不喝,死了白~。 ❻丢失;遗失:他待回来的路上把皮包~了|《聊斋俚曲集·姑妇曲》第三段:"有刀枪,有刀枪,你

使的发了才遭殃,不止说～了钱,还着你捱来榜。"｜《醒世姻缘传》第十七回:"兵来将挡,水来土掩!百姓们把银子收得去了,依旧又不替我们弥缝,不过说起初原是私派,见后来事犯,才把银子散与我们。这不成了'糟鼻子不吃酒',何济于事?可惜～了许多银子!"｜《醒世姻缘传》第四十九回:"不是你自己见了周奶奶,这股财帛不～了?"｜《醒世姻缘传》第五十三回:"最放不下的七爷,七八十了,待得几时老头子伸了腿,他那家事,十停得的八停子给我,我要没了,这股财帛是～了的。"｜《醒世姻缘传》第八十三回:"不要替人生气,看气坏了身子,～了钱,没人赔你。"

【瞎巴】xiā ba ❶ 瞎;失明:你～两个眼干什么去了,进来人的都没看见。❷ 特指算卦的盲人。

【瞎巴巴儿】xiā bǎr bar 胡说:别听他～,那都是没有影儿的事。

【瞎巴俩眼】xiā ba liǎ yān 骂人的话,眼瞎:这么大的个东西就待你眼前放着,你～看不见?!

【瞎闯王】xiā chuāng wang 指做事漫无目标、胡干蛮干的人:你看他和个～样的。

【瞎瓜齑】xiā guǎ ji 不中用;没有能耐:他讲排场真是头头是道儿,干正事就～了。

【瞎汉】xiā han 盲人:△～点灯白费蜡｜△～蹾屎——没果睬｜△～磨刀——快了｜元杂剧《曲江池》第一折:"(外旦云)姐姐,我～跳渠,则是看前面便了。"

【瞎红毛】xià hěng mào 牛虻。

【瞎话】(～儿)xià huàr ❶ 谎话;不真实的话。❷ 闲扯;闲聊的话:他们这是说～,你别当真｜《醒世姻缘传》第五十二回:"你多昝不见汗巾?多昝赔你的?我怎么就不知道?你怎么就不合我说?你这～哄我!"｜《聊斋俚曲集·磨难曲》第二十三回:"王丙说:'您休当～,还有乡老传给我的哩。'"

【瞎精神】xiā jìng shen〈贬〉看起来精明其实并不精明的样子:你成天就知道～,不学点正经的。

【瞎说瞎道】xiā shuō xià dào 胡说八道;没有根据地乱说:别听他们～,人家待家里好好的。

【瞎眼】xiā yàn(yān)❶ 盲人:他爹是个～。❷ 多用于悔恨、责备,指没有辨别力或没有远见:当时真是～了,找了这么个女婿。❸ 骂人的话:～了,没看见有人就往楼下乱撂东西!

【瞎撞儿】xià zhuàngr 金龟子,昼伏夜出,幼虫吃农作物、树木。

xiai

【鞋帮儿】xiài bǎngr 鞋除了鞋底之外的立面部分。

【鞋垫子】xiǎi diǎn zi =〖脚踏盖儿〗juě zhà gàir 鞋垫。

【鞋壳罗儿】xiǎi kuo ruor 鞋内的空间:孩子下生的时候那一点儿,他爹的～就盛了。

【鞋靸儿】xiǎi sār 拖鞋。

【鞋舌头儿】xiǎi shě tour 鞋的上部像舌头的部分。

【蟹子过河随大流】xiǎi zi guǒ huò suǐ dǎ liu 比喻跟着大多数人的意见或行动行事。

【蟹子爬查】xiǎi zi pǎ cha 形容写字潦草的样子:你这写了些什么东西,简直就是～。

xian(xian̊)

【闲板子勤】xiǎn bàn zi qìn 不合时宜地多做事的人;献殷勤的人:你真是个～,这些东西不用你去搬。

【闲拉呱儿】xiàn lǎ guār =〖闲说话〗xiàn shuō huà 闲谈;闲聊:俺就待一块儿～,没有旁的意思。

【闲老婆】xiǎn lao pe 既不工作也不爱打理家务的妇女:没事少和那些～待一块儿,整天嗒拉些没用的。

【闲上】xiàn shang 晚上;夜晚:今日～恁都上俺家来耍昂。

【闲上饭】xiàn shang fàn 晚餐:他非说要减肥,都开始不吃～了。

【闲说话】xiàn shuō huà 闲聊:人家那是～,没有旁的意思。

【闲说闲道】xiàn shuō xiǎn dào 随便聊天说话:这都是～,别当回事儿。

【闲心】xiàn xǐn ❶ 闲适的心情:整天忙得他哪有～出去耍?│文征明《新夏》诗:"～对酒从时换,老倦抛书觉昼长。" ❷ =〖闲心事〗xiàn xǐn shi 不必要的、无关紧要的心思或担心:这些事都够忙活的,不去操那些～。

【闲员】xiǎn yuàn 闲散无事的人:单位里养不了这么多～。

【现成饭】xiǎn cheng fàn 已经做好的饭;便饭:就吃点儿～,你也不用客气│有～饭吃着,他还净事儿事儿│《聊斋俚曲集·富贵神仙》第三回:"官人才坐

下,酒肴往上端一霎时象是～。"|《聊斋俚曲集•磨难曲》第十八回:"店小二说:
'～给他喧了罢,只顾着他吵甚么?'"

【现成话儿】xiǎn cheng huàr 早已准备好应付的话:你去找他,他有的
是～等着你。

【现当急】xiàn dang jī 目前;眼下:△溜沟子～,迎财神是慢工|～凑不起
这么多人来。

【现管】xiǎn guān 直接管事的人:△县官不如～。

【现浇】xiàn jiǎo 在施工现场进行混凝土加工并浇筑:楼板是～面儿的。

【现生心儿】xiàn sheng xǐnr 临时起意;临时萌生的想法:当时也没提前打
什么谱儿,就是～的景儿。

【现世现报】xiàn shi xiǎn bào ❶ 马上可以得到利益或回报:那些人不和你
讲什么情,就讲～。❷ 马上得到报应:《红楼梦》第三十五回:"躺下罢!那世里
造了来的业,这会子～。"

【现蒸热卖】xiàn zhěng yě mài 现时蒸好的馒头现时卖,比喻抓住最好的时
机,也比喻刚学会某一技艺就马上施展:这是老师才教会我的,那我～大家别笑
话。

【显黄】xiǎn huang 非常黄:散养的鸡下的蛋那个蛋黄儿～～的。

【咸菜疙瘩】xiǎn cai gā da 整个的芥菜、萝卜等腌制的咸菜。

【咸货】xiǎn huo 咸菜;很咸的食物:少吃～,光齁着。

【咸盐】xiǎn yàn 食盐:△老太太吃～——齁齁(候候)吧。

【咸滋滋儿】xiǎn zìr zir 有点儿咸的样子:我吃着这些饺子有点儿～的。

【锨板儿】xiǎn banr =〖锨板子〗xiǎn bàn zi 形如铁锨的炉灶用具,用来铲
煤、炉灶灰等。

【锨板子骨】xiǎn bàn zi gū 肩胛骨:给我揉揉～这儿。

【嫌后】xiǎn hou ❶ 嫌弃:这都是自己地里种的菜,别～|△老鸹～猪黑,
猪～老鸹大长嘴。❷ 责怪:我得早点儿家去,晚了俺妈好～俺了。

【先来后到】xiǎn lài hǒu dào 排队或做事按先后顺序进行:起码待讲个～,
不能乱插号儿。

【先说后不争竞】xiǎn shuō hòu bu zhěng jìng 提前将事情约定好,避免以
后产生分歧或纠纷:没强起立下个字据的,～。

【先头】xiǎn tou 刚才:他～来了一趟,你早一步儿的话就碰见他了。

【线梗儿】xiàn gěngr 细线绳:他拿了点儿～缠了缠,绑得挺结实的。

【线茆儿】xiǎn māor 线缠成的球状物:就待那个抽屉里有个～。

【线门儿】xiàn menr 头绪;线索;脉络;条理:问了他们几个人,都也说不上个～来。

【线坠儿】xiǎn zhuìr 瓦工或木工用来取垂直线的圆锥形用具。

xiang（xiang）

【向】xiàng 偏向;偏袒:是亲三分～|他妈什么事都是～着他们家老小|元杂剧《老生儿》楔子:"我那伯娘眼里见不的我,见了我不是打便是骂,则～他女婿张郎。"|元杂剧《陈州粜米》:"要诛的便着刀下诛,要～的便把心儿～。"|《聊斋俚曲集·墙头记》第三回:"张二说:'老头子,你说他不该打么?原是为你,你还～他。'"|《聊斋俚曲集·禳妒咒》第二十三回:"江城转身说:'你看公婆还是～他儿子。'"|《聊斋俚曲集·禳妒咒》第二十四回:"因着公婆不～我,他就拿我不当人,如今想来真可恨!"

【响巴儿】xiāng bar ❶ 叫声大的某些动物:他抓的那个蟧蛐是个～,叫起来动静真大。❷ 说话声音过大、过尖的人:他说话怎么就不能小声儿点儿,就赶个～。

【响干】xiāng gān 非常干:今日这个好日头,衣裳一阵儿晒得～。

【响焦】xiāng jiǎo 焦脆;非常干燥:苞米秸子都晒得～了,快垛起来吧。

【响快】xiāng kuai 干脆:他很～地就答应了。

【香】xiǎng ❶ 味道好:哪里的饭都不如家里的饭～|△黄瓜韭菜两头儿～。❷ 受欢迎;受青睐:他待厂了～得悬了。❸ 祭祖、敬神所烧的用木屑搀上香料做成的细条:～火|～炉。❹ 舒服:他困得正是～的时候,先别叫他。

【香臭】xiǎng chòu 香和臭,比喻好和歹:△扒着猪圈门子亲嘴 —— 不知～|《金瓶梅词话》第十八回:"月娘便问大姐:'陈姐夫也会看牌也不会?'大姐道:'他也知道些～。'"

【香饽饽】xiàng bě be 比喻吃香或受欢迎的人或物。

【香椿芽】xiǎng chun yà 春天香椿树上发出的嫩芽儿,可食用。

【香饭】xiǎng fan 爱吃饭或吃东西时香甜的样子:你看他吃起饭来～的。

【香美】xiǎng men（mei）吃香;受欢迎:他会来事,待领导们那里～得悬了。

【香美户儿】xiǎng men hùr 吃香的人;受欢迎的人:这些懂技术的人上哪里都是些～。

【香色儿】xiǎng shēir 似香烛的颜色；褐色：她穿上这件～的衣裳好看。

【香样儿】xiǎng yàngr 泛指葱花、姜、香菜等调味品：没放～炒出的菜没有味儿。

【香油馃子】xiàng you guǒ zi ❶ 油条。❷ 一种与油条类似的油炸制品，两股面围合成不规则的圆型。

【享】xiǎng ❶ 受用：～受｜～福。❷ 因食用某一种食物过多，造成对这种食物的生理性反胃：他小时候吃猪头肉～着了。

【享人】xiǎng yìn 因食物的油性太大或某种味道过浓而让人发腻：这种肉吃一块半块还行，吃多了太～了。

【降范】xiǎng fan 利用亲人对自己的关爱提出过分的要求或撒娇：这个孩子出去一步儿不走，非～大人揣着。‖ 参“降发”：《醒世姻缘传》第四十一回：“要是亲娘，可也舍不的这们降发那儿，那儿可也不依那亲娘这们降发。”

【详磨】xiǎng me（时间过长、磨磨蹭蹭地）端详：再～也没有用，咱还是下手干吧。

【详木匠】xiǎng mu jiang 把时间浪费在反复端详活计上的木匠，泛指做事迟缓的人：来了这么个～，咱可伺候不起。

【详付】xiàng fu 端详：你再～上一天咱什么也不用干了。

【相傧】xiàng bǐn 傧相；结婚典礼中引导新郎、新娘行礼的人：他给他哥哥当～去了。

【相应】xiàng yǐng ❶ 合适：剩的布给他做个帽子正～｜《醒世恒言》第一卷：“当晚回家，与外甥赵二商议，有这～的亲事，要与他完婚。”｜《醒世恒言》第三卷：“卖了他一个，就讨得五六个。若凑巧撞得着～的，十来个也讨得的。”｜《史记·张释之冯唐列传》：“终日力战，斩首捕虏，上功莫府，一言不～，文吏以法绳之。”｜杨维桢《焦仲卿妻》：“视历复开书，便利此月内。六合正～，良吉三十日。”｜元杂剧《诸宫调风月紫云亭》第一折：“俺这屋里三句话不～，便见世间泗州大圣，交五岳动天兵。”｜《聊斋俚曲集·姑妇曲》第二段：“汉子家知道那饭怎么做？做的甚不～。”｜《醒世姻缘传》第六十八回：“四月十八顶上奶奶的圣诞，比这白衣奶奶的圣诞更自齐整，这是哄动二十合属的人烟，天下的货物都来赶会，卖的衣服、首饰、玛瑙、珍珠，甚么是没有的？奶奶们都到庙上，自己拣着～的买。”｜《醒世姻缘传》第七十四回：“过了两日，二位媒人又有一家～的，去到狄希陈下处商议。”｜《醒世姻缘传》第八十四回：“周嫂儿两个道：‘这好，俺有～的，往那头说去；说停当了，俺自己还不来哩，只叫舅爷家使人来说。我叫那歪砍半边头的只做梦罢了！'"｜又："周嫂儿说了个灶上的,倒也～,请过姑奶奶去商议哩。"｜《金瓶梅词话》第一回："大户知不容此女,却赌气倒陪房奁,要寻嫁得一个～的人家。"｜《金瓶梅词话》第九十七回："我替你老人家用心踏看,有人家～好女子儿就来说。" ❷ 上算;合算:《西游记》第三十三回："一件换两件,其实甚～。"｜《初刻拍案惊奇》第十一卷："他就要买我白绢,我见价钱～,即时卖了。"｜《初刻拍案惊奇》第四十卷："不是借用,说得事成时,竟要了他这一千贯钱也还算是～的。"｜《二刻拍案惊奇》第三十三卷："那买的接过手量着,定是三丈四丈长的,价钱且是～。"｜《三刻拍案惊奇》第十一回："巫婆道:'……匡得一个银子,他娘有私房,他自有私房,倒有两个银子赔嫁,极好极～。'"｜《醒世姻缘传》第二十五回："这里如今也同不得往年,尽有了卖房子合地土的。我明日与经纪说,遇着甚么～的房产,叫他来说。"｜《金瓶梅词话》第一回："不如凑几两银子,看～的典上他两间住,却也气概些,免受人欺负。"

【厢屋】xiǎng wu ＝〖厢屋家〗xiǎng wu jiǎ 厢房;在堂屋前面、院子两侧或一侧盖的房屋:他结了婚就和媳妇住待～里。

【想得头疼】xiāng di tòu teng 比喻非常想得到:他叫这么个车～。

【想破头】xiāng pe tòu ❶ 非常想得到的样子:他叫个男孩子～。 ❷ 挖空心思地想、考虑:他～也不能寻思你又回来了。

【想头儿】xiǎng tour ❶ 想法;企图:△一口吞个星星——～不低。 ❷ 念想:留着个～。

【想想】xiāng xiang 〈贬〉盘算着想得到;打算;惦记:人家随便一说,他一直还～着当个事。

【想硬】xiāng yìng 记住:老师说的话要紧～了,别掉腔就忘。

【像比】xiǎng bī ＝〖比像〗bī xiang 好比;比如:～你去办这个事儿,你能怎么说?

【鲞鱼】xiāng yu 白鳞鲚鱼。

xiao（xiao）

【杩】xiǎo 薄:这些木板切得～点儿了。

【杩薄儿】xiǎo ber 极薄:这件衣裳～｜就这么～的篷布,一戳就破了。

【孝纯】xiào chun ❶ 孝顺:孩子们都这么～,恁真是修来的福。 ❷ 竹木制的长柄痒痒挠,又称"不求人":你把那个～拿过来。‖ 应为"孝顺"的变音。

【孝儿贤孙】xiào lèr xiàn sǔn 对长辈十分孝敬的子孙：身边有这么些～伺候着,老人哪还能不知足。

【孝帽子】xiào mǎo zi 为死去的长辈在守灵期间戴的白帽子：△抢～戴。

【孝子】xiào zī ❶ 对父母十分孝顺的人：△久病无～｜△家贫显～,国乱识忠臣｜△雷打真～,财发狠心人。❷ 父母死后居丧的人。

【小】xiāo ❶ 在体积、面积、数量、力量、强度等方面不及一般的或比较的对象：～书儿｜～门儿｜～鼻子～眼儿。❷ 排行最末的：～儿｜～爹儿。❸ 年纪小的或辈分低的人：上有老下有～｜△称呼要有大～,说话要有分寸｜△～时偷针,大了偷金。❹ 妾；情妇：找了个～生了个儿。❺ 舒心的；随意的(后面跟着的名词一般儿化)：喝个～酒儿｜唱个～戏儿。❻ 略少于；接近：～二百斤｜他也是～五十岁的人了。❼ 相当于；如同：他听见打仗～过年儿。

【小病小灾】(～儿)xiāo bìng xiào zǎir 常见的小病症：人吃五谷杂粮谁能没个～的。

【小菜儿】xiāo càir 简单至极的事；轻而易举的事：他干这个营生儿那真是～。

【小车儿】xiāo chěr ＝〖小拥车儿〗xiāo yǐng cher ＝〖小推车儿〗xiāo těi cher 人力小推车；独轮车：一个～不够使的,得再去借两个。

【小大小幺】(～儿)xiāo dǎ xiào ràor 价值不大；微不足道：平常他拿点儿～的,咱也不好意思说他。

【小道儿】xiāo daor 小路：走大路,不去走～。

【小豆腐】xiāo dǒu fu 把泡过的黄豆磨成糊状或用做豆腐剩的豆腐渣,同切碎的菜叶一起煮熟的食品：海鲜～｜《醒世姻缘传》第二十四回："那溪中甜水做的小米黏粥,黄暖暖地拿到面前,一阵喷鼻的香,雪白的连浆～,饱饱的吃了。"｜《醒世姻缘传》第六十七回："(回回婆)走到后面,把一个做饭的小锅,一个插～的大锅,打的粉碎；又待打那盆罐碗盏缸瓮瓶坛,艾回子只得跪了拉他。"

【小工儿】xiāo gèngr 没有专门技术只从事简单体力劳动的人,一般做匠人的助手：～挣的少多了。

【小咕哝儿】xiāo gǔ nèngr ❶ 小声而不断地说：老师说了他几句儿,他光待下边儿～。❷ 语言琐碎、喋喋不休之人：他成天就是个～,沾着个事儿就叨叨不完了。

【小姑】❶(～儿)xiāo gǔr 排行最小的姑姑,父亲的姐妹中年龄最小者。❷(～儿)xiāo gur ＝〖小姑子〗xiāo gù zi 丈夫的妹妹。

【小褂儿】xiào guàr 上衣的统称:外边儿凉,披上件儿～。

【小锅饭儿】xiào guo fànr 单独做的饭食,比喻特殊的待遇:师傅老是给他吃～,叫办公室去单独给他讲题。

【小过年儿】xiào guo niànr 〈贬〉变得非常兴奋:他一听见打仗就～。

【小货】xiǎo huō ＝〖小货钱〗xiǎo huo qian 私房钱:这些钱都是这几年他攒的～。

【小尽】xiāo jin 指农历只有二十九天的月份:朱敦儒《～行》:"藤州三月作～,梧州三月作大尽。"|《聊斋俚曲集·墙头记》第一回:"这月里是个～,到明日送给他二叔家,尽他合他怎么啃去。"|《聊斋俚曲集·墙头记》第二回:"一年不知几个～,都着家兄占了,今日想必又送来。"又:"正寻思咱大哥,他占的便宜多,～到有六七个。"又"却说张大到了清晨,说好了,养活了半月,且喜逢着～。"

【小里小气】xiào li xiào qi 吝啬、不大方的样子:他那个～的样儿,拿出这些来已经很不容易了。

【小绺】xiǎo lū 扒手;小偷:那人鬼鬼祟祟的就像个～。

【小码指头】xiào ma zhī tou 小拇指。

【小卖部儿】xiào mai bùr ＝〖小铺儿〗xiào pùr 小杂货店:去了好几家儿～都关门了。

【小嫚儿】xiào mǎnr 女孩;小姑娘:光说生男生女,有点重活儿沉活儿～就是不行。

【小磨儿】xiào mèr ❶膝盖骨。 ❷小石磨。

【小奶盖儿】xiào nāi gàir 吃奶的孩子:都这么大的人了,他娇娇儿起来就成了个～。

【小年】❶(～儿)xiào niànr 农历节日,通常指农历腊月二十三日或二十四日这一天,崂山地区有"官三民四和尚道士二十五"之说。 ❷ xiāo nian 歉收之年:要是遇上个～,家里的粮食都不够吃的。

【小平口儿】xiāo pǐng kōur 盖房时,从地基垒砌到窗台的位置:房子才盖到～,还早来的。

【小青年儿】xiào qǐng niànr 年轻人,一般特指年轻小伙。

【小人儿】❶ xiào rènr 小孩子:这都是些～耍的营生。 ❷ xiào rènr ＝〖小厮〗xiào si 小男孩:你看错了,这是个～,不是个小嫚儿。‖1928年《胶澳志》:"小厮,童子之谓,对人称己之子曰小厮。"

【小利儿】xiāo rir〈贬〉外快;正常收入以外的收入:他干的那个活儿有～。

【小性儿】xiāo sèngr(xiào xìngr)气量小;容易使性子:这个孩子～的,没怎么说他就哭了|《红楼梦》第三十回:"皆因姑娘～,常要歪派他,才这么样。"

【小使儿】xiǎo shīr 供人使唤的人:他呼来喝去的,拿着这些人当～。

【小手巾儿】xiǎo shōu jinr 手绢。

【小书儿】xiǎo shǔr 儿童看的小开本画册。

【小叔】(～儿)xiāo shur 丈夫的弟弟:人家倘着个有本事的～|《金瓶梅词话》第一回:"前日景阳冈打死了大虫的,便是你～。"|《金瓶梅词话》第二回:"我初嫁武大时,不曾听得有甚～。"亦作"小叔子":《金瓶梅词话》第八十七回:"往后死在他小叔子手里罢了,那汉子杀人不斩眼,岂肯干休。"

【小卧车儿】xiào wě cher 小轿车:△屎气蜋爬在公路上——混充～。

【小小不然】xiāo xiāo bù yàn 微不足道;无关紧要:这些～的营生你别往心里去。

【小熊儿】xiào xìngr 骂人的话,相当于"熊孩子":他那个～又不知道跑哪去了。

【小眼下觑】xiāo yān xià qù =〖小人下觑〗xiāo yìn xià qù 目光短浅;容易看不起别人:他这个人～的,拿着干活的不当人看。

【小咬儿】xiǎo yāor 对不知名的咬人的虫子的统称:别待那棵树底下,有～。

【小医院儿】xiào yǐ yuànr 乡村卫生室或小诊所。

【小银子儿】xiào yǐn zir 硬币:他满兜里光剩几个～了。

【小人言小人语】xiāo yìn yàn xiào yǐn yū 说话猥琐不大气的样子:他这个人～的,真不叫人喜。

【小针儿】xiāo zhēnr 钟表的时针(相对于"大针"而言)

【小作】xiāo zuo 矮小:他长得太～了,配不上恁闺女|这个柜子挺好看的,不过就是有点～。

【笑蔼蔼】xiǎo ài ǎi 笑起来和蔼可亲的样子:他那个孩子真喜相,什么时候见了都～的。

【笑媚媚】xiǎo mèi měi 笑态美好的样子:他闺女见了谁都～的,真亲人。

【笑眯拉擦】(～儿)xiào mi lǎ càr 笑眯眯的样子:人家成天～的,怎么说也不发火儿。

【笑面儿】xiǎo miànr 和悦的脸色:这十来天了没见他有个～。

【笑面虎儿】xiào miǎn hūr 比喻表面和气而内心狠毒的人:他待村里是有名

的～。

【笑模样儿】xiǎo mǔ yangr 笑脸：那个媳妇成天没有个～，就赶着人家欠她二百钱。

【笑晏晏】xiǎo yàn yàn 笑起来和善、柔美的样子：他媳妇什么时候见着都是～的。‖《诗经·卫风·氓》："总角之宴，言笑晏晏。"毛传："晏晏，和柔也。"

xie（xie）

【血份】xiē fen ❶ 血液；血液的成份：大夫说这个毛病是～不好。❷ 血脉亲情；遗传特征：孩子见了他那个亲，真是～管着。

【血淋糊拉】xiē lin hū la 血淋淋的样子：他浑身～的，看样儿伤得不轻。

【血口子】xiě kōu zi 受伤开裂的伤口。

【颉】xiè 在颉颃作用下高大强势的植物对对弱势植物在养分、阳光等方面的争夺：那棵树长大了，～得边下的小树长不起来。

【解】xiē 打开；敞开：～门｜～开锅｜～开大衣厨｜锁都锈得～不开了｜家里的门窗四敞大～着。

【歇】xiē ❶ 休息：～脚｜～晌儿｜△风凉了大～～，热了不干。❷ 停止：～工｜～晌儿。

【歇班儿】xiè bǎnr 按照规定不上班，休息：明日他们两个都～。

【歇假】xiě jiā 放假；休假：前几天光加班儿，快让工人们都歇几天假吧。

【歇脚儿】xiě juěr 走路时累了停下来休息：咱上前边儿找个荫凉地儿歇歇脚儿。

【歇咧】xiě lie 大声吆喝；大声哭泣：他大清早上就待这里～，满街过来看热闹的。

【歇晌】（～儿）xiě shāngr 中午休息：咱歇个晌儿再干吧｜《红楼梦》第八十一回："宝玉来到贾母那边，贾母却已经～，只得回到怡红院。"｜《金瓶梅词话》第八回："到午斋往寺中～回来，妇人正和西门庆在房里饮酒作欢。"

【歇谢】xiē xie 中间休息：你～着干，别使着。

【歇牙】xiè yà〈贬〉休想；甭想得到：这里还能有你的事儿？快歇歇牙啵！

【歇着】xiē zhi ❶ 休息：你来的时候他正待炕上～。❷ 公休；放假；不工作：我这几天待家～，正好能去帮帮你。❸〈贬〉不要妄想；不要去做：没出力还想来拿好处，你快～去吧。

【蝎虎】（～儿）xiē hur 壁虎：少种爬墙梅儿什么的,看招～｜《醒世姻缘传》第十九回:"小鸦儿点了香来,点着了灯,在床上再三寻照,那有个蝎子影儿,只拿了两个虼蚤。亏不尽一个～在墙上钉着。"｜《醒世姻缘传》第六十二回:"蝎子是至毒的东西,那～在他身边周围走过一圈,那蝎子走到圈边,即忙退缩回去,登时就枯干得成了空壳。"

【澥冽】xiě lie 粥饭久放而沉淀,水分浮在上层:那些黏粥都～了,快倒了,省着喝了拉肚子。

【些】xiě ❶某些;那些;这些;有些:～人背后里乱传话｜～家长一听都着急了｜～出大力的哪有那些弯弯心眼儿。❷量词,在前面可加"一"之外的数词,其词义相当于"份"或"倍":把货分成两～,一个人一半｜他装的那一车东西能顶你的三～。

【邪劲】xiě jin ❶（人）难缠;不好对付:那个人很～,干脆别去找他。❷（事情）蹊跷;诡异:那一天的事真是～,到如今弄不明白问题出待哪里。

【邪仙】xiě xian 无赖之人:他是这个场儿有名的～,你怎么敢和他打交道。

【邪涎】xiě xian 口水;呕吐出来的液体:他又喝大了,那个嘴都拉拉～了｜《聊斋俚曲集·墙头记》第四回:"这等说恼与不恼,还只得淌淌～。"

【斜叉花子】xiě cha huǎ zi 随意或凌乱地交叉:窗都破了,～钉了些木板上面。

【斜睖】xiě leng 斜着眼看:他往这～了两眼也没进来｜前面儿那个人光往这～看。

【斜眜】xiě me 斜着眼看:别～着看人,那不礼貌。

【斜偏九皱】xiè piǎn jiù zhòu 歪斜凌乱的样子:你干什么来,弄得衣裳后边～的。

【斜斜】xiě xie 歪斜;不正:他～着个眼不做声,一看就没打好谱。

【斜眼儿】xiě yanr 斜视或患斜视的人:那个～老婆就要坏死了。

【敠】xiē 投掷石块或块状物击打:他把人家孩子～破头了。‖《集韵》:"～,击也,或从手。"亦作"揳"。

xin

【心不待肝上】xǐn bu dài gǎn shàng ＝〖心不在肝上〗xǐn bu zāi gǎn shang 做事不专心;心不在焉:他跟着人家学车也～,光想着耍｜这两天也不知

487

有什么心事,干活儿的时候老是～|《金瓶梅词话》第三十三回:"金莲道:'小孩儿家屁股大,敢吊了心! 又不知家里外头,什么人扯落的你恁有魂没识,心不在肝上!'" ‖ 参"心不在肝":华广生《白雪遗音·卷一·自从那日》:"自从那日见一面,(魂飞九天)你的那貌美赛过天仙,(前世前缘)曾许下,常常与奴相陪伴,(日月团圆)昼夜十二时,倒念你有千万遍,(把眼望穿)茶思饭想,坐卧不安,(心不在肝)这两日,十分精神减去了九分半,(瘦的可怜)实对你说了罢,这样的相思没害管,(你心下何安)。"

【心肝把儿】xǐn gān bàr 心脏:花了这么多钱真疼下他的～来了。

【心肝眼儿】xìn gān yānr =〖心肝眼子〗xìn gān yān zi ❶ 心地:他～真好。❷ 心机;心眼儿:他那个孩子成天也不有多少～儿。

【心话】xǐn huà 真心话;实在话:咱待说～,不能瞒着良心说。

【心话儿】xǐn huar =〖心道话儿〗xǐn dao huar 心里想;暗自道:我～这样的好事儿他怎么割舍让出米|他～能嘎急走了就好。

【心焦】xǐn jiào 焦虑:怎没来信儿,他这一天～得不行了。

【心惊】xǐn jing ❶ 害怕:外头一有动静他就～得睡不着。❷ 因心虚而紧张害怕:俺这说人家,他～了。

【心口窝】(～儿) xǐn kòu wěr 上腹部:那几天他～这里老是难受|《聊斋俚曲集·寒森曲》第五回:"大相公摸了摸说:'娘休哭了,我看着二弟不死,～里还热。'"

【心实】xǐn shì 心地诚实:他那个人～,不会和人耍心眼儿。

【心事】xǐn shi ❶ 心中盘算、期许或忧心的事:这一期儿他～挺多的。❷ 牵挂;担心:你到了单位就来个信儿,别让家里～。

【心思莫乱】xǐn si mē làn =〖心事莫乱〗xǐn shi mě lan =〖心焦莫乱〗xǐn jiào mě làn 焦躁不安、心烦意乱的样子:孩子上学的事儿弄得他～的|一头晌没接着他的信儿,家里人都～的|我看他这几天～的,估计是有什么心事。

【心眼儿】xǐn yānr =〖心眼子〗xǐn yān zi ❶ 心地:他们两口子真好～。❷ 心计:他人不大,～真不少。

【心眼儿好使】xǐn yānr hǎo shī 心地善良:这个小人儿心眼儿真好使。

【芯子】xǐn zi 物体中心的长条状部分:灯～|苞米～。

【信子】xǐn zi 蛇和蛙类的舌头:蛇吐～|《金瓶梅词话》第四回:"两个相搂相抱,如蛇吐～一般,呜咂有声。"

【信服】xìn fu 相信:他们都～他家大哥说的话。

【信皮儿】xǐn pìr 信封：这封信的～上也没写着给谁。

【信肉儿】xǐn ròur 装在信封里的信纸：才放这儿的～上哪去了？

【新】xǐn ❶ 刚有的；刚经验到的；初始的；没有用过的（与"旧、老"相对）：～鲜｜△～官上任三把火｜△旧的不去，～的不来｜△～三年，旧三年，补补连连又三年。❷ 表示一种有异于旧质的状态和性质：～社会。❸ 称结婚时的人或物：～媳妇｜△入了伏，挂了锄，～～～女婿看丈母｜△～将的媳妇三天香，过了半年臭满庄。

【新新婵婵】xǐn xìn chǎn chàn 崭新的样子：大过年的，就应该穿得～的。

【寻】xǐn ❶ 找；搜求：～事儿｜～死。❷ 想；考虑；打算：我～～这个事就不舍气｜我～明日去看看老人。❸ 以为；认为：我～你不来了！｜老是不回信儿，还～是怎么回事了。‖ 第❷❸义项为"寻思"的省略语。

【寻事儿】xǐn shìr 找碴儿；滋事：他不是来买东西的，是来～的｜花费点儿钱不要紧儿，他别～就行了。

【寻思】xǐn si ❶ 考虑；想：你也～～咱下一步应该怎么办｜《聊斋俚曲集·寒森曲》第五回："如今冤气没出处，～灌口找二郎，告一会看是怎么样。" ❷ 以为；认为：我还～今日天能冷，没想到这么热。

【寻思过味儿来】xǐn si guō wèir lai 过后才想明白：等你过后～就晚了。

【寻思些营生儿】xǐn si xiě yǐng shengr 凭空想像或臆断事情：这么些人都去看了没问题，你净爱～。

【寻死】xǐn sī 自杀：他把老婆气得都想～｜《红楼梦》第一回："夫妻二人，半世只生此女，一旦失落，岂不思想，因此昼夜啼哭，几乎不曾～。"

xing（xing）

【兴】xǐng 流行；兴盛：你说的那个样子如今都不～了。

【兴宜】xǐng yi ❶ 时兴；流行：如今都～穿休闲装。❷ 沿袭某种习俗：他们那里过八月十五～吃梨。❸ 习惯于：他家些人～吃饭的时候说孩子。

【兄弟】xǐng di ❶ 弟弟和哥哥：他那几个堂～都挺团结的｜△十个闺女十门亲，十个～没场分。❷ 特指弟弟：当～的待尊敬哥哥｜董解元《西厢记诸宫调》第二卷："思量了，～欢郎忒年纪小。"｜《二刻拍案惊奇》第二十一卷："王爵见了～病势，已到十分，涕泣道：'怎便狼狈至此？'"｜《聊斋俚曲集·翻魇殃》第十回："慧娘说道也不错，俺是～您是哥，若不然怎么叫做一堆过？"

【兄弟媳妇】xǐng dì xī fu 弟媳的背称:元杂剧《鲁斋郎》第四折:"(贴旦云)兄弟,这妇人是谁?(李四云)这个便是你～儿。"

【行】xìng ❶ 量词,用于层积、重叠或很薄的东西,相当于层、张:站上两～砖│去了一～皮│曝上一～灰│怕你冷,给你铺了两～褥子。亦作"桁":《聊斋俚曲集·翻魇殃》第十一回:"放了又除,除了一大堆。寻思着,田地都烧红了,我起出这一桁来上地也好。" ❷ 辈;代:那～人吃老苦了│那～人都没捞着上什么学│这～人长大了光过好日子。

【行好】xǐng hāo 做善事;做积德的事情:△～不得好,坏人遍地跑。

【行事】xǐng shi 品行;教养:好～│不像～(待人处事没有教养,不讲道理)│范仲淹《与韩魏公》:"然始以之翰知师鲁最深,又少与之游,尽见其～。"│《红楼梦》第八回:"宝玉先便回明贾母秦钟要上家塾之事,自己也有了个伴读的朋友,正好发奋,又着实的称赞秦钟的人品～,最使人怜爱。"│《红楼梦》第六十六回:"姐姐信他胡说,咱们也不是见一面两面的,～言谈吃喝,原有些女儿气,那是只在里头惯了的……兴儿笑道:'若论模样儿～为人,倒是一对好的。'"│《红楼梦》第七十五回:"邢德全虽系邢夫人之胞弟,却居心～大不相同。"│《红楼梦》第一百零四回:"众人道:'二老爷的人品～,我们都佩服的。'"│《醒世姻缘传》第二十一回:"虽然才满月的孩子,怎便晓得后来养得大养不大?但只看了他母亲的～便料得定他儿子的收成。"│《醒世姻缘传》第二十七回:"若论麻从吾两口子的～,不当有子,岂得有家?" ❷ 家风:闺女找婆婆家就待找～好的│《红楼梦》第四十回:"别的罢了,我只爱你们家这～,怪道说'礼出大家'。"│《红楼梦》第八十四回:"论起那张家～,也难和咱们作亲,太啬克,没的玷辱了宝玉。"

【刑罚】xìng fa 用刑具惩罚;体罚:最后都上～了也不管用。

【胸襟】xǐng jin 胸口:我这个～今日有点儿不大舒梭。

【熊】xìng ❶ 狗熊。 ❷ 软弱;无能:△兵～～一个,将～～一窝儿。 ❸ 训斥:孩子知道错了,就别～他了。 ❹ 坏;不好;不讲情理:～孩子│他个～脾气几时能改改? ❺ 诬赖:他撞了人还～了人家二百块钱。

【熊办法儿】xǐng ban fangr 坏招;阴招:他这没招儿了,想出～来了。

【熊蛋】xǐng dàn ❶ 无能而被人瞧不起的人:△黑瞎子拉油碾——出力赚～。 ❷ 坏;不像话:这个事他办的真～。 ❸ 劳累不堪:这两天在地里干活儿真把他使～了。

【熊孩子】xìng hǎi zi 骂人的话,指不听话的孩子。

【熊话】xǐng huɑ 不讲情理的话:咱是找他来好好商量事的,谁知道他满口～。

【熊架儿】xìng jiàr 令人厌恶的姿态:就他那块儿～也整天想当组长。

【熊人】xǐng yìn ❶数落人;批评人:他熊起人来没头没脑的。❷赖人:张口儿就要这么多钱,这不是待这明着～?

【熊样儿】xìng yàngr 骂人的话,形容难看或猥琐的样子:就他那个～也想出来试儿试儿。

【熊种】xìng zhēng 骂人的话:这个～又跑哪去了?

【性儿】xìngr(sèngr)脾气;性格:使～|好～|△一粒麦子一道缝儿,一个人一个～|元杂剧《陈州粜米》第一折:"老汉陈州人氏,姓张,人见我～不好,都唤我做张憋古。"

【性体】xǐng ti 性格;脾气:那个场的人～和咱不大一样。

【星儿石】xǐngr(sěngr)shì 陨石。

【星星】❶xǐng xǐng 宇宙中发光的或反射光的星辰天体。❷(～儿)sěngr sěngr 像星一样的外形或发光的东西:树上挂着些～儿,还一闪一闪的。

【腥当当】xǐng dàng dang =〖腥哧哧〗xìng chì chǐ 有点腥味的样子;腥味难闻的样子:才使这个盆洗鱼来,～的没法儿闻。

【醒昏】xīng hun 从昏迷中清醒过来;明白过来:他～过来的时候,人已经上医院了。

【醒醒】xǐng xing ❶心理膨胀;过于亢奋:这一期儿你又～得不善。❷有精神;兴奋:这个孩子一要学习蔫蔫了,一听说出去耍就～了。

【饧】xīng 做馒头等发面食品时,上锅蒸之前,需要将面团静置一段时间,使面发的更好:把面～～再装锅蒸。

【松树】xǐng shù 松树的老派读音,新派读音如 sěng shù。

【松葫芦儿】xǐng hù ròur 松球:那几年村里人都上山摘～回来引火生炉子。

【松毛】xǐng mào 松树的针状叶:他小时候还常上山搂～回来烧。

【松毛土】xǐng mào tū 松树叶腐烂后形成的腐殖土:～养花最好了。

【松蛾】xǐng wè 一种生长在松树下可食用的蘑菇。‖《俚语证古》第九卷:"松蛾,松蕈也。松菌谓之松蛾子。蛾字当作蕈(古音读蛾)。"

xiu

【秀】xiù ❶ 作物抽穗：苞米还没～穗儿│△六月六,看谷～。❷（打篮球）投球入篮：这个球他～得漂亮。

【修磨】xiǔ me 打磨整理；进行精细加工：边上还有点儿毛糙,再～～。

xu（xu）

【许】xū 预先应承；承诺：△宁敢～头猪,不敢～条鱼│△一个闺女～了两个婆婆家。

【吸】xǔ ❶ 将液体或气体从口或鼻孔中引入：～口尝尝这酒怎么样？❷ 吸引：～铁石│是铁的话就～,不锈钢不～。

【吸铁石】xǔ tie shì 磁铁。

【虚】xǔ ❶ 虚弱：他还没恢复过来,身上还很～。❷ 虚伪；不实在：他这个人就是太～了。❸ 心虚；胆怯：叫我做这样的事老是心里边发～。

【虚旋套】xù xuǎn tào ❶ 虚情假意；花架子：你有什么说什么,别弄些～。❷ 圈套：你不信看着,他这是弄了个～│《聊斋俚曲集·增补幸云曲》第二十三回："斟上酒弯弯腰,谢了罪又告饶,弄了多少～。"

【虚肿烂胖】xǔ zhēng lǎn pàng 身体肥胖或肿胀的样子：一年没看见他,变得～的。

【俗】xù ❶ 社会上长期形成的风尚、礼节、习惯等：风～。❷ 习见；平常：这种颜色太～了。

【俗凡】xǔ fan 过于平淡或大众化；趣味不高：送这些东西都太～了,人家未见能稀罕。

【续】xù ❶ 往一个方向连续地输送：你给我～着绳,我把它盘起来。❷ 向已泡上茶叶的茶壶中再添加茶叶：茶叶都没色儿了,再～上壶吧。

【续带】xǔ dài 陆续而顺便地：那些轻快的家什你就～着往这搬。

【絮】xù ❶（在有空隙的地方）插或塞：他随手把盒子～待被里头│《金瓶梅词话》第十二回："桂姐一面叫桂卿陪着他吃酒,走到背地里,把妇人头发早～在鞋底下,每日踹踏。"❷ 烦,因过多而厌烦：这几天待食堂吃饭都吃～了│《红楼梦》第三十四回："（袭人道）因此我劝了半天才没吃,只拿那糖腌的玫瑰卤子和了吃,吃了半碗,又嫌吃～了,不香甜。"

【絮烦】xǔ fan 啰嗦；唠叨：他那个老婆真是～，极好儿个人抗不了｜元杂剧《来生债》第一折："先生不嫌～，听我在下试说一遍与你听者。"｜《红楼梦》第三十四回：前儿有人送了两瓶子香露来，原要给他点子的，我怕他胡糟踏了，就没给。既是他嫌那些玫瑰膏子～，把这个拿两瓶子去。"亦作"絮繁"：元杂剧《五侯宴》第二折："官人不嫌絮繁，听妾身口说一遍。"

【絮聒】xù guo 唠叨；絮烦：好话说一遍行了，你别～了｜元张鸣善《中吕·普天乐》散曲："先生道学生琢磨，学生道先生～，馆东道不识字由他。"｜《红楼梦》第六十二回："二奶奶说了，多谢姑娘们给他脸。不知过生日给他些什么吃，只别忘了二奶奶，就不来～他了。"｜《聊斋俚曲集·墙头记》第一回："第二年全然不打拢，跟着腚上狗喱荒，他还说我～样。"

xuan（xuan）

【暄】xuǎn ❶ 物体内部多孔而松软：才下完雨，地里太～了，都站不住人。❷ 身体软弱：～汉子｜光顶着个大高个子，身子真～。

【暄吞】xuǎn ten 蓬松；松软多孔：你蒸的馒头真～。

【暄吞吞】xuǎn tèn ten ＝〖暄扑吞〗xuǎn pù ten 蓬松、松软的样子：烀的饼子加了豆面，～的真好吃｜才刨的地踏上去～的。

【揎】xuàn 拿东西把物体中空的部分填满：～豆枕｜～棉花｜《聊斋俚曲集·寒森曲》第七回："权印官狠似狼，该剥皮～麦穰，叫狱神尽把冤魂放。"亦作"楦"：明杂剧《雌木兰替父从军》第一出："生脱下半折凌波袜一弯，好些难。几年价才收拾得凤头尖，急忙得改抹做航儿泛。怎生就凑得满帮儿楦。"

【馆】xuàn 〈贬〉吃；吃饱了再强吃：你吃多少了，还没～饱｜《聊斋俚曲集·墙头记》第一回："李氏说：'你看僭爹吃了多大点子，若是您达从来没见东西，不知待～多少哩。'"

【悬】xuǎn ❶ 危险；麻烦：就他这么个弄法儿，我看要～。❷ 叹词，用在句首，表达危急、惊讶的情形：～！前面车撞了！

【玄了】xuǎn le ❶ 表赞叹，了不起：唉阳来，真～，孩子一下就考了个第一名。❷ 非常；很，用在句尾：这棵树上的杏甜得～。

【选】xuàn ❶ 有必要；有意愿，一般用于否定或反问句式：谁还～着吃他那顿饭？｜钱不够也～不着找他去借。

【选不着】xuàn bu zhuò ❶ 没不要；不屑于，表达一种蔑视的态度：谁去说也～你去说｜他就是请咱去,俺也～去。

【炫划】xuān huɑ 炫耀;卖弄:△鸭子扎猛——～腚眼儿。

【旋网】xuǎn wɑng 一种张开口呈圆形的渔网,由单人操作使用。

【镟】xuàn(xuǎn)用刀子或专用工具旋转着削割:把苹果上那个虫眼儿～了去｜《聊斋俚曲集·磨难曲》第十五回:"若不看着邻里面,还该～了你乜双腚门!"

【鲜到脚后跟】xuǎn dào juè hǒu gen 形容鲜美到了极点:他种的桃儿你吃吃试试,真是能～。

【鲜良】xuǎn liɑng 鲜美可口:他做的那个菜～得就和添了蛤蜊汤样的。

xue(xue)

【穴眼】xuě yān 穴位:人家那不是瞎推拿,都是有～的。

【学】xuè ❶ 诉说;把听到的话告诉别人:这些话儿他都～给父母听了｜元杂剧《魔合罗》第二折:"咽喉被药把捉,难诉难～。"｜郑光祖《梧桐树·题情》:"疼热话向谁～,机密事把谁托。"｜《醒世姻缘传》第三回:"晁大舍走出中门外边,晁住将计氏的话一一对晁大舍～了。"｜《聊斋俚曲集·襄妒咒》第十回:"终日起来吵呵也么呵,骂的话儿口难～。"｜《聊斋俚曲集·慈悲曲》第一段:"身上的饥寒自家知道,疼里痒里对着谁～?"｜《聊斋俚曲集·慈悲曲》第二段:"对着人也是难～,也是难～。哎,白黑的,使碎了心肠谁知道?"｜《聊斋俚曲集·翻魇殃》第二回:"托亲戚去一遭,徐氏话从头～,家长理短皆实告。"｜《聊斋俚曲集·寒森曲》第五回:"全没人对我～,三妹妹名声高,满城传说才知道。"｜《醒世姻缘传》第三回:"晁大舍走出中门外边,晁住将计氏的话一一对晁大舍～了。"❷ 描述;把看到的事告诉别人:把经过跟恁大叔～～｜《金瓶梅词话》第八十六回:"只怕他一时使将小厮来看见,到家～了,又是一场儿,倒没的弄的我也上不的门!"｜《醒世姻缘传》第二十七回:"跟的人回去～了那个光景,许多人大眼看小眼的不了。"｜《醒世姻缘传》第三十三回:"刚才昨日上了学,今日就妆病,守着你两个舅子,又是妹夫,～给你丈人,叫丈人丈母恼不死么!"❸ 效法;获得知识;读书:～生｜～徒｜～习。❹ 传授知识的地方:～校｜上～。❺ 掌握的知识:～问。

【学道】xuě dɑo 教养:这个孩子真有～。

【学乖】xuè guǎi 学经验;长见识:跟着恁大爷出去好好～｜《红楼梦》第

四十八回:"倒是你说的是,花两个钱,叫他学些乖来,也值。"

【学好儿】xuě hāor 向善或走正途:这孩子如今像待~了。

【学话儿】xuě huàr 把别人说的话模仿或复述给别人听:孩子都会~了|他老是愿意出去~。

【学瞎了】学坏了;走上歧途:他跟着那些浪荡公子们真是~了|△跟待算命先生后头走——~。

【学人】xuě yìn 学做正派的人:这么大了还不好好~。

【学言】xuè yàn 道听途说的话:有些事待自己去看,不能光听~。

【噱】xuě ❶ 猪用嘴撅动东西:猪圈都叫猪~破了。❷ 挑拨是非;胡说八道:人家伙伙得好好的,就他待中间里操外~。

【削价儿】xuè jiàr 降价:这些都是~处理的。

【削头】xuè tòu 女子削头发;理发:都是她娘给她~。

【趐摸】xuě me 搜寻;寻找:你待市里整天跑,就~不着个相应的房子?

【眈】xuē 斜着眼看;偷偷地看:他爬窗上~了一眼就跳下来了。‖1928年《胶澳志》:"偷视曰~。"

xun

【笋发】xūn fa 形容未成年人像竹笋一样茁壮挺拔:看恁这个孩子长得~的。

ya

【压】yā ❶ 从上面加力:~住|~塌|~马路。❷ 用权势或武力制服:镇~|~迫。❸ 控制;使稳定;使平静:~服|~事。❹ 积压:那些货都~待仓库里卖不出去。❺ 拖延:光待路上就~了三天。❻ 旧时逢年过节亲朋之间回赠礼品称为"压":~篓儿|~着包儿。❼ 倒(水、酒等液体):这把壶能~三碗水。‖1928年《胶澳志》:"~,倾水之谓。"《俚语证古》第五卷:"汲出谓之押。押为挹之双声音转。"

【压服】yā fu 平息;停妥:这个事儿过几天也就~下了|《红楼梦》第四回:

"等我再斟酌斟酌,或可～口声。二人计议天色已晚,别无话说。"

【压沉】yǎ chèn 沉重;压秤:这些东西暄,一点儿不～|这么个小箱子还真～|《醒世姻缘传》第八十五回:"说不上二千里地,半个月就到了,九月天往南首里走,那里放着就吵着要棉衣裳,你是待拿着～哩么?"

【压刀】yà dǎo =〖压光刀〗yà guǎng dǎo 瓦工用具,一种在抹平的灰浆上压光用的铁抹子。

【压份量】yǎ fěn liang 沉;沉重;压秤:看着这么点儿东西,还真～。

【压风】yà fěng (衣物或覆盖物)厚实致密不透风:这件儿衣裳厚,真～。

【压马路儿】yǎ mā rùr 散步。

【压腰儿】yà rǎor 给压岁钱:今年给孩子多少钱～?

【压腰儿钱】yà rǎor qian 压岁钱,春节时长辈给年幼孩子事先准备好的钱,祝福晚辈平安度岁:孩子这几年攒的～一点儿不割舍花。

【压事】yà shì 缓和或化解矛盾纠纷:他亏着倘着个能～的老爹。

【压塌市】yà tǎ shì 某种货品市场供给过多:夜来集上的韭菜就待～。

【压停】yā ting 平息:前几天他还～了一阵儿,这两天儿又捣鼓起这个事儿来了。

【压箱底儿】yà xiǎng dīr 在结婚新人的箱子里放上较为吉祥贵重的物品,寓意不空箱,家里有财。常用来比喻不轻易动用的钱财:他把家里～的钱都拿出来了。

【牙】yà ❶ 牙齿:门～|板～|虎～|～花子。❷ 双壳贝类的闭合肌,短柱状,形似牙:蛤蜊～。

【牙巴骨】yà ba gū 下颌骨:冻得他～直打嗝嗝|《醒世姻缘传》第五十二回:"狄希陈唬的那脸蜡渣似的焦黄,战战的打～,回不上话来。"|《聊斋俚曲集·墙头记》第二回:"上下一堆破铺衬,西北风好难禁,～打的浑身困。"

【牙碜】yǎ chen 言语粗鄙;不可理喻:他年龄不大,说话怎么这么～。

【牙风疙瘩】yà fěng gā da 牙齿周围组织炎症引起的牙龈肿胀:孩子上个月长～,这才好了。

【牙狗】yǎ gou 公狗:爷爷买了个小～回来给孙子养着。

【牙花子】yǎ huǎr zi 牙龈。参"牙花":《金瓶梅词话》第三十二回:"桂姐骂道:'怪攮刀子,好干净嘴儿,把人的牙花也磕了,爹你还不打与他两下子哩,你看他恁发讪!'"

【牙犟】yǎ jiang 嘴上不服气;强辩:你别～,人家的技术就是好。

【牙啃】yà ken 对付或应付的办法,一般用于反问或否定句式:人家媳妇就待和你分家,你也没～。

【牙口】(～儿) yǎ kour 牙齿:将就他这个年纪,～算很好了|《醒世姻缘传》第六十回:"素姐心里还指望狄希陈晚上进房,寻思不能动手打他,那～还是好的,借他的皮肉咬他两口,权当那相大妗子的心肝。"

【牙猫】yǎ ma 公猫。

【牙子】yǎ zi ❶ 物体表面突起的边缘部分:马路～。❷ 沿着衣物、器物边缘的装饰物:把衣裳下摆这里匝上一圈儿～|《红楼梦》第四十回:"好生着,别慌慌张张鬼赶来似的,仔细碰了～。"

【芽发】yǎ fa 土豆、地瓜等在存储期间发芽:家里热得地瓜都～了。

【芽瓜】yǎ gua =〖春地瓜〗chūn dì guǎ 用地瓜发的芽栽种长成的地瓜。因多为春天栽种,又称"春地瓜"。‖1928 年《胶澳志》:"取芽而种之甘薯谓之芽瓜。"

【鸦鹊】yā que 喜鹊。

【亚亚葫芦儿】yǎ ya hǔ rour 细腰葫芦。‖《俚语证古》第九卷:"葫芦之细腰者,谓之～。"

【哑巴亏】yā ba kuǐ 无法言说的伤害或损失:他倆上这号事只能当吃个～。

【哑咕嘤嘤儿】yā gu yǐngr yìngr 温柔安静或悄无声息的样子:人家这孩子老是～的,一点儿也不闹腾。

【押】yǎ 扦插,一种栽种植物的方法,把从树体上剪下的树枝直接埋进土里,使之生根生长。另一种是将树枝弯曲使底部入土,待其发芽扎根后再与母体剪断分离的栽植办法:～耐冬花儿|～棵石榴。

【押宝】yǎ bāo 旧时的一种赌博游戏。以一制钱闭置盒中,分青龙、白虎前后之位,以钱压得宝字为胜:这些事和～似的,押对了一把儿就发了。

【鸭蛋皮色儿】yà dan pì shēir 像鸭蛋外壳的颜色:她穿着一件儿～的衣裳。

【轧挂面】yà guà mian 特指挂面作坊加工挂面:那几年老李家～挣得可以。

yai

【唉哼】yǎi (ǎi) heng ❶ 呻吟:就这么点小伤,别～了|《醒世姻缘传》第九十回:"从做梦日起,昼夜象那失奶的孩子一般,不住声～,饭也不吃,黑瘦的似鬼一般。"|《醒世姻缘传》第九十五回:"狄希陈～着说道:'我的不是!悔的

迟了！’正说着，闭了眼，搭拉了头。寄姐问他是怎么。他～说：‘恶心，眼黑。’”亦作“唲哼”“挨哼”“捱哼”：《聊斋俚曲集·墙头记》第四回：“那皂隶喊了一声，先打了汉子，后拶了老婆，官才去了。一家人叫苦连天，唲哼成块。”|《醒世姻缘传》第七十三回：“狄相公倒没打他八分死，狄相公被他咬的待死的火势哩！那桥栏干底下坐着挨哼的不是么？”|《醒世姻缘传》第七十四回：“次早，那侯张两个道婆打听得素姐见在娘家，老鼠般一溜溜到龙氏房里。龙氏尚梳洗未完；素姐尚睡觉未起，在床嗳哟嗳哟的捱哼。”

【挨】yǎi（ǎi）❶ 驱赶：他把鸭子都～河里了。❷ 依次；顺次：打头儿～着找。❸ 靠近：他们两家～着很近。❹ 遭受：～嚑|～嫌后。❺ 等；拖延：什么时候能～到他回来。

【挨呲】yài（ài）cǐ 受到斥责：自己没弄明白就去瞎问，找着～。

【挨号儿】yǎi（ǎi）hàor 排队：咱晚点儿去，省着～。

【挨嚑】yǎi（ǎi）juè 遭到斥骂：回去光等着～就行了。

【挨剋儿】yǎi（ǎi）kèir 受批评；挨训：看他郎当着个脸，保证是～来。

【挨踡】yǎi（ǎi）juān 被踢，泛指挨打：把事儿办成这么个熊样儿，你回去不～才怪。

【挨磨】yǎi（ǎi）me 拖延；耽搁：他非～着你来了才开始干活儿|《醒世姻缘传》第六十七回：“他倒～了今日四日，他爽利不来了。”|《金瓶梅词话》第六十八回：“我的马走得快，你步行，赤道～到多咱晚，不惹的爹说，你也上马，咱两个迭骑着罢。”|《儿女英雄传》第十二回：“又～了一会子，才讪不搭的说了三个字，说道是：‘长的好。’”|《风月锦囊》第一卷：“～暂时，挑水到黄昏。叫天不应，叫地不灵，受尽了万般苦辛。”亦作“挨抹”：《醒世姻缘传》第四十九回：“从此每日晚间挨抹到三四更才去，没等到五更就往晁夫人屋里来脚头一觉，成了旧规。”

【挨熊】yǎi（ǎi）xìng 受责备：衣裳也弄破了，家去光等着～行了。

【矮起】yāi（āi）qi 比……矮：他长得不～他哥哥。

【矮朴朴儿】yài（ài）pǔr pùr 矮的样子，含喜爱意：炕盘得高了不得劲儿，就这么～的正好。

【矮矮】yāi yai（āi ai）非常矮小的样子：他长这么～，连条裤子都拖不起来。

【崖】yài =〖崖子〗yǎi zi 坡；倾斜或陡峭的地方：上～|下～|拉～|上沟陡～|前面那个大～，一口气拱不上去。

yan

【言差语错】yàn chǎ yù cuò 口误;不合适的话:他要是有个~的,要紧多担待点儿。

【严道】yǎn dao 严实;严密:他这个门做得不大~。

【严缝】❶ yǎn feng 严丝合缝:这些门窗都挺~的,冬天一点儿都不冷。❷(~儿)yàn fèngr 将木板的立面刨平,用胶粘结起来的一种工艺:做桌面的木头板都得~。

【严实】yǎn shi ❶ 紧密;没有空隙:把白菜捂得很~,冻不了。❷(说话)严谨;严守:他嘴不~,这件事别叫他知道。

【严严道道】yǎn yan dǎo dào 严实、严密的样子:大棚盖得~的,保证进不去风。

【延】yān ❶ 遇上;碰到(事情、动作等),后面不能跟着人,可以是某人做的事或出现的状态:~忙的时候,一天捞不着喝口水|出门的时候正~下雪。❷ 择取或等待时机:不用专门往这跑,~着我去的时候直接捎着。❸ 偶尔;有时候:他~着也能帮着大人干点儿活儿。

【延不遇儿】yān bu yùr ❶ 经常;时不时:两家子隔着近,~就找他一块儿耍去了。❷ 碰巧;偶尔:他~还能钓上条大鱼来。

【延将】yàn jiàng 碰巧:这个事真是~了,你晚来一步就碰不上他了|咱上海边溜达看看,~了还能拾着蛤蜊。

【延就】yàn jiù (不好的事情)凑巧;碰到一起:也不能光怨他,也是这么多些事都~了。

【延巧儿】yǎn qiāor 碰巧:我才进门~他也来了。

【延上】yān shang 遇上;碰到(事情、动作等),后面不能跟着人,可以是某人做的事或出现的状态:正~逢集,路上堵得走不动|△十年延不上个闰腊月。

【延时候】yān shǐ hou 有时候;不时;偶尔:他那个老毛病~就犯。

【延则】yān zi 假若;如果:你~待来,早点跟我说好去接你。

【盐嘎渣】yǎn ga zha 汗水风干后凝结在皮肤表面或衣物上的结晶。

【盐酱】(~儿)yǎn zangr ❶ 施加到食物里的盐、酱油等调味品;较咸的酱类:你切的地瓜蛋儿块儿太大了,进不去~|元周文质《时新乐》曲:"萝卜两把,~蘸梢瓜。"❷ 别人的劝说或建议:他倒是去找过几次,就是使不进~去。

【研】yàn(yǎn)❶ 细磨;碾碎:~药|~墨|~得细点儿。❷ 往器具或机

械的活动部分施加(润滑油):齿轮儿好～油了。❸ 停车时在车轮两边塞上砖石木等阻其滚动:下车去～上块儿石头,别溜了车。❹ 器具或机械的活动部分夹、缠住别的东西:他的手叫机器～了一下儿。

【研油】yǎn yòu 往机器上或活动的铁器上施加润滑油。

【芫荽】yǎn sui 香菜:～是发物。

【烟】yǎn ❶ 物质燃烧时产生的气体:～筒丨～道丨黑～丨冒～发火。❷ 像烟的东西:～雾。❸ 烟草。一年生草本植物,叶子大,长圆状披针形,其叶片可生产香烟:△风流茄子屋后～丨栽～。❹ 烟草的制成品:两条～丨～卷儿丨吃～丨旱～。

【烟把儿】yǎn bàr 烟蒂。

【烟袋】yǎn dài 吸烟的用具,通常特指旱烟袋。

【烟袋锅儿】yǎn dài guǒr 安装在旱烟袋一端的碗形金属物,用来盛放并燃烧烟丝。

【烟袋脂】yǎn dài zhǐ 附着在旱烟袋内壁上的棕黑色稠状物:△～拌韭菜——不是那么个味儿。

【烟麻子】yǎn mā zi 烟灰:地下磕得～到处是。

【烟呛子味儿】yǎn qiàng zi wèir 被烟熏过的难闻的气味:一上他屋里真受不了那个～。

【烟肉儿】yǎn ròur 龙葵。

【烟丝】yàn sǐ 烟叶加工后切成的细丝或颗粒。

【烟熏火燎】yǎn xǔn huǒ liāo 被烟熏染和被火烘烧的样子:我一进门里边～的,不知道烧什么东西了。

【烟叶儿】yǎn yèr =〚烟叶子〛yǎn yè zi 烟草的叶子,是制造烟丝、烟卷的原料。

【眼】yān ❶ 眼睛:吹胡子瞪～丨鬼睛蛤蟆～丨～技良手拙。❷ 小洞;窟窿:泉～丨鼻孔～儿丨腹脐～儿丨耳朵～儿丨△鸭子扎猛——炫划腔～儿。❸ 指事物的关键所在:节骨～儿。❹ 戏曲中的拍子:有板儿有～。❺ 量词,用于井、泉:这是头年打的一～井。

【眼巴眼望】yān bǎ yàn wàng 热切盼望的样子:他老娘待家里～等他回去。

【眼馋】yān chan 看到喜欢的东西特别想得到;羡慕:别光～人家挣那些钱,没看人家担那些心。

【眼迟】yān chì 眼力迟钝:如今上年纪了～,端详看了半天才认出他来。

【眼长子气】yān chàng zi qì 嫉妒:他看人家过得好就～。

【眼眵】yàn chǐ 眼睑分泌出来的粘稠状物:他脸也没洗,眼上顶着～就来上班了。

【眼毒】yān dù 眼光明锐;洞察力强:他～,一眼就认出那个小偷来了|杨万里《晓过花桥入宣州界》诗:"诗人～已先见,却旋塞云作翠帏。"|元杂剧《黑旋风》楔子:"你好～也,你怎么便认将出来?"|元杂剧《燕青博鱼》第二折:"兄弟,你好～也! 你怎生便认的出来?"

【眼睛儿】yàn jǐngr(zěngr)特指瞳仁:他的～发蓝,像个外国人。

【眼眶子】yàn kuàng zi =〖眼眶儿〗yàn kuàngr ❶ 眼睛周围的边缘。❷〈贬〉眼光:她～这么高,几时能说上个女婿。

【眼里有活儿】yān le yòu huòr 指勤快、不偷懒:待自己～,不能光靠人家安排着干。

【眼目】yān mu 眼色;眼神示意:看～行事|《金瓶梅词话》第五十九回:"(官哥儿)～忽睁忽闭,终朝只是昏沉不省,奶也不吃了。"|《金瓶梅词话》第八十回:"(李铭)常两三夜不往家去,只瞒过月娘一人～。"|《金瓶梅词话》第九十九回:"(刘二)在那里开巢窝,放私债,又把雪娥隐占在外奸宿,只瞒了姐姐一人～。"

【眼皮子】yàn pǐ zi 眼睑的统称:他盹得～都睁不上去了|东西就待～底下,你怎么就找不着?

【眼皮子营生】yàn pǐ zi yǐng sheng 容易被人看到成绩功劳的事情或工作:他就会干～。

【眼前】yàn qiàn ❶ 现在;目前:～这些事都够忙活的,哪想那么远。❷ 面前:他又跑当官～表功去了|《老残游记二编》第三回:"趁逸云不在～时,把这意思向环翠商量。"

【眼色】(～儿)yān sheir ❶ 视力:你真好～儿,这么小的字儿也能看清了|如今上了年纪,～也不大好。❷ 用眼神向人示意,常指劝告、命令、指挥或邀请:那个人站一边光给他使～|《红楼梦》第三回:"正要发签时,只见案边立的一个门子使～儿,不令他发签之意。" ❸ 眼力;察言观色的能力:《醒世恒言》第二十卷:"倘一时没～,配着个不僧不俗,如醉如痴的蠢材,岂不反误了终身!"|《红楼梦》第四回:"如今舅舅正升了外省去,家里自然忙乱起身,咱们这工夫一窝一拖的奔了去,岂不没～。"

【眼生】❶ yān shěng 看起来觉得陌生:这么些日子没看书了,乍一看见也试着～｜杨万里《探春》诗："五日才能一日来，～方觉有春回。向来日日频来探，只道园花不肯开。"｜梅尧臣《感二鸟》诗："回翔隔岁月，老木高童童。～众禽噪，虽近未由通。"❷（～儿）yān shengr 眼睛：孩子那对大～真好看。

【眼熟】yàn shù 以前曾看见过；看起来很熟悉：那个人很～，好像是什么时候一块儿吃过饭。

【眼眼儿】yānr yānr 小孔；小洞：把上面钻上几个～好淌水。

【眼睛毛】yǎn zhei mào 眼睫毛。

【演当】yān dang ❶ 做演示、模仿性动作：你～～，他当时是怎么装起来的？ ❷ 比划；比量：你拿去～～看看合不合适，合适就留下行了｜不用拿过去～了，打眼儿一看就高出不少来。❸ 安排；选择时机：最好～个不刮风的天儿扎架子｜你～着他送货的时候一块儿捎过来。❹ 遇到；碰巧：这多少年没有的事儿叫你～上了。

【演划】yān hua ❶ 演示；比划：他～得不像。❷ 炫耀：他又拿着才买的玩具上同学那儿～去了。

【演花儿】yàn huǎr 做蒙蔽人的举动：他像是～给咱看，多留心。

【演剧】yàn jù 表演戏剧：当现俺都一块～来。

【演量】yān liang 比划；比量：不能拿着刀～，伤着人怎么办！

【演皮影儿】yàn pǐ yingr ❶ 表演皮影戏。❷ 装模做样以蒙人耳目的举动：他演这些皮影儿谁还看不出来？

【验兵】yàn bǐng 报名服兵役的人到指定的机构检查身体以确定是否合格：他连着两年去～才验上。

【秧歌】yǎn guo 一种穿着艳丽服装有锣鼓伴奏的民间舞蹈，一般在民俗节日或大型庆祝活动期间表演：打～｜扭～。

【殷紫】yǎn zi 黑紫色：他吃桑仁儿吃得个嘴～。

【腌浆】yǎn jiang 渔民加工咸鱼时，将挖出的鱼内脏清洗干净后的腌制品。

【檐头】yǎn tòu ❶ 屋檐。❷ 从地面到屋檐的高度：你盖的这个屋～高，屋里亮堂。

【剡萝贝】yǎn luǒ bei ❶ 将萝卜的叶子根部切除，防止发芽变潦。❷ 喻指砍人头，意为杀人或战争：△东虹雾露西虹雨，南虹发河水，北虹～。

【蔫蔫】yǎn yàn ❶ 植物因水份丢失而萎缩：两天忘浇水，花儿就～了。亦作"淹淹"：《醒世姻缘传》第七十一回："我怕几两银子极极的花费了，两个果子淹淹了，我说：'等不的你好，我自家送去罢。'待叫这孩子来，怕他年小不妥当。"❷ 无精打采:看他～得一点儿精神没有。‖《说文解字》:"蔫,菸也。从艸,焉声。於乾切。"

【蔫蔫噜嘟】yǎn yàn lǔ du =〖蔫蔫嘟噜〗yǎn yàn dǔ lu ❶ 花木、果蔬缺少水分而萎缩的样子:天旱得地里的菜都～的。❷ 情绪低落、无精打采的样子:他放学回来～的,看样儿像是让老师批评了。

【蔫幽】yǎn yòu 植物因水份丢失而萎缩:小摊儿上摆的菜都晒～了。‖《俚语证古》第十卷:"～,蔫菸也。枝叶萎败谓之～。～为蔫菸之双声音转。"

yang

【羊干】yǎng gan 反应迟钝:你不一块儿去还待这里～什么?

【羊角锤】yǎng jiā chuì 钉锤,锤头一端是方柱形,另一端扁平分叉略弯,形如羊角,故称。

【羊咩子】yàng miě zi 小羊羔:不知道那是谁家的～。

【羊皮叶】yǎng pi yě =〖野菠菜〗yē bě cài 酸模,又称土大黄,蓼科植物。

【羊群里跳出个驴来】yǎng qǔn le tiào chu ge lǘ lai 指某人不合时宜地站出来讲话或做事。

【洋】yàng ❶ 来自国外的或源于外国技术的:～火 | ～灰 | ～柿子 | ～油 | ～烟 | ～面 | ～铁 | ～蜡 | ～槐 | ～相 | ～壶。❷ 与外国人有关的:磨～工 | 受～罪 | 摩～调。

【洋葱】yàng cěng 圆葱。

【洋壶】yǎng hù 旧时指玻璃瓶子:那些～攒着好卖钱。

【洋灰】yàng huǐ 旧时指水泥:～墙 | ～袋子。

【洋火儿】yǎng huōr 旧时指火柴:那几年他们家里都糊～盒挣钱。

【洋火叭枪】yǎng huò bǎ qiǎng 一种自造的儿童玩具枪,铁丝通过皮筋的弹力撞击火柴头产生动力,将火柴打出。

【洋蜡】yàng lǎ 旧时指石蜡。

【洋萝贝】yǎng luǒ bei 旧时指白萝卜。

【洋面】yǎng miàn 旧时指成品面粉。

【洋柿子】yǎng shǐ zi 西红柿。

【洋铁】yǎng tiē 旧时指铁皮等成品铁料。

【洋线】yàng xiǎn 旧时指棉纱。

【洋相】❶ yǎng xiàng 丑态：他出的那些～就别提了。❷ yǎng xiang 趾高气扬、得意忘形：他～得没有强起他的。

【洋烟】yàng yǎn 旧时指香烟。

【洋洋不睬】yàng yàng bǔ cāi 毫不在乎、不予理会的样子：△大辫子一甩，～｜《聊斋俚曲集·增补幸云曲》第十八回："那万岁～，一步步花落水流。"亦作"佯佯不采"：《金瓶梅词话》第五十一回："妇人一连丢了两遭身子，亦觉稍倦。西门庆只是佯佯不采。"

【洋胰子】yǎng yī zi 旧时指商品肥皂。

【洋油】yǎng yòu 旧时指煤油。

【洋油灯】yǎng yòu děng 旧时一种燃煤油的灯。

【样道儿】yǎng daor 样子；外表：这件衣裳穿起来～还挺好看的。

【样式】yǎng shì ＝〖式样〗shǐ yàng 样子；形式：那个～的都卖上了｜《初刻拍案惊奇》第八卷："不如且载回家，打过了捆，改了～，再去别处货卖吧！"｜《红楼梦》第八十五回："我前次见你那块玉倒有趣儿，回来说了个式样，叫他们也做了一块来。"

【样数】（～儿）yàng shur 不同品种或样式的数量：他那儿的～多，去了随便挑｜《金瓶梅词话》第五十三回："我有些猪羊，剩的送与你凑～。"

【样样儿】yǎng yangr ❶ 反应：这个事说了他一千遍了，人家老是没～。❷ 征兆；信息：这么些日子了，怎么还没有～？

【样样儿的】yàngr yàngr di 完全一样的：他和他娘长得～。

【痒痒】yāng yang ❶ 皮肤瘙痒：领子上的些毛毛儿弄得脖子～得受不了。❷ 难以控制的某种欲望：△人家拉屎他腚眼儿～。

【痒痒挠儿】yāng yang nàor 一种花卉，学名紫薇，亦名百日红。

【痒痒履须】yāng yang lǚ xù 如同虫子在身上爬行一般发痒难受的感觉：我后脊梁～的，你看看没跑上什么去？

【勃勃】yǎng yang ❶ （出于礼节和尊重而）劝；邀请；请求：～哈酒｜～吃菜｜他非～～咱上他家吃饭。❷ 出于礼节推却别人的好意：也不～～坐下就吃，真是碰上实在客了。‖《玉篇》："勃，劝也。"

【央及】yǎng ji 再三请求；央求：你别济着～了，我真不待这吃饭｜元杂剧《西厢记》五本第三折："我今番到这里，姑夫孝已满了，特地～你去夫人行说知，拣一个吉日成合了这件事，好和小姐一答里下葬去。"｜元杂剧《虎头牌》第一折："～小姐和元帅说一声，将那素金牌与我带着，就守把夹山口子去呵，不强似与了别人？"｜元杂剧《墙头马上》第一折："梅香，我～你，要告老夫人呵，可怎了！"｜元杂剧《秋胡戏妻》第三折："小娘子，左右这里无人，我～你咱。"｜元杂剧《汉宫秋》第三折："今日～煞娘娘，怎做的男儿当自强！"｜元杂剧《生金阁》第一折："则他是庞衙内，我～你咱。"｜元杂剧《黄花峪》第一折："大嫂，我～你唱一个小曲儿。"｜元杂剧《铁拐李岳》第三折："看看的过百日，官事又萦羁，衣食又催逼，儿女又～。"｜《儿女英雄传》第三十二回："（霍士道）待要怎样，又不敢合他怎样，只有不住口的～讨饶。"｜《二十年目睹之怪现状》第八十回："那学台只得去～嘉定府去说情。"｜《聊斋俚曲集•富贵神仙》第二回："张鸿渐是个义气人，如何禁的～？ 也就有意合他同去。"｜《醒世姻缘传》第七十二回："他是面试的主儿，你不流水～他，要经了官，孩子们禁的甚么刑法，没等的套上拶子，下头就拉拉尿，口里就招不迭的哩！"｜《红楼梦》第一百一十二回："昨儿老太太的殡才出去，那个什么庵里的尼姑死要到咱们这里来，我吆喝着不准他们进来，腰门上的老婆子倒骂我，死～叫放那姑子进去。"｜《红楼梦》第一百一十三回："我们紫鹃姐姐也就太狠心了，外头这么怪冷的，人家～了这半天，总连个活动气儿也没有。"｜《金瓶梅词话》第三回："老身～娘子在这里做生活，如何交娘子倒出钱？"｜《金瓶梅词话》第十三回："（西门庆）只跌脚跪在地下，笑嘻嘻～说道：'怪小油嘴儿，禁声些！'"｜《金瓶梅词话》第五十八回："那郑奉又不敢不去，走出外边来～玳安儿。"

【秧】yǎng ❶ 一种种植方式，将整平的大块儿田地撒上水，然后扬播撒种，最后覆土。❷ 特指地瓜育苗方式，将地瓜埋在沙土里，待发芽长出小苗后，再取苗栽种：～地瓜。

【秧子】yǎng zi ❶ 作物的幼苗。❷ 身体柔弱的人：病～。

【让】yǎng（yàng）❶ 谦让；把方便或好处给别人：～给人家先使｜△大～小，必定好｜△～人不算痴，过后得便宜｜△一争两丑，一～两有｜△争着不足，～着有余。❷ 指使、允许或听任：△打不着鹿不～鹿吃草儿。❸ 避开；躲闪：～路｜～道儿｜～场。❹ 被；叫：就～他叨叨坏了。❺ 退让以留出空间或位置：别忘了把走道儿～出来｜别忘了把中间墙的场儿～出来。

【让墙儿】yǎng càngr 让步；答应：他们谁也不～，到最后都打起来了。

【让场儿】yǎng chāngr 给别人腾让出地方：人太多了，都往里让让场儿。

【让道儿】yǎng dàor 让路：给前边的车～。

【让服】yàng fu 让步；谦让：平时～人小不了你。

【阳沟】yàng gou 顶部未覆盖的排水沟，泛指排水沟：他一把没拿好，把篓

子掉～里了|《醒世姻缘传》第二十六回:"再不然,把与那穷人端了去,吃在人的肚里,也还是好;他却不肯,大盆的饭都倒在泔水瓮里!还有恐怕喂了猪,便宜了主人,都倒在～里面流了出去!"|《醒世姻缘传》第四十一回:"后来也还指了清～,沟水流上他门去,作践了几番。"又:"着了忙的人,没看见脚底下一块石头,绊了个翻张跟斗,把只草镶鞋摔在～里。"亦作"洋沟":《金瓶梅词话》第十九回:"不提防鲁华又是一拳,仰八叉跌了一交,险不倒栽入洋沟里,将发散开,巾帻都污浊了。"|《金瓶梅词话》第五十二回:"～里翻了舡,后十年也不知道。"‖唐丘光庭《兼明书》第五卷:"凡沟有露见其明者,有以土填其上者。土填其上者谓之阴沟,露见其明者谓之～。"刘献廷《广阳杂记》第五卷:"盖潜行地中者曰阴沟,则显行于地面者为～矣。"

【阳历年】yàng li nìàn 元旦:～放假的时候回了老家一趟儿。

【仰敞儿】yāng changr =〖仰棚〗yāng peng =〖仰尘〗yāng chen 室内房间的顶棚:扎～|《醒世姻缘传》第七回:"连夜传裱背匠,糊仰尘,糊窗户。"|《醒世姻缘传》第四十二回:"原作卧房的三间是纸糊的墙,砖铺的地,木头做的仰尘,方格子的窗牗。"|《醒世姻缘传》第四十九回:"晁夫人叫了木匠收拾第三层正房,油洗窗门,方砖铺地,糊墙壁,札仰尘,收拾的极是齐整,要与晁梁作娶亲的洞房。"

【仰嘎扎】yāng gà zha 仰面躺着或身体大幅度后仰:进了门一看,他们还都待床上～歇着。

【仰嘎扎风儿】yāng gà zha fěngr 癫痫病。

【仰脸老婆镇头汉】yāng tòu lāo pe qìn tou hàn 民间认为走路时头部后仰的女人和走路时低着头的男人不好交往:△青头萝卜紫皮蒜,～。

【仰歪】yāng wai 仰卧或斜靠:他～那里半天了,还懒得不愿起来。

【仰歪蹬肢】(～儿)yāng wai dèng zhǐr ❶ 随意仰卧的样子;仰卧着四肢乱动的样子:人家早出去干活了,你还待这～地挺恣。❷ 向后跌倒的样子:他没果睬身后有块儿石头,往后退跌了个～。

【仰弯儿】yāng wanr 身体向后仰成弯形:他夜来吃得太多了,身子都打～了|小孙子待他怀里光打～,一点儿不受拗。

【仰仰】yāng yang 脸向上或身体往后的样子:你的头这么～着不难受?

【扬场】yǎng chàng 用木锨将碾破外皮的粮食扬起,依靠风力使粮食子粒与糠皮分离。

【扬场狗费】yàng chang gòu fèi 糟蹋或浪费的样子:他把些好东西都～地

糟作了。

【扬豆叶】yǎng dǒu ye 形容挥金如土：他们两口子惯得个孩子花钱就赶～。

【养老女婿】yàng lǎo nū xù 入赘的女婿,女方招婿的主要目的是日后为女方老人养老,故称：这个姓儿是招～上村里来的。

【漾奶】yàng nāi 婴儿因积压、不适等原因吐奶。

【嚷嚷喳喳】yǎng yang chǎ cha 嘈杂的说话或吵嚷声：你出去看看外边儿～是怎么回事儿。亦作"央央插插"：《醒世姻缘传》第十回："昨六月初六日,我在家里叉着裤子,手拐着几个茧,只听得街上央央插插的嚷。我问孩子们是怎么。孩子们说：'是对门晁相公娘子家里合了气,来大门上嚷哩。那央央插插的,是走路站着看的人。'"

【瓤子饼】yàng zi bīng 千层饼。

yao

【幺家】yāo ji 外人家：你这是到了～了？还这么客气！

【幺跷】yǎo qiao 奇怪；蹊跷：你说的这个事儿确实挺～的。

【吆二喝三】yào ler huò sǎn 大声叫喊的样子：那几个人来了～的,像待打仗样的。

【咬】yāo ❶ 上下牙对住用力；咀嚼：△狗～犸虎——两下怕。❷ 蚊虫等叮（人）：这一转眼儿的功夫叫蚊子～了好几口。❸ 腐蚀；侵蚀：那件衣裳叫硫酸～破了｜刘献廷《广阳杂记》第四卷："盖其人为漆所～,他医皆不识云。" ❹ 咬定；举报；指控：那人没几天就把他～出来了｜《醒世恒言》第三十三卷："那边王老员外与女儿并一干邻佑人等,口口声声～他二人。" ❺ 特指狗大声地吠叫：《醒世姻缘传》第二十一回："这事瞒不过嫂子,这实吃了晁无晏那贼天杀的亏,今日鼓弄,明日挑唆,把俺那老斫头的挑唆转了,叫他象哨狗的一般望着狂～！"

【咬钢嚼铁】yāo gǎng juě tiē 形容人身体强健、坚毅刚强的样子：他年轻的时候～的个人,上了年纪叫病把他治成这么个样儿。

【咬舌子】yāo shè zi = 〖吐舌子〗tū shè zi ❶ 说话吐字不清；发音不准：他小时候有点儿～,如今好了。❷ 说话咬字不清楚的人：他是个～｜《红楼梦》第二十回："黛玉笑道：'偏是～爱说话,连个'二'哥哥也叫不上来,只是'爱'哥哥'爱'哥哥的。'"

【咬头儿】yāo tour 食物的韧性,耐咀嚼程度:那种馒头吃起来真有～。

【咬牙】yào yà 不屈服;难对付:他那个弟弟真～。

【咬咬】yāo yao 小儿语,会咬人的小虫或小动物:别赤着脚,地下有～。

【要不】yǎo bu ❶ 不然;否则:亏着你捎着俺,～这个点儿还回不了家。❷ 要么:～你去,～他去,反正怎两个待有个去的。❸ 表建议:～明日再去一趟看看?❹ 本来;早晚:咱一块儿回去趟也行,～我也待去看看儿。

【要不紧儿】yào bu jīnr 偶尔;隔三差五:你～就过来耍,姊妹们都想你。

【要好儿】yǎo hāor ❶ 朋友之间关系好:他们几个一直就挺～的。❷ 要强;做事追求完美:他～一辈子,谁知道能倘上他儿这么个东西!|《醒世姻缘传》第五十六回:"况且～的人家有气,只是暗忍,不肯外扬。"

【要谎】yǎo huāng 报出虚高的价格:他做买卖从来不～。

【要紧】yǎo jīn ❶ 重要:没有～的事,不愿意给怎添麻烦|看你急冒窜火的,还寻思有什么～的事来。❷ 严重:你磕这一下不～吧?❸ 一定;无论如何;不管怎样:快下雨了,～回去把天井晒的被收起来|你～捎明亮儿给怎爷爷把东西送去|《红楼梦》第十二回:"所以带他到世上,单与那些聪明杰俊,风雅王孙等看照。千万不可照正面,只照他的背面,～,～!"

【要命】yǎo mìng ❶ 保留性命:要钱还是～,他自己看着办|△光着腚打老虎——既不要脸又不～。❷ 使丧失生命:要钱没有,～一条。❸ 非常,程度达到极点:恣得～|他待家里气得～,哪能再来。❹ 无论怎样;不管如何:他回去想了好几天,就是～想不起来。

【要血命】yào xiē ming 表示程度达到了极点:叫这么个大老头子干这么多活儿,真要他血命了。

【腰眼子】yǎo yān zi 腰部靠近肾脏的部位。

【腰子】yǎo zi 人或动物的肾:猪～。

【摇头卜拉角】yào tòu bù la jiā =〖甩头卜拉角〗shuāi tòu bù la jiā 摇头晃脑不听从安排的样子:他成天～的,不是个正经东西。

【勒】yào 袜、靴的筒子:高～鞋|矮～袜子|马缟《中华古今注·袜》:"至请炀帝宫人,织成五色立凤朱锦袜～。"|元杂剧《老生儿》第二折:"靴～里有两锭钞,你自家取了去。"

ye

【也不】yě bū ❶ 数量、程度等非常多、大、高等：你快出去看看，来了～多少人｜看痛得那个样儿，寻思他伤得～多么重。❷ 还不知道，指数量、程度等非常少、小、低等：家里～几个钱，就出来耍展扬｜～几个人能来，就置办下这么多东西？ ❸ 承接别人的观点或指出的事实，表示赞同：嗯，～，应该找人来看看是怎么回事｜～，他和我买的是一个牌子的衣裳。

【业巴】yě ba 骂人的话，傻子：和那个～没有什么好说的。

【爷】yè 父亲，在日常生活用语中已几乎不用，一般只用在俗语、谚语或民谣中：△儿大不由～｜△父子～们儿｜△儿做儿当，～做～当｜△有钱是～，有奶是娘｜《木兰诗》："昨夜见军帖，可汗大点兵，军书十二卷，卷卷有～名。阿～无大儿，木兰无长兄，愿为市鞍马，从此替～征。"｜元杂剧《陈州粜米》第二折："本待将衷情细数，奈哽咽吞声莫吐；紫金锤打死亲～，委实是含冤受苦。"｜元杂剧《陈州粜米》第四折："小衙内做事歹，小憨古且宁奈，也是他自结下冤仇怎得开。非咱忒煞，须偿还你这亲～债。"｜《聊斋俚曲集·墙头记》第一回："养儿养女苦经营，乱叫～娘似有情；老后衰残难挣养，无人复念老苍生。"

【爷儿】yèr 父子（女）或祖孙俩；男性长辈和晚辈：看恁～三待这耍得恣的｜元杂剧《陈州粜米》第二折："我是陈州人氏，俺～两个将着十二两银子粜米去，被那仓官将俺父亲则一金锤打死了。"｜《醒世姻缘传》第三十八回："连春元说：'你～两个敢合我赌？若取在第三，也算我输。'"又："同着四位学生，狄学生取在第三以下，我输一两；若取第二，您～两个伙出一两东道。"｜《醒世姻缘传》第四十一回："他也为我才来，又为我年小，凡是银钱出入，拿着我当贼似的防备。瞒着我，～两个估倒。"｜《醒世姻缘传》第四十九回："徐老娘抱着孩子，请进姜副使合姜大舅姜二舅看外甥。姜副使～三个甚是喜欢，姜副使又赏了老娘婆银一两，二位舅各赏了五钱。"｜《金瓶梅词话》第一回："（武大）不幸把浑家故了，丢下个女孩儿，年方十二岁，名唤迎儿。～两个过活。"

【爷们】（～儿）yè menr ❶ 对成年男子泛称：这都是些大老～的事儿，老婆们就别管。❷ 对男性长辈和晚辈的合称；男性长辈对自己和晚辈的合称（晚辈不能对自己的男性长辈称呼"爷们儿"）：今日咱～几个好好喝两壶｜《醒世姻缘传》第八十五回："怎么我往京里去寻你爷儿们，你爷儿们躲出我来，及至我回来寻你，你又躲了我进去，合我掉龙尾儿似的，挑唆你相大哥送在我软监里，监起我两三个月？"

【页】❶ yě 张，用于片状的东西：一～玻璃｜两～饼干｜几～瓦｜《聊斋俚曲集·寒森曲》第五回："说了一声，一众鬼把二相公拉下去，用两～板夹起来，绑在桩上。"亦作"叶"：《醒世姻缘传》第五十七回："大家男男女女，都蜂拥一般赶去，将他家中的衣裳器皿，分抢一空，只剩了停他的一叶门板，一个六十多岁的老婆。" ❷（～儿）yèr 倍数：他花的钱是你的三～也不止。

【页颅盖儿】yě lou gàir 额头：他的那点儿精神都写待～上。‖ 参"额颅盖""额髅盖"：《醒世姻缘传》第十九回："你怎么有这们些臭声！人家的那个都长在额颅盖上来！"｜《聊斋俚曲集·磨难曲》第一回："大家去告上台，他虽然把官差，那眼睛没长在额颅盖。"｜《聊斋俚曲集·寒森曲》第一回："赵恶虎骂奴才，怎么见我不下来，丁字眼没长在额髅盖。"

【夜壶】yě hù 夜间接尿的尿壶。

【夜来】yě lai 昨天：～头晌俺是一块儿回来的｜元杂剧《萧淑兰》第二折："～清明，满家上坟，惟淑兰托疾不往。"｜元杂剧《鲁斋郎》第二折："（鲁斋郎云）这等，也罢。你着那浑家近前来我看。（做看科，云）好女人也！比～增十分颜色。生受你，将酒来吃三杯。"｜元杂剧《西厢记》一本第二折："～老僧赴斋，不知曾有人来望老僧否？（唤聪问科）（聪云）～有一秀才自西洛而来，特谒我师，不遇而返。"又："～老僧不在，有失迎迓，望先生恕罪。"｜元杂剧《秋胡戏妻》第一折："我想～过门，今日当军去。"｜元杂剧《后庭花》第二折："老婆子～晚间在狮子店里安下，只听的这秀才和我翠鸾孩儿说话。"｜元杂剧《度柳翠》第二折："～八月十五日，你不出来，今日八月十六日，你可出来？"｜元杂剧《救孝子》第三折："小官～劝农回家，那一起人告状的，都与我拿将过来。"｜《醒世恒言》第三卷："美娘想起～之事，恍恍惚惚，不甚记得真了，便道：'我～好醉！'"｜《水浒传》第六十一回："我～算了一命，道我有百日血光之灾，只除非出去东南上一千里之外躲避。"｜《聊斋俚曲集·墙头记》第三回："～时做饭忙，到晚来趁灯光，才把绵裤裁停当。"｜《聊斋俚曲集·磨难曲》第一回："～还有支使的，今日出来当奴才。"

【惹犯】yē fan 招惹；冒犯：你～了他就～下天来了。

【惹祸祸儿】yē huǒr huor 惹祸；制造是非：你少出去～，让老人省点儿心。

【惹弄】yē leng 招惹；触犯：他性儿很暴，少去～。

【热】yě ❶ 温度高；感觉温度高（与"冷"相对）：△冷在三九，～在中伏｜△该～不～不收成，该冷不冷人有病｜△烧火的棍子——一头～。❷ 加热；使热：把饭～～。❸ 生病引起的高体温：发～｜退～。❹ 有血脉关系或情意深厚:亲姊～妹｜～乎人。

【热疙瘩】yè ga da 痱子,夏天皮肤上起的红色或白色小疹:快给孩子洗洗澡,看他起的这个～｜蒲松龄《日用俗字·疾病章》:"挤出脓来疖子好,～须擎几番"。

【热㤘当儿】yě guàng dangr 偏热;有点热:怎么试着孩子的头～的,不是发烧了?

【热哈哈】yě hà ha 天气炎热的样子:这么个～的天儿,谁也不愿意出去。

【热乎儿】yè hur ❶ 温热:锅里的饭都还～。❷ 亲热;亲昵:他见着人一点也不～。❸ 热烈;有兴致:看两个人说得那个～。

【热炕头儿】yè kǎng tòur 土炕靠近锅灶的一边,泛指温热的土炕:△老婆孩子～。

【热汤热饭】(～儿)yě tǎng yě fànr =〖热汤热水〗yě tǎng yě shuī 温热的饭菜,比喻在饮食方面及时、周到:媳妇整天～地伺候着你,还有什么不知足?｜待家门子上干活还能～地吃着,上外地就捞不着了｜《聊斋俚曲集·墙头记》第一回:"起初甚好,两个儿早晚问候,两个媳妇热汤热水常来服事,好不的那好。"

【热烫烫】yě tàng tang 热得让人舒服的样子:冬天烧得个炕儿～的,大人孩子都不愿意下炕。

【热天】yě tiǎn 温度高的天气:～东西放不住。

【热突突】yě tù tu 热得让人不舒服的样子:这个天儿热得连风都～的｜《金瓶梅词话》第五十九回:"你再不来相靠着我胸膛儿来呵,生把这～心肝割上一刀。"

【野巴】yē ba 粗野;野蛮:那面儿的些人都很～,少惹着他们。

【野巴巴】yē bà ba =〖野刁刁〗yē diào diao =〖野将将〗yē jiàng jiang 野蛮、粗鲁的样子:他家那个孩子～的,没有怕的人｜他小时候挺听话的,如今怎么～的。

【野路子】yē lù zi ❶ 技术未经正规学习的:别信这些～大夫的。❷ 野蛮粗俗的人:以后少和这些～小孩耍。

【野麦子】yē mèi zi 燕麦。

【野天麻】yē tiǎn mà 益母草。

【野物】(～儿)yē wur 野生动物;野兽:你上山乱跑,叫～儿嗦去咱可不管昂｜元杂剧《介子推》第三折:"我每日割着身上肉,推做山林内拾得～肉,与太

子充饥。"|《元典章·兵部二》:"随路打捕御膳~,除正打捕户执把弓箭外,其余人等并行禁断。"

【野英青】yè yǐng qing =〖英青菜〗yǐng qing cǎi 学名反枝苋,一种野菜,可食用。

yi

【一】yī ❶ 数目,最小的正整数:△~根筷子吃面条——单挑。❷ 相同;同一:他们两个人好得穿~条裤子。❸ 满;全:~脸横立肉。❹ 纯;专:~志心|~心想干好。❺ 用在动词前面,表示短时间做某事:咱先待这~歇,等等再走|你帮我~看店门,我赶自就回来了。❻ 用在动词或动量词前面,表示做出某个动作产生的反应或结果:~吃就见效|~提这个事就上火|这些煤~点就着|~看就不是什么好人。

【一嗷嗷儿】yī àor aor 大声喊叫的样子;大声叫嚷的样子:痛得他~的|听他这么一说,下面的人~的,全乱营了。

【一把连儿】yī bā liànr 情趣相投的好朋友:他们这几个都是~。

【一把棘子撸到底】yī bā jī zi lǔ dào dī 比喻把事做绝,不留后路:往下能怎么回事儿,谁也不敢~。

【一把一利】yī ba yì lì 生意或往来结算一次一清:他们做买卖向来是~,没有欠着这一说儿。

【一般】yì bǎn ❶ 普通:你看着好,俺看着很~。❷ 一样;相同:他们~大的孩子都结婚了|△货有高低三等价,客无远近~看。

【一般化儿】yì bǎn huàr 很平常;不突出:他待班里学习也就~。

【一半遭儿】yī bàn zǎor 次数极少的;偶尔:这样的好事不用天天有,演着~就够了。

【一半子】yì bàn zi 一半:买回来的猪肉,叫他分出~去|女婿是~儿。

【一边子】yì biǎn zi 〈贬〉旁边;远处:滚~去|上~去。

【一表人物】(~儿)yǐ biāo yǐn wur 形容人相貌英俊,风度潇洒:就恁家孩子这~儿,还愁找对象?|元杂剧《望江亭》第一折:"夫人,放着你这~,怕没有中意的丈夫嫁一个去?"|元杂剧《百花亭》第一折:"(正末唱)他见人有些娇怯,忙将罗扇遮,(旦做意科,云)那生好~也。我折朵兰花儿咱。"|元杂剧《倩女离魂》第一折:"(梅香云)姐姐,那王秀才生的~,聪明浪子,论姐姐这个模

样,正和王秀才是一对儿。"|《喻世明言》第一卷:"(陈商)年方二十四岁,且是
生得～,虽胜不得宋玉、潘安,也不在两人之下。"|《水浒传》第八十一回:"官家
看了燕青～,先自大喜。"|《三侠五义》第五十八回:"仁宗见白玉堂～,再想起
他所作之事,真有人所不能的本领,人所不能的胆量,圣心欢喜非常,就依着包
卿的密奏,立刻传旨:'……以为辅弼。'"|《聊斋俚曲集·富贵神仙》第三回:"有
娘子这～,嘎女婿找不出来,不强似自家过么?"|《金瓶梅词话》第三回:"大官
人休怪我直言,你先头娘子并如今娘子也没武大娘子这手针线,这～。"|《金瓶
梅词话》第七十八回:"原来何千户娘子还年小哩. 今年才十八岁,生的灯人儿
也似～。"

【一百成】yǐ bēi chèng 很好;非常好:邻居们能对你这么样,也是～了。

【一憋气】yī biē qì 一口气:他～就能爬七楼上去。亦作"一瘪气""一别
气":《聊斋俚曲集·姑妇曲》第二段:"安大成舍了那驴,一瘪气跑回来,也没敢
做声。"|《醒世姻缘传》第六十九回:"这狄希陈一别气跑了二十七八里路,跑的
筋软骨折。"

【一卜拉三跳】yī bū la sǎn tiào ❶ 轻微一动便引发强烈的反应或反抗:那
条大鲤鱼～的,根本就抓不住它。❷ 听不进别人的解释、劝说或教育的样子:
人家好心劝几句,他～的,一点儿听不进去。

【一茬】yì chà 一批;一代:那～人出了一辈子的力,吃了一辈子的苦。

【一锤子】yì chuǐ zi 仅仅一次的:～买卖|～营生。

【一锤子买卖儿】yì chuǐ zi māir màir 仅仅一次的生意或交往,不会有第二
次:他做事就是～,不长远。

【一村一疃】yī cǔn yǐ tān =〖一村一里〗yī cǔn yǐ lǐ 同属一个村庄:都
是～的,别为这么点儿事儿争竞。

【一搭地】yī dà dì 〈贬〉很远的地方;错误的地方:都这个时候了,他早
跑～耍去了|你快滚～去,少待这瞎咧咧|你跟着这么个师傅,那就学～去了。

【一大溜儿】yì dǎ ròur ❶ 分割后的一大条、一大块、一大段等:叫他割
了～去。❷ 一长排:那个门口都排了～的队了。

【一大趟】yī dà tǎng 一长串:我看排了～人,半天也挨不着咱。

【一大些】yī dà xiě =〖大些〗dà xiě 很多;许多:你弄这么～瓜来,谁能吃
上？|《聊斋俚曲集·慈悲曲》第四段:"张炳之也没吃不下饭去,临了剩～。李
氏才说:'张讷子,你来捣些罢！'"|《聊斋俚曲集·寒森曲》第七回:"骂恶虎太
淫邪,占妇女～,强把良女霸作妾。"|《聊斋俚曲集·墙头记》第四回:"两个就待

动手,旁里～人拉着。"|《聊斋俚曲集•禳妒咒》第一回:"俺那小舅来这里耍,骑着骡子牵着马,驴驼担担～。"|《聊斋俚曲集•磨难曲》第二十一回:"小举人说观榜的那一日,才听的李大家～人进了宅子,我恐怕母亲惊慌,实时就起身来了。"|《聊斋俚曲集•磨难曲》第二十二回:"但只是姓张的～,你又不曾问问名号,怎么必然就是咱爹爹?"

【一当二玩】(～儿) yī dǎng lěr wànr =〖一当嬉二当玩儿〗yī dǎng xǐ lěr dǎng wànr 漫不经心:他～地跟他去了,根本就没当回事儿。

【一当两儿】yī dǎng liāngr 做一件事情相当于做了两件事情:你去这一趟儿正好～,把两家子的事儿都办好了。

【一道二户】(～儿) yī dǎo lěr hùr〈贬〉一路货色;属于同一类:那两个人真是～的,没有一个好东西。

【一对双儿】yì děi shuàngr 双胞胎:他和他妹妹是～。

【一顿】yì dèn ❶ 一次;一回,用于吃饭、打骂、说话等:咱～儿吃出来,别剩下|△会打的打～儿,不会打的打一锤儿|你去嘛上这～有什么用?净惹了自己一肚子气|《世说新语•任诞》:"欲乞～食耳。"|唐张鷟《朝野佥载》第五卷:"我欲笞汝～。"|《儿女英雄传》第三回:"被张进宝着实的骂了～。" ❷ 马上;很快:就他这个偷懒法儿,～就叫人家撵回来了|恁这两个大青年～就干完了,别愁|《醒世姻缘传》第三十三回:"狄希陈使性谤气,～穿上袄裤,系上袜子。" ❸ 停顿:说到这里的时候他～,感觉那里不大对|这个喇叭不大好,声音～～的。

【一等一】yī děng yī ❶ 头等:给他送去的那都是～的好东西。 ❷〈贬〉最拿手;最在行:好主意没有,出坏主意他是～。

【一点就着】yī diān jiǔ zhuò ❶ 生火时轻易就能点着火:松葫芦儿引火～。 ❷ 别人很轻的语言刺就能激引起强烈的愤怒或做出过激的举动:他那个脾气～。

【一点一回】yī diān yì huì 详细讲述的样子:他～地跟老人讲了经过。

【一定之规】yì dìng zhì guǐ 一定的规则;已确定的主意:△你有千条妙计,我有～。

【一肚子猴儿】yì dǔ zi hòur〈贬〉形容心计多:你看他长得鬼精蛤蟆眼的,～。

【一肚子两肋巴的气】yì dǔ zi liàng lèi ba di qì 极度生气的样子:为分地的事他望着人家～。

【一泛呀】yī fàn ya（人或动物）非常密集、拥挤的样子：今日海上那个人～的,和下饺子样的。

【一个蹦儿】yī ge bèngr 大幅度地跳起：恁得他～就跳炕上去了。

【一个点儿】yī ge diānr 一个劲儿地；不断地（可用于动词的后面,意义不变）：人家也都懂了,别～说｜生吃～（一个劲儿地吃）｜生嘞～（不停地骂）。

【一个萝卜一个窝儿】yī ge luǒ bei yǐ gè wěr 每个人、位置或事项都有归属,没有闲余：这些东西都～,少了哪一个都就看出来了。

【一个能十个能】yī gě nèng shǐ ge něng 十分可能；一定能：他在场的话,～地就争竞起来了。

【一共总】yì gěng zēng 总共：～加起来也没多少东西。

【一鼓锤儿】yì gǔ chuir 一簇；一撮；一小堆：你试试那～葡萄真甜。

【一合揽子】yǐ huò lǎn zi 全部；一股脑儿：他们把船上的鱼虾～都给装车上去了。

【一虎口】yǐ hū kou 大拇指与食指伸直后指尖间的距离：兰楚芳《粉蝶儿·思情》套：“天生下～凌波袜,堪与那俏子弟寒时暖手,村郎君饱后挑牙。”｜无名氏《阿纳忽》曲：“双凤头金钗,～罗鞋。”｜《醒世姻缘传》第九十回：“交过四月,打到人腰的麦苗,～长的麦穗。”

【一呼呼的】yī hù hù di 风吹作响的样子：光听着外边儿的那个风～。

【一家一道】yī jiǎ yì dào 强调属于同一宗族的亲戚关系。

【一件】yì jiàn 一件（需要强调的）事情；一则（需要强调的）要求：你想跟恁哥哥去干倒是可以,但有～,去了可是不能说累｜他动不动就摆挑子,这～真叫人受不了｜元杂剧《秋胡戏妻》第二折：“媳妇儿,可则～,虽然秋胡不在家,你是个年小的女娘家,你可梳一梳头,等那货郎儿过来,你买些胭脂粉搭搭脸,你也打扮打扮。”｜元杂剧《王粲登楼》楔子：“孩儿,你去则去,只虑～。（正末云）母亲虑的是那～？（卜儿云）虑的是豚犬东行百步忧。”

【一件景儿】yì jiān jīngr〈贬〉好事；新鲜事：他拿着还真当～了。

【一惊一乍】yī jǐng yī zhà 稍微一点动静就惊慌不安的样子：什么大不了的事儿,这么～的。

【一韭菜叶儿】yī jiū cài yèr 大约象韭菜叶宽那样的长度或刻度：你把瓶子里的药压出～来就够了。

【一口哈不着个豆儿】yǐ kōu hā bu zhuò ge dòur 比喻一时得不到便宜：他～那就是个事儿。

【一块】(～儿) yì kuàir ❶ 一团;一段;一节;一部等:～石头|～电影|～电线|～歌儿。❷ 一起;共同:我等着你,咱两个～儿去|《醒世恒言》第七卷:"看看天晓,那风越狂起来,刮得彤云密布,雪花飞舞。众人都起身看着天,做～儿商议。"|《老残游记》第十九回:"吴二浪子那个王八羔子,我们在牢里的时候,他同贾大妮子天天在～儿。"‖《俚语证古》第十四卷:"偕同谓之～。"

【一拉】yī lā 一排:当现他爷爷住着的是～五间的房子。

【一揽面】yǐ lān miàn 没有去掉麸皮的面粉,即现在的全麦面粉:～的馒头营养全。亦作"一栏面":《醒世姻缘传》第五十八回:"吃着那杂油炸的果子,一栏面的馍馍,对着那人千人万的扑答那没影子的瞎话,气的你在旁里低着头飞跑,气的俺娘合俺丈人都风瘫了。"

【一揽三】yǐ làn sǎn 大小混杂、好次掺杂的;搅合在一起的:反正就这么些东西,你待要的话～二块钱一斤。

【一老巴本】yì lāo bǎ bēn =〖一老本巴〗yì lāo běn bā 老老实实;踏踏实实:他是～过日子的人|别整天东打雾露西打雨的,还是～干点营生是正路子。

【一耳朵眼儿】yī lèr duo yānr =〖一耳朵眼子〗yī lèr duo yān zi 形容极少:给的那～药面面儿根本不管什么用|剩了这么～,不够一个人吃的。

【一弄】yī leng 动不动;经常:和他说话待掂量着说,一句说不来～就恼了。

【一连】yì liàn 连续不断地:他～着哈了三碗水。

【一量一】yì liǎng yī 一般;一般情况下:～的个事,他去办就没办不成的。

【一裂子】yī liē zi 从物体上撕裂下的一条、一块:牛肉吃起来～～的,真过瘾。

【一溜】yì liù ❶ 一排;一行:这～栽的都是白果树|《金瓶梅词话》第七回:"院内摆设榴树盆景,台基上靛缸～,打布凳两条。" ❷ 分割后的一条、一片、一段等:～儿西瓜。 ❸ 某一区域:退回几年去,那～的些村儿都还挑水吃。

【一溜崩星】yī liu bèng xǐng (高兴地)快跑的样子:一说买好吃的,他拿着钱～就去了|支使他干的事,从来就是～的,从来不打尽次|《聊斋俚曲集•增补幸云曲》第二十回:"大姐便说有法令,军家钱财看的见,赌场里合他显显能,务要赢的他掉了腚。腚沟里夹上称杆,管叫他～!"

【一溜边关】yì liu biàn guǎn 跑得很快的样子:大家伙高高兴兴地上了车,～跑市里去了。

【一溜拉拉】yī liù lǎ la 相隔不远一个接着一个的样子:△七张村八下庄,～韩哥庄。

【一溜溜儿】yì rǒur rour 薄薄、窄窄的一长条:咱人少吃不多,割那么～肉就够了。

【一溜子】yì liǔ zi ❶ 附近;周边:海边那～的人都爱吃咸。❷ 一阵子:这～感冒的真不少。❸ 一伙:他们几个人都是～的,你去找也没用|《聊斋俚曲集·姑妇曲》第一段:"若遇着妇不贤良儿又浑,要再不孝顺,～把气淘,有理还着你没处告。"

【一流之水】yī liù zhǐ shuǐ 做事按部就班、十分顺畅利落的样子:父母栽排的事,他都都～干得好好的。

【一拢总】yì lěng zēng ❶ 一共;全部归算到一起:这三筐～才百十斤儿。❷ 本来;一直;从一开始:人家～就没把他当回事儿|他～就没打着个长远谱儿。

【一卤鲜儿】yī lù xiǎnr 将新鲜海产品用少量的盐短时间腌制的加工工艺或产品:这些鲅鱼都是～的。

【一落上装】yī luo shàng zhuǎng 〈贬〉毫无挂虑、自以为是地坐等:人家早走了,他还待家里～等人去请他。

【一落一稳】yī luò yǐ wēn 扎实、踏实的样子:这号事光着急没用,待～的。

【一马平川】yì mā pìng chuǎn 平坦而宽阔的样子:东海滩那个场儿一没山,二没岭,全是～的草地。

【一码事儿】yī mā shìr 一件事;一种事:他们说来说去说的是～。

【一码儿归一码儿】yī mār guì yǐ mār =〖一码儿是一码儿〗yī mār shì yǐ mār 两种不同的事情,不能混为一谈:△吃大烟拔豆棍儿——～。

【一码黑儿】yī mā hēir ❶ 一片黑:地下室～,什么也看不清。❷ 对情况毫不了解:专业技术他一点儿也不懂,派他去了也是两眼～。

【一码糊儿】yī mā hǔr 看不清;模糊:如今上了年纪,不戴老花镜两眼～,什么也看不清。

【一面子】yì miǎn zi 一整侧;一整面:夜来晚上刮大风,把山墙～泥皮都吹下来了。

【一母同胞】yī mū tèng pǎo 一母所生的兄弟姊妹,一般指亲兄弟姐妹:△有钱买金,有钱买银,有钱难买～人|《金瓶梅词话》第一回:"前日景阳冈打死了大虫的,便是你小叔。今新充了都头,是我～兄弟。"

【一劈两半儿】yī pī liàng bànr 一分为二:把西瓜～|他两个人管什么东西都～分。

【一期】❶ yì qǐ（时间）一直（到）：帮着他学习～到过晌｜我～等到九点他才来。❷（～儿）yì qǐr 一会儿；一段时间：他待这耍了～就走了。

【一齐】yì qì 全部；同时：他们几个人～上也没打过那个汉们｜元杂剧《博望烧屯》第二折："你与我先点着粮车，后烧着窝铺，你四下里火箭～去。"｜《水浒传》四十回："立在车子上，当当地敲得两三声，四下里～动手。"｜《聊斋俚曲集·禳妒咒》第一回："这一日吃着那酒，说下若一个有难，大家～上前。"｜《聊斋俚曲集·磨难曲》第三回："众人说：'大家～上前，休要退前擦后。'……大家～往前做，若有退前擦后，定教他地灭天诛！"｜《醒世姻缘传》第八十七回："我再下下狠，把银匠的老婆，银匠的丫头子，都拿到衙门来，拶的尿屎～厨！"

【一掐儿】yì qiǎr =〖一掐掐儿〗yì qiǎr qiar 用手一把能攥过来的粗度或数量：那～菜不够这么多人吃的。

【一瘸一点】yī què yī diān 走路时一瘸一拐的样子：他的腿不对劲儿，几更～地走回去就黑天了｜《聊斋俚曲集·磨难曲》第十一回："～的，到了县里，对着老马，如此这般，告诉了一遍。"

【一日儿】yì rìr 短时间，一般用于否定或反问句式：做买卖也不是～了，这个账还能算不清楚？

【一扫槽子】yì sāo cǎo zi〈贬〉全部：那些人叫他～撮走了。

【一上来】yì shǎng lai 刚上来；一开始：他们～不是这么说的。

【一色】（～儿）yǐ shēir 不杂有其它种类或式样的：那一片都是～的剁斧子石头楼｜《红楼梦》第一百一十回："外面家人各样预备齐全，只听里头信儿一传出来，从荣府大门起至内宅门扇扇大开，～净白纸糊了，孝棚高起，大门前的牌楼立时竖起，上下人等登时成服。"

【一霎】（～儿）yǐ shār 形容极短的时间：他来坐了没～儿就走了｜《聊斋俚曲集·墙头记》第三回："张二说：'不过半里路，～到了。'"又："细想来好蹊跷，怎么术法这样高，忤逆儿～变成孝？"｜《聊斋俚曲集·寒森曲》第三回："那官司大起天，大爷到～完，这势力压倒了新泰县。"｜《聊斋俚曲集·寒森曲》第四回："一伙人雄起起的，十里多路～就到，不问好歹一直到灵前，穿上杠子就抬。"｜《聊斋俚曲集·寒森曲》第五回："～走了三十里，后边来了鬼一群，看看来的风头近，二相公回头观看，凶纠纠象是拿人。"｜《聊斋俚曲集·富贵神仙》第八回："十四犹然是婴孩，怎容～没人戒？"｜《聊斋俚曲集·磨难曲》第十八回："两个嗨嗨叫叫，猜枚化拳，～大醉。"｜《聊斋俚曲集·姑妇曲》第一段："这一回出来，安心把人找，肮脏气儿吃了一个饱，连骂又带诮，数瓜又数枣，扎的那

横亏，～说不了。"|《金瓶梅词话》第五十三回："在铺子里又吃了几杯,量原不济,～地醉了,鼩鼩的睡着了。"

【一声儿】yì shēngr ❶ 一点儿声音:吓得他～也不敢出。❷ 消息立即传开的样子:那个年代他考上大学待村里那是～。

【一时】yì shì ❶ 暂时:别看现在这么风光,这都是～的。❷ 一旦;稍微:他～不乐意,马上给你脸子看。❸ 同一时期;同一年龄段:他和恁爷爷都是～的人。

【一时半霎】yī shì bǎn shā 形容极短的时间:这个事儿～也办不完|你这个车～还修不好|宋杨无咎《眼儿媚》词:"柳腰花貌天然好,聪慧更温柔。千娇百媚,～,不离心头。"|元杂剧《金钱记》第一折:"且休说共枕同衾觑当咱,若得来说几句儿多情话,则您那娇脸儿根前～,便死也甘心罢。"|元杂剧《㑇梅香》第二折:"此事成与不成,小生之命,则在～。"|元杂剧《救孝子》第一折:"(王脩然云)兀那婆子,老夫随处迁军,不曾停～。你请老夫下马来,到草堂上,两个小厮,随分拣一个去。"|元杂剧《倩女离魂》第二折:"悄悄冥冥,潇潇洒洒。我这里踏岸沙,步月华;我觑着这万水千山,都只在～。"|苏彦文《越调·斗鹌鹑·冬景地冷天》:"这天晴不得～,寒凛冽走石飞沙,阴云黯淡闭日华,布四野,满长空,无涯。"|元无名氏《双调·风入松·翠楼红袖倒》:"傍枕衾,临床榻,暂合眼～。又听的疏雨洒窗纱,西风弄檐马。"|杨立斋《哨遍》套:"召将愁字儿眉尖上挂,得一笑处,笑～。"|李开先《宝剑记》第二十八出:"自庙中见了那女子,他生的千娇百媚,虽是～,引惹起我万想千思,害的我一丝两气,三好六恶,朝三暮四,五劳七伤,七颠八倒,十生九死。"|《金瓶梅词话》第二十六回:"宁可教我西门庆死了,眼不见就罢了。到明日～想起来,你教我怎不心疼?"

【一时半时】yì shì bǎn shì 一时;短时间:不用急着找他,他～还搬不走。

【一时一霎】yī shì yǐ shā 形容极短的时间:这孩子就恋他妈,～也走不开|《江天暮雪》戏文:"～丧黄泉,便做鬼灵魂,少不得阴司地府也要重相见。"|《聊斋俚曲集·慈悲曲》第二段:"我如今没奈何,～可是难学,可是难学。"

【一时一变】yī shì yī biàn ＝〖一时一个变〗yī shì yī ge biàn 随时变化:△六月的天,猴子的脸——一时一个变。

【一时一兴】yī shì yì xǐng 隔一段时间就有一种新的流行:买家具～,前几年买的如今都不跟形势了。

【一顺】yì shùn (本来应该相对的)同一方向或顺序:拖鞋怎么都～着穿?

【一顺边】yǐ shùn biǎn ❶ 两只(鞋、袜、手套之类)同属右或左:他怎么脚上穿着～的鞋就出来了？ ❷ 走路同时抬起一侧的胳膊和腿：一叫他走正步，他就成了～。

【一说二卖】yī shuō lěr mài ＝〖三说二卖〗sǎn shuō lěr mài 花言巧语地说：他叫人家～又说动心了。

【一摊一岭】yī tǎn yǐ līng 东西堆放多而乱的样子：干活儿的把砖堆得～的，都没下脚的场儿。

【一趟郎】yī tàng lang 络绎不绝的样子：上他家提亲的人～的。

【一推六二五儿】yī tēi liù lěr wūr 将自身的责任或干系推脱干净：过后儿他～，什么也不管。

【一天二日】(～儿) yī tiǎn lěr rìr 一天两天，指时间不长，没几天时间：住人家里～的还可以，时间长了不行。

【一头晌】(～儿) yì tǒu shāngr 一上午：～没看他个人影儿。

【一头子】yì tǒu zi 一个方面的（与"多个方面"相对）：你能把这～营生研究透了也很好。

【一围围儿】yì wěir weir 某一范围或地区：那～的人脑子活，很会做买卖。

【一窝】yì wě ＝〖一窝子〗yì wě zi ❶ 同父同母所生的子女：他和他大妹妹是～的，和他弟弟不是～的。❷ 出生、生长或聚居在一起的一群（动物）：邻守家的猫又生了～小猫｜△～貔子不嫌臊。❸〈贬〉一家；一群；一伙：△兵熊熊一个，将熊熊～｜△爹矬矬一个，娘矬矬～｜《金瓶梅词话》第四十三回："一锭金子，至少重十来两，也值个五六十两银子，平白就罢了！瓮里走了鳖，左右是他家一窝子，再有谁进他屋里去。"｜《金瓶梅词话》第六十七回："俺们连自家还多着个影儿哩，要他做什么？家中一窝子人口要吃穿，巴劫的魂也没了！"

【一窝粥】yī wè zhǒu 形容非常混乱的样子：他撂下个烂摊子跑人了，剩下的人都乱成～了。

【一闲没闲】yì xiàn mě xiàn 一直忙碌的样子：他发吃了朝饭儿就～忙着做馒头。

【一心】yì xǐn 专心做某事：～想着考大学｜《老残游记二编》第六回："逸云此刻竟大刺刺的也不还礼，将他拉起说：'你果然～学佛，也不难。'"

【一心靠照】yī xǐn kào zhào 一心一意；用全部的心思和精力去做：媳妇～地和他过日子，没有歪歪心眼儿。

【一星半点】yì xǐng bǎn diān 数量极少的样子：要是剩了～的，就不值当再跑一趟去拿了。

【一样】yì yàng ❶ 相同:你说的其实和他～。❷ 很有可能:上来那个脾气,他～给你撂了。

【一样一】yì yǎng yī 同样;类似;一般:～的个营生,他干得就是比别人利索。

【一遭】(～儿) yì zǎor ❶ 一次:他那儿我去过～|头年他回来～|《聊斋俚曲集·寒森曲》第五回:"你既自己改了口,暂且放你这～,差人送上阳关道。" ❷ 全部:剩下的那些树苗叫他～拿去了。❸ 一起;同时:你要是出车,把这些工具也～捎去。

【一遭儿半遭儿】yì zǎor bàn zǎor =〖一半遭儿〗yī bàn zǎor 一次半次,指次数很少:他那套茶碗平常不割舍使,逢年过节能拿出来使个～的。

【一早一晚儿】yǐ zāo yǐ wānr 趁早晨或晚上空闲的时间:这点小事儿我～地就办了。

【一拃儿】yǐ zhār 大拇指与中指张开的长度。

【一崭新】yǐ zhān xǐn 全新:《聊斋俚曲集·墙头记》第三回:"看我不去五日内,着你表里～,看比这个俊不俊?"

【一窄溜儿】yī zhēi ròur ❶ 一小排;一小行:那根小路就能站开～人。❷ 分割后的一小条、一小块、一小段等:截下～来就够使的了。

【一阵儿】yì zhènr ❶ 一段较短的时间:他那个工作忙起来就～。❷ 立即;很快:你坚持吃几次,～就好了。

【一志心】yì zhǐ xǐn 下定决心;一心一意:他挺有个钻劲儿,想学的东西就～学好了它。

【一抓刷儿】yì zhuǎ shuar 用几个手指尖儿捏起来的数量,比喻极少:拿回这～来不够这么多人分的。

【一准】(～儿) yǐ zhūnr 一定;肯定:这时候还没来的话,那他～是出去耍去了|元杂剧《陈州粜米》第三折:"两眼梭梭跳,必定晦气到。若有清官来,～屋梁吊。"|《金瓶梅词话》第五十四回:"希大道:'可是我决着了。'指吴典恩道:'记你一杯酒,停会～要吃还我。'"

【一兹】yī zi 每当;一旦:你～跟他说起那个事来,他就恼人了。

【一堆】❶ yì zuǐ 数量词,用于成堆的物或成群的人:～人|～土。❷ (～儿) yì zuǐr 一同;一起:你拿不动我和你～|《聊斋俚曲集·墙头记》第一回:"无鞋袜少衣裳,～吃饭嫌我脏,请陪客断断不敢望。"又:"他达合俺达～站,俺达矮了勾一楂,叫他达教人不支架。"|《聊斋俚曲集·墙头记》第三回:"两个

打成～,张老拉不开,说:'反了反了!'"|《聊斋俚曲集·翻魇殃》第二回:"一个说是倾了家,定要娶你来～过。"|《聊斋俚曲集·翻魇殃》第四回:"仇福罨上圆帽子遮了头,上了赌博场,到了魏名家,李狼贼、秦幌幌子平日～赌的朋友,俱在那里。"又:"好几天不在～了,吃了酒,又吃了饭。"|《聊斋俚曲集·翻魇殃》第十回:"谁敢望今辈子还在～,还在～? 好蹊跷,这才是个难猜的谜。"又:"俺是兄弟您是哥,若不然怎么叫做～过?"又:"仇大姐泪滂沱,又待了半年多,天不叫咱～过!"又:"望姐姐看着盖盖,咱还在～快活。"|《聊斋俚曲集·磨难曲》第一回:"俺～捱打的,一霎死了两个,发浑的还有。"|《聊斋俚曲集·磨难曲》第二十六回:"如今太爷合少爷,在京里在～哩。"|《聊斋俚曲集·磨难曲》第二十七回:"今宵吃的个酩酊醉,妻子团圆在～,这时节人间快乐真无对。"|《聊斋俚曲集·磨难曲》第二十八回:"拿绳子来,把他手脚背绑在～,从梁上抽将起去,着他肚皮朝地。"|《聊斋俚曲集·慈悲曲》第二段:"虽在～,常常用那小心机,只为着一个儿,看做了多少势。"|《聊斋俚曲集·富贵神仙》第六回:"把张鸿渐两根腿绑成～。张官人只是恨骂。"|《聊斋俚曲集·富贵神仙》第九回:"运不高,运不高,一日远归万里遥,合冤家在～,自己还不知道。"|《聊斋俚曲集·富贵神仙》第十三回:"父子在～,场中论论文。"|《醒世姻缘传》第三十三回:"到其间,还有个妻侄,也是十一二了,叫他四个在～读书。"|《醒世姻缘传》第四十回:"狄婆子说:'你叫我合谁吃?' 狄周媳妇说:'合陈哥吃罢。这位师傅合这位大姐～儿吃罢。'"|《醒世姻缘传》第七十二回:"孙氏虽然授与了女儿的方略,这夜晚也甚不放心,两个眼跳成一块,浑身的肉颤成～。"|《醒世姻缘传》第八十回:"就是他主人家,俺从小儿在～,偏他说句话,我只是中听;见他个影儿,我喜他标致。"

【一堆一岭】yì zuǐ yǐ līng 形容东西多或成堆放置的样子:他家里的衣裳都～的,还说不够穿的。

【一捽约】yǐ zuō yue 用手一把能攥过来的样子,形容人瘦小、软弱:看看他这一～,干点什么能行?

【日】yì ❶ 太阳:～头|△蟹子怕见漆,豆花怕见～|△～晕三更雨,月晕午时风。❷ 一昼夜;天:明～|后～|△大雪不封地,冻不三五～|△春到寒食六十～,清明夏至七十七。❸ 特指某一天:庄稼生～。❹ 泛指一段时间:来～方长|△暑～无君子。❺ 用在农历日期后,表示具体的某一天:初三～|正月十二～生的|赶腊月二十七～集。

【日色儿】yǐ sheir 阳光的强烈程度;阴晴状况:这么个好～,快拿出褥子被来晒晒｜今日真好～,咱快出去耍耍吧。

【日头】yì tou 太阳:今日的这个～太晒人了｜△阴天的～独瓣子蒜｜董解元《西厢记诸宫调》第三卷:"窗儿外弄影儿行,恨～儿不到正南时分。"｜《元朝秘史》第二卷:"泰亦赤兀惕每于斡难河岸上做筵会,～落时散了。"｜《水浒传》第二十四回:"我倒不曾见～在半天里便把着丧门关了! 也须吃别人道我家怎地禁鬼!"｜《金瓶梅词话》第二十一回:"五娘这回～打西出来,从新又护起他来了! 莫不爹不在路上骂他淫妇,小的敢骂他!"｜《聊斋俚曲集·墙头记》第二回:"叫一声张大哥,～高还暖和,你这肚里又不饿。"｜《聊斋俚曲集·富贵神仙》第十二回:"～不高,～不高,果饼丁锤都挎着,披毡衣又带上安军帽。"｜《醒世姻缘传》第四十九回:"晁梁放倒头鼾鼾的睡到～大高的,姜家送来早饭,方才起来。"｜《醒世姻缘传》第四十九回:"头年里还看见～是红的,今年连～也看不见了,行动都着人领着。"‖《俚语证古》第一卷:"日谓之～。头(古音读豆)为实(古音读只)之双声音转。"

【日头地】yì tou dì=〖太阳地儿〗tǎi yang dìr 太阳直射的地方;太阳底下:他们待那么个～站着,都要晒糊了｜《红楼梦》第三十六回:"龄官又叫站住,这会子大毒～下,你赌气子去请了来我也不瞧。"

【日子】yì zi ❶日期;特定的某一天:孩子是什么～生的?｜选个～叫他们早点结婚吧。❷天数;一段时间:有～没看着你了。❸生活;生计:这两口子的～过得挺好的｜凭着好～不过找罪受｜△～待要好,家里有个絮叨老。

【以里】yǐ lī 在某一数量或范围之内:照着五千块钱～花｜元杂剧《两世姻缘》第三折:"想我当初与玉箫临别之言,期在三年～相见。"｜《聊斋俚曲集·富贵神仙》第十三回:"太爷说:'不然,这榜是从后放的,你那文章还在三十名～。'"｜《聊斋俚曲集·磨难曲》第二十六回:"这榜是从后放,你那文章还在五拾名～;我那文章,不中则已,若中,该在五名～。"

【以上】yì shàng ❶以前:他～待这个单位上班,后来调走的。❷表示位置、次序或数目等在某一点之上:看年纪那个人待五十岁～。

【已经是已经】yī jǐng shǐ yì jǐng 事情已经发生,成为了事实,意为要承认现实:反正～了,说那些也没用。

【衣裳兜儿】yǐ shang dǒur 上衣口袋。

【依从】yǐ ceng 顺从;听从:你老是这样～孩子,就把他们惯瞎了｜《警世通言》第二十四卷:"父母明知公子本意牵挂玉堂春,中了举,只得～。"｜《西游记》第十四回:"太保道:'……长老莫怕,我们下山去看来。'三藏只得～,牵马下

山。"|《金瓶梅词话》第九十四回:"这刘二那里～,尽力把经济打了'发昏章第十一'。"

【依快】yī kuai 依靠在某物上:把我使的,我先～一阵儿。

【依量】yī liang 依仗:他～有几个钱儿,没有怕的人儿。

【依望】yī wang 依靠;指望:别人只是帮忙,不能什么都～人家。

【怡和】yí huo 亲切;随和;有亲和力:他哥哥说起话来真～。‖《说文解字》:"怡,和也。从心,台声。与之切。"《玉篇》:"怡,悦也,乐也。"

【怡怡和和】yí yi huǒ huo 和睦、团结的样子:他姊妹儿们都～的,从来没红红脸儿。亦作"义义合合":《醒世姻缘传》第二十二回:"这乡里人家极会欺生,您是知道的。您打伙子义义合合的,他为您势众,还惧怕些儿,您再要窝子里反起来,还够不着外人掏把的哩。"

【蚁蛘】yī yang 蚂蚁:筐里的东西都招～了|《聊斋俚曲集·磨难曲》第十回:"我想那严公子,待杀个州县官,只像碾杀个～,有何难哉!"亦作"蚁羊":《醒世姻缘传》第五十六回:"无千大万的丑老婆队里,突有一个妖娆佳丽的女娘在内,引惹的那人就似蚁羊一般。"‖桂馥《札朴·乡里旧闻》:"鲁人呼蚁为马蚁,齐人呼为～。"

【倚】yǐ 沿着:你～这里去路太远了|《楚辞·招魂》:"～沼畦瀛兮遥望博。"

【倚信】yī xìn 倚重;过于信任:当时光～他去了,没找旁人|他光～自己,谁的话也听不进去。

【疑惑】yǐ hui =〖疑过〗yǐ guo 怀疑;猜忌:最好去跟他说说,省着他老是～|不知道不要紧儿,越是知道了光心里～。

【疑冒病】yǐ mao bìng 疑心病;多疑的心理状态:他成天～,自己吓自己。

【疑疑过过】yǐ yi guǒ guò 怀疑不安的样子:这两天儿他心里～的,老是不放心。

【疑心】yǐ xin ❶猜疑之心:看他们鬼鬼祟祟的,谁能没有～?|《东周列国志》第九十七回:"范雎曰:'齐王先曾遣使,欲留臣为客卿,臣峻拒之。臣以信义自矢,岂敢有私哉?'须贾～益甚。"|《警世通言》第二十五卷:"施氏知我赤贫来此,倘问这三百金从何而得,反生～。"❷怀疑:她老是～她女婿|《二刻拍案惊奇》第四卷:"小可每还～,不敢轻信。"

【溢赖】yì lai 使人恶心;让人厌恶:看他那个窝囊样儿真～人。

【溢滥】yì lan ❶脏;恶心:他穿的那个脏样儿,太～人了。❷牵连;产生不良影响:一个坏鸡蛋～得满筐臭味。

【胰子】yī zi 本指旧时用猪胰脏和草木灰做成的洗涤用品,后来泛指肥皂、香皂等块状洗涤用品:他就爱使老式的～洗衣裳│△为什么不点灯? 外边儿刮大风? 为什么不关门? 外边儿还有人。为什么不梳头? 没有桂花油。为什么不洗脸? 没有～碱。为什么不戴花儿,男的不在家│《醒世姻缘传》第六十二回:"虽然使肥皂擦洗,～退磨,也还告了两个多月的假,不敢出门。"│《儿女英雄传》第十四回:"早有两个小小子端出一盆洗脸水,手巾,～,又是两碗漱口水。"

【胰子粉】yī zi fěn 洗衣粉:这些衣裳多,你敢多加上点儿～。

【胰子盒儿】yī zi huòr 肥皂盒:这个～小了,胰子放不进去。

【胰子沫儿】yī zi mèr 肥皂产生的泡沫:你把手上的～冲干净了。

yin

【人场】yǐn chāng 众人面前;大的场面:他平常说话还行,上了～就说不出话来了。

【人矬声高】yìn cuò shěng gǎo〈贬〉指个头矮的人说话声调高。

【人冬】yǐn deng 农历冬至日,旧时这一天一般家里包地瓜面包子吃,现在一般都吃水饺。

【人话】yǐn hua ❶ 正常人所说的话:说～不办人事儿。❷ 入情入理的话:找他商量事儿,他不说～。

【人家】yǐn ji ❶ 住宅;民家:这个小村儿就几十户～。❷ 门第;家世;家庭:他是有文化的～出来的人。❸ 我:没看～还没困醒,恁就待外面弄这么大的动静。❹ 别人:凡事待靠自觉,老是叫～说着就不好了。

【人精】yìn jǐng〈贬〉很精明的人:那都是些～,你还和他们叨叨。

【人来客去】yìn lai kèi qù ❶ 人情往来:一年下来光～的也花不少钱。❷ 人来人往的样子:桌子放那里～地来回走害事。

【人模人样】yìn mě yǐn yàng〈贬〉像个人样子:元杂剧《秋胡戏妻》:"他酪子里丢抹娘一句,怎～,做出这等不君子,待何如?"

【人情】yǐn qìng ❶ 情面:一点儿～不给│△人在～在,人去两不来。❷ 恩惠;情谊:快好八月十五了,准备点东西好答答～。

【人情面子】yǐn qìng miàn zi 泛指情面、情谊:他绝对不和你讲什么～。

【人玩意儿】yìn wǎn yir〈贬〉人,一般用于反问或否定句式:他做出这些事来还算个～?

【人物】(～儿) yǐn wur 人的外貌长相和风度：看他～长得还行，一张口说话就差远了｜《北梦琐言》第五卷："卢(携)虽～甚陋，观其文章有首尾，斯人也，以是卜之，他日必为大用乎！"｜元杂剧《金线池》第二折："高如我三板儿的～也出不得手，强如我十倍儿的声名道着处有。"｜元杂剧《望江亭》第一折："夫人，放着你这一表～，怕没有中意的丈夫嫁一个去？"｜元杂剧《百花亭》第一折："(正末唱)他见人有些娇怯，忙将罗扇遮，(旦做意科，云)那生好一表～也。我折朵兰花儿咱。"｜元杂剧《倩女离魂》第一折："(梅香云)姐姐，那王秀才生的一表～，聪明浪子，论姐姐这个模样，正和王秀才是一对儿。"｜元杂剧《张生煮海》第一折："小生张伯腾，恰才遇着的那个女子，～非凡，因此寻踪觅迹，前来寻他，却不知何处去了。"｜《聊斋俚曲集·姑妇曲》第一段："有你这样～，还愁没主么？"｜高明《琵琶记》第十二出："既不曾嫁人，如今新状元蔡邕，好～，好才学，朕与你主婚，你可招他为婿，你意如何？"｜《喻世明言》第一卷："(陈商)年方二十四岁，且是生得一表～，虽胜不得宋玉、潘安，也不在两人之下。"｜《醒世恒言》第三卷："九阿姐不知怎生样造化，偏生遇着你这一个伶俐女儿。又好～，又好技艺，就是堆上几千两黄金，满临安走遍，可寻出个对儿么？"｜《警世通言》第十九卷："浑家见玉娘～美丽，性格温存，心下欢喜。"｜《水浒传》第八十一回："官家看了燕青一表～，先自大喜。"｜《醒世姻缘传》第二回："这个小珍哥，～也不十分出众，只是唱得几折好戏文。"｜《醒世姻缘传》第二十五回："紫棠色的面皮，～也还在下等。细了䠋的体段，身材到可居上中。"又："这单豹是单于民的个独子，少年时～生得极是标致，身材不甚长大，白面长须，大有一段仙气。"｜《三侠五义》第五十八回："仁宗见白玉堂一表～，再想起他所作之事，真有人所不能的本领，人所不能的胆量，圣心欢喜非常，就依着包卿的密奏，立刻传旨：'……以为辅弼。'"｜《聊斋俚曲集·禳妒咒》第五回："资质聪明～好，做亲要择个好姻缘，后日也省的孩儿怨。"又："～不好不成对，没有根茎也脏囊，两班儿都要配的上。"又："要不打听打听，若是～好看，合他就做了也罢了。"｜《聊斋俚曲集·禳妒咒》第二十八回："～好也须打扮，常言说马在鞍装。"｜《聊斋俚曲集·禳妒咒》第二十九回："面如花瓣，貌似雪霜，眼儿光，眉儿长。只你这模样，引杀情郎，哎哟！见了你这～，害杀情郎。"｜《聊斋俚曲集·富贵神仙》第三回："有娘子这一表～，嘎女婿找不出来，不强似自家过么？"｜《聊斋俚曲集·增补幸云曲》第十五回："万岁爷笑嘻嘻，你不该把人欺。～虽丑心里趣，琴棋六艺谁不晓？"｜《聊斋俚曲集·磨难曲》第十八回："看年纪不过二十以上，看～是金马玉堂，文字我可不知怎么样。"｜《金瓶梅词话》第一回："原来这金莲自嫁武大,见他一味老实.～猥琐,甚是憎嫌,常与他合气。"又:"一母所生的兄弟,又这般长大,～壮健。"

【人行事】 yǐn xǐng shi 做人基本的修养、规矩:那家人没法弄,～没一点儿。

【人眼儿】 yǐn yānr 显眼处;众人面前:包袱放这么个～上,也不怕叫人家拿了去。

【人眼随斜】 yìn yān suǐ xiè 人的观点看法受周围人的影响:也不是～还是怎么回事儿,这些楼怎么看怎么别扭。

【人仰马翻】 yìn yǎng mà fǎn 人多喧闹、混乱无序的样子:大人没待家,孩子们弄得家里～的。

【人样儿】 yìn yàngr ❶ 端正、规矩的做派,一般用于反问或否定句式:你看他四脚拉趴的,真没有个～。❷ 有身份、地位:没几年也混出个～来了。

【人种】 yìn zhēng 人的后代;人类,一般用于反问或否定句式:他不是个～,连他爹娘都打|你说他是～不是～吧。

【人嘴小天书】 yìn zuī xiǎo tiàn shǔ (不吉利的事情)大家说的多了会变成现实:要紧别忘了,～。

【认】 yìn ❶ 认识;分辨:△狗咬孙膑——不～好人。❷ 承认;同意:～错儿。❸ 确认或确立某种关系:～亲|～干姊妹|～干爹。❹ 接受;相信:光～钱不～人。❺ (出于习惯、风俗等原因)认可其价值:咱当地人拿着当宝,外地人都不～|他们那里都不～紫豆角。❻ 承担(费用、责任或后果):他～着车脚钱|对方～着药费。

【认承】 yǐn cheng 承认;认可:过后他们谁也不愿～这个事。

【认得】 yǐn di 知道;认识:咱叫不上名儿来的花儿草儿的她都～|△上炕～老婆孩儿,下炕～袜子鞋儿|《红楼梦》第四十一回:"眼睛里天天见他,耳朵里天天听他,口儿里天天讲他,所以好歹真假,我是～的。"

【认定】 yǐn dìng ❶ 确定地认可、相信:这么多人,他就～你了。❷ 认准;想去做:他～的事儿,九头牛都拉不回来。

【认亲】 yìn qǐn ❶ 正式结婚前,男方带聘礼到女方家。❷ 确认亲属关系:孩子一直想过来和他亲爹娘～。

【认亲属】 yìn qǐn shu 热情对待自己的亲属并给予关照:从他当了个小官儿就开始不～了|他那个孩子到哪儿都那么～。

【认生】 yìn shěng (一般指小孩子)不习惯或害怕见陌生人:这孩子～。

【认实】 yǐn shì 信以为真;当真:你这一说不要紧,他回来还～了。

【认食儿】yǐn shìr 婴儿或其它初生的动物开始懂得找食物吃:发这个礼拜小狗开始~了。

【认熟】yǐn shu 认识的;熟悉的:你先找个~人打听打听。

【认孙】yìn sǔn 招惹吃亏或受欺的事:出去少给我~,有事儿都团结起来昂。

【认人】yǐn yìn ❶ 人或动物的大脑识别人的能力:这么大的孩子都开始~了|狗才会~来,主人的脚步都能听出来。❷ 相信人;接受人,一般用于否定句式:认钱不~|厂里的门卫们光认工作牌儿,不~。

【因】yǐn 用锤子或重物连续而轻地敲击物体,使平整或结实:那块儿砖高点儿了,把它往下再~~。

【印】yìn 官印;印章:△官凭~,地凭粪|△做官掉了~。

【印色】(~儿) yǐn shèir 印泥:你才买的这盒~真好使|《闻见后录》第二十六卷:"旧说武都紫泥,用封玺……然泥安能作封,用为~耳。"

【印子】yìn zi 痕迹:从窗上留下的~看,这儿像有人进来了。

【引火儿】❶ yǐn huōr 生火;点火:留着这些纸好~生炉子。❷ yīn huor 生火时用于引燃的燃料:松葫芦儿当~最好了。

【引火草儿】yìn huo cāor ❶ 生火时用来引燃的干草:家里没有~了,搂点儿草回来。❷ 引发事端者:他到哪里就是个~。

【引弄】yīn leng 逗引:孩子为了块儿糖就叫人家~去了。

【引针】yìn zhěn 引线穿过针鼻儿:上个明亮儿场~。

【引子】yīn zi ❶ 由头;借口:他说这件事儿就是他的个~。❷ 成品的酵母;含有酵母菌的面团:做馒头的时候别忘了留出~来|《聊斋俚曲集·慈悲曲》第三段:"赵大姑听说,那气就粗了,说:'耶耶!谁赖您那孩子来么?面盆里加~,——你这不发起来了么?我不过因着他姓张,我还疼他点呢。'"

【饮】yǐn 给(牲畜、家禽)喝水:~驴|~马|~骡子|~鸡|元杂剧《救孝子》第四折:"小校,远远的是一眼井儿,就着妇人的水桶,与我~马者。"|《聊斋俚曲集·增补幸云曲》第二十七回:"王龙叫丫头:'我买的那马,今日~了么?'丫头道:'还没~哩。'"|《醒世姻缘传》第二十八回:"从远处驮两桶水,到值二钱银子;~一个头口,成五六分的要银子。"

【阴次拉】yǐn cì la =〖阴乎拉〗yǐn hù là 天色阴沉的样子:天~的像是待下雨。

【阴沟】yǐn gou 顶部覆土或有盖板的排水沟,泛指各种排水沟:~堵了,拿

钢筋投投|《醒世姻缘传》第六十二回:"一日,夜间大雨,清早开门,智姐的母亲在大门上,看了人疏通～。"‖徐光启《农政全书》第十七卷:"～,行水暗渠也。"

【阴历年】yìn li nián 农历春节:过了～他就打谱把房子重另收拾收拾。

【阴凉儿】yǐn rangr 阴凉的地方:这个场儿太晒了,咱上个～歇歇|△树大～小——照影(应)不到。

【阴凉儿地儿】yǐn rangr dìr 阴凉的地方:去找个～好好风凉风凉。

【阴丝挂冷】yǐn si guǎ lēng (有点)阴冷的样子;阴冷:今日这个天儿～的。

【纫】yǐn 缝纫方法,用针线固定被面儿和被里子以及中间絮的棉花:～被。

【银桂】yìn guì 桂花的一个品种,开花呈银白色,故名。

【银行条子】yǐn hàng tiǎo zi 银行存折;银行存单:这个场儿就算放了～也瞎不了。

【瘾头】yīn tou 上瘾的程度:他打扑克打麻将的～还不小。

ying

【应】yǐng 答应;允许;许诺:你～了人家的事,就得办到|事能不能办成,咱不好提前～下人家。

【应承】yǐng cheng 答应;承诺:当时他～得好好的,怎么说变卦就变卦了|《聊斋俚曲集•姑妇曲》第二段:"大成见他娘气的着极,不敢劝他,满口～。"|《红楼梦》第六回:"那板儿才五六岁的孩子,一无所知,听见带他进城逛去,便喜的无不～。"|《醒世恒言》第十六卷:"他家的老子利害,家中并无一个杂人,止有嫡亲三口,寸步不离。况兼门户谨慎,早闭晏开,如何进得他家?这个老身不敢～。"|《醒世姻缘传》第四十七回:"小的实是穷的慌了,～了他。"|《醒世姻缘传》第五十一回:"过了半日,又有一个卖面的过来,程谟叫住,又与他讲过要赊。那卖面的满口～。"|《醒世姻缘传》第八十回:"我一个欢龙活虎花枝似的个女儿,生生的打杀了,给我几两银子罢,死过去也没脸见我的女儿! 没志气的忘八! 你就快别要～!"

【应当】❶ yǐng dǎng 应该:你～亲自去趟儿看看。❷ yǐng dang 应付:他那面有什么事儿,你先～着,我回来咱再商量|《水浒传》第四十三回:"次日,杨雄自出去～官府。" ❸ 敷衍:他那是随口～你说的话,不能当真。

【应份儿】yǐng fènr 应该;应当:他拿着这些人出力当～的,一点不致情。

【应节儿】yǐng zēr 应付节日的需要:东西不用弄太多,应应节就行了。

【用不着】yìng bu zhuò ❶ 没有用；用不上：～的东西先靠里边儿放。❷ 不需要；没必要；何必：人家的家务事，～咱去多言多语的。

【用动】yǐng deng 动用；使用：就这么点儿小活儿，怎么还～这么多人来？

【用着】yìng zhi ❶ 有用；需要用：～的时候他能说会道的，用不着了连话儿都不说。❷ 一般用于反问或否定句式，表示没有必要：你什么年纪了都，～去出那个力？

【㨃】yǐng 推：他上来一把就把孩了～倒了。亦作"拥"：《梦溪笔谈》第九卷："（柳开）应举时，以文章投主司于帘前，凡千轴，载以独轮车，引试日，衣襕，自拥车以入，欲以此骇众取名。"｜元杂剧《窦娥冤》第三折："则被这枷扭的我左侧右偏，人拥的我前合后偃。"｜元杂剧《拜月亭》第三折："他便似烈焰飘风，劣心卒性，怎禁那后拥前推，乱棒胡枷。"｜元杂剧《豫让吞炭》第四折："把我抢了脸向前推，攧破头往后拥。这伙刁天厥地小敲才，只管把我来哄、哄、哄。"｜元杂剧《替杀妻》第四折："替人偿命……省可里后拥前推，半霎儿午时三刻，弟兄子母别离。"｜元杂剧《蝴蝶梦》第二折："则见他前推后拥厮揪摔，我与你扳住柳梢高叫屈。"｜元杂剧《魔合罗》第三折："见雄纠纠公人如虎狼，推拥着个得罪的婆娘。则见他愁眉泪眼，带锁披枷，莫不是竞土争桑？"｜《红楼梦》第二回："说着，不容封肃多言，大家推拥他去了。"‖《说文解字》："～，推捣也。"桂馥《札朴·乡言正字·杂言》："推倒曰～倒。"

【迎】yìng ❶ 接；迎接：孩子早早地跑上胡同头儿去～他姥爷去了｜《诗经·大雅·大明》：亲～于渭。"｜《淮南子·诠言》："来卜弗～，去者弗将。" ❷ 面对着；冲着：～面｜～着风。

【茔】yìng 坟墓；坟地，通常指家族性墓地：上～｜老～｜那片～是刘家的｜《聊斋俚曲集·墙头记》第四回："今日来～前送送，作一个生死别离。"

【营生】yǐng sheng ❶ 工作；职业；生意：他来崂山这么长时间了，也没找着个正经～干｜元杂剧《陈州粜米》第三折："自家王粉莲的便是。在这南关里狗腿湾儿住。不会别的～买卖，全凭着卖笑求食。"｜《金瓶梅词话》第九十回："我离了爹门，到原籍徐州家里，闲着没～，投跟了个老爹上京来做官。" ❷ 活计；事情：做～｜往后这样～少来找我｜要是你手里头没什么～，过来帮个忙｜《红楼梦》第一回："你我不必通行，就此分手，各干～去罢。"｜《金瓶梅词话》第二十回："怪臭肉每，干你那～去，只顾侯落他怎的！"｜《金瓶梅词话》第二十六回："你往前头干你那～去，不要理他，等他再打你，有我哩！"｜《金瓶梅词话》第九十七回："那月桂亦发上头上脑说：'人好意叫你，你就大不正，倒做

这个～。'"|《醒世姻缘传》第十六回:"这都是跟他来的曲九州、李成名这般人干的～。"|《醒世姻缘传》第三十八回:"咱来时,刘毛还在家里没起身,你合刘毛的魂灵说话来? 你背着俺干的不知甚么～!"|《醒世姻缘传》第五十八回:"你哥污的两眼,神头鬼脑的打着两个髻。插着白纸旗,是你干的～,你还敢说哩?"|元杂剧《杀狗劝夫》楔子:"不做～则调嘴,拐骗东西若流水。除了孙大这糟头,再没第二个人家肯做美。" ❸ 〈贬〉活动;行为;事情:他干的那些鸡跷脚的～真不上道|《金瓶梅词话》第十七回:"他逐日睡生梦死,奴那里耐烦和他干这～!"|《金瓶梅词话》第二十四回:"你说你背地干的那～儿,只说让您不知道!"

【营生疙瘩】yǐng sheng gā da 勤快能干的人:他那个孩子就是个～。

【营饿】yìng wè 挨饿:～那几年连地瓜皮都捞不着吃。

【硬】yìng ❶ 坚固(与"软"相对):～座|～木|～实。 ❷ 刚强:～骨头|欺软怕～|△～的怕横的,横的怕愣的,愣的怕不要命的。 ❸ 固执;倔强:△鸭子肉好吃——嘴～。 ❹ 不管不顾地:～说|～打|～噘。 ❺ 勉强地;吃力地:～撑|～顶|～抗。 ❻ 副词,牢;紧;清:抓～了|拿不～|想～了|站不～|看～了|系～了|他来了这两年也踏～地势儿了。

【硬棒】yǐng bang 健壮;结实:他长得挺～的。

【硬打】yǐng dā 不问缘由、不管不顾地打:他也不问问怎么回事儿就上去～孩子。

【硬噘】yǐng juè 不管不顾地骂:他不管那三七二十一,待那～。

【硬锵】yǐng qiang 强硬;不示弱:他那个人说话很～,根本商量不下来。

【硬山】yìng shǎn 用石头、砖等垒的房屋外山墙。

【硬实】yìng shi ❶ 物体结实:我试了试,架子扎得挺～的。 ❷ 身体壮实:人家八十来岁了,身体还那么～|恁这个孩子长得真～。 ❸ 过硬:他们家的关系很～。

【硬说】yǐng shuō ❶ 不管不顾地说或批评:他也不分场合～一个点儿。 ❷ 顽固地坚持声称或认为:她～那是她家的地。

【硬证着】yǐng zhèng zhi 一口咬定:那两个人～是他把箱子拿走的。

【硬硬儿的】yǐng yìngr di 非常牢固、结实、明确的样子:这个事儿我想得～,绝对错不了。

【嘤】yīng 声音大使人难受:正困觉的时候,汽车的动静把我～起来了。

【嘤人】yìng yìn 噪音刺耳:那个大动静太～了。

【缨】yǐng ❶ 用线或绳做成的穗状装饰品:红～枪。❷（～儿）植物结出的缨状茎叶或须状物:萝贝～儿｜苞米～儿。

you

【由头】yǒu tou =〖由子〗yǒu zi 借口;理由:他待找个～那太简单了｜你得找个合适的～去找他｜元杂剧《儿女团圆》楔子:"从来这拙妇每他须巧舌头,他搜寻出这等分家私的～。"｜《喻世明言》第十五卷:"王琇得了这一梦,肚里道:'可知符令公教我宽容他,果然好人识好人。'王琇思量半晌,只是未有个～出脱他。"｜《金瓶梅词话》第二十六回:"雪娥寻不着这个～,走来他房里叫他。"｜《金瓶梅词话》第八十一回:"月娘见他骂大骂小,寻～和人嚷闹上吊。"

【油汗】yǒu han 含油脂较多的汗水:他出的那些～把帽子沿都渍了。

【油耗气】yǒu hao qì 食用油变质后的气味。

【油壶】❶ yǒu hù 盛油的容器。❷ yǒu hu 油滑、世故、不诚恳(的人):那个人～得要命｜一听说话就听着像个～。

【油浆薄皮】(～儿) yòu jiǎng bě pìr 外皮显得极薄的样子:他那个手肿得～的。

【油碾】yǒu niān 油坊来用粉碎榨油原料的石制工具:△黑瞎子拉～——出力赚熊蛋。

【油皮】yǒu pi 皮肤的最外层;表皮:磕破点儿～没有事儿｜《红楼梦》第九回:"秦钟的头早撞在金荣的板上,打起一层～。"｜《醒世姻缘传》第九十八回:"你可安详些儿,着忙的人,不觉作下揖去,往前一抢,把个鼻子跌了一块～。"

【油瓤儿饼】yòu rangr bīng 葱油饼,加有油、盐、葱花的多层饼。

【油盐火纸】(～儿) yòu yàn huǒ zhīr 泛指日常生活用品:那个旧房子收拾出来租出去,弄分钱买个～也好。

【油脂抹拉】yòu zhi mē là 沾满油脂的样子:弄得根板凳～的,真不下搭眼儿坐。

【有】yōu ❶ 富裕;有钱:人家家里～,咱不能什么都和他们攀｜△爹～娘～不如自己～,老婆汉子隔道手。❷ 很多;很大;很长:～日子没见着他了｜那个木柜～年岁了｜他买的这辆车那可～钱了｜《醒世姻缘传》第三十八回:"狄希陈说:'那是他! 这一个～年纪了。'相于廷说:'亏了他那日让你吃瓜,你还不认得他哩!'"

【有糙儿】yòu cǎor 错误;不好,一般用于反问或否定句式:他教出来的徒弟还能～? ｜听他的就行了,不能～。

【有的】yōu di ❶ 全体中的一部分:～同意,～不同意,都还没定下。❷ 有钱的人:他也不是个～,跟他也借不出钱来｜△人敬～,狗咬丑的。

【有的是】yōu di shì 很多;有很多:他不买,～买的｜元杂剧《冤家债主》第二折:"你哥哥那里～钱,俺帮着你到那里讨去来。"｜《聊斋俚曲集•禳妒咒》第六回:"好秒孩子! ～好主好闺女,何必他呢?"

【有根儿】yòu gěnr ❶ 植物有根系。❷ 有人脉关系:那些人都～,不是随随便便谁就能上去的。

【有工闲慢】yōu gěng xiǎn màn ＝〖有紧闲慢〗yōu jīn xiǎn màn ＝〖有空闲慢〗yōu kèng xiǎn màn 根据时间的空闲,慢悠悠地做事的样子:家里的活儿你～地干,别累着。

【有好儿】yōu hāor 有好的结果或回报,一般用于反问或否定句式:对人这么渣厉,他还能～?

【有家有口】yōu jiǎ yǒu kōu 成年后成家生子:还是～的像个过日子的样儿。

【有家有业】yōu jiǎ yòu yè 成年后有了新的家庭和稳定的职业:人家都～的,谁也不愿意往外地跑。

【有脸】yǒu liān 体面;光荣:他好了,咱都跟着～｜《红楼梦》第十回:"这秦钟小崽子是贾门亲戚,难道荣儿不是贾门的亲戚? 人都别试势利了,况且都作的是什么～的好事!"

【有脸有腚】yōu liān yòu dìng 有脸面;好意思,一般用于反问或否定句式:你做的那些好事还～来说?

【有门】yòu mèn 有办法;有希望:我看这个事儿还～。

【有面儿】yòu miànr 地瓜、土豆一类的食物富含淀粉而水分少:这些地瓜挺～的。

【有名有姓】yōu mìng yōu xìng 有关于某个人的具体姓名:人家说得～的,还能假了?

【有年纪】yōu niǎn ji 上了年纪;年龄比较大:照片上那个人～了,比你大不少｜《醒世姻缘传》第四十回:"可也怪不的这种了,这们个美女似的,连我见了也爱。我当是个～的老婆来,也是一般大的孩子。"

【有皮没毛】yōu pì mě mào 表皮受伤的样子:你看他把个孩子搓约得是～的!｜《醒世姻缘传》第六十七回:"(艾回子)又提起上下一看,说道:'你看！穿的我这二十两银买的衣裳～的！'"

【有谱儿】yōu pūr 有打算；有准备：这个事待怎么弄，他心里早就～了。

【有期】yōu qǐ 有规定的时间：时候长点儿倒不要紧，只要～就行。

【有其限】yōu qì xiàn 数量不多；程度不大：他帮的那些忙也都～。

【有时候儿】yōu shǐ hour ❶ 某些时间；偶尔：～他高兴了也唱两嗓子。
❷ 时间较长：他待这耍了～才走的。

【有数儿】yòu shùr ❶ 理智；有分寸：这个孩子挺～的，多余的话从来不乱说｜他办事很～，你放心就行了。❷ 数量有规定的；严格控制的：库里的材料都是～的，谁也不能乱动。❸ 有限的；数量少的：在工厂上班挣的是～的钱｜△好汉不挣～的钱。❹ 了解实情：到底是怎么回事，他心里最～｜△碗大勺子～。
❺ 有规律：大雪不封地，冻不三五日，这都是～的｜鸟什么时候来这片山，那都是～的。❻ 提防；注意：这个人不大地道，要紧有他的数。❼ 有把握；能掌控：不用多嘱咐，该怎么办他很～。

【有头有脸】yōu tòu yǒu liān 有一定地位或名气：他光请些～的，还轮不着那几个人。

【有信儿】yòu xìnr（sìr）有消息：考试当天就～了。

【有眼色儿】yǒu yān sheir 善于察言观色并能及时做出让人满意的行动：这个活儿待～的人才能干了。

【有日子】yōu yì zi 长时间：～没看见你了，忙什么去了？

【有亦搭无亦搭】yōu yì dā wù yǐ dā 有也可无也可；不重要；无所谓：这都是些～的营生，别太认真。

【有人】yòu yìn ❶ 有的人；某人；某些人：△路上打草鞋，～说长～说短。
❷ 人存在于某处：听动静是屋里边儿～。❸ 有人手：待～去干｜△～有世界，没人没世界。❹ 有熟识的人；有人脉关系：△朝里～好做官，城里～好办事儿｜人家上边儿～，不能去攀。❺ 有意中人或情人：他待外边儿～儿了。❻ 有更高更强的人：△人外～，天外有天。❼ 出现（做某一动作或某事的）人：△荒地无人耕，耕起来～争｜△人善～欺，马善～骑。

【有滋味儿】yòu zǐ weir 味道偏咸：你这把儿包的饺子挺～的。

【又是秧歌又是戏】yǒu shi yǎn guò yǒu shi xì〈贬〉比喻极度兴奋的样子：他占着便宜就～，占不着便宜就腤脸竖鼻子。

【肉】yǒu（yòu）❶ 人或动物体内接近皮的部分柔软的组织：吃～｜割～｜肥～｜蛤蜊～｜△人心都是～长的｜△生就的骨头长就的～｜△包子有～不在

褶儿上。❷（～儿）ròur 果蔬中去除皮和核后可食用的部分：桂圆～儿。‖沈括《梦溪补笔谈·辨证二》："至今河朔人谓～为揉，谓赎为树。"

【肉敦儿】yòu děnr＝〖肉敦子〗yòu děn zi 肥胖的人。

【肉敦敦】yǒu dèn den ＝〖肉鼓敦儿〗yǒu gù denr 胖乎乎的样子：这个小月孩子～的，真亲人。

【肉滚子】yǒu gūn zi 身上的肉圆滚滚的人：他胖得就赶个～。

【肉红丝白】（～儿）yǒu hèng sǐ bèir 肤色红润、气色健康的样子：你看人家～的，一点儿没出力的样儿。

【肉胡儿】yǒu hùr 精肉；瘦肉：你割的这块儿肉真好，净是块儿～｜《聊斋俚曲集·襄妒咒》第二十四回："俺可碥了一块～，转了一个鸡脯儿。"

【肉筋】yòu jin 带筋腱的肉：烤～。

【肉烂待锅里】yǒu lǎn dai guǒ le 肉煮得过烂，但仍在汤里，比喻总的利益没有流失：算来算去还不是～，不用算得那么清。

【肉讱讱】yǒu nài nai 饱满肥厚的样子：孩子那两个腮～的。‖《说文解字》："讱，厚也。从言，乃声。"

【蚰蜒】yǒu yan ❶ 百足虫的一种类型，节肢动物，像蜈蚣而略小，体色黄褐：天旱得～都钻上边来了｜元杂剧《鲁斋郎》第一折："也是俺连年里时乖运蹇，可可的与那个恶那吒打个撞见。唬的我似没头鹅，热地上～。"｜元杂剧《玉壶春》第一折："他则管送春情不住相留恋，引的人意悬悬似热地～。"｜《聊斋俚曲集·翻魇殃》第六回："再休言，再休言，耳朵没教～钻。"｜《聊斋俚曲集·襄妒咒》第十三回："小哥哥，小哥哥，自寻～钻耳朵。既不听老人言，还怨的那一个？" ❷ 特指一种细小的蚯蚓。‖《俚语证古》第十三卷："蠕行之虫，细长而柔软者，谓之～。"

【游街】yòu jiǎi 押解人在街道上游行以示惩戒：那几年都把犯了法的人拉出去～。

【幼稚园儿】yòu zhi yuànr 幼儿园的旧称：他五岁才去上的～。

【蟫子】yōu zi 学名谷象，在麦子、豆类、面粉中生的一种虫子：麦子都招～了，快拿出来晒晒。

【揉】yòu 用手搓摩较软的东西：你给我把肩膀这里～～。

【揉巴】yǒu ba 用手按着较软的东西反复搓摩：稍微给他～几下就不痛了。

【揉烂】yǒu lan 被反复揉搓或磕碰致使受损严重：这些韭菜叫他们挑过来挑过去的都拿～了。

【悠悠乎乎】yǒu you hǔ hù 恍恍惚惚、迷迷糊糊的样子：今早上起来，他还试着有点～的。

yu

【入帮儿】yǔ bàngr〈贬〉加入帮会或某些团伙、组织：孩子皮索点儿还好管教，～了就麻烦了。

【入伏】yǔ fù 进入伏天，为一年中最热的一段时间。时间自夏至后第三个庚日起至立秋后第二个庚日前一天止的一段时间（每个庚日为十天），分为初伏、中伏、末伏，统称三伏。

【入急】yǔ jī 救急；助人急需：有事求到他哥哥眼前，人家是真～｜△亲生的儿，～的财。

【入耳】yǔ lēr 听见；记住：你发先说什么，我开车没～。

【入目儿】yǔ mùr（学习方面）记牢；学明白：他不是个学技术的料，三个月了还不～。

【入那一经】yù ně yī jǐng〈贬〉完全进入某一种状态：不知道谁领他～了，活也不干。

【入群儿】yǔ qùnr 合群：他老是自己耍，不大～。

【玉成】yǔ cheng 赞成；促成：这样的事儿咱待～他去干｜《醒世恒言》第三卷："银子已曾办下，明日姨娘千万到我家来，～其事。"｜《醒世恒言》第七卷："故此要劳贤弟认了我的名色，同少梅一行，瞒过那高老，～这头亲事。"｜《喻世明言》第十七卷："司理有心要～其事，但惧怕太守严毅，做不得手脚。"｜《赛花铃》第六回："兄若～此事，后日媒礼当再找八十两。倘或不成，今日薄意，也不消挂齿了。"｜《水浒传》第三回："望长老收录，大慈大悲，看赵某薄面，披剃为僧。一应所用，弟子自当准备。万望长老～，幸甚！"｜《醒世姻缘传》第七十四回："狄希陈甚是喜欢，说姑奶奶～了这事，他永世千年也是忘不了的。"

【如官如府】yù guǎn yǔ fū 妥当、顺适的样子：他安排事你就放心行了，保证～的。

【如今】yǔ jin ❶现今：～这条河里修上拦水坝了，常年都有河水。❷现在；此刻：他吃了晌饭就去出去了，到～还没回来。

【如心】yù xǐn 称心；如意：他这遭说这个媳妇他父母真～｜他做这几件事儿都挺～的。

【如心如意】yù xǐn yǔ yì 顺心满意的样子：只要老人～的,孩子们就放心了。

【余头】yǔ tou 衣物接缝处的窄边儿。

【余外】yǔ wài ❶ 额外；另外：这是～添出来的些活儿|《醒世姻缘传》第九十九回："郭总兵果然便服方巾,跟了四名随从,连周相公也扮了家人在内,～又跟八个士卒同行。" ❷ 多余：事都解决了,再碰见人家不能说～的。

【鱼花儿】yù huǎr 一种用木制模具(饽花榼子)制作的鱼形面食。

【鱼鳞坛子】yǔ lìn tǎn zi 旧时一种表面有鱼鳞状花纹的坛子。

【鱼子儿】yǔ zīr 鱼卵：他爹就爱吃～。

【迂板】yǔ ban 死板；迂腐：他年轻轻的怎么还这么～？|《醒世姻缘传》第六十八回："这个～老头巾家里,是叫这两个盗婆进得去的?"

【迂叨】yǔ dao 絮叨；反复地说：你～多了人家就烦气了。

【迂磨】yù me 迟缓拖延：你看看都几点了,你还在那里～什么!

【尾巴根儿】yū ba gěnr =〖尾巴根子〗yū ba gěn zi 尾椎骨：前些日子把～跌了一下儿,到如今还痛。

【雨旮旯儿】yū gà la 日晕。民间认为太阳周围出现光圈是下雨的征兆,故称。

【雨淋卜拉】yū lin bǔ la 因下雨而不利落的样子：外边～的,快等雨停了再去吧。

【雨淋帽子】yū lin mǎo zi 苇笠；竹笠。

【雨星星】yū xìng xing 小雨；小雨点：△庄户人不怕～。

【雨住了】yū zhǔ ler 停雨：出来吧,～。

【驭】yǔ 驾驭牲口的命令语,令其停下来。令其前行或快跑的命令语为"驾"。

【揄】yǔ 用力使弯曲：把这块儿铁丝两头～上钩儿。

【愚弄】yù leng 蒙蔽耍弄：他～那几个孩子入了坏人帮。

【熨贴】yū tie 平整；整洁；美观：她做的营生老是这么～。

【豫气】yū qi 舒心；妥贴；如意：听他这么一说,我的心就～了。

【豫作】yù zuo =〖熨作〗yù zuo 舒服；平安：恁姥娘这些日子不大～,你去看看吧。‖《尔雅·释诂》："豫,安也。"《孟子·梁惠王下》："吾王不游,吾何以休。吾王不豫,吾何以助,一游一豫,为诸侯度。"《史记·鲁周公世家》："武王有疾,不豫,群臣惧。"

【鬻】yǔ 粥或汤在煮沸时从锅中溢出：快关上火,～锅了。

yuan

【软耳朵】yuān lèr duo 易轻信别人话的人：他真是个～，人家一说他又不知道怎么办了。

【软和】yuān huo 不硬；柔软：这些材料叫水一泡就变～了。

【软皮囊】yuān pì nǎng 柔弱无力的人；中空而虚软的东西：他光看起来五大三粗的，其实是个～。

【软皮蛇骨】(～儿) yuān pì shě gūr 不挺括、不坚挺的样子：这个包怎么～的，一点儿不受使。

【软枣儿】yuān zaor ❶学名君迁子，亦名黑枣，柿科落叶乔木，果实球形或椭圆形，味甜，可食用。❷君迁子的果实。

【冤大头】yuàn dǎ tòu 吃亏的人：他想拿着这些人当～，看把他精神的。

【原不】yuǎn bu 本来；原来：～我也待找你商量商量。

【原不当】yuàn bu dāng 怪不得，表示明白了原因：～他不急着吃饭，早吃上东西垫底了。

【原不说】yuǎn bū shuō 承接前面的话，引出经验性说法或已得到验证的事实：～"光有状元徒弟，没有状元师傅"。

【原是】yuàn shi 因为，对发生的事情做出解释：～明日就待回老家，所以他就请半天假准备准备。

【愿情愿意】yuǎn qìng yuǎn yì 甘心乐意的样子：他～的时候做什么都行，要是不开心的时候别去惹犯他。

【园】yuàn 种蔬菜的田地：他上～里割菜去了。

【圆】yuàn ❶圆周所围成的平面：～弧｜～盘。❷形状像圆圈或球的：滴溜～。❸（话语或事情）衔接；吻合：他今日说的和他以前说的都～不起来。❹夸奖：小孩子就愿听大人～。

【圆成】yuàn cheng 促成；规劝；调解：家里人都～他做这个事儿｜元杂剧《望江亭》第一折："（姑姑云）侄儿，这里有个女人，乃是谭记儿；大有颜色，逐朝每日在我这观里，与我攀话。等他来时，我～与你做个夫人，意下如何？"｜元杂剧《墙头马上》第二折："不是我敢为非敢作歹，他也有风情有手策；你也会～会分解，我也肯过从肯耽待。"｜《醒世姻缘传》第六回："他那一路上的人恐怕晁大舍使性子，又恐怕旁边人有不帮衬的，打破头屑，做张做智的～着，做了五十两银子，卖了。"｜《醒世姻缘传》第七十七回："你不要管他，你只替我在大舅合姈

子面前尽力撺掇,相大叔面前替我～。"|《醒世姻缘传》第八十一回:"不瞒二位爷说,刘振自～着,他得了好几两银子去了。"|《聊斋俚曲集·磨难曲》第三十三回:"张老爷,你也该为这一方的百姓,怎么～着他去呢?"

【圆范】yuàn fan 形容圆形的物体很饱满:他做的馒头真～。亦作"圆汎":《醒世姻缘传》第五十四回:"他自己学那毛遂,又学那伊尹要汤,说合的人遂把他荐到那胡春元门下,试了试手段,煎豆腐也有滋味,擀薄饼也能圆汎,做水饭,插黏粥,烙火烧,都也通路。"

【圆坟】yuǎn fèn 在逝者入葬后第二天早上给其坟上添土,并烧纸哭祭。

【圆回去】yuǎn hui qi ❶ 说合适的话以与先前说过的话相吻合:你再说什么也圆不回去了。❷ 收了别人的礼品,用价值相当的钱物回礼:等他儿结婚的时候再把他给的钱～。

【圆圆】yuǎn yuan 圆形的:磨成个～头儿|这是个方方的,那是个～的。

【远路风程】yuān lù fěng chèng 风尘仆仆、风雨兼程的样子:他～地来了,真是不容易。‖ 参"远路风尘":元杂剧《哭孝存》第二折:"我这里便施礼数罢平身,抄着手儿前进。您这歹孩儿动问,阿者,你便远路风尘!"|元杂剧《陈州粜米》第二折:"(韩魏公云)待制五南采访初回,鞍马上劳神也。(正末云)二位老丞相和学士治事不易。(刘衙内云)老府尹远路风尘。"

【筤笩】yuàn dou 用去皮的柳条或藤条编的圆形或椭圆形的带提把的容器,一般用来盛粮食等:两～麦子|△狗汪汪,驴叫唤,娘家哥哥来叫俺;也不想爹,也不想娘,就想俺娘家那个里间炕;小篓子,挂干粮;小～,盛冰糖,为嫚嫚儿就比做媳妇强。

yue

【曰曰】yuě yue 〈贬〉说:快别听他来瞎～。

【月白】yuě bèi ＝〖月白色儿〗yuě bèi shēir 像月亮般的白颜色:我那件儿～色的衣裳上哪去了? |《醒世姻缘传》第九回:"下面穿了新做的银红锦裤,两腰白绣绫裙,着肉穿了一件～绫机主腰,一件天蓝小袄,一件银红绢袄,一件～缎衫,外面方穿了那件新做的天蓝段大袖衫,将上下一切衣裳鞋脚用针钱密密层层的缝着。"|《醒世姻缘传》第二十回:"一座大北房,当中是一张凉床,床上铺着一床红毡,毡上铺一床天青花缎褥子,褥上一领藤席,一床～胡罗单被合一个藤枕都吊在地下。"

【月半载】yuè ban zāi 一个月左右或接近一个月：他～就回来了，不用着急。

【月孩儿】yuè hair 出生未满月的小孩子：那个女的怀里抱着个小～。

【月亮地儿】yuè liang dìr ＝〖月明地儿〗yuè ming dìr 月亮照着的地方：外边的大～还铮亮来，走路看得清清楚楚的。

【月明】yuè ming 月亮：△大年三十没～——年年如此｜《聊斋俚曲集·禳妒咒》第二十二回："没有～天已暗，道途深夜黑茫茫，教人难把心儿放。"｜《聊斋俚曲集·富贵神仙》第三回："三更出门～也么乌，萧条行李一鞭孤。"

【月头儿】yuě tòur ＝〖月初〗yuě chǔ 一个月的最初几天：我光想着他是个～来的。

【月尾儿】yuě wēir ＝〖月底〗yuě dīr 一个月的最后几天：从月头儿到～，正好等了一个月｜到了～才能结账。

【拥】yuē 折断：～弯弯｜大风把树枝儿都～断了｜扬雄《太玄·羡》："车轴折，其衡～。"‖《说文解字》："～，折也。从手，月声，鱼厥切。"王筠《释例》："吾乡谓两手执草木拗而折之曰～。恒言也。"

【钥匙】yuè chi 开锁的器物：△话是开心的～｜△一把～开一把锁。

【若干】yuè gǎn 很多：再等等吧，还有～人没来。

【越渴越给盐吃】yuè kā yuè gēi yàn chī ❶ 祸不单行：他孩子身体不好，今年做买卖又赔了，真是～。❷ 落井下石：村里又把他家的福利给停了，不是～？！

【约摸】yuē me ＝〖约莫〗yuē me ❶ 大约；差不多：～一百来斤儿｜《醒世恒言》第二卷："～数月，忽然对二弟说道：'吾闻兄弟有析居之义。'"｜《醒世恒言》第十八卷："施复问道：'～有多少？'"｜《金瓶梅词话》第七十六回："西门庆约莫日落时分来家，到上房坐下。"｜《金瓶梅词话》第七十九回："月娘道：'你替他熬粥下来。'约莫等饭时前后，还不见进来。" ❷ 揣测；估量：你～着他回来的时候再做饭也不晚｜《金瓶梅词话》第二回："自此，妇人约莫武大归来时分，先自去收帘子，关上大门。"｜《金瓶梅词话》第八十四回："休要那去，同傅伙计大门首看顾。我约莫到月尽就来家了。"

【约少】yuě shuo 稍微：你平常～看看书，考试的时候能考这么两个分？

【约约】yuè yuě 稍微；轻微：他～地能松松口儿，这个事就好办。

【药】yuè ❶ 用来治病的内服或外用的东西。❷ 服用药物引起身体不良反应或死亡：～死人｜元杂剧《窦娥冤》第二折："（做叫科，云）四邻八舍听着：窦娥～杀我家老子哩！（卜儿云）罢么，你不要大惊小怪的，吓杀我也！"｜《醒世

姻缘传》第五十六回:"公公宠爱了他纵容他,把我个强盗般的婆婆生生被他气成瘫痪,与我百世之仇;我不是将他杀害,我定是将他～死!"|《聊斋俚曲集·磨难曲》第七回:"但见张鸿渐滚来滚去,大叫了两声,便说:'我～着了!'"‖在某些作品中摹拟方音写作"月":《金瓶梅词话》第九十四回:"奶奶说:'我肚子里有甚么? 拿这月来灌我!'"❸言语或声音引起人的反感:他撇腔跩文说那些话真～人。

【药膏儿】yuè gǎor 膏状的外敷药:别忘了大夫叫你家去抹上～。

【药片儿】yuě piànr 片状的药品制剂:～放了这么些日子,没失效了?

【药面儿】yuě miànr =〖药面面儿〗yuě miànr mianr 粉末状的药:大夫开回来些～叫使热水冲着哈。

【药丸子】yuě wǎn zi 丸状的药:大夫配的那些大～真咽不下去。

【药方儿】yuě fāngr 为治疗某种疾病而组合起来的若干种药物的名称。

【药引子】yuě yīn zi 中药药剂中另加的一些药物,能提高药剂的效力:那是我买回来当～使的。

yun

【云彩】yǔn cai 云朵:谁也不知道哪块儿～能下雨|△～黑,带红边,下雨定带雹子块。

【云山雾罩】yùn shǎn wǔ zhào 形容说话虚夸不着边际的样子:他说话～的,别信他的。参"雾罩云山":《聊斋俚曲集·禳妒咒》第三回:"老实子睃不上那少年,说句话雾罩云山,时腔真有十可厌。"

【匀和】yǔn huo ❶均匀:你这些树栽得挺～的。❷使均匀:我这些有点儿多,咱再～～。

【匀溜】yǔn liu ❶大小、粗细等平均、适中:这些苹果都是些～个儿。❷使平均:就剩这么点儿酒了,咱俩～～就喝上了。

【晕张张】yǔn zhàng zhǎng =〖晕晕张张〗yǔn yùn zhǎng zhàng 有点眩晕的样子:他早上起来说有点儿～的。

za

【匝】zà（用缝纫机）缝制：他闺女一阵儿就～了两副鞋垫子。

【匝花儿】zà huǎr（用缝纫机）刺绣：他姐姐会～。

【匝衣裳】zà yǐ shang 用缝纫机缝制衣服。

【咂】zā ❶ 吸；小口儿喝：～一口酒。❷（棉、纸等多孔物体）吸入水分：桌子上洒水了,快拿块儿布～～。

【咂撒】zǎ sa =〖咂巴〗zǎ ba 咂摸；品咂：～鱼骨头｜～滋味。

【砸】zà ❶ 击捣：好几个人没把这块石头～破。❷ 打：那天他又想熊人,叫人家好一个～。

【砸巴】zǎ ba ❶ 打；打碎：他两口子打仗把家里的电视都～了。❷ 压制；丑化：他逮着机会就～以前那个小徒弟。

【杂杂花儿】zā za huǎr 学名丹参,根部可入药。

【杂巴耍儿】zà ba shuār 杂技；杂耍：他不弄点儿正事儿干,光捣鼓些～。

【杂嘎】zǎ ga 品种杂乱的：小～鱼。

【杂合】zǎ huo 混合；掺杂：好几样的豆子都～待一块儿。

【杂麻】zǎ ma ❶ 质量差：仔细一看,这还真不是些～货。❶ 人品差:他那个人挺～的,你还是待有点儿数儿。

【杂七杂八】zà qī zǎ ba =〖杂七列嘎〗（～儿）zà qī liě gǎr 零碎而杂乱；乱七八糟：光他单位的正事儿够他忙活的,这些～的事儿真是顾不上。

【杂碎】zǎ sui 品质恶劣、道德败坏的人：那是个～,少和这样人打交道。

zai

【在行】zǎi hàng 对某一事物有知识或经验：别看他年轻,修车可是很～｜△买卖不～,瞎驴撞南墙。

【在讲儿】zǎi jiāngr 有讲究；有根据：他说的这些话这都～的。

【在早】zǎi zāo 以前；原来：～这些场儿都还是满坡地儿｜～这些事都是很重视的,不同如今。

【再】zǎi ❶ 两次；第二次；重新：等下一次～去。❷ 更；更加：这样的话就～好不过了。❸ 如果；要是（出现某种某种消极的情况）：你备着一份吧，万一他～没带｜《聊斋俚曲集·慈悲曲》第一段："他老说：'我看你待会子～死了，你上那里逃生的罢。'"

【灾性儿】zǎi sengr 灾祸：他这也是该当着有这么个～。

【栽】zǎi ❶ 种植；栽植：～树｜～花儿｜～苗儿。❷ 在某一生长期内移植：△茄子～花儿瓜～叶儿。❸ 跌倒：～倒｜～跟头。❹ 失败；倒霉；出丑：他这把儿真算～了。❺ 把做好的饭盛起来放到温热的锅里：晚上回来晚，把饭～锅里就行了。

【栽排】zǎi pài 安排；支使：老人～的事，他从来不打拦头板儿｜元杂剧《任风子》第三折："每日价园内修持，猜着我师父的意，先交我～下久长活计。"｜元杂剧《窦娥冤》第四折："你本意待暗里～，要逼勒我和谐，倒把你亲爷毒害，怎教咱替你耽罪责？"｜元杂剧《金凤钗》第三折："我将凤头钗亲手自培埋，刨出来怀内忙揣。我想那戳包儿贼汉，～下不义之财。"｜元杂剧《哭存孝》第二折："（李存信云）兀那厮，你听者：用机谋仔细～，牧羊子死限催来。"｜元杂剧《渔樵记》第二折："（正末云）由你骂，由你骂，除了我这个穷字儿，（唱）你可便再有甚么将我来～？"｜元杂剧《梧桐雨》第三折："是兀那当时欢会～下，今日凄凉厮辏着，暗地量度。"｜元杂剧《调风月》第一折："见他语言儿～得淹润，怕不待言词硬，性格村，他怎比寻常世人？"｜元杂剧《调风月》第三折："这厮短命，没前程，做得个"轻人还自轻"，横死口里～定。"亦作"栽派"：《金瓶梅词话》第六十七回："你们只要栽派教我说，他要了死了的媳妇子，你每背地都做好人儿，只把我合在缸底下；我如今又做傻子哩！你每说只顾和他说，我是不管你这闲帐。"｜《醒世姻缘传》第十一回："你致死了我还没偿命，又使银子要栽派杀我的爹合我的哥。"｜《金瓶梅词话》第二十三回："五娘怎么就知我会烧猪头，巴巴的栽派与我替他烧。"

【栽子】zǎi zi 秧子，可以移植的植物的幼苗：辣椒～｜树～｜元杂剧《墙头马上》第一折："奉命前往洛阳……选拣奇花异卉，和买花～，趁时栽接。"

zang

【脏囊】zǎng nang 不干净；邋遢：他这个～样，人家都躲着他｜《聊斋俚曲集·禳妒咒》第五回："人物不好不成对，没有根茎也～，两班儿都要配的上。"

【脏土】zǎng tū 灰土；垃圾：他去倒～才进门。

【臧该儿】zǎng gāir ❶ 某一时间；什么时候：他是打哪～变得这么大方了？❷ 一段时间：这～雨小多了。

【臧稳】zàng wen（时间）一直等到；一直到：～傍黑了，他才回来。

【臧文爷爷】zǎng wen yě ye 灶神；灶王爷：△～吃糖瓜儿——稳拿的。‖崂山有"灶王爷本姓张，一年喝碗烂面汤。"的俗语，结合《夜航船·荒唐部》："灶神姓张名禅，字子郭。一名隗。"以及《酉阳杂俎》第十四卷："灶神名隗，状如美女。又姓张名单，字子郭。""臧文爷爷"应是"张隗爷爷"的变音。

zao

【早办】zāo ban 起得早；到得早；行动早：你真～，六点就来了｜《金瓶梅词话》第二十九回："金莲进门，玉楼道：'你～。'金莲道：'我起的早。'"

【早来】zāo lai ＝〚早来的〛zāo lài di ❶ 时间、数量等方面差很远：天儿还～的，慢慢干吧。❷ 品行、悟性、技能上还差很远：你还～，好上跟人家学学吧｜就他这个技术还～的。

【早了】zāo le 过去；从前：如今不是～，不用那么多讲究儿｜～的日子哪能跟如今比。

【早年】zāo nian 从前；旧时：～些人儿光吃些苦，没享着点福。

【早新儿】zāo sìr 早一点儿；赶早：路这么远，恁～回来。

【早晚儿】zāo wānr ❶ 早晨和晚上：他每天～出去锻炼。❷ 或早或晚：～待干的些活儿，再拖还是你的。

【枣儿】zāor ❶ 枣树：△旱瓜涝～｜△椿栽骨嘟儿～栽芽。❷ 枣树的果实：△放羊拾酸～——捎带着。❸ 小恩小惠：△一个甜～吃不了｜△打一巴掌给个甜～吃。

【枣饽饽】zāo bè be 在表面嵌有红枣的圆形馒头，一般在春节等重要节日时蒸制。

【枣槲儿】zào hùr 枣核。亦作"枣胡儿"：《金瓶梅词话》第二十五回："那个没个娘老子，就是石头狢剌儿里迸出来，也有个窝巢儿，枣胡儿生的也有个仁儿。"

【枣儿香】zāor xiǎng 学名地榆，根部可入药。

【灶祃儿】zào maor 灶神像。

【造作儿】zǎo zuōr 找事；闹事；闯祸：这孩子不好好上学，光想着～。

【噪儿】zàor ❶ 哨子：他拿着个什么东西待那儿当～吹？ ❷ 鸟名，噪天，又称云雀。

【澡堂子】zào tǎng zi 公共浴池。

【躁】zào 着急；不耐烦：半路上车踢蹬了，～得他满头是汗。

【躁人】zǎo yìn 让人烦躁、厌烦：他不闲着得絮叨，听了真～。

【遭】zǎo 次；回：一～两～儿的不值当去计较，多了可不行｜《红楼梦》第二十三回："西廊下五嫂子的儿子芸儿来求了我两三～，要个事情管管。"｜《红楼梦》第二十六回："从那一～把仇都尉的儿子打伤了，我就记了再不恼气，如何又挥拳？"｜《聊斋俚曲集·富贵神仙》第七回："十四岁上进学，考了两～第一，下了两遍大场。"｜《醒世姻缘传》第二十五回："也做了好些品物，携到店尽后一层楼上，寻了一大瓶极好的清酒，请过狄员外来白话赏雨。真是'一～生，两～熟'，越发成了相知。"｜《醒世姻缘传》第四十二回："这魏氏一～生，两～熟，三～就会，四～也就成了惯家。"

【遭贱】zǎo jiàn 受苦；遭罪：他待个后娘手里遭那个贱就不用说了。

【遭毛儿】zǎo màor 遭遇殃祸；倒霉：你得罪了他，你算～了。

【糟】zào 过度地使用；糟蹋；挥霍：就你这么个～法儿，谁家也抗不范。

【糟巴】zǎo ba 糟蹋；不吝惜地使用：你给他那个小车子儿，都叫他～了。

【糟践】zǎo jiàn ❶ 糟蹋；浪费；破坏：才买的衣裳，都叫他～了。 ❷ 作弄；侮辱：多干点活儿不要紧，可不能无妄地～人。

【糟烂】zǎo lan ❶ 破旧；腐烂：这些檩子都～了，不能使了。 ❷ 低劣：他卖的那些～东西还那么贵。 ❸ 混乱不堪难以处理的；让人烦心的：那些～事谁听着也头疼。

【糟作】zǎo zuo ❶ 损坏；糟蹋：才买的这个玩具，一阵儿就让他～了。 ❷ 蹂躏；侮辱：把人～得不像样。

zei

【贼不打三年自招】zèi bǔ dā sān nián zì zhǎo 做了坏事的人时间久了就会自己说出以前做的坏事。

【贼不走空】zèi bu zòu kěng 指行窃者的规矩，行窃无论怎么不顺利，也要多少拿点东西，不能空手而归。

zeng

【椶子】zěng zi 雀斑:什么时候他脸上起了这么多黑~?

【豽猪】zěng zhu 公猪。

zha

【乍上来】zhǎ shǎng lai 刚开始的时候:~谁也没寻思来了这么多人。

【乍生子】zhà shěng zi 初次或刚开始(接触陌生的人或事):他~干还不熟悉|他这个样儿,~还真能把人唬住了|《醒世姻缘传》第七十四回:"凡有话说,请过狄大爷来,自己当面酌议,从小守大的,同不的~新女婿。"

【拃】zhā ❶ 张开大拇指和中指(或小指)来量长度:你~~看看就有数儿了。❷ 量词,表示张开的大拇指和中指(或小指)两端间的距离:我估摸这页板能有五六~那么宽。

【诈唬】zhàn hu 欺骗吓唬:别听他瞎~,头晌根本就没有人来。

【诈诈唬唬】zhǎ zhà hǔ hù 虚张声势、夸大事实的样子:别看他~的,纯是糊弄人。

【炸】zhà ❶ 用油烹制:~萝贝丸子|~鼓眼儿鱼。❷ 爆炸;因急速受冷或受热破裂:那个玻璃杯子叫开水~破了。

【炸锅】zhà guǒ 突然引起骚乱或冲突:他待台子上一公布,下面就~了。

【炸纹儿】zhà wenr 器皿上的细裂纹:你仔细看的话,瓶子上还有几根~儿。

【炸营】zhà yìng 本指军队溃散、四处乱逃,引申为由于某种原因引起骚动,打破了平静:家里一听传回来的信儿,一下子都~了。

【眨巴】zhā ba 眨:他~着两个小眼儿,猴精猴精的。

【痄腮】zhà sai 流行性腮腺炎:他小时候也生~来。

【扎】zhā ❶(锐器)刺;穿:你看我脊梁上是不~进根刺去? ❷ 锐利的:~锨。❸ zhǎ 使感觉很凉;冰冷袭人:~人|~手|~脚|板凳面太凉了,都~腚|《老残游记二编》第一回:"傺用手摸摸看,上半多冻~手,下半截一点不凉,仿佛有点温温的似的,上古传下来是我们小庙里镇山之宝。"

【扎人】❶ zhā yìn 尖锐的东西刺人的皮肤:你去戴上副厚手套,上面有刺~。 ❷ zhǎ yìn 寒凉的东西刺激人不舒服:水龙的水太~了。

【扎斧子】zhā fù zi 一种状如斧头的石匠用具,用于削切石头。

【扎固】zhā gu ❶ 治（病）：他多年的腿痛就待这家医院～好了。亦作"扎孤"：《奉天通志·礼俗四·方言》："俗谓治病为扎孤病，满语治也。" ❷ 修理：他才去～车子来。 ❸ 整治；折磨：等哪天非～～他下儿。

【扎花儿】zhà huǎr 刺绣：她十几岁就学会手工～了。

【扎架儿】zhà jiàr 撑腰打气；给予支持：孩子看有大人给他～，越发来劲了。

【扎角】zhǎ jiā 将一撮儿头发用头绳儿或皮扣等扎在一起：她～比敞披着头好看。

【扎狂】zhǎ kuàng 狠毒；狂妄：他这几年变得很～｜他弟兄们待村里都很～。

【扎凉】zhǎ liang 如针扎般凉：河里的冰溜才化冻，水还～。

【扎猛儿】zhǎ mēngr 头朝下钻到水里：△鸭子～——炫划腚眼。‖《俚语证古》第三卷："札猛，潜行也。泳也。沈于水底谓之札猛。"

【扎头】❶ zhā tòu 将头发束扎起来：你觉着她～好不好看？ ❷ zhā tou 到达后不停留即走：咱去～看看他待家里没有。

【扎锨】zhā xian 一种半圆尖头的铁锨。

【挓挲】zhǎ sha 亦作"觰沙""奓沙""吒沙""扎煞"：❶（毛发等）竖起；张开：吓得他头发都～起来了｜韩愈《月蚀效玉川子作》诗："赤鸟司南方，尾秃翅觰沙。"｜元杂剧《博望烧屯》第一折："奓沙起黄髭髥，你显出那五霸诸侯气力。"｜陆龟蒙《吴俞儿歌·剑俞》诗："秋照海心同一色，蠁影吒沙干影直。"｜元杂剧《李逵负荆》第二折："鸦嗛肝肺扎煞尾，狗咽骷髅抖搜毛。"｜《醒世姻缘传》第五十一回："不料按院审到珍哥跟前，二目暴睁，双眉直竖，把几根黄须扎煞起来，用惊堂木在案上拍了两下，怪声叫道：'怎么天下有这等尤物！还要留他！'" ❷（手、胳膊等）伸开的样子：人家都干起活儿来了，他还待边下～着手｜《红楼梦》第六十二回："香菱复转身回来，叫住宝玉，宝玉不知有何话，扎煞着两只泥手，笑嘻嘻的转来。"｜《醒世姻缘传》第八十九回："素姐扎煞两只烂手，挠着个筐大的头，骑着左邻陈实的门大骂。"｜❸ 束手无策的样子：你看他现在那些猴精神，真碰着事就～手了｜《红楼梦》第四十七回："你知道我一贫如洗，家里是没有积聚的，纵有几个钱来，随手就光的，不如趁空儿留下这一分，省得到了跟前扎煞手。" ❹ 张狂；高傲：有人给他撑腰，他就～得不知道姓什么了。此义亦作"诈煞""揸煞"：《聊斋俚曲集·翻魇殃》第七回："二相公气噻噻，骂范栝太诈煞，不知让你是为嗄？"｜《聊斋俚曲集·禳妒咒》第九回："贼强人太揸煞，俺今日到您家，难说济你揉搓罢？"

【挓挲手】zhǎ shà shōu ＝〖扎煞手〗zhā shà shōu ❶ 懒惰、不动手的样子：全家都这忙活，就他在边下扎煞着手。❷ 遇到困难束手无策：《红楼梦》第四七回："你知道我一贫如洗，家里是没有积聚的，纵有几个钱来，随手就光的，不如趁空儿留下这一分，省得到了跟前扎煞手。"

【渣厉】zhǎ lì 毒辣；苛刻：他这么样对他父母真是太～了。

【渣渣儿】zhǎr zhar ❶ 粉末；细屑：馒头～｜饼干～掉得管哪是｜把那些木头～扫扫。❷ 骄傲；娇气；烧包：你看他如今--得单位要盛不下他了。

【渣渣子】zha zha zi 粉末；细屑：壶底那么多～，好刷刷了。

【渣子】❶ zhǎ zi 心坏狠毒的人：他是有名的～。❷ zhǎ zì 粉末；细屑：玻璃～｜馒头～。

【挓】（～儿）zhār ❶ 手伸开后拇指尖与中指尖之间的长度：苞米儿长得都有一～儿高了｜《聊斋俚曲集·襄妒咒》第一回："口里一口糯米牙，头上一头好头发，脸儿好象芙芙子苗，金莲不够半～大。"❷ 将建筑物的石头、砖等结合缝用建材填充整齐：～缝儿。

【蹅】zhǎ 踩；踏：这也太高了，～根板凳才能够着｜△好鞋不～臭屎｜元杂剧《杀狗劝夫》第三折："难得贵人～贱地，到俺家里有甚事干？"｜元杂剧《调风月》第一折："大刚来妇女每常川有些没事哏，止不过人道村，至如那'村'字儿有甚辱家门？更怕我脚～虚地难安稳，心无实事自资隐。"｜《聊斋俚曲集·增补幸云曲》第十五回："那万岁穿的那绑腿靴鞋沉重，那楼板声音又响亮，故意扑咚扑咚的使那脚～。"亦作"楂"：《聊斋俚曲集·快曲》第四联："两个翻身都落马，歃在地下狗喨黄。脚楂脖子枭首级，那鼻眼略动口还张。"

【蹅跷】zhǎ qiao ❶ 走路不稳或蹑手蹑脚的样子：他走起路来～～的。❷ 放不开手脚的样子：他干活儿～～的，一点儿不泼辣。

【蹅着软和地儿】zhǎ zhi yuān huo dìr 欺负别人的软弱或忍让：他这接二连三的找事儿，真当～了吭？！｜以前人家是敬着他，他还寻思～了。

【蹅下地气儿】zhǎ xi dǐ qìr 站稳脚跟；在陌生的地方有了一定的人脉和实力，通常具有贬义：我看他如今～了，说起话来都不一样了。

【煠】zhà 焯；用沸水短时间地煮：～蛤蜊｜～虾虎｜～蟹子｜～海虹｜～扇贝｜徐光启《农政全书·卷四十六·荒政·救荒本草一》："蒿蓄，亦名蒿竹。生东莱山谷……苗叶～熟，水淘净，油盐调食。"｜《清嘉录·十月》："湖蟹乘潮上，籇渔者捕得之……有'九雌十雄'之目，谓九月团脐佳，十月尖脐佳也。汤～而食，故谓之'～蟹'。"

zhai

【斋斋】zhǎi zhai 骄傲、奢侈或娇气的样子：这个孩子～得没有爱吃的东西。

【桤子】zhǎi zi 木楔子：△满筐木头砍不出个～来。‖1928年《胶澳志》："墙钉木橛曰桤，音债。"亦作"寨子"：《俚语证古》第八卷："木钉谓之寨子。"

zhan（zhan）

【斩】zhān 制作豆腐的一道程序，把适量卤水放到豆浆中使凝固：△卤水～豆腐——一物降一物。‖1928年《胶澳志》："下卤作腐曰拃，音～。"

【瞤晃】zhān huang 闪动；闪耀：这里电压不稳，灯老是～。

【瞤眼】zhǎn yān 本义为眨眼，常用来比喻时间极短：日子真是不顶混，孩子～就长这么大了｜元杂剧《渔樵记》第二折："投到你做官，直等的日头不红，月明带黑，星宿～，北斗打呵欠！"｜《聊斋俚曲集·禳妒咒》第二十四回："这可才费的心思，眼也不敢去瞤。"亦作"斩眼"：《西游记》第四十九回："但见那篮里亮灼灼一尾金鱼还斩眼动鳞。"｜元杂剧《金童玉女》第四折："（金母笑科，云）人世光阴，如同斩眼。"｜周楫《西湖二集》第十卷："那唛都元帅是杀人不斩眼的魔君，若是攻破了城池，便就屠戮城中人民，鸡犬不留。"｜《醒世姻缘传》第七十七回："童奶奶是甚么人呀，斩斩眼知道脚底板动的主儿，已是知道是狄希陈的大娘子，但心里想说：'从来知道素姐是个标致的人，却又怎么瞎着个眼，少着个鼻子？'"｜《醒世姻缘传》第九十三回："这无边恃着财多身壮，又结交了厂卫贵人，财势双全，贪那女色，就是个杀人不斩眼的魔君。"｜《金瓶梅词话》第八十七回："那汉子杀人不～，岂肯干休。"

【站成堆儿】zhàn cheng zuǐr 站在一起：恁两个～比比谁高。

【站客难服侍】zhǎn kēi nǎn fǔ shi 主人请较为熟悉的客人坐下时开玩笑的说法：快坐下吧，～。

【站硬】zhǎn yìng 站稳：车太颠了，要紧～了。

【蘸火】zhǎn huō 淬火，将加热到一定温度的金属件浸入水或其他冷却剂中，使其性能更好、更稳定。

【蘸糖球】zhàn tǎng qiù 把竹签串起来的山楂放入熬好的糖中挂上糖衣。

【占理】zhǎn lī （在争论或纠纷中）处于有理的地位；有道理：谁～咱就向着谁。

【沾】zhǎn ❶ 因接触而附着上：伤口没好别～水。❷ 接触；与之交往：从那以后他再也不～着他。❸ 凭借关系而得到：～光。❹ 少量；轻微；稍微：这么点饭儿，～点儿火儿就熥透了。❺ 易于；动不动：他脾气才大来，～就火儿了｜这样的衣裳不顶黵，～就好洗了。

【沾亲带故】（～儿）zhǎn qǐn dǎi gùr 指存在或远或近的亲戚关系：说起来都～的，谁也不好意思说得那么丑。

【沾牙】zhǎn yà 吃东西：他姨拿来的东西老人没～，都叫孩子们打馋虫了。

【沾腥身上】zhǎn xǐng shěn shàng 惹上不必要的麻烦：没有愿意去管的，都怕～。

【粘连】zhǎn lian ❶ 与之打交道：那人不像行事，趁早别～他。❷ 与之有关；有瓜葛：只要是～着他的营生，他不能吃一点亏｜《醒世恒言》第三卷："罢，罢，不是自身骨血，到底～不上，由他去罢！"

【粘沁沁】zhǎn qìn qin 粘糊糊的样子：你这抹了些什么东西身上，还～的。

【展扬】zhǎn yang ❶ 荣耀；得意：外甥有出息俺也试着很～。亦作"展样"：《聊斋俚曲集·翻魇殃》第十一回："咱的人家原不大，从新盖了几间房，安上吻兽才展样。"又："反转星星人四个，按上一张镢头床，破矮桌安上也不～。" ❷ 炫耀：他又穿着新衣裳上外边～去了。

【搌】zhàn 用多孔吸水的东西吸除液体：桌子上洒水了，快拿抹布来～～。

【黵】zhān 弄脏；污染：才穿上的衣裳一天就弄～了。亦作"沾""展"：《红楼梦》第四十四回："可惜这新衣裳也沾了，这里有你花妹妹的衣裳，何不换了下来，拿些烧酒喷了熨一熨。"｜《聊斋俚曲集·增补幸云曲》第十三回："万岁接那盅子撒了半盅，把二姐衣服沾了一块。二姐心中不悦，说：'姐夫这么一条汉子，一个盅子也端不住，把人的衣服都沾了！'"｜《聊斋俚曲集·姑妇曲》第一段："何大娘看了看，眼里流的都是血水，把褂子都沾了。"｜元杂剧《望江亭》第一折："姑姑，你只待送下我高唐十二山，枉展污了你这七星坛。"｜元杂剧《西厢记》五本第一折："你逐宵野店上宿，休将包袱做枕头，怕油脂腻展污了恐难酬。"｜元杂剧《刘弘嫁婢》第一折："（唱）呀，这厮便写做甚么原展污了的旧衣服。"｜元杂剧《衣锦还乡》第三折："（张仪云）则怕展污了你那锦绣衣服。"｜元杂剧《调风月》第二折："老阿者使将来伏侍你，展污了咱身起。你养着别个的，看我如奴婢，燕燕那些儿亏负你？"

zhang

【丈母】zhǎng mu =〖丈母娘〗zhǎng mu niàng 对岳母的背称：屋里那个女的就是小张他～｜△入了伏，挂了锄，新新女婿看～｜△丈母娘看女婿——越看越欢气｜《聊斋俚曲集·禳妒咒》第十一回："你～昨夜晚，做了个极好的梦。"｜《醒世姻缘传》第二十九回："丈人舅子再三的留他不住，定要起身。进去别他的～，那～又自苦留。"｜《醒世姻缘传》第四十五回："你～在屋里摆着饭等着你哩，你往屋里合你媳妇儿吃去。"

【丈崴】zhàng wai ❶青蛙。❷走路如同青蛙的样子：那个人走起来～着，没有个形。

【丈人】zhǎng yin =〖丈人爹〗zhǎng yin diě 对岳父的背称：正月初三走～家｜元杂剧《李逵负荆》第三折："你也等我一等波，听见到～家去，你好喜欢也。"｜他那个～也是个本事人儿｜《聊斋俚曲集·禳妒咒》第十一回："那不是俺～那老狗头来了？待俺捎下路去罢。"又："等到过日来，再领～的教。"又："～、丈母一边一个按着说：'那有此理！筛着酒哩。'"｜《醒世姻缘传》第二十八回："严列星心里明白，严列宿那里晓得这个原故，就是神仙也猜不着。请了～丈母来到都猜不着。"｜《醒世姻缘传》第四十回："既是你～说该做的，你就收拾。等住会，我还见见你～去。"｜《醒世姻缘传》第六十二回："张茂实的妻家与狄希陈是往来相厚的邻居，没有～，止有丈母。"

【丈人脸】zhǎng yin liān 谑指男人像是生女孩儿的样子，或指只有女儿没有儿子的男人。

【长】zhāng ❶生长：一年没看着，孩子就～了一个头。❷东西变质发霉生出菌体：那一年延上连阴天，地瓜干儿都～了。❸发霉的：～干儿（发霉的地瓜干）｜～饭（发霉的饭）。

【长膘】zhāng biǎo 长肉：人家怎么吃也不～。

【长腚尖】zhāng dìng jiǎn 形容人急躁、不安、坐不住：今日他和～似的，没等坐下光想着出去耍。

【长脸】zhǎng liān 有脸面；感到光荣：有这么个出息的妹妹俺也跟着～。

【长毛儿】zhàng màor ❶发霉：他两口子太会过日子了，东西放得都～了才想起来吃。❷=〖长毛子〗zhāng mào zi 东西变质发霉长出的菌体：那些馒头都有～了，不能吃了。

【长眼】zhǎng yān 对周围的人或事能做出敏锐的反应（多用于否定）：△不

打馋的,不打懒的,单打那个不~的。

【长尾巴】zhǎng yū ba 戏谑语,指小孩子过生日:再过一个星期俺孩子就~了。

【长药】zhāng yue 一种促进伤口愈合的药。

【胀饱】zhàng bao 吃得过饱或消化不良引起的肚子发胀:别空着肚子吃些萝贝,看~|《醒世姻缘传》第四回:"只见珍哥的脸紫胀的说道:'肚子~,又使被子蒙了头,被底下又气息,那砍头的又怪铺腾酒气,差一点儿就鳖杀我了!如今还不曾倒过气来哩!'"|《醒世姻缘传》第五回:"到了初九日侵早,小珍哥头也不疼,身也不热,肚也不~,下边恶路也都通行,吃饭也不口苦,那标病已都去九分了。"

【胀颠】zhàng dian 自鸣得意;骄傲自大:就发他当了个什么主任,再就~得不知道姓什么了。

【张】zhǎng 跌倒;从高处往下歪倒:老人待天井~倒了|《聊斋俚曲集·磨难曲》第二十三回:"有一伙瞎厮,在路上走路胡迷了,一骨碌~在崖里。"|《聊斋俚曲集·墙头记》第二回:"使气力撮上墙,松了手往下~,真如死狗一般样。"|《聊斋俚曲集·翻魇殃》第七回:"大姐说:'您那有,有也待~的口屋哩。'慧娘说:'咱修理修理不的么?'"|《聊斋俚曲集·增补幸云曲》第二十八回:"丫头还没曾说完,那王龙从床上就~将下来了。"|《聊斋俚曲集·磨难曲》第二十九回:"正赶之间,落坠陷坑一骨碌~下马来,一群偻儸将他绑缚起来。"

【张哈】zhǎng ha 张开(口)的样子:家里好几个孩子~着口还等着吃饭来。

【张马裂口】zhǎng mā liě kōur 开裂变形的样子:他店里进了水,家具都泡得~没法卖了。

【张网】zhǎng wāng 为了捕获鸟、鱼而撒开或铺设网具。

【章程】zhǎng cheng ❶ 规定;共同的约定:先待一块儿定下个~儿,别稀里糊涂地干。❷ 〈贬〉自以为是的打算或规定:活儿干得不咋的,~倒是不少。

【障子】zhàng zi 篱笆;栅栏:他把小花院围上~了,省着人家进来摘花。

【掌】zhāng ❶ 手心;脚心:手~|脚~子。❷ 钉在鞋底或牲口蹄子底下用于耐磨的东西:鞋~|马~儿。❸ 钉补(鞋底)或给牲口蹄子钉铁掌:~鞋|他看见一个老皮匠坐在街上穿针引线~靴子。

【掌眼色儿】zhǎng yān sheir (帮助)提高辨别力:恁弟弟还小,你要紧去帮他两个掌着眼色儿。

zhao（zhao）

【找】zhāo ❶ 寻求；想要得到：～场儿｜～家什｜～媳妇｜～婆婆家｜△和尚庙里借梳——～错门了。❷ 结交：△鱼～鱼,虾～虾,王八～个鳖亲家。❸ 通过补足使其齐、平、直等：～齐｜～直｜地面儿还没～平。❹ 在买卖交易中退还超过应付金额的钱：人家还没～钱他就走了。

【找补】zhāo bu 把不足的补上：先这样吧,等过后给你～～｜《红楼梦》第四十七回：“贾琏道：‘已经完了,难道还～不成？况且与我又无干。’”｜《红楼梦》第一零八回：“回去好好的睡一夜,明日一早过来,我还要～叫你们再乐一天呢！”

【找秤儿】zhào chèngr 因购买的东西重量不足,找商家论理或要求补偿：差了一两半两的也不值当回去～。

【找门子】zhào měn zi 上门评理；到对方家里讨说法：他孩子太撩才了,家里天天都有～的｜《聊斋俚曲集·姑妇曲》第一段：“老于婆,你实是歪,找上人家门子来。”

【找婆婆家】zhào pě pe ji 女子找对象；女子确定恋爱关系或成婚：她就愿意从恁村～。

【找秀气】zhào xiù qi 存心占便宜；挑刺：夜来他纯是来～的。

【笊篱】zhào li 用竹篾、柳条或铁丝等编织的带孔的勺形用具,用在水、汤里捞东西：买把～好回去淘麦子｜段成式《酉阳杂俎·忠志》：“安禄山恩宠莫比,锡赍无数。其所赐品目有……银～。”｜《景德传灯录·令遵禅师》：“问：‘如何是漏？’师曰：‘～。’问：‘如何是无漏？’师曰：‘木勺。’”｜元杂剧《秋胡戏妻》第二折：“我梅英道,秋胡去了十年,穿的无,吃的无,(唱)奶奶也,谁有那闲钱来补～！”

【笊篱皮】zhào li pì 手指末关节与指甲边缘之间受伤而露出来的皮肤组织。

【啁】zhāo 形容外地人说话声音烦杂,听不懂：他们家来了一大党子外地亲戚,说话～的,咱什么也听不懂。‖ 语出“啁哳”,形容声音杂乱细碎：《楚辞·九辩》：“雁廱廱而南游兮,鹍鸡啁哳而悲鸣。”洪兴祖补注：“啁哳,声繁细貌。”《阅微草堂笔记》第九卷：“因引至一处,激然长啸,众虎岔集,其人举手指挥,语啁哳不可辨。”《阅微草堂笔记》第十五卷：“乌鲁木齐遣犯刚朝荣,言有二人诣西藏贸易,各乘一骡,山行失路,不辨东西,忽十余人自悬崖跃下,疑为夹坝——西番以劫盗为夹坝,犹额鲁特之玛哈沁也,渐近则长皆七八尺,身毵毵有毛,或黄或绿,面目似人非人,语唧唧不可辩,知为妖魅,度必死,皆战栗伏地。"

【罩子灯】zhào zi děng 一种上面带玻璃罩的煤油灯。

【兆儿】zhàor 预先出现的迹象和征兆:那回儿他说的话儿就是个～。

【招】zhǎo ❶ 扶:你～着恁爷爷上院子里转转|《聊斋俚曲集·寒森曲》第四回:"那衙役瞧了瞧,抬的抬～的～,上了肩打了一声号。"|《聊斋俚曲集·寒森曲》第五回:"疾忙赶上,一手拉着员外,一手～住妹子,大哭起来了。"|《聊斋俚曲集·禳妒咒》第二十一回:"果然～着梯子去台上,高季爬过墙,放开门,一群人拥入。"|《聊斋俚曲集·墙头记》第二回:"张老说:'不好不好! 放下我来罢',张大又～下来,心焦说:'好恨人。'" ❷ 入赘:～养老女婿。❸ 滋生或引来(不好的事物):～虫子|～苍蝇|～蚊子|～蛆|～虫眼。

【招帮儿】zhǎo bàngr 交往;来往,一般只用于反问或否定句式:他太生古了,没愿意和他～的。

【招不下茬来】zhǎo bù xiǎ chù lai 应接不暇;招架不了:一下进米这么多人,他一个人根本就～。

【招架】zhǎo jia ❶ 抵挡;应付:他一个人对付人家好几个人,根本就～不了。❷ 接触;交往:就他这个脾气,真是没敢～的|《醒世姻缘传》第五十七回:"后来晁思才这老婆无处投奔,人人都不敢～他。"

【招溜】zhǎo liu 照看;帮助:亏着恁哥哥帮我这～着店里的事。

【招取】zhǎo qù 招惹;交往:那些不三不四的人少去～他们|元杂剧《后庭花》第二折:"想起来、想起来杀人可恕,将咱欺侮,并不糊涂,早则～,(云)丑弟子,你将去波?"|元杂剧《调风月》第二折:"并不是婆娘人把你抑勒,～那肯心儿自说来的神前誓。"

【招人】zhǎo yìn ❶ 招用人员:他是厂里上一批～的时候进厂的。❷(店铺、摊点)招徕客人;吸引客人:别看店儿小,很～倒是。

【朝饭儿】zhǎo fànr =〖早上饭〗zāo shang fàn 早饭:～吃的什么?

【朝价】zhǎo ji ❶ 经常:潍坊那里他～去|他们两家子好得和一家子似的,～待一块儿吃饭。❷ 长时间:～不看书了,乍看看不进去。❸ 从来:～没见过这种东西,哪能不稀罕。

【照壁】zhào bi 与建筑物大门相对的短墙,可位于大门内,也可位于大门外,多饰有图案和文字,又称"影壁":到如今他还记着小时候村里的那个大～。

【照量】zhào liang ❶ 比划;目测:不用～了,抬上去试试就有数了。❷ 特指用危险的东西或以危险的方式对着人比划:不能拿着刀朝着人～。

【照莫】zhào me 约莫；估计：你～着他什么时候能来？

【照望】zhào wang 照看：我出去趟儿,你帮我把店～～。

zhe

【这把儿】zhě bar 这一次；这一下：～咱从桥上走看看｜～看他怎么处理这个事儿。

【这般天】zhě bàn tiǎn 如今；现在（强调与以前情况不同）：出力的时候看不见他,～蹦出来当好人。

【这般田地】zhě bàn tiǎn di 如此地步；这样的境况：如今到了～才想起咱这些弟兄来。

【这半夜】zhě bàn yè 上半夜：喝了几碗茶水醒醒得～都没困着。

【这个】zhè ge =〖那个〗nè ge 非常；极度,后跟形容词或动词短语：那件衣裳～好看就不用提了｜他做饭～好吃｜～热真叫人受不了｜他说话儿～气人就不用说了。

【这号儿】zhě haor 这种；这样（用于人时为贬义）：～人你离着远点儿｜～事儿你别管。

【这户儿的】zhě hùr di 骂人的话,这样的人：他～里操外噱,把厂里弄得乱糟糟的。

【这块空儿】zhě kuài kèngr ❶ 这段时间；这个空当儿：就你出去～,恁同学过来找你来。❷ 这处空闲的地方：桌子边下～正好放机器。

【这一般儿】zhě yi bǎnr 这一件；这一方面：他管哪都好,就～叫人家受不了。

【这臧该儿】zhě zàng gānr 这时候；这段时间：～路上的车不大堵了。

【这遭好】zhě zào hāo〈贬〉这下倒好：跟你说了多少遍不听,～,看谁能帮你。

【这阵】zhě zhèn =〖这一阵〗zhě yi zhèn ❶ 此时；这一会儿：～他不发烧了。❷ 这一段时间；这一时期：～的人比过去精儿多了。

【折蹬】zhē deng ❶ 翻腾；反复做：什么样的好东西赶你这样～几遍也都就哗啦了。❷ 折磨；耍弄：好好的个媳妇叫他男的～的快成神经病了。❸ 挥霍；糟蹋：他两口子的家底儿叫这个混蛋小儿快～净了。‖1928年《胶澳志》："～,耍弄人之谓。"亦作"折登"：《俚语证古》第三卷："蹂躏谓之折登。"

【折蹬穷儿】zhē deng qìngr 讽刺人反复做某事或过于折腾:来回趟儿都好几遍了,真能～。

【折深】zhē shen 房屋的进深,即房屋的前墙到后墙的距离:老房子的～都短。

【折寿】zhè shòu 损阳寿:他这么坏也不怕～。

【蜇死牛】zhē shi niù =〖咬死驴〗yāo shi lù 熊蜂,一种身体粗壮的蜜蜂,全身密被黑色、黄色或白色、火红色等各色相间的长而整齐的毛。

【嗻舌】zhè shè 争吵:都干活儿去,别待这～了。‖《广韵》:"嗻,多语之貌。"

【嗻嗻】zhē zhe 语气词,表惋惜、认同或轻蔑:～,看看撇下的这个孩子,真是疼人。

【遮世人眼】zhě shì yǐ yān 为蒙蔽众人或避免大家的谴责,故做姿态或行为进行掩饰。

【粍】zhè(特指锅里的饭)黏糊在锅底:火太急了,都～锅底了。‖《集韵》:"～,陟格切,音磔。屑米为饮。一曰粘也。"

【谪念】zhě nian 责备;抱怨:自己的事儿怎么好～人家?

【谪怨】zhě yuan 埋怨;抱怨:俺不去当那个好人,也不愿到最后赚些～|事都这样了,～谁也没有用。

【褶褶儿】zhēr zher ❶褶皱:他把才买的衣裳上窝得全是～。❷皱纹:他这两年老得脸上净～。

【堲】zhè ❶塌陷:屋基往下一～,墙也跟着裂缝了。❷特指用水使松散的土地下沉:这块儿地原先窖白菜来,浇上些水叫它～～。‖《说文解字》:"～,下入也。"《集韵》:"～,田实也。"

zhei

【宅子】zhěi zi 住宅:夜来家里没人,叫小偷进～偷东西去了|《聊斋俚曲集·墙头记》第一回:"给他治下～地,还愁日后过的穷。"|《聊斋俚曲集·磨难曲》第十九回:"人勾两千,人勾两千,围了～没处颠。"|《聊斋俚曲集·磨难曲》第二十一回:"小举人说观榜的那一日,才听的李大家一大些人进了～,我恐怕母亲惊慌,实时就起身来了。"

【窄巴】zhēi ba 狭窄;空间狭小:恁三个人住这么间小屋是有点～。

【窄脚儿走】zhēi juer zōu 比喻谨慎小心：上那样的大单位上班,更待～。

【侧棱】zhēi leng 侧着;向一边倾斜：放不开的话就把它～着放｜这么小的空儿,来回都待～着走。

【窄溜溜儿】zhèi rǒur rour 狭窄的样子(含喜爱意)：你把那块肉～地切。

【窄窄】zhēi zhei 狭小;窄小：那个～胡同推趟车子费老劲了｜他家的那个～厨房都转不开个人。

【责任】zhěi yin 应尽的义务;分内应做的事：到时候要是出了～谁出来担着?

【择】zhèi（zhěi）❶ 把好的留下,把不好的剔除：～韭菜。❷ 揪打;使极度难堪：那个老婆过来找门子,差一点把他～了｜《聊斋俚曲集·慈悲曲》第三段："若不是众人拉着,打他一顿好枕柄,把他那贼毛～了,从今日去去他那老婆顶!" ❸ 阉(家畜)：～牛｜～猪。‖《俚语证古》第十二卷："～猪,猥猪也。豕去势谓之～。"

【择把】zhěi ba ❶ 将不好的东西去除,留下好的：这两把菜赶自就～～了。❷ 撇清;辩白：这个事真待追究起来,那个几个人都～不干净。❸ 斥责;打骂;使极度难堪：你还不赶紧跑,等他来了非～了你不治的。

【择菜】zhèi cǎi 剔除蔬菜中的黄叶等不能吃的部分：孩子能帮着大人～了。

【择猪】zhèi zhǔ 去掉猪的睾丸或卵巢使其不能生育。

【摘】zhēi ❶ 取下;拿下(植物的花果叶或戴着、挂着的东西)：～苹果｜～樱桃｜～花儿。❷ 卸下：～门｜～窗扇儿。

【摘奶】zhèi nǎi 断奶：孩子一直到三岁才～。

【摘手】zhèi shōu 为对方添水或倒酒,当对方做出尊敬的手势时说的客套语。

zhen（zhen）

【砧】zhēn 鸡蛋或碗碟等器皿出现裂纹：把～了的那几个鸡蛋挑出来。

【镇唬】zhèn hu 通过威吓使屈服：孩子长大了,原来那老一套儿～不了他了｜《红楼梦》第二十回："待要赶了他们去,又怕他们得了意,以后越发来劝,若拿出做上的规矩来～,似乎无情太甚。"

【镇凉】zhěn liang 如冰镇一般凉：十冬腊月家里也没生炉子,被窝～。

【臻齐】zhēn qi 非常整齐：他写字写得～,就和打了格子一样。

【黰】zhēn 表情严肃；板（着脸）：他整天～着个脸。‖《说文解字》："～，颜色黰黰，慎事也。"

【针线笸箩】zhěn xiàn pǔ luo 用纸或布糊的容器，可用来盛放针线等。

【针锥】zhěn zhui 锥子。

【真色】zhěn shèi 正宗；成色高：怎么看着这些玉石不大～？

【真事儿】zhěn shìr ❶真实的事情：才跟你讲的这都是村里的～。❷真的；真实的：他～来了，不哄弄你。

zheng（zheng）

【中】zhěng ❶位置在四周、上下或两端的中间、中心：取～｜～心｜△～伏萝贝末伏菜。❷性质或等级在两端之间的：～农｜～等。❸里面；在一定范围内：△身在福～不知福｜△不受苦～苦，难为人上人｜△手～没有米，叫鸡鸡不来。❹适于；合于：～看｜～听｜～用。❺表示赞同认可。行；好；可以：～不～？｜～，就按你说的办｜《聊斋俚曲集·快曲》第四联："好了，不大臭了，可也～了。"｜《儿女英雄传》第十五回："我就回他说：'～与不～，各由天命。不走小道儿！'"｜《金瓶梅词话》第十一回："春梅道：'～，有时道使时道，没的把俺娘儿两个别变了罢！'"❻结束；完：吃～饭了。

【中不溜】zhěng bu liǔ 中等左右：孩子学习也就个～，不好不坏。

【中儿】zhèngr 中间；中央：咱先找出它的～来才能下手干。

【中分】zhèng fěn 头发从头中心线向左右两侧分的发式：那几年都行宜留～。

【中午头儿】zhěng wu tòur 正中午；中午：他就～能倒出点儿空来。

【中用】zhěng yìng 能干：他那个闺女真～，不糙起个男的｜《醒世姻缘传》第八十五回："狄希陈道：'可是我到家祭祖，炸饯盘摆酒，炸飞蜜果子，都要用着他哩。把个～的人留下了？'……童奶奶道：'你大舅说的是。～的人拣着往要紧处做。留下吕祥跟了俺们回去，叫他换了凭再赶。'"｜《聊斋俚曲集·磨难曲》第十四回："若是他准了，老马就不能留任了，再来的知县也拿着当人；他不准，也教那后来的知道咱～，上堂也给个体面。"｜《聊斋俚曲集·磨难曲》第二十回："才秀才三两日，那里想到半悬空？我就知道不～。"｜《金瓶梅词话》第六十七回："西门庆见玳安～，心中大喜。"

【肿眼泡儿】zhěng yàn pǎor ❶眼睑肥厚：他的眼～。❷眼睑肥厚的人：

他是个～。

【钟头】zhěng tou 小时：他坐了个半～的车才来的。

【种仇儿】zhèng chòur 结下怨气仇恨：就发这个事两家子就～了。

【种生儿】zhěng shengr ❶ 通过种子繁殖：～的长得慢，嫁接的长得快。
❷ 在外貌、性格等方面的遗传性：真是～，他那个脾气和他爹一样一样的。

【争竞】zhěng jing 争论；争吵；计较：为这么点儿事儿～起来，不怕叫人笑话？｜△先讲后不～｜《续资治通鉴长编》第二百六十五卷："旧日边上时有小～，只为河东地界，理会来三十余年也，至今未定叠，须至时有～。"｜《懒真子》第二卷："有～经时不能决者，自陈于前，先生逐一为分别之。"｜徐铉《奉和宫傅相公怀旧见寄四十韵》："尽日凝思殊怅望，一章追叙信精研。韶颜莫与年～，世虑须凭道节宣。"｜元稹《酬乐天喜邻郡》："湖翻白浪常看雪，火照红妆不待春。老大那能更～，任君投募醉乡人。"｜张籍《送邵州林使君》："山幽自足探微处，俗朴应无～人。"｜《红楼梦》第十三回："合同族中长幼，大家定了则例，日后按房掌管这一年的地亩，钱粮，祭祀，供给之事。如此周流，又无～，亦不有典卖诸弊。"｜《三国演义》第二回："何后亦怒曰：'以好言相劝，何反怒耶？'董后曰：'汝家屠沽小辈，有何见识！'两宫互相～，张让等各劝归宫。"｜《三国演义》第六十八回："权曰：'带多少军去？'统曰：'三千人足矣。'甘宁曰：'只须百骑，便可破敌，何必三千！'凌统大怒。两个就在孙权面前～起来。"｜《三国演义》第八十一回："朕自涿郡与卿等之父结异姓之交，亲如骨肉；今汝二人亦是昆仲之分，正当同心协力，共报父仇；奈何自相～，失其大义！"｜《西游记》第二回："原来那猴王，已打破盘中之谜，暗暗在心，所以不与众人～，只是忍耐无言。"｜《西游记》第二十六回："你这先生好小家子样！若要树活，有甚疑难！早说这话，可不省了一场～？"｜元杂剧《敬德不伏老》第一折："老将军为头，次之是尉迟，除此外谁敢与咱相～？"｜元杂剧《昊天塔》第四折："俺这里便骂了人也谁敢应，俺这里便打了人也无～。"｜元杂剧《黄鹤楼》第四折："若有些个～，半米儿疏失，来来来，我和你做一个头敌。"｜元杂剧《救孝子》第一折："久以后便有些～，到于官府中，你道迁军的王脩然大人见来，这把刀子，久己后我与你做个大证见哩。"｜《醒世恒言》第二卷："度吾弟素敦爱敬，绝不～。"｜《醒世恒言》第十四卷："今日曹门里周大郎女儿死了，夫妻两个～道：'女孩儿是爷气死了。'"｜《说岳全传》第六十七回："若见了二哥，便同他到此地来，免我记念。一路须当小心！凡事忍耐，不可与人～。"｜《聊斋俚曲集·禳妒咒》第二十六回："我也爱打哈哈，这骨牌～多，不敢再做从前错。"又："公子说：'咱都一柱一个钱罢，看瓜子有～．'"｜《聊斋俚曲集·磨难曲》第三十五回："别后思量,他既降顺,大家俱是一途,何必～?"｜《醒世姻缘传》第八十八回："许他一年给他一两二钱工食,吕祥也不敢～。"｜《醒世姻缘传》第九十二回："你们尽数取将出来,从公配成四分,或是议定,或是拈阄,岂不免了～?"｜《醒世姻缘传》第九十四回："薛三省媳妇再三的打把栏,说道:'人有贵贱,疼儿的心都是一般……我宁只是死,叫他去不成!'合龙氏一反一正的～。"‖《说文解字·誩部》："競,强语也。一曰逐也。从誩从二人。"

【睁眼瞎】zhèng yǎn xiā ❶ 眼睛外形没有异样但看不清东西的人。❷ 比喻一字不识的人:他没上几天学,老是说自己是个～。

【挣】zhèng(zhěng) ❶ 用力扯、拉、拖:狗把链子～开了。❷ 通过劳动取得:～碗饭吃。❸(吉利话)水饺在煮的时候破碎:好几个饺子～了。

【挣耳朵】zhèng ler duo 耳廓平展的耳朵:他是个～,长得不好看。

【挣筋】zhěng jin 为了生计过于辛苦地劳动:他养了那么多孩子,～了半辈子。

【挣生】zhěng sheng 为了生计而辛苦地劳动:他～了一辈子,没享点儿福。

【挣着】zhèng zhi =〖挣挣着〗zhèng zheng zhi 竖着(耳朵):大人那讲,他～耳朵仔细听。

【铮亮】zhěng liàng 非常亮:把窗擦得是～～的。

【铮绿】zhěng lù 非常绿:粪力跟上去了,庄稼长得～～的。

【铮明】zhěng mìng(天)非常亮:这个天早就～的了。

【铮明瓦亮】zhěng ming wà liàng ❶ 明亮耀眼的样子:外边个大月明地儿～的,什么都看得清清楚楚的。❷ 干净利落:那个房子倒是小,人家拾掇得可是～的。

【铮青】zhěng qǐng 青绿色的程度很深:那些柿子还～不好吃。

【铮清】zhěng qǐng(水等液体)非常清澈:靛缸湾那个水～。

【铮新】zhěng xin 崭新:这几件衣裳穿了没几回,还～。

【铮铮的】zhěng zhěng di 心弦紧绷的样子:他看见打仗的,那个心就～难受。

【正北下】zhěng bēi xi 堂屋的正中间靠北的位置。

【正儿八经】zhèng ler bǎ jīng 一本正经;严肃而认真:他是～地干活儿,一点儿也不偷懒。

【正当】zhèng dang ❶ 周正;整齐:把盒子摆～点儿。❷ 使周正、整齐:把桌子～～,省着走路害事。❸ 正式:到如今他还没个～职业,哪个嫚愿意跟? ❹ 合理合法:这是人家～挣的钱。❺ 正派:这个人很～,才不去跟那些人搅合。

【正调】zhěng diào 好的思路、想法、打算:他～没有一点儿。

【正干】zhěng gàn 认真踏实地劳动:他要是～,他爹也不能把铺子收回去。

【正过】zhěng guò =〖正过地〗zhěng guò di 难道;不会不,表示对事情的预期和估量比较乐观:他～还不给这么点儿面子│～连这两个钱儿还拿不出来?

【正好儿】zhěng hāor ❶ 指在时间、位置、体积、数量、时机等方面正合适:这双鞋穿着不大不小的～。❷ 恰好;恰巧:我才待给你送去,～你来了。

【正间】zhèng jian 堂屋;房屋正中间的房间。

【正经行事】zhèng jing xǐng shi 居家有方;处事有道:他家的人都～,你就放心吧。

【正路子】zhěng lǔ zi 合法合规的途径或做法:还是～来的钱扛花。

【正门】zhěng mèn ❶ 整个建筑物正面的主要的门:我上～等你。❷ 正确或正当的途径、办法:还是踏踏实实上班儿是个～,别想些乱七八糟的。

【正南巴北】zhěng nàn bǎ bēi 地道;正经:△东西房子南北地,～的好人家。

【正气】zhěng qì 正派;具有正气:他那个孩子真～。

【正头香主】zhěng tòu xiǎng zhū 主事的人:你把那个～叫过来,恁来了没用│《金瓶梅词话》第七回:"张四,你休胡言乱语!我虽不能不才,是杨家～。"│《醒世姻缘传》第七十二回:"这魏大哥是～,指望着娶过媳妇去侍奉婆婆,生儿种女,当家理纪,不知那等的指望。"

【正屋】zhèng wu 堂屋:椅子就待～里放着,去搬把过来坐坐。

【正心】zhěng xǐn 专心;一心一意:他没有那个～去学习,送他去了那所学校也是花瞎钱。

【正眼】zhěng yān 眼睛正视,比喻重视或理睬,一般用于反问或否定句式:他如今大架子的,都不～看人。

【正延】zhěng yān =〖正延上〗zhěng yān shàng 正好遇到:我这待走了～你来。

【正着】zhěng zhuò 正路;正确的做法或策略:别光顾着挣钱了,你先想想怎么教育好孩子是个～。

【证见】zhěng jiàn ❶ 证人:你给俺当个～│元杂剧《杀狗劝夫》第四折:"我到窑中唤的孙二来,教他背将出去,埋在汴河堤上。怕相公不信,现放着王婆是个～。"｜元杂剧《拜月亭》第三折："我昼忘饮馔夜无眠,则兀那瑞莲便是～;怕你不信后,没人处问一遍。"｜元杂剧《陈州粜米》第一折："(小憨古云)父亲要告他,指谁做～?(正末唱)只指着紫金锤专为照证。(小憨古云)父亲,～便有了,却往那里告他去?"｜明杂剧《十五贯》第十八出："私约汉子同走,有何～?"｜《金瓶梅词话》第二十一回："李大姐做～,你敢和我拍手么?"｜《聊斋俚曲集·磨难曲》第四回："众人说:'大宗师不信,那～叫来问他。军门说～都是你一路人,问他怎的!'……真合假,可以不用～证。"｜《聊斋俚曲集·磨难曲》第十八回："挺挺的绑一夜,店主人是～。"｜《聊斋俚曲集·寒森曲》第三回："想是因你没天理,被那神灵打一鞭,如何却把商臣怨?老父师亲眼看着,这不用再叫～。"｜《醒世姻缘传》第十回："晁监生被计都父子纠领了族人,打得伤重,至今不曾起床,且是那告的妇女多有诡名,～禹承先又往院里上班去了,所以耽阁了投文。"｜《醒世姻缘传》第十三回："若在妹子奸情是实,死有余辜,因甚行这般重贿买求?小的告做～的海会是个连毛的道姑,郭姑子是尼姑,常在妹子家走动。"｜《醒世姻缘传》第二十七回："你看这小厮,倒好叫你做～!他养活咱甚么来?你爹教那学,使得那口角子上焦黄的屎沫子,他顾赡咱一点儿来!"｜《醒世姻缘传》第八十回："我脱不过是个～,料的没有大罪;我也有房屋地土,浑深走不了我……这皮缠了半日,各人也肚子饿了,我待让到家去,没有这理,谁家倒吃起～的来了。"｜《醒世姻缘传》第八十九回："讼师道:'这事别当顽耍,有实据才好。这要问出谎来,你不消说是诬告加三等,还要拿写状子的打哩!且问～是谁?'"❷ 证据;证明:没有～不能乱说｜《喻世明言》第一卷："兴哥大怒,把书扯得粉碎,撇在河中;提起玉簪在船板上一掼,折做两段,一念想起道:'我好糊涂!何不留此做个～也好。'"｜《醒世恒言》第十六卷："母亲,这银子和鞋儿,留在这里。万一后日他们从别处弄出事来,连累你时,把他做个～。"｜元杂剧《魔合罗》第一折："你父亲来家呵,见了这魔合罗,我寄信不寄信,久后做个大～哩。"｜元杂剧《后庭花》第二折："小人并然不敢,若有～,小人便当罪。"｜元杂剧《救孝子》第一折："久以后便有些争竞,到于官府中,你道迁军的王脩然大人见来,这把刀子,久己后我与你做个大～哩。"又:"且莫说尸首毁坏,难以检覆,现有衣服、刀子,就是～了也。"｜《水浒传》第二十六回："这骨殖酥黑,系是毒药身死的～。"｜《醒世姻缘传》第八回："我也顾不得的甚么体面不体面,同着列位高邻,同过往的乡里说个明白,我死了,好替俺那个穷老子穷哥做做～。"｜《醒世姻缘传》第四十六回："姜副使说:'有什么凭据哩?'他说:'徐老娘见在,与我的三两银子也原封没动,这都不是～么?'"｜《聊斋俚曲集·增补幸云曲》第二十回:"不如问他要张文约,那怕他告御状上本章,咱放着～。"

【证死】zhèng shi 完全彻底地证明:光这些条子就把他～了,不用别的。

【证着】zhěng zhi 证明:有东西待这～,再辩白也没用。

【症候】zhèng hou 病症;症状:你没问问他是什么～?|《大明天下春》第四卷:"我为他梨花带雨泪阑干,寂寞愁颜,这般～谁经惯。"又:"相思病渐加,淹缠都为他,一年害得春与夏。到于今秋来～转酥麻,短益冤家几番叫着名儿骂。"

【整地】zhèng dì 在农事播种前进行耕地、耙地、平地等前期工作。

【整个量儿】zhēng guò ràngr 全部;整个:大棚～都叫风刮倒了。

【整壮】zhēng zhuang 完整;整齐;不零散:他这么一收拾,显得格外～。

zhi（zhi）

【止】zhī ❶ 使停止或结束:先去把工给他们～了。❷ 在庄重的场合或仪式上,代替停、熄等词语的吉利说法:～壶儿(结束喝酒)|～蜡(熄灭蜡烛)。

【止工】zhì gěng 使停止施工或生产:村里来人乞他～了。

【止壶儿】zhì hùr (在庄重的场合或仪式上)结束喝酒:你年龄最大,你看什么时候～?

【止蜡】zhì lǎ 把蜡烛熄灭的吉利说法:你把蜡去止了吧。

【至明至白】zhǐ mìng zhǐ bèi 一清二楚:到底是怎么回事,你心里～的。

【至契】zhǐ qǐ 非常知己;意气极相投合:他们两个～相好|元杂剧《东堂老》第四折:"铜斗儿家缘家计,恋花柳尽行消费;我劝你全然不采,则信他两个～。"|《喻世明言》第三十卷:"自入空门,心无挂碍,酒吞江海,诗泣鬼神。惟思玩水寻山,不厌粗衣藜食。交～之李源,游瞿塘之三峡。"|《三国演义》第四十八回:"昔日乔公与吾～,吾知其二女皆有国色。后不料为孙策、周瑜所娶。"|《儿女英雄传》第二十三回:"并非舍间的事,却是位～好友。"|《醒世姻缘传》第八十五回:"权奶奶也都回席,彼此来往。内里先自成了通家,外边何愁不成～?"|《醒世姻缘传》第九十八回:"知陆秀才是有主意的人,又是同窗中的～之友,特地与他商量。"

【志破】zhì pe 衣服、纸张等片状物因折叠造成折弯处破损:画儿待卷起来放,叠着就～了。

【志秤】zhǐ chèng 用衡器查验物品的重量:随便你上哪儿～,保证够秤了。

【志验】zhì yan 检验;验证:不信等你～～他,看看是不是这么个事儿。

【志志】zhǐ zhi 试探；检验：称够了份量，俺待去～秤儿｜《聊斋俚曲集·俊夜叉·穷汉词》："你也试试俺的心肠，～俺的性情，看俺望着你珍重不珍重，希罕不希罕？"

【支】zhǐ ＝〖支子〗zhǐ zi 家族的分支：有一～搬到了杨家群｜他们两家儿不是一～的。

【支高】zhǐ gao 高高翘起显得不平整、不雅观的样子：房顶上～着些什么东西，乱糟糟的｜这块儿木板没放平，～着。

【支棱】zhǐ leng 竖起；翘起：人家说，他光～着耳朵听｜一听见吃他就～起眼来了。

【支离】zhǐ li 指过于客气或对于亲属或朋友过于生分。属于老派的说法，现在已经很少用了。

【支生】zhǐ sheng ❶（植物、蔬菜）水灵：台子上的那些菜都晒得不～了。❷变得兴奋、有精神：听说待出去耍，他立马～起来了。

【支生起耳朵来】zhǐ shèng qī lēr duò lai〈贬〉表现出极大的兴趣：听着有好吃的就～了。

【支生生儿】zhǐ shèng shengr ❶（植物、蔬菜）水分充足、水灵的样子：这些韭菜真顶干，到了过晌还～的。❷兴奋、有精神的样子：他两个眼还～的，一点儿不想困觉。

【支使】zhǐ shi ❶差遣使唤：他爹也～不动他｜△大懒～小懒，小懒白瞪眼｜《红楼梦》第二十一回："横竖有人伏侍你，再别来～我，我仍旧还伏侍老太太去。"｜《聊斋俚曲集·墙头记》第一回："那一时还～着个小厮，白日给我做饭，黑夜给我看火，也还罢了。"❷供差遣使唤；服侍：他这么大年纪了身边也没有个人～｜小孙子待老人这里给他们～｜《聊斋俚曲集·翻魇殃》第三回："咱分开了，你去做你的丢罢，我外头叫个客家媳妇子来，给我～。"

【吱嘎】zhǐ ga 象声词：门扇好上点儿油了，一开就～响。

【吱哽儿】zhǐ gengr ❶二胡：他没人教就会拉～。❷出声；说话；发表意见：他一进屋，再没有一个敢～的。

【吱歪】zhǐ wai 顶嘴；不服气地小声嘟囔：你快早点回去吧，别待这里瞎～。

【吱吱歪歪】zhǐ zhi wǎi wài 不服气地小声嘟囔的样子：说了他几句，还～地不服气。

【枝子】zhǐ zi 植物的枝杈：那棵树的～太密了，挡得家里不见太阳。

【芝麻盐】zhǐ mà yàn 将炒熟的芝麻研碎，与盐拌成的调料：要是撒上

点儿～,这道菜更好吃|《醒世姻缘传》第二十一回:"也有送盒面的,也有送盒～的,也有送十来个鸡子的,也有送一个猪肚两个猪肘的。晁夫人都一一的收了。"

【纸缸儿】zhì gāngr 旧时用废旧纸张浸泡成纸浆后打制成的缸子,用来盛放生活杂物或粮食。

【指】zhī 大约一个手指的宽度,用以表示深浅宽窄等:三～页颅盖儿|我干了,你白酒喝一～。

【指别】zhī bie 手指(脚趾)因突然抽筋痉挛而难以活动:他的手一沾着凉水就看～。

【指甲盖儿】zhī jia gàir 指甲:腿肚子叫虫子咬了个大疙瘩,就赶着～这么大大小。

【指甲渗子】zhī jia shěn zi 指甲根部与肌肉连接的地方。

【指划】zhī hua 用手指向或比划:你拿手～谁?

【指扣儿】zhī kour 顶针。

【指头肚儿】zhī tou dùr 指甲相对一侧的指头末端部分。

【指着】zhī zhi 依靠;指望:他还打算～这间房子养老来|你年纪大了,有些事还待～孩子。

【脂肚子】zhǐ dù zi 肥厚而向前突出的腹部。

【脂满腚】zhǐ mān dìng 母鸡的屁股脂肪太多就会下蛋很少或不下蛋,比喻人有了钱或获得荣誉后变得骄傲自满或不思进取:比咱强的有的是,别和有些人似的～了。

【脂油】zhǐ yòu ❶ 泛指动物的油脂:盆上的～太多了,一点儿也不好刷|元无名氏《醉太平·讥贪小利者》:"鹌鹑嗉里寻豌豆,鹭鸶腿上劈精肉。蚊子腹内刳～,亏老先生下手。" ❷ 特指猪大油:他不吃肉,锅上沾了～没刷净都不行。

【脂渣儿】zhǐ zhàr 将猪肉进行较长时间炼制或油炸后制成的食品,现已成为一种特色名吃。

【掷】zhǐ 投掷;扔:他～的标枪是最远的。

【只】zhǐ (成对的东西)的单只:一～袖子|光找着一～鞋,那一～不知道上哪去了。

【直】zhì(zhǐ) ❶ 不弯曲;呈直线:～线|～接|～趟儿。 ❷ 挺直;使直:～起腰来。 ❸ 直爽:心～口快|～肠子。 ❹ 不停地;反复地:别～看人家|孩子醒了没看见你,～问你上哪去了。

【直板儿神】zhì banr shèn 〈贬〉直挺挺地站着的样子:他去了光知道站着,就是个～。

【直肠子】zhǐ chang zi 耿直、直率的人:他是个～,说话不中听。

【直泚大冒】zhì cǐ dà mào ❶ 快速奔跑:他一听说操场上正在演电影,～地就赶去了。❷ 严重腹泻的样子:夜来晚上他吃坏肚子了,～地上了好几趟茅房。

【直刚】zhǐ gang 耿直:他们两个人都是些～脾气,真对磨。

【直橛橛】zhǐ juè jue 挺直的样子:人家都待那忙活,就他还--地站那里不动弹|《儿女英雄传》第二十六回:"这个样儿的冷天,～的跪在风地里,举着箍香,一面烧香,一面磕头,一直等手里的香尽了才站起来。"‖亦作"直蹶蹶":1928年《胶澳志》:"直蹶蹶的,形容其直或言其粗鲁。"

【直拉巴】zhǐ là bǎ 眼睛呆滞、没有办法的样子:他平时不看书,一到考试就考个～。

【直愣怔】zhǐ lèng zhěng ❶ 发愣;一时反应不过来:他这一问,把我问了一个～。❷ 突然;毫无征兆:正说着别的事儿,他～地问你的小名叫什么。

【直溜】zhǐ liu 笔直:他画的这根线不大～|△天河俩叉吃地瓜,天河弯弯吃干饭,天河～吃饻馏。

【直笼统儿】zhǐ lèng těngr ＝〚直乎笼统儿〛zhǐ hu lèng těngr 过于笔直的样子,或身体、衣服没有曲线变化的样子,含不喜爱意:这件衣裳～的不好看。

【直说】zhì shuō ❶ 直截了当地说;敞开地说:有话就～,不用拐弯抹角。❷ 不停地说;反复地说:好话说三遍,谁也听着烦,别～了。

【直趟儿】zhǐ tangr 笔直或较直的路径:从这去是个～,从那儿走待拐个大弯儿。

【直心子】zhǐ xin zi 直性子:他是个～,说话不好听,心里其实没什么。

【直眼】zhì yān ❶ 因入迷而两眼直瞪瞪看着的样子:他看着个俊嫚儿就看～了。❷ 目瞪口呆的样子:人家把证据往那儿一亮,他真～了。

【值当】zhǐ dang ＝〚值过〛zhǐ guo 值得:就为这么点小事儿找人家,还～张口儿的?|为这样的人生气不～的|孔尚任《桃花扇》第二十四回:"杨老爷知道的,奴家冤苦,也～不得一诉。"|《二十年目睹之怪现状》第四十四回:"说来也不～,拿了收支的薪水,办的总办的事,你说冤不冤呢?"|《聊斋俚曲集·富贵神仙》第七回:"那里～的方仲起,我就合你缠一缠;缠一缠,济着揎,打到你明年明年又明年!"亦作"直当":《醒世姻缘传》第三十四回:"那汉又自己在荸荠里拿了又够十来两的两块,说:'这直当的买二亩地种,你给我的那点子,

当的什么事？'"

【汁子】zhī zi 含有某种物质的液体;通常指较为凝稠的液体:墨～|大米～|等炖出～来再关火。

【治】zhǐ（zhì）❶ 管理;治理:△理～君子,法～小人|△一问三不知,神仙没法～|△锅漏豆面泥,屋漏顶着席,家漏～不得|△人要脸,树要皮,没脸蛋子没法～。❷ 诊疗;医治:△偏方～大病。❸ 惩罚;刁难:～作|～气|那个婆婆就能～媳妇|《聊斋俚曲集·翻魇殃》第五回:"魏名回家,好不烦恼!寻思着说:'我待～人来,倒着人～了这么一下子。'" ❹ 与"不了"连用,放在形容词或某些词组后面,相当于"不得了":厂里有这么好的福利,工人都恣得～不了。

【治不得】zhì bu di ❶ 无法解决;无可奈何:人家死活不同意,本事再大你也～。❷ 形容到了极点:他满份家子都坏得～|他回想回想就懊恨得～。

【治不了】zhì bu liāo ❶ 用在形容词或某些词组后面,表示非常、不得了:精得～|饿得～|好得～|高兴得～|你快来尝尝,这些樱桃好吃得～。❷ 管不住;没办法:他这么个大能人,就是自己的孩子真是～。

【治气】zhǐ qì 斗气:他们两个不解决事儿,光～去了。

【治死】zhì shi ❶ 弄死;害死:早了那个县太爷待要～个平民老百姓简直太简单了。❷ 因医治不当而死去:他姥爷就是叫医院误诊给～了。❸ 折磨到极点;逼迫到极点:那个公公婆婆把个媳妇就得～|跟他要那么多钱,～他也拿不出来。

【治罪】zhǐ zuì ❶ 根据法律给罪犯以应有的惩处。❷ 追究某人的责任:就这么点儿小事还非得治他个罪?

【治作】zhì zuo 刁难;为难:这么个冻天冻地的天,打发人家去拾草,他这纯是～人。

【知道】zhǐ dao ❶ 懂得;明白;了解:他转圈儿问了个遍,都没个～的。❷ 去做某事,一般用于反问或否定句式:衣裳都脏成那么个样儿他也不～洗洗。

【知窝知场】（～儿）zhǐ wě zhǐ chāngr 对场地、地点十分熟悉的样子:好吃的待哪儿,他是～儿的。

【知足】zhǐ jū 知道满足,满足于已经得到的:△～心常乐,能忍身自安。

【致情】zhǐ qìng 领情;感恩:你出的这些力,人家不是不～。

【置】zhì ❶ 购置:老人给他～下不少东西|△吃的省,花的细,保险明年～头驴。亦作"治":《金瓶梅词话》第一回:"把奴的钗梳凑办了去,有何难处。过后有了,再治不迟。" ❷ 备置;添置:～年货|～点儿肴喝两壶儿。❸ 到野外

采集(野菜、野草等):～草｜～菜。

【置办】zhì ban 购置;采备:也是待来人,还用～这么多东西回来｜《醒世姻缘传》第三十八回:"快把输的银子送来给我～东道,吃了好往府里考去。"亦作"治办":《金瓶梅词话》第三十一回:"那吴典恩酬谢了伯爵,治办官带衣类,择日见官上任不题。"｜《金瓶梅词话》第六十五回:"西门庆次日家中厨役落作,治办酒席,务要齐整。"

【置菜】zhì cǎi 到野外采野菜:又上山～去了,媳妇真下力。

【置草】zhǐ cāo 到野外拾草或割草:入了冬上山～的人就多了。

【置下】zhì xi 筹备;积攒;购置:△闲时～忙时用｜元杂剧《鲁斋郎》第一折:"只待～庄房买些下田,家私积有数千;那里管三亲六眷尽埋冤。"

zhou

【搊】❶ zhōu 抽打:叫他～了耳子。❷ zhǒu 扯;掀:他一把～一边子去了。

【周流】zhǒu liu ❶ 整齐;有序;熨帖:他做营生这个～真是没的说｜盖的蓬布不～,一来风就刮跑了｜《红楼梦》第十三回:"合同族中长幼,大家定了则例,日后按房掌管这一年的地亩,钱粮,祭祀,供给之事。如此～,又无争竞,亦不有典卖诸弊。"❷ 整理;使平整、整齐:你这个衣裳是怎么穿的,嘎急～～。❸ 教训;惩治:人家领来了一个大汉们把他好一个～。

【周年】zhǒu niàn 人死后每一年的忌日:老人走了又两～了｜《红楼梦》第七十二回:"我因为我想著后日是尤二姐的～,我们好了一场,虽不能别的,到底给他上个坟,烧张纸,也是姊妹一场。"

【周正】zhǒu zhèng ❶ 整齐;端正:他长得真～｜《红楼梦》第八十四回:"只要深知那姑娘的脾性儿好,模样儿～的就好。"❷ 使整齐、端正:你做的那个馒头有点儿歪,快去～～｜贾思勰《齐民要术·饼法》:"(干剂)入脂浮出,即急翻,以杖～之。"

【咒】zhòu 狠毒地骂;诅咒:还没等出门子,她那个嘴就不闲着～他。

【侜】zhōu ❶ 萝卜硬涩难吃:这个萝卜～得没法儿吃。❷ 乖僻冷漠;对人冷淡:那个孩子太～了,见面从没有个笑模样。

【侜萝贝】zhōu luǒ bei ❶ 吃起来硬涩的萝卜。❷ 性格乖僻冷漠的人:他成天就个～,和谁都这副模样。

【绉】zhōu 衣服因过紧或潮湿,紧贴在身上:一出汗裤子沾待腿上,～不动。

【葤】<u>zhòu</u>（线、绳等）缠绕；包裹：你的脚踏车子都叫草绳～死了。‖《集韵》："～,草包物也。"

zhu（zhu）

【竹笆】<u>zhù pà</u> 搂柴草的竹制器具,日常简称"笆"。

【竹劐子】<u>zhù pǐ zi</u> 竹子劈成的薄片。‖《集韵》："劐,刀析也,攀糜切。"

【竹笋】<u>zhǔ xǔn</u> 竹子刚出土时的嫩芽。

【祝子】<u>zhǔ zi</u> 祖志,指载有去世族亲名讳的图画,春节时挂在堂屋北墙上。

【助忙】（～儿）<u>zhù màngr</u> 本义指帮忙,引申义指帮倒忙、添乱：我忙得一点儿空儿也没有,你就别来～儿了｜《醒世姻缘传》第五回："你两个穿着这红衣裳,一定是与我磕头。你揣空磕了头罢,好脱了衣裳～。"｜《醒世姻缘传》第十六回："从头一一数算,各匠俱到,只有那学匠不曾来～。"｜《醒世姻缘传》第八十一回："吕祥主作,调羹～,所以做的甚是快当。"

【戳】<u>zhū</u> ❶ 用拳头打；用手触碰：我使手～了他好几下,他也没试着。‖《集韵》："～,击也。" ❷ 快速地递、塞：他把包儿一把～给我,翻皮打脸地走了｜△孩子哭,奶子～。

【戳署】<u>zhū shu</u> 随意或匆忙地放置：那个盒子我也忘了～哪儿去了。

【主】<u>zhū</u> ❶ 接待别人的人（与"客"相对）：△客随～便｜△客不走～不安｜△客吃一～吃三。 ❷ 权力或财物的所有者：户～｜财～｜地～｜△正头香～。 ❸ 购买或接收的人：卖～｜△一回生,二回熟,三回四回老～户。 ❹ 对象；配偶：《聊斋俚曲集·姑妇曲》第一段："有你这样人物,还愁没～么?"｜《聊斋俚曲集·禳妒咒》第六回："好呆好杪,好呆好杪,多少好～都辞了。若临了就了他,才笑的牙儿吊!"又："好杪孩子!有的是好～好闺女,何必他呢?" ❺ 主宰；控制；支配：七口当家八口～事｜他～不了老婆的事｜元杂剧《鲁斋郎》楔子："（做问末科,云）这人也姓李,我也姓李,我有心待认他做个兄弟。孔目,意下如何?（正末云）大嫂,你～了便罢。" ❻ 冥冥当中的影响或决定：～贵｜～贱｜～财｜多做好事～着孩子也好。

【主户】<u>zhū hu</u> 常来光顾的顾客：这次不挣钱卖给你,算是拉你个～。

【主事】<u>zhù shì</u> 管事；负责；具有支配权：他们家是老婆～｜△家有千口,～一人。

【主心骨儿】<u>zhù xǐn gūr</u> ❶ 主见；主意：他个软耳朵,一点没有～。 ❷ 可依赖的人:有你这个～就够了。

【住家】zhù jiǎ 家庭居住:愿意把房子租给～的,住得长远。

【住家户儿】zhù jiǎ hùr 人家;常住的人家:那个场儿没有～,净是些临时来租房的。

【住镢儿】zhǔ juēr 秋收结束后停止田间的劳作:每年等着～了,村里就开始排戏。

【住妈家】zhù mǎ ji 旧时已婚妇女在冬闲时节回娘家长住,待农忙时再回婆婆家:那是她～的时候听说的。

【住嘴】zhǔ zuī ❶ 停止说话:他讲开了头儿就不知道～。❷ 停止吃东西:一过晌儿这几个孩子就没～。

【拄棒】zhū bang 拐棍;拐杖:劈了根树枝当～|《聊斋俚曲集·慈悲曲》第一段:"你看那有刺的,就叫做'后娘～',有钩的就叫做'后娘匙子'。"

【拄拱】zhū geng 人或物体前倾接触到地:他那个腰锅得都要～地了。

【拄墙】(～儿) zhǔ qiangr(cangr)依靠;主心骨:你来了他就有了～儿|《醒世姻缘传》第九十六回:"今他在旁里当着那两个老私窠子,雄纠纠的逼着问我要,若是你在跟前,我还有些～,壮壮胆儿。"

【珠眼儿】zhū yanr 特指长在下眼皮上的麦粒肿或霰粒肿。

【妯娌】zhǔ li 兄弟之妻间的互称:△弟兄和睦永不散,～和睦顺气丸。

【轴】zhù 穿在轮子中间的圆柱形物件或像车轴一样圆柱形器物:车～|曲～|江淹《别赋》:"至若龙马银鞍,朱轩绣～,帐饮东都,送客金谷。"|韩愈《送诸葛觉往随州读书》:"邺侯家多书,插架三万～。一一悬牙签,新若手未触。为人强记览,过眼不再读。"

【猪喙喙儿】zhù huǐr huir 猪嘴:他不知道吃什么过敏,嘴都肿成～了。‖喙,仅限用于猪嘴,古代统指鸟兽的嘴:《战国策·燕策》:"蚌方出曝,而鹬啄其肉,蚌合而拑其喙。"|《搜神记》第十四卷:"后生子,捐之猪圈中,猪以喙嘘之。"

【猪食槽子】zhǔ shi cǎo zi 供猪吃食的长条形槽子,多为石制。

【猪窝子】zhǔ wè zi 猪睡觉活动的地方,常用来比喻脏乱的住所。

【猪腰子】zhù yǎo zi 猪的肾。

【猪尾巴棍儿】zhǔ yū ba gùnr 猪的尾巴:他最愿意吃～。

zhua

【抓】zhuā(zhuǎ)❶ 用手抓握;拿取:～瓦儿|～牌。❷ 捕捉:～贼|～雀

儿。❸（～儿）一只手能抓取或捏取的量：不用拿多，一小～儿就够了。❹ 买（禽畜）：～个羊｜～小鸡儿｜△～起了猪打起了圈，将起了媳妇管起了饭。❺（为贩卖而）购入：这两天都没～着货。

【抓雀儿】zhuǎ cuōr 用器具捕鸟：孩子们一早儿就上山～去了。

【抓顿儿】zhuà dènr 按正常时间（吃饭）：给孩子喂饭不～的话，以后就更就乱套了。

【抓货】zhuà huò ❶（为贩卖而）进货、上货：早上三四点钟儿他就起来～去了。❷〈贬〉抓人：他再敢来找事就～。

【抓家】zhuà jiǎ 为了家庭用心出力：他这个媳妇真能～。

【抓家虎儿】zhuà jia hūr 指勤劳顾家，善于为家庭谋利的人：恁那个闺女真是个～。

【抓理】zhuǎ lī 说出支持自己主张的关键道理：说话要是不～，说多少也没用。

【抓毛毫儿】zhuǎ mǎo haor 找碴子；抓把柄：叫他抓着你的毛毫儿就够你受的。

【抓挲】zhuǎ sha ❶ 反复地抓；随意地抓：你说得他都不好意思了，两个手待那里乱～。❷ 忙活；操劳：两口子给孩子～上栋房子也真不容易。

【抓刷】zhuǎ shua 挣钱；打理（家庭、生意）：他这几年很下力，把小家～得很好。

【抓瓦儿】zhuǎ wār 抓阄；为了赌胜负或决定事情而各自抓取做好记号的纸团等：还是一块儿～好，谁也不能有意见。

【抓窝子】zhuā wè zi 非常准确；极为娴熟：这都是些～营生，你快放心行了。

【抓硬】zhuǎ yìng 抓牢：他一把没～就掉下来了。

【抓着手划拉儿】zhuǎ zhi shòu huǎ lar ❶ 当场抓住：他去偷东西，叫人家当场～了。❷ 握有证据；抓住把柄：人家说话这么气实，看样是抓着他的什么手划拉儿了。

【抓抓】zhuā zhuà 本事；办法：那个人很有～。

【挝】zhuā（zhuà）❶ 用镢头一类的工具刨、翻：～地瓜｜△砍一锛，～一斧｜△木匠～锛——有尺寸。❷ 撅起：～～着腚。

【挝地】zhuà dì 刨地；浅表性刨地：老远就看着他待那～。‖《俚语证古》第二卷："～，阙地也。掘地也。穿土谓之～。"

【挝钩儿】zhuǎ gour 泛指二齿钩、三齿钩等用具：他又拿着个～上海了。

【挓挓】❶ zhuā zhua（屁股）翘起的样子：他走起来那个腚老是～着。 ❷ zhuǎ zhua 拟声词，尖锐的叫声；大声叫嚷：你出去看看那是谁待那～？｜《醒世姻缘传》第七十回："今日太太喜庆的日子，我且不合这狗攘的说话；这半夜三更，打的叫～的也不好听。"

【挓挓腚】zhuā zhua dìng 翘臀：他那个～穿裤子挺好看。

zhuai

【跩】zhuāi ❶ 走路像鸭子般摇摆：发她儿当了官，她走路都～起来了。 ❷ 说话爱用书面语或十分做作的腔调：上了几天学就开始～，就怕人家不知道他那个大学问。

zhuan

【转过弯儿来】zhuàn guo wǎnr lai 想通；搞明白：等他转过这个弯儿来，就不能埋怨你了。

【转刀子】zhuàn dao zi 旋转式铅笔刀。

【转葫芦】zhuàn hu lou 没有主见的人；见风使舵的人：他是个～，有什么事别指望他。

【转肩落台】（～儿）zhuān jiǎn luǒ tàir 缓和或解决问题的途径或机会：这么办挺好的，大家都有个～。

【转筋】zhuàn jǐn 手脚腿等部位抽筋痉挛：干了一天的活儿回来，使得他腿都～儿了｜《韩非子·外储说左上》："叔向御坐平公请事，公腓痛足痹～而不敢坏坐。"｜元杂剧《降桑椹》第二折："你还说嘴哩！你平常派赖，冬寒天道，着我在这里久等，险些儿冻的我腿～。"｜《聊斋俚曲集·禳妒咒》第二十回："娘子差我请主人，就从门外反回身，只怕说个主人请，听这一声转了筋，人哪哎哟转了筋！"

【转脸】zhuàn liān ❶ 转过脸去：你～就看见了。 ❷ 比喻极短的时间：～就不知道跑哪去了。

【转脸无恩】zhuàn liān wù ěn 比喻将别人的恩情很快地忘掉：他这样～的东西没有好儿。

【转磨儿】zhuàn měr =〖转磨磨儿〗zhuàn měr mer =〖转磨磨头儿〗zhuàn měr mer tóur 转圈；转来转去：你不回来急得恁爸爸溜地～｜《聊斋

俚曲集·慈悲曲》第六段:"张炳之这一时里,八十的老头转磨磨,几乎晕煞了!"|《聊斋俚曲集·富贵神仙》第十三回:"你说这一喜,若是不会善的,可不就是八十的老翁转磨磨——就晕杀了?"

【转腿肚子】zhuàn tēi dù zi ❶ 腿肚肌肉痉挛:他走路累得都～了|《聊斋俚曲集·墙头记》第三回:"半夜转了腿肚子,脚头冰凉舒不开,土炕上铺着席一块。" ❷ 比喻害怕、畏缩的样子:经了这一把儿,他再一听见打仗就～了。 ❸ 比喻身体酥软,失去辨别力:那个女的几句好话就把他说得～了。

【转䞇】zhuàn xian 转圈;转悠;遛达:早上起来俺顺着海边儿～了两圈儿|没事儿出去～～,别老是憋家里。

【转眼】zhuàn yān 转眼之间,指很短时间:～就找不着他的人了。

【转悠客】zhuàn you kēi 向日葵:顺着地边儿种了一圈儿～。

【转转儿】zhuànr zhuanr ❶ 旋转;在一个范围内重复走动:急得他待家里溜地打～。 ❷ 头发旋儿:△一个～好,两个～坏,三个～去要饭儿。

【赚】zhuàn ❶ 买卖盈利:～钱。 ❷ 占便宜:真叫你～了。 ❸ 赢得;获得:他光～了个好名声,也没得着什么。 ❹ 落得;得到(某种不好的结果):～了个没脸|△黑瞎子拉油碾——出力～熊蛋|他干赔上一顿酒席,还～了个生古|元杂剧《西厢记》二本楔子:"若是杜将军不把干戈退,张解元干将风月担,我将不志诚的言词～。"

【赚好儿】zhuàn hāor 得到对方的肯定或感激:帮他那么些忙儿也没从他那里赚出好儿来。

【赚个没脸】zhuǎn ge mě liān 遭到拒绝;碰壁:他去一趟～,回来就添油加醋儿地好一顿啵啜。

【赚头】zhuǎn tou 利润;可赚取的价值:去了使费儿,还有一点儿～。

zhuang

【庄户】zhuǎng hu ❶ 农村:《醒世恒言》第九卷:"话说江西分宜县,有两个～人家。" ❷ 与农村、农民、农业相关的:～饭|～家。 ❸ 落后的;土气的;愚昧的:～孙|～耍儿|你穿得怎么这么～?

【庄户打儿】zhuǎng hu dār 狠揍;暴打:我看你是破着挨个～。

【庄户地】zhuǎng hu dì ❶ 农田:考不上学不下～再干什么?|如今闯～挣不着什么大钱。 ❷ 农村:咱都是～出身。

【庄户饭】zhuǎng hu fàn 农家饭;家常饭:大肉大鱼吃惯了,～吃起来也不糙儿。

【庄户话儿】zhuǎng hu huàr ❶ 土话;与农村相关的话:孩子跟着他姥娘住了半年,回来满口～。❷ 家常话;朴实的话语:人家倒是大城市来的人,从来就爱说个～。

【庄户家儿】zhuǎng hu jiǎr ❶ 农村家庭:咱是～出来的人,凡事得知足。❷ 农村住宅:待这么个--住着,真是接地气。

【庄户老婆】zhuǎng hu lāo pe =〖庄户娘们儿〗zhuǎng hu niàng menr 农村妇女:俺些～没有空去打点自己。

【庄户嫚儿】zhuǎng hu mǎnr 农村姑娘:她长得不丑,就是一看就是个～。

【庄户耍儿】zhuǎng hu shuār ❶ 土气的事物:快收起来,弄这么些～叫人家笑话。❷ 小伎俩;小聪明:就他这些～谁还看不出来。

【庄户孙】zhuǎng hu sǔn〈贬〉对乡下人的蔑称:俺是庄户人,可不是～。

【庄户人】zhuǎng hu yìn 农村人;乡下人:△～不怕雨星星。

【庄户人家】zhuǎng hu yǐn 农村家庭;农户:《醒世姻缘传》第二十八回:"那严列宿自己做些小买卖,农忙时月与人家做些短工,积趱了几两银子,定了一个～周基的女儿周氏,择了三月十五日娶亲过门。"

【庄稼把式】zhuǎng jia bā shi 农事方面的行家里手:种地待跟着那些～多学学。

【庄稼生日】zhuǎng jia shěng yì 农民在每年的农历正月十一日过庄稼生日,祈求新的一年有好的收成。

【庄样】zhuǎng yang 大方;庄重:这孩子哪里都那么～,真喜人。

【壮工儿】zhuàng gengr 没有专门技术,只从事简单体力劳动的工人:那时候他待水库工地干～。

【妆上】zhuǎng shang 没有果效地付出钱财或或花费时间:～米～面,到头来人家还不致情。

【装痴】zhuàng chǐ 假装不知道或不明白:孩子作了这么大的业,当爹娘的还待那～。

【装痴耷拉憨】(～儿)zhuǎng chǐ dǎ la hǎnr 假装不知情;装痴卖傻:他～的,就想糊弄过去。

【装点】zhuǎng dian 装模作样;假装:他上你眼前儿～那个可怜样儿和真的似的。

【装锅】zhuàng guǒ 往锅裹放置馒头、地瓜等食物等以便蒸熟。

【装憨】zhàng hǎn 装作不明白;佯装不知道:去问他媳妇,也麻瞪着个眼儿待那～|《金瓶梅词话》第二十八回:"贼奴才还～,无故只在这屋里,你替我老实寻是的!"|《金瓶梅词话》第五十八回:"知道了我来,你与我点个灯儿出来,你如何恁推聋装哑～。"

【装火儿】zhuǎng huōr 随身携带火柴、打火机等取火用品:我没～,借打火机使使。

【装脸】zhuǎng liān 在外人面前表现好;让人感觉有面子:孩子真～,出去贾价不讨人嫌。

【装门面】zhuǎng měn mian 为了图表面好看而加以粉饰点缀:他长得这个大高个倒是真～,做营生就傻瓜蔺了|《二十年目睹之怪现状》第七十九回:"伯明又教了他许多应对的话,与及见面行礼的规矩,雅琴要巴这颗红顶子来～,便无不依从。"

【装死熊】zhuǎng sì xìng =〖装狗熊〗zhuǎng gòu xìng 遇到事情假装无能,不敢担当:说的时候天大的本事,有事了就～。

【装孙】zhuàng sǔn 假装表现出无能、输理的样子:碰着硬的就～,碰着软的他就装爷爷。

【装土鳖】zhuǎng tū bie 装弱认怂;躲避应有的责任:他们听说待出钱,都装起土鳖来了。

【装熊儿】zhuǎng xìngr 装样儿;佯装:你别待这～了,大家都知道怎么回事。

【装烟】zhuàng yǎn 随身带着香烟:他老是不～,就知道吃人家的。

【熸】zhuàng(炊蒸用具)一笼:上下～(分上下两层蒸制)。‖1928年《胶澳志》:"饽一笼曰一～,音壮。"

【撞】zhuàng(zhuǎng)❶撞击:～车|～门|△买卖不懂行,瞎驴～南墙。❷遇到;相遇:回来的路上正～着他们|《琵琶记》第三出:"(净)休闲说,今日能勾得在此闲戏歇子,也不是容易。正～着院公在此,咱每两三个自作耍歇子。"|《琵琶记》第三十七出:"奴家准拟今日抄题得几文钱,追荐公婆,谁知～着两个风子,自来蒿恼人一场。"|元杂剧《陈州粜米》第三折:"当日离豹尾班多时分,今日在狗腿湾行近远,避甚的马后驴前。我则怕按察司迎着,御史台～见。"|元杂剧《陈州粜米》第三折:"那厮每不依钦定,私自加添,盗粜了仓米,干没了官钱,都送与泼烟花、泼烟花王粉莲。早被俺亲身儿～见,可便肯将他来轻轻的放免。"|南戏《宦门子弟错立身》第十四出:"告恩官,听拜启,当日

书房里，一意会佳期。蓦忽～着伊公相，一时见却怒起，令人星夜捍分离。"|《聊斋俚曲集·墙头记》第二回："任拘见谁，可休说～着我来。"

【撞上】zhuǎng shang ❶ 冲打到；碰击到：两辆车眼看着就要～了。❷ 遇见：出门儿的时候正～他回来。❸ 不仅如此；而且；更有甚者：出点力还好说，～人家根本不知这份情。❹ 搭上；赔上：给他兄弟办这件子事，他还～了两壶好酒。

zhui

【坠命】zhuì mǐng 夺去性命：他家老爷子差一点叫这个古董～去。

【缀货】zhuì huo 额外加送的东西：你再拿这些东西给人家也是～，没有致情的。

【缀上】zhuì shang ❶ 免费添加；赠送：这块肉是给你～的。❷ 比喻白白投入而没有收获：把他爹娘的养老钱儿都～了。❸ 反倒；另外：单说多干点活儿不要紧儿，～人家还不认那壶酒钱。

zhun

【准把儿】zhūn bār 一定；必然：你亲自去说，～能说动了他。

【准成】zhūn cheng 准确：我看这事儿还是挺～的，那就去趟看看。

【准当】zhūn dang 准确：他打得倒是真～，一下就打中了。

【准实】zhūn shi 准确；真实：隔着这么老远，谁能看～了？

【准头儿】zhūn tour 把握性；精确度：按他的说法儿，这个事还有个～。

【准信儿】zhūn xìnr 准确的消息：这事不急，等那面有了～再说。

zhuo（zhuo）

【卓卓个儿】zhuō zhuo guòr 个头大的果实；经过精挑细选的果实：咹阳来，人家拿来的都是些～。

【桌围子】zhuò wěi zi 悬挂在桌子前面用来遮挡的布。

【镯子】zhuǒ zi 手镯。

【着】zhuǒ ❶ 感受；受到：～急｜～忙。❷ 接触；挨上：△上不够天，下不～地儿。❸ 传染；侵袭：感冒才待好，又给媳妇～上了了|陆游《岁暮遣兴》：

"病～愁侵并不支,孤村况遇岁残时。"|《红楼梦》第五十二回:"晴雯方才又闪了风,～了气,反觉更不好了。" ❹ 燃烧;灯发光:点不～火。❺(zhuō)容纳:把你胀颠得崂山都～不下你!|陆游《醉歌》:"乾坤大如许,无处～此翁。"

【着货儿】zhuò huòr 容器的容量大:那个袋子真～。

【着己】zhuǒ jī 贴心;救急:△亲生的儿,～的财|《醒世姻缘传》第六回:"谁是他～的人,肯用心服事。"|元杂剧《救孝子》第一折:"那小的个孩儿,是你亲生嫡养,便好道亲生子～的财,以此上不着他去。"|《红楼梦》第六十三回:"尤氏一闻此言,又见贾珍父子并贾琏等皆不在家,一时竟没个～的男子来,未免忙了。"|《镜花缘》第四十六回:"奈船上都是水手,并无～之亲;多老翁虽有亲谊,究竟过于年老,此处又非内地可比。"|烟霞主人《跻云楼》第六回:"但出做外员,不同内官,必有～的亲朋,待带几位,是个扶傍。"|《儿女英雄传》第二回:"就以父亲的身子、年纪讲,沿路的风霜,异乡的水土,没个～的人照料,也真不放心。"

【着家】zhuò jiǎ 回家;在家里,一般用于反问或否定句式:这一期儿你看他什么时候～来?|《金瓶梅词话》第十三回:"我的哥哥,你自顾了你罢,又泥佛劝土佛,你也成日不着个家。"

【着忙儿】zhuò màngr 急忙;忙乱:没日子挨上了,这才～了。

【着上】zhuō shang =〖着下〗zhuō xi 容纳得了:又来了几个客,一桌子着不上|再往里垛垛就～了。

【拙】zhuō 笨拙:～老婆|～木匠|笨嘴～舌|△眼技良手～|△巧者多劳,～者闲|△巧买跟不个～卖的。

【拙技良】zhuō jǐ liang 笨办法:△憨人也有个～。

【拙口呆腮】zhuō kōu dài sǎi 口舌笨拙、不善言辞的样子:俺～的哪有你会说。‖参"拙口钝腮":元杂剧《降桑椹》第一折:"古者有随何、蒯通、苏秦,虽为舌辩之士,若是见了哥,也拱手回容,他岂敢开口。量你兄弟拙口钝腮,真乃蛆皮而已。"|《西游记》第八十八回:"我等愚卤,拙口钝腮,不会说话。"

【拙老婆】zhuō lào pe 粗笨的女人;不善家务的女人:△～引长线|你跟这么个～学绣花,几时能出徒?

【酌量】zhuǒ liang 斟酌;慎重考虑:这不是一个钱的营生,还是仔细～着好|自己的事还是待你自己～着定,谁也替不了你|《醒世姻缘传》第九十回:"晁夫人都有好话相慰,又将箱柜里的衣服首饰～着都分散与人留做思念。"

zi

【子】zī ❶ 儿女;孩子:婚后无~|△惯~如杀~。❷ 儿子,日常称呼一般不使用,只用在谚语等固定句式中:△家有长~,国有大臣|△九~不养父,一女放金光|△久病无孝~|△~孝父心宽|父~爷们。❸ (~儿) zīr 卵:墨鱼~儿|鸡~儿|鲅鱼~儿|下~儿|鸭~儿|鱼~儿。❹ (~儿) zīr 种子:西瓜~|结~儿。❺ (~儿) zīr 小而坚硬的块状物或粒状物:石~儿|枪~儿|棋~儿。❻ (~儿) zīr 量词,用于能用手掐住的一束:一~儿挂面。❼ 地支地第一:~丑寅卯|~时。❽ 表示限于某个数或范围,相当于"只":他这一箱货哪~二百斤|也~是你能说说他,外人说的话早发脾气了|董解元《西厢记诸宫调》第一卷:"睡不稳,~倚着个鲛绡枕头儿盹。"❾ 后缀,用于名词或量词后:架~|汉~|翅~|腰~|棘~|一窝~|一筐~。

【子果儿】zī guor 物质的精华:熬上两个钟头把~都熬出来了。

【子溜子】zì liǔ zi 子弹头。

【子实】zī shi 结实;密实:他把袋子揎得挺~的。

【子是】zī shi 只是,表示限制:~他没发现,要不不能就这么算完。

【子曰】zì yuē ❶ 本指孔子说的话,引申为道理、准则:我问他为什么要这么做,他也说不上个~来。❷ 事情的来龙去脉:到底这是怎么回儿事儿,那一大帮人都也说不上个~来。

【字据】zǐ jù 书写的凭据:光说没有用,拿出~才能证明。

【仔】zī 若;如果;要是:他~来叫你,你就跟他去吧|《聊斋俚曲集·寒森曲》第三回:"恶虎恋着吴孝,总不说走,说:'你~唱,我就吃。'"

【仔敢】zì gān 只要敢;若是敢:你~去就别想回来|《醒世姻缘传》第三十三回:"好小厮!你~哭,我就一顿结果了你!"|《醒世姻缘传》第四十五回:"素姐说:'你~开!放他进来了,我合你算帐!'"

【自不是】zī bu shì 难道说;莫非:用在反问句式中,表示加强否定的语气:那~他能来求你?

【自敢】zì gān 放开地;大胆地:你~说就行了,有事叫他们找我。

【自哄自儿】zì hēng zìr 自欺欺人:他是捂着耳朵偷铃铛,~。

【自家】zǐ ji 本家族的人:俺两家儿是~。

【自家人们】zì ji yǐn men 同一宗族的人:他们这几家子都是~。

【自觉不臭】zǐ juē bù chòu 自我感觉良好;没有自知之明:△猪八戒啃蹄

爪——自脚(觉)不臭。

【自觉自愿】zì juē zǐ yuàn 自己情愿:几个孩子伺候老人都~的,从来没打过唧唧。

【自来】zì lǎi ❶从来;历来;一向:他~就没把这当回儿事儿|苏轼《殢人娇》词:"问君终日,怎安排心眼。须信道,司空~见惯。"|《二程语录》第十七卷:"尧夫易数甚精,~推长历者,至久必差,惟尧夫不然。"|《前汉书平话》中卷:"我亦无反高祖之心,因坏二将之事,念~共尔垓下苦战之功,不干尔事。"|《元典章·圣政一》:"~户籍乃有司当知之事,其勿疑惧。"|元杂剧《西厢记》二本第三折:"佳人~多命薄,秀才每从来懦。闷杀没头鹅,撇下陪钱货,下场头那答儿发付我?"|元杂剧《西游记》第三出:"(夫人云)~说金山寺是个大刹所在。"|元杂剧《九世同居》第一折:"(正末云)老夫~仗义疏财,为乡里钦敬,尊称曰长者相呼。"|《三国演义》第十一回:"吾与汝~无仇,何得夺吾州郡?"|《水浒传》第二十八回:"他自是孟州人,~素不相识,如何这般觑我?"|《醒世恒言》第三十卷:"咱~没有姓名,亦不要人酬报。顷咱从床下而来,日后设有相逢,竟以'床下义士'相呼便了。" ❷本来;天生:~旧|~熟|△镶金牙,~笑;穿皮鞋,走石条|柳永《小镇西》词:"意中有个人,芳颜二八。天然俏、~奸黠。"|元杂剧《琵琶记》第二十八出:"我待画你个庞儿带厚,你可又饥荒消瘦。我待画你个庞儿展舒,你~长恁皱。"|元杂剧《西厢记》一本第二折:"~西洛是吾乡,宦游在四方,寄居咸阳。"

【自来旧儿】zì lǎi jiùr 指新物品的颜色显得陈旧。

【自来鬈儿】zì lǎi quànr ❶天生的卷发:那个人长着个~。 ❷天生卷发的人:他是个~。

【自来熟儿】zì lǎi shùr 与陌生人交往如同熟人一样。

【自来水笔】zì lǎi shuī bī 钢笔。

【自赆】zì qing 放心地做某事;尽管:你想什么时候来耍~来。

【自来笑】zì lǎi xiào 脸上总是挂着笑:△镶金牙,~,戴手表,挽三道。

【自由兵儿】zǐ yòu bǐngr 自由散漫的人:人家是正规单位,谁能用上他这个~?

【姊妹】(~儿)zī meir ❶姐妹;姐姐或妹妹:她~儿们长得都挺好看的|戴叔伦《女耕田行》:"~相携心正苦,不见路人唯见土。"|《儿女英雄传》第十三回:"不但像是个同胞~,并且像是双生~。" ❷同辈份或年龄相仿的女子:干~儿|张先《贺圣朝》词:"谢家~,诗名空杳,何曾机巧。" ❸兄弟姐妹:

他～两个,他还有个妹妹|元杂剧《谢金吾》第三折:"今皇帝是俺嫡堂叔侄,先皇帝是俺同胞的那～。"|冯梦龙《挂枝儿·卷五·隙部·赎罪(之一)》:"俏冤家进门来,把闲言斗,说得我低着头,满面娇羞,千不是,万不是,我的年纪幼。若有～情,把前言一笔勾。闲话儿丢开也,你照旧来走走。"

【怎么地】zī mù di ❶ 疑问代词,询问动作或情况或性质、状况、方式、原因等:你～,还没想好? | 恁还得～? 差不多就行了。❷ 泛指动作、情况或性质、状况、方式、原因等:你愿意～咱就～。

【恣】zì ❶ 高兴;满足:老头儿老嬷嬷一听,～得合不煞口儿了。❷ 〈贬〉想得美:看把你～得,还想叫人家请吃饭|～得你不善。

【恣得嘎嘎的】zì di gǎ gǎ di 高兴得哈哈笑的样子:他们听了～。

【恣艮艮】zǐ gèn gěn =〖恣悠悠〗zǐ yōu yǒu 舒服开心的样子:他来家就歇炕上～地困了。

【恣猴了】zì hǒu ler〈贬〉变得极度兴奋的样子:不但不用干活,还能捞着出去耍,他们一听都～了。

【恣话】zì huɑ(对自己某方面比较优越的状况)不知足的话语;炫耀的话语:快别待这说～了,多少人还不如你来。

【恣昏了】zì hǔn ler 极度高兴的样子:一听中了这么个大奖,他差点儿没～。

【恣事】zǐ shi〈贬〉格外的要求;特殊的要求:他本事不大,～不少。

【恣然】zì yan 舒畅;愉悦:他成天哼着歌唱着戏,日子过得那个～。

【滓泥】zǐ mì 淤泥;污泥:他两个脚铲待～里拔不出来了。

【滓血】zǐ xiē 淤血:他指甲盖儿下面儿那块～到如今还没消。

【滋】zǐ 渗入:咸菜腌得时间短了～不进盐酱儿。

【滋嘎】zǐ ga 慢慢悠悠地喝:他每晚上拿出点白酒来～几下。

【滋拉】zǐ la ❶ 慢慢地、时断时续地(燃烧):水都烧开了,叫炉子慢慢～着就行了。❷ 慢慢地、少量地喝(酒):晚上回去没事儿我就～两口。

【滋烂】zì lan 木头因年久而松软朽坏:棚子上的木头搁多少年了,也都～了。

【滋娄】zǐ lou(肚子)断断续续地不舒服:这一天我的肚子～着痛。

【滋滋拉拉】zǐ zi lǎ là 时断时续、隐隐约约的样子:胳膊～地痛了好几天。

【紫红色儿】zī hèng shēir 深红色中透着紫色:她还带着那根～围巾儿。

【紫花汤子脸】zī huà tǎng zi liān 青紫色的脸:来的人个儿不高,～。

【紫铜色儿】zī tèng shēir 如同紫铜一般的颜色:他晒得那个脸都成～了。

【紫头儿】zī tour 偏紫的颜色或(暗含有)紫色:他想买个带~的窗帘子。

【紫青】zī qing 深紫色:他的脸磕得都~了。

【紫青蓝变】zī qǐng lǎn biàn 面色或皮肤变得青紫的样子:不知道是谁惹他生气了,我看他那个脸气得~的。

【紫茄子】zì qiě zi 紫色的茄子,常用来形容人的皮肤暗紫如同茄子的颜色:你把他气得脸成了个~。

【紫莹莹】zì yǐng yìng 浅紫色:他调的这个颜色~的真好看。

【紫鋀子】zì zhǎi zi 因受外伤在皮肤表层形成的淤血凝块:他手上叫石头挤了个~。

zou

【走】zōu ❶ 步行;人或鸟兽的脚交互向前移动:~后门儿|△赶集~的晚——家里净事|△赶着不~,打着倒退|△饭要一口一口地吃,路待一步一步地~。❷ 通过;沿着;由:~正路。❸ 拜访;往来:~亲|~娘家|△闲~亲戚忙拾粮。❹ 离开:他才~五分钟|△花果山~了孙猴子——没有个头了。❺ 改变;失去:~油|~味|~样儿|~形儿。❻ 进行:~到哪步儿说哪步儿。❼ 语气助词,用在句末,表祈使语气:赶集~!|爬山~!

【走道】❶ zōu dao 走路的通道:堆那么多东西把~都堵上了。❷(~儿)zōu dàor 走路:这几天恢复得能下来~了。❸(~儿)zōu dàor 溜走;离开:恁去了也找不着人,他们早~了。

【走动】zōu deng 交往;往来:他们两家说是亲戚,其实这几年都不大~|元杂剧《陈州粜米》第三折:"如今你根前可有什么人~?"

【走掉了】zòu diǎo le 走丢:有大人领着怎么能~孩子。

【走南闯北】zōu nàn chuǎng bēi 形容到过很多地方,经历过很多事:他~见识广。

【走娘家】zòu niǎng ji 已婚妇女回娘家:这几天她~去了。

【走亲】zòu qǐn 走亲戚;探望亲戚:这大包小包的,是待去~?|△~~,不走不亲。

【走扇】zòu shàn 因门窗安装不正或变形,造成门扇或窗扇在重力作用下往一侧偏斜转动:那间的门老是~,快找人来修修。

【走相】❶ zōu xiang 走路的姿态:看他那个~,也不像个闯庄户地的。

❷ zōu xiàng 脱离了原来的相貌：几个月没看见他，瘦得都～了。

【走行立步】（～儿）zōu xìng lǐ bùr 站立行走或做事情的同时；随时随地：利索人儿～就把家里的卫生讲了。

【走人】zòu yìn（人）离开：几更他撵过去，人家早～了。

【走运】zòu yùn 幸运；行好运：人待～了，挡都挡不住。

【走丈人】zòu zhǎng yin 看望岳父一家：正月初三都～去了。

【走字儿】zòu zìr ❶ 走好运；幸运：他这两年真～，干什么什么发。❷ 钟表等有数字或刻度的器具运转：那块表都不～了。

【做】zǒu ❶ 制造；制作：～饭｜～件儿衣裳｜～大衣橱。❷ 从事某种工作或活动：～营生｜△～梦啃猪头——净想好事｜△不～亏心事，不怕鬼叫门｜△买卖好～伙难伆。❸ 充当；担任：快给俺外甥～个媳妇吧。❹ 用做：△黄连木～笛子——苦中享乐｜△牛皮～灯——外边黑来里边明｜△风箱板子～锅盖——受了冷风受热气。

【做不上趟儿】zòu bu shǎng tàngr 来不及做；做得慢：这么几个大劳力吃饭，馒头都～。

【做扣儿】zǒu kòur 预设圈套：人家都提前～了，光等着他钻。

【做手】zǒu shou 做工；制作的技术、工艺：这套家具的～能更好一点儿｜这把壶看～是就不是便宜货。

【做戏】zǒu xì 装模做样以蒙人耳目的举动：他最会～了，少信为好。

【做营生】zǒu yǐng sheng ❶ 做活计；劳动：他发小就能帮着家里～。❷ 做生意；从事某一职业：做什么营生能挣这么多钱？｜元杂剧《合汗衫》第四折：“（张孝友云）你平日间做甚么营生买卖？”又：“（赵兴孙云）员外，你如今怎地做个营生，养赡你那两口儿来？”

【做贼】zǒu zèi 从事盗窃活动：他跟着那帮儿人学不了好儿，就能学着～。

【做花儿】zòu huar 绣花，泛指指从事刺绣、机绣等手工劳动：那几年她们几个一块儿～来。

【做针线】zòu zhěn xian 干针线活儿：她这么个大嫚嫚儿了还不会～。

【做作】zòu zuo 装腔作势；故意做出某种表情、动作、姿态等：她～得和真事样的，就寻思人家看不出来。

【揍货】zǒu huò〈贬〉打人：要是他再叨叨下去，人家真能～。

【揪揪儿】zǒu zour 束起的柄束状物体：正好上边有个～攥着还挺得劲儿。

zu

【做声儿】zù sheng 说话；出声：老人说你几句，你光听着别～。

zuan

【钻挤】zuǎn ji ❶ 积极；上进：爹娘不中用，自己再不～话，什么时候能出头？ ❷ 想尽办法做某事：家里没有管他的，就他自己～着当了兵。

【钻门】zuàn mèn 在某一方面有丰富的知识和经验：别自己瞎舞扎，找人家～的看看是怎么回事。

【钻散】zuǎn suan 穿行；穿过；到处钻：他早都～前面去了｜孩子～待个草垛里，你上哪能找着。

【钻天猴儿】zuàn tiǎn hòur 一种烟花爆竹，向空中飞得比较高。

【钻天拱地】zuǎn tiǎn gèng dì 想尽各种办法的样子：自己提前不着急，事到临头～也没有用。

【钻心挖骨】zuǎn xǐn wǎ gū 极度疼痛的样子：痛风痛起来是～的，很要命。

【攒成整儿】zuān chèng zhēngr 积累成整数或积攒齐全：他卖菜的钱一～就去存上。

【攒粪】zuàn fěn 积攒粪肥：他们家口少，攒不了多少粪｜△破了腚眼儿不～。

【攒算】zuān suan ＝〖攒簇〗zuān cu 积攒：他～这几个钱儿还不够买个小房子的｜这几年省吃俭用地，他还真～了几个钱儿。

【攥出汗来】zuàn chu hàn lai 比喻精打细算、不舍得花钱到了极点：恁姥爷弄分钱都待～，哪割舍花钱买点儿好东西吃吃。

zui

【嘴】zuī ❶ 口的通称：△鸭子肉好吃～硬｜△铁～豆腐脚｜△男人～大吃四方，女人～大吃钱粮｜△狗熊～大啃地瓜，家雀～小捣芝麻。 ❷ （～儿）形状或作用像嘴的东西：壶～｜烟～｜油～。

【嘴巴骨】zuì ba gū ❶ 下颌骨。 ❷ 口才：听他待台上一讲，还真不知道他～还挺厉害来｜《醒世姻缘传》第六十一回："看你那～策应得别人，没曾等人拿起门拴，脚后跟打着屁股飞跑，口里叫不迭的'嫂子'。"

【嘴巴子】zuì bà zi ❶ 嘴;嘴部:他就愿意吃猪头靠～的肉|《聊斋俚曲集·墙头记》第一回:"热了烫人～,薄了照出行乐图,老来相处你这椿物。" ❷ 耳光:他没寻思打了人家个～,就惹下这么大的事来。

【嘴把式】zuī bā shì 只会说不干实事的人:△光说不练～,光练不说手把式。

【嘴茬子】zuī chà zi 说话的水平与口德:他～不好,有句话不敢让他知道。

【嘴臭】zuī <u>chòu</u> 胡乱说话;说话缺德:他竟然承认自己～。

【嘴官司】zuī guàn si 争吵:他们成天打不完的～。

【嘴技良】zuī jǐ liang 口头模仿能力强;口才好:他是～手拙|她～,叫她去帮着说说问题。

【嘴贱】zuī jian 多嘴:他真～,才跟他说的话立马传出去了。

【嘴犟】zuī jiang 口头上不服气;强辩:别看他～,其实心里早服气了。

【嘴教士】zuī jiào shi 比喻口头上说得很好,但没有实际行动的人:他就个～,少听他瞎噗喳。

【嘴紧】zuī jīn 不乱说话;保守秘密:放心吧,他～。

【嘴口儿】zuī kour 嘴部;嘴巴:看他那个～长得像他爹。

【嘴皮子】zuì pǐ zi〈贬〉嘴唇,借指说话的技巧,口头表达能力:他光顶着个～,光说不练|《儿女英雄传》第二十三回:"从来入行三日无劣,把这位亲家太太成日价合舅太太一处盘桓,也炼出～来了。"

【嘴松】zuī sěng 乱说话;保守不住秘密:～的人干不了大事。

【嘴甜】zuī tiàn 说的话使人听着舒服:～少跑腿儿。

【嘴头子】❶ zuì tǒu zi 嘴(指说话时);口才:他成天把个"愁"字儿挂～上|他那个～保证能把他说服了|《金瓶梅词话》第二十三回:"想起什么来,对人说干净,你这～就是个走水的槽,有话到明日,不告你说了。" ❷ zuī tòu zi 零食:买的海米都叫他当～吃了|这都是些～营生,不能当饭吃|《醒世姻缘传》第七十三回:"我来上庙,他自然该跟了我来,却在家贪图～食,恋着不肯跟我,叫我吃这等大亏!"

【嘴拙】zuī zhuō=〖口拙〗kōu zhuō 嘴笨;不善言辞:你知道他～,你就别安排这个差事让他去。

【嘴子】zuī zi ❶ 形状或作用像嘴的东西:车胎～。 ❷ 特指结网时用于固定网目的工具。 ❸〈贬〉指能说会道的口才:他光顶着个～瞎咧咧。

【最不济】zuǐ bu jǐ ❶ 最不好;最差:那一堆是～的,咱不要。 ❷ 至少;最差,表示最小的限度:～也待跑五趟才能拉过来。

【罪】zuǐ(zuì) ❶ 犯法的行为:△见孙不鲁有～。❷ 苦难;痛苦:孩子多了是些～|△死要面子活受～。

【罪过】zuǐ guò 过错;过失:当时帮他干的事,反倒成了些～。

【醉三麻四】zuǐ sǎn mà sì 醉后失态的样子:再少喝酒,看你夜来晚上喝得～的那个样儿。

【堆儿】zuǐr 一起;一块儿:今过晌我和恁爸爸待成～|真是快,咱这又两个多月没弄成～了。

【堆碎】zuǐ sui ❶ 成堆的束西:一大～花生。❷ 蜷缩;瘫软:一听那个信儿他就～待地下不会动弹了。

ZUO

【作】zuō ❶ 不顾道德与法律的约束,随心所欲地做;惹祸:他是地下的业不～光～天上的|《聊斋俚曲集·磨难曲》第六回:"老马得胜越发～,比从前加倍更酷贪,秀才越发没体面。"|《金瓶梅词话》第七十五回:"有多少先～后修,先修后～,有如吴月娘者,虽有此报,平日好善看经,礼佛布施,不应今此身怀六甲,而听此经法。" ❷ 指手工行业的类别,也指手工作坊:领～的|《都城纪胜·诸行》:"不以其物小大,但合充用者皆置为'行'……其它工伎之人,或名为'～',如篦刀～、腰带～、金银镀～、钗～是也。"|《梦粱录》第十三卷:"最是官巷花～,所聚奇异飞鸾走凤、七宝珠翠、首饰花朵……极其工巧。"又:"不以物之大小,皆置为'团行'……其它工役之人,或名为'～分'者,如碾玉～、钻卷～……裁缝～、修香浇烛～、打纸～、冥器等～分。"|《水浒传》第五十九回:"这一对金铃吊挂,乃是东京内府～分高手匠人做成的。" ❸ 按照某一数额计算(工费、价格等):去了你请的几次假,这个月的工资就～二十天|《醒世姻缘传》第六十七回:"要不将银子去,员外～我的工食哩!"|《醒世姻缘传》第七十九回:"此牛是阜城一个富户家大特牛生的,因他一应庄农之事俱不肯做,又会牴人,～了六两八钱银卖他到汤锅上去。"亦作"做":《醒世姻缘传》第六回:"他那一路上的人恐怕晁大舍使性子,又恐怕旁边人有不帮衬的,打破头屑,做张做智的圆成着,做了五十两银子,卖了。"|《聊斋俚曲集·蓬莱宴》第四回:"书铺里做了一千二百钱卖了,还有些人托他物色。"

【作蹬】zuǒ deng ❶ 闯祸;做坏事:他们待老家那里～得不善|《聊斋俚曲

集·俊夜叉》："偬强人，嘲畜生！割了肉来胡触送，终朝每日瞎～，弄的天那大窟窿。"|《醒世姻缘传》第六十八回："你待拗别的过他哩？你就强留下他，他也～的叫你不肯安生。" ❷ 挥霍；糟蹋：父母给他做买卖的钱也都叫他～上了。❸ 作贱；折磨：你个大人～个小孩子干什么？|《醒世姻缘传》第六十八回："你就强留下他，他也～的叫你不肯安生。"亦作"作登"：《聊斋俚曲集·磨难曲》第十八回："解子说：'张相公，你一回一回作登，弄把的都是俺。'"

【作保儿】zuǒ bāor 做担保；充当保证人：△痴人～，馋人说媒。

【作践】zuǒ jiàn 中伤；伤害：他那么～自己的父母也不怕伤天理|《红楼梦》第五十五回："如今因看重我，才叫我照管家务，还没有做一件好事，姨娘倒先来～我。"|冯梦龙《挂枝儿·扯汗巾》："汗巾儿人事小，汗巾儿人意多。～我的汗巾也，如同～我。"|《聊斋俚曲集·磨难曲》第十八回："就我如今虽受人～，清夜自思，于心无愧，未必不有老天睁眼的时节。"|《醒世姻缘传》第二十八回："说起那明水的会仙山上数十道飞泉，两三挂水帘，龙王庙基的源头，白云湖浩渺无际，谁还顾说这水是不该～的，～了要罪过人子如此等念头？"|《醒世姻缘传》第六十七回："马义斋死了，他全家大小穿着孝，一日三遍往他铺子门口烧纸哭叫，～了个臭死。"|《醒世姻缘传》第六十八回："且是那怕老公的媳妇，受嫡妻气的小老婆，若肯随心大大的布施，能致得他丈夫回心向善，不惟不～那媳妇，且更要惧内起来。"|《醒世姻缘传》第八十九回："相大妗子无可奈何，只得凭他在外～，关了宅门进去。素姐直琐碎到午后才去。及至次日清早，素姐仍到相家～，再三央他不住，相大妗差人去合薛如卞兄弟说，央来劝他姐姐回去。薛如卞兄弟是顾体面的人，料得即来解劝，也定无济于事，婉谢不肯前来。又只得凭他～了半日，直到日西才去。"

【作落】zuò là 惹祸：他知道自己～了，吓得不敢家去。

【作死】❶ zuǒ sī 找死；自寻死路：他那么干是待～|元杂剧《鲁斋郎》第一折："你这弟子孩儿～也！我是谁，你骂我！"|元杂剧《陈州粜米》第一折："（大斗子云）告的相公得知，一个老子来粜米，他的银子又少，他倒骂相公哩。（小衙内云）拿过那老子来。（正末做见科）（小衙内云）你这个虎剌孩～也！你的银子又少，怎敢骂我？"|《红楼梦》第三十五回："一面想，一面只管走，不防廊上的鹦哥见林黛玉来了，嘎的一声扑了下来，倒吓了一跳，因说道：'～的'，又扇了我一头灰。"|《红楼梦》第六十九回："秋桐正是抓乖卖俏之时，他便悄悄的告诉贾母王夫人等说：'专会～，好好的成天家号丧，背地里咒二奶奶和我早死了，他好和二爷一心一计的过。'"|《金瓶梅词话》第五十八回："贼～的短寿命，我怎的

外合里差？"|《金瓶梅词话》第五十九回："贼～的强盗,把人装出去杀了才是好汉。" ❷ zuō shi 调皮到极点;胡作非为到极点:那个孩子从小就待～。

　　【作索】zuō suo ❶ 要弄;捉弄;折磨:他哪是来帮忙的,简直是来～人的|《聊斋俚曲集·增补幸云曲》第十五回："万岁自思:'好奴才!果然嫌我嘲。我找法～他～。'"|《醒世姻缘传》第四十三回："那起初进来,身上也还干净,模样也还看的;如今～象鬼似的,他还理你哩!"亦作"作梭""作琐":《聊斋俚曲集·姑妇曲》第三段："那鬼神把人作梭,闪开包諕了一个笃坐。"|《聊斋俚曲集·翻魇殃》第七回："他师傅不在家,就百样的方法作琐二相公,不依他念书。"|《聊斋俚曲集·磨难曲》第二十六回："娟娟,我着爷俩个,可作琐煞了,光赏报子使的我精穷。" ❷ 破坏;糟蹋;挥霍:两口子攒的那几个钱都叫他一个人～净了。 ❸ 闯祸:这遭你算是～下了,我看你怎么办吧。 ❹ 哆嗦;打颤:几个大汉们往那一站,还没说话他就吓得～腿了。

　　【作索穷儿】zuō suo qìngr 挥霍钱财;糟蹋家产:花这么多钱买一片地就这么撂着,真是待这～。

　　【作业】zuò yě ❶ 教师给学生布置的功课:这孩子从来都是先写～再吃饭。 ❷ 作孽;惹祸:他只要安安顿顿的别～,挣钱多少都不要紧|《醒世姻缘传》第二十六回："却又天生天化的一对,还恐怕老婆作的业不甚,还要骂说:'扯淡的私窠子!倒包老婆!'"|《醒世姻缘传》第四十回："狄员外倒也一些不恼,只说了一句道:'小厮这等～,你可晓得什么是嫖?成精作怪!'"|《醒世姻缘传》第四十二回："那典屋的人贪价贱便宜,不肯豁脱,送了他一分厚礼,他方才不出来～,许人典了这房。"|《醒世姻缘传》第四十四回："这样～的孩子,你定要叫他三十而娶,这十四年里头,不知作出多少业来!"|《醒世姻缘传》第四十五回："薛三省娘子说:'娘怕姐姐还～,不放心,叫我来看看哩。'"|《醒世姻缘传》第五十一回："却说珍哥自从晁源买到家中,前后里外整整～了一十四年……晁源只知道挺了脚不管去了,还亏不尽送在这等一个严密所在,还作的那业,无所不为;若不是天公收捕了他去,还不知作出甚么希奇古怪事来!"|《醒世姻缘传》第五十三回："当初众人打抢晁夫人的家事时候,惟他不甚～;无奈众人强他上道,他只得也跟了众人一同乱哄。"|《醒世姻缘传》第五十八回："你爹合你姑夫来了,你两个这们作了顿业,我这前头似作梦的一般。"|《醒世姻缘传》第五十九回："起初巧姐不曾过门之先,薛家的人都恐怕他学了素姐的好样来到婆婆家～。"又:"那狄婆子起初病了,还该有几年活的时候,自己也有主意,凭他～,只是不恼。"|《醒世姻缘传》第六十回："嫂子,你别怪我说,你作的业式

大,你该知感俺娘打你几下子给你消灾,要不,天雷必定要劈。"|《醒世姻缘传》第九十八回:"我劝狄友苏,说你这般~,天没有不报你的理,留着叫天诛你,狄友苏不必自做恶人。"|《金瓶梅词话》第六十二回:"他各人~,随他罢,你休与他争执了。"

【作下】zuō xi 惹下麻烦;闯出祸端:你打了他算你~了|《醒世姻缘传》第三十二回:"晁凤说:'淳叔,你听我说,你别合他一般见识。他红了眼睛,情管就~。你就待打仗,改日别处打去;您在这门口打仗,打下祸来,这是来补报奶奶的好处哩?'"

【酢臭】zuō chou(腌制发酵的)酸臭味:闻起来有个~味,看样儿是踢蹬了。

【捽】zuō 揪;扯:那人一把就把他~起来,还往哪儿跑|《淮南子·泛论》:"溺则~其发而拯。"|皇甫枚《三水小牍》(《太平广记》第四十八卷引):"温公命~来笞背二十。"|宋濂《秦士录》:"王令隶人~入,欲鞭之。"|《元典章·刑部四》:"其刘三到将张驴儿头发~挽不放。"|《武王伐纣平话》中卷:"纣王大怒,令左右~下皇伯比干,推在一壁。"|元杂剧《渑池会》第三折:"一只手将腰带~,谁敢将我当拦住!"

【捽腿儿】zuō tuìr 裤脚收束的裤子式样:给孩子买了条~运动裤。

【左巴来子】zuò bǎ lāi zi 左撇子。

【左说右说】zuǒ shuō yǒu shuō 反复说的样子:架不住他~,最后也同意了。

【左右开弓】zuǒ yòu kài gěng ❶ 比喻两手轮流做同一动作,或两手同时做几项事情:元杂剧《梧桐雨》楔子:"臣~,一十八般武艺,无有不会。" ❷ 左手和右手都可以熟练地进行某种操作(区别于只善于单侧操作):他爹干瓦匠活儿~,真是厉害。

【坐】zuò ❶ 把臀部放在椅凳等物体上,支持身体重量:△站有站相,~有~相。 ❷ 乘;搭:~车|~轮船。 ❸ 瓜果等植物结实:~瓜|~果。 ❹ 从中扣除钱款:给他垫上的车费,直接从工钱里~去了|《醒世姻缘传》第八十四回:"童奶奶道:'我叫他另立张文书,~他的工食,~满了咱家的财礼银子,媳妇儿就属他的;~不满银子,还是咱的人。'"

【坐磅坐底】zuò bāng zuǒ dī ❶ 形容人身体非常壮实、敦实的样子:他儿长得真是~的。 ❷ 做事踏实、扎实的样子:他办事~的,快放心就行了。

【坐大席】zuò dǎ xì =〖坐席〗zuǒ xì 参加结婚、新房竣工等重要活动的宴会:爷爷亲这个孙子,上哪里~都领着他。

【坐地户儿】zuò dǐ hùr 当地老住户：他是～，有什么事儿找他都好办。

【坐地炮儿】zuò dǐ pàor〈贬〉个子矮的人：你看他和个～样的，净些事事儿。

【坐果儿】zuǒ guōr 瓜果作物结出幼小的果实。

【坐清】zuǒ qing 沉淀后变清澈：把这些水～干净了再灌桶｜你把这些水～一阵儿再往锅里添。

【坐窝儿】zuò wěr ❶ 原本；原先；根本：他借你这个钱～就没打谱还。❷ 使其没有任何准备：打他个～。

| 后 记

老话说，"路隔三五里，乡音各不同。"走近一种方言，不仅是走进方言构筑起来的民间生活与民间世界，而且为我们提供了一个全新的观察世界的角度。

> "有一天，我与朋友到菜市场买菜，见到不知名的鱼，便向本地的卖主打听。他说这是鱼。我说我知道这是鱼，请问是什么鱼？他瞪大眼睛说：'海鱼么。'我笑了，我说我知道是海鱼，请问是什、么、海、鱼？对方的眼睛瞪得更大了，显得有些不耐烦：'大鱼么！'"

这是作家韩少功在其小说《马桥词典》的后记中，说他刚到海南岛时的一次经历。若是仅看他们的这段对话，一定会以为这位海南当地的卖鱼者，甚至可以说是海南人对"鱼"的分类太简单了，甚至有点"不负责任"。韩少功随后说，其实包括这位卖鱼者在内的海南岛渔民对所出产的几百种鱼都有当地的方言称呼，甚至对鱼的每个部位和每种状态都有特定的词语，都有极其细致的独特表达，但这些丰富的词语是海南方言，绝大部分没有普通话的准确译语。

由此，我想到了我的家乡崂山。崂山被誉为"神仙之宅，灵异之府"，素以"海上名山第一"著称于世，也是全国首个民间文学之乡。这里有无数雄奇瑰丽、感人至深的民间传说，而这些传说故事流传至今的媒介和载体就是崂山方言。崂山方言中保留着众多古字古音和古语法，是汉语言研究的"活化石"。我们既可以从中直接触摸和感知古人"远取诸物，近取诸身"的造字之美，又能在其顿挫铿锵的发音与特有的词汇气韵中，感受到一种扑面而来的淋漓元气。崂山方言不光有鲜为人知的深厚历史，还有深入骨髓的情感牵系，感情迸发之处，拍案叫绝之时，非方言无以表达，舍乡音何堪入耳？对于一个从小生活在普通话环境中的人来说，他可能很难理解那些细腻传神的方言词的意思，甚至也少有耐心来进行分辨。或许一代代过去，这些方言词语真的就会退出人们的日常生活。当我们用简略的普通话译语来覆盖这些细腻生动的方言词汇的时候，我们感知世界、认识事物的能力是否也在钝化，我们的思想、我们的感情是否会显得有些苍白呢？

崂山方言以富有特色的表达，承载着积淀深厚的地域文化，赓续着绵延千年的传统基因，是璀璨的崂山文化不可分割的组成部分。作为珍贵的非物质文化遗产，崂山方言应该焕发其应有的光芒。正象一位方言学家说的那样，语言的宝藏在广大农村，在社会的末梢地带。有谁能想到，一些比"之乎者也"更古老的语言现象竟完整地保留在在崂山，保留在农家的庄户话中呢？"方言土语总关情"，对于一个说方言的人来说，无论以后对普通话接受到什么程度，不管将外语掌握得如何娴熟，其实他的内心里总有一方用家乡方言构筑起来的田园世界。他把普通话无法描摹、通行语难以勾勒的一些独特感悟和细腻的情感，放在这方田园里栽植牧养。这方田园离时尚很远，与规范无关，常同梦想共舞，只与自由相连。我想，这就是一个民族、一方地域的文化根基所在吧。

在本书出版之时，要特别感谢我的工作单位崂山区政协领导和同事们一直以来的关心帮助，感谢崂山区人大常委会原副主任段孝先、崂山风管局原景保处处长曲宝光、崂山区文化新闻出版局原副局长钟昭群、崂山区民间文艺家协会主席王明伦、崂山五中高级教师胡保泰、青岛实验中学高级教师王生溪等领导和老师，勘正了书稿诸多谬误之处，提出了非常有价值的修改意见。感谢中国海洋大学邢军教授、青岛大学于建松教授、鲁东大学戴宗杰教授，不仅从方言专业知识上悉心指导，而且给了我不断坚持的信心和动力。我还要深深地感谢多年来对我从事方言研究给予理解与支持的家人和亲朋挚友，还有为崂山方言调查搜集、出版发行提供无私帮助的众多乡亲贤达，恕不在此一一列举致谢。中国语言资源保护研究中心主任、中国语言资源保护工程首席专家曹志耘教授拨冗为本书作序，既有高屋建瓴的学术指导意见，又有对后辈的殷切期望与谆谆勉励，对我这个业余研究者来说，是莫大的荣光和奖掖。在即将付梓之际，又忝得中国作协副主席、诺贝尔文学奖获得者莫言先生为本书题写书名，内心的感激之情无以言表。莫言先生的文学作品中随处可见极具山东特色的方言词汇和方言句法，回响着扎根生活沃土的大地之音，这是莫言先生在民间立场上进行"民间写作"的真实映照，更是他"作为老百姓"写作的自然流露，也为我今后的方言研究指出了新的方向。惟有在民间文化整理研究之路上深耕行远，才是对各位领导和老师们最好的回报。

回望走过的二十年方言研究之路,方言伴我走过了人生的种种际遇与苦乐,虽衣带渐宽,仍目有所望、心有所暖。我相信,来自乡隅的土语乡音与回荡于历史的民间微声融合交织,可以演绎成为地域文化的黄钟大吕,而崂山历代先民与所有崂山人民群众才是本书的真正作者,我只是一个在追慕方言土语中自得其乐的代笔人。宋代诗人赵蕃有诗云:"未觉乡音改,空惊岁事迁。"时代之潮滚滚向前,愿在崂山区日新月异的建设发展中,崂山方言能够得以更好地保护传承,留住那份温暖的乡愁和独特的文化记忆。

王建升

2024 年 12 月